Personal-Management

SCHÄFFER
POESCHEL

Jürgen Berthel

Personal-Management

Grundzüge für Konzeptionen betrieblicher Personalarbeit

5., aktualisierte und korrigierte Auflage

1997
Schäffer-Poeschel Verlag Stuttgart

Univ.-Prof. Dr. Jürgen Berthel ist Inhaber des Lehrstuhls für Betriebswirtschaftslehre I (Personal-Management, Unternehmungsführung) an der Universität – GH – Siegen.

Gedruckt auf chlorfrei gebleichtem, säurefreiem und alterungsbeständigem Papier

Die Deutsche Bibliothek – CIP-Einheitsaufnahme

Einbandgestaltung: Willy Löffelhardt
Satz: Schreibbüro Eva Burri, Stuttgart
Druck und Bindung: Franz Spiegel Buch GmbH, Ulm-Jungingen
Printed in Germany

Schäffer-Poeschel Verlag Stuttgart

Ein Tochterunternehmen der Verlagsgruppe Handelsblatt

Vorwort zur 5. aktualisierten und korrigierten Auflage

Es ist möglicherweise auf das zunehmende Erkennen des Erfordernisses für ein systematisches und konzeptionelles Betreiben von Personal-Management zurückzuführen, daß die 4. Auflage dieses Buches bereits nach zwei Jahren vergriffen ist.

Für die 5. Auflage wurden vor allem die (offenbar trotz aller Sorgfalt unvermeidlichen) Fehler beseitigt; für sie habe ich viele Hinweise erhalten, für die ich mich bedanke.

Aktualisierungen in Form von Text-Neufassungen wurden durch gesetzliche Neuregelungen notwendig, die in der Zwischenzeit in Kraft getreten sind, vornehmlich auf den Gebieten des Ruhestandes und des Kündigungsschutzes. Betroffen davon ist also in Sonderheit das Kapitel über die »Personalfreisetzung mit Reduktion des Personalbestandes« innerhalb des Hauptkapitels D.IV.

Auch bei dieser Neuauflage haben wiederum viele mitgeholfen: Dipl.-Kffr. Maike Gattermann-Kasper hat die Aktualisierungs-Texte entworfen, Dr. Oliver Kneerich, Dipl.-Kfm. Martin Müser, Dipl.-Kfm. Lars Renner und Dipl.-Psych. Michael Touet haben die systematische Fehleraufdeckung betrieben, ebenso cand.rer.pol. Claudia Dornhöfer, Simone Ern und Simone Neubauer, die auch das druckreife Korrekturexemplar mit großer Akribie herstellten. Allen sage ich meinen herzlichen Dank.

Siegen, im Mai 1997 Jürgen Berthel

Inhaltsübersicht

Inhaltsverzeichnis

Abbildungsverzeichnis

A. Grundlegung

I. Die elementaren Komponenten der Arbeitswelt

Die hier betrachtete Arbeitswelt ist nicht identisch mit der Gesamtheit aller Stätten, an denen gearbeitet wird. Einige Arbeitsstätten und arbeitende Personen bleiben unberücksichtigt (bezogen auf die Gesamtheit sind dies jedoch nur wenige), weil in und bei ihnen Personal-Management im später zu definierenden Sinne nicht stattfindet: Dies sind z.B. alle sog. »Ein-Mann-Betriebe«, in denen ein Inhaber ohne angestelltes Personal für eigene Rechnung arbeitet, aber auch solche Betriebe, in denen Personen-Mehrheiten ohne »fremdes« Personal arbeiten, wie etwa Familien-Haushalte, Wirtschaftsprüfer-Sozietäten o.ä. In letzteren werden die bestehenden Aufgaben zwar i.d.R. arbeitsteilig erfüllt, trotzdem entfallen Personalführung, -beschaffung, -entwicklung usw., zentrale Aktivitäten des Personal-Managements also, wie näher darzulegen sein wird. »Personal-Einsatz« ist zwar auch in ihnen notwendig, jedoch kann davon ausgegangen werden, daß eventuell auftauchende Probleme (z.B. Einteilung von Pflichten für Kinder im Haushalt, Aufteilung der Mandanten zwischen Wirtschaftsprüfern) ganz anderer Art sind und auch anders gelöst werden, als in denjenigen Institutionen, in denen angestelltes Personal für arbeitsteiligen Arbeitsvollzug einzusetzen ist.

Erkennbar ist der verbleibende »Rest«, in dem Personal-Management stattfindet, der weitaus größere Teil der Arbeitswelt. Ihm wollen wir uns jetzt mit einer Beschreibung seiner elementaren Komponenten zuwenden.

1. Betriebe

In der modernen Betriebswirtschaftslehre werden als Betriebe alle diejenigen Institutionen bezeichnet, in denen aufgrund einheitlicher Planung Aktivitäten zur Erreichung der Ziele dieser Institutionen durchgeführt werden. Betriebe sind somit ökonomische Wirkungszentren mit eigenem Wertekreislauf.[1] Die Weite der Begriffsfassung bringt es mit sich, daß eine große Vielzahl von Betriebsformen existiert: Private und öffentliche Haushalte zählen ebenso dazu wie Unternehmungen, Vereine, Verbände, militärische, kulturelle, soziale, kirchliche Einrichtungen. Diese weite Fassung erweist sich auch für das in diesem Buch zu behandelnde Problemfeld als zweckmäßig: Tätigkeiten und Probleme des Personal-Managements treten grundsätzlich in jeder Betriebsform auf, sobald mehrere für die Erfüllung der betrieblichen Ziele angestellte Personen beschäftigt werden.

Die in so unterschiedlichen Betrieben auftretenden personellen Probleme sind jedoch in ihren konkreten Ausprägungen und in den anzuwendenden Problemlösungs-Techniken nicht

---

1 Kosiol (1966) 15f.

gleich. So beruhen Ursachen für unzureichende Arbeitsleistungen von Mitarbeitern eines englischen Kohlebergwerks um die Jahrhundertwende, einer deutschen Munitionsfabrik im Jahre 1944 und eines indischen Stahlwerkes um 1970 sicherlich auf gänzlich verschiedenen Faktoren: im Bergwerk etwa auf Mängel in den Arbeitsbedingungen, in der Munitionsfabrik in fehlender Motivation, kriegsverlängerndes Material herzustellen, im Stahlwerk in den unzureichenden fachlichen Qualifikationen der indischen Stahlwerker. Ähnlich wäre dies für Gründe mangelnder Arbeitszufriedenheit von Stahlwerks-Mitarbeitern, die man 1975 in Werken in Indien, in den USA, in der Bundesrepublik Deutschland konstatieren würde.

Es gibt eine Fülle von situationalen, sozio-kulturellen, persönlichkeitsspezifischen und anderen Bedingungen, die dafür maßgebend sind, daß Bestimmungsfaktoren für das Zustandekommen menschlicher Leistungen in verschiedenen Betrieben unterschiedlich ausgeprägt sind. Andererseits aber gibt es auch eine Reihe von wichtigen Merkmalen, die für eine Vielzahl von Betrieben in gleichem Maße zutrifft. Sie sind im folgenden herauszuarbeiten, um eine Ausgangsbasis für den Grundansatz des Buches zu schaffen. Es versteht sich, daß hier nur thematisch relevante Merkmale von Interesse sind.

Für Führungstätigkeiten im Sinne eines Personal-Managements ist die **Zielorientierung** von Bedeutung, unter der alle Aktivitäten zur Aufgabenerfüllung für die Institution geschehen. Eine jede Institution, in der eine Mehrzahl von Personen tätig ist, wird gegründet und fortgeführt, damit ihre Ziele – Ziele der Institution also – erreicht werden: Ein Theater als Prototyp für eine kulturelle Einrichtung will Stücke für ein interessiertes (und eventuell zu interessierendes) Publikum aufführen, ein karitativer Verband will bestimmte soziale Leistungen erbringen, eine militärische Einheit soll die Sicherheit eines bestimmten Territoriums und der in ihm lebenden Bewohner schützen, eine Behörde der staatlichen Verwaltung erbringt genau definierte Dienstleistungen für die Bürger, eine Unternehmung setzt produzierte Güter an Nachfrager ab. Ziele dieser Art, d.h. hinsichtlich dessen, **was** eine Institution hervorbringt, werden **Sachziele**[2] genannt.

Sie aber sind nicht die einzige Zielkategorie: Hinzu kommen sogenannte **Formalziele**, die das **Wie** der Leistungserstellung betreffen. Diejenigen Ziele, die ein bestimmtes Verhältnis zwischen den Einsatzgütern zur Leistungserstellung und dem Leistungsergebnis (bzw. deren jeweiligen Geldgegenwerten) als einzuhalten oder anzustreben definieren, werden **Erfolgsziele** genannt. Darunter versteht man: Handeln nach dem Wirtschaftlichkeitsprinzip, konkreter: z.B. Kostendeckung, Gewinnerzielung. Ein Erfolgsziel ist als Grundmaxime in aller Regel vorgeschrieben, gleichgültig, ob Institutionserhaltung trotz Zielverfehlung garantiert ist (z.B. bei Behörden). Für Unternehmungen wird in bestimmten Wirtschaftsordnungen von Rechts wegen die Erfüllung eines weiteren Formalziels verlangt: die Aufrechterhaltung der **Liquidität**. Solche Zielmehrheiten, die von Institutionen verfolgt werden, können **Zielkonzeptionen** genannt werden.[3] Daß es demnach Ziele der Institutionen gibt, erscheint unzweifelhaft. Für ihr Erreichen müssen zwar diejenigen Personen Sorge tragen, die für die und in der Institution tätig sind, sie müssen sie also wenigstens akzeptieren; trotzdem sind sie nicht von ihnen als Einzelpersonen für sich selbst verfolgte individuelle Zielsetzungen. Auch wenn betriebliche Mitarbeiter sich mit Zielen des Betriebes identifizieren sollten, verfolgen sie diese dennoch nicht für sich selbst, sondern für die Institu-

2 Kosiol (1966) 45f.
3 Schmidt, R. B. (1969) 4ff.

tion.[4] Daß dieses betriebliche Merkmal der Zielorientierung für das Personal-Management von Bedeutung ist, wird im Zusammenhang mit der Tatsache deutlich werden, daß die in Betrieben beschäftigten Personen auch eigene Zielvorstellungen haben, die es mit den betrieblichen Zielen in Einklang zu bringen gilt. Dies wird als eine **der** Hauptaufgaben des Personal-Managements angesehen.

Diese Argumentation folgt dem Paradigma der traditionellen Betriebswirtschaftslehre: dem Zielmodell, das mit der Bestands- bzw. Überlebenssicherung als oberster Grundmaxime der Unternehmungspolitik verknüpft ist. Ein Paradigmen-Wechsel zu einem neuen Sinnmodell – etwa dem einer fortschrittsorientierten Unternehmungsentwicklung – fügt diesem betriebswirtschaftlichen Grundgedanken zusätzliche Einsichten hinzu, u.a. auch weitere mögliche Begriffsinhalte für den Terminus »Erfolg« (Näheres s. Kap. F.II).

Ein weiteres allgemeines Merkmal von Betrieben ist es, daß sie zur Erreichung ihrer Ziele geeignete **Mittel einsetzen** müssen, die generell als personelle, technische und finanzielle **Ressourcen** klassifiziert werden. Von Bedeutung ist weniger, **daß** dies so ist, sondern vielmehr, in welchem Verhältnis die einzelnen Ressourcen-Kategorien zueinander eingesetzt werden. Dies bezieht sich zum einen auf den mengenmäßigen Einsatz, zum anderen auch auf dessen Bedeutung, etwa im Sinne der Wichtigkeit seiner Qualität für die Zielerreichung.

Man kann die Betrachtung der Ressourcen-Kategorien auf zwei reduzieren und damit das im folgenden darzulegende Problem besser verdeutlichen. Wenn im weiteren vom Verhältnis personeller zu technischen Ressourcen die Rede sein wird, so deswegen, weil Einsatz von Technik und Kapitalbedarf sich in aller Regel gleichsinnig verhalten: Der Aufbau technischer Kapazitäten ruft Kapitalbedarf hervor. Die spezielle Problematik und eventuelle Schwierigkeiten bei der Kapitalbeschaffung werden dabei keineswegs geleugnet.

Das mengenmäßige Verhältnis von **personellen** zu **technischen** Ressourcen hängt vom Betriebstyp ab. So werden z.B. soziale, kulturelle, kirchliche Einrichtungen stets einen relativ hohen Anteil an personellen Ressourcen benötigen (so kann man etwa die personelle Stärke eines Sinfonie-Orchesters durch Einsatz technischer Hilfsmittel nicht reduzieren, ohne die künstlerische Aufführungsqualität zu gefährden). Das steht im Gegensatz zu entsprechenden Entwicklungen in Unternehmungen. Auch innerhalb dieses Betriebstyps gibt es noch starke Unterschiede, die durch die Eigenarten der Wirtschaftssektoren (z.B. Industrie vs. Handel vs. Banken) und innerhalb dieser z.T. noch branchenabhängig bedingt sind: So gibt es hochtechnisierte Industriebetriebe, die nur wenig Personal benötigen (z.B. computergesteuerte Mischanlagen in der Chemieindustrie), wie aber auch im Gegensatz dazu, hoch lohnintensive Hersteller, bei denen die personellen Ressourcen stark überwiegen (z.B. in der Feinkeramik-Industrie). Eine Globalbetrachtung zeigt jedoch, daß in Unternehmungen im langfristigen, mehrere Jahrzehnte umfassenden Vergleich der Einsatz personeller Ressourcen zugunsten einer Verstärkung der Technik zurückgegangen ist.[5] Gleichzeitig jedoch wurde das Interesse an den Besonderheiten des »Einsatzfaktors Mensch« größer; persönliche Ressourcen wurden bewußt und betont zu berücksichtigen versucht.

Hierin liegt scheinbar ein Widerspruch. Er klärt sich auf, wenn man die Bedeutung der menschlichen Arbeitsleistungen ins Auge faßt. Gemessen an den qualitativen Anforderungen ist sie als beständig steigend zu bezeichnen. Dies ist deshalb nicht verwunderlich, weil zum

---

4 Vgl. auch die von Thompson übernommene und von Kirsch betonte Unterscheidung in Ziele **der** Organisation und Ziele **für** die Organisation: Kirsch (1969) 668f.

5 Vgl. z.B. Megginson (1974) 12f.

einen technische Hilfsmittel überwiegend einfache Routinearbeiten übernehmen, und zum anderen die Gesamtheit der betrieblichen Abläufe, wie auch die Umwelt, mit der sie verbunden ist, durch eine ständig steigende Komplexität und Dynamik gekennzeichnet ist. Dadurch nehmen die vorausschauenden wie die überwachenden Steuerungsaufgaben an Umfang und an Kompliziertheit zu. Daraus wird das Fazit gezogen: Menschen haben immer weniger einfache, immer mehr schwierige Aufgaben zu übernehmen. Deutlich sichtbar ist das im übrigen in neuerer Zeit bei Industriebetrieben, in denen der Grad der Arbeitsteilung herabgesetzt wird. Dies geschieht durch Ablösung hochspezialisierter Einzeltätigkeiten, durch Gruppenarbeit und durch ganzheitliche Aufgaben; dadurch entstehen auch für den einzelnen anspruchsvollere Aufgaben.

Diese Qualifizierungsthese hat (in der Industriesoziologie) allerdings auch Widerspruch geerntet: Die Dequalifizierungsthese behauptet das genaue Gegenteil. Die Arbeitsanforderungen und in der Folge die Qualifikationen der Berufstätigen werden im Durchschnitt sinken. Eine Mittlerstellung nimmt die sog. Polarisierungsthese ein: zunehmend kompliziertere Aufgaben stehen immer einfacheren gegenüber. Eine Klärung dieser kontroversen Diskussion gibt es bislang nicht (s. Kap. D.V.5.a.cc).

2. Arbeitende Menschen

In der Betriebswirtschaftslehre interessieren Menschen nicht primär vom anthropologischen, philosophischen, biologischen o.ä. Standpunkt aus. Ausgangspunkt, sie in die Betrachtung ökonomischer Zusammenhänge einzubeziehen, ist der von ihnen geleistete Beitrag zur Erreichung der betrieblichen Ziele. Er wird erbracht durch **Arbeit**. Was ist Arbeit und was bedeutet sie für die Menschen, die sie leisten?

Physikalisch ist Arbeit gleich der Kraft, die aufgewandt werden muß, um eine bestimmte Masse in einem definierten Zeitraum über eine festgelegte Strecke fortzubewegen. Diese Definition ist weder für die ökonomische Sichtweise noch für nähere Untersuchungen der für arbeitende Menschen bedeutsamen Voraussetzungen und Konsequenzen des Arbeitsvollzuges von erhellendem Wert. Eine wirtschaftliche Betrachtung der Arbeit muß den jeweils eingenommenen Standort näher bezeichnen. Für den Betrieb als Leistungsempfänger (Arbeitgeber) wurde der Charakter menschlicher Arbeit als eines der Mittel für die Erreichung betrieblicher Ziele bereits deutlich gemacht; welche Funktion aber hat Arbeit für die Menschen (Arbeitnehmer), die sie leisten?

Zur Sicherung der Existenz benötigt der Mensch materielle und immaterielle Güter, um seine physischen und psychischen Bedürfnisse befriedigen zu können. In modernen Gesellschaften ist der weitaus größte Teil dieser Güter nicht ohne den Einsatz von (Geld-)Mitteln zu erlangen, deren Beschaffung in aller Regel wiederum den Einsatz von Arbeit erforderlich macht. Daß Arbeit darüber hinaus in der heutigen Zeit eine Reihe als bedeutsam empfundener Funktionen erfüllt, sei kurz angemerkt:

- Arbeit stärkt über die Erfahrung der eigenen Nützlichkeit für die Gesellschaft und über die Erfahrung eigener Kompetenz und Erfolgserlebnisse das Selbstwertgefühl und trägt so zur psychischen Gesundheit bei.
- Arbeit ermöglicht soziale Kontakte und kommt damit einem fundamentalen menschlichen Bedürfnis entgegen.
- Die in der Arbeitstätigkeit erlangte Position ist die entscheidende Grundlage für die Zu-

weisung von gesellschaftlichem Status (Prestige einzelner Berufe); Individuen werden in der modernen Gesellschaft nach ihrer beruflichen Tätigkeit eingeordnet.

Daß dies nicht immer so war, gehört heute der geschichtlichen Vergangenheit an, in der insbesondere körperliche Arbeit als mit der Würde des freien Menschen schwer vereinbar angesehen und daher niedrigen Gesellschaftsschichten übertragen wurde (an Sklaven in der griechisch-römischen Antike, an Knechte in der germanischen Frühzeit).

Der durch die jüdisch-christliche Tradition (und hier besonders durch die protestantische Arbeitsethik) in dieser Anschauung bewirkte Wandel in der Einstellung zur Arbeit hat allerdings mit der Zeit ganz unterschiedliche Arbeitsinhalte überdauert und einen auf einer anderen Ebene liegenden Einstellungswandel mit sich gebracht: Arbeit wurde und wird als Erfüllung (Lust), aber auch als Last (Leid) empfunden. Welche Einstellung vorhanden ist bzw. überwiegt, ist neben anderen – individual-psychologischen – Faktoren besonders auch durch die Arbeitsinhalte bestimmt. Mit- oder Eigenbestimmung von Tätigkeitsgegenstand, -fortschritt und -ergebnis, Überschaubarkeit und vorwiegende Eigenbewältigung des gesamten Arbeitsprozesses, mithin Erkennbarkeit und damit erleichterte Möglichkeit zur Akzeptanz des übergeordneten Arbeitszieles waren hervorstechende Kennzeichen der Arbeitswelt in Handwerk, Handel und Landwirtschaft bis zum 19. Jahrhundert. Sie ermöglichten die Einstellung, Arbeit als Erfüllung zu empfinden. Damit soll nicht behauptet werden, daß es in dieser Zeit nur Arbeit mit diesen Kennzeichen gegeben habe: Gegenbeispiele sind die kümmerlichen Existenzen der Tagelöhner, der Hintersassen u.a.

Mit der Industrialisierung und der Bildung von Großbetrieben ging ein tiefgreifender Wandel der Arbeitswelt einher: Fremdbestimmung von Arbeit und Arbeitsziel, Zerstückelung der Arbeitsprozesse via Spezialisierung, eine Vereinfachung und »Routinisierung« der Arbeitsinhalte (bis hin zu monotonen Einfachstaufgaben). Die damit verbundene Förderung einer Einstellung, die Arbeit in der Berufstätigkeit als Last zu empfinden, erscheint evident.[6] Wiederum wollen diese Feststellungen nicht besagen, daß es etwa gegenwärtig nur Arbeiten der beschriebenen Art gäbe: Davon kann etwa für die führenden Management-Ebenen in den Betrieben sicherlich nicht die Rede sein.

Treibende Kraft für die zuletzt geschilderte Entwicklung war die Leitidee der **wirtschaftlichen Effizienz** der Arbeitsdurchführung. Die Neigungskomponente, die Erfüllungs-Einstellung zur Arbeit in den Vordergrund bei der Arbeitsgestaltung zu stellen, würde Ausdruck der Betonung der Humanität als Leitidee sein. Daß ihr dabei nicht immer gefolgt werden konnte, erweist, daß beide Leitideen hierin offenbar in Konflikt zueinander stehen. Ist dieses Dilemma lösbar?

Auf sehr lange Sicht ist wohl die Humanität wichtiger; die Frage, ob der Mensch in einer bestimmten Gesellschaft gern lebt oder nicht, ist wichtiger als die Höhe der Rentabilität.[7] Wird diese Prioritätenbildung für die beiden Leitideen akzeptiert, so wären Schritte hin zu einer »Humanisierung der Arbeitswelt« zu unternehmen, wo sie möglich sind unter Abwägung ihrer Konsequenzen. Dies bedeutet letztlich, daß Rentabilitätseinbußen insgesamt verkraftbar sein müßten (etwa in dem Sinne, daß sie nicht zu einer Selbstzerstörung der Wirtschaft führen mit verbreiteten Arbeitsplatzverlusten, weil deren Nachteile für die Betroffenen größer sein dürften als das Ausführen einer unbefriedigenden Arbeit, wie neuere Erkenntnisse der sozialpsychologischen Arbeitslosenforschung deutlich aufzeigen). Zur Stüt-

---

6 Vgl. z.B. Reber/Schanz (1975) 475ff., die ausführen, daß die Leistungs- zu Lasten der Neigungskomponente überwiegt.

7 Chmielewicz (1975) 62.

zung dieser Argumentation wird zudem häufig angeführt, daß die »Lebensqualität«, die in anderen Lebensbereichen – wie der Freizeit durch die dort gebotenen Entfaltungsmöglichkeiten – gewährleistet ist, in der Arbeitswelt nicht versagt werden dürfe. Mit welcher Begründung wäre dies vertretbar? Immerhin verbringt der arbeitende Mensch einen beträchtlichen Teil der Zeit seines Wachseins am Arbeitsplatz.

Um jedoch nicht vorschnell in unzulässige Kollektivierungen von Idealvorstellungen über angestrebte und erstrebenswerte Lebensweisen zu verfallen, ist es wichtig, einen individualistisch betonten Standpunkt festzuhalten: Eine für alle arbeitenden Menschen generell geltende, mit den gleichen Merkmalen ausgestattete »Lebensqualität am Arbeitsplatz« kann es nicht geben. Dies zu leugnen hieße verkennen, daß derlei Ansprüche persönlichkeitsspezifisch geprägt, also individuell differenziert sind. Schlußfolgerungen, die aus diesem – hier ausdrücklich vertretenen – individualistischen Menschenbild abzuleiten sind, wird in der Folge nachzugehen sein.

Mit diesen Bemerkungen zu Betrieben und in ihnen arbeitenden Menschen als den elementaren Komponenten der Arbeitswelt, sind die wichtigsten Grundsteine gelegt für eine Klärung von Begriff und Inhalt des Gegenstandsbereiches dieses Buches: Personal-Management.

II. Begriff, Inhalt und Grundkonzeption des Personal-Managements

»Management« (als Prozeß) wird hier mit »Führung« gleichgesetzt und damit als Summe von (Führungs-)**Tätigkeiten** verstanden, nicht also als Inbegriff derjenigen Personen (Manager), die Führungstätigkeiten ausüben (Management als Institution); ein (ausnahmsweiser) Gebrauch im letzteren Sinne wird entsprechend deutlich gemacht werden.

Der Begriff der **Führung**, der nunmehr erläuterungsbedürftig ist, wird in der Literatur und im praktischen Sprachgebrauch in außerordentlich zahlreichen Varianten benutzt. Zu dem Versuch einer Klärung soll die folgende Übersicht (s. Abb. 1) beitragen, in der die Betrachtungs-Ebenen und unterschiedlichen Aspekte des Geschehens in arbeitsteilig organisierten Institutionen zusammengestellt sind.[8]

	1 materieller Aspekt	2 personeller Aspekt
A Systemebene	A_1 Gestaltung von Güter- und Wirkungssystemen	A_2 Gestaltung von Systemen zur (Lenkung der) Verhaltenssteuerung
B Prozeßebene	B_1 Steuerung der Güterprozesse (Real-, Nominal-, Informationsprozesse)	B_2 Steuerung von Verhaltensweisen durch (Führungs-) Prozesse
C Güterebene	C_1 Gütereinsatz, -transformation und -ausbringung	C_2 Arbeitsleistung als Einsatzgut

Abb. 1: Betrachtungsebenen und Aspekte des betrieblichen Geschehens
Quelle: In Anlehnung an Wild (1974) 156.

Als Führung soll allgemein die **Gestaltung von Systemen** (Ebene A) und die **Steuerung von Prozessen** (Ebene B) bezeichnet werden. Zur Betriebsführung werden dabei der materielle **und** der personelle Aspekt gerechnet, also die Felder A_1 und A_2, B_1 und B_2.

Unter Güter- und Wirkungssystemen (A_1) sind z.B. das Produktions-, das Finanz-, das Versorgungssystem einer Unternehmung zu verstehen. Steuerung der Güterprozesse (B_1) ist zur Führung zu rechnen, soweit sie durch Menschen geschieht; bei stark automatisierten Produktionsprozessen z.B. betrifft dies oft nur deren Ingangsetzen (was bei mehreren möglichen Prozeßvarianten die Entscheidung über das zu realisierende Produktprogramm einschließt) und ihre Beendigung. Mit dem **materiellen** Aspekt der Systemgestaltung und Prozeßsteuerung werden die betrieblichen Einsatzgüter so gelenkt, daß mit ihnen die Erreichung der betrieblichen Ziele ermöglicht und in gewollter Weise sichergestellt wird.

8 In der Auswertung und Erklärung dieser Tabelle allerdings wird hier – was die Herleitung des Führungsbegriffes angeht – eine andere Auffassung vertreten.

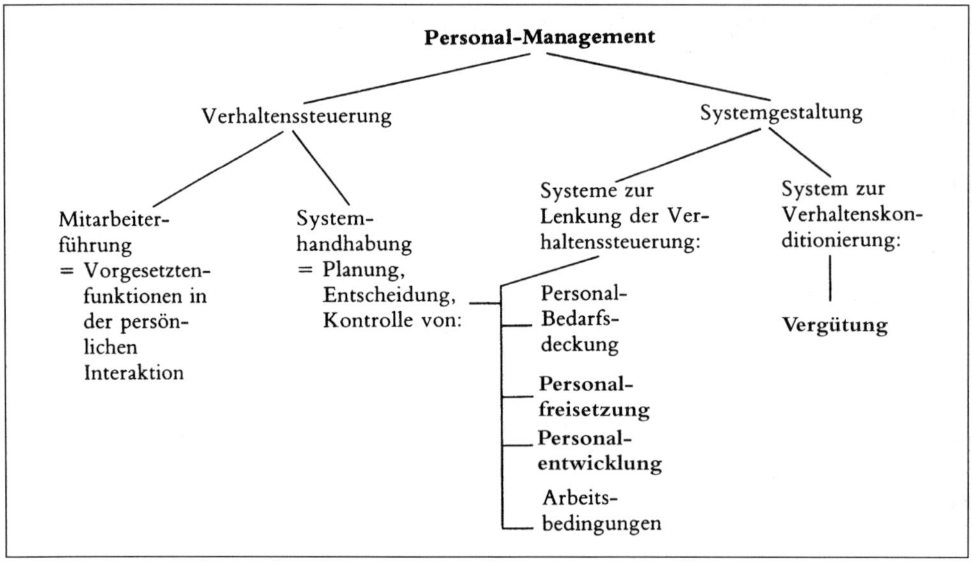

Abb. 2: Begriffszusammenhang des Personal-Managements

Der Begriff »**Personal-Management**«[9] hat die Führungstätigkeit der Felder A_2 und B_2 zum Inhalt, d.h. ausschließlich den **personellen** Aspekt der Systemgestaltung und Prozeßsteuerung. Letztere ist gleichzusetzen mit der Steuerung des Verhaltens der Mitarbeiter, erstere mit der Schaffung von Regeln und Bedingungen, nach denen zum einen die Verhaltenssteuerung gelenkt und zum anderen das Mitarbeiterverhalten direkt zu beeinflussen versucht wird. Systeme zur Lenkung von Verhaltenssteuerung sind z.B. solche für die Personalauswahl, für die Personalentwicklung u.a.m.; mit einem Vergütungssystem wird über die motivationale Komponente des Wollens zur Leistung das Mitarbeiterverhalten direkt zu beeinflussen versucht. Mit der Handhabung dieser Systeme, z.B. mit dem Fällen einer Entscheidung über die Versetzung eines Mitarbeiters gemäß Systemregeln, wird das Verhalten der Mitarbeiter also ebenfalls gesteuert, wie dies auch mit der Ausübung von Führungsfunktionen als Vorgesetztentätigkeit geschieht, die unter dem Unterbegriff »Menschen- oder Mitarbeiterführung« subsumiert werden kann.

Personal-Management im Sinne von Tätigkeiten der **Verhaltenssteuerung** ist gleichbedeutend mit Führung **des** Personals, mit »Mitarbeiterführung« durch die unmittelbaren Vorgesetzten und mit Führungsaktivitäten durch andere Führungskräfte, wenn diese im Rahmen der Systemgestaltung geschaffene Systeme handhaben. Der Mitarbeiterführung, d.h. der Verhaltenssteuerung im erstgenannten Sinne, ist das Hauptkapitel C dieses Buches gewidmet.

Personal-Management in seinem zweiten Begriffsteil, der **Systemgestaltung**, meint Führungstätigkeiten **für** das Personal. Denn die geschaffenen Systeme existieren **für** das Personal insofern, als sie sich auf die Mitarbeiter selbst beziehen, indem sie deren Beschaffung, Auswahl, Entwicklung, Vergütung etc. regeln. Dieser Teil des Personal-Managements wird im Hauptteil D behandelt.

9 Remer (1978) benutzt denselben Terminus, geht aber von einem systemtheoretischen Begriff aus.

Die skizzierten begrifflichen Zusammenhänge soll Abbildung 2 verdeutlichen. In Abschnitt D.I wird auf diese Begriffsgrundlagen nochmals zurückzukommen sein.

Folgt man der Unterteilung der betrieblichen Aktivitäten in ihre Grundfunktionen (nach Maßgabe der direkt produktzielerreichenden Tätigkeiten wie z.B. Einkauf, Herstellung, Lagerung, Verkauf), so wird deutlich, daß Personal-Management **funktionsübergreifenden** Charakter besitzt. Vorgesetzten-Tätigkeiten werden in allen Funktionsbereichen ausgeübt, Systeme der Personalentwicklung, der Personalbeschaffung usf. werden in aller Regel für den Gesamtbetrieb (nicht nur für einzelne Funktionsbereiche) geschaffen. Eine davon zu trennende Frage ist die, ob ein eigenständiger Funktionsbereich »Personal« zu bilden ist. Dies ist ein vorwiegend organisatorisches Problem und im jeweiligen Einzelfall für die betrieblichen Belange nach Zweckmäßigkeits- und Wirtschaftlichkeitserwägungen zu entscheiden.

Personal-Management im hier definierten Sinne wird in Betrieben dann konsequent praktiziert, wenn dies nach einer einheitlichen und geschlossenen **Konzeption** geschieht. In der Praxis wird stets Verhaltenssteuerung betrieben, d.h. wird Mitarbeiterführung praktiziert, werden Personen eingestellt, versetzt, fortgebildet. Solange dies aber nicht auf der Grundlage einer systematisch entwickelten Konzeption geschieht, d.h. Mitarbeiterführung nicht nach einheitlich-geschlossenen und erklärten Richtlinien, Steuerungsaktivitäten für das Personal nicht nach dafür gestalteten Systemen betrieben werden, liegt kein konzeptionell betriebenes Personal-Management vor.

Daß eine Grundkonzeption eines betrieblichen Personal-Managements Geschlossenheit vorsieht, schließt nicht aus, daß in Einführungsphasen schrittweise vorgegangen wird. Die Geschlossenheit einer Konzeption für Personal-Management ist keine normative Aufforderung, sondern systemimmanent. Die einzelnen Teilsysteme haben in einer Personalplanung einen gemeinsamen Ausgangspunkt, sind mittels gemeinsamer Bestandteile (z.B. die zuvor erwähnten Anforderungs- und Qualifikationsprofile, Beurteilungsgespräche u.a.m.) miteinander verzahnt und in ihrer folgerichtigen Handhabung voneinander abhängig.

Diese systemimmanente Geschlossenheit einer Konzeption für das Personal-Management legt die Art und Weise der Konzipierung der Teilsysteme und ihrer Handhabung und einen bestimmten Führungsstil nicht fest. Auch insofern enthält Personal-Management keine normativen Komponenten. Die einzige **wertende Grundvoraussetzung** liegt darin, daß – wie oben erwähnt – davon ausgegangen wird, daß in den Betrieben grundsätzlich versucht wird, institutionelle und individuelle Zielsetzungen gleichermaßen zu erreichen bzw. daß bei Konflikten in einzelnen Fällen faire Kompromisse gesucht werden und nicht einseitig von der Dominanz betrieblicher Ziele ausgegangen wird. Die Beobachtung der heutigen Realität gibt Anlaß zu der Feststellung, daß diese Grundmaxime mehr und mehr verfolgt wird, so daß es berechtigt erscheint, sie in diesem Buch voranzustellen.

Allerdings ist – wiederum mit Blick auf die Realität – davon auszugehen, daß es durchaus unterschiedliche Ergebnisse bei der Suche nach Kompromissen geben wird, wenn institutionelle Ziele in Konflikt mit individuellen Zielsetzungen stehen. Diese Ergebnisse hängen bestimmend von den grundlegenden Orientierungen ab, die eine Unternehmungspolitik bestimmen. So dürfte bei einer Grundorientierung, die stärker auf die Interessen der Kapitalgeber gerichtet ist (Bestands-, Überlebenssicherung), ein Kompromiß eher zu Lasten der Ziele der Mitarbeiter ausgehen. Das ist anders zu erwarten bei einer Grundorientierung, die eher auf die Interessen unterschiedlicher Beteiligter gerichtet ist (fortschrittsorientierte Unternehmungsentwicklung): Hier sind Kompromisse zu erwarten, die stärker zugunsten der Mitarbeiter-Ziele ausgerichtet sind (Näheres s. Kap. F.II).

III. Organisation des Personalressorts

Vorschläge für eine »organisatorische Ordnung« betrieblicher Personalarbeit stehen stets vor dem grundsätzlichen Problem, daß – im Gegensatz zu den meist klar abgrenzbaren Aufgaben einer anderen Fachabteilung – personalwirtschaftliche Aufgaben nur beschränkt ausgliederbar sind. Aufgaben wie bspw. Mitarbeiterführung und Personaleinsatz liegen weitgehend im Verantwortungsbereich der Führungskräfte einer Fachabteilung, während andere Aufgaben, wie z.B. Zusammenarbeit mit der Arbeitnehmervertretung und die Entgeltfindung, weitgehend in die Kompetenz von Personalabteilungen fallen.[10] Damit vollzieht sich betriebliche Personalarbeit nicht nur in der Personalabteilung, sondern ganz entscheidend im Handeln jeder Führungskraft in der Unternehmung. Ein eigenständiges Personalressort ist jedoch notwendig, will man die Forderung nach einem (strategischen) Personal-Management als integrativen Teil der Unternehmungspolitik bzw. -strategie in der Unternehmungspraxis realisieren.

Betrachtet man die personalwirtschaftlichen Aufgabenstellungen, die sich einem eigenständigen Personalressort zuordnen lassen, so können grundsätzlich vier Haupttypen unterschieden werden[11]:

(1) Aufgaben der Personalverwaltung – früher als ausschließliche Aufgabe einer Personalabteilung gesehen – werden heute in der Diskussion häufig vergessen und in der Wirkung unterschätzt. Für das Ansehen der Personalarbeit in der Unternehmung ist die professionelle Erfüllung dieses Aufgabenbereichs entscheidend: Solange alles gut geht, fallen diese Aufgaben nicht auf, sobald Fehler sichtbar werden, sind die Auswirkungen in der Belegschaft fatal.[12]

(2) Einzelaufgaben mit Dienstleistungscharakter, wie z.B. Personalbeschaffung, -auswahl und Vergütung, die aus den Fachabteilungen ausgegliedert werden, um sie in einheitlicher Weise und rationeller erledigen zu können. Auch wenn die Personalabteilung hierfür meist alleinverantwortlich ist, muß sie sich mit der Linie beraten bzw. ihr Einverständnis einholen.

(3) Übergeordnete Gesamtaufgaben, personalpolitische Grundsatzfragen wie z.B. die Konzeption der Personalpolitik der Unternehmung, Aufbau und Umsetzung eines neuen umfassenden Vergütungssystems, Konzeption eines Personalinformationssystems u.a.m. Bei der Durchführung dieser Aufgaben wird die Personalabteilung zumeist im Auftrag der Unternehmungsleitung tätig.

(4) Aufgaben im Rahmen der Gesamtleitung der Unternehmung im Hinblick auf den »Produktionsfaktor Mensch«. Diese strategische Aufgabe ist heute noch in den wenigsten Unternehmungen ausgeprägt und hängt vom generellen Stellenwert der betrieblichen Personalarbeit in der Unternehmung ab.

Vielfach zeigt jedoch die Unternehmungspraxis, daß die Personalabteilung heute immer noch lediglich die Rolle einer Verwaltungsabteilung einnimmt, die auch wenig Einfluß auf

---

10 Vgl. auch Lattmann (1975a) Sp. 1429 und (1985) 192f.

11 Vgl. ähnlich Lattmann (1975a); Althauser (1989) 269; Daul (1990) 199; siehe auch Wächter (1987).

12 Vgl. auch Althauser (1989) 269.

den Unternehmungserfolg hat.[13] Die Erwartungen der Führungskräfte gehen jedoch in Richtung verstärkter Beratung und Hilfestellung in personalwirtschaftlichen Fragestellungen, d.h. hin zu einer »Dienstleistungsfunktion Personal«. Die künftige Rolle der Personalverantwortlichen wird daher weniger die der »Verwalter« als die der »Berater« der Führungskräfte und der »Gestalter« im Rahmen der gesamtstrategischen Aufgabenstellung sein.

Um diese neuen Aufgabenstellungen zu erfüllen bzw. in die Rollen hereinzuwachsen, ist sowohl eine geeignete »innere« als auch »äußere« Organisation des Personalressorts wichtig. Während die »innere Organisation« sich auf die interne Struktur der Abteilung bezieht, regelt die »äußere Organisation« die Beziehungen zu anderen Fach- und Stabsabteilungen sowie die hierarchische Eingliederung.

Hinsichtlich der hierarchischen Einordnung in die Unternehmungsorganisation lassen sich vier Varianten differenzieren[14]:

(1) Vorstands-/Geschäftsführungsressort, d.h. der hauptamtliche Leiter des Personalbereichs ist Mitglied der Unternehmungsleitung;
(2) der Leiter des Personalbereichs berichtet an ein Mitglied der Unternehmungsleitung, welches u.a. für Personalfragen zuständig ist;
(3) der Leiter des Personalbereichs berichtet an die Unternehmungsleitung als Ganzes, d.h. das Personalressort ist auf oberster Hierarchieebene nicht mehr verankert;
(4) der Leiter des Personalbereichs berichtet an eine Instanz unterhalb der Unternehmungsleitung, z.B. Leiter Verwaltung.

Die organisatorische Eingliederung der Personalabteilung in der Unternehmung spiegelt den ihr zugemessenen Stellenwert wider.[15] Wünschenswert i.S. der Aufgabenerfüllung ist es, daß sie dem Rang nach anderen Fachabteilungen gleichgestellt ist.

Während der hierarchischen Einordnung immer Beachtung geschenkt wird, werden andere organisatorische Beziehungen nur selten diskutiert.[16] Hier gilt es festzulegen, inwiefern und bei welchen Tatbeständen die Personalabteilung mitentscheidet, wann die Fachabteilung das Beratungs- und Informationsangebot annehmen muß, in welchen Bereichen die Personalabteilung Alleinentscheidungsrechte oder Interventionsrechte hat bzw. sich aktiv in Entscheidungsprozesse einschalten kann bzw. welche Informationsrechte sie selbst beanspruchen kann.[17]

Betrachtet man die »innere« Organisation der Personalabteilung, so lassen sich zwei Varianten unterscheiden[18]:
(1) Gliederung nach **funktionalen** Kriterien;
(2) Gliederung nach **objektbezogenen** Kriterien.

zu (1):
Bei dieser Organisationsform werden gleichartige personalwirtschaftliche Teilaufgaben in einzelne Bereiche bzw. Abteilungen zusammengefaßt: z.B. »Personalbeschaffung«, »Perso-

---

13 Vgl. die empirischen Untersuchungen bei Lattmann (1985); Remer/Wunderer (1977); ebenso Daul (1990) 87.
14 Vgl. Domsch/Gerpott (1992); Lattmann (1975a); Spie (1988).
15 Domsch/Gerpott (1992) Sp. 1938f.
16 Eine Ausnahme ist hier Althauser (1989) 270.
17 Vgl. auch Althauser (1989) 270.
18 Vgl. im folgenden zu den Vor- und Nachteilen einzelner Organisationsformen auch Paschen (1988) 237ff.; Domsch/Gerpott (1992) Sp. 1938ff.; Wagner (1989) 181ff.; Althauser (1989) 270ff.; Bühner (1991) 444ff.

nalverwaltung«, »Bildungswesen«, »Personalbetreuung«, »Sozialwesen«. Die Vorteile einer solchen Struktur liegen in der Spezialisierung, dem hohen Erfahrungsniveau und der damit oft einhergehenden rationellen, fachlich versierten Aufgabenerfüllung der mit den Aufgaben betrauten Mitarbeiter. Desweiteren ist positiv, daß durch diese Organisationsform unternehmungsweit eine Einheitlichkeit der Aufgabenerfüllung bzw. der Anwendung und Auslegung von Regelungen gewährleistet ist. Gegen diese Organisationsform spricht, daß der Dienstleistungscharakter der Personalfunktion nicht deutlich wird: Einzelne Mitarbeiter haben bei unterschiedlichen Fragestellungen immer unterschiedliche Ansprechpartner, die Personalfachleute müssen sich mit unterschiedlichen Gruppen von Mitarbeitern und deren speziellen Problemen befassen, und die spezialisierten personalwirtschaftlichen Fachkenntnisse der Mitarbeiter entsprechen nicht immer den differenzierten Erfordernissen einzelner Unternehmungsbereiche. Eine »Kundenorientierung« ist daher nur schwer durchsetzbar.

zu (2):
»Objekte« können in diesem Zusammenhang Abteilungen, Unternehmungsbereiche oder auch Mitarbeitergruppen sein. Während sich die klassische Struktur der Trennung nach Mitarbeiterkategorien wie Angestellte und Gewerbliche zunehmend durch arbeits- und tarifrechtliche Angleichungen überholt, finden sich bei der neueren Organisationsform des Personalreferentensystems entscheidende Vorteile. Nach der gegebenen Organisationsstruktur der Unternehmung werden einzelnen Personalreferenten mehrere Abteilungen bzw. Ressorts oder auch Unternehmungsbereiche zugeordnet. Bei diesem Referenten liegt dann die gesamte Betreuung seiner Mitarbeitergruppe und die Verantwortung für die Erfüllung aller personalwirtschaftlichen Aufgaben.

Hauptvorteil dieser Organisation ist, daß eine mitarbeiternahe, eine »kundenorientierte« Personalarbeit möglich wird. Detaillierte Kenntnisse über Arbeitsplätze, Qualifikationen, Wünsche von Führungskräften und Mitarbeitern ermöglichen eine sachgerechte und individuelle Betreuung. Hervorzuhebende Nachteile sind der hohe Koordinationsaufwand innerhalb der Personalabteilung sowie die hohen Anforderungen an die Personalreferenten selbst, die in ihrem Fachgebiet »alles beherrschen« und Generalisten sein müssen. Diese Nachteile sind sicherlich dadurch abzumildern, daß in speziellen Fachgebieten unterstützende, unternehmungsübergreifende Bereiche gebildet werden, wie »Personalverwaltung«, »Bildungswesen« bzw. »Personalentwicklung«, »Sozialwesen«, »Grundsatzfragen« o.ä.

Die Personalabteilung ist jedoch immer auf eine enge Zusammenarbeit mit der Linie angewiesen. Die Führungskräfte »vor Ort« kennen sich abzeichnende Problemfelder besser, sowohl im Hinblick auf künftige Aufgabenstellungen als auch hinsichtlich der Qualifikationen und Entwicklungspotentiale der Mitarbeiter. Auch sind sie i.d.R. diejenigen, die bestimmte Regelungen oder neue Verfahren in ihrem Verantwortungsbereich umsetzen müssen. Um die Zusammenarbeit mit den Führungskräften als festen Bestandteil der betrieblichen Personalarbeit kenntlich zu machen, erscheint es sinnvoll, Arbeitskreise, Projektgruppen oder Gesprächsrunden einzusetzen und diese zu einer betrieblichen Übung werden zu lassen. Insbesondere zu längerfristig wirkenden personalwirtschaftlichen Fragestellungen sollten die professionellen Personalmitarbeiter stets die Unterstützung interessierter Vertreter der Fachabteilungen suchen. Nur so lassen sich Konzepte und Instrumente erarbeiten, die dem Bedarf der Zielgruppe gerecht werden und insofern auch Akzeptanz finden.

B. Menschliche Arbeitsleistungen in Betrieben

Erkenntnisse über das Arbeits- und Leistungsverhalten von Menschen in Betrieben sind unabdingbare Voraussetzung eines praktischen Personal-Managements. Betriebswirtschaftliches Geschehen und menschliche Arbeit können nicht adäquat erfaßt, bewertet und beeinflußt werden, wenn keine konkreten Vorstellungen vom menschlichen Verhalten und seinen Einflußfaktoren existieren. Nur wer sich näher mit den motivationalen Grundlagen des Verhaltens beschäftigt, wird z.B. in der Lage sein, über die bewußte Gestaltung von Arbeitsbedingungen gewünschte Verhaltensweisen von Mitarbeitern (z.B durch positive Anreize, Belohnungen etc.) zu fördern und die Wahrscheinlichkeit des Auftretens anderer zu vermindern. Aber nicht nur das Formen betrieblicher Anreizsysteme, auch die Bemühungen im Rahmen der Mitarbeiterführung, Personalentwicklung, -auswahl usw. zielen darauf ab, das Leistungsverhalten der Mitarbeiter – unter Beachtung ihrer Eigeninteressen – im Sinne der Unternehmungsziele zu beeinflussen. Dabei wird auf unterschiedlichste Konzepte und Theorien der Managementforschung und angrenzender Disziplinen wie der Psychologie oder Soziologie zurückgegriffen. Die dort identifizierten »Determinanten« menschlicher Arbeitsleistungen im Betrieb gilt es, als interdependente Variablen in ein allgemeines Aussagensystem zu integrieren, das zur Fundierung der Vorgehensweisen und Instrumente eines praktischen Personal-Managements herangezogen werden kann. Hierbei ist ein relativ hohes Abstraktionsniveau sicher nicht zu vermeiden.

I. Erklärungsansätze

1. Generalisierende Managementansätze

Die Wurzeln der heutigen, im folgenden referierten Erklärungsansätze für das Zustandekommen menschlicher Arbeit reichen zurück in die erste Reifezeit der Industrialisierung der westlichen Welt, in die ersten Jahrzehnte dieses Jahrhunderts.

Ihnen liegen implizite Annahmen über die Natur des Menschen zugrunde, die sehr vereinfachender und verallgemeinernder Art sind. Sie dienen als Basis, Begründung und Determinante für den Umgang mit Personal und für die Lösung von Personalproblemen. Sie dienten sowohl Wissenschaftlern als Grundlage für den Versuch der Errichtung von Theorien (z.B. Organisationstheorien), wie auch davon auszugehen ist, daß sie – oft auch als »Menschenbilder« bezeichnet – bei Managern eine Rolle als »implizite Theorien« spielen, die einen großen Teil der praktischen Arbeit beeinflussen und oft unbewußt leiten.
Solche Menschenbilder werden üblicherweise in einer Dreiteilung klassifiziert:

- Der rational ökonomische Mensch (economic man, homo oeconomicus) maximiert seinen Nutzen, ist vor allem durch materielle Anreize gesteuert; Emotionen werden ihm nicht unterstellt. Von ihm geht der größte Teil ökonomischer Modelle aus, er liegt dem Ansatz des Scientific Management zugrunde.
- Dem sozialen Menschen (social man) sind soziale Bedürfnisse wichtig; daher bemüht er sich zu deren Befriedigung um soziale Beziehungen zu anderen. Der Human Relations Ansatz wird von diesem Menschenbild beherrscht.
- Der Mensch ist ein komplexes Wesen (complex man), das sowohl rationale Züge hat, soziale Beziehungen sucht, wie auch den Versuch unternimmt, sich selbst zu verwirklichen und zu entwickeln. Dieses Menschenbild liegt den humanistischen Ansätzen zugrunde wie auch den weiteren folgenden, heutigen Ideen der Personalarbeit als Pflege der Human Resources.

Wenn auch die ersten beiden dieser Menschenbilder übervereinfachen, zu einseitig sind und uns daher als generalisierende Annahme heute eher unverständlich sind, so darf doch nicht außer acht gelassen werden, daß es in der Geschichte der Industrialisierung wechselnde Rahmenbedingungen für menschliche Arbeit gegeben hat, für die bestimmte Menschenbilder jeweils durchaus aktuell und angemessen waren. So stand für die Arbeiterschaft, auf die Taylors Arbeiten sich bezogen, im Vordergrund, existentielle Grundbedürfnisse zu befriedigen. Diese Menschen waren aus ihren bisherigen Strukturen herausgelöst (vom Land in die Stadt gezogen), zumeist ungelernt, auf die materielle Verwertung ihrer Arbeitskraft angewiesen. Andererseits kann für die humanistischen Ansätze davon ausgegangen werden, daß die Menschen, an die in ihnen gedacht wird, prinzipiell weitgehend materiell abgesichert, sozial eingebunden und in einem nicht unbeträchtlichen Maße unabhängig sind.

a) Traditioneller Ansatz des Scientific Management

Die Arbeiten des amerikanischen Ingenieurs Frederick W. Taylor und insbesondere dessen 1911 erschienenes Buch »The Principles of Scientific Management« werden allgemein als der erste Versuch einer systematischen Anwendung (natur-)wissenschaftlicher Methoden auf die Untersuchung und Beeinflussung menschlicher Arbeitsleistungen in Unternehmen und damit als Ursprung der Arbeitswissenschaften angesehen.[1] Die von ihm formulierten Prinzipien der wissenschaftlichen Betriebsführung waren ausnahmslos darauf gerichtet, durch optimalen Einsatz von Mensch und Maschine, die Produktivität zu maximieren. Insbesondere sollte dies erreicht werden über:

– **Optimierung des Arbeitsvollzuges**
  Auf der Grundlage intensiver Zeit- und Bewegungsstudien wurde sowohl der »one best way« einer Arbeitsverrichtung, als auch die angemessene Tagesleistung ermittelt. Das Ergebnis waren in ihre Elemente (bis hin zu Griffen und Griffelementen) zerlegte Arbeitsgänge, die in Anordnung und Abfolge rationalisiert und in eine systematische Planung aller Fertigungstätigkeiten integriert wurden. Für die betriebliche Praxis bedeutete dies:
  a) die strikte Trennung von Hand- und Kopfarbeit, indem die Leitung dem Arbeiter den optimalen Arbeitsvollzug vorgab und ihn so aller planenden und geistigen Tätigkeiten enthob;
  b) eine radikale Arbeitsteilung, wie sie schon 1776 von A. Smith am Beispiel der Stecknadelproduktion dargestellt wurde;
  c) die Möglichkeit, aus den ermittelten Arbeitsbedingungen konkrete personale Leistungsvoraussetzungen abzuleiten, welche zur Auswahl und Entwicklung von Arbeitskräften herangezogen werden konnten.

– **Einführung einer leistungsbezogenen Entlohnung**
  Grundsätzlich ging Taylor davon aus, daß der Mensch primär durch monetäre Anreize zu motivieren sei (homo oeconomicus). Die in den Betrieben seiner Zeit immer wieder zu beobachtende Leistungszurückhaltung der Arbeiter sei weniger auf deren Faulheit, sondern vielmehr auf inadäquate Entlohnungssysteme zurückzuführen. Da die mit der wissenschaftlichen Betriebsführung einhergehende Arbeitsintensivierung eine überdurchschnittliche Entlohnung bei gleichzeitiger Senkung der Produktionskosten ermöglichte, sah Taylor den klassischen Interessenkonflikt zwischen Arbeitnehmer und Arbeitgeber als gelöst an. Beide profitierten gleichermaßen von der Prosperität der Unternehmung, was automatisch zur Reduzierung sozialer Spannungen und Störungen der betrieblichen Abläufe führen sollte.

Tatsächlich konnte Taylor durch seine Rationalisierungsbemühungen nachhaltige Produktivitätssteigerungen erzielen. Inzwischen klassisch ist die (nicht verifizierte) Geschichte des Arbeiters Schmidt, der durch genaue Anleitung dazu befähigt wurde, über Jahre hinweg täglich 47,5 Tonnen Roheisen (statt ursprünglich 12,5 Tonnen) zu verladen, was ihm 60% mehr Lohn einbrachte und ihn nach Taylor außerdem nicht davon abhielt, nach Feierabend noch an seinem Häuschen zu bauen.

Obwohl der Taylorismus von Beginn an energischen Widerstand der Arbeiter hervorrief, verbreitete er sich in weiterentwickelter Form, auch forciert durch die Bemühungen im Rahmen der Kriegswirtschaft, schnell in den USA und Europa.

Allerdings stellte sich der von Taylor vorhergesagte Arbeitsfrieden nicht ein, und der offene und verdeckte Widerstand gegen die industriellen Arbeitsbedingungen nahm zu.

Auf wissenschaftlicher Ebene stieß insbesondere das dem Scientific Management zugrundeliegende Menschenbild des homo oeconomicus auf Kritik. Unstreitig ist heute, daß

---

1 S. auch Gilbreth (1912) sowie Staehle (1991) 22ff., z.T. mit neueren Forschungsergebnissen.

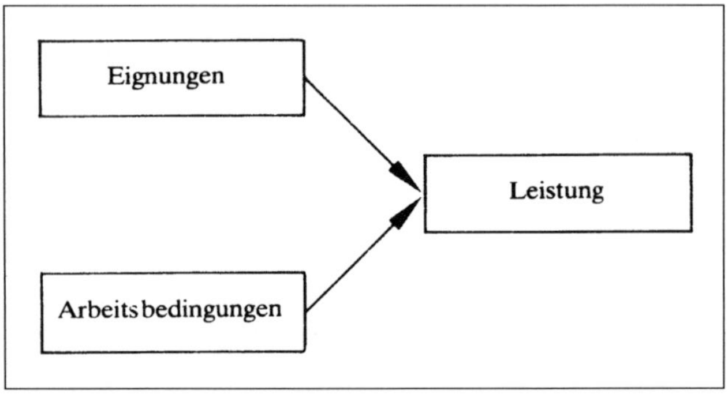

Abb. 3: Leistungsdeterminanten im Scientific Management

die einseitig an den betrieblichen Interessen orientierte, mechanistisch-instrumentale Sicht des Menschen als Grundlage der Erklärung, Prognose oder Steuerung des menschlichen Arbeitsverhaltens als vollkommen unzureichend bezeichnet werden muß. Dennoch beeinflußt der Taylorismus die industrielle Arbeitsgestaltung bis heute, was sich z.B. ausdrückt in: Arbeits- und Zeitstudien nach dem Refa-Verfahren, den Vorgehensweisen der industriellen Arbeitsvorbereitung, der Trennung von durchführenden und planenden Tätigkeiten, Fließfertigung und Arbeitsteilung im Rahmen der Massenproduktion.

b) Human Relations-Ansatz

Einen Paradigmenwechsel der Managementforschung markieren die noch von den Prämissen des Scientific Managements ausgehenden Untersuchungen in den Hawthorne Werken der General Electric Company.[2] Im Rahmen der unter der Leitung von Mayo, Roethlisberger und Dickson zwischen 1927 und 1932 durchgeführten Feldstudien sollte der Einfluß unterschiedlicher Arbeitsbedingungen (z.B. Gestaltung von Arbeitsplätzen, Lohnsystemen, Pausenregelungen etc.) auf die Arbeitsproduktivität untersucht werden. Entsprechend der Forschungshypothesen ließ sich beobachten, daß die Leistungen von Testgruppen, deren Arbeitsbedingungen verbessert wurden (z.B. durch bessere Beleuchtung), während der Experimente stiegen. Entgegen den Erwartungen der Forscher wurden aber auch Leistungssteigerungen in den parallel beobachteten Kontrollgruppen festgestellt, die unter unveränderten Bedingungen arbeiteten. Diese, in einer Vielzahl von Experimenten vorgefundene, Unabhängigkeit der Leistungssteigerungen von den variierten Arbeitsbedingungen ließ sich durch die individualwissenschaftlichen, auf das Individuum und seinen Arbeitsplatz fokussierten Aussagen des Scientific Managements nicht erklären. Im Zuge der Interpretation dieser Ergebnisse formulierten Mayo und seine Mitarbeiter die Annahme, daß der Arbeiter nicht ein isolierter Produktionsfaktor, sondern Teil eines komplexen sozialen Systems sei. Dies stellt den Kernpunkt des Human Relations-Ansatzes dar. Entsprechend wird die Arbeitsleistung eines Mitarbeiters neben den tayloristischen Leistungsdeterminanten insbesondere durch dessen Arbeitszufriedenheit bestimmt. Sie ist eine Größe, die von sozialen Fakto-

2 Vgl. die ausführliche Darstellung der Hawthorne-Untersuchungen bei Roethlisberger/Dickson (1970).

ren wie den Interaktionsbeziehungen zur Arbeitsgruppe oder zu den Vorgesetzten, der dem Arbeiter entgegengebrachten sozialen Anerkennung usw. abhängen.[3]

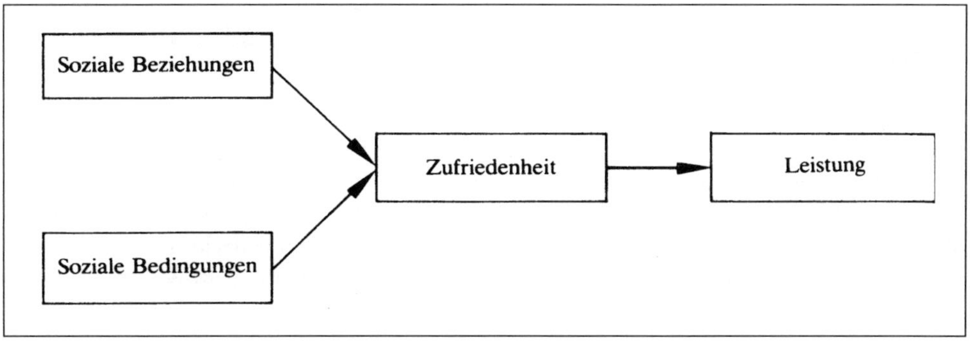

Abb. 4: Leistungsdeterminanten nach dem Human Relations-Ansatz

Obwohl der wissenschaftliche Wert der Hawthorne-Experimente heute angezweifelt werden muß, haben sie die wissenschaftliche Forschung nachhaltig beeinflußt.[4] Die aufkommende Industriesoziologie und Sozialpsychologie des Betriebes befassen sich mit der sozialen Dimension menschlicher Arbeitstätigkeit, wobei Bereiche wie die Bildung und Funktion informeller Gruppen in Organisationen, die Bedeutung von Arbeitsgruppen und die Entwicklung sozialer Normen innerhalb solcher, Führungsverhalten und -stil usw. im Mittelpunkt des Interesses standen.[5]

Auch die Human Relations-Bewegung, die bis ans Ende der 50er Jahre reichte und mit ihrem Gedankengut Eingang in die neoklassische Organisationstheorie fand, (»social man«) zielte letztlich auf die Erhöhung der Arbeitsproduktivität ab. Die entsprechenden Forschungsergebnisse trafen in der Unternehmungspraxis insbesondere auf Akzeptanz, weil sie sich unverzüglich und ohne größere Investitionen umsetzen ließen und letztlich nicht an den Grundsätzen tayloristischer Arbeitsorganisation rüttelten. (Obwohl diese – z.B. durch den hohen Grad der Arbeitsteilung – den Anforderungen des Human Relations-Ansatzes keineswegs gerecht werden konnte.) Insofern konnte die Kritik nicht ausbleiben, daß in den Bemühungen des Human Relation-Ansatzes letztlich nur der Manipulationsversuch eines an sich konservativ eingestellten Managements mit dem Ziel der Untergrabung der gewerkschaftlichen Bewegung und einer Intensivierung industrieller Arbeitstätigkeit zu sehen sei.

Letztlich zeigt sich aus heutiger Sicht, daß auch die Argumentationskette des Human Relations-Ansatzes eine eindeutig verkürzte Sichtweise menschlicher Arbeitstätigkeit darstellt. So führt ein gutes soziales Klima innerhalb einer Arbeitsgruppe nicht automatisch zu einer Leistungssteigerung der Arbeitsgruppe (Vgl. Kap. D.VI.3) und auch der generelle Zu-

3 In Anlehnung an die im Rahmen des Hawthorne-Experiments beobachteten Effekte bezeichnet man heute in der empirischen Sozialforschung das Phänomen, daß Versuchspersonen nur aufgrund ihres Bewußtseins, Teilnehmer an einer wissenschaftlichen Untersuchung zu sein, von ihrem »normalen« (Antwort-) Verhalten abweichen als »Hawthorne-Effekt«.

4 Vgl. Greif (1993), der den Hawthorne-Effekt als einen von Mayo und seinen Mitarbeitern verbreiteten Mythos darstellt.

5 Vgl. hierzu z.B. die Arbeiten von Lewin et al (1939); Katz/Kahn (1978) und Tannenbaum (1966).

sammenhang zwischen Arbeitszufriedenheit und Leistung muß angezweifelt werden (Vgl. Kap. B.II.4).

c) Humanistische Ansätze

Die in den Arbeiten von Maslow (1954), McGregor (1960), Argyris (1964) vertretene humanistische Sichtweise des Menschen leitete gegen Ende der 50er/Anfang der 60er Jahre einen neuen Abschnitt in der Management-Forschung ein. Ausgehend von einer hierarchischen Ordnung menschlicher Bedürfnisse und der Tatsache, daß zu Zeiten des allgemeinen Wohlstandes die existentiellen Grundbedürfnisse der Werktätigen gedeckt seien, rückten die Autoren das Bedürfnis nach Selbstverwirklichung und psychologischem Wachstum in den Mittelpunkt der Betrachtung. Die Vertreter der humanistischen Ansätze (Beginn einer Betrachtung des betrieblichen Personals als »Human Resource«) gehen davon aus, daß der einzelne Mitarbeiter einer Unternehmung nur dann sein volles Leistungspotential zur Verfügung stellt, wenn er dieses Bedürfnis im Rahmen seiner Tätigkeit ausleben kann. Im Gegensatz zu den Modellen des Scientific Managements und des Human Relations-Ansatzes wendet man sich der menschlichen Arbeit selbst zu, die den Bedürfnissen der Mitarbeiter entsprechend zu gestalten ist und versucht nicht, den Arbeitsaufwand durch eine Bedürfnisbefriedigung, welche außerhalb der Arbeitstätigkeit liegt, zu entlohnen. Die Fähigkeit und Bereitschaft des einzelnen zur Übernahme von Verantwortung, zu Selbstkontrolle und -motivation, zum Treffen von rationalen, an den Unternehmungszielen orientierten Entscheidungen usw., wird dem Menschen prinzipiell unterstellt und hängt in seiner Umsetzung primär von den jeweils gegebenen Rahmenbedingungen ab. Zwischen den Zielen von Unternehmung und Mitarbeiter wird also kein grundsätzlicher Konflikt angenommen. Vielmehr sind Mitarbeiter durchaus bereit, sich aktiv für Unternehmensziele einzusetzen, wenn sich diese bzw. der Einsatz zu ihrer Erreichung (in Inhalt, Intensität und Aufstellung) mit ihren individuellen Interessen verbinden lassen.

Die Grundaussage der humanistischen Ansätze, daß ein Mensch nur über sinnvolle, identitätsstiftende Tätigkeiten (intrinsisch) und nicht über Lohnerhöhungen und andere kostenintensive Anreize dazu motiviert werden kann, im Sinne der Unternehmungsziele, hohe Leistungen zu bringen, traf in der Managementpraxis auf große Akzeptanz. Unter dem Stichwort »Humanisierung der Arbeit« setzte eine Vielzahl von Bemühungen der Umkehr tayloristischer Arbeitsstrukturen ein. Im Zuge der Entwicklung von neuen Formen der Arbeitsorganisation standen insbesondere eine Erweiterung der Handlungsspielräume, die Ausweitung von Aufgabenbereichen und Stichworte wie »Partizipation«, »Demokratie im Betrieb« im Mittelpunkt des Interesses (Vgl. Kap. D.V.5.b.bb).

Zwar erlaubt das Menschenbild der humanistischen Ansätze (»complex man«) eine wesentlich differenziertere Sichtweise des arbeitenden Menschen, ein Wandel des Arbeiters vom fremdbestimmten Objekt zum selbstbestimmten Subjekt ist damit aber keineswegs verbunden. Die Idealvorstellung des sich im Einklang mit den Unternehmungszielen selbstentfaltenden Mitarbeiters dürfte gerade im industriellen Bereich nicht der Realität entsprechen. Letztlich wird eine »Selbstverwirklichung« nur innerhalb der vorgegebenen Organisations- und Tätigkeitsstrukturen und entlang der Präskriptionen einer weitgehend an der protestantischen Leistungsethik orientierten Gesellschaft möglich sein.

2. Motivationstheoretische Ansätze

Geht es in der betrieblichen Praxis darum, inter- oder intraindividuelle Unterschiede der qualitativen oder quantitativen Arbeitsleistung zu erklären, wird früher oder später der Begriff der (Arbeits-)Motivation fallen. I.d.R. versteht man darunter eine personale (im Mitarbeiter selbst angesiedelte) Determinante menschlichen Verhaltens, der eine enge Beziehung zu Phänomenen wie Absentismus, Fluktuation, der Bildung von individuellen Handlungszielen/-entwürfen usw. unterstellt wird.

Leider (oder zum Glück) stellt sich die Frage nach der Begründung menschlichen (Arbeits-)Verhaltens wesentlich problematischer dar, als der alltagssprachliche Umgang mit dem Begriff »Motivation« auf den ersten Blick vermuten läßt. Eine einzige, allgemein akzeptierte Theorie, mit der erklärt wird, wie menschliches Verhalten (im Betrieb) in Anstoß, Inhalt und Zweckausrichtung zustandekommt, existiert nicht. Statt dessen finden sich mehrere, z.T. in ihren Ansatzpunkten und insbesondere in der verwendeten Terminologie sehr unterschiedliche Versuche, eine Theorie der Motivation zu entwickeln. Miteinander unvereinbar scheinen sie nicht, im Gegenteil: Sie dürften zumeist eher miteinander ergänzungsbedürftig als nur ergänzungsfähig sein.

Nach Heckhausen (1989) lassen sich grundsätzlich drei Problemgebiete der Motivationspsychologie unterscheiden[6]:

(1) Die Frage nach den Motiven;
(2) Die Frage nach der Motivation;
(3) Die Frage nach der Volition.

Zu (1): **Motiv**
Die Erforschung der Motive menschlichen Handelns stellt seit je einen zentralen Problembereich der Psychologie dar. Dabei sind Fragen nach der Anzahl menschlicher Motive oder danach, ob Motive universal oder individuell ausgeprägt, angeboren oder erlernt sind, bis heute letztlich nicht eindeutig beantwortbar.

Allgemein werden unter Motiven » ... sehr abstrakte Inhaltsklassen von wertbeladenen Folgen eigenen Handelns« verstanden.[7] Es handelt sich also um positiv bewertete und potentiell angestrebte (Ziel-)Zustände, bezüglich denen entsprechende Verhaltensbereitschaften bestehen. Dabei stellen Motive (Wertungs-)Dispositionen dar, die zeitlich relativ stabil und nicht angeboren sind, sondern vielmehr im Laufe der Ontogenese (z.B. durch Sozialisation) entwickelt werden. Handlungsziele, die zur Sicherung der Existenz des Organismus angestrebt werden, fallen nicht unter den Begriff des Motivs.[8]

Umgangssprachlich versteht man Motive oft als die inneren Beweggründe des Verhaltens und unterstellt gleichzeitig einen entsprechenden kausalen Bezug zu diesen. Motive werden dann als tatsächlich vorhandene Wesenheiten (Entitäten) verstanden, die ein bestimmtes Verhalten auslösen. Entgegen den Implikationen einer solch »naiven« Sichtweise sind Motive

6 Vgl. auch im folgenden Heckhausen (1989) 2ff.
7 Heckhausen (1989) 16.
8 In der Literatur findet sich oft die Unterscheidung in primäre und sekundäre Bedürfnisse. Während primäre Bedürfnisse die Notwendigkeit der Aufrechterhaltung des Organismus repräsentieren, entsprechen sekundäre Bedürfnisse dem hier skizzierten Motivbegriff.

aber weder direkt meß- noch beobachtbar.[9] Vielmehr handelt es sich um theoretische Konstrukte, die aus zeitlich und intersituativ stabilen Verhaltensunterschieden abgeleitet werden und im Sinne von Gedankenkonstruktionen oder kognitiven Hilfsmitteln eine Erklärung menschlichen Verhaltens ermöglichen sollen.

Zu (2): **Motivation**
Während das Motiv eine rein personale Größe darstellt, vereinigt der Motivationsbegriff endogene und exogene, das Verhalten bestimmende Faktoren und Prozesse. Heckhausen versteht unter Motivation eine momentane Gerichtetheit auf ein bestimmtes Handlungsziel.[10] Nachdem man sich im Rahmen der Personalismus-Situationismus-Debatte lange darüber gestritten hat, inwieweit menschliches Verhalten primär durch endogene (personale) oder exogene (situationale) Faktoren determiniert wird, ist heute unstreitig, daß Verhalten immer ein Interaktionsprodukt aus Person und Situation darstellt. Entsprechendes gilt für die dem Verhalten zugrundeliegende Motivation. Führt man sich vor Augen, wie kompliziert das Zusammenwirken unterschiedlicher Motive, verschiedener subjektiv wahrgenommener und bewerteter Situationsvariablen usw. zu einer Motivationstendenz spezifischer Stärke und Gerichtetheit sein muß, wird deutlich, welche Komplexität dem Motivationsbegriff zugesprochen werden kann. Letztlich handelt es sich um einen Sammelbegriff, unter dem die im Zuge der Genese einer Motivationstendenz ablaufenden Prozesse und Phänomene zusammengefaßt werden, ohne daß er (wie das theoretische Konstrukt »Motiv«) operationalisierbar wäre.

Grundsätzlich ist davon auszugehen, daß in einer Person eine Vielzahl von Motivationen/Motivationstendenzen vorliegen, die in einer Handlungsfolge, je nach Intensität, abwechselnd verhaltenswirksam werden.

Zu (3): **Volition**
Eine ausgebildete Motivationstendenz muß nicht zwangsläufig in Handlung umgesetzt werden. Die Schritte von der Motivation zur Handlung, nämlich die Intentionsbildung und die Handlungsinitiierung werden unter dem Begriff der Volition zusammengefaßt.

Die unterschiedlichen Ansätze der psychologischen Motivationsforschung, auf die im Rahmen praktischen Personal-Managements zurückgegriffen werden kann, lassen sich nach verschiedenen Kriterien kategorisieren. Im Rahmen des folgenden Versuchs, einen ersten Eindruck von den Bemühungen und Ergebnissen motivationspsychologischer Forschungen zu vermitteln, unterscheiden wir in Anlehnung an Campbell et al. (1970) in **Inhalts- und Prozeßtheorien der Motivation**. Die Ausführungen zur Leistungsmotivation werden aufgrund ihrer herausragenden Bedeutung für das betriebliche Personal-Management in einem eigenen Unterpunkt zusammengefaßt. An näheren Einzelheiten Interessierte werden auf die jeweils angegebenen Literaturquellen verwiesen.

Während sich die unter dem Stichwort »Inhaltstheorien« zusammengefaßten Ansätze primär mit der Frage nach Art, Anzahl und Bedeutung der einem Verhalten zugrundeliegenden Motive beschäftigen, konzentrieren sich die Prozeßtheorien verstärkt auf den kognitiven Aspekt motivationaler Phänomene. Obwohl im Zusammenhang mit den unter »Pro-

---

9 Vgl. Neuberger (1974) 13ff. Ansätze zum Zugang und zur Messung von Motivation finden sich bei v. Rosenstiel (1973) 80ff.; Rüttinger/v. Rosenstiel/Molt (1974) 35ff.; Wiswede (1980) 93ff.; Neuberger (1974a).

10 Heckhausen (1989) 2f.

zeßtheorien« zusammengefaßten Ansätzen eine vergleichsweise große Anzahl empirischer Untersuchungen vorliegt, die sich mit der Aktualisierung von Motiven, dem Ablauf motivationaler Prozesse usw. beschäftigen, haben die auf einer wesentlich schwächeren empirischen Basis fundierten Inhaltstheorien in der betrieblichen Praxis eine weitaus größere Resonanz gefunden. U.a. läßt sich diese Tatsache auch dadurch erklären, daß der Versuch, Verhalten auf einzelne Motive zurückzuführen (Inhaltstheorien), unserem alltäglichen, naiven Motivationsverständnis wesentlich eher entspricht, als die komplexen, dafür aber differenzierteren Ansätze aus dem Bereich der Prozeßtheorien.

a) Inhaltstheorien der Motivation

aa) Maslows Bedürfnishierarchie

Der in der Managementliteratur sicherlich am weitesten verbreitete motivationstheoretische Ansatz, ist die Bedürfnistheorie von Abraham H. Maslow (1954), einem klinischen Psychologen und Mitbegründer der »Humanistischen Psychologie«.[11] Maslows Ansatz war nicht als Beitrag zur Theorie der Arbeitsmotivation gedacht, sondern ist ein Produkt seiner klinischen Erfahrungen. Erst McGregor übertrug die allgemeinen motivationstheoretischen Überlegungen Maslows auf die Arbeitsmotivation und postulierte – im Gegensatz zu diesem – deren universelle Gültigkeit. Im Zuge der Human Resources-Bewegung wurde Maslows Ansatz einer breiten Öffentlichkeit bekannt, hat einen nachhaltigen Einfluß auf die Diskussion um die Humanisierung der Arbeit ausgeübt und bildet die motivationstheoretische Basis einer Vielzahl von Führungsrichtlinien und Management-Konzeptionen.

Maslow geht von der grundlegenden These aus, daß ein Bedürfnis nur dann und nur so lange verhaltensbestimmende Kraft hat, wie es nicht (vollständig) befriedigt ist. Er unterscheidet fünf Klassen von Bedürfnissen von unterschiedlicher Wertigkeit: die **Bedürfnishierarchie**. Verdeutlicht wird dies mit Hilfe einer Pyramide, an deren Basis die zuerst erstrebte Bedürfnisklasse eingezeichnet wird. Die unteren vier Bedürfnisklassen umfassen sogenannte Mangelbedürfnisse, die oberste Bedürfnisklasse sogenannte Wachstumsbedürfnisse (vgl. Abb. 5).

Den einzelnen Bedürfnisklassen exemplarisch zugeordnete Ziele sind die folgenden:

- **Physiologische Bedürfnisse**: Nahrung, Schlaf, Witterungsschutz.
- **Sicherheits-Bedürfnisse**: Schutz vor Gefahren, wirtschaftliche Sicherheit, geordnete beherrschbare Lebensumstände.
- **Soziale Bedürfnisse**: Zuneigung (Äußerung, Erhalt), Freundschaft, Gruppenzugehörigkeit, -anerkennung.
- **Achtungs-Bedürfnisse**: Selbstvertrauen, Kompetenz, Unabhängigkeit, Status, Beachtung, Respekt.
- **Selbstverwirklichungs-Bedürfnisse**: Nutzung und Entwicklung der eigenen Anlagen, Bestleistungen, anspruchsvolle Betätigung.

---

11 Vgl. Maslow (1970/1977). Die Humanistische Psychologie trat quasi als dritte Kraft neben den Behaviorismus und die Psychoanalyse. Im Ggs. zu diesen Ansätzen formuliert sie ein deutlich positives Bild des Menschen, dem sie grundsätzlich ein Streben nach Wachstum oder Selbstverwirklichung unterstellt. Vertreter waren u.a. Rogers, Goldstein, Fromm und Allport.

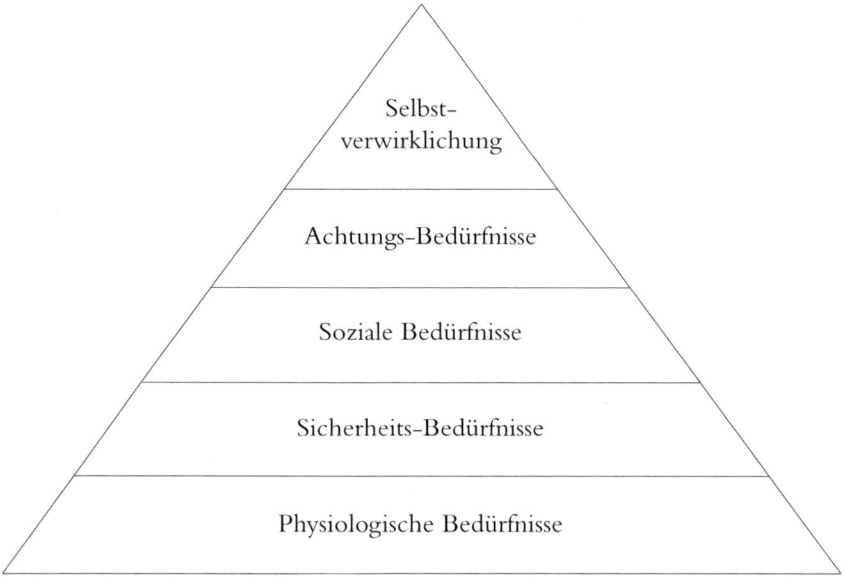

Abb. 5: Motiv-Pyramide nach Maslow

Eine zentrale Bedeutung hat die von Maslow vertretene **Rangfolgethese**, nach der höhere Bedürfnisklassen nur dann aktualisiert und damit verhaltensbestimmend werden, wenn die Bedürfnisse der niedrigeren Ebene weitgehend erfüllt sind. Mit der Befriedigung »niederer« Bedürfnisse geht also automatisch eine Steigerung der Ansprüche (des »Strebens nach Höherem«) einher. Dabei darf nicht von starren Grundgegebenheiten ausgegangen werden. Änderungen von Bedürfnisinhalten und von Anspruchsniveaus im Zeitablauf (Lernprozesse!), und damit auch Überlappungen der Bedürfnisklassen, dürfen nicht ausgeschlossen werden. Speziell letzteren Sachverhalt versucht die nachfolgende Abbildung 6 darzustellen.

Der motivationstheoretische Erklärungsansatz von Maslow hat neben starker Beachtung auch scharfe Kritik erfahren. Maslow selbst hat sich kritisch zur Popularisierung und Übernahme seiner Ergebnisse in die Theorie der Arbeitsmotivation geäußert.[12] Als **Kritik** sei hervorgehoben[13]:

- Die verwendeten Begriffe sind nicht operationalisierbar und es besteht eine wenig trennscharfe Abgrenzung der einzelnen Bedürfnisklassen (»amöbenartige Begrifflichkeiten«). Beispielhaft sollen hier Schwierigkeiten bei der Abgrenzung der »sozialen Bedürfnisse« von »Achtungs-Bedürfnissen« sowie die vage Definition des Begriffs der »Selbstverwirklichung«, der quasi eine Leerformel darstellt, angeführt werden.
- Der Ansatz Maslows basiert nicht auf empirischen Untersuchungen und es liegen auch

12 »My work on motivations came from the clinic, from a study of neurotic people. The carry-over of this theory to the industrial situation has come support from industrial studies, but certainly I would like to see a lot more studies of this kind before feeling finally convinced that the carry-over from the study of neurosis to the study of labor and factories is legitimate.« Maslow (1965) 55f.

13 Vgl. Hall/Nougaim (1968); Lawler/Suttle (1972); Neuberger (1974) 107ff.; v. Rosenstiel (1975) 142ff; Wiswede (1980) 98f.; Weinert (1981) 265f.

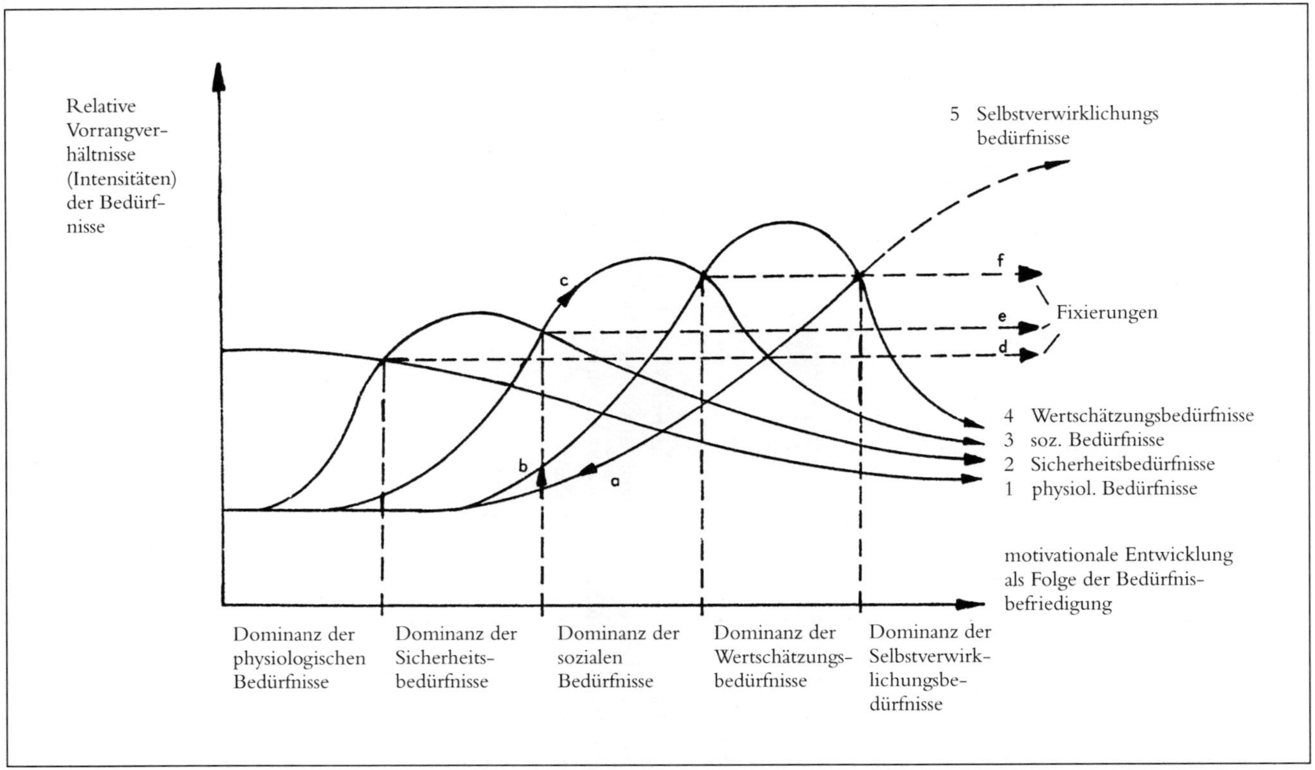

Abb. 6: Dynamische Betrachtung der Bedürfnisklassen Maslows
Quelle: Nick (1974) 31.

keine empirischen Bestätigungen weder der Inhalte der Bedürfnisklassen noch ihrer postulierten Abfolge vor.[14]
- Die empirisch nicht bestätigte Rangfolgethese muß bezweifelt werden. So ist vor dem Hintergrund alltäglicher Erfahrungen durchaus vorstellbar, daß gleichzeitig mehrere Bedürfnisse motivierend und handlungsleitend sein können.
- Die Bedingungen, unter denen ein bestimmtes Bedürfnis vorliegt oder nicht, bzw. wann es verhaltensaktivierend wirkt, werden nicht angegeben. Situative und gesellschaftliche Faktoren bleiben somit vernachlässigt.
- Der Ansatz spiegelt die Ideale der damaligen amerikanischen Mittelschicht sowie des bürgerlich-humanistischen Menschenbildes wider.

Insgesamt handelt es sich um einen normativen, nicht jedoch um einen deskriptiv-empirischen Erklärungsansatz. Das Vorhandensein einer Bedürfnispyramide nach dem beschriebenen Modell gilt als empirisch nicht hinreichend gestützt. Vielfach besteht jedoch Einigkeit über die folgende **Tendenzaussage**, deren Informationsgehalt als eher bescheiden einzustufen ist: Bevor die Grundbedürfnisse (physiologische und z.T. Sicherheitsbedürfnisse) einer Person nicht befriedigt sind, können Bedürfnisse höherer Ordnung nicht verhaltensdominant werden. Bedürfnisse höherer Ordnung lassen sich dabei jedoch nicht in eine spezifische Rangfolge oder Priorität bringen, sondern sie existieren vielfach nebeneinander, sind simultan wirksam sowie individuell und situationsspezifisch durchaus unterschiedlich.[15]

bb) Alderfers ERG-Theorie

In Anlehnung an Maslow hat Clayton P. Alderfer 1969 die sogenannte **ERG-Theorie** als motivationstheoretischen Erklärungsansatz entwickelt.[16] Dabei legte er besonderen Wert auf die Offenlegung der Beziehungen zwischen Bedürfnisbefriedigung und -aktivierung und die empirische Stützung seiner Hypothesen.

Alderfer reduziert die fünf Bedürfnisklassen Maslows – allerdings willkürlich – auf insgesamt drei und gibt die Annahme der streng hierarchischen Ordnung zwischen den Bedürfnisklassen sowie die Rangfolgethese auf:

- **Existenzbedürfnisse (Existence Needs)**; sie umfassen physiologische Bedürfnisse sowie den v.a. materiellen Teil der Sicherheitsbedürfnisse (Bezahlung, Schutz vor Krankheit, Versicherung für Alter und Arbeitslosigkeit, Bedürfnis nach Wohnung);
- **Beziehungsbedürfnisse (Relatedness Needs)**; hier sind die sozialen Bedürfnisse, das Bedürfnis nach Anerkennung und ein Teil der Sicherheitsbedürfnisse (Schutz vor anderen) zu nennen;
- **Wachstumsbedürfnisse (Growth Needs)**; hierzu zählen die Bedürfnisse nach Selbstverwirklichung, Leistung, Selbständigkeit, Unabhängigkeit und Selbstvertrauen.

---

14 Diejenigen empirischen Studien, die den Erklärungsansatz anscheinend belegen, haben erhebliche methodische Mängel: z.B. Querschnitts- statt Längsschnittuntersuchungen, Vernachlässigung von Status- und Sozialisationseffekten.

15 Vgl. Hall/Nougaim (1968) 12ff; Lawler/Suttle (1972) 285f.; Wahba/Bridwell (1976) 212ff.; Conrad (1983); Hefftner (1981); Baumgarten (1975).

16 Vgl. Alderfer (1969), (1972).

Die ERG-Theorie basiert auf einer Reihe von Annahmen, die dem Ansatz von Maslow entgegenstehen:

- So kann die Verhinderung der Befriedigung höherwertiger Bedürfnisse zu Frustrationen und zur Dominanz niederer Bedürfnisse führen. Die Verstärkung des höheren Bedürfnisses bei Befriedigung des niedrigeren wird aber als Regelfall angenommen.
- Bereits befriedigte Bedürfnisse können noch solange aktivierend wirken, wie andere Bedürfnisse unbefriedigt sind.
- Auch die Nichtbefriedigung eines Bedürfnisses durch Mißerfolgserlebnisse kann Wachstum bewirken; alle Bedürfnisklassen können simultan wirken.

Empirische Überprüfungsversuche deuten zwar darauf hin, daß die ERG-Theorie eine geringfügig größere Erklärungskraft hat als die Bedürfnistheorie von Maslow, eine Allgemeingültigkeit der Grundaussagen ließ sich jedoch nicht feststellen.[17]

cc) Herzbergs Zwei-Faktoren-Theorie

Ebenfalls in der humanistischen Tradition steht die aufgrund empirischer Erhebungen entstandene »Zwei-Faktoren-Theorie« von Frederick Herzberg und Mitarbeitern (1959), bei der es sich streng genommen um einen Erklärungsansatz zur Arbeitszufriedenheit handelt.[18]

Im Rahmen der sogenannten **Pittsburgh-Studie** wurden ca. 200 Techniker und Buchhalter mit teilstrukturierten Interviews über angenehme und unangenehme Arbeitssituationen (»Methode der kritischen Ereignisse«) befragt. Aus der Feststellung, daß im Zusammenhang mit besonders angenehmen und besonders unangenehmen Erlebnissen häufig unterschiedliche Ursachen bzw. Faktoren angegeben wurden, schloß Herzberg, daß es zwei Dimensionen der Arbeitszufriedenheit bei allen Individuen gibt:

- Faktoren, mit denen **Arbeitszufriedenheit** erreicht werden kann, sogenannte **Motivatoren** (auch Satisfaktoren, Zufriedenmacher, Kontentfaktoren oder intrinsische Faktoren genannt); als wichtigste Motivatoren zur Erreichung der Arbeitszufriedenheit werden Leistungserfolg, Anerkennung, Arbeitsinhalt, Verantwortung, Aufstieg, Entfaltungsmöglichkeiten u.a. genannt. Diese Faktoren stehen in unmittelbarem Zusammenhang mit der Arbeitsdurchführung und entsprechen eher den Wachstumsbedürfnissen Maslows.
- Faktoren, die die **Arbeitsunzufriedenheit** durch sogenannte **Hygienefaktoren** (auch Frustratoren, Dissatisfaktoren, Unzufriedenmacher, Kontextfaktoren oder extrinsische Faktoren genannt) verhindern können; als Hygienefaktoren werden Bezahlung, interpersonelle Beziehungen mit Untergebenen, Vorgesetzten und Kollegen, Status und Ansehen, Unternehmungspolitik und -verwaltung, physische Arbeitsbedingungen und Arbeitsplatzsicherheit u.a. genannt. Sie stehen in keiner unmittelbaren Beziehung zur Arbeit selbst, sondern stellen Begleitumstände der Arbeit dar und zeigen deutliche Parallelen zu Maslows Mangelbedürfnissen.

---

17 S. Alderfer (1972) 25 sowie zur deutschsprachigen Darstellung wie Kritik Wunderer/Grunwald (1980), Bd. 1, 186ff.; Wiswede (1980) 103ff.

18 Vgl. insgesamt zum folgenden Herzberg/Mausner/Snyderman (1959), Herzberg (1972); Herzberg u.a. (1957) sowie die deutschsprachigen Darstellungen bei Neuberger (1974) 199ff. u. Wunderer/Grunwald (1980), Bd. 1, 188ff.

Arbeitszufriedenheit wird nicht auf einem eindimensionalen Kontinuum gesehen, welches von »Arbeitsunzufriedenheit« bis »Arbeitszufriedenheit« reicht. Sie wird vielmehr als ein **zweidimensionales Konzept**, das in den Dimensionen »**Arbeitszufriedenheit (AZ) – Nicht-Arbeitszufriedenheit (N-AZ)**« und »**Arbeitsunzufriedenheit (AUZ) – Nicht-Arbeitsunzufriedenheit (N-AUZ)**« aufzuspalten ist, verstanden.

Hygienefaktoren, sofern sie in der individuellen Wahrnehmung ausreichend vorhanden sind, können demnach nie zur Arbeitszufriedenheit führen. Mit ihnen ist im günstigsten Fall lediglich der Zustand der Nicht-Arbeitsunzufriedenheit zu erreichen. Nur durch die Motivatoren kann Arbeitszufriedenheit und indirekt Leistungsbereitschaft gefördert und in diesem Sinne motiviert werden.

Die Ergebnisse der Herzbergschen Studien haben dadurch weitreichende organisationsgestaltende Konsequenzen gehabt, daß sie sowohl zur Begründung für die Einführung von Job-Enrichment-Maßnahmen angeführt wurden als auch die Bemühungen zur Humanisierung der Arbeit maßgeblich mitbeeinflußt haben.

Die **Kritik** an der Zwei-Faktoren-Theorie sei im folgenden kurz skizziert[19]:

- Der überwiegende Teil des Erklärungsansatzes ist nur vage formuliert, so daß eine empirische Widerlegung der Aussagen nicht möglich ist.[20] Insbesondere der Begriff der Arbeitszufriedenheit wird nicht ausdrücklich definiert. »Die ganze Auseinandersetzung gewinnt (dadurch) etwas Geisterhaftes«.[21]
- Die Unterteilung in die zwei Dimensionen der Arbeitszufriedenheit wird bestritten.[22]
- Situative Bedingungen zur Bedeutung der Faktoren werden außer acht gelassen.[23]
- Kritisiert wird ferner die Auswahl der Befragten, die verwendete »Methode der kritischen Ereignisse«, die Erhebung lediglich früherer Erfahrungen sowie das Fehlen einer Erklärung dafür, warum die verschiedenen Motivatoren und Hygienefaktoren die Leistungsbereitschaft positiv oder negativ beeinflussen.

Die große Resonanz, die Herzberg mit seinem Erklärungsansatz trotz der schon frühzeitig geäußerten Kritik gefunden hat, ist wohl auf die einfachen Grundannahmen, die leicht nachvollziehbare Erhebungsmethode, den humanistischen Zeitgeist und die unmittelbare »Einsichtigkeit« seiner Schlußfolgerungen, mit der sich direkt betriebliche Gestaltungsmaßnahmen durchführen ließen, zurückzuführen.

---

19 Vgl. insgesamt auch Neuberger (1974) 126ff.; Wunderer/Grunwald (1980), Bd. 1, 194f.; aber auch Zink (1975).

20 Vgl. hierzu King (1970), der im übrigen auch darauf hinweist, daß mindestens fünf Versionen der Theorie im Umlauf sind.

21 Neuberger (1985) 201.

22 Vgl. z.B. Wiswede (1980) 107.

23 Insgesamt lassen die vorliegenden empirischen Ergebnisse weder eine eindeutige Bestätigung noch eine eindeutige Falsifizierung der Theorie zu. Vgl. Walter-Busch (1977) 40 u. House/Wigdor (1967). Eine Bestätigung der Aussagen Herzbergs ergab sich nur bei der Anwendung der Methode der kritischen Ereignisse (Ergebnisse als »Kunstprodukt der Methode«).

b) Prozeßtheorien der Motivation

Für die Autoren der referierten Inhaltstheorien der Motivation stand die Frage im Vordergrund, **welche** Motive es sind, die Menschen zu bestimmtem Verhalten veranlassen. Anders bei den nun folgenden Ansätzen. Die Frage nach den Motivinhalten wird nicht gestellt; es interessiert vielmehr, in welcher Weise das Motivationsgeschehen abläuft und insbesondere, mit welchen **kognitiven Vorgängen** dieses verbunden ist.

Kognition ist der Sammelbegriff für alle Erkenntnisleistungen (z.B. Wahrnehmung, Gedächtnis, Denken etc.) eines Individuums, die seiner Orientierung in der Umwelt dienen. Die zusätzliche Berücksichtigung kognitiver Variablen in Motivationstheorien schwächt die rein emotionalen bzw. energetischen Aspekte (Motive, Bedürfnisse) ab.

Die in diesem Abschnitt abgehandelten Theorien stehen alle in der Tradition der Erwartungs-Wert-Ansätze. Im Rahmen dieser Ansätze geht man von einem rationalen, zielorientiert handelnden Menschen aus, dessen Verhaltenstendenzen (Motivationen) jeweils von der eingeschätzten **Erwartung** als der Wahrscheinlichkeit, ein bestimmtes Verhaltensziel zu erreichen und dem subjektiv wahrgenommenen **Wert** (Attraktivität) des dadurch realisierten Sachverhaltes abhängig ist. Die entwickelten Modelle beruhen nicht auf empirischen Studien, sondern lediglich auf abstrakten Überlegungen der jeweiligen Autoren.

aa) Vrooms Erwartungs-Valenz-Modell

In der von Victor H. Vroom 1964 publizierten VIE-Theorie der Motivation lassen sich drei zentrale Begriffe unterscheiden[24]:

(1) Valenz;
(2) Instrumentalität;
(3) Erwartung.

Zu (1): **Valenz**
Unter Valenz versteht Vroom den wahrgenommenen Wert eines Handlungsergebnisses oder einer Handlungsfolge im Sinne einer positiven oder negativen affektiven Einstellung. Ergebnisse, die für eine Person eine positive Valenz besitzen werden von dieser potentiell angestrebt, solche mit negativer Valenz gemieden.

Zu (2): **Instrumentalität**
Die Instrumentalität drückt den Verknüpfungsgrad zwischen einem Handlungsergebnis und einer Handlungsfolge aus. Sie kann einen Wert von –1 bis +1 annehmen. Ist z.B. ein Mitarbeiter an einem höheren Einkommen interessiert, kann er dieses Ziel z.B. dadurch zu erreichen suchen, daß er eine Beförderung anstrebt. Diese Beförderung hat als Handlungsergebnis dann nur einen instrumentellen Wert zur Erreichung einer Einkommensteigerung, die eine Handlungsfolge darstellt. Entsprechend lassen sich Valenzen der ersten und der zweiten Ebene unterscheiden:

– Die **Valenz der ersten Ebene** bezeichnet den Wert eines Handlungs**ergebnisses**, der sich aus der Summe der Produkte der Valenzen aller Handlungsfolgen und der subjektiven Einschätzung der Instrumentalität des Handlungsergebnisses für diese ergibt.

---

24 Vgl. zum nachfolgenden Vroom (1964).

– Die **Valenz der zweiten Ebene** bezeichnet den Wert bestimmter Handlungs**folgen** als des eigentlichen Handlungsziels.

Zu (3): **Erwartung**
Unter Erwartung wird die subjektiv wahrgenommene Wahrscheinlichkeit verstanden, daß eine Handlung zum gewünschten Handlungsergebnis führen wird. Die Erwartung kann Werte von 0 bis +1 annehmen.

Die Stärke einer Handlungstendenz (HT), die Vroom in Anlehnung an Lewin »force« (psychologische Kraft) nennt, wird bestimmt durch das Produkt der Valenzen (V) der Handlungsergebnisse und der Stärke der Erwartung (E) darüber, daß diese Handlungsergebnisse erreicht werden können.

Handlungstendenz = Valenzen der Handlungsergebnisse x Erwartungen

Dabei impliziert die multiplikative Verknüpfung, daß keine Handlungstendenz entsteht, wenn eine der genannten Größen gleich Null ist. Je höher die erwartete Wahrscheinlichkeit, daß eine bestimmte Handlung zu einem positiv bewerteten Ergebnis führt, desto eher wird diese Handlung vollzogen. Dabei ist zu beachten, daß die HT nur Aussagen über den Anstrengungsgrad ermöglicht. Aussagen über bzw. Vorhersagen von Handlungsergebnissen (z.B. Leistungen von Mitarbeitern im Betrieb) sind nur dann möglich, wenn zusätzliche Variablen wie Fähigkeiten, soziokulturelle Realisierungsmöglichkeiten usw. berücksichtigt werden.

Das Erwartungs-Valenz-Modell betont die Bedeutung von antizipativen Vorstellungen von künftigen Ergebnissen, die in einer Mittel-Zweck-Beziehung stehen. »Das ist der springende Punkt in der Theorie. Damit ist gesagt, daß das Verbinden einer erstrebenswerten Belohnung (wie Geld) mit einem erwünschten Verhalten (wie Leistung) nicht ausreicht, um das erwünschte Verhalten herbeizuführen. Die Bezahlung kann sehr erwünscht sein und kann auch als ein Aspekt der Leistung gesehen werden; wenn jedoch negative Konsequenzen wie Müdigkeit oder Ablehnung innerhalb der Gruppe auch als Aspekte der Leistung gesehen werden, dann reicht die Motivation zur Leistung vielleicht nicht aus. Schließlich wird nach Vroom ein Mensch in einer Situation nur dann zur Leistung motiviert, wenn die gute Leistung die höchste E x V Stärke in der Situation hat. Die gute Leistung kann eine hohe E x V Stärke haben, wenn jedoch die schlechte Leistung eine höhere E x V Stärke hat, wird der Mensch nicht zur guten Leistung motiviert sein.«[25]

Die Grundannahmen der VIE-Theorie konnten in empirischen Untersuchungen weitgehend bestätigt werden, obgleich die Operationalisierung der einzelnen Variablen große Schwierigkeiten bereitet. Doch gilt die grundsätzliche **Kritik** an den Erwartungs-Valenz-Ansätzen auch für das Modell Vrooms.[26] So kristallisiert sich immer wieder Kritik an der multiplikativen Verknüpfung der Variablen »Valenz«, »Erwartung« und »Instrumentalität« die eigentlich eine wechselseitige Unabhängigkeit der Variablen impliziert, welche nach unseren alltäglichen Erfahrungen aber nicht als gegeben angenommen werden kann. Angezweifelt werden muß außerdem, daß das handelnde Individuum in der Tat alle relevanten Informationen in ausreichendem Maße berücksichtigen und rein rational verarbeiten kann wie es die Theorie unterstellt. Fraglich ist auch, inwieweit die beschriebenen Prozesse generalisiert, also für alle Menschen gleichermaßen gültig dargestellt werden können.

---

25 Lawler (1973), (1977) 72.

26 Vgl. ausführlich zur Kritik an den Erwartungs-Valenz-Ansätzen Campbell/Pritchard (1976) 91f., die 34 Studien zur Erwartungs-Valenz-Theorie einer ausführlichen Analyse unterzogen haben.

bb) Modell von Porter/Lawler

In Betrieben ist die Frage von besonderem Interesse, wie Motivation, Leistung und (Arbeits-)Zufriedenheit zusammenhängen. Der Versuch einer Antwort auf diese Frage ist das Modell von Lyman W. Porter und Edward E. Lawler (1968), das ebenfalls von den Begriffen »Valenzen« und »Erwartungen« ausgeht. Zentrale Variablen des Modells sind (s. dazu Abb. 7)[27]:

- Anstrengung (effort),
- Leistung (performance),
- Belohnung (rewards),
- Zufriedenheit (satisfaction).

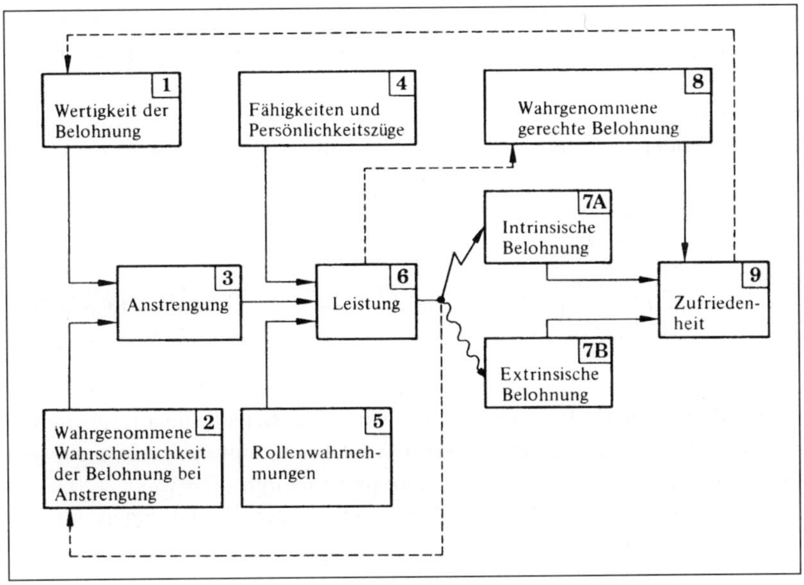

Abb. 7: Die Motivationstheorie von Porter/Lawler
Quelle: Porter/Lawler (1968) 165. Entnommen aus Staehle (1991) 219.

Dabei bezeichnet **Anstrengung** (3) die Intensität des Einsatzes, die ein Mitarbeiter der Erfüllung seiner Aufgabe widmet. Sie hängt von der **Wertigkeit der Belohnung** (Valenz) ab (1) sowie von der wahrgenommenen **Wahrscheinlichkeit**, daß eine definierte Belohnung einer aufgewandten **Anstrengung** folgt (2).

Leistung (6) ist das Ergebnis (vom Betrieb meßbar) einer Arbeitshandlung. Es hängt nicht allein von der Anstrengung ab, sondern zusätzlich von den **Fähigkeiten und Persönlichkeitszügen** (4) und von der Art und Weise, wie ein Mitarbeiter seine Rolle in einer bestimmten **Arbeitssituation wahrnimmt** (5), wodurch die Art und Weise, wie er seine Fähigkeiten einbringt, determiniert wird. Die Kompensationsmöglichkeiten zwischen diesen drei Variablen sind gering, so daß z.B. trotz großer Anstrengung eine nur ungenügende Leistung, und zwar infolge unzureichender arbeitsbezogener Fähigkeiten und eines unzutreffenden Rollenverständnisses, zustandekommen kann.

---

27 S. zum nachfolgenden Porter/Lawler (1968); Lawler (1971).

Belohnungen (7) folgen auf die Leistung; sie sind aufgespalten in **intrinsische** und **extrinsische**. Die Unterscheidung zwischen intrinsischer und extrinsischer Motivation bezieht sich auf die Quelle der Bedürfnisbefriedigung. Als intrinsisch motiviert wird ein Verhalten bezeichnet, wenn Handlungen und Handlungsergebnisse um ihrer selbst willen angestrebt werden und Befriedigung aus sich selbst heraus bieten. So gehen die humanistischen Ansätze davon aus, daß eine anspruchsvolle, kreative Tätigkeit selbst (intrinsisch) motivierend auf einen Mitarbeiter wirkt. Extrinsisch motiviert ist dagegen ein Verhalten, mit dem nach Bedürfnisbefriedigungen gestrebt wird, die außerhalb dieses Verhaltens liegen (z.B. Bezahlung).

Für das Ausmaß der letztlich empfundenen Zufriedenheit ist zusätzlich von Bedeutung, ob der Mitarbeiter seine **Belohnung** als **gerecht wahrnimmt** (8), was eine Vergleichsvorstellung darüber notwendig macht, was ihm als angemessene Belohnung erscheint (z.B. im Vergleich zu anderen Leistungen bzw. zu anderen Mitarbeitern, die gleiche Leistungen erbringen).

Zufriedenheit (9) tritt ein, wenn die tatsächlich erhaltenen Belohnungen (7) den als angemessen empfundenen (8) entsprechen bzw. sie übersteigen. Werden sie als unangemessen empfunden, entsteht Unzufriedenheit.

Zufriedenheit stellt in diesem Ansatz – entsprechend den Annahmen der Human Relations-Vertretern – sowohl eine Voraussetzung für Leistung (9 → 1), als auch eine Konsequenz der Leistung dar.

In späteren Veröffentlichungen hat Lawler die Komponente 2 in der Darstellung gemäß Abbildungen 8 und 9 näher spezifiziert. Der Erwartungsbegriff wird in zwei Erwartungsarten aufgespalten:

- Die **B → A-Erwartung** (Bemühung → Ausführung) betrifft die angenommene Wahrscheinlichkeit, daß eine intendierte Leistung vom Individuum in einer gegebenen Situation auch erbracht werden kann (Anstrengungserwartung);
- die **A → E-Erwartung** (Ausführung → Ergebnis) betrifft die angenommene Wahrscheinlichkeit, daß das gezeigte Leistungsverhalten auch zur angestrebten Belohnung als Konsequenz führt (Konsequenzerwartung).

Beide Erwartungsarten werden ihrerseits durch die in den beiden folgenden Abbildungen aufgeführten Faktoren bestimmt.

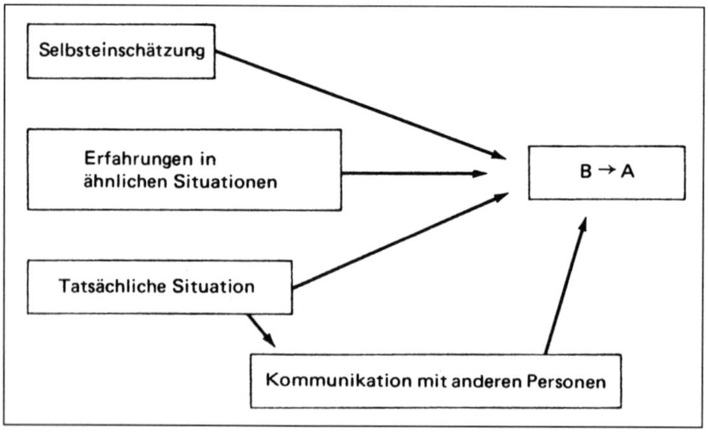

Abb. 8: Determinanten der B → A-Erwartungen
Quelle: Lawler (1977) 84.

Der Vorteil des Ansatzes von Porter/Lawler liegt insbesondere in der Tatsache, daß – basierend auf dem Versuch einer differenzierten Sichtweise von Motivationsprozessen – im Zusammenhang mit Arbeitshandlungen konkrete Gestaltungsvorschläge für die betriebliche Praxis entwickelt werden können. Auch ist die Tatsache positiv zu werten, daß über die Rückkopplung die Einbeziehung von Lernprozessen ermöglicht wird, und daß zudem neben der Anstrengung weitere Determinanten beruflicher Leistung berücksichtigt werden. Geht man aber über die deskriptive und heuristische Bedeutung des Modells (z.B. im Rahmen einer empirischen Überprüfung) hinaus, finden sich auch hier die grundsätzlichen Schwächen der formalen Erwartungs-Valenz-Ansätze, nämlich Probleme bei der Operationalisierung und fehlende Aussagen hinsichtlich der inhaltlichen Ausprägung der einzelnen Variablen usw.

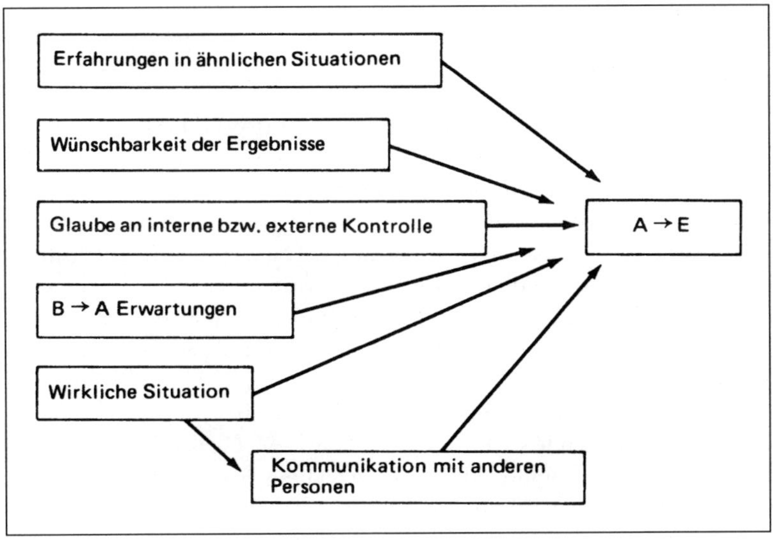

Abb. 9: Determinanten der A → E-Erwartungen
Quelle: Lawler (1977) 88.

c) Ansätze zur Leistungsmotivation

Begriffe wie Leistungsprinzip, Leistungsbeurteilung oder Leistungsgrad verdeutlichen, welche Bedeutung dem Leistungsbegriff in unserer Gesellschaft und hier insbesondere im Wirtschaftsleben zukommt.

Entsprechend stellt die Frage nach dem individuellen »Wollen zur Leistung« und in diesem Zusammenhang das Konstrukt der »Leistungsmotivation« ein zentrales Problemfeld betrieblichen Personal-Managements dar. Die nachfolgend dargestellten Ansätze sind ein Versuch, (auch am Arbeitsplatz alltäglich zu beobachtende) Phänomene wie:

- die individuelle Ausdauer und Selbstverpflichtung bei der Bearbeitung unterschiedlicher Aufgaben oder Arbeiten;
- die Setzung oder Veränderung personenspezifischer Anspruchsniveaus bzgl. der eigenen Arbeit;

– die Beurteilung und Bewertung eigener Arbeitsergebnisse;
– usw.

in ihrer Entstehung und ihrem Bezug zur Leistung zu erklären.

aa) McClellands Theorie der gelernten Bedürfnisse

Als Pionier der Leistungsmotivationsforschung gilt David C. McClelland, der z.T. gemeinsam mit Mitarbeitern[28], eine Vielzahl wichtiger Veröffentlichungen vorlegte.

Auf der Basis einer sehr umfassenden Bedürfnisliste von Murray (1938) formulierte McClelland (1953) drei zentrale menschliche Motive[29]:

– das Leistungsmotiv (Need for Achievement),
– das Zugehörigkeitsmotiv (Need for Affiliation),
– das Machtmotiv (Need for Power).

Dabei ging McClelland grundsätzlich davon aus, daß Motive auf Lernerfahrungen beruhen, insbesondere im Rahmen frühkindlicher Sozialisationsprozesse (speziell durch Familie und Schule) geprägt werden und demnach stark kulturspezifisch sind.[30]

McClelland versteht unter Leistungsmotivation »die Auseinandersetzung mit einem Gütemaßstab« (concern with a standard of excellence)[31]. Das mit dem Leistungsmotiv verbundene Handlungsziel besteht in einer positiven Bewertung erzielter Handlungsresultate gegenüber einem internalisierten, zumindest aber akzeptierten Gütemaßstab. Welches Anspruchsniveau bei einer solchen Beurteilung zugrunde gelegt wird, als wie verbindlich die jeweiligen Gütestandards wahrgenommen oder welchen Handlungen leistungsthematische Aspekte zugesprochen werden, ist interindividuell unterschiedlich.

Das eigentlich Motivierende stellt nach der Theorie McClellands ein möglicher Affektwechsel dar. Im Zuge seiner individuellen Entwicklung macht der einzelne Mensch die (Lern-)Erfahrung, daß unter bestimmten Bedingungen ein relativ neutraler Affektzustand positiv verändert werden kann. Dieser Affektwechsel wird an eine identifizierbare Situation gekoppelt, und eine Vielzahl solchermaßen gebildeter Assoziationen bildet affektiv gefärbte Netzwerke.

Beispielsweise führt die befriedigende Beurteilung der Resultate einer unter bestimmten Bedingungen durchgeführten leistungsthematischen Handlung (als solche kann jede Handlung bezeichnet werden, deren Ergebnis der Handelnde an seinen persönlichen Gütestandards beurteilt) zu positiven Affekten. Entsteht später eine adäquate Situation, die erkennen läßt, daß ein dem eigenen Anspruchsniveau entsprechendes Handlungsergebnis zu erreichen oder nicht zu erreichen ist, werden die in der Vergangenheit mit diesen Tatbeständen verbundenen positiven bzw. negativen Affekte antizipiert. Es entsteht ein Erwartungsaffekt, der leistungsbezogene Handlungsziele aufsuchen oder vermeiden läßt.

Entsprechend sind leistungsthematische Handlungen immer intrinsisch motiviert, da sie primär um ihrer selbst willen (bzw. wegen der damit verbundenen Erwartungsaffekte) und nicht für soziale oder materielle Belohnungen erbracht werden.

---

28 U.a. J. W. Atkinson, N. T. Feather, R. A. Clark, E. L. Lowell.

29 Entsprechend wird der Ansatz von McClelland i.d.R. den Inhaltstheorien der Motivation zugeordnet.

30 Vgl. McClelland (1951), (1953), (1961), (1962).

31 Vgl. McClelland (1953), S. 1100f.

bb) Atkinsons Risiko-Wahl-Modell

Aufbauend auf den Arbeiten McClellands entwickelte dessen ehemaliger Mitarbeiter John W. Atkinson 1957 ein Modell leistungsmotivierten Verhaltens, welches neben personalen auch situationale Variablen berücksichtigt.

Atkinsons Forschungen ergaben, daß sich das Leistungsmotiv in zwei Verhaltensdispositionen manifestiert, nämlich den Tendenzen, Erfolg aufzusuchen (Erfolgsmotiv = M_e) bzw. Mißerfolg zu vermeiden (Mißerfolgsmotiv = M_m). In Abhängigkeit von der Dominanz eines dieser beiden Motive wird zwischen **erfolgsmotivierten** und **mißerfolgsmotivierten** Personen unterschieden. Während erstere insbesondere nach dem Erleben von positiven leistungsbezogenen Affekten streben, besteht das primäre Interesse von mißerfolgsmotivierten Personen darin, negative leistungsbezogene Affekte zu vermeiden.

Neben diesen beiden Motiven als personalen Größen unterscheidet Atkinson zwei situationale Variablen, zwischen denen er – den Wert-Erwartungs-Ansätzen entsprechend – eine multiplikative Verknüpfung konstatiert. **Anreize** bezeichnen die im Zusammenhang mit Erfolg bzw. Mißerfolg antizipierten (Erwartungs-) Affekte (A_e/A_m). Sie stellen eine Funktion der Schwierigkeit einer Aufgabe oder Handlung dar. Daneben unterscheidet Atkinson noch zwischen der **Erfolgs-** und **Mißerfolgserwartung** als der subjektiven Wahrscheinlichkeit, mit der ein Individuum den Eintritt von Erfolg bzw. Mißerfolg erwartet.

Leistungsmotivation und leistungsmotiviertes Verhalten wird erklärt als die Differenz aus der Erfolg aufsuchenden ($T_e = M_e \times A_e \times W_e$) und der Mißerfolg meidenden Tendenz ($T_m = M_m \times A_m \times W_m$). Indem Atkinson zwischen den personalen und situationalen Variablen eine multiplikative Verknüpfung unterstellt, schlägt er einen Bogen zwischen den Inhalts- und den Prozeßtheorien der Motivation.

Besteht für eine Person z.B. die Möglichkeit einer Wahl zwischen unterschiedlichen Aufgaben, so wird diese bestimmt durch:

1. die dispositionalen Voraussetzungen der Person selbst (Dominanz des Erfolgs- oder Mißerfolgsmotivs),
2. die Erwartungsaffekte (positiver oder negativer Art), die mit einer erfolgreichen oder nicht erfolgreichen Bearbeitung der Aufgabe verbunden sind,
3. der subjektiven Wahrscheinlichkeit, die einer erfolgreichen bzw. nicht erfolgreichen Aufgabenbearbeitung zugeordnet wird.

Entsprechend lassen sich folgende zentrale Hypothesen zur Aufgabenwahl formulieren:

- **Erfolgsmotivierte Personen** ($M_e > M_m$) präferieren Aufgaben mit einem mittleren Schwierigkeitsgrad bzw. einer subjektiven Erfolgswahrscheinlichkeit von etwa 0,5, die als realistisch beurteilt wird. Es ist zu erwarten, daß diese Personen bei solchen Aufgaben eine maximale Anstrengung und Ausdauer zeigen.
- **Mißerfolgsmotivierte Personen** ($M_e < M_m$) bevorzugen dagegen Aufgaben mit besonders niedrigem oder besonders hohem Schwierigkeitsgrad. Indem sie auf die Extrembereiche ausweichen, lassen sich negative leistungsbezogene Affekte am ehesten vermeiden. Bei den Aufgaben mit mittlerer Schwierigkeit zeigten die mißerfolgsmotivierten Versuchspersonen ihr Meidungsmaximum.[32]

---

32 Da das Mißerfolgsmotiv von Atkinson ausschließlich als hemmende Kraft definiert wurde, läßt sich die Tatsache, daß mißerfolgsmotivierte Personen überhaupt eine Leistungsaufgabe wählen und bei der Bearbeitung dieser Anstrengung und Ausdauer zeigen, nur durch zusätzliche extrinsische Motivation erklären. Vgl. Schneider (1976).

Eine Umsetzung solcher Befunde in der betrieblichen Praxis erscheint nur auf den ersten Blick relativ unproblematisch möglich zu sein. Selbst wenn man dem Erfolgs- bzw. Mißerfolgsmotiv eine relative intersituative und zeitliche Stabilität zusprechen will, dürfte eine trennscharfe Unterscheidung zwischen erfolgs- und mißerfolgsmotivierten Personen schwerfallen. Das gleiche gilt für die beiden situativen Variablen. Als wie schwer eine Aufgabe von einem Mitarbeiter wirklich wahrgenommen wird, läßt sich im betrieblichen Alltag ebenso wenig ermitteln wie die subjektive Wertigkeit, die ein Mitarbeiter Aufgaben verschiedener Klassen zuspricht. Letztlich bezieht sich das Risiko-Wahl-Modell nur auf die Aufgabenwahl unter leistungsthematischen Aspekten. Dies entspricht aber in keiner Weise der betrieblichen Realität, da hier immer auch extrinsische Motivationen oder der instrumentelle Wert bestimmter Handlungsziele (Karriereaussichten usw.) die Aufgabenwahl eines Mitarbeiters bestimmen werden.

cc) Attributionstheoretisches Modell von Weiner

Eine Erweiterung der die Leistungsmotivationsforschung bis in die 70er Jahre hinein dominierenden Risiko-Wahl-Modelle stellt der Ansatz von Bernhard Weiner[33] dar, der in seiner Theorie zur Leistungsmotivation zusätzliche kognitive Variablen formuliert: vor allem **Zurechnungen** oder **Zuschreibungen** von Ursachen über das Zustandekommen von Erfolg oder Mißerfolg (**Kausalattribuierungen**).

Den Aussagen der sozialpsychologischen Attributionstheorien zufolge begnügen sich Individuen im allgemeinen nicht damit, Ereignisse in ihrer Umwelt wahrzunehmen. Sie sind zudem bestrebt, diese Ereignisse auf bestimmte Ursachen zurückzuführen. Erst solche Kausalattribuierungen gestatten es, eine Vorhersage über zukünftige Ereignisse zu machen und das Verhalten daraufhin auszurichten.[34] Insbesondere im Zusammenhang mit der Erklärung leistungsmotivierten Verhaltens kommen solchen Kausalattribuierungen nach Weiner entscheidende Bedeutung zu. Dabei unterscheidet er zwischen den beiden grundsätzlichen Möglichkeiten, ein Handlungsresultat auf interne (personale) oder externe (ökologische) Faktoren sowie auf zeitlich stabile oder veränderliche Faktoren zurückzuführen. So ergeben sich insgesamt **vier Ursachenfaktoren**: Begabung/Fähigkeiten (zeitlich stabil) und Anstrengung (zeitlich instabil) als Personenmerkmale bzw. internale Faktoren sowie Aufgabenschwierigkeit (zeitlich stabil) und Zufall bzw. Glück/Pech (zeitlich instabil) als Situationsmerkmale bzw. externale Faktoren[35] (s. Abb. 10).

Die Erweiterung des Risiko-Wahl-Modells von Atkinson besteht nun insbesondere darin, daß die Parameter »Wahrscheinlichkeit« und »Anreiz« durch die kognitive Determinante **Kausalattribuierung** beeinflußt werden:

- Die Auswirkung von erlebtem Erfolg oder Mißerfolg auf die Erfolgs- oder Mißerfolgserwartung einer Person hängt davon ab, inwieweit die Ergebnisse mit stabilen oder instabilen Faktoren in ursächlichen Zusammenhang gebracht werden. Wird Erfolg auf stabile Faktoren wie eigene Fähigkeiten zurückgeführt, geht damit eine erhöhte Erfolgserwartung für entsprechende zukünftige Situationen einher. Werden aber instabile Faktoren

33 Vgl. Weiner (1970), (1973), (1975); Weiner/Kukla (1970); Weiner u.a. (1971), (1972).
34 Vgl. Heider (1958); Rotter (1962); Kelley (1967), (1973).
35 Andere Faktoren wie Ermüdung, Stimmungslage, Sympathien, Krankheit u.ä. werden von Weiner als weniger wichtig angesehen. Vgl. Weiner (1972) 82.

Stabilität über Zeit \ Personenabhängigkeit	internal	external
stabil	Begabung/Fähigkeiten	Aufgabenschwierigkeit
instabil	Anstrengung	Zufall (Glück/Pech)

Abb. 10: Klassifikationsschema wahrgenommener Determinanten leistungsbezogenen Verhaltens
Quelle: Weiner (1976) 82.

wie großes Glück für die Erklärung herangezogen, wird mit dem positiven Verhaltensresultat kein Ansteigen der Wahrscheinlichkeit einhergehen.

- Das Ausmaß der im Zusammenhang mit Erfolg und Mißerfolg erlebten Affekte ist primär davon abhängig, ob die erzielten Verhaltensresultate internal oder external attribuiert werden. Nach Weiner führt internale Attribuierung (und hier die Anstrengungsattribuierung) zu den stärksten Affektkonsequenzen. Über die kurzfristigen im direkten Zusammenhang mit Erfolg oder Mißerfolg erlebten Affekte (Zufriedenheit/Enttäuschung) hinaus gehen mit dem Prozeß der Kausalattribuierung Selbstwertüberlegungen einher, die mit starken und langlebigen Affekten verbunden sind.

Bei der Attribuierung von Erfolg und Mißerfolg lassen sich bestimmte Asymmetrien oder interindividuelle Unterschiede beobachten. So zeigt sich, daß Erfolg tendenziell eher der eigenen Person zugeschrieben, also internal attribuiert wird, während bei Mißerfolg eine externale Attribuierung überwiegt (hedonistische Verzerrung). Unterscheidet man nach Atkinson zwischen **erfolgsmotivierten** und **mißerfolgsmotivierten** Personen, lassen sich für beide Gruppen unterschiedliche Attribuierungsmuster beobachten:

- Erfolgsmotivierte führen Erfolg primär auf eigene Fähigkeiten und Mißerfolg auf zu geringe Anstrengung zurück.
- Mißerfolgsmotivierte attribuieren Erfolg seltener internal und führen Mißerfolg primär auf mangelnde Fähigkeiten zurück.[36]

Das Erfolgs- und Mißerfolgsmotiv wandelt sich vor dem Hintergrund dieser Erkenntnisse von einer Affektdisposition zu einer **Attribuierungsdisposition**. Entsprechend erfolgt eine Neudefinition des Leistungsmotivs, das nun als das »Vermögen, Erfolg als durch internale Faktoren verursacht zu erleben, insbesondere durch Anstrengung« bezeichnet wird.[37]

Die Bedeutung des Ansatzes von Weiner liegt insbesondere darin, daß er mit der Kausalattribuierung einen neuen zentralen Aspekt in die Erklärung leistungsmotivierten Verhaltens eingebracht hat. Dies hat zu einer Neudefinition des Begriffs des Leistungsmotivs im Sinne eines Selbstbekräftigungssystems geführt und das Bedingungsvorfeld der für die Risiko-Wahl-Modelle zentralen Parameter »Anreiz« und »Erwartung« aufgeklärt. Damit mar-

36 Vgl. Miller/Ross (1975); Bradley (1978); Zuckerman (1979); Schmalt (1978); Meyer, W. U. (1973) sowie zu weiteren Studien Schneider/Schmalt (1981) 201ff.; Heckhausen (1989) 431f.

37 Weiner u.a. (1971) 18.

kiert der attributionstheoretische Ansatz Weiners eine kognitive Wende in der Leistungsmotivationsforschung.[38]

38 Vgl. Heckhausen (1989) 452ff. sowie zur empirischen Forschung im Rahmen der attributionstheoretischen Leistungsmotivationsforschung Schneider/Schmalt (1981) 201ff.

II. Konzeption der Synthese

1. Das Leistungsdeterminanten-Konzept

Arbeit in Betrieben stellt einen spezifischen Ausschnitt aus der Gesamtheit menschlichen Verhaltens dar. Erkenntnisse der allgemeinen Motivationspsychologie müssen für den Betriebswirt daher ergänzt werden durch spezielle Aussagen, die sich auf das leistungsrelevante Verhalten in Betrieben beziehen. Von Interesse sind vor allem diejenigen Zielsetzungen, deren Erreichung mit betrieblicher Tätigkeit erstrebt wird. Ihre Kenntnis ist für Betriebe notwendig, wenn der Versuch gemacht wird, durch konkrete betriebliche Gegebenheiten (auch) individuelle Zielerreichung zu ermöglichen.

In der Geschichte der Betriebswirtschaftslehre sind die oben kurz referierten Ansätze oftmals verabsolutiert als gültig unterstellt worden; dies gilt auch für Teildisziplinen. So wurde oben bereits darauf hingewiesen, daß das Menschenbild des Scientific Managements etwa zu einer Ausgangsannahme der klassischen Organisationstheorie (»rational man«) wurde. Das Gedankengut der Human Relations-Bewegung fand Eingang in die neoklassische Organisationstheorie (»social man«). Erkennbar ist weder das eine noch das andere als hinreichender Erklärungsansatz anzusehen: An die Stelle des Entweder-oder-Denkens muß die Sowohl-als-auch-Betrachtung rücken. Bei dem Versuch einer Synthese der miteinander zu vereinbarenden Elemente dieser Ansätze stoßen wir auf einen »**complex man**«.[39] Aus heutiger Perspektive muß er den Ausgangspunkt einer differenzierten Herangehensweise bei der Analyse und Bewältigung der Probleme eines praktischen Personal-Managements darstellen. Der Komplexität und Vielschichtigkeit des betrieblichen Alltags kann nicht mit dem Reduktionismus in sich geschlossener aber mehr oder weniger monokausaler Aussagensysteme begegnet werden.

Die **Notwendigkeit** eines **Konzeptes der Synthese** der oben kurz dargestellten Ansätze wird deutlich, wenn man von der folgenden Evidenz ausgeht: Daß und wie eine ganz bestimmte Leistung zustande kommt, hängt davon ab, ob einerseits die dazu notwendigen objektiven Arbeitsbedingungen (Raum, Material, Werkzeug etc.) und bei demjenigen, der die Leistung erbringen soll, zudem die erforderlichen »fachlichen« Fähigkeiten vorhanden sind, m.a.W., ob die Leistung erbracht werden kann. Des weiteren aber muß andererseits hinzukommen, daß der so dazu Befähigte das ihm zur Verfügung stehende Potential auch zu aktivieren bereit ist: ob er die Leistung erbringen will. Letzteres hat erkennbar die Motivationskomponente zum Inhalt. Sie allein reicht offensichtlich nicht aus, ebensowenig lediglich die Könnens-Komponente. **Können und Wollen** müssen zusammenkommen, damit eine konkrete Leistung entsteht. Sie machen gemeinsam die leistungsnotwendige **Qualifikation** aus.

Ein ganz anderes Problem ist es, daß diese Zusammenhänge leichter beschrieben als exakt nachgewiesen sind: Denn beobachtbar ist immer nur, was jemand de facto tut (resp. nicht tut). Für die Unterscheidung, ob und inwieweit für ein bestimmtes (Fehl-)Verhalten (mangelndes) Können oder/und Wollen maßgebliche Ursachen sind, ist der Einsatz z.T. komplizierter Analyse- und Identifikations-Instrumente erforderlich.

Wir gehen also davon aus, daß es sowohl Determinanten des Könnens als auch des Wol-

39 Vgl. zum »complex man« Schein (1965) 47ff.

lens sind, die zusammenwirken müssen, damit menschliche Arbeitsleistungen in Betrieben erbracht werden.
Unter **Leistungsdeterminanten** sind all jene Faktoren zu verstehen, die

- die **Einsatzbereitschaft bzw. Einsatzintensität** von Mitarbeitern sowie
- das **Leistungsverhalten** und das (quantitative und qualitative) **Leistungsergebnis** beeinflussen.

Das Konzept kann und soll als Denkhilfe bei der Interpretation von menschlichem Verhalten im Betrieb dienen. Zudem soll es die Ableitung technologischer Hypothesen ermöglichen und so z.B. bei der Gestaltung von betrieblichen Anreizsystemen zur Steuerung des Leistungsverhaltens von Mitarbeitern behilflich sein. Zwar gestattet das Modell keine präzisen Verhaltensaussagen und erhebt auch nicht den Anspruch, den Anforderungen zu genügen, die an wissenschaftliche Theorien gestellt werden. Gleichwohl lassen sich grundlegende Feststellungen ableiten; die folgenden Erörterungen leisten dafür Hilfestellung.

2. Determinanten des Wollens zur Leistung

Hier wird auf Erkenntnisse der oben erläuterten motivationstheoretischen Ansätze zurückgegriffen, um letztlich zu einem Konzept zu gelangen, in dem die wichtigsten Bestandteile und Zusammenhänge des motivationalen Prozesses für das Zustandekommen von Arbeitsleistungen in Betrieben beschrieben und erklärt werden. Es besteht verbreitete Übereinstimmung hinsichtlich der These, daß Motivation sowohl eine energetische (affektive) als auch eine kognitive Komponente enthält.

Die **energetische Komponente** betrifft den Antriebsaspekt, d.h. die Antwort auf die Frage, warum Menschen eine Aufgabe mit einer bestimmten Intensität und Ausdauer bearbeiten. Die **kognitive Komponente** betrifft den Richtungsaspekt, d.h. die Antwort auf die Frage, warum Menschen unter bestimmten Bedingungen so und nicht anders arbeiten. Diese terminologische Trennung benennt vorerst nur, sie erklärt noch nichts. Beide Aspekte sind zur Erklärung des Leistungsverhaltens von Mitarbeitern heranzuziehen und werden von den nachfolgenden Determinanten in unterschiedlichem Ausmaß abgedeckt.

a) Motive (Leistungsdeterminante ①)

Motive wurden oben als (Wertungs-)Dispositionen bezeichnet, welche mit einer Verhaltensbereitschaft einhergehen, positive bzw. negative (Ziel-)Zustände erreichen bzw. vermeiden zu wollen. Aus betrieblicher Sicht interessieren Motive, die am Arbeitsplatz umgesetzt werden können bzw. solche, deren Befriedigung als Voraussetzung für die Bereitschaft eines Mitarbeiters angesehen werden, dem jeweiligen Unternehmen seine volle Leistungsfähigkeit zur Verfügung zu stellen. In diesem Zusammenhang ist eine Unterscheidung von Bedeutung, auf die bereits eingegangen wurde und welche sich für die Auseinandersetzung mit Verhaltensbereitschaften im Arbeitsprozeß als nützlich erwiesen hat: die in intrinsische und extrinsische Motivation. Grundsätzlich ist die Unterscheidung, inwieweit ein spezifisches Verhalten oder auch bestimmte grundsätzliche Verhaltensweisen intrinsisch bzw. extrinsisch motiviert sind schwierig, vor allem aber nicht situations- und personenunabhängig zu beantworten. So ist es durchaus denkbar, daß ein von einem Individuum gezeigtes Arbeitsverhalten (z.B. das überdurchschnittliche Engagement in einer Projektgruppe), zunächst ex-

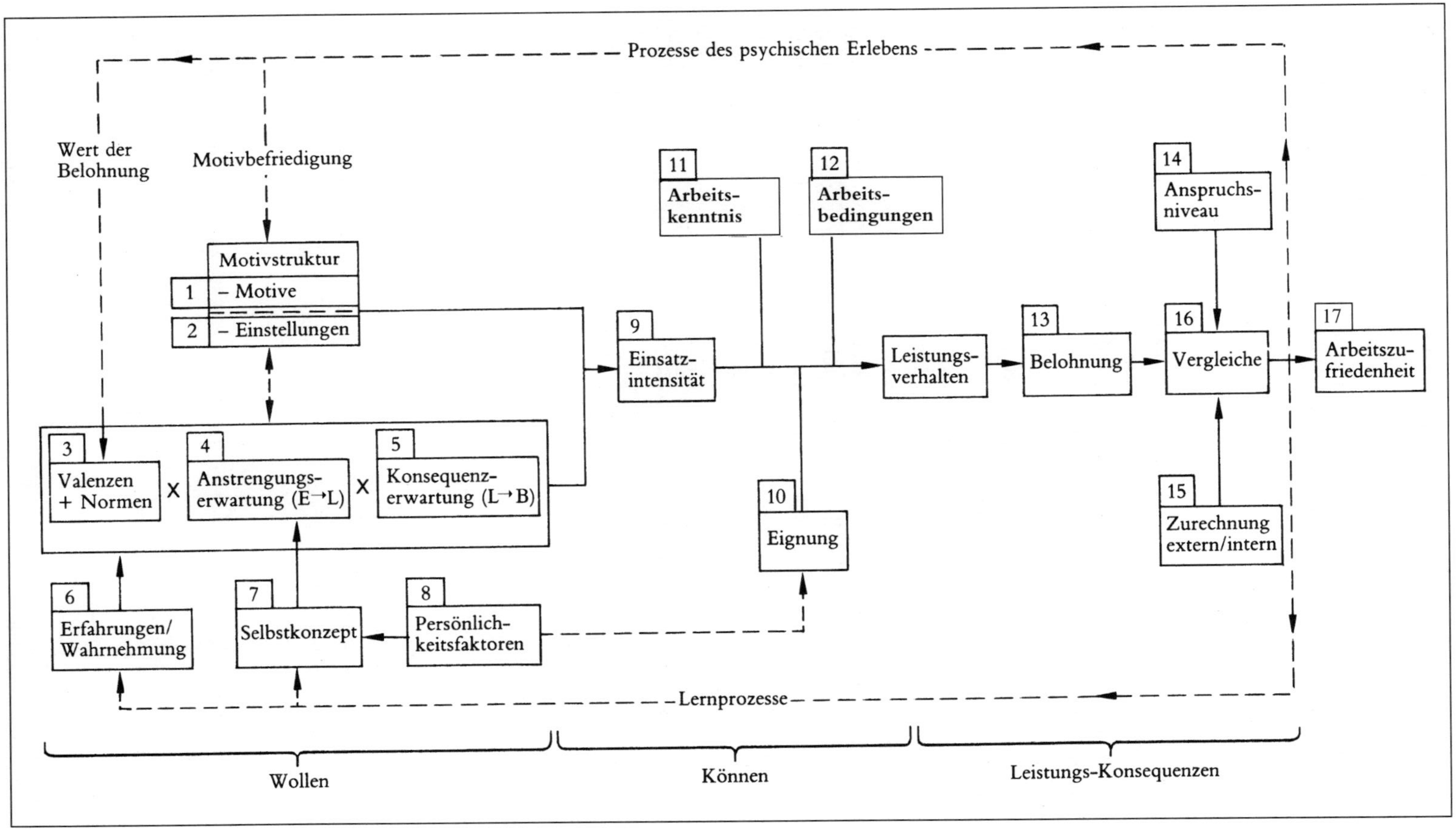

Abb. 11: Leistungsdeterminanten-Konzept

trinsisch motiviert war, dann aber im Zeitablauf zunehmend intrinsisch motiviert wird. Nicht mehr die mit der Arbeit in der Projektgruppe verbundene bessere Entlohnung und damit der instrumentelle Aspekt des Leistungsverhaltens wird dann motivierend erlebt, sondern die Befriedigung von Motiven wie dem **Kontaktmotiv**, dem **Leistungsmotiv** , dem Motiv nach **Sinngebung** bzw. **Selbstverwirklichung** usw. durch die Tätigkeit selbst.[40]

Insbesondere im Zusammenhang mit der Gestaltung von betrieblichen Anreizsystemen empfiehlt es sich, die mit dem instrumentellen Charakter der Arbeitstätigkeit verbundenen extrinsischen »Belohnungen« in solche von materieller und immaterieller Art zu unterscheiden.

Materielle Anreize befriedigen den Wunsch nach monetär meßbaren Belohnungen oder unterschiedlichen Konsumwünschen durch **Direktvergütung** (Gehalt, Prämien, Provisionen, Sozialleistungen), **Erfolgsbeteiligung, Sozialleistungen** (betriebliche Beiträge zur Lebensversicherung, private Nutzung von Dienstwagen, Clubbeiträge) usw.

Immaterielle Anreize wie Arbeitsplatzsicherheit, Einfluß, Büroausstattung, Dienstwagen usw. entsprechen dem Streben nach **Sicherheit, Karriere** und **Prestige**.[41]

Die Verwendung von weitgehend **generalisierten Anreizen** als Mittler für die Befriedigung vieler Motive liegt nahe. Geld kann zu dieser Befriedigung vielfältig und wesentlich besser als jeder andere Anreiz genutzt werden, weil Geld instrumentell, als »Mittel zum Zweck« dient: Zur allgemeinen Motivbefriedigung, wobei auch immaterielle Anreize (wie z.B. Statuszuwachs) über monetäre Zuwendungen gesetzt werden können (immaterielle Wirkung materieller Anreize). Geld selbst kommt dabei i.d.R. keine eigene Motivationskraft zu. Seine Anreizwirkung in Art, Richtung und Höhe ist heute allerdings umstritten.[42] Es erweist sich daher als gutes Demonstrationsobjekt für die oben skizzierten Abhängigkeitswirkungen. Es finden sich Untersuchungsergebnisse für nahezu jede Art der Argumentation:

- »Geld hat den stärksten Anreiz in unserer Gesellschaft«[43];
- »Geld ist ein wichtiger leistungsanreizender Faktor«[44];
- »Geld ist nicht der wichtigste leistungsanreizende Faktor«[45];
- »unterbezahlte Mitarbeiter arbeiten intensiver als normal oder überbezahlte Mitarbeiter«[46].

Durch seinen Instrumentalcharakter im Hinblick auf die Befriedigung einer großen Anzahl von Motiven kann die Vergütung leistungswirksame Anreize ausüben. Damit dies zustandekommt, muß allerdings eine direkte Beziehung zwischen Vergütung und Leistung wahrgenommen werden (leistungsbezogene Vergütung!).

Weiteren Forschungen auf diesem Feld müssen differenziertere Fragestellungen zugrundegelegt werden. Jedenfalls ist evident, daß z.B. das Anfangsgehalt, unterschiedliche Lohnformen (Zeit-, Akkordlohn, Einzel-, Gruppenentlohnung), die absolute und die relative

---

40 Vgl. Rüttinger/v. Rosenstiel/Molt (1974) 84ff.; Heckhausen (1989) 455ff.; v. Rosenstiel (1973) 107ff.; Wiswede (1980) 91ff.

41 In Anlehnung an Rüttinger/v. Rosenstiel/Molt (1974) 84ff.; v. Rosenstiel (1979) 44ff.

42 Einen gründlichen Überblick über Untersuchungen zur Entgeltwirkung referiert v. Rosenstiel (1973) 232ff.

43 Haire/Ghiselli/Porter (1963) 3ff.

44 Porter/Lawler (1968) 94f.

45 Blum/Naylor (1968) 352.

46 Opsahl/Dunnette (1970) 130f.

Lohnhöhe, Entgelterhöhungen, über die Kontraktzahlungen hinausgehende zusätzliche Leistungen (z.B. in Form einer betrieblichen Altersversorgung) u.a.m. Aspekte der Vergütung sind, die bei Variationen u.U. gänzlich unterschiedliche Wirkungen zeitigen können.

Die **Beziehungen zwischen intrinsischer und extrinsischer Motivation** sind bislang nicht zweifelsfrei geklärt. Fördernde, indifferente oder abträgliche Zusammenhänge sind möglich und werden angenommen. Im allgemeinen wird von einer tendenziell additiven Beziehung gesprochen. Zwar spricht einiges dafür, daß, je mehr jemand intrinsisch motiviert ist, er umso weniger extrinsische Anreize benötigt; solange diese Beziehungen jedoch nicht weiter bekannt sind, » . . . ist es sicherlich kein brauchbares Rezept von Managern, die intrinsische Motivation dadurch zu fördern, daß man extrinsische Belohnungen abbaut«.[47]

b) Einstellungen ②

Die Einstellung (auch Werthaltung; Attitüde) stellt einen zentralen Begriff der Sozialpsychologie dar, der z.T. unterschiedlich definiert und verwendet wird. Zwischen Motiven (bzw. Motivation) und Einstellungen wird üblicherweise wie folgt unterschieden[48]:

- Im Gegensatz zu Motiven sind Einstellungen nicht auf Handlungs- bzw. Verhaltensziele, sondern auf (soziale) Objekte und Situationen bezogen. Entsprechend ist der Einstellungsbegriff weniger handlungsnah als der des Motivs.
- Das theoretische Konstrukt »Einstellung« bezeichnet erworbene, relativ überdauernde Dispositionen im Sinne von Wahrnehmungsorientierungen sowie entsprechenden Reaktions- und Handlungsbereitschaften.
- Einstellungen sind bewertend (evaluativ) auf Objekte und Situationen bezogen und stehen so als intervenierende Variable zwischen den situativen Bedingungen, unter denen und aus denen heraus eine Handlung erfolgt und der Handlung selbst. Es ist naheliegend, daß die Einstellung, die ein Mitarbeiter z.B. hinsichtlich regelmäßiger Überstunden hat, dessen Arbeitsverhalten (-organisation) beeinflußt. Das genaue Ausmaß dieser Beeinflussung zu beschreiben, fällt allerdings schwer. Insgesamt muß die in empirischen Untersuchungen gefundene Einstellungs-Verhaltens-Konsistenz als relativ gering bezeichnet werden.[49]

Einstellungen können genereller Art (z.B. auf die Arbeit in Großbetrieben oder die Benutzung von EDV-Geräten bezogen) und auch spezieller Art sein: Etwa bezogen auf einen bestimmten Vorgesetzten. Sie prägen jedenfalls die Bereitschaft und Intensität zur Leistungserbringung wesentlich mit.

---

47 Wiswede (1980) 93. Vgl. ferner v. Rosenstiel (1973) 116f.; Deci (1975) 129ff.; Steers/Porter (1975) 498ff.
48 In Anlehnung an Neuberger (1978) 222.
49 Vgl. Ajzen/Fishbein (1973; 1977); Pieters (1988); Stapf (1982); Six (1975; 1979; 1980).

c) Valenz + Norm ③

Eine weitgehend vernachlässigte Komponente im Motivationsgeschehen stellt die **Sozialisation** dar. Unter Sozialisation versteht man die Übernahme der typischen und anerkannten Verhaltensweisen, Ansichten und Werthaltungen eines sozialen Umfeldes durch eine Person, insbesondere während des Erziehungsprozesses im Elternhaus und in der Schule, aber auch in Betrieben. Wie oben dargestellt, handelt es sich bei Motiven und Einstellungen um erworbene Dispositionen. Wie bei diesen wird auch die Herausbildung von Valenzen (Werte möglicher Handlungsergebnisse) maßgeblich durch die sozio-kulturellen Bedingungen beeinflußt, unter denen ein Individuum sich entwickelt und lebt.[50]

Auch im Betrieb unterliegen die Personen der Sozialisation. Entsprechende Effekte lassen sich insbesondere bei Mitarbeitern mit längerer Betriebszugehörigkeit beobachten, die typische Strukturen z.B. im Sinne konkreter Wertungsdispositionen entwickeln und zwar als Folge einer langjährigen Fokussierung auf spezifische materielle wie immaterielle Anreize, der regelmäßigen Teilnahme an betrieblichen Personalentwicklungsmaßnahmen, der Verinnerlichung bestimmter Grundsätze, Regeln usw. oder gruppendynamischer Effekte u.a.m. Nicht selten werden solche erworbenen Eigenschaften als typisch für Repräsentanten bestimmter Unternehmen, Branchen oder Bereiche unterstellt, was über deren (vermeindliche) Identifikation zu entsprechender Stereotypisierung führt.

Die aktuelle kognitive Leistungsbereitschaft einer Person wird aber nicht nur durch deren personale Faktoren wie Valenzen, sondern auch durch Rollenerwartungen und Normen beeinflußt, welche durch das soziale **interne betriebliche Umfeld** (vor allem die jeweilige Arbeitsgruppe) und das soziale **externe Umfeld** (Familie und Bekanntenkreis) an diese herangetragen werden. Im Zeitablauf können solche Erwartungen internalisiert bzw. habitualisiert werden.

Durch die **Erwartungen des sozialen Umfeldes** (Rollenerwartungen) innerhalb und außerhalb der Unternehmung können Verhaltensweisen ausgelöst und Ergebnisse erreicht werden, die der einzelne persönlich nicht für wünschenswert hält, die für ihn keinen (Befriedigungs-)Wert haben. In einer ausgeprägten Version sind diese Erwartungen als **Normen** zu verstehen, die von (fast) allen Gruppenmitgliedern geteilt werden und postulieren, wie die Mitglieder der Gruppe in spezifischen Situationen denken und vor allem sich verhalten sollen.

Einige Feldstudien in Industriebetrieben belegen, daß das Leistungsverhalten und die Leistungsbereitschaft entscheidend von den Leistungsnormen von Gruppen und keineswegs allein von betrieblichen Anreizen abhängt.[51]

Rollenerwartungen anderer, denen der einzelne ausgesetzt ist und die er in je spezifischer Weise wahrnimmt, geben daher der Norm als Bestandteil der Leistungsdeterminante »Valenz + Norm« ③ konkrete Gestalt. Sind die Rollenerwartungen (z.B. die Arbeitsanforderungen) nicht klar, so wird hierdurch auch die Valenz + Norm-Beziehung beeinflußt, indem die Norm lediglich als diffuse Größe in die Gleichung eingeht.[52]

Die **Valenz** oder der angenommene Nutzen der Zielerreichung bzw. des Verhaltens gibt hier die individuelle affektive (positive oder negative) Einstellung zu angestrebten Ergebnis-

---

50 Vgl. Staehle (1991) 529ff.; Wiswede (1980) 84, 108. Arbeit selbst ist in den westlichen Industriegesellschaften eine Norm. Vgl. zu einer weiteren Ausführung Rüttinger/v. Rosenstiel/Molt (1974) 82.

51 Vgl. zusammenfassend Vroom (1964); v. Rosenstiel (1978).

52 Vgl. Wiswede (1980) 105.

sen an. Sie bezieht sich auf den erwarteten Belohnungswert und stellt insoweit eine ganz spezielle Kategorie aus der Gesamtheit der Einstellungen (Determinante ②) dar. Eine Valenz entsteht hauptsächlich durch einen kognitiven Prozeß, der allerdings durch die Verhaltensbereitschaften sowie die Motivstärke mitgeprägt sein kann; durch den erlebten Wert von Belohnungen kann sie sich verändern.

Die Valenzen beeinflussen die Wahrnehmung von Anreizen, ihre Auswahl, ihren Vergleich und ihre Vorzugswürdigkeit. Sie werden im Laufe des Sozialisationsprozesses aufgebaut und auf Dauer übernommen.[53] Sie sind zugleich Ausdruck sozialer Ansprüche und sorgen für innere Maßstäbe und Entscheidungskriterien.[54]

Die Bereitschaft eines Menschen, ein bestimmtes Leistungsverhalten an den Tag zu legen (seine Einsatzintensität = Determinante ⑨), läßt sich nicht ausschließlich mit den Valenzen der entsprechenden Handlungsfolgen erklären. Die Einsatzintensität hängt zusätzlich vom Ausmaß der Erwartungen ab. Entsprechend der Unterscheidung von Lawler lassen sich zwei Kategorien von Erwartungen unterscheiden: zum einen die Erwartung, daß Leistung vom Einsatz abhängt (E → L bzw. Anstrengungserwartung), zum anderen die Erwartung, daß die Erreichung angestrebter Ziele (»Belohnungen«) von der eigenen Leistung abhängt (L → B bzw. Konsequenzerwartung).

d) Anstrengungserwartung ④

Die **Anstrengungserwartung** (die eigene Leistung/das Leistungsergebnis hängt vom individuellen Einsatz ab) kommt zustande, wenn der einzelne seine Leistungen als Folge der Intensität seines Einsatzes, also der eigenen Anstrengung, sieht, sie also nicht auf andere Ursachen (etwa auf Hilfsmittel) zurückführt. Das Zustandekommen dieser Erwartung beruht zum einen auf der wahrgenommenen Aufgabenschwierigkeit und dem Selbstkonzept (d.h. daß die eigenen Qualifikationen als ausreichend für eine Leistungserbringung wahrgenommen werden); sie bezieht sich insoweit erst einmal darauf, ob eine Leistung überhaupt erbracht werden kann. Zum anderen bezieht sie sich auf das Ausmaß der Leistungsfähigkeit; insoweit beruht die Anstrengungserwartung auf eigenen und fremden Erfahrungen und einer entsprechenden Zurechnung der erbrachten Leistung auf den Einsatz.

e) Konsequenzerwartung ⑤

Mit der **Konsequenzerwartung** (Zielerreichung hängt von der eigenen Leistung ab) wird angenommen, daß Arbeitsleistungen im Betrieb geeignet sind, angestrebte Ziele (Belohnungen) zu erlangen. Ein z.B. auf vertikalen Aufstieg gerichtetes Karriereziel eines Mitarbeiters wird sich nur dann auf seine Leistung auswirken, wenn dieser gleichzeitig erwartet, daß als Konsequenz seiner Leistung die Beförderungschancen steigen. Der instrumentelle Charakter der Leistung wird hierdurch verdeutlicht. Diese Erwartung setzt das Vorhandensein der Anstrengungserwartung voraus. Wiederum bestimmen das Selbstkonzept, eigene und fremde Erfahrungen sowie kausale Zurechnungen, aber auch das Anspruchsniveau und wahrgenommene Belohnungsgelegenheiten die Höhe der Konsequenzerwartung.

---

53 Vgl. Kmiecak (1976) 150; Hondrich (1975) 38.
54 Vgl. Kirsch (1977-II), 120; Gabele/Kirsch/Treffert (1977) 2ff.

Die als Verbund unterstellten Determinanten ③, ④ und ⑤ werden ihrerseits durch weitere, andere Faktoren kognitiven Charakters – durch Wahrnehmungen aus Erfahrungen (Determinante ⑥ durch das Selbstkonzept (Determinante ⑦) – und durch eine Reihe von Persönlichkeitsfaktoren (Determinante ⑧) geprägt.

f) Wahrnehmungen/Erfahrungen ⑥

Erfahrungen stellen Informationen über die Vergangenheit dar und repräsentieren – in Betrieben – die Beschäftigungsgeschichte. Sie sind von besonderer Bedeutung für das Zustandekommen von Leistungsverhalten, denn in ihnen schlägt sich die individuelle Wahrnehmung und Verarbeitung des bisherigen Arbeitslebens, beeinflußt z.B. durch Berufsausbildung, besetzte Positionen, ausgeübte Rollen usw., nieder.

Wahrnehmungen mit Informationsaufnahme, -verarbeitung und -bewertung stellen einen »individuellen Filter-, Selektions- oder Strukturierungsprozeß« dar. Sie haben Informationen bzw. Sinneserkenntnisse zum Gegenstand und münden in anschließende individuelle Hypothesenbildung über die Außenwelt. Wahrnehmungen beeinflussen Valenzen und Normen sowie die Erwartungsbildung.

Das Arbeitsverhalten ist wie alles menschliche Verhalten nur selten eine direkte Antwort des Individuums auf die objektive Realität. Es ist vielmehr eine Antwort auf jeweils diejenige Realität, welche es subjektiv wahrnimmt. Umgekehrt kommen auch Wahrnehmungen nicht unbeeinflußt zustande: Interessen, Motivstruktur, aktualisierte Motive, Erfahrungen, Werte, Einstellungen, Wissen u.a.m., aber auch die Auffälligkeit und Qualität eines Reizes üben Einflüsse auf die aktuellen Wahrnehmungen aus und bilden eine bestimmte Wahrnehmungsstruktur heraus.[55]

g) Selbstkonzept ⑦

Wenn sich die Wahrnehmung einer Person auf sich selbst, ihre eigenen Motive, Werte, Perspektiven, Fähigkeiten und Tätigkeiten richtet, entsteht mit der Zeit, v.a. durch Erfahrungen an und mit der eigenen Person ein **Selbstkonzept**, d.h. ein Selbstbild, eine Selbsteinschätzung (wie man sich selbst sieht).

Es verbindet die Bestimmungsgrößen der Erwartungen zu einem relativ stabilen Set von Annahmen über die Leistungsvergangenheit, -gegenwart und -zukunft.

h) Persönlichkeitsfaktoren ⑧

In welcher Weise Menschen Wahrnehmungen machen und verarbeiten, die zu berufsbezogenen Erfahrungen ⑥ und zum Selbstkonzept ⑦ werden, wird in nicht geringem Maße auch von Merkmalen geprägt, die die **Persönlichkeit** des einzelnen ausmachen: eine optimistische (pessimistische, fatalistische) Grundhaltung, Aufgeschlossenheit (Verschlossenheit) gegenüber anderen Menschen, gegenüber neuen Erkenntnissen, Stärke der Risikobereit-

---

55 Vgl. insgesamt zur Wahrnehmung v. Rosenstiel (1980) 83f.; Heckhausen (1980) 12. Zu Wahrnehmungsverzerrungen besonders auch Staehle (1991) 179ff.

schaft u.a.m. sind erkennbare Persönlichkeitsfaktoren, die nicht unbeträchtlich dazu beitragen können, Wahrnehmungen zu verzerren, zu ermöglichen oder aber zu verhindern.

i) Einsatzintensität ⑨

Die Leistungsdeterminante »**Einsatzintensität**« ⑨ entsteht formal durch die multiplikative Verknüpfung von Valenz + Norm, Anstrengungs- und Konsequenzerwartung. Das impliziert die Hypothese[56], daß die Einsatzintensität umso größer ist, je höher die Valenz der erreichbaren Motivbefriedigung, die individuelle Anstrengungserwartung und die individuelle Konsequenzerwartung sind. Wenn eine der drei Variablen gleich Null ist, dann ist auch die Einsatzintensität (Leistungsbereitschaft) gleich Null.

Zwischen diesen drei Variablen der Einsatzintensität können Beeinflussungsbeziehungen bestehen:

- Eine hohe Bewertung eines Zieles kann zu einer Fehleinschätzung der eigenen Leistungsfähigkeit führen.
- Die Erwartung hoher Leistungsfähigkeit kann auch zu einer hohen Bewertung (Valenz) von durch sie zu erreichenden Zielen führen und zudem die realistische Einschätzung der Zielerreichung (Konsequenzerwartung) verklären (verzerren).
- Durch die Erwartung, daß eine bestimmte Leistung zur Zielerreichung führt, kann andererseits auch die realistische Einschätzung der Leistungsfähigkeit (Anstrengungserwartung) beeinflußt werden.

Die Einsatzintensität wird zudem durch die Motivstruktur geprägt. Motive und Einstellungen determinieren die in Valenzen geschätzten Verhaltensergebnisse sowie die in Konsequenzerwartungen enthaltenen Belohnungen. Welche Inhalte sie annehmen und in welchen Prioritäten sie zueinander stehen, hängt von der Motivstruktur ab.

3. Determinanten des Könnens zur Leistung

Mit der Zunahme der Anforderungen zur Erfüllung komplizierter, anspruchsvoller Aufgaben erlangt im Motivationsprozeß das Können immer mehr an Bedeutung, auch als Ansatzpunkt für betriebliche Gestaltungsmaßnahmen. Mit **Könnens-Faktoren** sind diejenigen Leistungsdeterminanten gemeint, die Einfluß auf die Quantität und Qualität des Leistungsverhaltens und der nachfolgenden Leistungsergebnisse nehmen. Sie liegen in der Person selbst (z.B. Eignungen, Arbeitskenntnisse), aber auch in den Arbeitsbedingungen (als Bestandteile der Arbeitssituation).

---

56 S. Campbell/Pritchard (1976) 84.

a) Eignung ⑩

Unter **Eignung** ist die Summe derjenigen persönlichen Merkmale zu verstehen, die einen Menschen dazu befähigen, eine bestimmte Tätigkeit (Arbeit, Leistung) erfolgreich zu vollziehen. Eine allgemeine Klassifizierung der eignungsrelevanten Merkmale ist schwierig und umstritten. Sinnvoll ist es sicherlich, die motivationalen Leistungsantriebe (Wollens-Komponenten) auszuklammern, was sich durchaus mit der Forderung verträgt, auch diese Faktoren neben denen der Eignung in Qualifikationsdiagnosen einzubeziehen. Eine sinnvolle Eignungs-Klassifizierung muß von den Teilsystemen des Personal-Managements ausgehen, innerhalb derer die Kenntnis differenzierter Eignung von Bedeutung ist: für die Personalplanung, -beschaffung, -entwicklung u.a. Daher sollen folgende Eignungsmerkmale unterschieden werden:

(1) **Wissen**: Der Besitz von Kenntnissen;
(2) **geistige Fähigkeiten**: die Kombination von Wissen und von Know How in der Wissensanwendung;
(3) **körperliche Fähigkeiten**: die Geschicklichkeit, die aus der Verbindung körperlicher Eigenschaften (z.B. Kraft) mit dem Know How ihres richtigen Einsatzes resultiert;
(4) **Persönlichkeits-Merkmale**: spezielle Eigenschaften und Verhaltensweisen, die notwendig sind für eine bestimmte, d.h. aufgabenspezifisch determinierte Art und Weise des Einsatzes von (1) bis (3), z.B. Umsicht, Ausdauer, Geduld, Einfühlungs-, Reaktions-, Konzentrationsvermögen, Umgangsgewandtheit.

In allen vier Kategorien sind weitere Differenzierungen möglich und in praxi notwendig. Jeweils generell erschöpfende Aufzählungen sind wegen der Vielfalt von gegenwärtigen und auch zukünftigen Aufgabenstellungen[57] nicht möglich.

Es wird bei dieser Betrachtungsweise deutlich, daß Eignungen in zwei unterschiedlichen Aspekten für Betriebe von Bedeutung sind: zum einen als **Soll-Eignung**, d.h. als Teil der Könnens-Komponente von Anforderungen, die von einer **Aufgabe**, einem Arbeitsplatz ausgehen (Tätigkeitsorientierung); zum anderen als **Ist-Eignung**, d.h. als Summe der tatsächlich bei konkreten **Personen** (die einen Arbeitsplatz innehaben, auf ihn versetzt oder für ihn ausgebildet werden sollen) vorhandenen Merkmale (Personenorientierung). Auf diese beiden Bezugspunkte für Eignungen – auf die Aufgaben und auf Personen – sind demzufolge auch die Bedingungen zuzuschneiden, die Eignungs-Merkmale erfüllen müssen, um brauchbar zu sein:

(a) **Analysierbarkeit**, d.h. eindeutige Abgrenzbarkeit und Zuordnungsmöglichkeit zu einer konkreten Aufgabe;
(b) **Notwendigkeit**; als generelles Prüfkriterium hierfür kann etwa die Frage dienen: Ist die Aufgabe nicht erfüllbar, wenn das Eignungsmerkmal fehlt?;
(c) **Identifizierbarkeit** des Ist-Eignungsmerkmals bei Personen. Nur solche Merkmale sind sinnvoll, für die es geeignete Feststellungsoperationen gibt: Tests, Beobachtungsverfahren, Interviews etc.;
(d) **Trainierbarkeit**, d.h. die Möglichkeit der Vermittlung an Personen, die bestimmte Eignungs-Merkmale nicht haben: etwa durch Aus-, Fortbildung, Übung, Erfahrung.

---

57 Als empirisch bestätigt gilt z.B. das Kategorienschema von Mickler u.a. (1977).

Die tatsächliche Aufstellung und Handhabung von Eignungsmerkmals-Katalogen in der betrieblichen Praxis bringt eine Reihe von **Problemen** mit sich. Um nur einige zu nennen:

- Tests zur Feststellung personeller Ist-Eignungen sind oft auf Merkmalsbündel bezogen: So ermitteln z.B. Intelligenztests Eignungs-Merkmale aus den Kategorien ①, ② und ④: z.B. Wortschatz, Sprachgewandtheit, Konzentrationsvermögen. Nicht diese Kombination ist das eigentliche Problem (sie mag oft sinnvoll, z.T. sogar notwendig sein), sondern die Tatsache, daß die untersuchten Merkmale nicht immer sämtlich für bestimmte Aufgaben notwendig sind, so daß solche Tests dann der Bedingung (b) widersprechen.
- Hinsichtlich der Bedingung zu (d) (Trainierbarkeit) fehlen ausreichend gesicherte Erkenntnisse. Dies bezieht sich auf zwei Punkte:
  - Einmal auf die **Erlernbarkeit** überhaupt. Der Streit darum, ob es angeborene Anlagen (traits) gibt, die nicht erlernbar sind und sich daher von den lernbaren Merkmalen (abilities) unterscheiden, und welche dies sind, kann nicht als entschieden angesehen werden.[58] Daß Befunde hierzu (z.B. ob Intelligenz überwiegend erblich oder aber erlernbar sei) auch erheblichen gesellschaftspolitischen Zündstoff in sich bergen (Chancengleichheit durch Bildung), sei nur am Rande erwähnt.
  - Zum anderen bedarf die Frage näherer Klärungen, welche **Formen der Personalentwicklung** für die Vermittlung welcher Eignungskategorien (z.B. als Trainingsinhalte) die besten Erfolge erbringen. Dies wird vermutlich nicht personenunabhängig (und losgelöst vom jeweils bereits vorhandenen Wissens- und Tätigkeits-Fundus) zu sehen sein. (Näheres hierzu s. Kap. D.V).

b) Arbeitskenntnis ⑪

Um eine Arbeitsleistung erfolgreich zu erbringen, genügt es nicht, allein die Merkmale aufzuweisen, die in der groben Eignungs-Klassifizierung aufgeführt wurden. Mit anderen Worten: Wenn jemand z.B. ein bestimmtes Wissen hat oder sich in bestimmter Weise verhalten kann, so muß er zusätzlich Klarheit darüber haben, **ob** und **wie** er seine Eignungen an einem ganz bestimmten Arbeitsplatz einzusetzen hat. Die so bezeichnete **Arbeitskenntnis** liegt auf einer Ebene über den zuvor genannten Eignungen. Es ist eine Art Meta-Wissen, das sich darauf bezieht, welche Wissens-, Fähigkeitsinhalte und Verhaltensweisen in welcher Anwendungsweise für wesentlich gehalten werden und wie die erforderlichen Arbeitsbedingungen für eine erfolgreiche Aufgabenerfüllung gestaltet sein müssen.

Die Arbeitskenntnis hat die spezifische Art und Weise zum Inhalt, in der ein Mitarbeiter die ihm übertragene betriebliche Aufgabe definiert (»role perceptions«).[59] Sie beruht insoweit auf individuellen Erwartungen. Diese wiederum beziehen sich insbesondere auf die Notwendigkeit, Dringlichkeit und damit abgestufte Schwerpunktbildung innerhalb der einzelnen Teilaufgaben, die insgesamt den Aufgabenkomplex eines Mitarbeiters ausmachen. Erwartungen dieser Art können durch Einarbeitung und betriebliche Erfahrungen gebildet werden. Die damit erkennbar werdende Tatsache, daß Arbeitskenntnisse in anderer Weise erworben werden als die meisten Eignungen, ist ein weiterer Punkt, der ihre gesonderte Hervorhebung sinnvoll erscheinen läßt.

---

58 Zum Zusammenspiel zwischen Anlage und Umwelt s. Brandstätter (1977).

59 Vgl. Porter/Lawler (1968) 24f., 32f. Diese gesonderte Herauslösung der Arbeitskenntnisse als einer speziellen Eignungsform und -ebene wird nicht von allen Autoren vorgenommen.

Sicherlich sind die in den Arbeitskenntnissen liegenden Erwartungen nicht unabhängig von den Einschätzungen derjenigen, die den Erfolg des Arbeitsvollzuges beurteilen. Die »Richtigkeit« der Arbeitskenntnisse jedoch ausschließlich davon abhängig zu machen, daß sie mit den Einschätzungen der die Arbeit Beurteilenden eng korrespondieren[60], erscheint einseitig.

Nicht adäquate Arbeitskenntnisse über positionsbedingt notwendige Schwerpunkte unter den zu erfüllenden Teilaufgaben können insgesamt eklatante Fehlleistungen zur Folge haben.

Ein **Beispiel** kann dies leicht verdeutlichen: Dem Leiter eines Forschungsbereiches in einer Unternehmung der chemischen Industrie unterstehen mehrere Labors mit jeweils mehreren Chemikern und Laboranten. Er ist ein naturwissenschaftlich hochqualifizierter Spezialist auf diesem Gebiet und hält seine Initiative und aktive Mitarbeit bei der Entwicklung, Durchführung und Kontrolle von Versuchen für den wichtigsten Teil seines Arbeitsbereiches. Aktivitäten der Mitarbeiterführung und der Verwaltung hält er dagegen für bedeutend unwichtiger und widmet sich ihnen daher nur am Rande. Als Folge einer solchen fehlerhaften Arbeitskenntnis, die auf falscher Einschätzung seiner Rolle basiert, werden bei den eigenen Arbeitsaktivitäten Schwerpunkte falsch gesetzt, und letztlich stellen sich daher Überlastung der beschriebenen Führungskraft, ineffiziente Arbeit bei ihm wie auch bei seinen Mitarbeitern und schließlich Frustrationen bei letzteren ein: Denn sie sind unzureichend geführt und entsprechend mangelhaft motiviert. Ein Absinken der Leistungen unter das Niveau, das bei richtiger Arbeitskenntnis und entsprechender Aktivitätengewichtung erreichbar wäre, ist unausweichlich.

Schließlich spielt richtige Arbeitskenntnis auch eine wesentliche Rolle für die zutreffende Selbsteinschätzung der eigenen Eignungen, für das Erkennen des Stellenwertes etwa vorhandener Eignungs-Lücken und damit auch für die Notwendigkeit von Maßnahmen, diese Lücken zu schließen (z.B. durch Training). Erkennt – im angeführten Beispiel – die Führungskraft die Bedeutung der Menschenführung für ein erfolgreiches Ausfüllen ihres Arbeitsplatzes und gleichzeitig eigene Mängel im Führungsverhalten, so kann dies ihre Entwicklungsbereitschaft beeinflussen.

c) Arbeitsbedingungen ⑫

Gerade der Begriff **Arbeitsbedingungen** benötigt als Leistungsdeterminante eine präzise Fassung. Denn in weiter Auslegung kann man unter Arbeitsbedingungen durchaus die Summe aller derjenigen Gegebenheiten verstehen, die den Menschen für seine Arbeit prägen und ihn bei ihrem Vollzug beeinflussen: seine **Arbeitswelt**. Dann fiele nicht nur seine nähere betriebliche Arbeitsumwelt darunter, sondern auch die weitere, d.h. die familiäre, die gesellschaftliche Umwelt etc. Das würde zu einem allumfassenden **Ansatz** führen, der in einer Totalbetrachtung sämtlicher auf die Leistung (die Leistungsfähigkeit, -bereitschaft und -intensität) einwirkenden Faktoren mündet.

An dieser Stelle verengen wir den Blickwinkel jedoch in zweifacher Hinsicht und wählen damit eine spezielle Begriffsfassung.

---

60 S. Lawler/Porter (1967) 262.

Zum **einen** soll es hier um diejenigen Arbeitsbedingungen gehen, die das individuelle **Können** zur Leistung lenken. Mit dem **Wollen** zur Leistung, das in der Einsatzbereitschaft als Resultante zum Tragen kommt, werden die dem Individuum anhaftenden Faktoren des Könnens, die Eignungen und die Arbeitskenntnis in dem Grade aktiviert, in dem es sie einzusetzen gewillt ist. Inwieweit dieser gewollte Aktivierungsgrad nun tatsächlich zum Zuge kommt, ist zusätzlich von den »äußeren«, »objektiven« Arbeitsbedingungen, der konkret gestalteten Arbeitstechnologie, -ergonomie, -organisation abhängig: Sie können den Aktionswillen und die -befähigung hemmen oder aber fördern.

Zum **anderen** sind hier diejenigen vom **Betrieb** direkt gestaltbaren äußeren Bedingungen gemeint, die unmittelbar auf den konkreten Arbeitsvollzug dadurch bezogen sind, daß sie seiner technisch-wirtschaftlichen Bestgestaltung dienen sollen, gekoppelt mit dem Versuch, die physischen und psychischen Belastungen der im Arbeitsvollzug eingesetzten Menschen zu minimieren.

Damit ist klargestellt, daß »Arbeitsbedingungen« als Leistungsdeterminante weder solche Gegebenheiten umfassen, die auf das Können einwirken, sich jedoch dem Einfluß des Betriebes entziehen, noch solche, die nur den leistungsbezogenen Willen beeinflussen. Eine Komplizierung ergibt sich dadurch, daß die so beschriebenen Arbeitsbedingungen auch Inhalte subjektiver Wahrnehmungen und Erfahrungen der die Arbeitsleistungen Erbringenden werden und dadurch auch das Wollen zur Leistung mitbestimmen. Insofern haben die »objektiven« Arbeitsbedingungen zwei Wirkungen, die jedoch voneinander getrennt betrachtet werden sollen: Hier interessiert ihre »objektive« Gestalt und Wirkungsweise auf den Arbeitsvollzug; zusätzlich kann diese Wirkungsweise verstärkt/abgeschwächt werden, je nachdem, mit welcher »Einsatzfreude« (Wollens-Komponente) die Arbeitsbedingungen genutzt werden. Unterschiedliche Nutzenerwartung kann z.B. bei Gebrauch eines identischen technischen Hilfsmittels durch verschiedene Personen zu verschiedenen Leistungsresultaten führen.

Als Ziele der betrieblichen Gestaltung der Arbeitsbedingungen waren oben die technisch-wirtschaftliche Bestgestaltung des Arbeitsvollzuges und die individuelle Belastungsminimierung angeführt worden. Für Fälle, bei denen Nicht-Komplementarität dieser beiden Ziele konstatiert werden muß, taucht die Frage nach der Priorität auf. Sie wurde seit den 70er Jahren unter dem Stichwort der »Humanisierung des Arbeitsplatzes« diskutiert. Dieses Stichwort ist zwar näher erläuterungsbedürftig[61], jedoch ist generell anzunehmen, daß in einer humanitär verpflichteten Gesellschaft[62] Humanitätsziele langfristig einen höher bewerteten Rang einnehmen dürften als etwa Rentabilitätsziele. Allerdings müssen auch hier Grenzen gesehen werden, wenn die Überlebensfähigkeit von Betrieben in Gefahr gerät (Wer soll humane Arbeitsplätze für völlig unrentable Produkte finanzieren?).[63]

Was nun die Arbeitsbedingungen im einzelnen angeht, so sind sie überschneidungsfrei nicht zu kategorisieren. Dies trifft auf alle Einteilungsversuche zu. In einer Unterscheidung nach gestaltbaren Arbeitsbedingungen ergeben sich:

---

61 Eine grundlegende Studie ist z.B. Kreikebaum (1977). S. auch die dort angeführte Literatur.

62 Ihre anthropologische Grundhaltung müßte präziser geklärt sein: etwa christliche vs. marxistische Anthropologie. Vgl. Kreikebaum (1977) 486ff.

63 Vgl. auch Lassmann (1976) 774.

- technologische,
- ergonomische und
- organisatorische

Gestaltungsinhalte und damit Kategorien von Arbeitsbedingungen. Sie alle jedoch sind interdependent. Wird z.B. als Arbeitstechnologie die straßenmäßige Verkettung von automatischen Maschinen gewählt, so liegen der Einsatz weiterer technischer Hilfsmittel und ergonomische Gestaltungsmöglichkeiten zumeist in relativ engen Grenzen fest, sind Spielräume für organisatorische Alternativen ebenfalls eng begrenzt.

Nimmt man die Ergebnisse, die sich aus technologischen, ergonomischen und organisatorischen Gestaltungen in betrieblichen Gegebenheiten niederschlagen, zum Einteilungskriterium, so ergibt sich die häufig verwendete Unterscheidung[64] von

- **Arbeitsverfahren** (in ihm manifestiert sich eine gewählte Technologie einschließlich technischer Hilfsmittel),
- **Arbeitsgruppe** (Möglichkeit resp. Notwendigkeit von Gruppenarbeit und Gruppengröße liegen mit dem Arbeitsverfahren, dem Grad der Arbeitsteilung i.V.m. dem anvisierten Output-Volumen fest),
- **Arbeitszeit** (auch sie liegt in einigen Determinanten aufgrund des gewählten Arbeitsverfahrens fest, wenngleich mehrere Aspekte weiterer Gestaltung zugänglich bleiben: z.B. Pausenlängen und -lagen, Beginn und Dauer der täglichen Arbeitszeit),
- **Arbeitsraum** (er macht die unmittelbare Arbeitsumgebung aus und ist seinerseits naturgemäß in einigen Aspekten durch das gewählte Arbeitsverfahren vorgeprägt).

Auf die einzelnen Arbeitsbedingungen wird später (siehe Kap. D .VI.) näher eingegangen.

4. Leistungs-Konsequenzen

a) Belohnungen ⑬

Belohnungen sind die allgemeine Bezeichnung für solche Folgen, die nach erfolgreichem Vollzug einer Leistung eintreten bzw. veranlaßt werden und die Befriedigung eines Motivs oder mehrerer Motive bewirken.

- **Intrinsische Belohnungen** (z.B. Erfolgserlebnis) sind durch das Leistungsverhalten (Leistung als solche) selbst gegeben. Sie sind Bewußtseins-Zustände (z.B. Befriedigung), die aus der Arbeit selbst entspringen und die der Mitarbeiter an sich selbst und unmittelbar erlebt.
- **Extrinsische Belohnungen** (z.B. Bezahlung, Anerkennung, Beförderung) erfolgen nach dem Leistungsverhalten. Sie sind Konsequenz des Arbeitsvollzuges bzw. ergeben sich aus den Begleitumständen der Arbeit, wie z.B. dem Abschluß eines Auftrages nach erfolgreichen Verhandlungen mit einem Kunden. Sie werden durch andere Menschen (Vorgesetzte, Kollegen, Kunden, Abnehmer, andere Verhandlungspartner) vermittelt.

---

64 Vgl. z.B. Gutenberg (1971) 34ff.

b) Anspruchsniveau ⑭

Jede Erwartung hat ein bestimmtes **Anspruchsniveau**, welches Art und Ausmaß der Erwartung beschreibt. Es ist gleichbedeutend mit einer konkreten Zielsetzung einer Person, deren Erreichen zu Zufriedenheit und deren Verfehlen zu Unzufriedenheit führt. Insofern ist für die Selbstbewertung eines erzielten Verhaltensergebnisses das Anspruchsniveau entscheidend. Personen vergleichen nach Belohnungseintritt sowohl ihre eigenen Anstrengungs- als auch ihre Konsequenzerwartungen mit den wahrgenommenen eingetretenen Wirkungen. Es gilt für sie zu klären, ob durch ihre Anstrengung (ihren Leistungseinsatz) wirklich die erwartete Leistung und durch diese die angestrebte Belohnung erreicht wurde.

Zudem werden die wahrgenommenen eigenen Einsatz-Leistungs-Belohnungs-Relationen mit denen von Referenzpersonen oder -gruppen verglichen. Bei den Vergleichen werden irgendwie geartete »Gerechtigkeitsansprüche« herangezogen.[65]

Das jeweils aktuelle Anspruchsniveau wird von der vorangegangenen Leistung bzw. allgemeiner vom Ausmaß der früheren Bedürfnisbefriedigung und dem Anspruchsniveau der Vergangenheit bestimmt. »Das Anspruchsniveau ist nicht statisch. Das Erreichen des Anspruchsniveaus wird als Erfolg erlebt; es führt kurzfristig zu Zufriedenheit und langfristig zu seiner Erhöhung. Das Verfehlen des Anspruchsniveaus wird als Mißerfolg erlebt; es führt kurzfristig zu Unzufriedenheit und langfristig zu seiner Senkung. Das Anspruchsniveau einer Person wird von der Leistung der Mitglieder ihrer Bezugsgruppe beeinflußt«.[66]

Wenn kognitive Widersprüche oder Ungleichgewichte in der Wahrnehmung von Personen entstanden sind, werden diese durch Anspruchsniveauanpassung an die Realität abgebaut. Eine gänzlich andere Reaktion aber ist der Versuch, die betriebliche Realität im Sinne der ursprünglichen Ansprüche zu verändern.

Wenn Personen Übereinstimmungen bzw. Diskrepanzen wahrgenommen haben, versuchen sie, die Ursachen dieser Ergebnisse zu erfassen. Aus der Ursachenzurechnung und dem Vergleich möglicher Alternativen ziehen die Personen dann (Lern-)Konsequenzen bezüglich der Erwartungen.

c) Zurechnung ⑮

Im allgemeinen begnügen sich die Menschen nicht damit, Ereignisse in ihrer Umwelt nur zu registrieren. Insbesondere wenn sie sich selbst betroffen fühlen, sind sie bestrebt, diese Ereignisse (hier: Erfolg oder Mißerfolg eines Leistungsverhaltens) auf bestimmte Ursachen (selbst- bzw. fremdverursacht?) zurückzuführen.

Solche kognitiven, subjektiven Ursachenzuschreibungen (**Kausalattributionen**) spielen eine mitentscheidende Rolle bei der Verhaltensentstehung und -erklärung: zum einen für die Erklärung und Bewertung eines Verhaltens bzw. dessen Ergebnisses, zum anderen für die Erwartungen im Hinblick auf zukünftige Handlungen, etwa über deren Ergebnisse oder den zu leistenden Einsatz. Im allgemeinen wird angenommen, daß jede Person eine zeitlich relativ stabile, bestimmte Erklärungsstruktur für Ereignisse hat.[67]

---

65 So Porter/Lawler (1968) 29. Vgl. auch Homans (1972) 227.
66 Rüttinger/v. Rosenstiel/Molt (1974) 158.
67 Vgl. Weiner (1972) 81ff.; Wunderer/Grunwald (1980), Bd. 1, 212f.

Wichtig für das Leistungsverhalten am Arbeitsplatz ist weiterhin folgendes: Ursachenerklärungen eines Verhaltensergebnisses mit stabilen Faktoren rufen größere Erwartungsänderungen hervor als Zuschreibungen auf instabile Faktoren, wobei Anstrengungsattribuierungen allerdings einflußreicher als Zufallsattribuierungen sind.[68]
Interpretationen dieser allgemeinen Zusammenhänge liefern die folgenden Beispiele:

- Die Erwartung, ob die eigene Anstrengung zur angestrebten Leistung bzw. Konsequenz führt, ist in entscheidendem Maße davon bestimmt, inwieweit die Person annimmt, eigene Beeinflussungsmöglichkeiten zu besitzen (internale Personenabhängigkeit).
- Je mehr die eigene Fähigkeit und die eigene Anstrengung als ursächlich empfunden werden, desto positiver werden die Erwartungen beeinflußt und auch die Motivbefriedigung.
- Je stärker äußeren Faktoren (anderen Personen und/oder Situationsmerkmalen) ein – von der Person nicht kontrollierbarer – Einfluß zugesprochen (externale Personenabhängigkeit) wird, desto niedriger sind wahrscheinlich beide Erwartungen.
- Die Aufgabenschwierigkeit und die angenommene Fähigkeit, sie zu bewältigen, sind – je nach Höhe der Leistungsmotivation – positiv verstärkend.
- Werden mangelnde Fähigkeiten bei einem mißglückten Leistungsverhalten angenommen, wird kaum ein weiterer Versuch unternommen werden.
- Desgleichen ist dann, wenn Zufälle (z.B. Pech für einen Mißerfolg oder Glück bei einem Erfolg) verantwortlich gemacht werden, nicht mit weiteren Bemühungen bzw. kaum mit einer Änderung der subjektiven Erwartung zu rechnen.

Diese allgemeinen und vorläufigen Tendenzaussagen lassen sich präzise fassen, wenn Erfolg bzw. Mißerfolg als konkrete Ergebnisse aus Vergleichen zwischen Erwartung und Arbeitsergebnis (Übereinstimmung bzw. Diskrepanz) auf ihre Folgen hin untersucht werden: Wird das Anspruchsniveau geändert und wenn ja, in welcher Richtung? Welche Auswirkungen ergeben sich auf die individuelle Arbeitszufriedenheit – welche Formen nimmt sie an und welche weiteren Folgen in bezug auf daraufhin gezeigtes Arbeitsverhalten stellen sich ein? Antworten auf diese Fragen werden im folgenden Abschnitt zu geben versucht.

d) Arbeitszufriedenheit ⑰

Wenn die letzte Determinante des Leistungsdeterminanten-Konzeptes mit **Zufriedenheit** bezeichnet ist, so ist damit **Arbeitszufriedenheit** gemeint, die nicht mit den allgemeineren Begriffen der Berufs- oder sogar der Lebenszufriedenheit gleichzusetzen ist. Arbeitszufriedenheit ist ein emotionaler Zustand, der eintritt, wenn die Konsequenzen (»Belohnungen«) eines bestimmten, motivierten Verhaltens den gehegten Erwartungen und ihren Anspruchsniveaus entsprechen oder sie übertreffen. Umgekehrt entsteht Unzufriedenheit, wenn diese Erwartungen nicht erreicht wurden.
Erkennbar ist Arbeitszufriedenheit in diesem Sinne

- ein **motivationaler Begriff**: Motive sind mit Auslöser von Verhalten, das in emotionale Zustände mündet;

68 Vgl. dazu speziell Weiner (1972) 87ff.

– ein **dynamischer Begriff**: Arbeitszufriedenheit ist an die jeweiligen Anspruchsniveaus der gehegten Erwartungen gekoppelt;
– ein **relationaler Begriff**: Arbeitszufriedenheit entsteht als Ergebnis aus individuellen Vergleichsprozessen.«[69]

Es ist sicher unzulänglich, sich Arbeitszufriedenheit als ungeteilte Globalgröße vorzustellen: Einerseits ist sie auf unterschiedliche, motivational erstrebte Konsequenzen bezogen und durch entsprechend spezifische Belohnungen hervorgerufen. Andererseits tritt sie in differenzierten Erscheinungsformen auf, je nach den Ergebnissen der vorgelagerten Vergleichs- und Zurechnungsprozesse. Prozeßcharakter hat nicht nur das Zustandekommen von Arbeitszufriedenheit, sondern haben auch die in ihrer Folge entstehenden Verhaltensmuster der Arbeitsleistung: Engagement, Innovation oder aber Erhaltung des status quo, wie auch Widerspruch oder aber Abwanderung. Schematisch lassen sich diese Prozesse wie folgt darstellen:

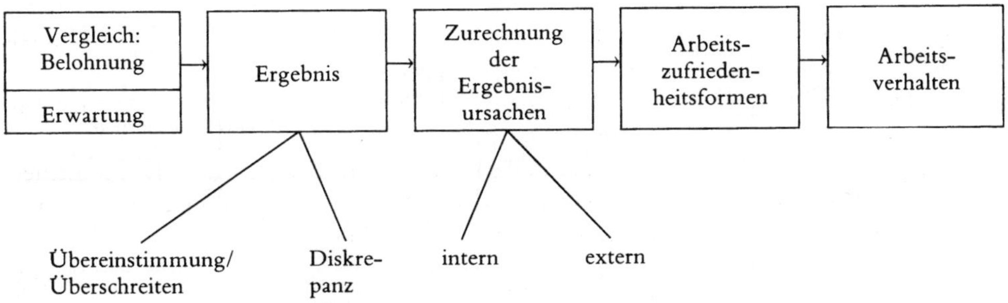

Abb. 12: Zustandekommen der Arbeitszufriedenheit

Vergleiche sind oben beschrieben: Sie beziehen erhaltene Belohnungen auf das Anspruchsniveau der jeweiligen Erwartung und schließen zudem Gerechtigkeitsvorstellungen in Relation zu anderen Personen oder Gruppen ein.

Die Ergebniskategorie »Übereinstimmung« bzw. »Überschreiten« (einer positiven Sollgröße) wird als Erfolg gewertet. »Diskrepanz« in Form des Unterschreitens einer positiven Sollgröße als Mißerfolg.

Bei der Zurechnung ist entscheidend, ob die Ursachen für die wahrgenommenen Arbeitsergebnisse in der eigenen Person gesehen werden (interne Zurechnung), oder aber in Faktoren, die außerhalb der eigenen Person liegen (externe Zurechnung). Die sich daraufhin jeweils einstellenden Formen der Arbeitszufriedenheit haben als erste Bruggemann et al. systematisiert. Die von ihnen zusätzlich beschriebene Form der »Pseudo«-Arbeitszufriedenheit ist in der folgenden Abbildung nicht gesondert aufgeführt. Sie beruht auf Verfälschungen der Situations-Wahrnehmungen in bezug auf unbefriedigte Bedingungen. Sie führt vermutlich zu Anspruchsniveau-Konstanz und ist als Abwehrmechanismus gegen Störungen des inneren Gleichgewichts oder des Selbstwertgefühls zu sehen.

Auf Typen möglicher Folgen in zukünftigem Arbeitsverhalten aufgrund zustandegekommener Arbeitszufriedenheits-Formen haben auch Neuberger/Allerbeck (unter Berufung auf Merton) hingewiesen.[70]

69 Vgl. Neuberger (1985a), der in seinem Sammelreferat zur Arbeitszufriedenheits-Forschung den Boom für diese auf 1974–1977 datiert hat.
70 S. Neuberger/Allerbeck (1978).

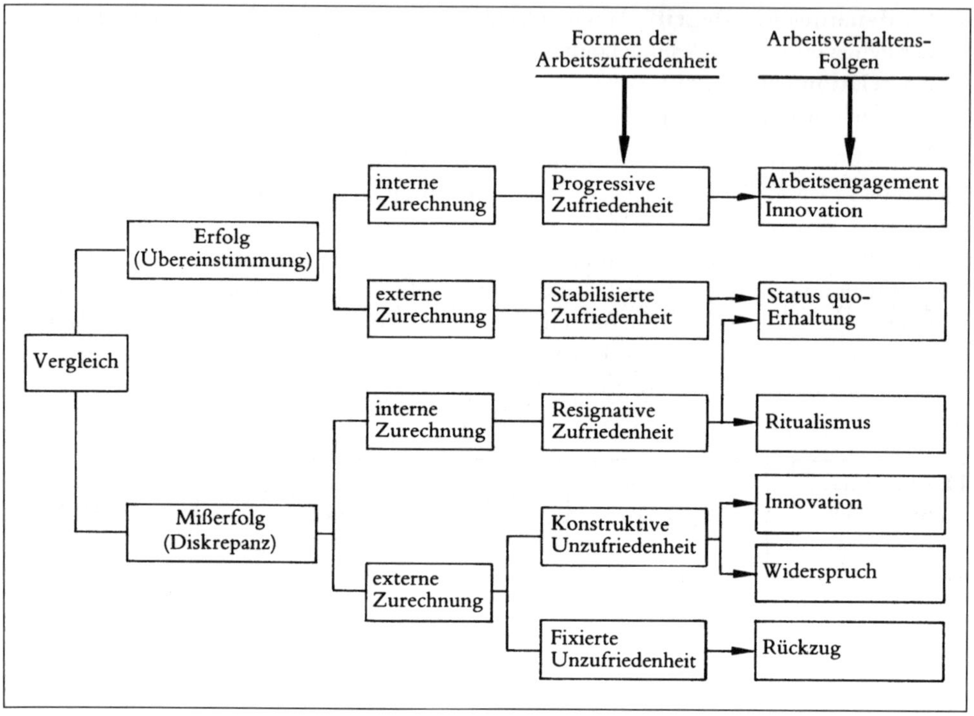

Abb. 13: Formen der Arbeitszufriedenheit und Arbeitsverhaltens-Folgen

Gemäß Abbildung 13 werden die folgenden Prozeßabläufe für wahrscheinlich gehalten:

- Intern zugerechnete Erfolge führen zu **progressiver Zufriedenheit**. Die erzielten Ergebnisse ermutigen dazu, noch bessere Leistungsresultate zu versuchen – ein erhöhtes Anspruchsniveau verlangt nach verstärkten Anstrengungen. Sie können in innovativem Verhalten liegen, jedenfalls im Engagement für die Arbeit.
- Extern zugerechnete Erfolge, die zu einer **stabilisierten Zufriedenheit** führen, leiten keine Änderung des Anspruchsniveaus ein. Daher genügen Versuche, das Erreichte, den status quo, zu erhalten.
- Die interne Zurechnung wahrgenommenen Mißerfolges löst zunächst Suche und Prüfung von Alternativen für Folgeverhalten aus; so könnte z.B. die Kündigung erwogen werden. Ein Ausscheiden solcher Alternativen, das Abfinden mit dem eigenen Fehlverhalten, mit seiner Mißerfolgskonsequenz und mit seinen Ursachen (z.B. unzureichende Qualifikation) führt zu reduzierten Zukunftserwartungen und damit zu einer Senkung des Anspruchsniveaus. Diese Tendenz ist auch empirisch beobachtet worden. **Resignative Zufriedenheit** und der Versuch, Erreichtes zu bewahren, sind die wahrscheinlichsten Folgen.

  Eine Selbstschutzhaltung wird aufgebaut, wenn die zu erreichenden, aber verfehlten Ziele in den Hintergrund gedrängt werden. Die eigenen Mißerfolge werden dann weniger deutlich wahrgenommen, das Arbeitsverhalten wird schematisch routinisiert: »Ritualismus«.[71]

---

71 Vgl. Wiswede (1980) 159.

- Daß Arbeitsunzufriedenheit entsteht, wird in dieser Klassifikation auf die externe Zurechnung erlebter Mißerfolge zurückgeführt. Ihre Formen werden entweder als fixierte oder als konstruktive Arbeitsunzufriedenheit bezeichnet, je nachdem, welche Verhaltensreaktionen und mit ihnen erzielbare Erfolge für möglich erachtet werden.
  - Ganz anders geartete Situationseinschätzungen sind mit **konstruktiver Arbeitsunzufriedenheit** verbunden. Werden Wege zu Veränderungen gesehen, so werden sie mit innovativem Verhalten zu begehen versucht. Gegebenenfalls fordern Widerstände Widerspruch (»Rebellion«) heraus; er ist auch möglich als Reaktion auf Behandlungen, die als ungerecht empfunden werden.
  - Bei **fixierter Arbeitsunzufriedenheit** werden Möglichkeiten zur Änderung der unbefriedigenden Situation nicht gesehen. Wenn das Anspruchsniveau dennoch aufrechterhalten wird, bleibt der Rückzug als konsequente Reaktion. Der Zusammenhang zwischen Unzufriedenheit und Fluktuation ist empirisch häufig nachgewiesen.[72]

Die beschriebenen Zufriedenheitsformen und Verhaltenskonsequenzen sind als möglich, nicht als generell notwendig anzusehen.[73] Insbesondere können, wenn unerwünschte Folgen vermieden werden sollen, Versuche seitens der Betriebe ansetzen, in Prozeßverläufe einzugreifen. So ist es z.B. prominentes Merkmal der Führungskonzeption Management by Objectives, resignative Zufriedenheit aufgrund intern zugerechneter Mißerfolge nicht entstehen zu lassen (und auch Anspruchsniveau-Reduzierung zu verhindern). Ein Mitarbeiter, der eigene Mißerfolge erlebt, würde positiv in dem Sinne beeinflußt, daß er als Ursachen erkannte Qualifikationsdefizite durch Fortbildungsmaßnahmen abzubauen beginnt.

5. Zusammenhänge

Das gesamte Leistungsdeterminanten-Konzept sollte nicht als komplette Theorie zur Erklärung menschlichen Verhaltens in Betrieben mißverstanden werden. Zwar fügt es eine ganze Reihe theoretischer Ansätze (Erwartungs-Valenz-Modelle zur Motivation, Theorien zur Arbeitszufriedenheit, zum Anspruchsniveau) zu einem umfangreicheren Modell zusammen, aber gerade dies erschwert seine empirische Überprüfung. Es versteht sich daher – bescheidener – als **Orientierungsgerüst**, da es Einsichten vermitteln will in das komplizierte Zusammenwirken sehr vielfältiger und unterschiedlicher Faktoren, die ihrerseits ganz unterschiedlich geprägt werden und letztlich menschliches Arbeitsverhalten zustande kommen lassen. Dieses Orientierungsgerüst kann auch als **Heuristik** fungieren für Anregungen, aufgrund gewonnener Einsichten in Leistungsprozesse einzugreifen, um unerwünschte Ergebnisse oder Folgen zu verhindern, um präferierte Leistungen zu provozieren oder zu unterstützen.

Kurz zusammengefaßt sind die **Hauptaussagen** des Leistungsdeterminanten-Konzeptes die folgenden:

---

72 Vgl. die Sammelreferate von Gaugler/Martin (1979) 93ff.; Porter/Steers (1977) 338ff.
73 Empirische Überprüfungsversuche und kritischer Kommentar s. bei Neuberger (1985) 195f.

(1) Es ist konzentriert auf **Arbeitsleistungen** in Betrieben und stellt die Faktoren, die diese maßgeblich bestimmen, in zwei Gruppen dar: in den Determinanten des **Wollens** (Bestandteile ①–⑨ von Abb. 11) und in denen des **Könnens** (Bestandteile ⑩ – ⑫). Sie sind gleichbedeutend mit den persönlichen **Qualifikationen** zur Leistungserbringung (Bestandteil ⑫ »Arbeitsbedingungen« ausgenommen).

(2) Damit wird auch deutlich, daß das Schaubild nicht auf einer Sichtweise beruht, die ausschließlich auf betriebliche Intentionen gerichtet ist: Die Einbeziehung **individueller** Interessenlagen wird unterstrichen durch:
   - die Heraushebung der **Wollens**-Komponente
     - sowohl für die Arbeitsleistung (via Einsatzintensität)
     - wie auch für die Arbeitszufriedenheit (die im Ergebnis Einsatzbereitschaft mitbewirkt); und dadurch, daß
   - das Kreislauf-Schema über den Grad der Erreichung individueller Zufriedenheit (Determinante ⑰) auf das Ausmaß der **Motivbefriedigung** durch Belohnungen (Determinante ⑬) abhebt und **Lernprozesse** mit einbezieht, die allerdings nur einen – der Einfachheit der Darstellung halber gewählten – Ausschnitt aller Lernprozesse darstellen, die in diesen Zusammenhängen ablaufen.

(3) **Nicht** explizit dargestellt (aber natürlich als de facto vorhanden und insoweit als wirksam unterstellt) ist die gesamte betriebliche **Umwelt** des arbeitenden Menschen: seine **Arbeitssituation**. Sie macht gewissermaßen den jeweils geltenden, konkretisierten Rahmen des Schaubildes aus. So bestimmt z.B. der Aufgabeninhalt eines Arbeitsplatzes die Art der verlangten Leistung. Die der betrieblichen Situation innewohnende Aufforderung zur Aufgabenerfüllung ist als einer der Stimuli zur Leistungserbringung aufzufassen.

(4) Die Wollenskomponenten sind in einer Resultanten zusammengefaßt: der Einsatzintensität (Determinante ⑨).

(5) Es ist davon auszugehen, daß die Determinanten des Wollens mit denen des Könnens **interaktiv** verbunden sind.[74] Drückt man das Bild ihrer Verkettung in einer mathematischen Formel aus, so heißt das, daß sie miteinander multiplikativ (nicht: additiv) verknüpft sind. Diese Art der Verknüpfung hat zum Ergebnis, daß ein positiver Wert für die Leistung nur zustande kommt, wenn kein Faktor Null wird. Anders ausgedrückt heißt das: **Alle** Determinanten müssen in leistungsrelevanten Ausprägungen vorhanden sein, sonst ist eine Leistungserbringung nicht möglich. Das ist wie folgt zu begründen:
   - Einsatz muß ohne Eignungen sachlich richtungslos bleiben,
   - vorhandene Eignungen werden ohne Einsatz nicht aktiviert,
   - aus zutreffender Arbeitskenntnis resultiert der Umfang des Einsatzes, der für die Aufgabenerfüllung relevant ist,
   - ohne zureichende Arbeitsbedingungen können die vorgenannten Faktoren nicht wirkungsvoll zur Entfaltung kommen.

(6) Werden von seiten der Mitarbeiter oder des Betriebes Verbesserungen von Leistungen angestrebt, so kann an jeder einzelnen Determinante (oder auch an bestimmten Kombinationen) angesetzt werden. Denn Gründe für Leistungsmängel können sowohl in Qualifikationslücken als auch in unzureichenden Arbeitsbedingungen liegen.

---

74 So nehmen Vroom und Lawler als »überzeugend« an, daß Einsatz (Vroom: »Motivation«, Lawler: »Effort«) und Eignungen interaktiv verbunden sind. Vgl. Vroom (1967) 203; Lawler (1970) 232f. Porter/Lawler (1968) 31ff. behaupten das gleiche für die Verknüpfung von Einsatz (»Effort«) und Arbeitskenntnissen (»Role Perceptions«).

Ein erster wichtiger Hinweis für eine praktische Nutzung des Modells ist der, daß die multiplikativ verknüpften Faktoren besondere Aufmerksamkeit verdienen. Wird nur einer von ihnen sehr klein, so sind im Endeffekt Erfolge auch starker Bemühungen zur Verbesserung anderer Faktoren drastisch gemindert. Als zentraler Faktor unter den Determinanten des Wollens werden die Konsequenz-Erwartungen gesehen[75], weil sie auf der tatsächlichen Arbeitssituation basieren und diese wiederum vom Betriebe kontrolliert werden kann. Mit dem Führungsstil, mit Karriere- und Entgeltsystemen, mit Kriterien zur Personalauswahl kann die Arbeitssituation beeinflußt und geändert werden. Der Konsequenz-Erwartung kommt insofern geradezu eine Hebelwirkung im Motivationsprozeß zu. Daher ist es außerordentlich wichtig, daß betriebliche Anreizsysteme nicht nur mangelfrei konstruiert und gehandhabt werden, sondern daß ihr Funktionieren von den Mitarbeitern auch deutlich und zutreffend wahrgenommen wird.

Isoliert auf einzelne Faktoren wirkende Konsequenzen der betrieblichen Personalarbeit sind nur selten auszumachen; als Beispiel dafür mag gelten: Personal-Fortbildung, auch wenn sie primär auf Verbesserungen von Eignungen zielen sollte, kann auch in beträchtlichem Ausmaß motivierende Wirkungen haben. In diesem Zusammenhang aller Leistungsdeterminanten liegt eine der wichtigsten Begründungen dafür, daß wirksame betriebliche Personalarbeit die Grundlage einer **geschlossenen Konzeption** zur Voraussetzung hat.

---

75 S. Lawler (1977).

C. Personal-Management als Mitarbeiterführung

I. Grundprobleme der Führung

Das Phänomen der Führung durchzieht nahezu die gesamte Geschichte der Menschheit. So sind bereits aus der Antike Schriften überliefert, die sich mit der Führung von Arbeitern und Arbeitsgruppen (Sklaven) beschäftigen (z.B. Seneca).

Bezogen auf die Führung im Betrieb sind es heute vor allem folgende Problemfelder, mit denen sich die moderne Führungsforschung seit nunmehr vier Jahrzehnten auseinandersetzt[1]:

- Was ist Führung; durch welche Merkmale läßt sie sich charakterisieren?
- Wie wirkt Führung; was sind die Kategorien von Führungserfolg und wie lassen sich diese messen (Führungseffizienz)?
- Warum und wie werden bestimmte Personen zu (erfolgreichen) Führern?
- Wie verhalten sich (erfolgreiche) Führer?
- Wovon hängt Führungserfolg ab?

1. Begriff und Merkmale der Führung

In der Grundlegung ist der Begriff der Führung in einem weiten, betriebswirtschaftlich-allgemeinen Sinne bereits erläutert worden, um daraus Begriff und Inhalt des Personal-Managements abzuleiten (s. Kap. A II). Gegenstand dieses Kapitels ist nun derjenige Teilbereich des Personal-Managements, der die Tätigkeiten der **Verhaltenssteuerung** zum Inhalt hat, und zwar davon wiederum derjenige Ausschnitt, der die »**Mitarbeiterführung**« im Sinne der Ausübung von Vorgesetztenfunktionen zum Gegenstand hat. Auch der so angedeutete (engere) Begriff der Führung wird in der Literatur in vielfältiger, z.T. widersprüchlicher Weise definiert und kontrovers diskutiert.[2] Als gemeinsamer Nenner schält sich dabei heraus, daß Führung als ein irgendwie gearteter Versuch der Einflußnahme oder Einwirkung auf das Verhalten anderer Personen verstanden wird.

Dieser Ausgangspunkt soll um Merkmale angereichert werden, die für das Phänomen der Führung von Mitarbeitern im Betrieb wesentlich erscheinen und es näher kennzeichnen. Führung liegt demnach vor, wenn:

---

1 Einen guten Überblick über die mit Führung zusammenhängenden Fragen und ein ausführliches Literaturverzeichnis mit zahlreichen weiterführenden Quellen bieten Neuberger (1990); Staehle (1991); Bass (1981); Wunderer/Grunwald (1980), Bd. 1 und 2,; Wunderer (1993); Seidel/Jung/Redel (1987).

2 Eine Zusammenstellung findet sich z.B. bei Seidel (1978) 69ff.; Neuberger (1990) 2ff.

- mindestens zwei Personen existieren: **Führer** und **Geführter**;
- eine soziale **Interaktion** (gekennzeichnet durch die wechselseitige Bedingtheit des Verhaltens) stattfindet;
- diese Interaktionsbeziehung **asymmetrisch** verläuft, d.h. die **Willensdurchsetzung** weitgehend einseitig aufgrund unterschiedlicher Machtverteilung erfolgt, so daß das Verhalten der Geführten überwiegend einer Fremdbestimmung unterliegt;
- die Führung **zielorientiert** erfolgt: bestimmte Ergebnisse erreicht, bestimmte Aufgaben erfüllt werden sollen;
- **Wirksamkeit** der Führung bezüglich Verhaltensauslösung und -steuerung vorliegt;
- die Willensdurchsetzung durch spezifische Aktivitäten der **Information**, **Instruktion**, **Entscheidung**, **Motivation**, **Konfliktlösung** erfolgt;
- im Führungsprozeß eine **Ausbildung von Rollen** (Verhaltenserwartungen), **Werten** und **Normen** stattfindet;
- die **Interaktion dynamisch** ist, d.h. sich permanent entwickelt und Veränderungseinflüssen unterschiedlichster Art ausgesetzt ist.

Obwohl diese Merkmalsaufzählung recht umfangreich ist, kann sie nicht den Anspruch erheben, abschließend und vollständig zu sein; es mag durchaus Fragestellungen zur Führung geben, für die weitere Facetten bedeutsam sind, einige der genannten Merkmale jedoch nicht interessieren.

2. Führungseffizienz

a) Effizienz-Kategorien und ihre Bestimmungsgrößen

Da Führung nicht zweckfrei erfolgt, durch sie vielmehr bestimmte Ziele erreicht werden sollen, stellt sich die Frage nach der Leistungsfähigkeit – oder Effizienz – eines praktizierten oder denkbaren Führungsverhaltens. Konkret bedeutet dies, daß sowohl für den betrieblichen Alltag, als auch für die wissenschaftliche Forschung Kriterien definiert werden müssen, durch die sich erfolgreiche bzw. effiziente Führung von nicht-erfolgreicher bzw. ineffizienter Führung in ihren Folgen unterscheidet. Grundsätzlich läßt sich Führungseffizienz in eine Vielzahl von Einzelvariablen aufspalten bzw. mit unterschiedlichsten Kriterien ausdrücken, wie die Systematisierung von Witte beispielhaft zeigt (s. Abb. 14).
Im folgenden wird hier zwischen zwei Kategorien der Führungseffizienz unterschieden:

- **wirtschaftliche** Effizienz, d.h. Grad der Erreichung institutioneller Ziele, als ökonomischer Aspekt,
- **sozial-psychologische** Effizienz, d.h. Grad der Befriedigung individueller Bedürfnisse der Institutions-Mitglieder (-Mitarbeiter), als humaner Aspekt.

aa) Wirtschaftliche Effizienz

Als Bestimmungsgrößen können für die wirtschaftliche Effizienz einzelne mengenmäßige oder auch wertmäßige Größen herangezogen werden wie Input-, Output-, Aufwands-,

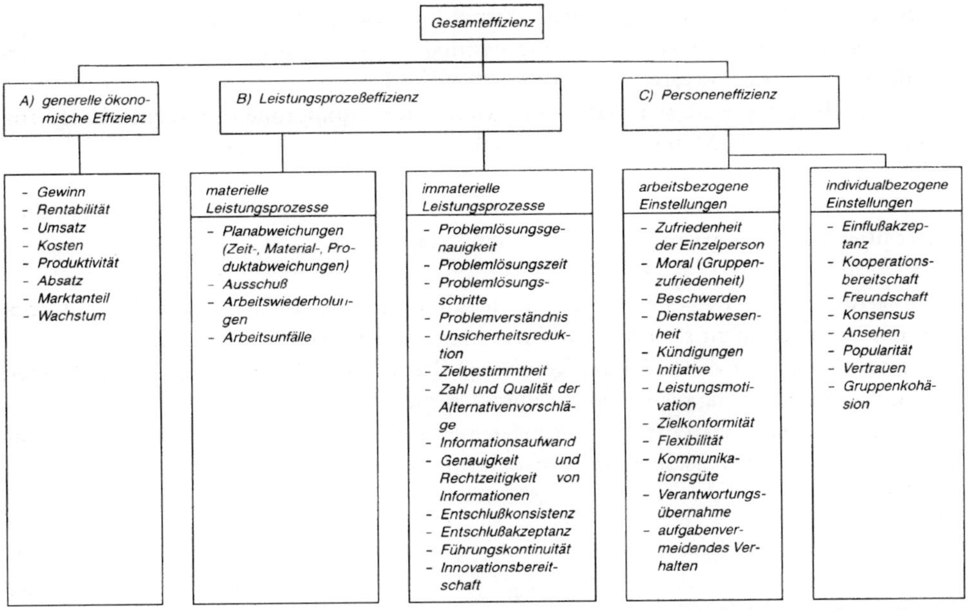

Abb. 14: Effizienzvariablen der Führung
Quelle: Witte (1987) Sp. 165f.

Ertragsziffern, aber auch Relationen oder kombinierte Kennzahlen. Zur Systematisierung bieten sich an[3]:

- Kennzahlen **mengenmäßiger** Ergiebigkeit, z.B. Mengenleistung pro Zeiteinheit (verkaufte Produkte, bearbeitete Werkstücke, erledigte Akten, erschienene Publikationen o.ä.), Ausfallzeiten, Ausschußquoten;
- Kennzahlen **wertmäßiger** Ergiebigkeit, z.B. kostenwirtschaftliche Größen, Gewinn, Rentabilität, Kapazität, Beschäftigungsgrad, bewertete brauchbare Ideen einer Forschungsabteilung;
- Kombinationsmerkmale, wie z.B. Flexibilität, Stabilität, Wachstum, Marktstellung, Störanfälligkeit, Liquidität.

bb) Sozial-psychologische Effizienz

Die Darstellungen in Teil B machen deutlich, daß die Erreichung ökonomischer Ziele durch eine die jeweiligen Bedürfnisse der Mitarbeiter außer acht lassende Führung kaum möglich, zumindest aber stark beeinträchtigt sein wird.

Entsprechende Bedeutung muß also der, insbesondere durch verhaltenswissenschaftlich orientierte Autoren stark in den Mittelpunkt des Interesses gerückten, Führungs-Effizienz in sozial-psychologischer Hinsicht unterstellt werden.

3 Vgl. u.a. Baumgarten (1977) 90; Nieder (1974) 226; Staehle (1973) 18.

Als zentrale Bestimmungsgößen der sozial-psychologischen Effizienz sind z.B. die Arbeitszufriedenheit, positive arbeits- und leistungsbezogene Einstellungen der Geführten oder der Grad ihrer Selbstverwirklichung bzw. -entwicklung zu nennen. Als Kriterien lassen sich aber auch besser quantifizierbare (indirekte) Bestimmungsgrößen heranziehen wie Absentismus, Fluktuation, Menge der vorgebrachten Verbesserungsvorschläge usw.

b) Probleme der Bestimmung von Führungseffizienz

Grundsätzlich muß unser alltägliches, am technisch-physikalischen Bereich orientiertes Meßverständnis als nicht geeignet zur Erfassung sozialer Phänomene bezeichnet werden. Konkret bedeutet dies, daß die jeweiligen Methoden und Verfahren im Rahmen einer empirischen Sozialforschung nicht ohne weiteres übernommen werden können. Entsprechend stellt sich der Versuch, dem Input »Führung« einen irgendwie gearteten »Erfolg« als Output gegenüberzustellen, in Forschung und Praxis komplizierter dar, als gemeinhin angenommen wird. Im folgenden wird auf die wichtigsten Grundprobleme bei der Erhebung von Führungseffizienz kurz eingegangen.

aa) Auswahl der Effizienz-Kriterien

Die Auswahl von Kriterien zur Erhebung von Führungseffizienz kann nicht willkürlich erfolgen, sondern hat sich an den jeweils zu definierenden Zielen der Personalführung zu orientieren. Diese können in Abhängigkeit von den jeweiligen Unternehmungszielen sowie den verschiedenen ausgeprägten Determinanten der Führungssituation (Qualifikationsniveau der Mitarbeiter, Schwierigkeit und Struktur der zu bewältigenden Aufgaben, vorherrschende organisatorische Rahmenbedingungen usw.) sehr unterschiedlich sein. Ein universales Set von Indikatoren einer erfolgreichen Führung läßt sich also nicht formulieren. Entsprechend muß die Relevanz eines Kriteriums für jede Studie oder jede Beurteilung eines Führungsphänomens neu überprüft werden.

Grundsätzlich kann man aber davon ausgehen, daß vor dem Hintergrund des heute dominierenden (oft als kooperativ beschriebenen) Führungsverständnisses wirtschaftliche und sozial-psychologische Effizienz **gleichermaßen** angestrebt wird (bzw. werden sollte!). Dabei ist die alte Frage nach der grundsätzlichen Vereinbarkeit von institutionellen Zielen (wie Produktivität) mit der Berücksichtigung von zentralen Mitarbeiterbedürfnissen (oft als individuelle Ziele bezeichnet) nicht nur zu bejahen, die Ausführungen in Teil B belegen vielmehr die unbedingte Notwendigkeit der Integration dieser beiden Zielbereiche. So oder so war diese Frage in mehrfacher Hinsicht falsch gestellt:

(1) Nicht **Ziele** per se können auf Verträglichkeit untersucht werden, sondern zielerreichende **Maßnahmen** daraufhin, ob ihre Wirkungen einander ergänzen bzw. fördern (»Ziel«-Komplementarität) oder aber behindern (»Ziel«-Konkurrenz).
(2) Ein zweifacher Unterschied in der **Zielsetzung** wird vorausgesetzt:
   - Die Ziele werden von unterschiedlichen Einheiten gesetzt und verfolgt:
     - z.B. Produktivität von der Institution (Ziel des Betriebes),
     - z.B. Zufriedenheit von den Menschen (Ziel der Mitarbeiter).
   - Die Einheiten verfolgen jeweils nur dieses eine Ziel und beachten das andere nicht bzw. wollen es auch nicht verfolgen. Beides muß nicht zutreffen; jedenfalls dann nicht, wenn:

- der Betrieb erkennt, daß er seine ökonomischen Ziele auf die Dauer nicht erreichen kann, wenn er die zentralen Bedürfnisse seiner Mitarbeiter mißachtet,
- die Mitarbeiter erkennen, daß (Unternehmens-) zielkonformes Verhalten durchaus zu einer Befriedigung ihrer persönlichen Bedürfnisse beitragen kann, zumindest aber diesbezüglich nicht zu hohe Kosten verursacht.

bb) Zurechnungsproblematik

Generalisierbare Erkenntnisse über Bedingungen und Formen effizienten Führens sind es, die letztlich von Wissenschaft und Praxis gesucht werden. Dies bedeutet insbesondere die Klärung des Zustandekommens bestimmter durch einzelne Kriterien beschriebener Folgen der Führung in Abhängigkeit von dieser. Dabei läßt sich eine theoretische und eine empirische Ebene unterscheiden.

Auf theoretischer Ebene wäre darzustellen, welcher (evtl. sogar kausale) Zusammenhang zwischen einem bestimmten Führungsverhalten, spezifischen Eigenschaften eines Führers usw. sowie dem definierten Führungserfolg unter Berücksichtigung der vorhandenen Rahmenbedingungen besteht. Eine solche theoretische Fundierung versuchen die unterschiedlichen Führungstheorien, von denen einige nachstehend dargestellt und beurteilt werden. Insgesamt muß man jedoch feststellen, daß einzelne Ansätze zwar interessante Aspekte aufzeigen und durchaus heuristischen Wert besitzen, Zusammenhänge aber nicht in befriedigendem Maß aufzeigen können, die einer empirischen Überprüfung standhalten und in die betriebliche Praxis umgesetzt werden könnten.

Ein Großteil der Führungsforschung versucht, seine Aussagen auf die Ergebnisse empirischer Studien zu stützen, von denen ebenfalls einige im folgenden dargestellt werden. Aber auch auf empirischer Ebene ist es außerordentlich schwierig, den Zusammenhang zwischen Führung und Führungserfolg aufzuzeigen. Die den Führungserfolg indizierenden Kriterien sind i.d.R. nicht monokausal bedingt. So stellen Führungsmaßnahmen z.B. nur **eine** unter zahlreichen weiteren betrieblichen Konditionen dar, mit denen man Mitarbeiterverhalten und -einstellungen »erfolgreich« (effizient) zu beeinflussen sucht. Auch mengen- oder wertmäßige Kriterien aus der Kategorie der wirtschaftlichen Effizienz werden außer durch »Führung« auch durch andere Faktoren wie z.B. die konjunkturellen Rahmenbedingungen beeinflußt. Da im Rahmen der üblichen korrelativen Auswertungen empirischer Studien keine kausalen sondern nur raum-zeitliche Zusammenhänge aufgedeckt werden und Führungsphänomene gewöhnlich in der betrieblichen Praxis und nicht unter kontrollierten Laborbedingungen untersucht werden, ist die Gefahr der Konfundierung immer gegeben. Eine eindeutige Zuordnung bestimmter Führungsfolgen zu einem bestimmten Führungsverhalten ist so nur über die Annahme der völligen Konstanz oder Vernachlässigbarkeit aller anderen, die Kriterien beeinflussenden, Faktoren zu erreichen, was einer völlig realitätsfernen Sichtweise entsprechen würde.

cc) Meßprobleme

Während sich Kriterien zur Erhebung der wirtschaftlichen Effizienz zumeist aus dem betrieblichen Rechnungswesen gewinnen lassen und eindeutig quantifizierbar sind, gehen mit der Messung leistungsprozeßbezogener (z.B. Problemlösungsverhalten) oder sozial-psychologischer Effizienzkriterien (z.B. Arbeitszufriedenheit) gewisse grundsätzliche Probleme einher. Zum einen handelt es sich oft um qualitative Daten, die auf ein bestimmtes Skalenniveau transformiert und damit »rechenbar« gemacht werden müssen. Zum anderen stellen die herangezogenen Kriterien oft hypothetische Konstrukte dar, die nicht direkt meßbar sind und über einzelne (Test-)Verfahren operationalisiert werden müssen. Diese Messungen müssen insbesondere den Kriterien der Validität, Reliabilität und Objektivität entsprechen, was man über die Güte der verwendeten Verfahren (Fragebögen, Tests usw.) sicherzustellen versucht. Will man z.B. (vor dem Hintergrund des immer wieder konstatierten Zusammenhangs zwischen Zufriedenheit und Arbeitsleistung) die Arbeitszufriedenheit der Mitarbeiter als einen Indikator der Führungseffizienz erheben, muß davon ausgegangen werden, daß das verwendete Verfahren (z.B. ein Fragebogen):

- tatsächlich die Arbeitszufriedenheit und nicht das allgemeine, insbesondere durch die familiäre, gesundheitliche und finanzielle Situation des jeweiligen Mitarbeiters determinierte allgemeine Wohlbefinden oder etwas völlig anderes erhebt (Validität);
- eine gewisse Meßgenauigkeit besitzt, was sich darin ausdrückt, daß in verschiedenen Situationen oder zu unterschiedlichen Zeiten für eine Person die gleichen Meßergebnisse erhoben werden (Reliabilität);
- in Durchführung und Auswertung unabhängig von Untersucher ist (Objektivität). (Vgl. ausführlicher zu den Gütekriterien Objektivität, Reliabilität und Validität Kap. D.II.2.b.bb)

I.d.R. muß davon ausgegangen werden, daß die Erfüllung dieser drei Gütekriterien bei Untersuchungen in der betrieblichen Praxis nicht voll gewährleistet werden kann. Dies liegt insbesondere in den mangelnden Kenntnissen über die verwendeten hypothetischen Konstrukte (bzw. in deren mangelnder theoretischer Fundierung) begründet sowie in der Tatsache, daß Reliabilität und Objektivität eine weitgehende Standardisierung von Untersuchungssituationen und -verfahren voraussetzen. Eine Forderung die in der betrieblichen Untersuchungssituation nicht zu erfüllen ist und den mit der Erhebung von komplexen sozialen Phänomenen einhergehenden Anforderungen an Meßtheorie und -instrumente grundsätzlich widerspricht.

II. Grundlegende Ansätze der Führungsforschung

1. Führungsstiltypologien

Die Art und Weise, in der Führungskräfte sich verhalten, d.h. ihre Führungsfunktionen ausüben, wird als Führungs**stil** bezeichnet. Es handelt sich dabei um ein zeitlich überdauerndes und in bezug auf bestimmte Situationen konsistentes (Führungs-)Verhaltensmuster von Vorgesetzten gegenüber Mitarbeitern. Führungsstile können entweder aus Erkenntnissen aufgrund empirischer Untersuchungen unterschieden werden (Realtypen), oder aber sie basieren auf theoretischen Ableitungen (Idealtypen).[4]

a) Theoretische Konzepte

In Anlehnung an Max Webers Herrschaftsformen (legale, traditionale, charismatische Herrschaft) unterscheidet Witte[5] vier traditionelle Führungsstile:

Patriarchalischer Führungsstil
Er beruht auf dem absoluten Herrschaftsanspruch des »Patriarchen« als alleiniger Führungsinstanz und seiner Anerkennung durch die Geführten. Für den Patriarchen ist sein Führungsanspruch mit einer Treue- und Versorgungspflicht gegenüber den Geführten gekoppelt, die umgekehrt zu folgsamer Treue und Unterordnung verpflichtet sind. Eine familiär-patriarchalische Art des Umgangs kennzeichnet diesen Führungsstil. Er wird in Organisationsstrukturen vorgefunden, die einfach und direkt sind: sowohl was die Leitungsbeziehungen (da der Patriarch die vollständige, ungeteilte Gesamtkompetenz hat, existieren nur zwei Instanzen: er und die Gesamtheit der Untergebenen) als auch die direkten Kommunikationsbeziehungen angeht.

Elemente des patriarchalischen Führungsstils sind in Klein- und Mittelbetrieben (Personengesellschaften) noch am deutlichsten vorhanden. Mit zunehmender Größe der Institution wächst auch die Gefahr von Mängeln in der Aktions- und Reaktionsgeschwindigkeit.

Charismatischer Führungsstil
Auch in ihm wird ein absoluter Herrschaftsanspruch geltend gemacht, jedoch nicht auf eine singuläre Herrschafts**position**, sondern auf eine besondere Herrschafts**persönlichkeit** gegründet. Ihre Ausstrahlung in Verbindung mit Führungseigenschaften kennzeichnen diesen Stil. Aus organisatorischer Sicht hat das Fehlen von Strukturen und Regeln stark improvisatorische Züge zur Folge: Ein charismatischer Führer macht auch vor etablierten Strukturen nicht Halt, wenn eine Situation dies seiner Meinung nach erfordert. Diesem Führungsstil wird daher oft besondere Dynamik und Effektivität gerade in Grenzsituationen zugesprochen. Grenzsituationen sind auch **Situationen des Wandels**, speziell dann, wenn es sich

4 Vgl. ausführlich zu Führungsstilen Steinle (1992); Staehle (1991) 309ff.

5 Zum folgenden Abschnitt vgl. Witte, E. (1969) Sp. 595ff. Kennzeichnend ist die Übertragung der von Max Weber für den gesellschaftlich-staatlichen Bereich entwickelten Grundideen auf Unternehmungen.

um (a) radikalen Wandel und (b) Wandel unter Zeitdruck handelt. Charismatische Führer dürften somit gut für die Rolle eines Change Agent geeignet sein.[6]

Unter Einbeziehung der Erkenntnisse der Erwartungs-Valenz-Ansätze (s. Teil B) ist die Funktionsweise charismatischer Führung wie folgt zu deuten: Charismatische Führer üben ihren stärksten Effekt auf die Emotionen und Valenzen der Geführten aus, wohingegen z.B. Weg-Ziel-Theorien den Effekt des Führers auf die Erwartungen und Kognitionen der Geführten hervorheben.[7]

Autokratischer Führungsstil

Auch er kommt durch die Existenz zentraler Herrschaftsinstanzen bei strikter Trennung von Entscheidungs- und Durchführungsaufgaben zustande. Entscheidungsdurchsetzung und Kommunikation gelangen nicht mehr direkt an den durchführenden Auftragsempfänger, sondern sind an einen institutionalisierten Instanzenapparat (Hierarchie) mit exakt geregelten Kompetenz-, Subordinations- und Kontrollbereichen gebunden. Autokratische Führung enthält in starkem Maße disziplinierende und strukturierende Elemente, entstanden aus der Ansicht, daß große soziale Gebilde (staatliche Einrichtungen, Unternehmungen) straffer Organisation bedürften. Das dabei ausgefeilte Kompetenzsystem für Entscheidungsbefugnisse hat in der Leitungsorganisation der heutigen Führungspraxis noch relativ große Bedeutung.

Bürokratischer Führungsstil

Er ist als Fortentwicklung autokratischer Führung zu betrachten, in dem die Institution die zentrale Größe ist. Nicht mehr die Persönlichkeit, sondern (im Idealfall) die fachbezogene Kompetenz dominiert. Organisations- und Formalisierungsgrad sind gesteigert: Das Instanzensystem ist verfeinert, die Befugnisse präzise definiert und abgegrenzt, die Arbeitsabläufe sind nach Möglichkeit streng reglementiert. Mit den Grundsätzen der »Nichtdelegierbarkeit von Verantwortung« und der »Gleichbehandlung aller Geführten« sollen mögliche Nachteile autokratischer Führung (Willkür) unterbunden werden. Bürokratischer Führung scheint eine Tendenz zu Übersteigerungen der Reglementierungs-Grundidee innezuwohnen. Überorganisation, Überformalisierung und Schematismus mit Unwirtschaftlichkeit als Resultat sind die Folge. Sie ist in der Praxis nicht selten zu finden, vor allem in der öffentlichen Verwaltung wird sie oft beklagt. Das erklärt die Versuche und das dabei an den Tag gelegte Engagement, Teilbereiche der öffentlichen Verwaltung durch abwandelnde Übernahme moderner Management-Konzeptionen aus der Wirtschaftspraxis zu rationalisieren.[8]

Weite Verbreitung in der Management-Praxis hat die Darstellung von Führungsstilen auf einem **bipolaren Kontinuum** nach Tannenbaum/Schmidt[9] gefunden (Abb. 15). Sie kann als Musterbeispiel für die Beschränkung auf das alleinige Merkmal der Verteilung der Entscheidungsaufgaben gelten.

---

6 Vgl. Day (1980) 50f., 57.

7 Vgl. House (1987) Sp. 736ff.; s. auch die Übersicht über empirische Befunde zu dieser Theorie, Sp. 738ff.

8 Vgl. z.B. Reichard (1973); Wild (1973); ausführlicher zu Problemen und Tendenzen der Führung in Bürokratie und öffentlicher Verwaltung s. Bosetzky (1987) und Timmermann/Ende (1987).

9 S. Tannenbaum/Schmidt (1958) 164.

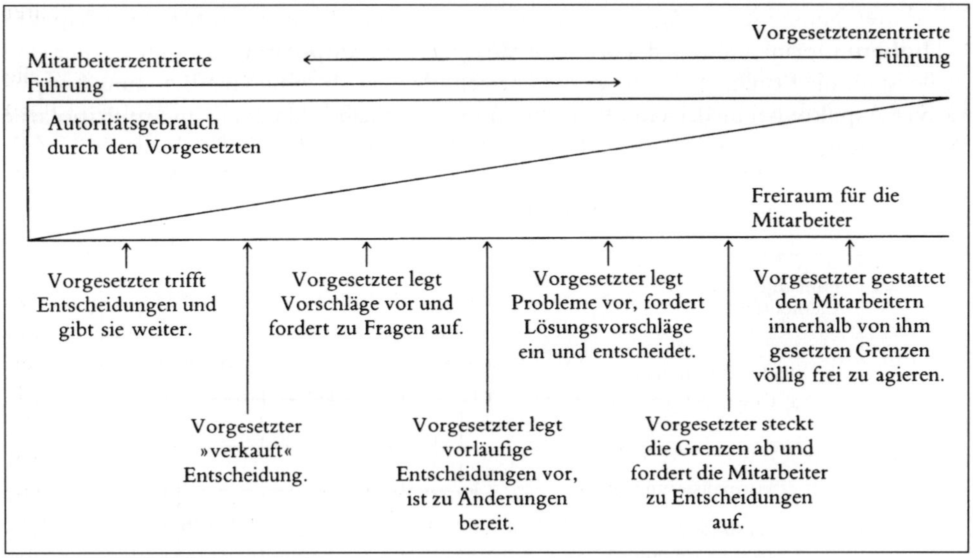

Abb. 15: Führungskontinuum nach Tannenbaum/Schmidt
Quelle: Tannenbaum/Schmidt (1958)96.

In der Bewegung auf der Skala nach rechts nimmt der Freiraum der Mitarbeiter und deren Möglichkeiten zur Entscheidungspartizipation zu, was im Bild durch die Diagonale deutlich wird.

Eine differenziertere Analyse praktizierter und praktizierbarer Führungsstile ermöglicht das **Führungsformprofil** von Bleicher/Meyer[10]. Terminologisch unterscheiden die Autoren **Führungsstil** (»allgemeine raum- und zeit(epochen)spezifische Art der Ausübung von Führungsfunktionen«[11]), **Führungsform** (»die auf die einzelne Kooperationseinheit bezogene, situationsspezifische Ausprägung der Führungsbeziehungen«[12]) und **Führungselemente** (»alle Merkmale, mit deren Hilfe die Kooperationssituation in unmittelbaren Kooperationseinheiten handlungsbezogen exakt definiert werden kann«[13]).

Der besondere Wert dieser Typologie liegt darin, daß es mit ihrer Hilfe möglich wird, eine Führungsform detailliert zu beschreiben, und zwar mittels präzise definierter Führungselemente, die zu den vier Elementfeldern **Strukturkomponente**, **Willensbildung**, **Willensdurchsetzung** und **Willenssicherung** gruppiert sind. Sie bezeichnen die Spielräume, innerhalb denen Führung ausgeübt werden kann, wobei die Handlungskategorien der Willensbildung, -durchsetzung und -sicherung die **Führungsprozeßphasen** sind.

Eine Führungsform ist dann hinreichend präzise charakterisiert, wenn über die Ausprägungen sämtlicher Führungselemente auf einer fünfstufigen Skala eine Aussage getroffen ist.

---

10 S. Bleicher/Meyer (1976) 150ff.; Seidel (1978) 164ff. Ähnliche Ansätze liegen auch von Baumgarten (1977) 27ff. und Lattmann (1975) 18f. vor. Vgl. dazu auch die kritische Übersicht bei Neuberger (1976) 98ff.

11 Bleicher (1969) 31.

12 Bleicher/Meyer (1976) 136.

13 Bleicher/Meyer (1976) 137.; diese Unterscheidung hat sich in der Literatur bislang nicht in voller Breite durchsetzen können.

Die Extrempunkte stehen dabei tendenziell für eine starke Betonung **autoritärer Aspekte** bei **hohem** Organisationsgrad/Formalisierungsgrad und **unipolarer** Ausrichtung (nur eine Stelle ist für die Erfüllung zuständig) der übrigen Elemente bzw. für eine Betonung **kooperativer Aspekte** bei niedrigem Organisationsgrad/Formalisierungsgrad und **multipolarer Ausrichtung** (mehrere Stellen sind für die Erfüllung zuständig) der übrigen Elemente.[14] Eine graphische Verbindung der einzelnen Skaleneinstufungen führt zu einem Polaritätsprofil[15] und hier im speziellen Fall zu Führungsformprofilen (s. Abb. 16).

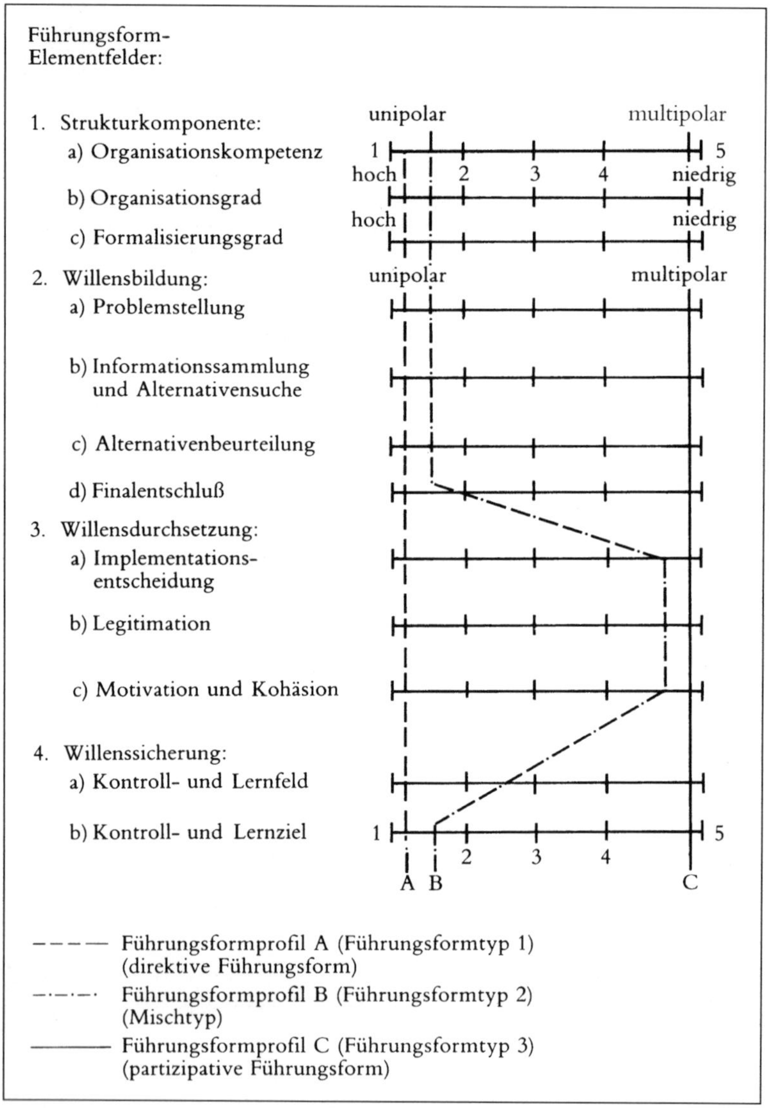

Abb. 16: Führungsprofil
Quelle: In Anlehnung an Bleicher/Meyer (1976) 151 u. 257ff.

14 Vgl. auch im folgenden Bleicher/Meyer (1976) 141ff.
15 S. dazu Hofstätter (1957) 30ff.

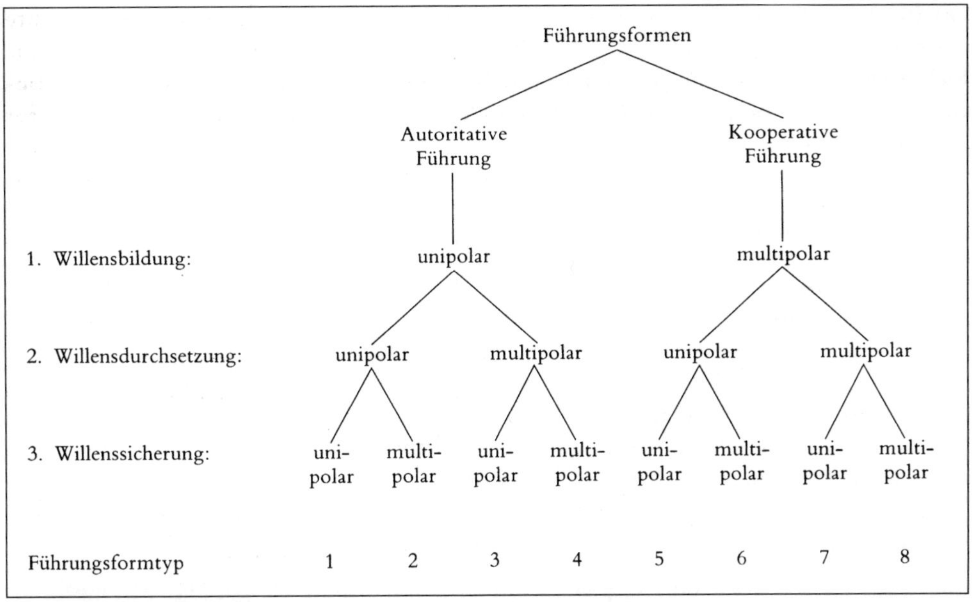

Abb. 17: Führungsformtypen
Quelle: In Anlehnung an Bleicher/Meyer (1976).

Zu beachten ist, daß es sich hier insofern um eine komprimierte Darstellung handelt, als sich jedes Führungselement noch einmal durch mehrere Teilelemente (insgesamt 81) präzisieren läßt.

Nach Bleicher/Meyer lassen sich aufgrund einer Analyse der Führungsprozeßphasen acht Führungsformtypen bestimmen, die tendenziell den Extremtypen autoritativer oder aber kooperativer Führung zugeordnet werden können (Abb. 17). Dabei übt die Art der Willensbildung einen dominierenden Einfluß auf die Zuordnung aus.

Die Analyse ist allerdings erst nach Einbeziehung der Strukturkomponenten abgeschlossen. Denn durch diese werden die Gestaltungsspielräume, innerhalb denen sich eine konkrete Führungsform vollziehen kann, abgesteckt. So engen z.B. ein hoher Organisations- bzw. Formalisierungsgrad und wenig Autonomie bei der Gestaltung der Kooperationssituation (Organisationskompetenz) den Gestaltungsspielraum deutlich ein. Mit Hilfe dieses Instrumentariums ist es möglich, idealtypische Führungsformen detailliert zu beschreiben und zudem:

- real vorgefundene Führungsformen exakt abzubilden,
- durch Gruppierung real typische Führungsformen zu bilden,
- die Gestaltungsdimensionen von Kooperationssituationen aufzudecken.

b) Empirische Konzepte

Im Unterschied zu der Vorgehensweise der oben aufgeführten Ansätze wurde im Rahmen der nun dargestellten Studien eine empirische Herangehensweise an das Führungsphänomen versucht. Dabei stand die Beschreibung konkret vorgefundenen Führungsverhaltens sowie die Untersuchung der Effizienz unterschiedlicher Führungsstile im Vordergrund.

aa) Iowa-Studien

Eine weit verbreitete Typologisierung von Führungsstil-Varianten bildete die Grundlage für Experimente, die von Lewin/Lippitt/White 1938 bis 1940 an der Child Welfare Station der University of Iowa an Kindern durchgeführt wurden (sog. Iowa-Studies). Dabei sollte die Wirkung unterschiedlicher Führungsverhaltensweisen von Erwachsenen auf aggressives und feindseliges Verhalten von Kindern untersucht werden, die sich in Gruppen zu Bastelarbeiten trafen.[16] Die Führungsstile wurden unterschieden in[17]:

(1) **Autoritäre Führung** (authoritan leadership). Der Führende bestimmt die Regeln für die Handlungs- und Kommunikationsprozesse; in seiner Hand liegen Planung und Kontrolle der Arbeitsorganisation, das Erlassen von Durchführungsbestimmungen. Handlungsvollmacht bezieht er aus seiner Stellung im hierarchischen System.
(2) **Demokratische Führung** (democratic leadership). Sie ist gekennzeichnet durch Delegation von Entscheidungsbefugnissen: Die Gruppenmitglieder sind aktiv am Prozeß der Willensbildung beteiligt. Der Führende stellt Informationen bereit, fungiert als Initiator und Aktivator, er greift in Interaktions- und Handlungsprozesse nur ein, soweit er dabei ermutigend, unterstützend und/oder richtungsgebend wirken kann.

Eine dritte Variante entstand ungeplant, wurde aber trotzdem in die Forschung einbezogen, nachdem einem Erwachsenen die Gruppenführung entglitten war:

(3) **Laissez-faire-Führung** (laissez faire leadership). Der Führende greift in die Handlungsprozesse der Gruppe nicht ein. Er stellt lediglich die sachlichen Arbeitsbedingungen bereit. Die Gruppe und ihre Mitglieder haben völlige Aktionsfreiheit: Ziele, Entscheidungen, Kontrolle, Interaktionsbeziehungen und Arbeitsorganisation bestimmen sie selbst.

Diese Führungsstil-Varianten wurden auch in vielen späteren Untersuchungen zu diesem Phänomen zugrundegelegt; die Iowa-Experimente sind der historische Ausgangspunkt der gesamten empirischen Führungsforschung geworden.

Unter Zugrundelegung der zuvor behandelten Kategorien von Effizienz-Kriterien sind die Ergebnisse der Iowa-Studies und darauf aufbauender Folgeuntersuchungen[18] wie folgt zu charakterisieren:

- Hinsichtlich der **Arbeitsproduktivität** ist weder die demokratische noch die autoritäre Führung eindeutig überlegen, jedoch ist zumeist wenig ausgesagt über die Art der Aufgaben: Jedenfalls zeigen sich bezüglich der Arbeits**quantität** keine deutlichen Unterschiede, wenngleich die Kinder unter autoritärer Leitung etwas mehr arbeiteten. Unter demokratischer Führung war jedoch die Motivation zur Arbeit stärker, was vielleicht eine Erklärung für hierbei bessere Qualität (im Hinblick auf Originalität) der Arbeiten ist.
- Dagegen zeigte sich, daß demokratische Führung im allgemeinen zu einer höheren **Zufriedenheit** der Gruppenmitglieder führte. In autoritär geführten Gruppen waren mehr Feindseligkeit, Aggression und Unzufriedenheit zu beobachten. In den demokratisch geführten Gruppen dagegen wiesen freiwillig gebildete Untergruppen einen stärkeren

---

16 Vgl. Lewin/Lippitt (1938); Lippitt (1940); Lippitt/White (1943).
17 S. Lewin/Lippitt/White (1939) 271ff.
18 Vgl. die Übersicht bei Stogdill (1974) 365ff.

Zusammenhalt auf, waren größer und überdauerten länger, waren gruppenbezogene und freundliche Äußerungen, gegenseitiges Lob häufiger.

Unter den Laissez-faire-Bedingungen waren die Gruppen sowohl weniger leistungseffizient (die Kinder arbeiteten weniger und weniger gut) als auch unzufriedener als bei demokratischer Führung. Darüber hinaus waren sie schlechter organisiert, zeigten sich mehr Anzeichen von Entmutigung, Frustration und Aggression.

Einige Punkte sind zu den Iowa-Studien kritisch anzumerken[19], so vor allem, daß die begriffliche Unterscheidung von autoritärer und demokratischer Führung werturteilsbeladen ist, daß die Produktivität subjektiv eingeschätzt wurde und daß es sich um eine Laborstudie an Kindern handelte. Eine Übertragung der Ergebnisse auf Wirtschaftsunternehmen ist damit nur sehr bedingt möglich.

bb) Ohio-Studien

Im Zuge der Studien der Ohio State University[20] wurde vornehmlich versucht, Führungsverhalten zu **beschreiben** und somit differenziert, objektiv und standardisiert erfaßbar zu machen. Dazu wurden mit Hilfe von Fragebögen Geführte und andere Personen hinsichtlich des Verhaltens von Vorgesetzten sowie diese hinsichtlich ihres eigenen Führungsverhaltens befragt. Die dafür am häufigsten verwendeten Fragebögen dürften zwei vom Ohio State Leadership Institute sein: der »**Leader Behavior Description Questionnaire**« (LBDQ), der benutzt wurde, um unterstellte Mitarbeiter und andere Personen über das Führungsverhalten von Vorgesetzten zu befragen, und der »**Leadership Opinion Questionnaire**« (LOQ)[21], mit dem Vorgesetzte zu ihren Meinungen über ihr eigenes Führungsverhalten befragt wurden. Erwartungsgemäß wurden teilweise unterschiedliche Antworten auf die gleichen Fragen ermittelt, wenn in Untersuchungen beide Fragebögen verwendet wurden.

Mittels der statistischen Methode der Faktorenanalyse gelang es, solche Verhaltenskategorien zu isolieren, mit deren Hilfe es möglich wird, Unterschiede im Führungsverhalten zu beschreiben. Dabei stellten sich die Faktoren »Consideration« und »Initiating Structure« als diejenigen mit dem größten Erklärungswert heraus:

- »**Consideration**« (Rücksichtnahme) umfaßt dabei solche Vorgesetzten-Verhaltensweisen, die auf Gegenseitigkeit von Vertrauen und Achtung, auf einer gewissen Wärme und Enge der Beziehungen zwischen dem Vorgesetzten und der von ihm geführten Gruppe basieren, die mehr Partizipation an Entscheidungen und die Förderung zweiseitiger Kommunikation betonen.
- Unter »**Initiating Structure**« (Gestaltungs-Initiative) sind Verhaltensweisen subsumiert, mit denen der Vorgesetzte sowohl die Aktivitäten der Gruppe wie auch seine Beziehungen zu ihr definiert und organisiert. Er legt die Rollen fest, deren Übernahme er von den

---

19 Vgl. Seidel (1978) 531, 544f.

20 Vgl. Hemphill (1949); Stogdill (1974); Fleishman (1953); Halpin/Winer (1954); Hemphill/Koons (1950); Fleishman/Harris (1962).

21 Verschiedene Varianten, Erweiterungen, Kurzfassungen und Übersetzungen wurden entwickelt: so u.a. ein »Supervisor Behavior Description Questionnaire« (SBDQ), der den Verhältnissen speziell im Industriebereich angepaßt war, ein LBDQ-X 11, der insgesamt 12 Dimensionen des Führungsverhaltens erfassen soll (vgl. Stogdill (Form XII), und ein »Fragebogen zur Vorgesetzten-Verhaltens-Beschreibung« (FVVB) von Fittkau-Garthe (vgl. Fittkau-Garthe (1970)).

Gruppenmitgliedern erwartet, er plant und bestimmt Aufgabeninhalte, Durchführungsverfahren und zu erreichende Ziele und dringt insgesamt auf Leistungserbringung.

Die Vertreter der Ohio-Schule betonen die Unabhängigkeit der beiden Dimensionen. Graphisch führt diese Auffassung zur Darstellung beider Verhaltensweisen in einem **Koordinatensystem** anstatt auf einem **eindimensionalen Kontinuum** (Abb. 18).

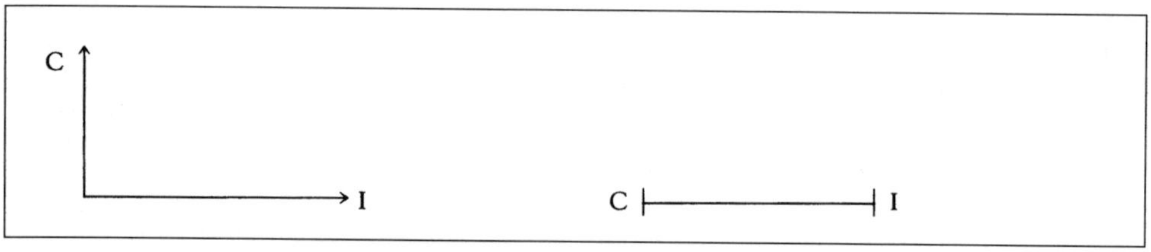

Abb. 18: Beziehungen zwischen »Consideration« und »Initiating Structure«

Es wird also angenommen, daß ein Führer sowohl hohe Rücksichtnahme als auch hohe Gestaltungs-Initiative im Führungsverhalten realisieren kann und nicht ein »mehr« an »Consideration« durch ein »weniger« an »Initiating Structure« »erkaufen« muß et vice versa.
Unter **Effizienzgesichtspunkten** haben die Studien folgende Ergebnisse erbracht:

– »Initiating Structure« als primär **aufgabenorientiertes** Führungsverhalten kann
  - über die Klärung von Zielen und Ziel-/Mittelbeziehungen zu höheren Leistungen einer Gruppe führen;
  - in unklaren oder (von außen her) bedrohlich erscheinenden Situationen durch Erfüllung bestimmter individueller Ziele auch die Zufriedenheit von Gruppenmitgliedern erhöhen;
  - »Kosten« (durch Fehlzeiten, Fluktuation, geringe Arbeitsqualität etc.) verursachen, wenn nicht gleichzeitig in starkem Maße Verhaltensweisen aus der Consideration-Kategorie hinzukommen, die den Gruppenzusammenhalt wiederherstellen können.

– »Consideration«, als primär **personenbezogenes** Führungsverhalten interpretiert, kann
  - je stärker es betont wird, tendenziell um so höhere Zufriedenheit der Mitarbeiter bewirken, wohingegen zur Arbeitsproduktivität eine eindeutige Beziehung nicht nachgewiesen werden konnte;
  - Interaktionen lohnenswert erscheinen lassen, welche die Beliebtheit des Vorgesetzten steigern;
  - den Zusammenhalt einer Gruppe fördern, was bei interdependenter Aufgabenerfüllung von besonderer Bedeutung ist, und zwar – bei betontem Consideration-Verhalten – nahezu unabhängig von der Ausprägung des IS-Verhaltens.

Allerdings gibt es auch eine Reihe von Kritikpunkten gegen die Ergebnisse der Ohio-Studien[22]:

22 Vgl. die Übersichten bei Weissenbergh/Kavanagh (1972); Kerr/Schriesheim (1974); Kerr u.a. (1974); Nachreiner/Müller (1987) Sp. 75ff.; Arnold (1987) Sp. 185ff.; Neuberger (1984) 72ff.; Neuberger (1976); Wunderer/Grunwald (1980), Bd. 1, 246ff.

- Ob »Initiating Structure« und »Consideration« voneinander **unabhängige** Verhaltensdimensionen sind, ist nicht abschließend geklärt. Die Befunde hierzu variieren auch, je nachdem, welcher Fragebogen verwendet wurde: Befragungen von Vorgesetzten (LOQ) ergaben größere Unabhängigkeit, Befragungen von Mitarbeitern hingegen größere Abhängigkeit beider Dimensionen. Man kann daraus den Schluß ziehen, daß Vorgesetzte ihr eigenes Verhalten der Idealvorstellung von Führung näher sehen, als dies entweder tatsächlich der Fall ist oder aber von den Mitarbeitern wahrgenommen wird.
- Dies ist nicht verwunderlich, wenn die methodischen Schwächen der Untersuchungen näher betrachtet werden:
  - So wird zum einen sowohl die Validität (Gültigkeit) der verwendeten Skalen infrage gestellt wie auch ihre Reliabilität (Zuverlässigkeit).
  - Zum anderen sind die einzelnen Meßinstrumente – und damit die Ergebnisse unterschiedlicher Studien – nur schwer miteinander vergleichbar, dies jedenfalls umso mehr, je stärker die verwendeten Instrumente und ihre Kriteriumsmaße voneinander differierten.
- Mangelhafte Konsistenz der Befunde aufgrund methodischer Unterschiede verstärken die Bedenken gegen die Generalisierbarkeit einzelner und zusammengefaßter Ergebnisse.
- Eine der Hauptbegründungen für die Widersprüchlichkeit der Befunde wird heute darin gesehen, daß wichtige intervenierende Situationsvariablen nicht beachtet und in ihrer Wirksamkeit nicht herausgestellt wurden. Als solche Variablen wurden nicht herausgefunden:
  - Aufgaben-, Zeit-, Gefahren-**Druck**: Er führt gegebenenfalls zu stärkerer Akzeptanz von »Initiating Structure«.
  - Ausmaß der intrinsischen Motiviertheit durch die **Aufgabenstellung**.
  - **Erwartungen** der unterstellten Mitarbeiter hinsichtlich des Ausmaßes von »Consideration« bzw. »Initiating Structure« beim Verhalten des Vorgesetzten.
  - **Hierarchische Stellung** der Mitarbeiter, aber auch der Vorgesetzten; in bezug auf letztere ist auch für die Zufriedenheit der Mitarbeiter von Bedeutung, ob die durch Vorgesetzte auf unterschiedlichen Hierarchie-Ebenen praktizierten Führungsstile übereinstimmen oder sich voneinander unterscheiden.

Trotz aller Einwendungen kann angenommen werden, daß es sich bei »Consideration« und »Initiating Structure« um fundamentale Führungsverhaltens-Kategorien handelt, denn auch eine Vielzahl nachfolgender Studien bestätigen tendenziell die Zweidimensionalität des Führungsverhaltens, auch wenn die Dimensionen z.T. anders benannt bzw. weiter aufgespalten wurden.[23]

cc) Michigan-Studien

Mit den zeitlich parallelen Untersuchungen am Survey Research Center der University of Michigan wurde im wesentlichen dasselbe Ziel angestrebt wie mit den Ohio-Studien: Das Erkennen von Verhaltensunterschieden, die **erfolgreiche** von weniger erfolgreichen Füh-

---

23 Vgl. dazu die Übersicht bei Baumgarten (1977) 59.

rungspersonen abheben.[24] Die Betrachtung von Effizienzkriterien stand dabei stärker im Vordergrund als bei den Ohio-Studien, die primär auf eine Beschreibung von Führungsverhalten abzielten. Eine Mehrzahl von Felduntersuchungen in Industrie und Verwaltung gewährleisteten eher eine praktische Relevanz der Befunde.

Die durch die Michigan-Studien erhobenen Führungsstil-Varianten lassen sich auf einem eindimensionalen Kontinuum (Michigan-Stil-Kontinuum) den Gegenpolen

– »**Mitarbeiterorientierung**« (Betonung der zwischenmenschlichen Beziehungen bei der Aufgabenerfüllung)

und

– »**Aufgabenorientierung**« (Betonung der technischen Leistungsaspekte der Aufgabe)

zuordnen.

Später rückten die Michigan-Forscher allerdings von dieser Auffassung ab und sahen analog zur Ohio-Schule die Mitarbeiter- und Aufgabenorientierung als voneinander unabhängige Dimensionen.

Unter **Effizienzgesichtspunkten** ergaben die Studien folgenden Befund, wobei Zufriedenheit und Produktivität als voneinander getrennte, durch das jeweilige Verhalten des Führenden beeinflußte Variablen behandelt wurden: In keiner der Einzelstudien zeigte sich eine konsistente Beziehung zwischen Zufriedenheit und Produktivität. Wenn als Begründung dafür angegeben wurde[25], daß Produktivität unabhängig entweder durch aufgabenbezogenes oder aber durch mitarbeiterorientiertes Führungsverhalten bewirkt werden könne, so steht dies im Einklang mit den dargelegten motivationspsychologischen Erkenntnissen. In prinzipiell gleichgelagerter Weise ist der Befund[26] zu begründen, daß personenbezogenes Führungsverhalten nicht in allen Fällen mit hoher Zufriedenheit korreliert.

Es wird erkennbar, daß sich somit die **Situationsabhängigkeit von Führungsverhalten und -erfolg** herauskristallisiert: Hervorgehoben werden dabei die Situationsfaktoren »Hierarchieebene« und »organisatorisches Entwicklungsstadium«. Die Ergebnisse der Michigan-Studien lassen sich etwa wie folgt zusammenfassen:

– Unter Hierarchie-Gesichtspunkten
  - ist **aufgabenbezogenes** Führungsverhalten zur Förderung von Innovation und Abteilungs-Koordination insbesondere auf den **oberen** Führungsebenen erforderlich,
  - ist die **Kombination** von aufgaben- und personenbezogenem Verhalten auf den mittleren Führungsebenen wichtig,
  - nimmt **mitarbeiterorientiertes** Führungsverhalten auf den **unteren** hierarchischen Ebenen durch die dort notwendige »differenzierte Führungsrolle«[27] an Bedeutung zu (in hochstrukturierten Situationen wird strukturiertes Führungsverhalten als Gängelei empfunden).

– Unter dem Aspekt der Organisations-Entwicklung stehen aufgabenbezogene Führungsaktivitäten im Vordergrund[28]

---

24 Vgl. Katz/Maccoby/Morse (1950); Kahn/Katz (1972); Pelz (1974); Patchen (1962/63); Mann (1965).
25 Vgl. Kahn/Katz (1972) 232.
26 Vgl. Pelz (1974) 243f.
27 Vgl. Katz/Kahn (1956) 310ff.
28 Vgl. Mann (1965) 77; Kahn/Katz (1972) 217ff.

- in frühen Phasen der organisatorischen Entwicklung,
- bei organisatorischem Wandel,
- bei raschem technischem Fortschritt.

dd) Kritik

So sehr es begrüßenswert ist, daß den Konzepten der autoritären/demokratischen Führung bzw. Mitarbeiter- und Aufgabenorientierung **empirischen Forschungs-Designs** zugrunde liegen, so sehr ist dies gleichzeitig Ausgangspunkt für kritische Anmerkungen.[29]

Schon allein die Auswahl der Verhaltensweisen, die beobachtet werden sollen, ist kritisch, weil stets – wenn auch unausgesprochen – hypothesengeleitet. Welche Aspekte des Phänomens Führung sind von Belang? Welches sind die **relevanten** Verhaltensmerkmale für Führungserfolg? Darüber hinaus sind es vor allem drei Annahmen, die den empirischen Führungsstudien zugrundeliegen, von denen jedoch jede einzelne sehr problematisch ist:

(1) Die befragten Mitarbeiter beschreiben in ihren Antworten das reale, objektiv existierende Verhalten ihres Vorgesetzten.
Indes: Die »Beschreibung« der Mitarbeiter ist eine Wiedergabe ihrer eigenen Wahrnehmungen sowie ihrer Interpretationen und Deutungen des wahrgenommenen Vorgesetzten-Verhaltens. Dies ist zwar für den konkreten Erfolg in einer bestimmten realen Führungssituation von Bedeutung, liefert jedoch keine »objektiven Fakten« für eine wissenschaftliche Untersuchung.

(2) Jeder Vorgesetzte hat ein spezifisches, für ihn typisches Verhaltensmuster, das ihn charakterisiert und von anderen Vorgesetzten unterscheidet.
Indes: Vorgesetzte sind flexibel, sie haben mehrere (ggf. viele: je nach Interaktionspartner) Verhaltensmuster, mit denen sie auf unterschiedliche Mitarbeiter durchaus in differenzierter Weise eingehen. Damit erweist sich im übrigen die Vorstellung von einem jeweils einzigen, einheitlichen (eng definierten) Führungsstil als irrig.

(3) Mit dem verwendeten Fragebogen gelingt es, die jeweils spezifische Eigenart des Führungsverhaltens der einzelnen Vorgesetzten abzubilden.
Indes: Die oben bereits angemeldeten Zweifel an der Validität wie auch an der Reliabilität der Instrumente lassen diese Annahme unwahrscheinlich werden; auch die Durchschnittsbildung über die unterschiedlichen Aussagen mehrerer Beobachter ein und desselben Vorgesetzten ist ein unsinniger Objektivierungs-Versuch.

Zusätzliche Kritik manifestiert sich an der in Kap. C.I.2. angesprochenen Problematik der Erhebung von Führungseffizienz. In der Vielzahl von Untersuchungen zur Führungs-Effizienz werden nur selten gleiche Effizienzmaße verwendet. Selbst wenn dies der Fall ist, kann i.d.R. nicht davon ausgegangen werden, daß die gleichen Effizienzmaße auch gleich operationalisiert wurden, es sich also um eine konsistente Begrifflichkeit handelt. Aus diesem Grund, aber auch weil hinreichend gleiche Untersuchungs- bzw. Anwendungssituationen in der Feldforschung nur selten vorzufinden sind, ist es schwierig, vergleichbare Studien zu finden. Für die untersuchten Fälle und Führungssituationen mögen gültige Befunde erhoben worden sein; welche Generalisierbarkeit (externe Validität) ihnen zukommt, ist damit nicht gleichzeitig gesagt.

---

29 Vgl. Neuberger (1984) 74f.; 104ff.

2. Führungstheorien

Das Ziel der Formulierung von Führungstheorien besteht in der Beschreibung, Erklärung und Vorhersage der Bedingungen, Strukturen, Prozesse und Konsequenzen von Führung.[30] Entsprechend müssen Führungstheorien Aussagen darüber ermöglichen, inwieweit Faktoren wie organisatorische Rahmenbedingungen, Merkmale von Führern und Geführten, Besonderheiten der zu bearbeitenden Aufgaben bzw. der verfolgten Ziele usw. Bedeutung für das Führungsgeschehen haben und in ihrer Ausprägung als Determinanten des Führungserfolges anzusehen sind.[31]

a) Eigenschaftstheorien

Im Rahmen der Eigenschaftsansätze (trait approach, personality approach) geht man davon aus, daß Führungserfolg und damit auch der Erfolg allgemein und die Karriere einer Führungskraft primär durch deren **personale Merkmale** determiniert wird. Entsprechend dieser individualistischen Sichtweise reduziert sich die empirische Untersuchung des Führungsphänomens auf die Suche nach den »kritischen« Eigenschaften. Zu fragen ist:

1. Wodurch unterscheiden sich Führer von Geführten?
2. Wodurch unterscheiden sich erfolgreiche von weniger erfolgreichen Führungskräften?

Hierzu liegt eine Fülle von empirischen Untersuchungen und Eigenschaftsbeschreibungen vor, die vor allem in den USA (auch von Psychologen und Soziologen) angestellt wurden, und zwar mit Hilfe unterschiedlicher Methoden (z.B. Fallstudien, Verhaltensbeobachtungen, Biographien). Die Prüfung der dabei ermittelten Befunde in mehreren Sammelreferaten[32] ergab, daß die Zahl der identifizierten Führungseigenschaften zwischen 79 und 500 lag, von denen jedoch nur wenige übereinstimmend in einer Mehrzahl von Studien aufgeführt wurden.

Häufig genannt wurden Persönlichkeitsspezifika wie Energie, Ausdauer, Selbstbewußtsein, Intelligenz, Zielstrebigkeit, Menschenkenntnis, Wortgewandtheit[33], aber auch Alter, Größe oder Gewicht.[34] Davon sind lediglich die letztgenannten eindeutig meßbar, in ihrer Bedeutung für Führung allerdings unerfindlich. Die erstgenannten Merkmale sind dagegen in unterschiedlicher Weise interpretierbar und somit schwer operationalisierbar. In einer zusammenfassenden Beurteilung[35] der Eigenschaftsansätze, d.h. dem Versuch, erfolgreiche Führung mit einer Summe dafür notwendiger bzw. förderlicher Eigenschaften zu erklären, kann folgendes festgehalten werden: Für das praktische Problem, **erfolgreiche** Führungskräfte zu **identifizieren** und **heranzubilden**, liefern sie allein **keine** ausreichend brauchbare Lösung, denn

---

30 Vgl. Wunderer/Grunwald (1980) 112.

31 Vgl. ausführlich zu Führungstheorien Reber (1992); Staehle (1991) 322ff. sowie zur Geschichte der Führungstheorien Seidel-Jung (1987).

32 Vgl. die Sammelreferate von Stogdill (1948); Mann (1959); Ghiselli (1959); Korman (1969) und die Übersichten bei Wunderer/Grunwald (1980), Bd. 1, 114ff.

33 Vgl. Bernsdorf (1972) 314.

34 Vgl. Stogdill (1948) 58ff.

35 Vgl. dazu auch Gibb (1969) 227; Gouldner (1965) 23f.; Neuberger (1976) 44f.; Delhees (1987) Sp. 748ff.

- wissenschaftlich abgesicherte Aussagen über **generell erforderliche** Führungseigenschaften konnten nicht aufgestellt werden: Es mangelt sowohl an präzisen (und für die Messung von Eigenschaftsausprägungen operationalen) **Definitionen** als auch an übereinstimmendem Begriffsgebrauch;
- Aussagen über die relative **Wichtigkeit** eruierter Führungseigenschaften fehlen völlig;
- Eigenschaften, die zur **Erlangung** einer Führungsposition führen, sind nicht notwendigerweise identisch mit denen, die mit erfolgreicher Führung selbst zusammenhängen (bzw. im Führungsprozeß noch erlernt werden);
- vieles deutet darauf hin, daß persönlichkeitsspezifische Merkmale der Führenden für die effiziente Aufgabenerfüllung der Geführten zwar eine Rolle spielen – sicherlich jedoch nicht die einzige: Sie können nicht aus dem Zusammenhang mit der **Führungssituation**, in der sie zum Tragen kommen, herausgenommen werden. Denn diese hat für bestimmte Führereigenschaften entweder fördernde oder aber hindernde Auswirkungen. Wichtige Merkmale der Situation sind z.B. Aufgabenart, Erwartungen der Interaktionspartner, Knappheit der verfügbaren Ressourcen.[36]

b) Situationstheorien

Resumee aus den zuvor referierten Gruppen von Forschungsansätzen ist die Einsicht, daß es offenbar unmöglich ist, eine **Liste von Eigenschaften** eines Führers zu erstellen bzw. **spezifische Verhaltensweisen** zu beschreiben, mit denen man in der Lage ist, Führungserfolg hinreichend sicher zu prognostizieren. Daher setzte die Suche nach einem neuen Ansatz ein, der die uneinheitlichen Ergebnisse der bisherigen Forschung erklären konnte.

Mit der Entwicklung des **Kontingenzmodells** von Fiedler (zur Darstellung s. Kap. C.III.2.a) erlangten die Situationsansätze eine breite Akzeptanz. Mit ihnen wird die grundlegende Vorstellung aufgegeben, daß es möglich sei, generell gültige Gesetze auch in Aussagesystemen über menschliches Verhalten festzustellen. Denn solche Gesetzmäßigkeiten sind deswegen problematisch, weil sie zumeist eindeutige (oft einfache) Kausalrelationen unterstellen bzw. behaupten, die jedoch der **Komplexität realen menschlichen Handelns** nicht gerecht zu werden vermögen. Situationsansätze sind von dem Anliegen geprägt, statt genereller kausaler Erklärungssysteme »bescheidenere«, situationsbezogene Hypothesen zu erarbeiten.[37] Dies entspricht ganz dem wissenschaftstheoretischen Anspruch innerhalb der Betriebswirtschaftslehre, zu Theorien mit Quasi-Gesetzen zu gelangen, die lediglich eine **raum-zeitlich definierte Gültigkeit** beanspruchen. Mit ihrer Umformung in Handlungsempfehlungen hofft man, der prognostischen Gestaltungsaufgabe der Betriebswirtschaftslehre besser gerecht werden zu können.

Situations- (synonym auch Kontingenz-) Ansätze gehen übereinstimmend davon aus, daß es ein **einziges**, in **allen** Situationen **erfolgreiches** Führungshandeln nicht gibt, daß Führung vielmehr ein offenbar vielen Situationsfaktoren unterliegender Prozeß ist.[38] Daher suchen sie nach solchen Faktoren und nach Zusammenhängen zwischen ihnen und Führungshandeln und dessen Konsequenzen. Die Art und Zahl der Situationsfaktoren, die in

36 S. insgesamt auch Wunderer/Grunwald (1980), Bd. 1, 116ff.; Müller, W. R. (1987a) Sp. 432; Delhees (1987) Sp. 752ff.

37 Vgl. hierzu wie auch im folgenden Staehle (1991) 322ff.

38 So z.B. Likert (1961) 59ff.; Mayntz (1967) 135.

das Design empirischer Untersuchungen Eingang fand und noch findet[39], differiert sehr stark. Die in der folgenden Abbildung 19 zum Ausdruck kommende Kategorisierung möglicher Variablen erhebt keinen Anspruch auf Vollständigkeit.

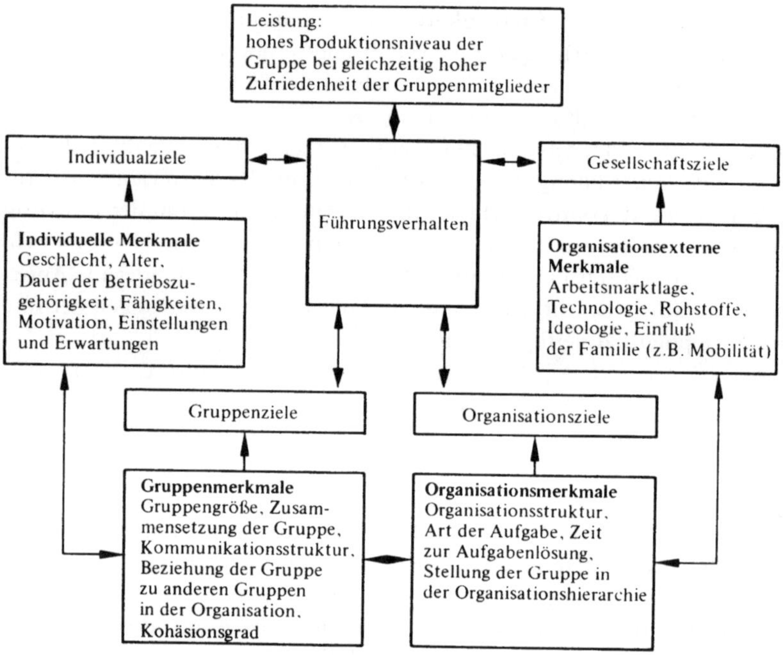

Abb. 19: Determinanten der Gruppenleistung
Quelle: Entnommen aus Staehle (1987) 630; in Anlehnung an Nieder/Naase (1977) 66.

In welcher Breite der Situationsansatz mittlerweile akzeptiert ist, dokumentiert auch eine Analyse des 1987 erschienenen Handwörterbuchs der Führung.[40] Eine Vielzahl von Beiträgen läßt schon im Titel erkennen, daß man explizit oder implizit von der Grundeinsicht ausgeht, daß Führung von bestimmten Rahmenbedingungen abhängt und diese somit zu berücksichtigen hat.

Individuelle Merkmale:

- Führung von Behinderten und Leistungsgewandelten, von neuen Mitarbeitern, von älteren Mitarbeitern,
- Frauen, Männer und Führung,
- Motivationale Eigenschaften der Geführten,
- Streß und Führung.

39 Speziell im US-amerikanischen Raum existiert eine Vielzahl von Feld- und Laborstudien von vornehmlich psychologisch und sozial-psychologisch orientierten Autoren, die mit den unterschiedlichsten Meßinstrumenten die moderierende Wirkung von bestimmten Situationsfaktoren auf die Führungseffizienz untersucht. Vgl. dazu z.B. die Veröffentlichungen in den Zeitschriften »Organizational Behavior and Human Performance«, »Journal of Applied Psychology«, »Personnel Psychology«.

40 S. Kieser/Reber/Wunderer (Hrsg.) (1987).

Verschiedene Betriebstypen:
Führung in multinationalen Unternehmungen, in Selbstverwaltungsbetrieben und Genossenschaften, in selbststeuernden Gruppen, in Lehr- und Forschungsinstitutionen, in Verbänden, in der Bürokratie, in der Öffentlichen Verwaltung, in Klein- und Mittelbetrieben, im Militär.

Verschiedene Funktionsbereiche der Unternehmen:
Führung in Materialwirtschaft, in Forschung und Entwicklung, im Marketingbereich, im Produktionsbereich.

Strukturmerkmale der Unternehmen:
Gruppengröße und Führung, Kontrolle, Führungsebene, Projektorganisation, Produktmanagement, Matrixorganisation und Führung.

Sonstige:
Führung und Organisationsklima, Organisationskultur und Führung, Führung bei Mitbestimmung, Humanisierung und Führung, Kommunikationspolitik und Führung.

Gesellschaftliche Rahmenbedingungen:
Kulturabhängigkeit der Führung, Führung in Entwicklungsländern.

Spezialsituationen des Unternehmens:
Führung bei Reorganisation, Führungsaufgabe in der Sanierung, Führung bei Rückentwicklung von Organisationen, Führung in Krisensituationen, Organisationsentwicklung und Führung.

Technologie:
Fertigungstechnik, Bürokommunikationstechnik und Führung.

Der Versuch einer Klassifizierung der Situationsansätze[41] gelangt zu drei verschiedenen Ansatzweisen, wie die Situation in das Aussagengefüge einbezogen wird: (1) der **Moderator-Ansatz**, der die Situation als intervenierende Variable studiert, (2) der **situationsanalytische Ansatz**, der sein Hauptaugenmerk auf eine Systematik der Situationserkundung richtet: In ihm sind das Führungshandeln und ausgewählte Situationsfaktoren die unabhängigen Variablen, die zusammen die Führungseffizienz als abhängige Variable kausal erklären sollen. Und schließlich (3) der **instrumentalistische Ansatz**, der den Führungsstil selbst als Situationselement begreift.

Im **Moderator-Ansatz** tritt die Situation als exogene Größe (intervenierende Variable) zwischen Führungsstil (unabhängige Variable) und Führungserfolg (abhängige Variable) (vgl. Abb. 20).

In diese Kategorien fallen die Modelle von Fiedler (s. Kap. C.III.2.a) und von Hersey/Blanchard (s. Kap. C.III.2.c). Es dürfte sich hier auch um denjenigen Ansatz handeln, der den meisten situationstheoretisch ausgerichteten empirischen Untersuchungen zugrunde liegt. Die beiden anderen Ansätze spielen eine eher untergeordnete Rolle.

---

41 Vgl. Schreyögg (1987) Sp. 881ff.

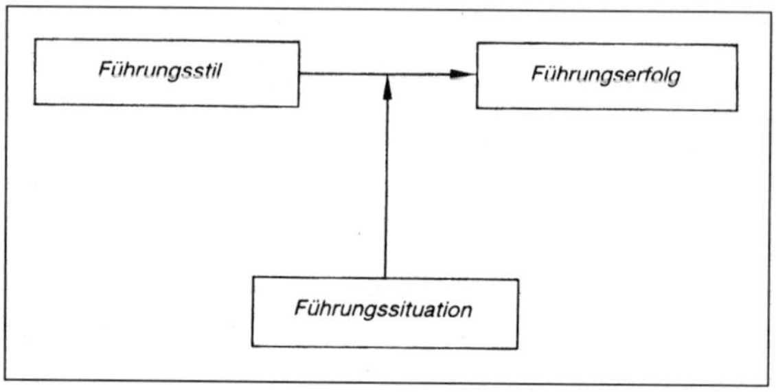

Abb. 20: Kausalmodell des Moderator-Ansatzes
Quelle: Schreyögg (1987) Sp. 882.

Dem **situationsanalytischen Ansatz** ist das **Vroom-Yetton-Modell** zuzuordnen. Sein Ziel ist es, den Führer im Sinne einer **Entscheidungsheuristik** dazu anzuleiten, die Führungssituation so zu strukturieren, daß sich aus einem gegebenen Satz von Führungsstilen der jeweils optimale bestimmen läßt (Näheres zu Vroom-Yetton s. Kap. C.III.2.b).

Eine allgemeine Würdigung der Situationsansätze ergibt: Die Aussagensysteme situationstheoretischer Ansätze verdichten sich zu einem Beziehungsgeflecht, in das – gewollt – eine große **Vielzahl von Variablen**, Variablenausprägungen und -kombinationen eingeht. Das birgt die Gefahr in sich, daß die Übersicht verlorengeht und greifbare, praktisch handhabbare Konsequenzen nicht erzielt bzw. nicht erkennbar werden.

Bei Einbezug zu vieler Situationsfaktoren geraten die Modelle zu Ansätzen der Erklärung **aller** Determinanten der Arbeitsleistung, unter denen Führung nur eine einzige ist, von der man noch nicht einmal weiß, eine wie gewichtige Rolle sie spielt. Zudem hilft die Einsicht wenig, daß – überspitzt formuliert – alles von allem abhängt. Darüber hinaus dürfen spezielle Kritikpunkte nicht verschwiegen werden[42]:

- Es wird nach wie vor nach Bestlösungen gesucht: Zwar nun nicht mehr nach **einem generell optimalen** Führungsstil, sondern nach denjenigen Führungsverhaltensweisen, die **situationsspezifisch** angemessen sind. Damit wird verkannt, daß auch in einer bestimmten Situation Spielräume für die Wahl unter mehreren Führungsvarianten bestehen können.
- Das rührt möglicherweise daher, daß den Situationsansätzen grundsätzlich ein **statisches** Denken zugrundeliegt: Die Suche nach dem für eine gegebene Situation geeigneten Führungsstil läßt die Tatsache unberücksichtigt, daß sich Interaktionsstruktur und Führungsprozeß fortlaufend entwickeln.
- Des weiteren bleibt zumeist unbeachtet, daß Führung nicht lediglich eine »Mikro-Beziehung« einzelner handelnder Personen ist, sondern in den **Makro-Rahmen** der jeweiligen Institution eingebettet ist, der z.B. durch ganz spezifische Problemlagen (Innovationsdruck, Konkurrenzbedrohung o.ä.) geprägt sein mag. Allerdings resultiert hieraus wiederum das Forschungsproblem der Verallgemeinerungsfähigkeit derart spezifischer Führungssituationen.

42 Vgl. Schreyögg (1987) Sp. 888ff.; des weiteren Wunderer/Grunwald (1980), Bd. 1, 134ff.; Staehle (1991) 326ff.

Trotz aller Kritik: Situationsansätze scheinen in forschungsstrategischer, aber auch in pragmatischer Sicht die größte Zukunft zu besitzen. Vor allem auch deshalb, weil sie offen sind, d.h. die Möglichkeit zur Integration von komplexeren, auch interdisziplinären Forschungsansätzen und empirischen Ergebnissen bieten. Das Verständnis für das komplexe Phänomen Führung kann so schrittweise durch neue Erkenntnisse erweitert werden. Die Entwicklung eines Modells, das **alle** »relevanten« Situationsfaktoren (incl. aller Abhängigkeiten untereinander) und deren Bezüge zu den Effizienzkriterien gleichzeitig berücksichtigt, dürfte ein utopisches Unterfangen sein. Als Forschungsziel wäre daher eine möglichst vollständige Systematisierung von Einflußfaktoren, möglicherweise kategorisiert nach Bedeutsamkeit für Realtypen von Führungssituationen, anzustreben. In einem zweiten Schritt wären dann die Einfluß**beziehungen** nach **Richtung** (Ursache-Wirkungs-Ketten) und **Stärke** zu klären:

- **Welche Situationsfaktoren** beeinflussen das Führungsverhalten (bzw. werden von ihm beeinflußt) **wie stark**?
- **Welche Situationsfaktoren** moderieren den Bezug zwischen Führungsverhalten und dessen Effizienz **wie stark**?
- **Welche Situationsfaktoren** beeinflussen sich in **welcher Richtung** und **wie stark** gegenseitig?

c) Attributionstheorien

Wie in den Ausführungen zur Leistungsmotivation schon dargestellt, beschäftigt sich die Attributionstheorie mit der Zuschreibung von Ursachen zu Handlungen oder sozialen Ereignissen. Die am weitesten verbreitete Attributionstheorie, stammt von Kelley und soll im folgenden kurz dargestellt werden.[43] Als Ursachen für eigene oder beobachtete Handlungen lassen sich nach Kelley grundsätzlich anführen:

- Eigenschaften der handelnden Person selbst (**Person-Attribution**);
- spezielle Eigenschaften der Zielobjekte der Handlung (**Entitäts-Attribution**);
- Besonderheiten der Situation bzw. Zufall (**Umstands-Attribution**).

Entsprechend dem varianzanalytischen Modell (Anova-Modell) lassen sich diese drei Klassen von Ursachen als Faktoren darstellen, denen ein bestimmter Varianzanteil einer abhängigen Variablen zugeordnet werden kann. Diese Zuordnung erfolgt auf der Basis des **Kovariationsprinzips**.

Verfügt eine Person über Informationen aus mehreren Beobachtungen, wird sie eine Handlung derjenigen Ursache zuschreiben, mit der sie über diese Beobachtungen hinweg kovariiert. Konkret geschieht dies über die Einschätzung folgender drei Kriterien:

- **Distinktheit** (Bei hoher Distinktheit läßt sich eine Handlung nur in Verbindung mit bestimmten Entitäten beobachten.);
- **Konsens** (Ein hoher Konsens bezeichnet die Übereinstimmung der beurteilten Handlung mit Handlungen anderer Personen.);
- **Konsistenz** (Eine hohe Konsistenz bezeichnet die zeitliche und situative Stabilität einer Handlung.).

---

43 Vgl. Kelley (1967, 1972a, 1972)

Stellt z.B. der Manager einer Unternehmensberatung fest, daß die Projekte eines seiner Berater immer und bei allen Kunden gut ankommen, wird er dies auf die Person des Beraters bzw. dessen Qualifikation, Auftreten usw. zurückführen. In der Sprache Kelley's diagnostiziert er hinsichtlich des Phänomens »Akzeptanz des Kunden« eine geringe Distinktheit, einen geringen Konsens sowie eine hohe Konsistenz, woraus er eine **Person-Attribution** ableitet. Sind aber alle Berater (hoher Konsens) immer (hohe Konsistenz) bei einem ganz bestimmten Kunden erfolgreich (hohe Distinktheit), wird dies auf die Besonderheit des Kunden (z.B. dessen geringes Anspruchsniveau) zurückzuführen sein, was einer **Entitäts-Attribution** entspricht.

Auf die **Umstände** wird attribuiert, wenn sich zwar spezifische Effekte bez. eines bestimmten Objektes beobachten lassen (z.B. Kundenakzeptanz), sonst aber keine Regelmäßigkeiten im Sinne von Konsens oder Konsistenz zu beobachten sind, die eine Attribution auf die Größen Person oder Entität zulassen würde.

Ist eine Person nicht in der Lage, ausreichende Konsens-, Konsistenz- und Distinktheitsinformationen zu verarbeiten, kann sie keine vollständige Kausalanalyse durchführen. Dies kann z.B. der Fall sein, wenn nur Informationen aus einer Beobachtung vorliegen, aber auch, wenn nicht ausreichend Zeit zur Verfügung steht etc. In diesem Fall läßt sich auf kausale Schemata zurückgreifen, mit denen entweder unvollständige Informationen ergänzt werden oder die konkrete Annahmen über die Ursachen der betreffenden Handlungen liefern. Das in Kap. B.I.2.c. dargestellte Klassifikationsschema von Weiner (internal vs. external/stabil vs. instabil) stellt ein solches kausales Schema dar.

Im Bereich der Attributionstheorien der Führung lassen sich zwei Forschungsrichtungen unterscheiden.[44] Während sich die eine mit der Attribution von Führung beschäftigt, untersucht die andere den Einfluß von Vorgesetztenattributionen auf das Führungsverhalten dieser Vorgesetzten.

aa) Eigenschaftsorientierte Attributionstheorie von Calder

Calder[45] geht davon aus, daß ein Führer nicht durch seine Eigenschaften oder eine bestimmte Rollenzuweisung zum Führer wird, sondern daß ihm die persönliche Disposition des Führers **von den Geführten** zugeschrieben wird. Führung ist ein Wahrnehmungsphänomen, welches darin besteht, daß eine Person einer anderen aufgrund deren Verhalten Führung (-seigenschaften) attribuiert.

Dieser Prozeß der Zuschreibung des hypothetischen Konstrukts »Führung« läuft nach Calder in vier Schritten ab. In einem ersten Schritt wird das Verhalten einer Person wahrgenommen oder bestimmte Effekte auf nicht beobachtetes Verhalten dieser Person zurückgeführt. In einem zweiten Schritt wird überprüft, ob sich die Person durch ihr Verhalten von anderen Personen absetzt, ob das gezeigte Verhalten eine gewisse Konsistenz aufweist und inwieweit es den eigenen Erwartungen an eine Führungskraft entspricht. Wird das gezeigte Verhalten außerdem als charakteristisch für eine Person eingeschätzt, kann es als Indiz für vorhandene Führungseigenschaften herangezogen werden. Dies aber nur, wenn in einem dritten Schritt festgestellt wird, daß zu dem gezeigten Verhalten überhaupt Alternativen existiert haben. Ist dies der Fall und damit deutlich geworden, daß die potentielle Führungs-

44 Vgl. McElroy (1982) 413ff.; Neuberger (1991) 203ff.
45 Vgl. Calder (1977) 179ff.

kraft spezifische Handlungen vollzieht, die sich von anderen möglichen Handlungen durch ihre Effekte positiv abheben, wird sich der Beobachter in einem vierten Schritt fragen, inwieweit er von den vollzogenen Handlungen direkt betroffen ist und ob sich diese mit den eigenen Zielen vereinbaren lassen. Je eindeutiger sich diese Fragen bejahen lassen, desto eher wird der Beobachter dem Handelnden Führungseigenschaften attribuieren.

Allerdings werden nicht immer solche komplizierten kognitiven Analysen angestellt, wenn einer Person Führungseigenschaften attribuiert werden. So konnte aufgrund systematischer Arbeiten gezeigt werden[46], daß Mitarbeiter einen »**Führungsprototypen**« haben. Entsprechend kann eine Person als Führer klassifiziert werden, wenn eine Übereinstimmung mit dem Prototyp in Dimensionen wie Verhalten, Auftreten, Art der Kleidung und dem vorliegenden Kontext festgestellt wird, auch wenn ihr tatsächlich keinerlei Führungseigenschaften im oben beschriebenen Sinne zuzusprechen sind.

bb) Verhaltensorientierte Attributionstheorie von Mitchell

Der Ansatz von Mitchell[47] beschäftigt sich mit Attributionen, die Führer hinsichtlich des Verhaltens der Geführten vornehmen sowie deren Einfluß auf das weitere Führungsverhalten der attribuierenden Personen. Dabei geht Mitchell von einem zweistufigen Prozeß aus, der sich aus einer Diagnose- und einer Entscheidungsphase zusammensetzt.

Die **Diagnosephase** wird durch den eigentlichen Attributionsprozeß gebildet, der nach dem oben dargestellten Kovariationsprinzip abläuft. In Anlehnung an die Aussagen Kelley's geht Mitchell davon aus, daß die Ursachen für das gezeigte Mitarbeiterverhalten bzw. dessen Leistungen in dessen Person, der Umwelt oder in Besonderheiten der Arbeitsaufgabe (Entität) begründet liegen können. Allerdings ist in der betrieblichen Praxis kaum davon auszugehen, daß der Vorgesetzte immer in der Lage sein wird, eine vollständige und differenzierte Kausalanalyse vorzunehmen. In diesem Fall wird er seine Ursachenzuschreibung unter Verwendung (vereinfachender und oft inadäquater) kausaler Schemata durchführen. Daneben ist auch mit individuellen Verzerrungen zu rechnen, wie die Erkenntnisse der Sozialpsychologie nahelegen. Im einzelnen ist z.B. zu erwarten, daß[48]:

- Führungskräfte Mißerfolg ihrer Mitarbeiter eher internal (Person) attribuieren, während die Mitarbeiter als Handelnde ihren Mißerfolg primär external (Umstände/Aufgabe) attribuieren;
- sich mit abnehmender psychologischer Distanz der Vorgesetzte der Sichtweise des Mitarbeiters annähert, womit eine zunehmende Bereitschaft verbunden ist, negative Ergebnisse external zu attribuieren;
- viele Führungskräfte bei der Beurteilung spezifischer Leistungen ihrer Mitarbeiter nicht über realistische Vergleichsmöglichkeiten hinsichtlich der Leistungen anderer Mitarbeiter verfügen (Konsens), und so auf (zweifelhafte) Normen, eigene subjektive Erwartungen o.ä. zurückgreifen müssen;
- sich Führungskräfte von Stereotypen und Vorurteilen leiten lassen, was z.B. dazu führt, daß Erfolg von Frauen eher external attribuiert wird, während der Erfolg bei Männern vergleichsweise eher der Person zugeschrieben wird.

---

46 Vgl. Lord/Foti/de Vader (1984) 343ff.
47 Vgl. Green/Mitchel (1979); Mitchell (1987) Sp. 703f.
48 Vgl. zum folgenden Neuberger (1991), 205f.

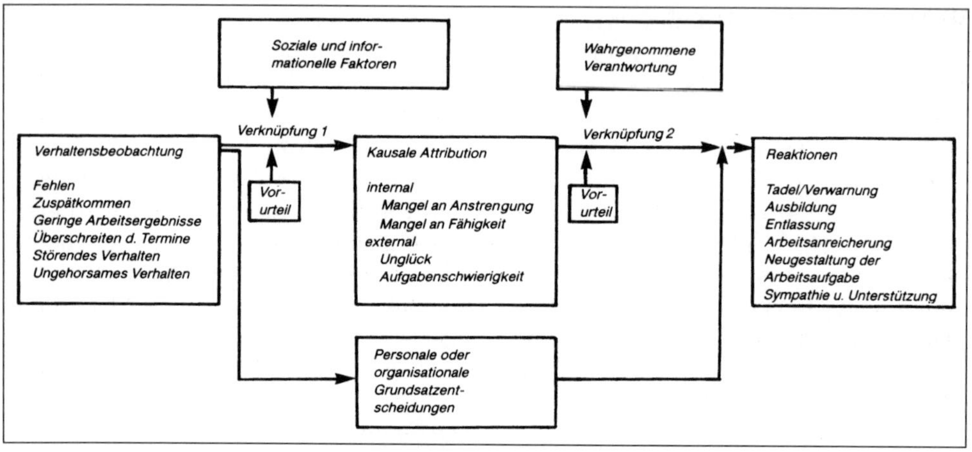

Abb. 21: Ein attributionstheoretisches Modell der Reaktionen eines Führers auf schlechte Leistungen eines Mitarbeiters
Quelle: Mitchell (1987) Sp. 703f.

In der **Entscheidungsphase** wählt der Führer aus der Menge des ihm zur Verfügung stehenden Führungsverhaltens eine Verhaltensweise aus. Diese Wahl hängt grundsätzlich davon ab, ob die spezifischen Verhaltensweisen positiv oder negativ beurteilt werden, wie schwerwiegend die durch das Verhalten erzielten Effekte einzuschätzen sind und ob diese durch die Person des Geführten verursacht wurden. Grundsätzlich ist nach den Hypothesen Mitchell's davon auszugehen, daß Vorgesetzte auf internal attribuierte Ergebnisse eher mit direktem Führungsverhalten (Belohnung/Bestrafung) und auf external attribuierte Ergebnisse eher mit indirektem Führungsverhalten (allgemeine Unterstützung, strukturelle Veränderungen usw.) reagieren.

Mit diesen **kognitiven Aspekten** der Wahrnehmung von Führung ist zweifellos ein wesentlicher Beitrag für die Erklärung der Determinanten von Führungsverhalten geleistet worden. Jedoch sehen die Forscher selbst[49], daß Attributionen wohl eher die Rolle einer untergeordneten Determinante spielen. So werden Attributionen häufig durch (personale, soziale, organisationale) Grundsatzentscheidungen (s. Abb. 21) überflüssig. Zum anderen gibt es auch viele Führungssituationen, in denen die Aufgabe, soziale oder andere Kontext-Faktoren möglicherweise für bestimmte Führungsaktivitäten wichtiger sind. Trotzdem gilt es – vor allem im Zusammenhang mit Führungstraining – als nützlich, Einsichten in die kognitiven Prozesse der Attributionen zu gewinnen. Die Tatsache, daß neben dem Führungsverhalten des Vorgesetzten andere Faktoren (z.B. Mitarbeiter-, Aufgaben-, Organisations-Merkmale) das Untergebenenverhalten – z.T. sogar vorrangig – beeinflussen, ist Anlaß für Überlegungen zur Führungssubstitution.

49 So z.B. deutlich Mitchell (1987) Sp. 710f.

d) Substitutionstheorien

Im betrieblichen Alltag ist eine Reihe von Situationen zu beobachten und vorstellbar, in denen sich Mitarbeiter den Unternehmungszielen und -interessen entsprechend bzw. in spezifischer Weise zielorientiert verhalten, ohne daß dem ein Akt hierarchischer Führung (i.S. direkter, personaler Führer-Geführten-Interaktion) vorausgegangen ist. Neben der Personalführung müssen sich in Unternehmen also weitere, das Verhalten von Mitarbeitern steuernde Faktoren identifizieren lassen. Eine entsprechende Position vertreten die Ansätze zur Führungssubstitution, welche die Personalführung nur als ein Instrument unter vielen ansehen, die die Beeinflussung bzw. Steuerung des individuellen Arbeitshandelns der Mitglieder einer Arbeitsorganisation zum Ziel haben.

Den differenziertesten Ansatz aus diesem Bereich lieferte 1981 Klaus Türk, der sich dem Phänomen der Führung aus soziologischer und organisationstheoretischer Perspektive näherte und in einer Art »**Kontexttheorie der Personalführung**« die Bedeutung der organisatorischen Umfeldbedingungen für die Personalführung bzw. das Verhältnis dieser zu anderen organisationalen Mechanismen der Ausübung von sozialer Kontrolle aufzeigen wollte. Der Begriff der »sozialen Kontrolle« sowie die von dieser ausgehende konformierende Wirkung steht im Mittelpunkt des Ansatzes von Türk.

Unter »**sozialer Kontrolle**« werden dabei alle sozialen Prozesse verstanden, welche »... die Funktion haben, eine Konformität des Handelns mit bestehenden systembezogenen Handlungsmustern (Erwartungen, Anforderungen, Normen, Zielen, Werten, Rollen usw.) zu erreichen, zu sichern oder wiederherzustellen.«[50] Dabei handelt es sich um einen Einfluß-Prozeß, der unter Verwendung verschiedener Kontroll- oder Steuerungsmittel von bestimmten Trägern aktiv ausgeübt wird.

Soziale Kontrolle bzw. die Sicherung von **Konformität** im Sinne der Übereinstimmung des von den einzelnen Mitarbeitern gezeigten (Arbeits-)Verhaltens und den diesem zugrundeliegenden Strukturen (Einstellungen, Orientierungen usw.) mit den jeweiligen organisationalen Ansprüchen oder Gegebenheiten kann in Arbeitsorganisationen erreicht werden durch die Kontrolle von Handlungspotentialen sowie von konkreten Handlungen selbst. (Vgl. Abb. 22)

Erstere geschieht zum einen über die Mechanismen »**Bildung**« und »**Sozialisation**«, womit die Prägung bzw. Modifikation von personalen Handlungspotentialen umschrieben ist und zum anderen über die **Selektion** und **Allokation** von Personal, wodurch definierte personale Handlungspotentiale bestimmten organisationalen Positionen zugeordnet werden.

Konkrete Handlungskontrolle vollzieht sich durch unpersönliche sowie persönliche Mechanismen. Als markanteste Mittel **unpersönlicher Handlungskontrolle** führt Türk die Stellenschneidung, die Technisierung und Standardisierung sowie die administrativen Regelungen hinsichtlich der Distribution von organisationalen benefits (Anreizsystemen) an. Träger **persönlicher Handlungskontrolle** (hinsichtlich betrieblicher Leistungsziele, Loyalität usw.) sind Kollegen (peers) aufgrund deren reziproker Abhängigkeit voneinander (vgl. hierzu die Ausführungen zur Gruppenarbeit) und Vorgesetzte im Rahmen der Personalführung.

Nach der Auffassung Türks muß die Personalführung als **Residualfaktor** angesehen werden, der situationsspezifisch nur dann eingesetzt wird, wenn alternative Mechanismen

50 Türk (1981) 45.

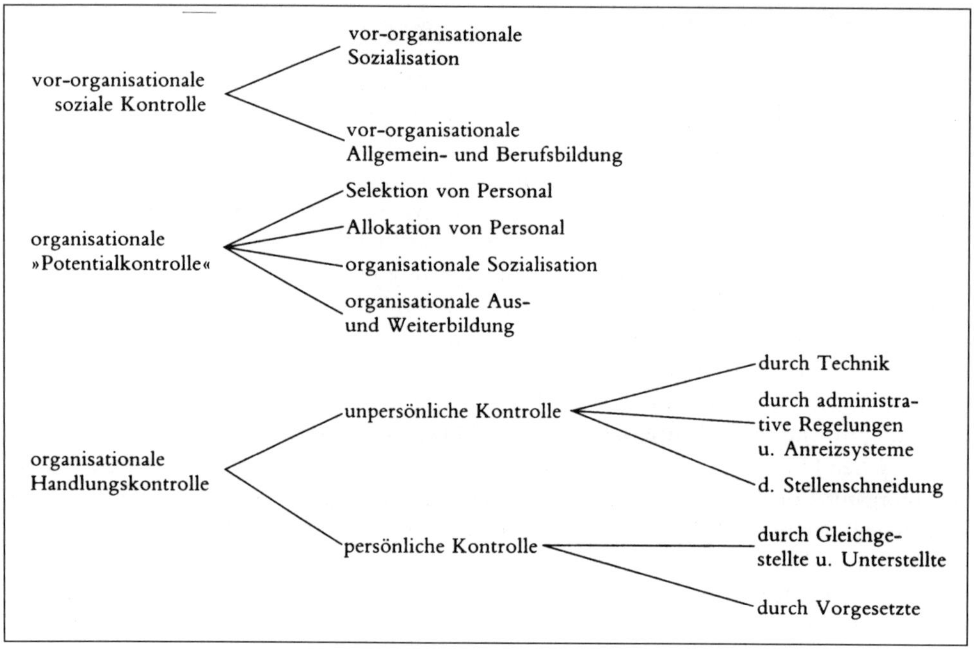

Abb. 22: Prozesse und Medien sozialer Kontrolle organisatorischen Handelns
Quelle: Türk (1981) 46.

der sozialen Kontrolle im Sinne der obigen Aufzählung nicht ausreichen oder nicht zum Einsatz gelangt sind. Als solcher gewinnt die Personalführung z.B. in dem Moment an Bedeutung, wenn es in der Praxis um die Erzielung von Leistungen geht, die über die geforderten Kontraktleistungen hinausgehen und deren Nichterfüllung weder mit Entgelteinbußen noch mit Regel- oder Vertragsverletzungen einhergehen.[51]

Die Möglichkeit, individuelles (Leistungs-)Verhalten außer durch interaktionelle bzw. hierarchische auch durch strukturelle Führung zu lenken, wird auch von einer Vielzahl anderer Autoren postuliert. Dabei wird eine ganze Reihe potentieller Führungssubstitute genannt wie z.B. professionelle Orientierung, Leistungsfeedback, Technologieeinsatz, Struktur der (Arbeits-)Aufgaben, Organisationsstrukturierung, kohäsive Arbeitsgruppen usw.[52] (vgl. Abb. 23). Auf die ersten beiden soll im folgenden kurz eingegangen werden.

- »**Professionelle Orientierung**« bedeutet, daß berufliche Experten spezifische Verhaltensweisen entwickeln. So schenken sie z.B. dem Urteil von Fachkollegen oft mehr Glauben, als dem Urteil des hierarchischen Vorgesetzten. Ihre Identifikation mit ihrem Beruf führt dazu, daß Leistungsnormen innerhalb der Gruppe von Fachkollegen, nicht aber durch den formalen Vorgesetzten, entwickelt und festgelegt werden (häufig bei Forschern). Professionelle Charakteristika können ebenso den Inhalt im Prozeß der Aufgabenerfüllung beeinflussen. Häufig vermindern Ausbildung und Training eines Fachmannes seine Abhängigkeit von hierarchischen Führern bezüglich aufgabenbezogener Informationen.

51 Vgl. Türk (1981) 65f.
52 Vgl. Kerr/Mathews (1987); Staehle (1991); Kerr/Jermier (1978); Kerr (1977).

Charakteristika	*Führt zur Neutralisierung von*	
	beziehungsorientierter, unterstützender, mitarbeiterorientierter Führung: Rücksichtnahme, Unterstützung und Interaktion, Förderung	*aufgabenorientierter, instrumentaler, arbeitszentrierter Führung: Zielbetonung und aufgabenbezogene Unterstützung.*
des Mitarbeiters:		
1. Fähigkeit, Erfahrung, Training, Wissen		×
2. Bedarf an Unabhängigkeit	×	×
3. „professionelle" Orientierung	×	×
4. Gleichgültigkeit gegenüber organisationalen Belohnungen	×	×
der Aufgabe:		
5. nicht ambitioniert, routinemäßig		×
6. methodisch invariabel		×
7. liefert eigenes Feedback bzgl. Durchführung		×
8. intrinsisch befriedigend	×	
der Organisation:		
9. Formalisierung (klare Pläne, Ziele und Verantwortungsbereiche)		×
10. Inflexibilität (strenge, unbeugsame Regeln und Verfahren)		×
11. Hoch spezialisierte und aktiv beratende Stabsfunktionen		×
12. eng verbundene, kohäsive Arbeitsgruppen	×	×
13. Organisationale Belohnungen nicht innerhalb des Einflußbereiches des Führers	×	×
14. Räuml. Distanz zwischen Vorgesetzten und Mitarbeitern	×	×

Abb. 23: Substitute der Führung
Quelle: Kerr/Mathews (1987) Sp. 920.

Zielvereinbarung, Arbeitsanweisung und Beratung durch den Vorgesetzten sind somit substituiert.

- **»Leistungs-Feedback«**, das durch die Natur der Arbeit selbst erbracht wird, kann ein anderes potentielles Substitut für formale Führung sein. Es gibt Aufgaben, die klare und objektive Daten in bezug auf den Grad der Aufgabenerfüllung liefern: Als einleuchtendes Beispiel hierfür wird die Durchführung einer Herz-Bypass-Operation durch einen Chirurgen angeführt. Normalerweise wird der Chirurg innerhalb von Sekunden nach der durchgeführten Operation über den Erfolg oder Fehlschlag seiner Arbeit informiert sein. Diese und andere Gründe können die kritische Aufgaben-Feedback-Funktion des Führers unbedeutend werden lassen im Vergleich zu der Information, die von den Aufgaben selbst gegeben wird.

Auch wenn Türk seinen Ansatz selbst als lücken- oder interventionstheoretisches Modell bezeichnet, kann damit natürlich keine Negierung der herausragenden Bedeutung der Personalführung verbunden sein. Zwar führt z.B. der immer größer werdende Anteil hochqualifizierter bzw. professioneller Mitarbeiter oder die mit dem Anwachsen der Arbeitsorganisationen verbundene Ausbreitung instrumentell ausgerichteter und funktional stabilisierender Mechanismen sozialer Kontrolle nach den Aussagen Türks dazu, daß der Personalführungsbedarf in der modernen Systemgesellschaft ständig sinkt, doch wird dadurch die Führungskraft nicht automatisch zum »**Lückenbüßer der Organisation**«[53] degradiert, der gänzlich durch Zwänge in seinem Handeln fremdbestimmt ist und lediglich im Notfall des Nichtfunktionierens einer gut geölten Maschinerie von Führungssubstituten einzugreifen hat. Es ist ein stark überzeichnetes Bild, weil suggeriert wird, daß Führer und Geführte durch ein übermächtiges System von Medien sozialer Kontrolle erdrückt würden, das umfassend und unentrinnbar sei. Möglicherweise zu Recht aber wird eine Verschiebung des Personalführungsbedarfs, z.B. hinsichtlich der Schließung von Motivationslücken unterstellt.[54]

Aus Sicht der Unternehmen stellt die Möglichkeit, den sich in der betrieblichen Praxis immer wieder als kompliziert darstellenden Faktor »Führungskräfte« (bzw. deren Führungsverhalten) durch »verläßlichere« und »stabilere« Größen wie »Struktur«, »System« etc. ersetzen zu können, natürlich eine interessante Perspektive dar. Allerdings geht damit auch die Gefahr der Bürokratisierung, des Verlustes von Flexibilität oder Innovationsfähigkeit usw. einher. Entsprechende Entwicklungen (insbesondere in Großunternehmen) haben bereits dazu geführt, daß vielerorts zugleich ein Übermaß an Management (by system) und ein Defizit an Führung beklagt wird, was in weiten Bereichen zu einer »**Re-Personalisierung der Führung**« (z.B. Management by wandering around) geführt hat.[55]

Für die Führungsforschung und -praxis liefern die Theorien zur Substitution von Führung jedoch wichtige Denkanstöße, weil sie den Blick auf die Tatsachen lenken, daß

- sich Führung nicht im »luftleeren Raum« abspielt,
- Führung durch organisationale Strukturen und Prozesse, durch Mitarbeiter- und Aufgabenmerkmale deutlich geprägt (sowohl gefördert als aber auch eingeengt) und auch bis zu gewissen Graden substituiert werden kann,
- Führung auch mit anderen Teilsystemen des Personal-Managements (Personalauswahl, -einführung, -versetzung, -fortbildung, Anreizsystemen etc.) interaktiv verwoben ist.

Gerade im Gesamtzusammenhang des Personal-Managements wird deutlich, daß Führung in dem weiteren Sinne der Verhaltenssteuerung mehr ist als nur **direkte** Mitarbeiter-Führung:
Sie umfaßt auch die Tätigkeiten der Handhabung von Personalsystemen, wie z.B. das Fällen von Entscheidungen über Mitarbeiter-Versetzungen, über Fortbildungsmaßnahmen u.a.m. (s. Abb. 22), **indirekte** Führung also. Zu ihr gehören auch andere Entscheidungen, die Auswirkungen auf Aufgabeninhalte und Arbeitsabläufe haben. Führungstätigkeiten dieser Art aber befinden sich gar nicht im Blickfeld der Führungstheorien, auch nicht der Situationsansätze; denn diese beziehen »Situationsmerkmale« wie die genannten teilweise zwar ein, unterstellen sie aber nicht als gestaltbar, sondern als konstant. Das diesen Theorieansätzen zugrundegelegte Führungsverständnis wird durch die Theorien zur Substitution von Führung insoweit in Frage gestellt.

53 Luhmann (1964).
54 Vgl. Türk (1981) 126ff.,151.
55 Staehle (1991) 361.

e) Weitere Theorien zur Führung

Neben den drei dargestellten Führungstheorien existiert noch eine Vielzahl anderer Ansätze, die das Phänomen der Führung aus unterschiedlichen Perspektiven beleuchten und sich hinsichtlich ihres Abstraktionsgrades, ihrer empirischen Fundierung usw. stark unterscheiden.[56] Zu nennen sind hier. z.B. die **Interaktionstheorien**, welche die Interaktion als den zentralen Prozess des Führungsgeschehens in den Mittelpunkt ihrer Betrachtungen stellen. Dies geschieht unter Rückgriff auf die Aussagen der Austausch-[57] und Gleichheits-Theorien[58]. Danach wird die Interaktion zwischen zwei Personen so lange aufrechterhalten, wie die Interaktionspartner das Verhältnis von Kosten und Nutzen oder Leistung und Gegenleistung als positiv bzw. gerecht wahrnehmen. Führung stellt sich in diesem Zusammenhang als ein fortlaufender Verhandlungsprozeß in der Führungsdyade oder Gruppe dar.

Als »positionsorientierte« Ansätze gehen die **Rollentheorien** von den Erwartungen aus, die von Mitarbeitern, Kollegen usw. an den Inhaber einer Führungsposition herangetragen werden. Fragen nach der Entwicklung der Rolle »Führungskraft« (Rollendifferenzierung), nach der (Un-)Vereinbarkeit unterschiedlicher Erwartungen (Rollenkonflikte), die an eine Führungskraft herangetragen werden, nach Problemen bei der Interpretation der Führungsrolle durch die Führungskraft selber (Rollenambiguität), sind charakteristisch für diese funktionsorientierte Sichtweise.

Mit der Beziehung zwischen Führungsverhalten und Motivation der Geführten beschäftigen sich die **Weg-Ziel-Theorien**, die auf den Erwartungs-Valenz-Ansätzen der Motivation aufbauen und oft zu den Situationstheorien der Führung gezählt werden. Unter Rückgriff auf die Terminologie Vrooms beschreiben sie es als Aufgabe des Führers, die »Valenzen« seiner Mitarbeiter sowie deren Wahrnehmung von »Instrumentalität« und »Erwartung« hinsichtlich möglicher Handlungsweisen zu beeinflussen. Die Weg-Ziel-Theorien setzen also am Verhalten der Geführten bzw. deren (grundsätzlich rationalen) Handlungsentscheidungen an.

Ebenfalls als »geführtenzentriert« lassen sich die **Lerntheorien** bezeichnen. Ausgehend von den Annahmen der psychologischen Lerntheorie, nach denen sich die Auftretenswahrscheinlichkeit für solches Verhalten erhöht, das durch positive Konsequenzen (Belohnung) verstärkt wird, verstehen sie unter Führung in erster Linie »Stimuluskontrolle« und »Kontingenzmanagement«. Konkret bedeutet dies, daß der Vorgesetzte seinen Mitarbeitern Arbeitsbedingungen schaffen sollte, welche diese aufgrund ihrer in der Vergangenheit gemachten Lernerfahrungen als erfolgs- und damit belohnungsversprechend (wieder-) erkennen. Außerdem ist von seiner Seite deutlich zu machen, welche Verhaltensweisen eine positive oder negative Verstärkung nach sich ziehen und im entsprechenden Fall belohnende oder bestrafende Reaktionen zu zeigen.

56 Vgl. ausführlich Wunderer (1993) 24ff.; Reber (1992) 981ff.; Staehle (1991) 322ff.
57 Vgl. Homan (1961); Thibaut/Kelley (1959).
58 Vgl. Adams (1965).

III. Ausgewählte Führungskonzepte

Die im folgenden behandelten Konzepte zur Realisierung bestimmter Führungsstile in der Praxis wurden aufgrund der dargestellten theoretischen und empirischen Vorarbeiten entwickelt. Sie haben den Charakter von **Soll-Konzepten** und werden der Wirtschafts- und Verwaltungspraxis durchgängig im Zusammenhang mit Trainingskonzepten angeboten.[59]

1. Führungskonzepte auf verhaltenstheoretischer Basis

a) Das Verhaltensgitter (Managerial Grid) von Blake/Mouton

In den Ohio-Studien waren durch Faktorenanalyse zwei Dimensionen des Führungsverhaltens isoliert worden: »Consideration« und »Initiating Structure«. In Anlehnung an diese Ergebnisse entwickelten Blake/Mouton[60] das sogenannte **Verhaltensgitter** (»Managerial Grid«), eine **zweidimensionale** Darstellung von möglichen bzw. erwünschten Kombinationen dieser Verhaltensdimensionen (Abb. 24).[61] »Consideration« nennen Blake/Mouton »Concern for People« (Personenorientierung, Betonung humaner Aspekte, Zufriedenheit) und »Initiating Structure« »Concern for Production« (Aufgabenorientierung, Betonung ökonomischer Aspekte, Leistung). Beide Dimensionen werden durch eine neunstufige Skala repräsentiert. Durch Kombination ergeben sich 81 Felder, die die Autoren als faktisch mögliche kennzeichnen. Einer eingehenden Untersuchung unterziehen sie jedoch nur die vier Eckfelder und das Mittelfeld des Gitters.

Die tatsächliche Realisierbarkeit der Kombinationen, die von den Feldern symbolisiert werden, ist davon abhängig, ob die (Bündel von) Führungsverhaltensweisen und -maßnahmen, die betont eine bestimmte Orientierung bewirken (sollen) – z.B. die Leistung –, in bezug auf die jeweils andere Wirkungsweise – im Beispiel: die Zufriedenheit – fördernde oder wenigstens neutrale Eignungen besitzen. Dann nämlich könnte hinsichtlich der beiden Dimensionen (Leistung und Zufriedenheit) Zielkomplementarität bzw. -neutralität konstatiert werden. Auf eine spezifizierte Aufgliederung in einzelne Verhaltenskategorien oder Führungselemente, die je nach Ausprägung leistungs- oder/und zufriedenheitsbetont wirken und deren gemeinsam mögliche und verträgliche Praktizierung gehen die Autoren jedoch nicht näher ein. Dies war wohl auch nach damaligem Kenntnisstand mit empirisch zufriedenstellend abgesicherten Aussagen nicht möglich und ist es heute in ausreichender Differenzierung und Bestätigung immer noch nicht. Gleichwohl wird – als **normative Komponente** des Konzeptes – vereinfacht ein 9.9-Stil als universell effizient empfohlen, was mit den Resultaten der Ohio-Studien begründet wird.

---

59 Zusammenfassende kritische Darstellungen der folgenden, z.T. noch weiterer Konzepte, finden sich auch bei Staehle (1991) 772ff.; Neuberger (1984) 149ff.; Wunderer/Grunwald (1980), Bd. 1; Hentze/ Brose (1986) 103ff.

60 Blake/Mouton (1964) und (1968).

61 Abb. wurde entnommen aus Blake/Mouton (1968) 33.

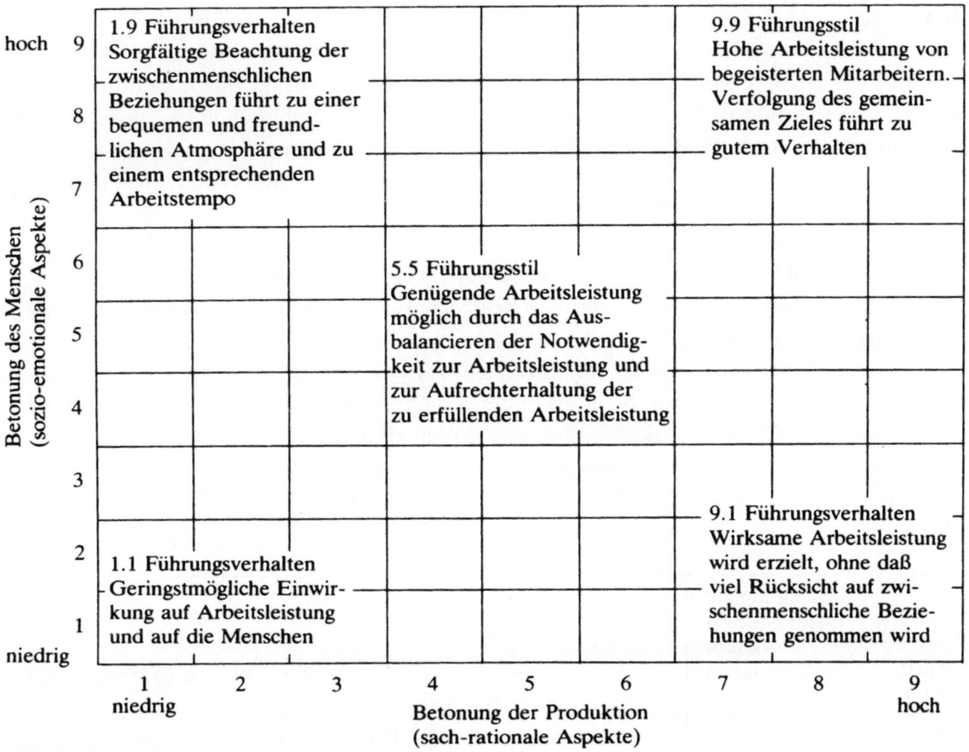

Abb. 24: Das Verhaltensgitter
Quelle: Blake/Mouton (1968)33.

Neben den Kritikpunkten, die bereits zu den Ohio-Studien angeführt wurden, wird in der Literatur auf folgende Schwächen hingewiesen[62]:

- Es handelt sich bei dem Verhaltensgitter um ein relativ grobes, das zugrundeliegende Untersuchungsmaterial vereinfachendes Konzept.[63]
- Von 81 möglichen Führungsstilen werden lediglich 5 behandelt.
- Konflikte werden verdeckt.
- Es erscheint zweifelhaft, ob jeder Führer in der Lage ist, gleichzeitig hoch aufgabenorientiert und personenorientiert zu führen.
- Die Unabhängigkeit der beiden Dimensionen ist kritisch.
- Es werden monokausale Zusammenhänge zwischen Führungsstil und Effizienz hergestellt; Einflüsse situativer Faktoren bleiben unberücksichtigt.
- Die Existenz von Hierarchien wird als typisch für alle Organisationen angesehen. Der propagierte 9.9-Stil gerät damit in Verdacht, lediglich ein Manipulationsinstrument zur Leistungssteigerung zu sein.

62 Vgl. Staehle (1991) 318; Wunderer/Grunwald (1980), Bd. 1, 227ff.
63 So z.B. auch Müller/Hill (1977) 357ff.; Ulrich/Fluri (1975).

In neueren Veröffentlichungen betonen Blake/Mouton, daß »concern for people« und »concern for production« nicht als **unabhängig**, sondern als **interdependent** angesehen werden müssen. Analog einer chemischen Verbindung, bei der vorher eigenständige Komponenten ihre Identität verlieren und in der neuen Verbindung völlig neue Eigenschaften entwickeln, muß eine hohe Personenorientierung (9) sehr differenziert gesehen werden: In Verbindung mit einer hohen Aufgabenorientierung (9.9) ist sie anders zu beurteilen, als mit einer niedrigen Aufgabenorientierung (9.1). Somit ist die Führungsstilkombination ein unteilbares Phänomen.[64]

Weiterhin sollte eine isolierte Sichtweise des Grid's vermieden werden, wie sie häufig in der Literatur auftaucht. Vielmehr ist dieses Konzept als Bestandteil eines **Organisationsentwicklungs-Ansatzes** aufzufassen. Durch Hinzufügen einer **dritten Dimension** (Motivation) wird das Verhaltensgitter zu einem **Diagnoseinstrument** ausgebaut, das die persönliche Motivation einer Führungskraft erkundet. Jede Führungsstilkombination ist danach mit einem bipolaren Motivationskontinuum verbunden, dessen Extrempunkte mit (+) und (–) bezeichnet sind. Das (+)–Ende beschreibt, wonach Führungskräfte streben, und das (–)-Ende, was sie zu vermeiden trachten. Die folgende Übersicht (Abb. 25) dient der Verdeutlichung.

GRID STIL / Ausprägung auf dem Motivationskontinuum	(+)	(–)
(9/1)	Es wird Erfüllung durch den Einsatz von Menschen als Werkzeuge bei der Erreichung von Leistungen angestrebt.	Furcht vor Versagen. Verfehlung bestimmter Leistungsergebnisse wird als Eingeständnis eigener Schwäche und persönlichen Versagens gesehen.
(1/9)	Liebe und Anerkennung von anderen Personen.	Furcht vor Zurückweisung.
(1/1)	Fortsetzung aller Aktivitäten, an der eine Führungskraft beteiligt ist, jedoch mit den geringsten Anstrengungen.	Vermeidung von Aktivitäten, die zur Aufdeckung der Teilnahmslosigkeit führen könnten und eine Kündigung wahrscheinlich machen.
(5/5)	Beliebt und akzeptiert sein. Status und Prestige, die das System bietet, werden angestrebt.	Furcht vor Kritik, Überwachung, »Nichtdazugehören« und Statusverlust.
(9/9)	Zusammenarbeit mit anderen zur Selbstverwirklichung aller und zur optimalen Erreichung von Unternehmungszielen.	Vermeiden von egoistischen Handlungen, die nur eigenen Vorteilen dienen.

Abb. 25: Motivationale Dimension verschiedener Grid Stile
Quelle: In Anlehnung an Blake/Mouton/Lux (1987) Sp. 2015ff.

64 Vgl. hierzu und im folgenden Blake/Mouton/Lux (1987) Sp. 2019ff.

b) Das 3 D-Konzept von Reddin

Reddin[65] bezeichnet die vier Eckfelder des Verhaltensgitters von Blake/Mouton als Basisstile und nimmt sie als Grundlage für eine Erweiterung um die »Situationsadäquatheit« der Führung als 3. Dimension.

Die **vier Basisstile** sind:

- **Einsatzstil**: starke Aufgabenorientierung (9/1-Feld bei Blake/Mouton),
- **Kontaktstil**: starke Mitarbeiterorientierung (1/9-Feld),
- **Trennungsstil**: geringe Ausprägung beider Stilrichtungen (1/1-Feld),
- **Integrationsstil**: Kombination starker Aufgaben- und Mitarbeiterorientierung (9/9-Feld).

Ausgehend von der Grundeinsicht, daß die Führungseffizienz (»effectiveness«) von den zwei Komponenten des Führungsverhaltens und der situativen Bedingungen bestimmt wird, fügt er den beiden unabhängigen Dimensionen **Aufgabenorientierung** (»Task Orientation«) und **Kontaktorientierung** (»Relationship Orientation«) als 3. Dimension die **Situationsadäquatheit** der Führung hinzu (daher 3 D-Konzept).

Jeder Basisstil kann nun situationsadäquat (und damit effizient) oder situationsinadäquat (und damit ineffizient) eingesetzt werden. Insgesamt ergeben sich so acht verschiedene Führungsstile. Abbildung 26 verdeutlicht das Konzept.

situationsinadäquat genutzt (weniger effizient)		Basisstile		situationsadäquat genutzt (effizienter)
Kompromißler	←	integrieren	→	dynamische Führer
Deserteur	←	sich heraushalten	→	Bürokrat
Autokrat	←	der Aufgabe verschreiben	→	wohlwollender Autokrat
Missionar	←	Verbindung halten	→	Förderer

Abb. 26: Differenzierung der Basisstile nach der Effizienz der jeweiligen Verhaltensausprägungen
Quelle: In Anlehnung an Reddin (1977) 61.

Als **Situationskomponenten** hebt Reddin die Organisation, die (Arbeits-)Technologie, Vorgesetzte, Mitarbeiter und Untergebene hervor, die in Abhängigkeit vom jeweiligen Basisstil unterschiedliche Anforderungen (»demands«) an die Führenden stellen.[66]

Schließlich leitet Reddin aus seinem 3 D-Konzept drei **Führungs-Qualifikationen** ab, deren Vorhandensein für effiziente Führung notwendig sei:

- Offenheit für Situationsfaktoren: die Fähigkeit, die Bedingungen und Anforderungen einer Situation im Hinblick auf situationsadäquates Führungsverhalten richtig einzuschätzen,
- Führungsflexibilität: die Fähigkeit, den Führungsstil den situativen Bedingungen anzupassen,

65 Vgl. Reddin (1970), (1971).
66 Reddin (1970) 61ff.

- Gestaltungsfähigkeit: die Fähigkeit, die Situation bzw. einzelne Elemente gegebenenfalls zu verändern, zu gestalten.

Der Fortschritt gegenüber dem Verhaltensgitter liegt in der Verdeutlichung der Situationsabhängigkeit der Führung; Reddin nennt wichtige Situationsfaktoren. Allerdings ist das Modell wegen seiner Allgemeinheit kaum falsifizierbar.[67]

c) Das System 1–4 von Likert

In Anlehnung an das **eindimensionale** Führungsstilkontinuum der Michigan-Studien entwickelt Likert ein »Führungssystem 1–4«[68] Er will durch gruppierende Zusammenfassung der Ausprägungen von 43 (später 51) Merkmalen eine geschlossene Darstellung des Führungsverhaltens vorlegen. Diese Einzelmerkmale sind zu 7 (später 8) Hauptkategorien zusammengefaßt:

- Motivation,
- Kommunikation,
- Interaktion,
- Entscheidungsbildung,
- Zielsetzung und Befehlserteilung,
- Kontrolle,
- Leistung,
- zugrundegelegte Führungsprozesse (»leadership processes used«).

Je nach Beantwortung von verschiedenen skalierten Fragen zu obigen Merkmalen wird das Führungsverhalten in das System 1–4 eingruppiert. Je niedriger der errechnete Punktwert ist, desto autoritärer, d.h. auf dem Kontinuum zum System 1 tendierend, wird das Führungsverhalten eingeschätzt, aus höheren Punktwerten ergibt sich zunehmend kooperative Führung (Abb. 27).

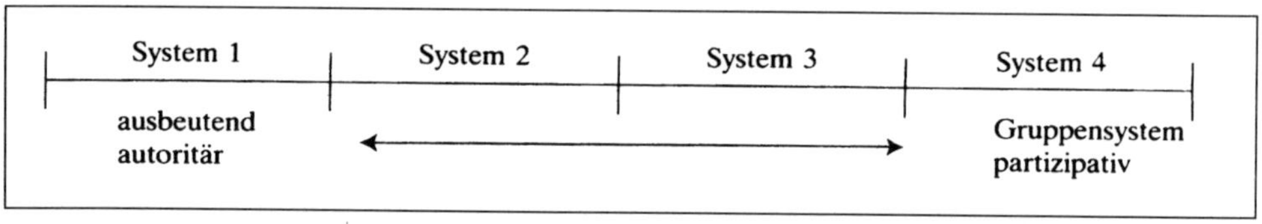

Abb. 27: Eingruppierung von Führungsverhalten in die Führungssysteme 1–4

In knapper Kennzeichnung kann System 1 als auf Strafandrohungen, System 2 als vorwiegend auf Belohnungen gestützt beschrieben werden. System 3 stellt eine Übergangsform zum System 4 dar: In letzterem manifestiert sich partizipative Führung. Ihr wird attestiert, daß sie durch effektive Führer bewirkt werde, deren Verhalten vor allem drei Grundsätze befolge:

---

67 Vgl. Neuberger (1984) 164.

68 Vgl. Likert (1961), (1967), (1972), (1975).

(1) Beziehungen zu persönlicher Hilfestellung herstellen (»supportive relationships«),
(2) durch die Gruppen Entscheidungen treffen und überwachen lassen,
(3) hohe Leistungsziele setzen.

Für den ersten Grundsatz sollen Führung und Organisationsprozesse so beschaffen sein, daß alle Handlungs- und Interaktionsprozesse von jedem Gruppenmitglied als für Selbstachtung und -entfaltung nützlich und förderlich angesehen werden.

Das zweite Prinzip ist unter dem Stichwort »**linking pin**« bekanntgeworden: Eine überlappende Gruppen- und Organisationsstruktur wird dadurch erreicht, daß jede Arbeitsgruppe durch eines ihrer Mitglieder, das gleichzeitig mehreren Gruppen angehört, mit der gesamten Organisation verbunden ist. Diese Verbindungs-Mitglieder sind die »linking pins«. An Entscheidungsprozessen werden alle Gruppenmitglieder beteiligt.

Der dritte Grundsatz steht mit dem zweiten in engem Zusammenhang: Vorgesetzte und unterstellte Mitarbeiter sollen eine hohe Leistungsorientierung haben. Damit dies bei gleichzeitiger Befriedigung von Individual- und Gruppenbedürfnissen bewirkt wird, werden die Gruppenbeteiligung an Entscheidungsprozessen und die überlappende Gruppenstruktur zu notwendigen Systemprinzipien gemacht. Erkennbar muß dazu eine Integration der Ziele von Individuen, Gruppen und Institutionen versucht werden.

Likert's Systematik trägt durch die positive Betonung von System 4 **normative Züge**: Für dieses System nimmt er an, daß in ihm generell höhere Leistungen erreicht würden als in den anderen Führungssystemen.[69] Daß er über die allgemein gehaltenen Grundsätze hinaus keine konkreten Anhaltspunkte für näher spezifizierte Führungsverhaltensweisen liefert, ist ihm nicht anzulasten. Er erkennt, daß solche genaueren Regeln den Charakteristika der jeweiligen Situation und der beteiligten Personen angepaßt werden müßten.[70]

2. Führungskonzepte auf situationstheoretischer Basis

a) Das Kontingenzmodell von Fiedler

Die Entwicklung des Fiedlerschen Kontingenzmodells wird vielfach als Meilenstein der neueren Führungsforschung betrachtet. Es ist auf der Grundlage einer ganzen Reihe von Untersuchungen[71] an den verschiedensten Arbeitsgruppen (u.a. Stahlarbeiter, Supermarkt-Personal, Landvermesser, Marinekadetten, Panzerbesatzungen, Sportmannschaften) entstanden und mehrfach modifiziert worden.

Effizienzkriterium des Modells ist die **Gruppenleistung** (in Abb. 28 als Kurvenzug ersichtlich), die aus dem **Zusammenwirken zweier Haupt-Variablen** erklärt wird:

---

69 So auch Baumgarten (1977) 83, der zusätzlich bemängelt, daß die Größe Leistung begriffskonstituierendes Merkmal der Gesamtsystematik ist.

70 Vgl. Likert (1961) 95.

71 Vgl. Fiedler (1967), (1971), (1971a); Fiedler/Chemers (1974). S. auch das an den Erfordernissen eines Selbsttrainings der Führungsqualifikation konzipierte Buch von Fiedler/Chemers/Mahar (1979). Vgl. auch die zahlreichen Studien zur Überprüfung des Kontingenzmodells (v.a. des LPG), z.B. Chemers/Rice (1974); Evans/Demer (1974) und für eine Übersicht Arnold (1987) Sp. 190ff.

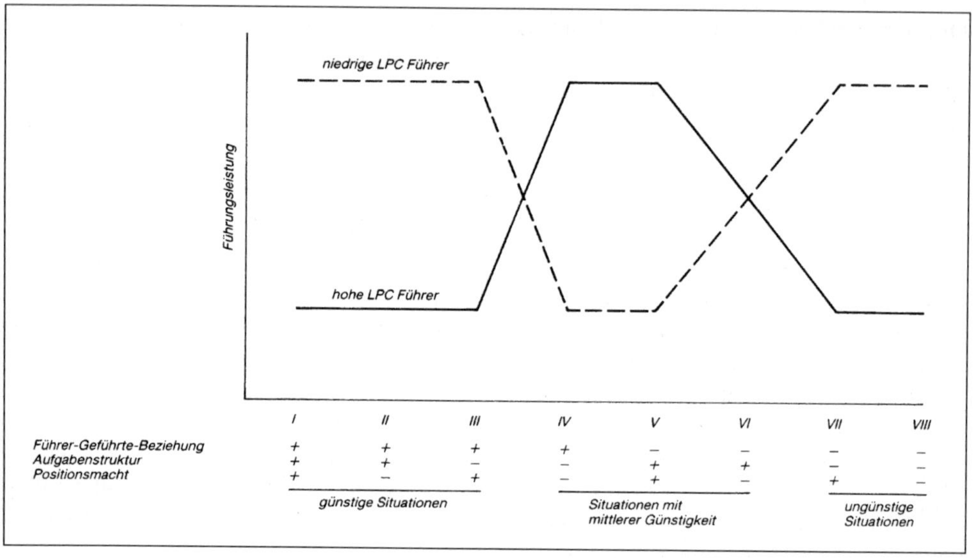

Abb. 28: Aussagen des Kontingenzmodells
Quelle: Fiedler (1987) Sp. 811f.

- Verhaltensweise des Führers (in Abb. 28 auf der Vertikalen abgetragen),
- situative Günstigkeit der Führungssituation (in Abb. 28 auf der Horizontalen abgetragen).

Zu den **Modellelementen** im einzelnen:

- **Verhaltensweise des Führers** (Führungsstil): Sie wird mit Hilfe des Meßwertes LPC (Least Preferred Coworker) differenziert und eruiert. Der LPC-Wert besagt
  - in niedriger Ausprägung, daß der Führende den am wenigsten geschätzten Mitarbeiter distanzierend, streng und abweisend beurteilt. Fiedler's Interpretation eines solchen Wertes ist, daß er ein Indikator für aufgabenbezogenes Führungsverhalten sei.
  - Ein mittlerer bis relativ hoher LPC-Wert steht für personenorientiertes Führungsverhalten und kommt zustande, wenn ein Mitarbeiter trotz grundsätzlicher Ablehnung dennoch wohlwollend und verständnisvoll beurteilt wird.
- Grad der »situativen Günstigkeit« der **Führungssituation**: Sie wird in drei Aspekten beschrieben,
  - in den **Führer-Mitarbeiter-Beziehungen**: der Führende charakterisiert sie für die Atmosphäre der Gruppe. Je positiver die Gruppen beschrieben sind, desto größer ist der Einflußspielraum des Führenden;
  - in der **Strukturiertheit der Aufgabe**: Bekanntheit der Aufgabe, Eindeutigkeit der Lösung und Erkennbarkeit ihrer Richtigkeit, Möglichkeit, sie auf verschiedenen Wegen zu finden; sie wurde meist durch Experten-Ratings bestimmt;
  - in der **Positionsmacht des Führenden**: Sie ist zusammengefaßter Ausdruck der ihm zur Verfügung stehenden Möglichkeiten (mittels Prüfliste erfragt), die Gruppenstruktur zu bestimmen bzw. zu verändern, Gruppenmitglieder zu belohnen oder aber zu bestrafen etc.

Durch **kombinatorisches Zusammenfügen** der unterschiedlichen Ausprägungen dieser Situationsvariablen entsteht ein eindimensionales Kontinuum situativer Günstigkeit mit acht Abschnitten (I–VIII). Die Kombination der beiden Hauptvariablen »Führungsstil« (LPC-Werte) und Situationscharakteristika zu einer Tendenzaussage hinsichtlich der Gruppenleistung als der Führungs-Effizienz ist in den Kurvenzügen von Abbildung 28 wiedergegeben.[72]

Aus diesem Kurvenzug läßt sich Fiedler's **Kontingenzhypothese** ablesen, die folgendes besagt:

- »Aufgabenorientierte« Führungspersönlichkeiten (mit niedrigen LPC-Werten) sind erfolgreich, d.h. erzielen hohe Gruppenleistungen in besonders »günstigen« (Felder I–III) und in (sehr) »ungünstigen« Situationen (Felder VII, VIII).
- »Personenorientierte« Führer mit hohen LPC-Werten bewirken eine höhere Effizienz in Situationen mittlerer Günstigkeit (Felder IV–VI).

In dem Kurvenverlauf sind nach Fiedler[73] **drei wesentliche Implikationen** des Modells enthalten:

(a) Beinahe jeder Führer ist wahrscheinlich effektiv in einigen Situationen, aber ineffektiv in anderen, d.h. es gibt weder »gute« noch »schlechte« Führer.
(b) Wenn es darum geht, die Leistung zu erhöhen, muß der Versuch unternommen werden, entweder die Persönlichkeitscharakteristika des Führers (die im LPC gemessen werden) zu ändern oder in der Führungssituation eine Änderung eintreten zu lassen. Aber – so Fiedler weiter –, da es schwierig, wenn nicht gar unmöglich ist, die Persönlichkeit zu ändern, und es relativ leicht ist, bestimmte Aspekte der Situation zu ändern, laufen die Empfehlungen zur Verbesserung des Führungserfolges darauf hinaus, letztere – wenn notwendig – anzupassen.
(c) Eine Zunahme oder Abnahme in der situativen Günstigkeit führt zu einer Veränderung der Leistungschancen von Führern mit hohen resp. niedrigen LPC-Werten.

Im Gegensatz zu den typischen Führungsausbildungsprogrammen, die versuchen, Führer zu lehren, wie sie ihre Persönlichkeit und ihr Verhalten ändern sollen, hat Fiedler in Trainingsanleitungen[74] seine Instruktionen darauf gerichtet, wie die Führungssituation diagnostiziert und geändert werden kann, um der Persönlichkeit des Führers gerecht zu werden.

Fiedler hat mit seinem Modell und seinen Hypothesen auch zahlreiche Kritiker[75] gefunden. Die wichtigsten Punkte, an denen sie ansetzen, sind die folgenden:

- Das **Effizienzkriterium**: Der Ansatz beschränkt sich auf die Gruppenleistung, rechnet diese nur dem Führenden zu und läßt andere Kriterien, z.B. die Zufriedenheit der Gruppenmitglieder, außer Betracht.
- Die **Modell-Variablen**:
  - Meßgegenstand und Aussagekraft des **LPC-Wertes** sind nicht völlig geklärt. Das Führungsverhalten wird als **die** Erfolgsdeterminante herausgestellt, sie wird zudem als stabil betrachtet: Da Fiedler den Möglichkeiten, Verhaltensänderungen bei den Vorge-

72 Sie entspricht Fiedler's neuester Version: Fiedler (1987) Sp. 811f.
73 Vgl. Fiedler (1987) Sp. 815.
74 Vgl. Fiedler/Chemers (1974).
75 Vgl. vor allem Ashour (1973); Graen u.a. (1971), (1971a); Sashkin (1972); im deutschsprachigen Raum Kupsch (1974); Schreyögg (1973); Neuberger/Roth (1974); Neuberger (1984) 158ff.

setzten durch Training zu bewirken, skeptisch gegenübersteht, wird er als Anhänger der **Eigenschaftstheorie** bezeichnet. Hingegen wird nicht nur bestritten, daß der LPC-Wert eine eindimensionale (auf einem Kontinuum erfaßbare) Größe sei, sondern auch, daß er eine **Verhaltens**variable sei. So wird er vielfach in anderer Interpretation für eine **Einstellungs**variable gehalten.[76]

- Die drei **Situationsfaktoren** seien zu wenig, möglicherweise nicht immer relevant und nicht auf das soziale Umfeld der Gruppe bezogen. Überdies ist die Operationalisierung der Variablen »Günstigkeit der Situation« problematisch, dabei vor allem das Meßkonzept für die drei Variablenkomplexe, das vorsieht, die Dimension »Führer-Mitarbeiter-Beziehung« doppelt so stark zu gewichten wie die »Aufgabenstruktur« und viermal stärker als die »Positionsmacht«. Situationen mit z.B. größerer Wichtigkeit der Positionsmacht sind denkbar, würden zu einer gänzlich anderen Oktanten-Einteilung und in der Folge zu einer veränderten Kontingenzhypothese führen. Die Gruppenmitglieder, ihre Rollen, inter- und intraindividuelle Prozesse sind nicht berücksichtigt, höchstens teilweise indirekt über den Umweg als Wahrnehmung (Einschätzung) durch den Führenden.

– Die **Methodik**: Techniken der Operationalisierungen der Kern-Variablen haben Widerspruch geerntet; durch die Kleinheit der Stichproben ist es Fiedler nicht gelungen, signifikante Rangkorrelationen zu finden. Die Korrelationen haben »nur« eine übereinstimmende Tendenz. Von seinen Befunden abweichende Korrelationen hat Fiedler als »unzulänglich erhoben« zurückgewiesen.

Einiges jedoch kann vor dem Hintergrund der immensen Vielfalt von Gegebenheiten, die in Situations-Ansätzen zusammengetragen werden, als positiver Befund gewertet werden. So gesehen werden immer Situations-Variablen in Untersuchungs-Designs **un**berücksichtigt bleiben **müssen**, werden Effizienz-Kriterien in Inhalt und Maßausdruck – je nach verfolgten Zielen – als nicht vordringlich oder nicht relevant bezeichnet werden. Schließlich sind – hinsichtlich der zu untersuchenden Grundgesamtheit – die so oft beschworenen Gegenpole Aktionsforschung am Einzelobjekt vs. Großzahlforschung mit einer »repräsentativen« Stichprobe keine wirklich wählbaren Alternativen. Für jeden Befund aus ersterer lassen sich Gegenbeispiele finden, vor letzterer müssen seriöse empirische Forscher die Waffen strecken. Denn: Es gibt weder **die** Führungssituation, noch **die** Arbeitsgruppe, daher gibt es auch nicht **den** Führenden, **das** Führungsverhalten, **die** Führungs-Effizienz. Die Devise kann deshalb nur lauten: gangbare Mittelwege finden, die auf Parallelsituationen verallgemeinerungsfähige Befunde zu liefern versprechen. Fiedler hat Schritte in diese Richtung unternommen.

b) Das normative Entscheidungsmodell von Vroom/Yetton

Das Modell von Vroom und Yetton[77] ist mit »Entscheidungsmodell« korrekt benannt, denn es versteht sich als Hilfe für das Treffen von Entscheidungen – alle anderen der Entscheidung vor- und nachgelagerten Führungstätigkeiten bleiben außer Betracht.

---

76 Vgl. Staehle (1991) 326f.

77 Der folgenden Darstellung wird die Version der neuesten Veröffentlichung zugrundegelegt: Jago (1987) Sp. 931ff.; Ursprungsquelle: Vroom/Yetton (1973); Modellerweiterung für individuelle Probleme: Vroom/Jago (1974) 743ff.; Modellentwicklung: Vroom/Jago (1984).

Für die Antwort auf die Frage, auf welche Weise ein Entscheidungsproblem gelöst werden soll, stellt das Modell **5 Vorgehensweisen** zur Wahl, die sich durch den unterschiedlichen Grad der Partizipation der Mitarbeiter voneinander unterscheiden:

A I Autoritäre Alleinentscheidung. Der Vorgesetzte löst das Problem selbst auf der Grundlage der verfügbaren Informationen.
A II Autoritäre Entscheidung nach Beschaffung von Informationen durch Mitarbeiter.
B I Entscheidung nach vorheriger Beratung mit einzelnen Mitarbeitern.
B II Entscheidung nach vorheriger Beratung mit Mitarbeitern in einer Gruppenbesprechung.
G II Problemlösung und Entscheidung durch die Mitarbeiter als Gruppe.

Für die Lösung von Problemen, die nur einen Mitarbeiter des Vorgesetzten betreffen, sogenannte »individuelle Probleme«, sind zusätzliche Verhaltensweisen beschrieben.[78] Welcher dieser Entscheidungsstile gewählt wird, hängt vom Typ der zu lösenden Problemsituation ab. Er kann bestimmt werden durch eine Situationsdiagnose, für die **7 Fragen** beantwortet werden müssen, die das Vorhandensein oder aber Nicht-Vorhandensein von Problemmerkmalen oder Situationsaspekten betreffen. Sie sind in Abbildung 29 in der rechten Randspalte aufgeführt (A – G).

Quellen für diese 7 Entscheidungsbedingungen waren für die Autoren empirische (v.a. sozial-psychologische) Studien. Bei je zwei möglichen Antworten zu diesen 7 Fragen (ja oder nein) gibt es theoretisch $2^7 = 128$ Problemkonstellationen. 13 von ihnen halten Vroom/Yetton für praktisch von Belang. Welche dieser **13 Problemtypen** in einer konkreten Entscheidungssituation nun tatsächlich vorliegt, kann mit Hilfe eines **Entscheidungsbaumes** entwickelt werden, den die Autoren als Hilfsinstrument entwickelt haben und der in der Abbildung wiedergegeben ist.

Es gilt nun, für jeden dieser 13 Problemtypen von Entscheidungssituationen diejenige der fünf oben beschriebenen Vorgehensweisen zu finden, die zu einer optimalen Lösung führt. Die Endpunkte in dem Entscheidungsbaum zeigen alle zulässigen Vorgehensweisen an. Ersichtlich sind für 7 Problemtypen mehrere zulässig. Die zulässigen Entscheidungsstile haben die Autoren mittels **7 Entscheidungsregeln** ermittelt, die sie aufgrund von Plausibilitätsüberlegungen entwickelt haben. Von diesen 7 Regeln, die in Abbildung 30 aufgeführt sind, dienen die ersten drei der Wahrung der Entscheidungs**qualität**, die restlichen vier der Sicherung der Entscheidungs**akzeptanz**. Qualität und Akzeptanz sind somit im Entscheidungsvorgang berücksichtigte **Effizienzkriterien**.

Um für diejenigen Fälle, für die mehrere zulässige Vorgehensweisen existieren, zu einer **eindeutigen** Endauswahl zu gelangen, haben Vroom/Yetton zwei Modelle A und B entwickelt. Modell A fügt als weiteres Effizienzkriterium das des geringsten Zeitaufwandes hinzu. Die hierfür zusätzlich eingebrachte 8. Entscheidungsregel fordert von den möglichen Entscheidungsstilen den jeweils autokratischsten zu wählen: in Abbildung 29 ist dies der jeweils erstgenannte. Spielt Zeitdruck keine Rolle, empfiehlt Modell B, die jeweils partizipativste Lösung zu wählen: in Abbildung 29 ist dies die letztgenannte.

In einer Weiterentwicklung des Modells[79] wurde die Ja-Nein-Dichotomisierung der 7 Fragen zur Situationsdiagnose durch Fünfer-Skalen ersetzt, zwei weitere Situationsfaktoren sind hinzugefügt worden. Sie betreffen (1) die geographische Verteilung der Mitarbeiter und (2)

78 Vgl. Jago (1987) Sp. 934f.
79 Vgl. Vroom/Jago (1974).

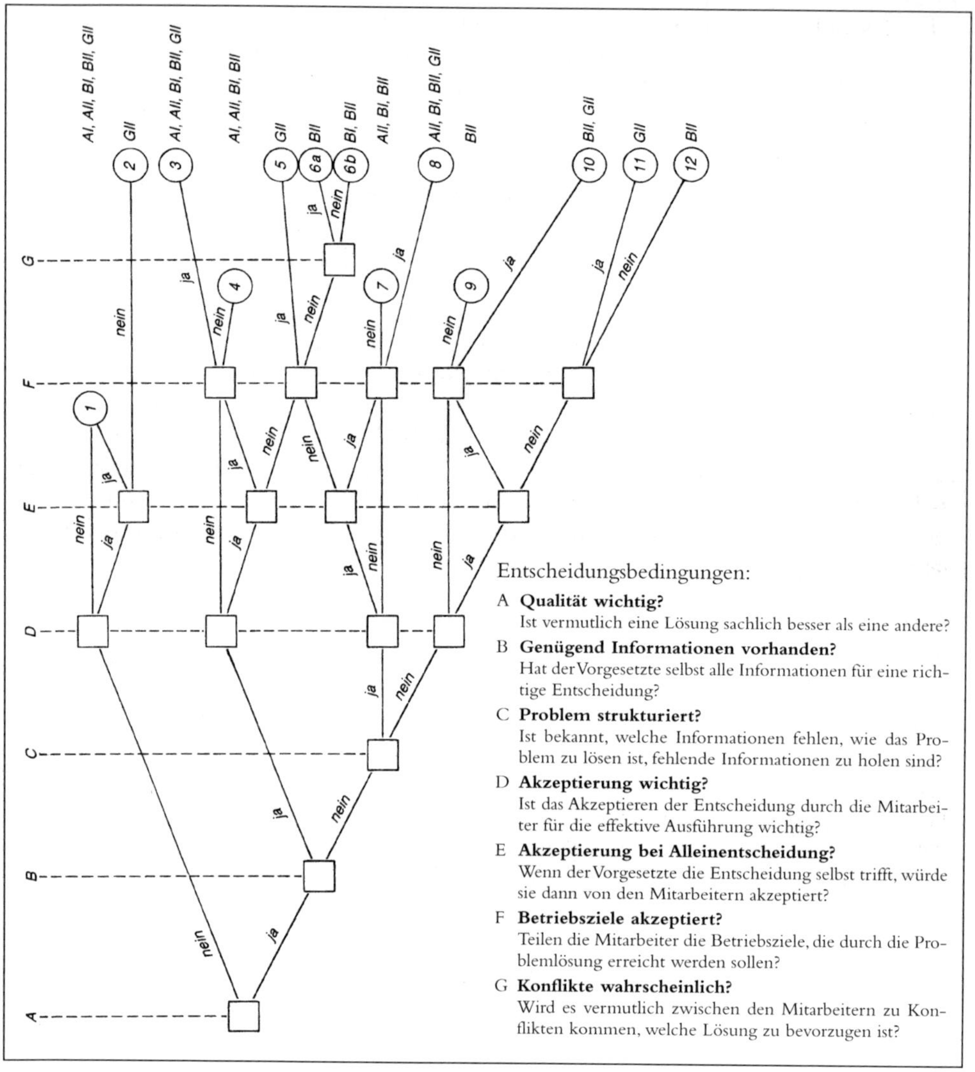

Abb. 29: Das Entscheidungsmodell von Vroom/Yetton
Quelle: In Anlehnung an Jago (1987) Sp. 937f.

den Zeitdruck des Entscheidenden. Die Konzepte des Entscheidungsbaumes und der zulässigen Verhaltensweisen wurden eliminiert, ebenso die Möglichkeit der Wahl unter den Modellen A und B. An ihre Stelle wurden 5 simultane Gleichungen gesetzt, wodurch das Modell so kompliziert geworden ist, daß ein Design für ein Führungskräfte-Training noch nicht entwickelt werden konnte.

An dem oben dargestellten Modell ist mit vielfältigen Argumenten **Kritik** geübt worden.[80] Sie bezieht sich auf die zugrundeliegende Konzeption, auf die Gültigkeit des Modells sowie auf seine Relevanz für die Führungspraxis.

80 Vgl. v.a. Sydow (1981) 10ff.; Neuberger (1984) 153f.; Staehle (1991) 794f.

- Die **Modellkonzeption** wird als zu simpel kritisiert:
  - Die Situationsmerkmale beziehen sich ausschließlich auf die zu treffende Entscheidung. Andere, die reale Führungssituation kennzeichnende Merkmale (z.B. Organisationsstruktur), die den Entscheidungsspielraum ebenfalls beeinflussen können, bleiben unberücksichtigt.
  - Das grundsätzliche Präferieren von Partizipation bzw. das Legitimieren von autoritärem Verhalten bei Zeitdruck vereinfacht das Führungsproblem zu sehr: Die heute allgemein akzeptierten Konzepte der Beziehungs- und Aufgabenorientierung finden im Modell keinen Niederschlag.
  - Kriterien für den Führungserfolg sind die Qualität und die Akzeptanz der Entscheidung; sozialpsychologische Effizienzkriterien bleiben unbeachtet.
- Das Infragestellen der **Gültigkeit des Modells** ist gleichbedeutend mit Zweifeln, ob mit seiner Hilfe in der Führungspraxis tatsächlich Entscheidungen erfolgreich getroffen werden können:

1. Informationsregel:

Wenn die Qualität der Entscheidung wichtig ist (A: ja), der Vorgesetzte jedoch nicht genügend Informationen oder Fachkenntnisse hat (B: nein), darf nicht nach A I vorgegangen werden.

2. Ziel-Übereinstimmungs-Regel:

Wenn die Qualität der Entscheidung wichtig ist (A: ja), die Mitarbeiter jedoch die Ziele der Institution nicht teilen (F: nein), so ist G II auszuschließen.

3. Regel für sehr unklare Probleme:

Es gibt Situationen, in denen die Qualität der Entscheidung wichtig ist (A: ja), der Vorgesetzte jedoch nicht genügend Informationen oder Sachkenntnis hat (B: nein), und zudem unklar ist, welche Informationen fehlen bzw. wo fehlende Informationen gefunden werden können (C: nein). Dann müssen Informationen auf möglichst günstige Art von den Mitarbeitern eingeholt werden. Daher entfallen sowohl A I wie auch (weil an Einzelgespräche gebunden) die Stile A II und B I als ineffizient.

4. Akzeptanzregel:

Wenn die Akzeptanz der Entscheidung durch die Mitarbeiter wichtig ist (D: ja), diese eine autokratische Entscheidung vermutlich nicht akzeptieren (E: nein), so scheiden A I und A II aus.

5. Konfliktregel:

Wenn die Akzeptanz der Entscheidung durch die Mitarbeiter wichtig ist (D: ja), eine Alleinentscheidung nicht akzeptiert würde (E: nein), die Mitarbeiter verschiedene Lösungen bevorzugen, die zu Konflikten zwischen ihnen führen werden (G: ja), so fallen die Vorgehensweisen A I, A II und B I aus.

6. Fairneßregel:

Wenn die Entscheidungsqualität unwichtig ist (keiner der möglichen Lösungsvarianten ist aus sachlichen Überlegungen heraus der Vorzug einzuräumen, A: nein), die Akzeptanz aber wichtig ist (D: ja), die Mitarbeiter eine Alleinentscheidung jedoch ablehnen würden (E: nein), so dürfte nicht nach den Stilen A I, A II, B I und B II vorgegangen werden; es verbleibt allein G II.

7. Akzeptanz-Vorrang-Regel:

Wenn die Akzeptanz einer Entscheidung wichtig ist (D: ja), die Mitarbeiter eine Alleinentscheidung jedoch nicht annehmen würden (E: nein), die Ziele der Institution jedoch teilen (F: ja), dann sollten AI, A II, B I und B II nicht angewandt werden.

Abb. 30: Entscheidungsregeln
Quelle: In Anlehnung an Jago (1987) Sp. 939f.

- Empirische Untersuchungen zur Validität sind ihrerseits methodisch kritisiert worden (Situations- und Erfolgsdiagnosen erfolgen subjektiv durch die Betroffenen und unterliegen daher Verzerrungsgefahren). Jedenfalls liegen die in ihnen berichteten Erfolgsquoten für Entscheidungen mit dem Modell mit im Schnitt 60% weit von 100% entfernt.
- Führungskräfte halten sich nicht selten für partizipativer als sie es tatsächlich sind.
- Es ist fraglich, ob Ergebnisse aus Studien, die aus den USA stammen, auf europäische Verhältnisse übertragbar sind.

– Bezüglich der **Praxisrelevanz** wird bemängelt, daß
  - die Modellhandhabung schwierig und zeitaufwendig sei,
  - das Wissen um den richtigen Entscheidungsstil nicht identisch ist mit der Fähigkeit, ihn zu praktizieren,
  - das Modell für Ausbildungszwecke besser geeignet sei als zur umfassenden Erklärung des komplexen Phänomens Führung.

c) Das situative Führungsmodell von Hersey/Blanchard

Basis dieses Modells[81] ist das 3 D-Konzept von Reddin. Auch Hersey/Blanchard unterscheiden 4 Führungsstile (die sie allerdings anders nennen), und zwar als Kombinationen unterschiedlicher Ausprägungen der beiden Verhaltensdimensionen Aufgaben- und Personenorientierung (s. die 4 Quadranten in Abb. 31).

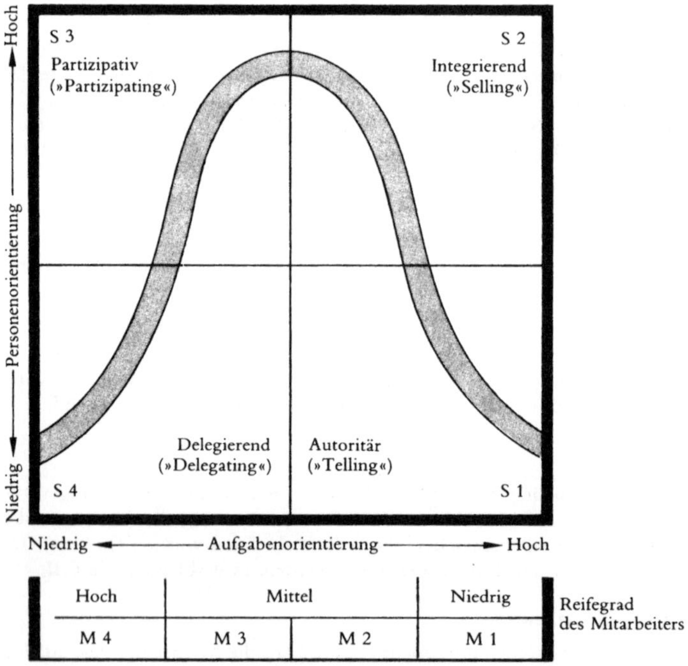

Abb. 31: Das situative Führungsmodell von Hersey/Blanchard
Quelle: Hersey/Blanchard (1977) 194.

81 Vgl. Hersey/Blanchard (1977); kurze Darstellungen mit z.T. kritischen Stellungnahmen finden sich bei Staehle (1991) 777ff.; Wunderer/Grunwald (1980) 232ff.; Neuberger (1984) 165ff.

Auch diese Autoren behaupten nicht, ein einziger von diesen 4 Stilen sei der optimale, sondern sie machen die Wahl einer »effektiven« Führung davon abhängig, wie der von ihnen hervorgehobene Situationsfaktor **Reifegrad der Mitarbeiter** beschaffen ist. Sie unterscheiden **4 Reifestadien** (M 1 bis M 4 in Abb. 31) und ordnen ihnen die 4 Führungsstile zu. Bei sehr »unreifen« Mitarbeitern (M 1) führt die Anwendung autoritärer Führung zu höherer Effektivität (im Sinne von institutioneller Zielerreichung, wobei die Zielinhalte beliebig bestimmt werden können). Zunehmende Reife der Mitarbeiter (M 2, M 3) macht Aufgabenorientierung immer entbehrlicher, Personenorientierung umso wichtiger, bis im höchsten Reifestadium M 4 Delegation, d.h. weitgehende Selbständigkeit der »Geführten« angebracht ist. Die **Glockenkurve** veranschaulicht die empfohlene Verknüpfung zwischen Reifegrad und Führungsstil (normative Komponente).

Für die »Reife« werden – immer in Relation zur gestellten Aufgabe gesehen! – die beiden Kategorien **Funktionsreife** (Faktoren des Könnens: Fähigkeit, hohe, erreichbare Ziele zu setzen, Verantwortung zu übernehmen, Wissen und Erfahrung einzusetzen) und **psychologische Reife** unterschieden, wobei letztere motivationale Qualifikationen meint: Faktoren des Wollens wie Leistungsorientierung, Selbstvertrauen, Verantwortungsbereitschaft. Die 4 Reifestadien sind wie folgt gekennzeichnet:

M 1 = geringe Reife (Motivation, Wissen und Fähigkeiten fehlen)
M 2 = geringe bis mäßige Reife (Motivation, aber fehlende Fähigkeiten)
M 3 = mäßige bis hohe Reife (Fähigkeiten, aber fehlende Motivation)
M 4 = hohe Reife (Motivation, Wissen und Fähigkeiten vorhanden).

Um stets höchste Führungseffizienz zu erreichen, müßte ein Vorgesetzter einen dem vorliegenden Reifegrad seiner Mitarbeiter jeweils entsprechenden Führungsstil praktizieren. Zudem soll er nach Hersey/Blanchard mit Hilfe von gezielter Belohnung und Förderung Personalentwicklung betreiben und den Reifegrad seiner Mitarbeiter kontinuierlich erhöhen: Damit soll der Vorgesetzte nicht nur passiv auf die Qualifikationen seiner Untergebenen **reagieren**, sondern sie **aktiv** beeinflussen. Auch dies sind **normative** Aussagen zum Führungsverhalten, die jedoch die Notwendigkeit einer systematischen und konzeptionell geschlossenen Personalarbeit zu verdeutlichen vermögen.
Auch gegenüber diesem Modell sind gleichwohl kritische Anmerkungen angebracht:

- Die Autoren reduzieren die Situationsfaktoren auf einen einzigen: den Reifegrad der Mitarbeiter.
- Effektivität der Führung wird nicht inhaltlich, sondern lediglich formal definiert, und zwar als situationsadäquat richtiges Vorgesetztenverhalten.
- Ob und wie die Varianten des Führungsverhaltens, also Kombinationen von Aufgaben- und Personenorientierung auch tatsächlich praktiziert werden können, wird nicht näher diskutiert. Allerdings haben Hersey und Keilty später[82] ein Trainingsprogramm mit dem Kommunikationsprozeß zwischen Vorgesetztem und Mitarbeiter im Mittelpunkt entwickelt.

Die folgende Abbildung 32 vermittelt einen guten zusammenfassenden Überblick über die dargestellten Situationsansätze.

---

82 Vgl. Hersey/Keilty (1980).

Situationstheorie der Führung	Führung			Situation		Erfolg	Empirie	
	Führungsstil	Fokus der Führung	Flexibel	Situations-Merkmale	Einfluß d. Führung a. Situation	Verwend. Maßstab	Tests	Resultate
Kontingenzmodell (Fiedler)	Aufgaben- vs. Personen-Orientierung*	Gruppe	nein	Positions-macht, Aufgabenstruk-tur, Gruppen-klima	nein	Leistung	sehr viele	wider-sprüchlich
Situative Führungstheorie (Hersey/Blan-chard)	Aufgaben- u. Personen-orientierung	Individuum	ja	Reife der Geführten	ja	Zieler-reichung	keine	-
Multiples Verknüp-fungsmodell (Yukl)	offen	Gruppe	ja	Intervenieren-de/moderie-rende Variablen	ja	Leistung	keine	-
Entscheidungsmo-dell (Vroom/Yetton)	Autokratisch vs. partizipativ	Individuum/ Gruppe	ja	7 Merkmale (Qualitäts-/ Akzeptanz-sicherung)	nein	Zieler-reichung	sehr wenig	strittig
Weg-Ziel-Theorie (House)	offen	Individuum	ja	offen (Aufgaben-struktur etc.)	nein	Motivation (Leistung/ Zufrieden-heit)	viele indirekte	wider-sprüchlich

Abb. 32: Synopsis der Situationstheorien der Führungseffektivität
Quelle: Schreyögg (1987) Sp. 889f.

IV. Führungstheorie und -praxis

1. Kritisches Resumee

Hinsichtlich des Standes, d.h. der wissenschaftlichen Leistungsfähigkeit und der pragmatischen Anwendbarkeit der heute vorliegenden Ergebnisse der Führungsforschung wird überwiegend Skepsis betont.[83] Auch den hier vorangehenden Darlegungen zu Forschungsrichtungen und -ansätzen wie auch zu Führungsmodellen sind jeweils kritische Bemerkungen angefügt worden. Als Ergebnis einer Expertenbefragung (Delphi-Analyse) unter 11 profilierten Vertretern der Führungsforschung zu den zukünftigen Entwicklungen in diesem Bereich formuliert Wunderer fünf Trends:[84]

1. Erweiterung situativer Führungskonzepte, insbesondere um gruppen- und unternehmensexterne Variablen wie z.B. gesellschaftliche Werte, ökonomische und technologische Rahmenbedingungen usw.
2. Verstärkte Erforschung personaler Aspekte, wie es z.B. im Rahmen der Attributionstheorien geschieht (Attribuierung von Führungseigenschaften).
3. Verstärkte Verwendung von Interaktionstheorien.
4. Differenzierte Ermittlung von Führungsbedarf und Erfolg vor allem im Zusammenhang mit der Substitution direkter Personalführung durch strukturelle Steuerungsmöglichkeiten und veränderte Rahmenbedingungen der Führung.
5. Zunehmende Bedeutung führungsethischer Forschung.

Fraglich ist aber, inwieweit innerhalb der Führungsforschung ein Paradigmenwechsel unabdingbar ist. Die bis heute dominierende, positivistische Perspektive ist durch die Trennung in unabhängige (z.B. Führungsverhalten) und abhängige Variablen (z.B. Führungseffizienz) und die Suche nach invarianten Gesetzmäßigkeiten bzw. basalen Führungsdimensionen gekennzeichnet. Diese Herangehensweise hat letztlich aber nicht zu befriedigenden, generalisierbaren und umsetzbaren Erkenntnissen geführt. Substantielle Aussagen zum Führungsgeschehen, die über das Aufzeigen vorhandener Kontingenzen hinausgehen und empirischen Überprüfungen standhalten, finden sich kaum. Ansätze, die differenzierte Aussagen z.B. über die Wechselwirkungen zwischen Führungsverhalten und Leistungsverhalten der Geführten machen (wie z.B. die Weg-Ziel-Theorie), entziehen sich aufgrund der schwierigen Operationalisierbarkeit zentraler Begriffe einer empirischen Überprüfung in der betrieblichen Praxis weitgehend.

Daß die klassische Herangehensweise dem facettenreichen und sozialen Phänomen »Führung« aus erkenntnistheoretischer Sicht nicht gerecht werden kann, dürfte in weiten Kreisen unstreitig sein. Entgegen dem allgemeinen Wunschdenken stellt sich Führung nämlich nicht als ein durch Rationalität und Zielorientierung geprägter Prozeß dar, der durch bestimmte generalisierbare und konsistente Gesetzmäßigkeiten rekonstruierbar wird. Vielmehr handelt es sich um ein soziales Phänomen von hoher Komplexität, das geprägt ist durch Irrationalität, affektiv-emotionale Aspekte, nicht-personale Determinanten, individuelle Überzeugungen bzw. Vorstellungen usw.

---

83 Von den zahlreichen zusammenfassenden Würdigungen vgl. v.a. Neuberger (1990) und Müller, (1987).

84 Vgl. Wunderer (1993) 18f.

Einem solchen Verständnis kommt z.B. eine konstruktivistische Herangehensweise entgegen, wonach Führung nicht als beschreib- und erklärbare objektive Wirklichkeit, sondern als soziale Konstruktion verstanden wird. Die Führungsrealität ist dann als eine Wirklichkeit anzusehen, »... die von den Beteiligten in einem aufeinander bezogenen gegenseitigen Interpretationsprozeß aufgebaut wird. Aufgrund der Vorstellungen von der Realität werden Verhaltensweisen und interpersonelle Beziehungen wahrgenommen und von den an der Beziehung Beteiligten als Führung, respektive als Führungsbeziehung interpretiert. Die Vorstellungen von der Wirklichkeit sind kognitive Konstruktionen und betreffen die Beziehungen selbst, die Funktion der Beziehung und die sich aus den Beziehungen ergebenden Wirkungen im Rahmen einer Aufgabenerfüllung. Führung verstanden als soziale Konstruktion ergibt sich aus dem Zusammenwirken der Vorstellungen der an einer Beziehung beteiligten.«[85] Es liegt auf der Hand, daß durch die Rekonstruktion der individuellen Interpretationsprozesse der am Führungsprozeß beteiligten Personen substantielle Kenntnisse hinsichtlich des beobachteten Führungsgeschehens erlangt werden können. Ebenso klar ist aber auch, daß eine anwendungsorientierte Wissenschaft, von der Empfehlungen für die Gestaltung der tagtäglichen betrieblichen Führungspraxis erwartet wird, generalisierbare Aussagen formulieren muß und sich nicht auf die (aufwendige) Analyse des Einzelfalls beschränken kann. So treffen von seiten der Führungsforschung und der Führungspraxis **konträre** und z.T. miteinander **unvereinbare Forderungen** aufeinander.

Einerseits wird der Forschung vorgeworfen, sie orientiere sich zu sehr an den Bedürfnissen der Praxis, »Lösungen zu erarbeiten«. Sie entwickle daher stark vereinfachende Modelle, die für Führungskräfte verständlich und auch leicht zu vermitteln sind, denn diese wollen Konzepte, die

- klares Beurteilen und einheitliches Bewerten von Führungsverhalten möglich machen,
- allgemein anwendbare Gesetzmäßigkeiten enthalten,
- Erfolgsprognosen ermöglichen (zu diesem Zweck Ursachen von Wirkungen klar nachweisbar trennen).

Für solche Anliegen entworfene Modelle aber bilden die betriebliche Realität nur unzureichend ab – sie taugen daher weder als brauchbare **Handlungsanleitungen** noch als theoretisch hinreichende **Erklärungsversuche**.

Andererseits erfüllen anspruchsvoller konstruierte, komplexere Modelle zwar theoretische Anforderungen besser, weil sie der Kompliziertheit der betrieblichen Wirklichkeit in höherem Maße entsprechen, aber für Führungskräfte sind sie schwer verständlich und daher nicht anwendbar. Gerade eher naturwissenschaftlich denkenden Menschen fällt es schwer nachzuvollziehen, daß ein Phänomen wie »Führung« aus oft nicht wiederholbaren Einzelerscheinungen besteht, daß es ein **sich ständig entwickelnder Prozeß ist**, der nach immer neuen (durchaus nicht immer erfaßbaren) Kriterien abläuft.

Die in Führungsforschung und -praxis unterschiedlichen Denk- und Handlungsweisen, die den Hintergrund für die beschriebenen Diskrepanzen bilden, sind in der folgenden Tabelle (Abb. 33) zusammengestellt.[86]

85 Biedermann (1989) S. 19f.
86 Entnommen aus Wunderer (1985) 347.

	Tendenz Praxis	Tendenz Wissenschaft
1. Zeitperspektive	kurzfristig	langfristig
2. Werteorientierung	aktuelle, herrschende Wertströmungen; wertverhaftet, praktisch-normativ	vergangene und kommende Wertströmungen; wertdistanzierend, theoretisch
3. Komplexitätsbewältigung	Komplexitätsreduzierung	Komplexitätserweiterung
4. Reaktionsmuster	starke Signale	schwache Signale
5. Problembezug	starke persönliche Betroffenheit und individuelle Motive, begrenzte Distanzierungsmöglichkeit	geringe persönliche Betroffenheit und individuelle Motive, hohe Distanzierungsmöglichkeit
6. Problemwahrnehmung	integrativ, konstruierend	selektiv, rekonstruierend
7. Problemhandhabung	situativ, agierend, integrativ, gestaltungsorientiert	übersituativ, reflektiv-kritisch evaluierend, selektiv, erkenntnis- und vermittlungsorientiert

Beratung als Mittler zwischen praktischen und akademischen Denk- und Handlungsformen?

Abb. 33: Charakteristische Denk- und Handlungsmuster von Praxis und Wissenschaft
Quelle: Wunderer (1985) 347.

2. Führung im situativen Kontext

Die Ausführungen in C.II. und C.III. machen deutlich, daß innerhalb der Führungsforschung angloamerikanische Konzepte dominieren. Dieser einseitigen Ausrichtung in der theoretischen Diskussion entspricht das Bemühen der Praxis, dem »Erfolgsgeheimnis« der Japaner auf die Spur zu kommen.

Obgleich allgemein bekannt sein sollte, daß sich das Konstrukt »Führung« in Abhängigkeit von den jeweiligen Beschreibungs- und Erklärungszusammenhängen unterschiedlich darstellt, wodurch die Möglichkeit der einfachen Übertragbarkeit einzelner Konzepte von einem kulturellen Raum in den anderen grundsätzlich in Frage zu stellen ist, findet i.d.R. keine entsprechende Relativierung von Ansätzen mit abweichendem kulturhistorischen Hintergrund statt.

Vor dem Hintergrund der Erkenntnisse aus der kulturvergleichenden Führungsforschung stellt die bedenkenlose und unreflektierte Übernahme von Führungskonzepten oder -theorien, die von anderen kulturhistorischen Bedingungen ausgehen, eine unzulässige Simplifizierung des Gedankengutes situationsspezifisch erfolgreichen Führens dar. So sind konkrete Erwartungen von Führungskräften und Geführten durch kulturelle Normen und Merkmale (Hintergrundfaktoren) im Nationalcharakter geprägt. Als Beispiele lassen sich anführen[87]:

87 Vgl. v. Keller (1987) Sp. 1289ff.; Hofstede (1980).

- **Autoritarismus**: die Akzeptanz autoritärer Verhaltensformen; sie hat in unterschiedlichen Kulturen sehr verschiedenartige Quellen.
- **Individuelle vs. kollektive Orientierung**: Im Gegensatz zu vielen europäischen Ländern und den USA gilt Japan als Prototyp für das Vorherrschen eines kollektiv orientierten Führungsverhaltens.
- **Selbstvertrauen vs. Fatalismus**: Der Glaube an die Eigenbestimmung der menschlichen Entwicklung führt zu höheren Partizipationserwartungen im Führungsprozeß; er ist kennzeichnend v.a. für die protestantischen Gesellschaften der entwickelten westlichen Welt.
- **Zwischenmenschliches Vertrauen**: Je geringer es ist, umso zentralistischer und autoritärer wird das Führungsverhalten; häufig vorgefunden in traditionellen Gesellschaften (z.B. südamerikanischen Ländern).

Abbildung 34 von v. Keller versucht eine grobe Klassifikation von Kulturen zwischen den beiden Polen autoritärer und partizipativer Führung.

Ein weiteres Problem der Übertragbarkeit von Ergebnissen der Führungsforschung liegt im Wandel der Rahmenbedingungen betrieblicher Führung während der vergangenen Jahrzehnte begründet. Mehr als fraglich ist z.B., inwieweit die Ergebnisse der emp. Führungsstilforschung heute noch repliziert werden könnten. Dennoch werden die dort gefundenen Dimensionen – wie auch die zentralen Annahmen der Führungskonzepte aus den 60er und 70er Jahren – vielfach heute noch als gültig unterstellt. Griffige Konzepte, wie die Führungsstil-Varianten von Lewin/Lippitt/White (Iowa-Studien) haben sich eingeprägt und sind in ihrer Bedeutung für das praktische Führungsgeschehen nicht zu unterschätzen, da sie die Grundlage der impliziten Führungstheorien der am betrieblichen Führungsprozeß Beteiligten bilden. Trotz zunehmend kooperativ-partizipatorischer Tendenzen in der heutigen Führungspraxis sind entsprechende traditionelle Stilelemente heute noch weit verbreitet, wie eine Bestandsaufnahme der in der Literatur am häufigsten behandelten Führungsstil-Varianten zeigt.[88]

(1) Es besteht die Tendenz zur Unterscheidung von nur zwei Führungsstil-Varianten: von **autoritärer** und **kooperativer** Führung.
(2) Die Mehrzahl der Zweiteilungen wird typologisch vorgenommen, wobei von der Vorstellung eines **Kontinuums** von Führungsstil-Varianten ausgegangen wird, das jeweils »rein« autoritäre oder aber kooperative Führung als polare Extremtypen enthält.
(3) Das häufigste Unterscheidungsmerkmal ist die Verteilung von **Entscheidungsaufgaben**. Es wird oftmals als einziges herangezogen. In verschiedenen theoretischen und empirischen Untersuchungen wird eine Reihe weiterer Unterscheidungsmerkmale uneinheitlich verwandt.

Tatsächlich stellt sich das Phänomen »Führung« in der betrieblichen Praxis wesentlich komplexer dar und ist gekennzeichnet durch einen weitreichenden Wandel, der sich hinsichtlich der betrieblichen Führungssituation sowie der Funktionen von Personalführung insgesamt vollzogen hat. Von Bedeutung sind dabei insbesondere die veränderten organisationalen Rahmenbedingungen, innerhalb derer sich Personalführung vollzieht sowie der Wandel zentraler Eigenschaften der am Führungsprozeß beteiligten Personen.

88 Vgl. Seidel (1978) 108ff.

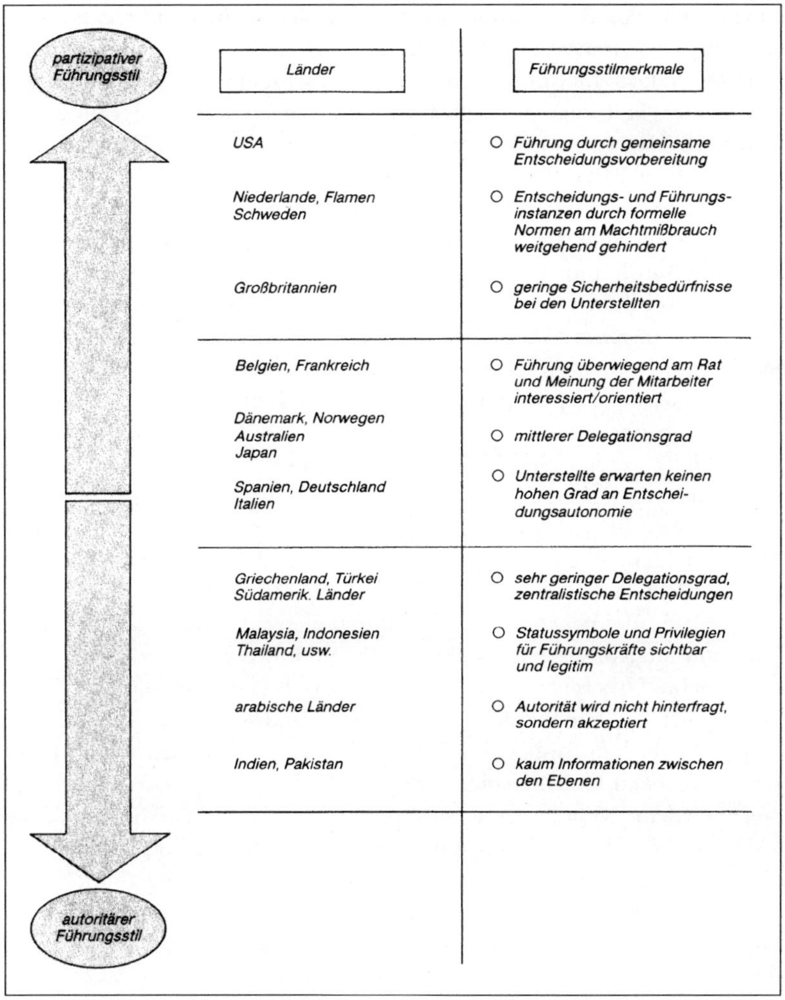

Abb. 34: Führungsstilpräferenzen in verschiedenen Kulturen
Quelle: Keller (1987) Sp. 1287f.

Die zunehmende Komplexität und Dynamik des wirtschaftlichen Umfeldes der Unternehmen bedingt einen fortlaufenden organisationalen Wandel. Stichworte wie »Lean-Management«, »Profit-Center-Orientierung« usw. werden assoziiert mit Dezentralisierung (auch der Personalarbeit, indem z.B. die Verantwortung für die Entwicklung von Mitarbeitern zurück in die Linie gegeben wird), dem Abbau von Hierarchien, der Veränderung von Kommunikationsstrukturen usw. All dies bedingt einen Funktionswandel von Personalführung. So nimmt mit steigender Dezentralisierung die Bedeutung der lateralen Kooperation bzw. des Schnittstellen-Managements zu. Abstimmung und Konsensfindung stehen dabei im Mittelpunkt der Bemühungen um eine institutionell erforderliche Zusammenarbeit, die nicht durch direkte Weisungsmacht erzwungen werden kann.[89]

89 Vgl. ausführlich Wunderer (1993).

Nicht unabhängig von diesen Entwicklungen hat sich auch der durchschnittliche Mitarbeiter gewandelt, der sich durch wesentlich verbesserte individuelle Leistungsvoraussetzungen sowie durch höhere Anforderungen an seine Arbeitstätigkeit auszeichnet. Begriffe wie »Wertewandel« oder »Freizeitgesellschaft« umschreiben auch die Veränderung arbeitsbezogener Werthaltungen. Der von Inglehart in seinem 1977 erschienenen Buch »The Silent Revolution« beschriebene Wertewandel ist gekennzeichnet durch einen Schub der Individualisierung, der sich in einem allgemeinen Rückgang der **Pflicht- und Akzeptanzwerte** (wie Gehorsam, Fremdsteuerung, Unterordnung usw.) und einer Zunahme der **Selbstentfaltungswerte** (wie Autonomie, Emanzipation, Partizipation usw.) manifestierte.[90] In Anlehnung an Maslow und dessen Unterscheidung in Mangel- und Wachstumsbedürfnisse geht Inglehart im Rahmen seiner **Mangelhypothese** davon aus, daß zu Zeiten relativer materieller Sicherheit zunehmend die Befriedigung höherwertiger Bedürfnisse angestrebt wird. Die Tatsache, daß eine solche **postmaterialistische Orientierung** verstärkt bei der jüngeren Generation zu beobachten ist, erklärt er dadurch, daß Werte insbesondere durch frühe Sozialisation gebildet werden (**Sozialisationshypothese**), und die jüngere Generation ihre wertformative Phase zu Zeiten allgemeiner Prosperität durchlaufen hat.

Nachdem der erste Wertewandelschub Mitte der 70er Jahre endete und danach auch rückläufige Entwicklungen zu beobachten waren, setzte sich der Trend in den 80er Jahren fort. Trotz einiger Schwankungen konstatiert Klages 1993 eine Fortsetzung des Wertewandels für die 90er Jahre, der gekennzeichnet ist durch die weitere Entwicklung der Selbstentfaltungswerte und die Konservierung der Pflicht- und Akzeptanzwerte, welche die in den 70er Jahren erreichte Untergrenze nicht weiter unterschreiten werden.[91]

Selbstverständlich hat eine Betrachtung des Wertewandels differenziert und unter Beachtung der unterschiedlichen Ausprägung bestimmter Werte in den einzelnen Teilpopulationen unserer heterogenen Gesellschaft zu erfolgen. Aber auch wenn es eine grobe Vereinfachung wäre, von »dem« Mitarbeiter zu sprechen und der Trend zur Individualisierung mit heterogenen, interindividuell oder gruppenspezifisch (je nach Alter, Bildungsniveau, Einkommensklassen usw.) unterschiedlich ausgeprägten Werthaltungen verbunden ist, kann die Zunahme der Selbstentfaltungswerte und damit verbunden des Wunsches nach Selbstverwirklichung und Autonomie als gruppenübergreifende, durchgängige Entwicklung unterstellt werden.

Im Gegensatz zu den Entstehungszeitpunkten der in C.III. dargestellten Führungskonzepte ist der durchschnittliche Mitarbeiter heute anspruchsvoller und zeichnet sich nicht mehr primär durch die klassischen Sekundärtugenden wie Fleiß, Pünktlichkeit, Ordnung usw. aus. Große Teile des Führungsnachwuchses sind alternativ oder professionell orientiert.[92] Ersteres ist mit einem Rückgang der Karriereorientierung verbunden, und zweiteres äußert sich in einer primären Identifikation des Mitarbeiters mit seiner Aufgabe, nicht aber mit seinem Vorgesetzten, der Unternehmung bzw. den Unternehmungszielen. Allgemein hat die individualistische Orientierung zu einer Verringerung der Bereitschaft geführt sich einbinden oder verpflichten zu lassen.

---

90 Zu den Ergebnissen der Wertewandelforschung vgl. Klages (1984); Müller (1990); Strümpel (1985); Pawlowsky (1986); Noelle-Neumann (1978); IWG (1987); Klages/Hippler/Herbert (1992).

91 Vgl. Klages (1993) 7.

92 Zum Wertewandel bei Führungsnachwuchskräften vgl. Kaiser/Otto (1988); Nerdinger/Weber (1987); v. Rosenstiel (1989,1992); v. Rosenstiel et al. (1988, 1989); Stengel (1987).

Neben solch allgemeinen arbeitsbezogenen Werthaltungen hat sich aber auch die Erwartungshaltung gegenüber betrieblicher Führung verändert. Mit höherer Qualifikation geht i.d.R. nicht nur die Fähigkeit, sondern auch die Erwartung von Möglichkeiten zur Selbststeuerung, -entwicklung und -führung einher, die in der betrieblichen Arbeits- und Führungssituation umsetzbar sein müssen. Grundsätzlich ist davon auszugehen, daß sich der klassischerweise unterstellte Konflikt zwischen Unternehmen und Individuum in dem Ausmaß verstärkt, wie die Diskrepanz zwischen dem sich wandelnden Wertesystem des Individuums und dem unveränderten – u.a. durch das Führungsverständnis und -verhalten repräsentierten – Wertesystem der Organisation zunimmt. Konsequenzen sind innere Kündigung, mangelnde Identifikation mit den Unternehmenszielen, Absentismus, Leistungsrückhaltung, negative Auswirkungen auf die Arbeitszufriedenheit usw. Folglich hat die betriebliche Führungspraxis den veränderten Werthaltungen zu entsprechen, indem sie z.B. die Selbststeuerungsmotivation der Mitarbeiter berücksichtigt und diesen im Rahmen ihrer Arbeitstätigkeit eine weitgehende Befriedigung auch postmaterialistischer Bedürfnisse ermöglicht. Dabei verschieben sich die Funktionen der Personalführung weg von den klassischen Managementfunktionen Planung, Anweisung und Kontrolle hin zu den Bereichen Motivation/Identifikation, Potentialerkennung und -entwicklung sowie Koordination und Kommunikation. Ohnehin verliert der Hierarchieaspekt im Rahmen der Führung von hoch qualifizierten Mitarbeitern an Bedeutung. Auch ist eine Kontrolle mit steigender Qualifikation der Mitarbeiter und zunehmender Komplexität der zu erfüllenden Aufgaben immer weniger möglich.
Primäre Aufgaben der Führungskraft bestehen zukünftig:

- in der leistungsfördernden Gestaltung der Arbeitssituation für professionell orientierte und hochqualifizierte Mitarbeiter;
- im Vorleben einer spezifischen Unernehmenskultur, die der mit dem Wandel der Werthaltungen an Bedeutung gewonnenen Sinnfrage gerecht wird und dem einzelnen Mitarbeiter die Möglichkeit zur Identifikation mit dem Unternehmen bietet (Sinnschöpfung und -vermittlung als Kulturkern der Unternehmungsführung)[93];
- in der Diagnose und Entwicklung der Potentiale seiner Mitarbeiter;
- in der Unterstützung bzw. dem Coaching sich selbst steuernder und entwickelnder Mitarbeiter;
- in einer der Unternehmungsstrategie entsprechenden Ausrichtung und Fokussierung der Mitarbeiter.

Den skizzierten Veränderungen der Führungssituation und -funktionen kann nur mit einem differenzierten Führungsverständnis und einem mitarbeiter- und situationsspezifisch variierbaren Führungsverhalten begegnet werden. Einfache Verhaltensrezepte oder dichotomisiertes Führungsstildenken genügen diesen Forderungen genauso wenig, wie die Relativierung genereller Aussagen über die Effektivität von Führungshandeln, durch die Einbeziehung unterschiedlicher Situationsfaktoren im Rahmen der Kontingenztheorien.

93 Vgl. Neuberger/Kompa (1987).

3. »Dilemmata der Führung«

Daß Führer keine autonomen Persönlichkeiten sind, sondern Beeinflussungen und Zwängen ausgesetzt sind, wurde oben schon festgestellt. Sobald eine Führungskraft dies und die Tatsache deutlich wahrnimmt, daß persönliche Bedürfnisse nach Sicherheit, nach Überschaubarkeit der Arbeitssituation und nach Erfolg kollidieren mit faktisch erlebter Unsicherheit und Unvollkommenheit betrieblicher Gegebenheiten, befindet sie sich in einem Dilemma. Daß es aus diesem **Dilemma** keinen Ausweg gibt, erzeugt persönlichen Leidensdruck, der allerdings im beruflichen Alltag weitgehend tabuisiert wird.[94]

Umso wichtiger dürfte es sein, diesem Phänomen näher nachzugehen: Es ist Realität in der Wahrnehmung von Führungskräften, daß sie ihr Führungsverhalten nicht frei wählen können, daß sie dies vielmehr tun als Ergebnis aus Abwägungen, bisweilen sogar Kämpfen zwischen verschiedenen Zielen und Werten, zwischen Verstand und Gefühl, zwischen Widersprüchen, eingezwängt in einengende Bedingungen. Vollständiges Verständnis von Führungshandeln macht Einsicht in diese Zusammenhänge erforderlich. Damit steht die Person des Führers im Mittelpunkt der Betrachtung, der vor allem Neuberger[95] wichtige Überlegungen gewidmet hat. Von den 14 Dilemmata, die er benannt und kommentiert hat, erscheinen die folgenden als die bemerkenswertesten.

(1) Objekt und Subjekt
Soll der Vorgesetzte den Unterstellten als Mittel oder Zweck, als Kostenfaktor (Einsatzgröße, Leistungsträger, Stelleninhaber, Instrument) oder als Mitmenschen und Partner betrachten? Soll er ihn verplanen, berechnen, gängeln, fremdbestimmen oder ihm Entscheidungsfreiheit, Eigeninitiative und Selbstbestimmung zuerkennen? Es ist zweifelhaft, ob unter den in westlichen Industrienationen gültigen Bedingungen (Arbeitsteilung, Zielvorgabe, Mittelknappheit, Marktkonkurrenz, Kooperationssicherung, öffentlicher Rechtfertigungsdruck) einer der beiden Pole vernachlässigt werden kann, wenn die wichtigsten Systemwirkungen gewährleistet sein sollen.

(2) Einzigartigkeit und Gleichartigkeit
Jeder Vorgesetzte hat es mit Menschen zu tun, von denen keiner dem anderen gleicht. Er hat diese Individualität zu respektieren, zu fördern und eventuell sogar zu nutzen. Er wird mit Einfühlungsvermögen auf die Besonderheiten des Einzelfalls einzugehen und die Würde des »ganzen« Menschen zu achten haben. Andererseits aber steht in Betrieben die Arbeitskraft, die für aufgabenbezogene Leistungen benötigt wird, im Mittelpunkt des Interesses: Man hat Arbeitskräfte gerufen, aber Menschen sind gekommen.

(3) Bewahrung und Veränderung
Für abgestimmtes Handeln in Betrieben muß man sich aufeinander verlassen und aus der Gegenwart in die Zukunft extrapolieren können. Dies bedeutet, daß handlungsbestimmende Regeln, Werte, Einstellungen, Strukturen erhalten und verankert werden müssen. Konstanz, Stabilität, Tradition schaffen Verhaltenssicherheit und Transparenz – aber sie gefährden dann Bestand und Entwicklung, wenn Menschen und Umwelten sich ändern und das Festhalten am Bewährten zur Verkrustung führt und zur Anpassung unfähig macht. Deshalb ist es gleichzeitige Aufgabe des Vorgesetzten, zu erneuern, Ver-

---

94 Vgl. Wesser/Grunwald (1985) 97.

95 Vgl. Neuberger (1984) 53ff.

änderungen auch gegen Widerstand durchzusetzen und Entwicklungen einzuleiten, die Bestehendes entwerten – ganz im Sinne der Maxime der »schöpferischen Zerstörung«, die Schumpeter (1980) für den kapitalistischen Unternehmer geprägt hat.

(4) Herausforderung und Fürsorge

Ein strategisches Ziel von Führung ist Zufriedenheit der Mitarbeiter, ihr Wohlbefinden und ihre Bedürfnisbefriedigung. Wenn Zufriedenheit jedoch den Beigeschmack von Sattheit, Sich-Zufrieden-Geben, Sich-Abfinden und Desinteresse bekommt, dann ist es auch Führungsaufgabe, herauszufordern, zu belasten, vorübergehend unzufrieden zu machen. Damit ist bessere Gewähr gegeben, daß Mitarbeiter auch Innovationen ersinnen, Risiken eingehen, »zu neuen Ufern aufbrechen«.

(5) Zurückhaltung und Offenheit

Eines der Ziele gruppendynamischen Trainings ist es, unnötige Fassaden und Panzerungen abzubauen und die Beteiligten in die Lage zu versetzen, authentisch, unverstellt, frei und offen miteinander zu reden. Für den Vorgesetzten kann dies bedeuten, eigene Unwissenheit, Ratlosigkeit, Wünsche und Ängste zuzugeben. Er soll die ohnehin meist löcherige Maske des Starken, Allwissenden, Unfehlbaren ablegen und ein spontaneres, ungekünsteltes und partnerschaftliches Verhältnis zu seinen Unterstellten herstellen. Auf der anderen Seite läuft er dabei Gefahr, sich auszuliefern, erpreßbar zu werden und – weil er den verbreiteten Kult der heroischen Selbstdarstellung nicht mitmacht – abgewertet zu werden. Hinzu kommt, daß Offenheit wie Verbergen Tauschgeschäfte sind: Wer viel gibt, bekommt viel vom gleichen. Es kann auch belastend sein, Privates oder zu viel Privates vom Unterstellten zu erfahren.

(6) Einzelverantwortung und Gesamtverantwortung

Insbesondere bei der Verwirklichung des Delegationsprinzips (als Organisationsprinzip) wird unterstellt, der Unterstellte sei für die übertragenen Aufgaben selbst voll verantwortlich, der Vorgesetzte habe lediglich die Führungsverantwortung. In der Praxis läßt sich eine derart säuberliche Trennung nicht immer vollziehen; zumindest kann sie problematisch werden. Dies jedenfalls dann, wenn der Vorgesetzte (zumindest indirekt und langfristig) für ein Versagen seiner Unterstellten zur Rechenschaft gezogen wird. Häufig wird wenigstens erwartet, daß er sich für alle zu seinem Bereich gehörigen Entwicklungen und Ergebnisse verantwortlich fühlt.

(7) Kontrolle und Vertrauen

Diese plakative Gegenüberstellung ist so nicht ganz korrekt; sie müßte entweder heißen: »Mißtrauen und Vertrauen« oder besser: »Kontrolle und Selbständigkeit«. Gemeint ist: Ein Vorgesetzter prüft im Vertrauen auf Fähigkeiten, Einsatz und Loyalität seiner Unterstellten lediglich die vorgelegten Ergebnisse, ansonsten aber führt er Kontrollen nur auf Wunsch des Mitarbeiters zu dessen Entlastung und Beratung durch. Dieses Vorgehen setzt selbständige, kompetente und verläßliche Unterstellte voraus, die sich selbst koordinieren oder vereinbarte Pläne zuverlässig einhalten. Solche Bedingungen sind für viele Vorgesetzte eine Utopie, weshalb sie häufiger und eingehender – auch im Prozeß der Leistungserstellung – kontrollieren.

(8) Eigennutz und Gemeinnutz

Diese oft zum Entweder-Oder stilisierten Handlungsmotive bezeichnen – auf die unmittelbare Situation des Vorgesetzten angewandt – die polare Spannung zwischen egoistischer Vorteilssicherung und selbstlosem Beitrag für das Ganze.

Jedes Führungshandeln ist ein spezifisches Ergebnis von individuellen Versuchen, mit diesen Dilemmata fertigzuwerden. Die Dilemmata sind ein Teil der Umwelt-Komplexität, die insgesamt im Grunde unüberschaubar ist. In ihr kann nur handeln, wer diese Komplexität reduziert. Das beginnt in den Wahrnehmungen (z.B. des Agierens eines Mitarbeiters), setzt sich in der Interpretation dieser Wahrnehmungen fort (Urteilsbildung über den Mitarbeiter: Attribuierungsprozesse) und endet vorläufig in einer Reaktion: Führungshandeln.

D. Personal-Management als Systemgestaltung und -handhabung

I. Grundsätzliches

In dem einleitenden begriffsklärenden Abschnitt A.II. waren zwei unterschiedliche Tätigkeitskomplexe des Personal-Managements unterschieden worden: Aktivitäten der Verhaltenssteuerung und der Systemgestaltung. Die **Verhaltenssteuerung** ihrerseits zerfällt wiederum in zwei Teilkategorien: einerseits in die Mitarbeiterführung im Sinne der Ausübung von Vorgesetztentätigkeiten, die im vorigen Kapitel C behandelt wurde. Andererseits sind zur Verhaltenssteuerung auch alle diejenigen Führungstätigkeiten zu rechnen, mit denen Einstellungen, Versetzungen, Fortbildung von Personal etc. geplant, entschieden, kontrolliert werden. Sie sind ebenso Tätigkeiten der Führung **des** Personals, nicht aber gleichbedeutend mit der Ausübung von Vorgesetztenfunktionen »im täglichen Geschäft«; sie sind eher als Besonderheiten für den beruflichen Weg eines Mitarbeiters einzustufen.

Von diesen »besonderen« Führungstätigkeiten der Verhaltenssteuerung ist zu unterstellen, daß sie bei Ablauf unter Einhaltung einheitlicher Regelungen und Bedingungen – d.h. bei **systematischem** Ablauf – effizienter geschehen. Das ist dann möglich, wenn solche **Systeme** existieren, die jeweils die Gesamtheit derjenigen Regelungen und Bedingungen darstellen, nach denen z.B. Einstellungen, Versetzungen, Fortbildungs-Maßnahmen insgesamt vollzogen werden sollen.

Die **Handhabung** eines solchen Systems, z.B. zur betrieblichen Fortbildung, umfaßt neben den Führungstätigkeiten der Planung, Entscheidung und Kontrolle der Fortbildungs-Maßnahmen auch deren Durchführung. Nur ist letztere nicht zu den Führungsaktivitäten der Verhaltenssteuerung zu rechnen, weil die Durchführung von Fortbildungs-Maßnahmen gleichbedeutend mit einer direkten Transformation von Mitarbeiter-Qualifikationen ist.

Erkennbar liegt die **Systemgestaltung**, d.h. die Schaffung von Regelungen und Bedingungen für Änderungen des personellen Einsatzes und von betrieblichen Konditionen dafür auf einer anderen, vorgelagerten Ebene zur Systemhandhabung. Die Gestaltung eines Systems, nach dem z.B. betriebliche Fortbildung betrieben werden soll – das also u.a. festlegt, wer bei welchen Anlässen daran beteiligt wird, daß Entscheidungen über konkret durchzuführende Fortbildungs-Maßnahmen gefällt werden – ist eine konzeptionelle, nur in größeren Zeitabständen vorkommende Tätigkeit, deren Ergebnis langfristig wirkenden Charakter hat. Sie ist zweifellos eine **Führungs**tätigkeit, weil mit ihr Systeme geschaffen werden, die **für das** Personal bestimmt sind.

Von den Systemen, die Konditionen für die (systemhandhabende) Verhaltenssteuerung festlegen, ist eines abzutrennen, und zwar das System der **Vergütung** (wie dies in Abb. 2 auf S. 8 geschehen ist). Es legt z.B. fest, nach welchen Lohnformen Entgelt gezahlt wird: etwa für welche Leistungsmerkmale aufgrund welcher Nachweise wie geartete Prämien gewährt werden. Für Entscheidungen hierüber gibt es keinen Spielraum wie bei den anderen Systemen: Sie sind im Vergütungssystem unmittelbar vorprogrammiert, so daß im Zusammenhang mit der Entgeltzahlung selbst keine Führungsaufgaben gegenüber den Mitarbeitern, an die ausgezahlt wird, mehr entstehen. Eine Systemhandhabung im oben beschriebenen Sinne entfällt also. Die **Gestaltung** z.B. eines Vergütungssystems ist hingegen eine Führungsaufgabe, weil mit ihr eine betriebliche Kondition festgelegt wird, mit der das Leistungsverhalten der zu entgeltenden Mitarbeiter beeinflußt wird. Einflußrichtung und -stärke sind von den jeweiligen individuellen Motivstrukturen abhängig (s. oben Kap. B.II.2).

Personal-Management ist Schaffung **von** und Arbeit **in** zahlreichen Teilsystemen. Dies wird in dieser Schrift geschlossen dargestellt. Das darf jedoch nicht zu dem Schluß verleiten, daß diese Geschlossenheit auch die gesamte Personalarbeit in der Praxis kennzeichnet. Hingegen kann sie erreicht bzw. hergestellt werden, wenn eine gemeinsame Klammer benutzt wird; zu einer solchen kann die **Planung im Personalbereich** gemacht werden. Auch sie ist zwar nicht von vornherein ein geschlossenes Ganzes, kann aber dahin entwickelt werden, zumal in mehreren der verschiedenen Teilsysteme Planungen in gleichen Bestandteilen und Anforderungen benötigt bzw. durchgeführt werden (können). Die damit mögliche und für effiziente Personalarbeit in der Praxis notwendige geschlossene Systematik für die einzelnen Teilplanungen im Personal-Management zu einer, in einem sachlichen Verbund stehenden »Personalplanung«, begründet die gliederungstechnische Stellung und den Inhalt des folgenden Kapitels.

II. Personalplanung als Rahmen und Ausgangspunkt

1. Grundlagen

a) Begriff und Inhalt

Planung ist in allen Arbeitsfeldern des Personal-Managements Voraussetzung für dort jeweils systematischen und vorbereiteten Vollzug. Je nachdem, was als Arbeits- bzw. Problemfeld des Personal-Managements und zugehöriger Planungen bezeichnet wird, unterscheidet sich die Spannweite der in der Literatur verwendeten Definitionen für Personalplanung.[1] Auch Benennungen für größere Einheiten, zu denen mehrere Teilplanungen zusammengefaßt sind, werden benutzt: so z.B. »Personalbedarfsdeckungsplanung«, die sich an die Personalbedarfsplanung anschließt und die Planungen der Personalbeschaffung, des -einsatzes und der -entwicklung zusammenschließend umfaßt.[2]

Aus den oben genannten Gründen erscheint hier eine weitere Begriffsfassung zweckmäßig und fruchtbar. Unter Personalplanung soll daher im weiteren die **Planung** (gedankliche Vorbereitung zukünftigen tatsächlichen Handelns[3]) in den Arbeitsfeldern des Personal-Managements verstanden werden, in denen Personalbedarfsermittlung, Personalbeschaffung bzw. -freisetzung[4], Personaleinsatz und Personalentwicklung geschieht. Personalplanung ist hierbei als integrativer Bestandteil der Unternehmungsplanung zu begreifen, bei der neben der Abstimmung der Interdependenzen innerhalb einer so verstandenen Personalplanung, die Abstimmung mit anderen Teilplänen einer betrieblichen Planung[5] im Vordergrund steht.

b) Stellung der Personalplanung im betrieblichen Planungssystem

Personalplanung galt bisher als relativ vernachlässigter Teil der betrieblichen Planung[6]; sie dürfte auch heute noch der am wenigsten entwickelte Planungssektor sein. Unter den Gründen dafür wird hervorgehoben, daß die Personalplanung in alle anderen Planungsbereiche übergreife, diese durchdringe und daher kaum isolierbar sei.[7]

Ob diese Schlußfolgerung zutrifft, ist die Frage einer zweckmäßigen Planungsmethodik. Zutreffend ist auf jeden Fall, daß mit Personalplanung höhere (zumindest: besser abgesicher-

---

1 Sie bewegen sich zwischen sehr engen Fassungen (Planung für Personalbedarf und -beschaffung); vgl. Bünstorf (1970) und einem sehr weiten Rahmen (Planung für Personalbedarf, -beschaffung, -einatz, -entwicklung, -kosten, Arbeitnehmer-, Arbeitgeberbeziehungen, Betriebsklima), vgl. Ulrich/Staerkle (1975). Für andere Begriffsfassungen vgl. des weiteren Schönfeld (1963); Marx (1963); Gox (1968); Küching (1973); Gaugler/Huber/Rummel (1974); Frese (1976); Kossbiel (1975); Weber (1975); Mag (1986); Wimmer (1985).

2 Vgl. z.B. Bertelsmann (1969) 96; Frese (1976) Sp. 2937. Bei Kossbiel (1975) Sp. 1616, heißt diese Personalausstattungsplanung.

3 Vgl. Kosiol (1965) 389.

4 Darauf, daß zur Planung der Personalbeschaffung auch die der -freisetzung gehört, haben vor allem Gaugler/Huber/Rummel (1974) 11 hingewiesen.

5 Vgl. Kossbiel (1975) Sp. 1616.

6 Worauf auch Schönfeld (1963) hinwies.

7 Vgl. Marx (1963) 21; Ulrich/Staerkle (1975) 10.

te) Grade der Erreichung der betrieblichen Zielkonzeption nur dann bewirkt werden können, wenn sie an dieser – zusammen mit der Planung aller anderen Einzelaktivitäten – ausgerichtet wird. Dies wiederum bedingt die **Integration** der Personalplanung in das betriebliche **Planungssystem**.[8]
Eine solche Integration hat unterschiedliche Konsequenzen:

- Die Personalplanung ist von den Ergebnissen der Teilplanungen in anderen Betriebsbereichen abhängig: So bestimmt z.B. eine neue Produktionsplanung Umfang und Art des durch Personalbeschaffung zu schließenden Personalbedarfs. Personalplanung hat insofern **derivativen** Charakter.
- Allerdings besteht die Planabhängigkeit nicht lediglich in dieser Richtung. Vielmehr werden auch **umgekehrt** die übrigen Teilpläne von den Ergebnissen der Personalplanung beeinflußt. Sie hat insofern **originären** Charakter.[9]
  - Dies ist zum einen unumgänglich, wenn sich der Personalbereich als **Engpaßsektor** erweist (etwa durch Arbeitskräfteverknappung auf dem Arbeitsmarkt beschränkte Ermöglichung von Kapazitätserweiterungen). Der Engpaß bestimmt dann die Gesamtplanung.
  - Das kann zum anderen durch spezielle Willensentscheidungen herbeigeführt werden: z.B. durch die Durchführung von personalseitig veranlaßten (motivational begründeten) Job Enrichment-Programmen, die veränderte Arbeitsteilung, -verfahren, Kapazitätsauslastungs-Verteilungen zur Folge haben.

Insgesamt erscheint die wechselseitige Durchdringung von Personalbereich und anderen betrieblichen Funktionsbereichen auf der Güterebene als (gedanklich vorweggenommenes) Spiegelbild auf der Planungsebene.

Daß im übrigen auch die Personalplanung selbst integrationsbedürftig ist, zeigt die folgende Abbildung 35.

Gegenstand dieses Kapitels wird die Personalplanung nur insoweit sein, als sie sich nicht auf spezifische Arbeitsbereiche des Personal-Managements bezieht. Hier interessieren die in allen Teilsystemen gleichermaßen notwendigen Planungsbestandteile: Anforderungsprofile von Arbeitsplätzen und Qualifikationsprofile der Mitarbeiter. Kenntnisse über beide sind unabdingbare informatorische Fundamente einer Personalplanung.

So ergibt sich ein Teilplan, der einerseits Voraussetzung für eine Reihe weiterer Teilpläne (Personalbeschaffungs-, -einsatzplan) ist, andererseits aus Ergebnissen anderer Teilpläne gespeist wird (Personalentwicklungssystem): die Planung, die die Ermittlung des **Personalbedarfs** zum Gegenstand hat. Sie wird deshalb hier vorweg behandelt.

2. Informatorische Fundierung

Eine zweckmäßige Zuordnung von Personen und Stellen in Gegenwart und Zukunft benötigt Informationen über Anforderungen und Qualifikationen in ihren **gegenwärtigen** wie auch **zukünftigen** Ausprägungen, damit gleichzeitig in ihren Ähnlichkeiten und ihren Unterschieden. Solche Informationen geben das Fundament aller Planungsbemühungen im

---

8 Vgl. Gaugler/Huber/Rummel (1974) 30ff.; Kossbiel (1975) Sp. 1626.
9 Vgl. Becker (1988).

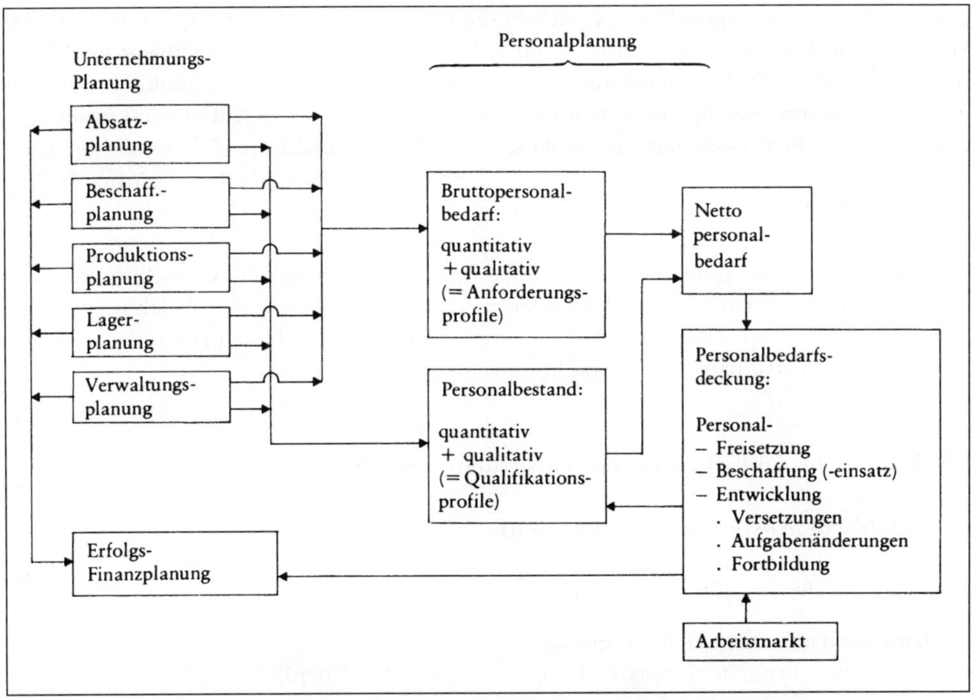

Abb. 35: Integrierte Personalplanung
Quelle: Berthel (1980) 57.

Personal-Management ab. Sie ermöglichen beispielsweise eine treffsichere Auswahl und Plazierung von Bewerbern auf Vakanzen, eine bedarfsgerechte Fortbildung der Mitarbeiter, eine anforderungsgerechte Entlohnung der Arbeit.

a) Anforderungsprofil

aa) Begriff

»Unter **Anforderungen**[10] werden **Soll-Vorstellungen** über diejenigen Voraussetzungen verstanden, die von einer Aufgabenstellung und der zugehörigen Arbeitssituation ausgehen und die von einer Person (Arbeitsplatzinhaber) erfüllt sein müssen, die diese Aufgabe zureichend bewältigen soll.« Sie stellen das Bindeglied zwischen Stellen- und Personen-Merkmalen dar und lassen sich durch zwei Aspekte kennzeichnen: Einerseits gehen von Arbeitsplätzen bestimmte Erfordernisse an diejenigen Personen aus, die sie besetzen (sollen). Andererseits liegen in den Personen bestimmte Möglichkeiten (Potentiale, Voraussetzungen), diesen

10 Der Begriff der Anforderungen wird in der Literatur vieldeutig gebraucht, weil sich verschiedene wissenschaftliche Teildisziplinen mit unterschiedlichen Fragestellungen und Interessen der Problematik der Anforderungen beschäftigen: Forscher aus der Arbeitswissenschaft, der Berufsforschung, der Organisationslehre, Arbeitsmediziner und Arbeitspsychologen. Vgl. Trebeck (1970) 223; Bürgi (1976) 153; Karg/Staehle (1982) 7.

Erfordernissen zu genügen. Das verdeutlicht die wichtige Schlußfolgerung, daß es nur sinnvoll ist, solche Anforderungen zu formulieren, die auch als persönliche Qualifikations-Merkmale im Sinne von Soll-Qualifikationen festgestellt werden können. Erkennbar bieten sich in diesem Zusammenhang zur Kategorisierung der Anforderungsinhalte (-merkmale) vorerst zum einen die personengebundenen Determinanten menschlicher Arbeitsleistungen an: Faktoren des Wollens und des Könnens. Zum anderen gehen auch von den Arbeitsbedingungen Anforderungen aus, die z.B. als Belastungen verkraftet werden müssen.

Wird für jedes Anforderungs-Merkmal ein Kontinuum möglicher Ausprägungen (u.U. skaliert) definiert, so könnten die für eine konkrete Aufgabenstellung faktisch festgelegten Merkmalsausprägungen grafisch verbunden werden. Damit würde – in Anlehnung an die bekannten Polaritätsprofile[11] – ein Anforderungsprofil entstehen. Seine Ermittlung setzt eine Analyse der Arbeitssituation und eine Anforderungsbewertung voraus.

bb) Inhaltliche und methodische Ansprüche und Probleme

(1) Inhaltliche Ansprüche und Probleme

Erfordernisse, die ein Arbeitsplatz stellt, gehen aus von

- den zu erreichenden Zielen (Leistungsergebnissen),
- den zu ihrer Erreichung notwendigen Aktivitäten (Aufgaben),
- dem dazu erforderlichen Leistungsverhalten,
- den zur Aufgabenerfüllung notwendigen Kontakten (Interaktionsbeziehungen) zu anderen Personen.

Diese Erfordernisse werden beeinflußt durch die Arbeitsbedingungen (z.B. räumlicher, klimatischer Art) und sind eingebunden in die Arbeitsorganisation (z.B. hierarchische Einordnung der Stelle). Alle diese Komponenten lassen sich unter dem Begriff **Arbeitssituation** zusammenfassen.[12]

Damit sind die Komponenten und Bestimmungsgrößen von Anforderungen benannt, die die inhaltlichen Ansprüche an die informatorische Fundierung von Anforderungsprofilen begründen (s. Abb. 36).

Die Anforderungen eines Arbeitsplatzes können und müssen außer als sachbezogene Erfordernisse auch in Form individueller **Leistungsvoraussetzungen** ausgedrückt werden, also in Form von Verhaltensdeterminanten wie Fähigkeiten, Fertigkeiten, Wissen, Motive, Erwartungen. Denn die Belastung und Beanspruchung des Individuums durch Aufgabenerfüllung am Arbeitsplatz resultiert aus dem Ausmaß der Inanspruchnahme dieser Leistungsvoraussetzungen. Insofern müssen Aussagen über die Arbeitssituation mit solchen über die Leistungsvoraussetzungen verknüpft sein (s.u.).

An Arbeitsplätzen sind bestimmte **Leistungsergebnisse** zu erbringen: Sie sind Teilziele in Form von Soll-Vorstellungen. Sie drücken den gewünschten Anteil an der Erbringung der betrieblichen Gesamtleistung aus und sollten zur betrieblichen Zielkonzeption in einem Ableitungsverhältnis stehen.

---

11 Sie tauchten bereits im Zusammenhang mit Führungsformprofilen (s. oben Kap. C.II.2) auf.

12 Zu Begriff und Inhalt der Arbeitssituation vgl. Staehle (1977) 226ff.

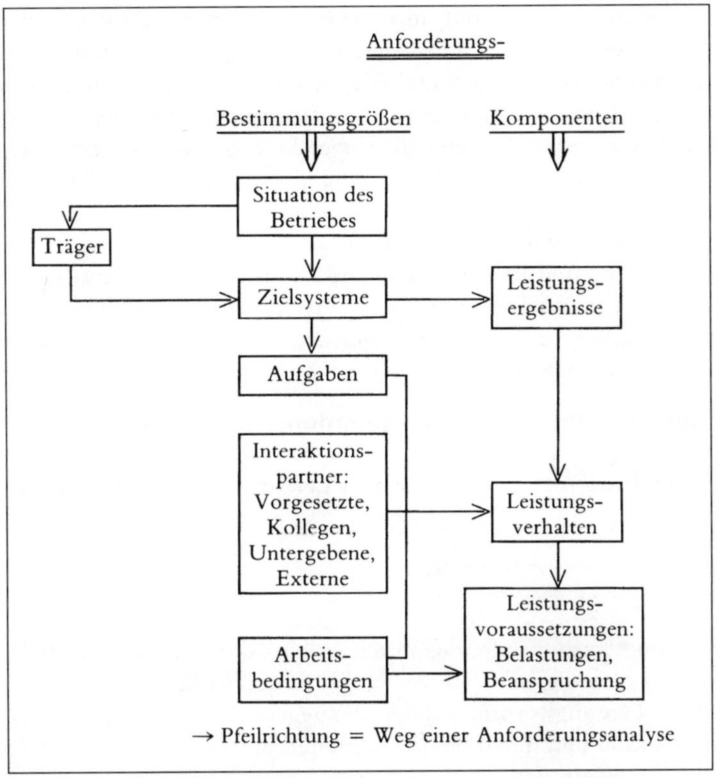

Abb. 36: Bestimmungsgrößen und Komponenten von Anforderungen
Quelle: Berthel/Koch (1981) 338.

Aufgaben der Stelle bezeichnen die zur Erreichung der Teilziele erforderlichen Aktivitäten der Stelleninhaber, die unter den jeweiligen Arbeitsbedingungen ablaufen. Die betriebswirtschaftliche Organisationslehre verfügt über analytische Instrumente für die Untersuchung der Stellenziele und -aufgaben (**Aufgabenanalyse**).

Aufgaben einer Stelle werden im arbeitsteiligen Handlungszusammenhang des Betriebes nicht isoliert und losgelöst von anderen Stellen erfüllt. Sie erfordern die Aufnahme und Aufrechterhaltung von **Interaktionsbeziehungen** mit internen und externen Partnern. Die Ergänzung der Aufgaben- und Arbeitsanalyse durch eine Rollenanalyse erscheint angeraten. Eine **Rollenanalyse** hebt die Interaktionsbeziehungen zwischen den Arbeitsplätzen hervor.

Aufgabenerfüllung kommt durch ein bestimmtes beobachtbares **Leistungsverhalten** zustande, das durch die erwarteten Leistungsergebnisse und die genannten Bestimmungsgrößen determiniert ist. Die Verbindung zwischen den von den Stellen ausgehenden Sacherfordernissen und entsprechenden Verhaltensweisen leisten Ansätze der psychologischen Arbeitsanalyse. Für das Zustandekommen des Leistungsverhaltens (und entsprechender Leistungsergebnisse) ist das Vorhandensein von **Leistungsvoraussetzungen** innerhalb der Person als Persönlichkeitsvariable erforderlich, deren Inanspruchnahme zu Belastungs- und Beanspruchungsfolgen führt.

Schritte der **Anforderungsanalyse** beziehen sich auf den Zusammenhang zwischen den Anforderungskomponenten (Leistungsergebnisse, -verhalten und -voraussetzungen) untereinander sowie zwischen ihnen und den genannten Bestimmungsgrößen. Instrumente dazu sollten eine schrittweise Umsetzung in **notwendige** Leistungsvoraussetzungs- und -verhaltens-Merkmale leisten. Sie sind dazu aber bislang kaum in der Lage, weil sie sich zumeist auf bestimmte Anforderungskomponenten in isolierter Betrachtung beschränken.

Anforderungen sind im Zeitablauf keineswegs konstant, sie unterliegen vielmehr vielfältigen Änderungen z.B. aufgrund von technologischem Wandel. Bei langfristiger Betrachtung müssen Richtung und Intensität von Änderungen der Anforderungen berücksichtigt werden; die Anforderungsanalyse ist durch eine **Anforderungsprognose** zu ergänzen. Den eben gewonnenen Erkenntnissen zufolge vollzieht sich eine Ermittlung und Prognose von Anforderungen in zwei Schritten:

(a) **Analyse und Prognose** der **Arbeitssituation**, um Informationen über Erfordernisse der Arbeitsplätze zu erhalten,
(b) **Analyse und Prognose** der persönlichen **Leistungsvoraussetzungen**, diesen Erfordernissen zu genügen.

Diese Schritte einer Anforderungsanalyse und -prognose sind notwendig, um Antworten auf die folgenden Fragen zu erhalten:

- Welche Leistungsergebnisse werden durch welche Aktivitäten bewirkt?
- Durch welches Leistungsverhalten werden sie bewerkstelligt?
- Wie wird das Leistungsverhalten durch die gegebenen Arbeitsbedingungen, durch die Arbeitsorganisation und durch die Interaktionen (mit internen und externen Partnern) beeinflußt?
- Welche persönlichen Dispositionen erlauben ein bestimmtes Leistungsverhalten?
- Wie wirken die Erfordernisse der Arbeitssituation auf die Personen als Belastung und Beanspruchung?

(2) Methodische Ansprüche und Probleme

Über die wichtigsten **Ansprüche** theoretischer und pragmatischer Art an die Sammlung und Auswertung von Informationen über Arbeitsplatzanforderungen herrscht weitgehend Einigkeit:

a) Zugrundelegung eines theoretisch und empirisch begründeten Modells der Informationssammlung und -auswertung,
b) Zielorientierung der Informationssammlung und -auswertung, d.h. eine dem Verwendungszweck angemessene Vorgehensweise,
c) Wirtschaftlichkeit der Informationssammlung und -auswertung.

Die Informationssammlung mündet praktisch in die Aufstellung von Anforderungskatalogen.

Zu a): Ein theoretisch und empirisch begründetes **Modell** ist der Informationssammlung und -auswertung dann zugrundegelegt, wenn die Anforderungsanalyse bei solchen Tätigkeiten ihren Ausgang nimmt, die in der Wirklichkeit **beobachtbar** und **erhebbar** sind. Persönliche Leistungsvoraussetzungen können dem Ergebnis einer solchen Tätigkeitsanalyse zuerst lediglich hypothetisch zugeordnet werden. Diese Zuordnungen sind im Anschluß empirisch zu bestätigen. Eine solche Modellverwendung schließt Vorgehensweisen aus, in denen auf subjektive Annahmen gestützte (und damit intersubjektiv nicht prüfbare) Kataloge aufgestellt werden, die behaupten, alle diejenigen menschlichen Eigenschaften zu enthalten, die für eine erfolgreiche Aufgabenerfüllung erforderlich seien. Die Vielfalt und Vielzahl von Arbeitsplätzen macht vielmehr eine Erarbeitung differenzierter Anforderungs-Kategorien notwendig, d.h. die Entwicklung von **Taxonomien** (s. Kap. D.II.2.a.cc).

Anforderungs-Merkmale kommen in unterschiedlichen Dimensionen zum Ausdruck (z.B. Geldbeträge für verantwortete Sachmittel, Zeiträume für erworbene Berufserfahrung, geschätzte Stärkegrade für bestimmte Belastungs-Kategorien). Daher treten bei der Konstruktion von Taxonomien vor allem Operationalisierungsprobleme und bei der Anwendung von Taxonomien in der Folge Meßprobleme auf.[13]

Inhaltlich bedeutet die Zugrundelegung eines begründeten Modells, daß nach Möglichkeit alle Komponenten von Anforderungen erfaßt werden: also alle diejenigen, die von der Arbeitssituation ausgehen und Leistungsvoraussetzungen begründen. Die Verknüpfung dieser beiden Kategorien (Arbeitssituation, Leistungsvoraussetzungen) ist ein bisher kaum gelöstes **Transformationsproblem**.[14] Eine solche Verknüpfung bedeutet, daß den Aktivitäts-Merkmalen Verhaltens-Merkmale zugeordnet werden und letzteren wiederum Persönlichkeits-Merkmale. Diese Verkettung ist deswegen notwendig, weil eine losgelöste – z.B. allein auf Persönlichkeits-Merkmale gerichtete – Sichtweise zu einer Formulierung von Anforderungs-Merkmalen führen würde, die ohne Arbeitsbezug bleiben müßte.

Die Taxonomieentwicklung ist der **Grundstein** für die Sammlung derjenigen Informationen, die für die Aufstellung von Anforderungskatalogen erforderlich sind. Daran schließt sich eine **betriebsindividuelle Spezifizierung** an: Für sie ist zu erheben, welche Anforderungs-Merkmale in welchen Ausprägungen für die einzelnen Arbeitsplätze kennzeichnend sind. Für eine solche Erhebung stehen grundsätzlich die bekannten Techniken der empirischen Sozialforschung zur Verfügung wie direkte Beobachtung, Selbstdurchführung, Interview (frei oder strukturiert).[15] Das bedeutet, daß Anforderungen nicht autonom und subjektiv (etwa durch den »Chef«) festgelegt, sondern – durch Berücksichtigung mehrerer Ansatzpunkte – möglichst »objektiv« erhoben werden.

Bei der Erhebung von Anforderungen haben sich strukturierte Interviews unter Zuhilfenahme standardisierter Fragebögen weitgehend durchgesetzt. Sie erlauben am ehesten die geforderte Objektivität bei der Erhebung und die Zusammenarbeit mehrerer Personen; zudem genügen sie – wie noch zu zeigen sein wird – in weitaus höherem Ausmaß den Ansprüchen an die Zielorientierung und die Wirtschaftlichkeit der Informationssammlung und -auswertung.

Zu b): **Zielorientierung** der Informationssammlung und -Auswertung heißt in diesem Zusammenhang, daß Anforderungskataloge den **spezifischen** Zwecken der Personalarbeit dienen sollen. Eine Taxonomie von Arbeitsplatzanforderungen muß daher die Tätigkeiten von Mitarbeitern vollständig und ihrer Bedeutung entsprechend erfassen. Unter pragmati-

---

13 Für komparative Merkmale kommen Ordinalskalen in Betracht, die Stufungen der Anforderungen (z.B. in niedrige, mittlere, höhere Ausprägungen) und damit auch Vergleiche ermöglichen. Genauer sind metrische Merkmale, für die Intervallskalen mit genauen Abstandsdifferenzierungen zwischen den Stufen benutzt werden können.

14 Es wird »Transformationsproblem« genannt und hat die Inhalts-Kongruenz von Arbeitsplatz- und Anforderungsanalyse zum Gegenstand. Vgl. dazu Vollport (1974) 63ff.; Hoyos (1974) 53ff.; Mickler u.a. (1977) Bd. II, 1ff.; Brinkmann (1978) 39; Flohr/Niederfeichtner (1982) 19ff.

15 Vgl. z.B. Hoyos/Frieling (1977) 126ff.

schen Gesichtspunkten wird gefordert, daß eine Taxonomie entweder für einen bestimmten Betrieb speziell entwickelt oder aber eine allgemeinere auf ihn zugeschnitten wird.

Zu c): Bei der Sammlung und Auswertung von Informationen über Arbeitsplatzanforderungen das Gebot der **Wirtschaftlichkeit** zu beachten, ist besonders für alle diejenigen Management-Techniken praktisch bedeutsam, deren Anwendungserfolge sich nicht sofort und unmittelbar zeigen und auch nur höchst ungenau in Geld zu bemessen sind. Techniken des Personal-Managements gehören dazu. Die für die Aufstellung und Anwendung von Anforderungskatalogen eingesetzten Verfahren dürfen daher nicht zu viele Daten beschaffen und verarbeiten; die Datenbeschaffung und -verarbeitung darf ihrerseits nicht zu aufwendig sein.

cc) Ermittlung von Anforderungen (Arbeitsplatzanalyse)

Die Arbeitssituation eines Mitarbeiters im Betrieb ist zum einen durch die gestellte **Aufgabe**, die zu ihrer Erledigung angewandten **Arbeitsverfahren** und die dabei einzusetzenden **Hilfsmittel** gekennzeichnet, darüber hinaus aber auch durch eine Vielzahl weiterer »situativer« Faktoren: betriebliches Umfeld (z.B. organisatorische Bedingungen, Führungsstil, Marktbeziehungen, Ausstattung), Arbeitskontakt-Personen, d.h. intern: Vorgesetzte, gleichgestellte und unterstellte Mitarbeiter, extern: Kunden, Lieferanten etc. (Persönlichkeits-Merkmale, Verhalten, Erwartungen).

Aufgaben und damit Anforderungen, die mit einem Arbeitsplatz verbunden sind, stehen hierbei in Abhängigkeit von verschiedenen Kombinationen von Prognose- und Planungshorizonten mit Ausprägungen unterschiedlicher Variabilität von Unternehmungsumfeld und -struktur. Drumm unterscheidet drei Fälle, die unterschiedliche Vorgehensweisen erfordern[16]:

(1) Bei weitgehender Konstanz von Unternehmungsumfeld und -struktur, gepaart mit kurzem Planungshorizont, genügt eine Fortschreibung einzelner Stellen sowie deren Aufgaben.
(2) Befinden sich Unternehmungsumfeld und -struktur in stetiger Entwicklung ohne Strukturbrüche, so kann zumindest mit mittelfristigem Prognose- und Planungshorizont eine Fortschreibung bestehender Stellen und ihrer Anforderungen vorgenommen werden. Veränderte Randaufgaben und ihre Anforderungen sind hierbei ebenso zu berücksichtigen.
(3) Treten Strukturbrüche auf, wie tiefgreifende Veränderungen in Absatz- und/oder Beschaffungsmärkten, Technologien, Ressourcenversorgung, Organisationsstruktur oder Wirtschaftsverfassung, läßt sich unabhängig vom zeitlichen Horizont die Aufgabenanalyse am geeignetsten mit einer »...szenariogestützten Prognose und Planung zukünftiger Tätigkeitsfelder, Arbeitsbedingungen und Anforderungen...«[17] vornehmen.

Beim ersten Fall, der weitgehenden Konstanz von Unternehmungsumfeld und -struktur kann direkt zur Analyse der Arbeitssituation übergegangen werden.

Die Analyse der Arbeitssituation (oder des Arbeitssystems) wird im folgenden als **Arbeitsplatzanalyse** bezeichnet. Die Arbeitsplatzanalyse dient als Oberbegriff für vier Teilanalysen: die Aufgaben-, Arbeits-, Rollen- und Anforderungsanalyse.

---

16 Vgl. Drumm (1987) 959ff.; Drumm (1992) 169f.
17 Drumm (1992) 170.

Bei der Analyse des Arbeitsplatzes geht es darum, wer was, wann, wie, wo, mit wem und mit welchen Methoden macht.

Traditioneller Ausgangspunkt einer Analyse der Arbeitssituation ist eine **Aufgabenanalyse** unter organisatorischem Gesichtspunkt. Sie ist hier insoweit interessant, als mit ihrer Hilfe eine komplexe Aufgabenstellung (synthetisches Teilaufgabengesamt einer Stelle)[18] in solche Teilaufgaben zerlegt werden kann, von denen spezifische Anforderungen im Sinne von Leistungsvoraussetzungen ausgehen. Dazu können unterschiedliche Analyse-Merkmale herangezogen werden[19]:

- der Zweckaspekt:
  - Leistungsaufgaben,
  - Verwaltungsaufgaben;
- der Substanzaspekt:
  - materielle Aufgaben,
  - informationelle Aufgaben;
- der Phasenaspekt:
  - Planungsaufgaben,
  - Realisationsaufgaben,
  - Kontrollaufgaben;
- der Rangaspekt:
  - Führungsaufgaben,
  - Ausführungsaufgaben.

Zu diesen Beschreibungsmerkmalen treten die Erfüllungsmerkmale Zeit, Ort, Hilfsmittel und Träger. Ihre erfüllungsbezogene Verlängerung findet die Aufgabenanalyse in der **Arbeitsanalyse**, einer Schnittstelle zwischen Organisation und Arbeitsbewertung. Die Arbeitsanalyse richtet sich auf die Gliederung der Erfüllungsvorgänge (Arbeitsverfahren), die Analyse der Arbeitsbedingungen und die Analyse der Mittel zur Aufgabenerledigung (Arbeitshilfsmittel).[20] Die Ergänzung der Aufgaben- und Arbeitsanalyse durch eine **Rollenanalyse** erscheint angeraten. Sie hebt die personellen Interaktionsbeziehungen zwischen den Arbeitsplätzen hervor.

Aufgaben-, Arbeits- und Rollenanalysen haben Grenzen darin, daß eine vollständige, d.h. eine alle relevanten Merkmale umfassende und über eine längere Zeit gültige Erfassung der Arbeitsplätze kaum möglich erscheint. Zudem sind insbesondere geistige Tätigkeiten nur schwer analysierbar und beschreibbar. Das hat vor allem drei Gründe:

(1) Ihre Zweckbestimmung, der Ermittlung von Anforderungen zu dienen, ist nicht operational definierbar, solange der korrespondierende Begriff der persönlichen Qualifikation (im Schrifttum meist »Eignung«) nicht hinreichend präzise abgegrenzt ist. Dies wiederum ist davon abhängig, wieviele und welche Determinanten der Leistung einbezogen werden und welches Modell der Leistungserbringung zugrundegelegt wird. Darüber besteht bis heute weithin keine Einigkeit.[21]

18 Vgl. Kosiol (1962) 80.
19 Vgl. Kosiol (1962) 62f.; Frese (1976) Sp. 62f.
20 Vgl. z.B. Blohm (1975) Sp. 283; Kosiol (1962) 89ff.; Schweitzer (1969) Sp. 89ff.
21 So z.B. auch Tietze/Schmale (1975) 788ff.

(2) Mit dem technologischen und arbeitsprozessualen Wandel verschieben sich die zu fordernden individuellen Leistungsvoraussetzungen: Abnahme körperlicher, Zunahme geistiger Belastungen, steigende Bedeutung von Kooperationsfähigkeit, von Einsatzflexibilität etc.
(3) Die neben der Aufgabe oben andeutungsweise genannten Faktoren der Arbeitssituation sind im Hinblick auf ihre Relevanz als Leistungsvoraussetzungen und insofern auch im Hinblick auf ihre Bedeutung als Begründung für Anforderungsarten weitgehend ununtersucht. Das betrifft sowohl das betriebliche Umfeld wie auch die Arbeitskontakt-Personen, obwohl in der Praxis der Personalauslese (insbesondere für Führungskräfte) heute auf diese Faktoren zunehmend Wert gelegt wird. Die Einsicht in die Bedeutung der Situationsansätze für die Führungsforschung (s. Kap. C.II.2.b) hat insofern bislang nur wenig Verlängerung in die Gebiete der Anforderungs- und Qualifikations-Untersuchung und -Feststellung erfahren.

Bei stetiger Entwicklung und insbesondere bei tiefgreifenden Veränderungen mit Strukturbrüchen (Fall 2 und 3) ist der Anforderungsanalyse eine Situationsanalyse in Verbindung mit einer Entwicklungsprognose voranzustellen. Für hierbei erkannte zukünftige Aufgaben besteht grundsätzlich noch keine stellenbezogene Zuordnung, so daß die übliche stellenbezogene Anforderungsanalyse zu kurz greift. Drumm schlägt deshalb eine Vorgehensweise vor, die im wesentlichen aus folgenden sieben Schritten besteht:

(1) Analyse des Unternehmungsumfeldes und Festlegung strategischer Ziele und Pläne,
(2) Entwurf entsprechender Szenarien zukünftiger Tätigkeitsfelder,[22]
(3) Ermittlung der Aufgaben, die in zukünftigen Tätigkeitsfeldern gelöst werden müssen,
(4) Ableitung von Anforderungen an Fähigkeiten, Kenntnisse und das Verhalten der Mitarbeiter (Qualifikationen) aus tätigkeitsfeldbezogenen Aufgaben,[23]
(5) Bündelung dieser Anforderungen zu Stellen,[24]
(6) Bestimmung des quantitiven Bedarfs an diesen neuen Stellen,[25]
(7) Prämissenkontrolle zur rechtzeitigen Erkennung von Veränderungen des Umfeldes und strategischer Ziele.

Die Durchführung einer **Anforderungsanalyse** bedingt zweierlei:

(1) Kenntnis von **Verfahren** (Heuristiken), mit denen es möglich ist, die mit einem Arbeitsplatz verbundenen Anforderungen aufzufinden. Die Analyse der Arbeitssituation bietet dafür zwar wichtige Anhaltspunkte, enthält jedoch selbst keine Brücke, über die von festgestellten Situations-Merkmalen aus ein Katalog notwendiger und hinreichender Anforderungs-Merkmale formuliert werden könnte. Ein Verfahren, das dies leistet, ist bis heute nicht bekannt; Anforderungen werden vielmehr in eher autonomer Weise benannt.

---

22 Zur Szenariotechnik vgl. Angermeyer-Naumann (1985) 122ff.

23 Fähigkeiten, Kenntnisse und Verhalten korrespondieren hierbei in Erklärungsansätzen für menschliche Arbeit in Betrieben mit den drei Faktorgruppen »Kennen«, »Können« und »Wollen«. Im einzelnen vgl. hierzu die Ausführungen in Kap. B.II.

24 Bündelungskriterien sind z.B. Berufsbilder, Spezialisierung vs. Generalisierung, die Ganzheitlichkeit eines Aufgabenkomplexes, Ähnlichkeit und Synergie vgl. hierzu die Ausführungen bei Drumm (1987) 968ff.; Drumm (1992) 181ff.; sowie Berthel/Koch (1985) 70ff.

25 Vgl. im einzelnen die Ausführungen bei Drumm (1992) 186ff.; Scholz (1993) S.171ff.

(2) Kenntnis von **begrifflichen Kategorien**, in denen Arbeits-, -prozeß- und -situations-Aspekte sowie Aspekte der Persönlichkeit und ihres Verhaltens erfaßt, beschrieben und einander zugeordnet werden könnten, und zwar so, daß ihre Summe im Ergebnis die »notwendigen Leistungsvoraussetzungen« ausmacht.

Als **Methoden/Instrumente der Arbeitsplatzanalyse** werden eingesetzt:[26]

- unstandardisierte Methoden:
  - vorliegende Arbeitsplatzbeschreibungen,
  - freie Berichte von Stelleninhabern,
  - frei formulierte Berichte von Arbeitsanalytikern und Vorgesetzten,
  - Arbeitsdurchführung durch den Arbeitsanalytiker,
  - Dokumentenanalyse,
- halbstandardisierte Methoden:
  - Methode der kritischen Ereignisse,
  - Arbeitstagebuch,
  - Beobachtung,
  - Interview,
- standardisierte Methoden:
  - Fragebogen,
  - Beobachtungsinterview,
  - Checklisten.

Diese verschiedenen Methoden werden nun – einzeln oder kombiniert – in unterschiedlichen Verfahren zur Arbeitsplatzanalyse eingesetzt, für die eine Gliederung in (1) nicht-psychologisch, technisch-arbeitswissenschaftlich ausgerichtete und (2) psychologisch orientierte üblich ist.

Zu (1): Unter den **nicht-psychologischen, technisch-arbeitswissenschaftlich ausgerichteten Analysen** (arbeits-/verrichtungs-orientierte Analysen) werden solche verstanden, die z.B. mittels Arbeitsablauf-, Arbeitsplatz-, Bewegungs-, Kosten-, Anforderungs- und Belastungsstudien versuchen, Arbeitsvorgänge zu vereinfachen, Belastungen abzubauen, technische Ausrüstungen zu verbessern und Umgebungseinflüsse auf ihre Stärke und ihre Auswirkungen hin zu untersuchen. Im Vordergrund stehen die Arbeitsbedingungen und die technologisch-organisatorischen Arbeitsinhalte.

Zu (2): Unter **psychologisch-orientierten Analysen** (personen-orientierte Analysen) werden solche verstanden, mit denen versucht wird, das beobachtbare und abfragbare Verhalten der arbeitenden Person am Arbeitsplatz systematisch und psychologisch sinnvoll festzustellen. Sie konzentrieren sich auf die allgemeine Beschreibung des menschlichen Verhaltens und der Verhaltensmuster am Arbeitsplatz und orientieren sich weniger an technischen Aspekten der spezifischen Arbeit. Gleichzeitig gilt es, ein möglichst vollständiges Bild der Arbeitssituation, der Arbeitsaufgaben und der Arbeitsmittel zu erstellen.[27]

---

26 Vgl. Karg/Staehle (1982).

27 S. Frieling (1975), zu einem Versuch, arbeits- und personenorientierte Analysen zusammenzuführen, s.a. Staehle (1982).

Die psychologisch-orientierten Verfahren lassen sich weiter unterteilen in:

- Aufgaben- oder aktivitätsorientierte Ansätze (task oriented), die von sachbezogenen Arbeitsplatz-Erfordernissen ausgehen,[28]
- verhaltensorientierte Ansätze (worker oriented), die an dem bei der Aufgabenerfüllung beobachteten Verhalten anknüpfen,[29]
- persönlichkeitsorientierte Ansätze (trait/ability oriented), die die Persönlichkeitsvoraussetzungen für eine erfolgreiche Aufgabenerfüllung zur Grundlage nehmen.[30]

Die Anforderungskataloge (Taxonomien), die unter Zugrundelegung dieser Ansätze entwickelt worden sind, zeigen erhebliche Unterschiede.[31] Mit Hilfe der obengenannten Beurteilungskriterien läßt sich eine Reihe von Gründen formulieren, die dafür sprechen, Anforderungskataloge zu entwickeln, die der **aufgaben**orientierten Gruppe entstammen. **Verhaltensorientierte** Verfahren sind trotz ihres anerkannt hohen theoretischen und empirischen Niveaus entweder zu breit, wenn sie (wie »Position Analysis Questionnaire«, »Fragebogen zur Arbeitsanalyse« und »Arbeitswissenschaftliches Erhebungsverfahren zur Tätigkeitsanalyse«) die ganze Palette menschlichen Leistungsverhaltens zu erfassen versuchen: Sie enthalten damit speziell für Führungstätigkeiten zu wenig prägnante Merkmale. Oder aber sie sind zu eng, wenn sie (wie z.B. der »Job Diagnostic Survey«) nur einen Aspekt (hier: den motivationalen) menschlichen Verhaltens berücksichtigen.

Persönlichkeitsorientierten Verfahren fehlt in aller Regel der Arbeitsplatzbezug; damit sind sie nicht ausreichend praxisorientiert. Sie lassen sich höchstens indirekt mit Aufgabenanforderungen koppeln. Von den **aufgabenorientierten Verfahren** kann das von Tornow/Pinto auf allen (auch höheren) Management-Ebenen und -Funktionen angewandt und auf die jeweiligen Verhältnisse eines konkreten Betriebes zugeschnitten werden.[32] Die anderen Verfahren (»Supervisor Position Description Questionnaire«; »Job Analysis Questionnaire«) sind eher für die unteren Management-Ebenen (Meister, Vorarbeiter) geeignet, weil sie ihren Schwerpunkt auf die technische Seite der Aufgaben legen.

Profile der **Einzelpositionen** sind für ganz bestimmte Zwecke auswertbar, z.B. für Leistungsbeurteilungen, -beratungen u.ä. Aber auch bei Verwendungszwecken dieser Art erhöhen ergänzende Auswertungen – wie Gegenüberstellungen und Vergleiche mit anderen Einzelprofilen – die Aussagekraft. Es gibt jedoch eine Reihe von Maßnahmen – wie z.B. eine

---

28 Instrumente für aufgabenorientierte Verfahren sind z.B.:
- Supervisor Task Description Questionnaire (STDQ), Dowell/Wexley (1978);
- Supervisor Position Description Questionnaire (SPDQ), Preen (1963);
- Job Analysis Questionnaire (JAQ), Krzystotiak/Newman/Anderson u.a. (1979);
- Management Position Description Questionnaire (MPDQ), Tornow/Pinto (1976);
- Executive Position Description Questionnaire (EPDQ), Hemphill (1959).

29 Instrumente für verhaltensorientierte Verfahren sind z.B.:
- Position Analysis Questionnaire (PAQ), McCormick (1976);
- Fragebogen zur Arbeitsanalyse (FAA), Frieling/Hoyos (1978);
- Arbeitswissenschaftliches Verfahren zur Tätigkeitsanalyse (AET), Rohmert/Landau (1979);
- Behaviour Expectation Scales (BES), Smith/Kendall (1963).

30 Instrumente für persönlichkeitsorientierte Verfahren sind z.B.:
- Minnesota Job Requirements Questionnaire (MJRQ), Desmond/Weiss (1973);
- Taxonomy of Human Performance, Fleishman (1975);
- Job Diagnostic Survey (JDS), Hackman/Oldham (1975).

31 Für eine kurzgefaßte vergleichende Gegenüberstellung s. Berthel/Koch (1985) 189.

32 Vgl. Tornow/Pinto (1976) 417.

Karriereplanung –, bei der es sehr viel sinnvoller ist, von der auf Einzelpositionen gerichteten Perspektive abzugehen und **Gruppen** von Positionen zu betrachten.

Erkennbar wird für Karriereplanungen durch Positionenbündelung eine größere Toleranzbreite in mehrfacher Hinsicht erzielt. Ein Bündel ähnlicher Positionen, das sich in den Anforderungen signifikant von anderen Positionsgruppen unterscheidet, wird als **»Positionsfamilie«** bezeichnet.[33] Positionsfamilien werden durch Auswertung des für Einzelpositionen gewonnenen Datenmaterials ermittelt; sie sind insoweit empirisch begründete Typenbildungen.

Die den Positionsfamilien zugrundeliegende Zentralidee ist so neu durchaus nicht. Bereits in der Vergangenheit haben Personalfachleute versucht, für Versetzungs- und Entwicklungszwecke Aufgabenfamilien zu bilden, indem sie aus Stellenbeschreibungen und -bezeichnungen Gruppen ähnlicher Stellen zusammenfaßten. Die dadurch entstandenen Aufgabenfamilien waren allerdings vorwiegend abteilungsspezifisch, lediglich durch persönliche Erfahrungen begründet und überdies durch die individuelle Informations-Verarbeitungskapazität begrenzt. In einem zur Bildung von Positionsfamilien vorgeschlagenen Verfahren[34] wird eine größere Anzahl von Merkmalsdimensionen zugrundegelegt. Hierfür werden Methoden der mathematisch-statistischen Datenanalyse benötigt, wie die Konstruktionsmethoden der Faktorenanalyse, der Clusteranalyse und weitere multivariate Analysetechniken (z.B. Varianzanalyse, Diskriminanzanalyse, multidimensionale Skalierung).[35]

In Positionsfamilien kann nicht nur die Verwandtschaft von Stellen gleicher hierarchischer Ebenen oder einheitlicher Funktionsbereiche verdeutlicht werden, sondern auch die Zusammengehörigkeit von Stellen, die ganz unterschiedlichen Funktionen oder Abteilungen angehören.[36]

Die oben beschriebenen Verfahren der Arbeitsplatzanalyse werden vornehmlich als Grundlage für Arbeitsbewertungen zum Zwecke der Lohn- und Gehaltsfindung verwendet. Das grundsätzliche Vorgehen einer solchen Anforderungsanalyse wird im folgenden erläutert: Eine immer wieder anzutreffende Unterscheidung ist die in die Grundkategorien **psychischer** und **physischer** Anforderungen. Beide sind jedoch nicht grundsätzlich trennbar:[37] Physikalische Umgebungseinflüsse wie z.B. Lärm haben auch psychische Auswirkungen, der Einsatz physischen Leistungspotentials erfordert psychische Leistungen (Mobilisierung). Es könnte höchstens die Frage nach dem Überwiegen der einen oder anderen Kategorie für eine bestimmte Arbeit gestellt werden.

Gleichwohl beruht auch die Grundeinteilung des sogenannten **Genfer Schemas** auf dieser Unterscheidung: Auf der Genfer Konferenz, die 1950 zwecks Standortbestimmung und Bestandsaufnahme der Arbeitsbewertung stattfand, einigte man sich auf einen Katalog, der zum einen in die Merkmalsklassen »Können« (Kenntnisse, Fähigkeiten) und »Belastungen« trennte und diese auf die zum anderen gefundenen Kategorien »Körperliches«, »Geistiges« und »Umgebungseinflüsse« anwandte.

Auch die Unterscheidung von Können und Belastung ist problematisch, weil beide Kategorien nicht voneinander unabhängig sind: Geringer entwickelte Fähigkeiten (z.B. kör-

33 Vgl. Pearlman (1980) 4.
34 S. auch Tornow/Pinto (1976) 417; Berthel/Koch (1985) 70ff.
35 S. Pearlman (1980) 14f.; Weiss (1976) 327.
36 S. auch Krzystofiak/Newman/Anderson (1979) 350.
37 So auch Schmale/Tietze (1975) Sp. 134.

perliche Geschicklichkeit) lassen die Belastung beim Arbeitsvollzug steigen, etwa gegenüber einem anderen Mitarbeiter, der mehr Geschicklichkeit einbringt.[38]

Nichtsdestoweniger basieren die meisten der heute in der Bundesrepublik Deutschland für Arbeitsbewertungen in Gebrauch befindlichen Anforderungs-Klassifikationen auf dem Genfer Schema.[39]

Die besonders verbreiteten **REFA-Arbeiten** belegen dies deutlich, was mit den in Abbildung 37 angegebenen Erläuterungen für die aus dem Genfer Schema abgeleiteten sechs Anforderungsarten demonstriert werden kann.[40] Überdies liegen gerade auf dem Gebiet physischer Belastungen, d.h. Schweregrad von Arbeiten, hervorgerufen durch »Umgebungseinflüsse« wie Beleuchtung, Lärm, Staub, Dämpfe etc. besonders viele Untersuchungen vor. Man hat sich also intensiv denjenigen Anforderungsarten zugewandt, die organisatorisch und meßtechnisch vergleichsweise gut zugänglich waren. Befunde über psychische Belastungen durch vorwiegend geistige Tätigkeiten liegen keineswegs in annähernd großem Umfang vor.

1	**Kenntnisse**	**Ausbildung, Erfahrung, Denkfähigkeit**
2	**Geschicklichkeit**	**Handfertigkeit, Körpergewandtheit**
3	**Verantwortung**	**für die eigene Arbeit, für die Arbeit anderer, für die Sicherheit anderer**
4	**geistige Belastung**	**Aufmerksamkeit, Denktätigkeit**
5	**muskelmäßige Belastung**	**dynamische Muskelarbeit, statische Muskelarbeit, einseitige Muskelarbeit**
6	**Umgebungseinflüsse**	**Klima, Nässe, Öl, Fett, Schmutz, Staub, Gase, Dämpfe, Lärm, Erschütterung, Blendung oder Lichtmangel, Erkältungsgefahr, Schutzkleidung, Unfallgefährdung**

Abb. 37: Definition der Anforderungsarten nach REFA
Quelle: REFA (1985) 49.

38 Vgl. auch Schmale/Tietze (1975) Sp. 137f.
39 Vgl. z.B. Böhrs (1959) 50f.; Möller (1974) 26ff.
40 Aus: REFA (1985) 49.

Insbesondere in bezug auf Arbeiten der letztgenannten Art (z.B. Führungskräfte-Tätigkeiten) wird deutlich, daß Aufgaben- und Arbeitsanalyse nicht ausreichen, um alle wichtigen Anforderungsmerkmale zu eruieren. Zeidler entwickelte unter zusätzlicher Zuhilfenahme einer Rollenanalyse (Erwartungen über Verhalten und Persönlichkeitsmerkmale) ein erweitertes **Anforderungsschema für Führungskräfte**.[41]

(1) Anforderungen an die Merkmale eines Positionsinhabers
  a) Anforderungen an die Fachkenntnisse (Wissen, Können)
    – allgemeine funktionsunabhängige Fachkenntnisse
      • Berufsausbildung
      • Berufserfahrung
        Art: Bereiche, Branchen
        Dauer
        Umfang: Befugnisse, Verantwortung
    – spezielle Fachkenntnisse (funktionsabhängige)
  b) Anforderungen an die Fähigkeiten
    – administrative
    – konzeptuelle
    – fachbezogene
    – soziale
(2) Anforderungen an das Verhalten (Führungsverhalten)
  a) überwachungsorientiert
  b) vorschriftenorientiert
  c) mitarbeiterorientiert
  d) informationsorientiert

Die bis hierher geschilderten Versuche von Anforderungsanalysen waren überwiegend den Faktoren des **Könnens** gewidmet. Auch innerhalb dieses Rahmens blieben einige situative Faktoren unberücksichtigt; vollends trifft dies jedoch auf die Faktoren des **Wollens** zu. Auch die Arbeitspsychologie hat sich mit ihnen nur sehr am Rande beschäftigt. Aus dieser Disziplin kommende Anforderungsanalysen sind an **beobachtbarem** Verhalten orientiert; motivationale Gesichtspunkte bleiben zumeist ausgespart.

Um diesem Defizit entgegenzuwirken sind in einer empirischen Studie diejenigen Anforderungen an Führungskräfte erhoben worden, die Spitzen-Manager der Wirtschaft in bezug auf Generalisten-Qualifikationen erwarten.[42] Dies sind neben fachlichen Kenntnissen Qualifikationen, die in ihren Positionen erfolgreiche und für weiteren Aufstieg prädestinier-

41 Zeidler (1972), der dabei auf seit längerem bekannten Konzepten anderer Autoren aufbaut: vgl. Gross/Mason/McEachern (1958) 63ff.; Katz (1955). Daß die Aufgabe und ihre Analyse nicht ausreicht, um alle relevanten situativen Faktoren zu erfassen, aus denen Anforderungen resultieren können, wird in der neueren Literatur (insbesondere von den dem Situationsansatz verpflichteten Autoren) durchaus gesehen; vgl. Kubicek (1975) 34f.; Kieser/Kubicek (1977) 324. Einen aus einer empirischen Untersuchung erstellten Anforderungskatalog an Führungskräfte kleinerer Unternehmen präsentieren Brinkmann u.a. (1982) 53ff.

42 Vgl. Berthel (1992b) 206ff. und Berthel (1992c) 279ff. sowie ausführlich Berthel/Herzhoff/Schmitz (1990). In persönlichen Interviews wurden 66 Führungskräfte aus 28 Unternehmen verschiedener Branchen und Unternehmensgrößenklassen befragt.

te Führungskräfte aufweisen sollten. Als Ergebnis der explorativen Studie[43] konnten, in der Rangfolge geordnet nach Anzahl der nennenden Führungskräfte, folgende Anforderungen im Sinne von (Soll-)Qualifikationen herausgearbeitet werden[44] (siehe Abb. 38).

Der Befund stützt die Annahmen Ansoffs über die Führungskraft (der Zukunft) als »T-shaped individual«[45], das fachliche Spezialisten- (Stamm des T) und Generalisten-Qualifikationen (Querbalken des T) in sich vereine, wobei letztere zunehmend stärkere Bedeutung erfahren.

dd) Anforderungsbewertung

Der von einem Arbeitsplatzinhaber zu bewältigende Schwierigkeitsgrad läßt sich durch die Summe der Ausprägungen aller festgestellten Anforderungsarten pro Arbeitsplatz ausdrükken. Mit Verfahren der **Arbeitsbewertung** wird der Versuch unternommen, diese Schwierigkeitsgrade zahlenmäßig zu erfassen. Dazu werden unterschiedliche Methoden und Prinzipien angewandt,[46] die wechselseitig miteinander kombinierbar sind.

Unter **Bewertungsmethode** wird die Art und Weise des Vorgehens bei der Arbeitsbeurteilung verstanden:

- **Summarische** Arbeitsbewertung: ungeteilte Beurteilung der gesamten Arbeitsschwierigkeit eines Arbeitsplatzes,
- **Analytische** Arbeitsbewertung: Die Arbeitsplatz-Schwierigkeit wird in einzelne Anforderungsarten zerlegt, deren Ausprägungen werden beurteilt.

Bewertungsprinzipien dienen der Einordnung der Arbeitsplätze nach Maßgabe der für sie ermittelten Schwierigkeitswerte:

- **Reihung**: stufenlose Rangordnung in Abhängigkeit von der Schwierigkeit,
- **Stufung**: schwierigkeitsspezifische Einordnung in vorher definierte Stufen.

Die Standardverfahren der Arbeitsbewertung lassen sich dann, wie in Abbildung 39 dargestellt, einordnen.
Im einzelnen sind die Arbeitsbewertungs-Verfahren wie folgt zu kennzeichnen:[47]

- **Summarische Arbeitsbewertungen:**
  - **Rangfolgeverfahren:** Jede einzelne Arbeit wird global mit allen anderen Tätigkeiten in einem Betrieb verglichen und in eine Rangfolge eingeordnet, die den geschätzten Schwierigkeitsgraden entspricht.

---

43 Zur explorativen Studie vgl. Berthel/Herzhoff/Schmitz (1990), Becker (1990); Zweck einer explorativen Studie ist es, ein klares Verständnis über ein Forschungsgebiet und -problem zu entwikkeln, Begriffe zweckmäßig zu definieren, Tatsachenmaterial und damit angemessene Daten zu sammeln und Ideen über mögliche Beziehungen zu entwickeln. Idealerweise sollte ein Bild des Forschungsgebietes vorliegen, welches es den Forschern ermöglicht, empirisch begründete – noch nicht bestätigte – Hypothesen aufzustellen. Dies bedeutet auch, daß eine explorative Studie nicht den Anspruch auf Repräsentativität erheben kann.

44 Vgl. Berthel/Herzhoff/Schmitz (1990), insbes. 193ff.

45 vgl. Ansoff (1976).

46 Vgl. Möller (1974) 33f.; Wibbe (1966) 29.

47 Nähere Einzelheiten s. bei Wibbe (1966) 31ff.; Möller (1974) 35ff.; Kaminsky (1980) 384ff.

Soll-Qualifikationen
1. Interdisziplinäres Denken und Handeln 2. Konzeptionelle Gesamtsicht a) Unternehmerisches Denken und Handeln b) Strategisches Denken und Handeln c) Konzeptionelles Denken und Handeln 3. Menschenführung und Motivation a) Motivationsfähigkeit im Hinblick auf Ziele b) Umgang mit Mitarbeitern 4. Kommunikationsfähigkeit und -bereitschaft a) Kommunikationsfähigkeit (intern – extern) b) Kommunikationsbereitschaft c) Fähigkeit zur Informationshandhabung 5. Marktorientierung 6. Sachkompetenz 7. Wirtschaftliches Grundverständnis 8. Kreativität für neue Lösungen 9. Lernfähigkeit und Flexibilität 10. Entscheidungen treffen/Verantwortung übernehmen 11. Kooperations- und Kompromißfähigkeit 12. Organisationsfähigkeit 13. Technologisch vorausdenken 14. Methodenwissen
15. (persönliche Eigenschaften)

Abb. 38: Übersicht über die wichtigsten genannten Führungskräfte-Qualifikationen, erfragt in bezug auf die Einbindung des F&E-Managements in die strategische Unternehmungsführung
Quelle: Berthel/Herzhoff/Schmitz (1990) 197.

  - **Lohngruppenverfahren:** Es wird eine bestimmte, nach Schwierigkeitsgraden abgestufte Anzahl von Lohngruppen definiert. Die Arbeitsplätze werden mit Hilfe von Richtbeispielen beurteilt und in die Lohngruppen eingeordnet.
- **Analytische Arbeitsbewertungen:**
  - **Rangreihenverfahren:** Jede Arbeit wird pro Anforderungsart durch Vergleich mit allen anderen Arbeiten in eine Rangreihe gebracht. Es entstehen also so viele Rangreihen, wie Anforderungsarten unterschieden werden. In jeder Rangreihe steht die

Bewertungsprinzipien / Bewertungsmethoden	summarisch	analytisch
Reihung	Rangfolgeverfahren	Rangreihenverfahren
Stufung	Lohngruppenverfahren	Stufenwertzahlverfahren

Abb. 39: Standardverfahren der Arbeitsbewertung

Arbeit mit der niedrigsten Ausprägung an unterster, diejenige mit der höchsten Ausprägung an oberster Stelle. Eine in mehreren Anforderungsarten schwierige Arbeit wird dadurch mehrfach hoch eingeordnet.

- **Stufenwertzahlverfahren:** Die Anforderungsmerkmale werden durch Gewichtungen in eine Rangskala der relativen Bedeutung zueinander gebracht. Darüber hinaus wird jedes Merkmal in Ausprägungsstufen unterteilt und mit Punktbewertungen versehen. Die Arbeitsplätze eines Betriebes (Betriebsteiles) sind daraufhin einzustufen, welche Anforderungsart einem Arbeitsplatzinhaber welche Beanspruchungshöhe abverlangt. Die dabei aufgefundenen Punktzahlen werden addiert; hohe Punktzahlen sind Ausdruck für hoch eingeschätzte Arbeitsschwierigkeiten.

Analytische Arbeitsbewertungen zeichnen sich gegenüber den summarischen Verfahren durch größere Genauigkeit und dadurch aus, daß mit ihnen ein höheres Maß an Objektivität erreicht werden kann. Stufenwertzahlverfahren sind die komplizierteren Techniken; an ihnen können die einzelnen Schritte der Anforderungsbewertung am besten verdeutlicht werden.

Aufgrund einer Anforderungsanalyse werden die **Anforderungs-Arten (-Merkmale**) festgelegt, gegebenenfalls je nach betriebsindividuellen Besonderheiten in Untermerkmale zerlegt. Pro (Unter-)Merkmal werden dann Ausprägungsskalen (-stufen) zugeordnet, in denen die Stärke der Beanspruchung durch das Anforderungs-Merkmal zum Ausdruck kommt.

Um alle Arbeitsplätze über die Gesamtheit ihrer Schwierigkeitsinhalte und Beanspruchungsstufen hinweg vergleichbar zu machen, ist eine **Wertzahl-Zumessung** erforderlich. Sie geschieht durch Vergabe dimensionsloser Punkte: Sie sind zu einem Gesamt-Arbeitswert pro Arbeitsplatz additionsfähig.

Die Anforderungs-Merkmale sind in ihrer Bedeutung für eine wirksame Aufgabenerfüllung und in der Schwere, mit der ihre Erfüllung einen Arbeitsplatzinhaber beansprucht, nicht gleichwertig. Daher werden sie **gewichtet**. Hinzu kommen **Punktwerte für die Beanspruchungsstufen** pro Anforderungs(unter)merkmal. Dies läßt subjektiven, interessengeleiteten Einflüssen Raum. Völlige Objektivität ist nicht erreichbar; sie kann näherungsweise erzielt werden, wenn in einer Bewertungsgruppe Interessenausgleich herbeigeführt wird, in die z.B. Kaufleute und Techniker, Vertreter der Geschäftsleitung und der Arbeitnehmer sowie Bewertungsspezialisten entsandt werden. Das Ergebnis einer so vollzogenen Anforderungsbewertung demonstriert in einem formalen Zahlenbeispiel die folgende Tabelle (Abb. 40).

Die mittels eines Stufenwertzahlverfahrens für einen Arbeitsplatz ermittelten Arbeitswerte pro Anforderungsart können auch als dessen **Anforderungsprofil** bezeichnet werden.

Haupt-anforde-rungsart	Gewicht	Unter-merk-male	Stellen					
			I Punkte		II Punkte		III Punkte	
			abs.	gew.	abs.	gew.	abs.	gew.
A	30	A_1	3	90	1	30	2	60
		A_2	4	120	1	30	3	90
		A_3	1	30	1	30	1	30
			8	240	3	90	6	180
B	50	B_1	0	0	2	100	1	50
		B_2	3	150	2	100	3	150
		B_3	2	100	1	50	0	0
			5	250	5	250	4	200
C	10	C_1	1	10	2	20	4	40
		C_2	1	10	0	0	3	30
		C_3	2	20	2	20	4	40
			4	40	4	40	11	110
D	10	D_1	2	20	3	30	1	10
		D_2	2	20	3	30	2	20
		D_3	1	10	2	20	1	10
			5	50	8	80	4	40
	100		22	580	20	460	25	530

Abb. 40: Schema einer Arbeitsbewertung (für 3 Stellen)
nach dem Stufenwertzahlverfahren
Quelle: v. Eckardstein/Schnellinger (1973) 257.

Auf die **Schwierigkeiten** und **Unzulänglichkeiten** der heutigen Praxis der Anforderungsanalyse und -formulierung wurde bereits hingewiesen. In Gebrauch befindliche Arbeitsbewertungsverfahren beschränken sich überwiegend auf einige arbeitsplatzbezogene Faktoren des Könnens. Darüber hinausgehende situative Anforderungsfaktoren und Determinanten des Wollens zur Leistungserbringung bleiben dabei außer Betracht.

Anforderungsprofile werden heute in der Praxis überwiegend – in Form von Arbeitsbewertungen – unabhängig von Qualifikationsprofilen (für Arbeitsplatzinhaber) verwendet:

- für eine anforderungsgerechte Lohn- und Gehaltsdifferenzierung,
- für Arbeitsgestaltungen und Rationalisierungen von Arbeitsabläufen.

Darüber hinaus sind Anforderungsprofile zusammen mit Qualifikationsprofilen in allen Bereichen des Personal-Managements notwendig, wenn auch Aussagen über Mitarbeiter-Soll-Qualifikationen benötigt werden, also für die Personalbedarfsermittlung, die Personalbeschaffung, den Personaleinsatz, die Personalentwicklung.

b) Qualifikationsprofile

aa) Begriffe

Unter Qualifikation wird das **gesamte Leistungspotential** eines Mitarbeiters verstanden: seine Eignungen, seine Arbeitskenntnisse, seine motivational bedingten, an die Arbeitssituation geknüpften individuellen Ziele und Erwartungen wie auch weitere Disponiertheit: anderen, situational bedingten Anforderungen der Arbeitssituation gerecht zu werden.

Erkennbar sind Qualifikationen als **personenorientierte Ist-Vorstellungen** der Gegenbegriff zur arbeitsplatzorientierten Anforderung. Ihre Kenntnis wird in deskriptiv-statischer Betrachtung benötigt, um Personen diejenigen Merkmale zuordnen zu können, die sie als Voraussetzungen zur Erbringung bestimmter, definierter Leistungen besitzen. Eine dynamische Sichtweise bezieht auch die Möglichkeiten (u.U. Notwendigkeit) der Vermittlung dieser Merkmale durch Arbeits- und Lernprozesse ein, die durch Personalentwicklungs-Maßnahmen in die Wege geleitet werden können.[48]

Informationen über Anforderungen entfalten ihren vollen Nutzen erst im Zusammenhang mit Informationen über Qualifikationen. Angaben über Qualifikationen der Mitarbeiter besagen, inwieweit diese den Anforderungen entsprechen können und wollen, die mit Aufgaben bestimmter Stellen in den einzelnen Unternehmungsbereichen verbunden sind. Insofern ist es nur sinnvoll, Qualifikationen im Hinblick auf Arbeitsplatz-Anforderungen zu definieren.

Unternehmungsbereich → Stelle → Aufgaben → Anforderungen

Soll-

Qualifikation

Ist-

Eignung + Arbeitskenntnisse + Motive + Erwartungen des Mitarbeiters

Abb. 41: Zusammenhang zwischen Soll- und Ist-Qualifikationen

Nur dann finden Anforderungen ihre Gegenpole: Bestimmte Persönlichkeits-Merkmale sind in ihren Ausprägungen bei Mitarbeitern deren tatsächlich vorhandene Leistungsvoraussetzungen. Sie ermöglichen ein bestimmtes Leistungsverhalten, dessen Ergebnisse auch durch die vorhandenen Arbeitsbedingungen, die Arbeitsorganisation und Interaktionsbeziehungen beeinflußt werden. Während Anforderungsanalyse und -prognose diese Zusammenhänge von der Soll-Seite her angehen, bemühen sich Qualifikations-Diagnosen und -Prognosen um die Ist-Seite. Abbildung 41 stellt diesen Zusammenhang dar.

48 Vgl. zum Qualifikationsbegriff z.B. Jäger (1970) 631; v. Eckardstein/Schnellinger (1978) 247; Tietze/Schmale (1975) Sp. 788ff.; Wagner (1975) Sp. 1186.

Bei **Qualifikations-Diagnosen** geht es um aktuelle (gegenwärtig realisierte) Qualifikationen; die **Qualifikations-Prognose** beschäftigt sich mit potentiellen (für die Zukunft erwarteten, realisierbaren) Qualifikationen.[49]

In der Literatur wird statt von »Qualifikation« meist von »Eignung« gesprochen.[50] Der dabei verwendete Eignungsbegriff ist mit dem hier gewählten (s. Kap. B.II.3.a) oft identisch. Er ist aber dann zu eng, wenn er nicht auch die Determinanten des Wollens zur Leistung mit einschließt. Diese werden bei dem hier gewählten Qualifikationsbegriff explizit berücksichtigt. Daher ist es dann terminologisch inkonsistent, wenn Tests und andere Verfahren zur Prüfung des Vorhandenseins von Merkmalen des gesamten Qualifikationsspektrums mit dem Terminus »Eignungsdiagnostik« belegt werden, was sich einzubürgern beginnt.[51]

In einer Gesellschaft, die sich als Leistungsgesellschaft versteht, kommt der Prüfung der für Leistungsvoraussetzungen als notwendig erkannten Qualifikationen besondere Bedeutung zu: Sie hat die Rolle des Instruments, mit dem der Anspruch auf »Gerechtigkeit« bei der Zuweisung beruflicher Positionen erfüllt werden kann. Ihr ist daher große Aufmerksamkeit und Sorgfalt zu widmen.[52]

Diese Sorgfalt ist vor allem dann gewahrt, wenn die Prüfung der Qualifikationen inhaltlich mit den Anforderungen abgestimmt ist, und diese unter Berücksichtigung der gesamten Arbeitssituation weit gefaßt sind (s. oben Kap. D.II.2.a.cc). Letzteres hat sich in der Praxis bislang nicht in ausreichendem Maße durchgesetzt.

Grundsätzlich sind Qualifikationsprofile sowohl die Basis für die Beurteilung von potentiellen neuen Mitarbeitern im Rahmen der Bewerberbeurteilung als auch die Grundlage für die Beurteilung bereits beschäftigter Mitarbeiter im Rahmen der Mitarbeiterbeurteilung. Die jeweilige Informationsgrundlage ist jedoch eine andere. Während sich das Verhalten, die persönlichen Eigenschaften und die Erreichung (betrieblicher) Ziele eines bereits beschäftigten Mitarbeiters über einen längeren Zeitraum unter »echten« Arbeitsbedingungen beobachten und erfassen läßt, lassen sich Beobachtungen im Rahmen der Personalauswahl nur zeitlich eng begrenzt vornehmen, wobei sich die potentiellen neuen Mitarbeiter zudem in einer mehr oder weniger künstlichen »Bewerbersituation« befinden.

Die Verfahren zur Bewerberbeurteilung werden weiter hinten (s. Kap. D.III.3) diskutiert, während im folgenden auf die Probleme und Verfahren zur Mitarbeiterbeurteilung (synonym: Personalbeurteilung), d.h. der Leistungsbeurteilung (Qualifikations-Diagnose) und Potentialbeurteilung (Qualifikations-Prognose) eingegangen wird. Mitarbeiterbeurteilung ist damit als Oberbegriff zu verstehen.

bb) Inhaltliche und methodische Ansprüche und Probleme

Verfahren zur Mitarbeiterbeurteilung bzw. zur Bewerberbeurteilung in Form der Qualifikations-Diagnose und der Qualifikations-Prognose sind in verschiedenen Disziplinen wie z.B. in der psychologischen Diagnostik oder in den Arbeitswissenschaften entwickelt worden.[53]

---

49 Sie dienen der informatorischen Fundierung verschiedener Personalentscheidungen, wie z.B. der Personalentwicklung (Karriereentscheidungen, Aus- und Fortbildung), der Entgeltfindung, der Entlassung. Vgl. Brandstätter (1970) 699; Neuberger (1980) 28.

50 S. z.B. den Überblick über den Eignungsbegriff bei Tietze/Schmale (1975) Sp. 788ff.

51 Vgl. hierzu Franke (1976) 128ff.

52 Vgl. hierzu ausführlich Becker (1992), insbes. S. 129ff.

53 Zu einem kurzen geschichtlichen Abriß vgl. Lattmann (1975) 17ff.

In erheblichem Umfange liegen auch eigenständige Entwürfe aus der Praxis der Personalführung vor, d.h. aus der Wirtschaft, aus der Verwaltung, aus dem militärischen Bereich u.a. Die wichtigsten Ansprüche an die Erhebung und Auswertung von Qualifikationsdaten werden hier in gleichen Kriterienklassen wie für Anforderungsdaten skizziert. Diesen Ansprüchen genügen die Verfahren der Qualifikations-Diagnose und -Prognose oft nur unzureichend. Es entstehen **Erhebungs-, Meß- und Auswertungsprobleme** ähnlich wie bei der Anforderungsanalyse.

Als Gütekriterien für Qualifikations-Diagnosen und -Prognosen liegen – ähnlich wie auf der Anforderungsseite – folgende Einzelansprüche nahe:[54]

a) Zugrundelegung eines theoretisch und empirisch begründeten Modells,
b) Praktikabilität,
c) Wirtschaftlichkeit.

Zu a): Zugrundelegung eines theoretisch und empirisch begründeten **Modells** bedeutet, daß

- Qualifikations-Merkmale auf Anforderungs-Merkmale bezogen sein müssen und daß sie und ihre Erhebungsverfahren den sozialwissenschaftlichen Gütekriterien genügen müssen,
- die zwischen Beurteilenden und Beurteilten entstehenden sozialen Beziehungen zu beachten sind,
- in Rechnung gestellt wird, daß der Prozeß der Personalbeurteilung motivationale Wirkungen ausübt.

Die Qualifikations-Diagnose geht von den durch die Anforderungsanalyse erhobenen personalen Leistungsvoraussetzungen aus. Nur so kann die Anforderungs- und Arbeitsplatzbezogenheit von Qualifikations-Diagnosen und – darauf aufbauend – von -Prognosen sichergestellt werden. Die Qualität der Beurteilungsverfahren wird anhand der drei in der empirischen Sozialforschung hinreichend bekannten Gütekriterien Validität, Reliabilität und Objektivität bestimmt.[55]

Bei der Validität wird unterschieden zwischen **Inhalts-**, **Konstrukt-** und **Kriteriumsvalidität**. Ein Meßverfahren wird als inhaltsvalide bezeichnet, wenn die einzelnen Aufgaben/Items des Verfahrens mit den Aufgaben am Arbeitsplatz identisch sind. Das in der Meßsituation und am Arbeitsplatz erwartete/erforderliche Verhalten entsprechen sich (z.B. Arbeitsprobe). Die Konstruktvalidität stellt ein Kriterium dafür dar, daß ein Meßverfahren tatsächlich das mißt, was es messen soll. Konkret geht es um die psychologisch-inhaltliche Aufklärung dessen, was ein eignungsdiagnostisches Verfahren mißt. So muß z.B. ein Intelligenztest tatsächlich das abbilden, was in der Theorie als eignungsdiagnostisches Konstrukt »Intelligenz« beschrieben ist. Die Kriteriumsvalidität bezieht sich auf die Verwertbarkeit diagnostischer Aussagen und gibt den Zusammenhang zwischen dem in der Testsituation gezeigten und im Meß- bzw. Testergebnis manifestierten Verhalten und einem Kriterium (z.B. dem Berufserfolg) wieder. Je nachdem, ob das Kriterium zeitgleich mit dem Test oder zu einem späteren Zeitpunkt als dieser erhoben wird, spricht man von Übereinstimmungs- bzw. Prognosevalidität. Insbesondere letztere ist in der betrieblichen Eignungsdiagnostik von vorrangigem Interesse. Beispielsweise kann die Testleistung als Entscheidungskriterium

54 Vgl. hierzu Bartölke (1972) 630ff.; Schuler (1978) 155f.; Lienert (1969) 13ff.
55 S. Lienert (1969); Wiggins (1973).

für die Wahl eines Ausbildungsberufes herangezogen werden, wenn ein positiver (korrelativer) Zusammenhang zwischen dem Ergebnis eines Berufseignungstests und dem späteren Ausbildungserfolg konstatiert werden kann.

Der Begriff der **Reliabilität** bezieht sich auf die Meßgenauigkeit eines Verfahrens. Reliabilität wird unterstellt, wenn ein Diagnose- bzw. Prognose-Verfahren bei mehreren Messungen übereinstimmende Ergebnisse produziert. **Objektivität** ist der Grad, in dem die Ergebnisse eines Beurteilungsverfahrens unabhängig vom Untersucher sind. Es lassen sich unterscheiden, die **Durchführungsobjektivität**, als Unabhängigkeitsgrad der Beurteilungsergebnisse von Variationen im Verhalten des Beurteilers, die **Auswertungsobjektivität**, als Unabhängigkeitsgrad vom Beurteiler bei der Kategorisierung bzw. Erfassung von Ergebnissen und die **Interpretationsobjektivität**, als Grad der Unabhängigkeit vom Beurteiler bei der Interpretation der Ergebnisse eines Beurteilungsverfahrens.[56]

Der zur Qualifikations-Diagnose wie auch -Prognose führende **Urteilsprozeß** kommt bei zahlreichen Verfahren durch persönliche Kontakte zwischen Beurteiler und Beurteiltem zustande. Dadurch fließen persönliche Einstellungen, Wahrnehmungen, Fähigkeiten in die Urteile ein, möglicherweise auch Sympathie oder Antipathie. So entstehen leicht Urteilstaktiken, -tendenzen und vor allem bewußte oder unbewußte **Urteilsfehler** (s. dazu Abb. 45). Solche Fehler soweit wie möglich zu vermeiden, ist umso eher möglich, je besser es gelingt, den folgenden Forderungen Genüge zu tun.

- Die Beurteilungsverfahren sollen **transparent** sein.
- Die Beurteiler müssen für diese verantwortungsvolle Tätigkeit ausreichend **geschult** sein.
- Den am Beurteilungsprozeß Beteiligten müssen Mechanismen zur Verfügung stehen, die eine **vorurteilsfreie** Verständigung und Einigung ermöglichen.

Die Verfahren zur Beurteilung von Qualifikationen werden **transparent** gemacht durch Offenlegung der

- Leistungserfassung (Wer wird beurteilt? Was wird beurteilt? Wer urteilt? Wann wird beurteilt?),
- Leistungsdimensionen (Welche Faktoren verursachen und welche beeinflussen die Leistung?),
- Maßnahmen (Welche Konsequenzen haben die Beurteilungsergebnisse?)

Eine **Schulung** der Beurteiler verhilft diesen dazu, die Beurteilungsverfahren zu beherrschen, eigene Urteilsfehler zu erkennen, zu überwinden und Urteile mit hinreichender Sicherheit abzugeben.[57]

Beurteilungsvorgänge bzw. -ergebnisse lösen immer wieder Konflikte aus. Diese lassen sich nur vermeiden, wenigstens verringern, wenn alle Beteiligten regelmäßig und offen miteinander sprechen. Daher ist es sinnvoll, dies durch bestimmte Gesprächsregeln (wie z.B. Gesprächszeiten oder -abstände) zu sichern. Diesen Beurteilungsgesprächen kommt im Rahmen der informatorischen Fundierung besondere Bedeutung zu. In ihnen können u.a. Informationen über persönliche Ziele, Situationsveränderungen, Leistungsprobleme individueller oder organisatorischer Art an die Personalverantwortlichen weitergegeben werden.[58] Es ist daher sinnvoll, ein anschließendes **Mitarbeitergespräch** zum festen Bestandteil jeder Personalbeurteilung zu machen.

---

56 S. Lienert (1969) 13f.; Becker (1992) 153f.
57 Vgl. hierzu u.a. Franke/French (1981) und Schuler (1980).
58 Vgl. Kellog (1971); Neuberger (1980) (1981); Kempe (1977); Rischar (1980) 67ff.; Knecht (1983).

Dadurch, daß ein Betrieb bestimmte Qualifikations-Merkmale wählt und in seinen Diagnoseverfahren verwendet, legt er fest, **was** als Leistung anerkannt und gegebenenfalls »belohnt« wird. Insofern gehen von Verfahren der Qualifikations-Diagnose steuernde Einflüsse auf die Motivation der Mitarbeiter aus. Diese kann nur untermauert werden, wenn Beurteilungsergebnisse als Informationen an die Beurteilten zurückfließen und bei diesen Lernprozesse auslösen.

Zu b): Qualifikations-Diagnosen und -Prognosen genügen dem Anspruch der **Praktikabilität**, wenn sie ihren Verwendungszwecken entsprechend angewendet werden. Das jedoch wird vor allem dadurch erschwert, daß Qualifikationsdaten häufig verschiedenen Zwecken dienen. So stehen neben den Zwecken der Karriereplanung z.B. auch solche der Feststellung der Entwicklungsnotwendigkeit, -fähigkeit und -würdigkeit der Mitarbeiter (für Fortbildung, Beförderungen, Entlassungen) sowie der Entgeltfindung. Für letztere werden Daten benötigt, die den Vergleich aller Mitarbeiter untereinander ermöglichen. Der jeweils zweckentsprechende Einsatz derselben Qualifikationsdaten wird vor allem dann problematisch, wenn zahlreiche Arbeitsplätze voneinander völlig unterschiedliche Anforderungsbündel haben, andererseits aber die verwendeten Qualifikations-Merkmale den Anforderungs-Merkmalen entsprechen. Der Druck dieses Problems kann verringert werden durch eine Vorgehensweise, die man mit stufenweiser Individualisierung von Qualifikations-Diagnose und -Prognose umschreiben kann.[59] Sie nimmt ihren Ausgangspunkt in Positionsfamilien.

Zur Praktikabilität der Erhebung und Auswertung von Qualifikationsinformationen gehört nicht zuletzt, daß mit den im Betriebe angewandten Verfahren die bestehenden gesetzlichen Vorschriften, insbesondere des Betriebsverfassungsgesetzes, eingehalten werden.

Zu c): Für die **Wirtschaftlichkeit** von Qualifikations-Diagnose und -Prognose gilt Ähnliches wie für die Erhebung und Auswertung von Anforderungsinformationen.

cc) Mitarbeiterbeurteilung

Es gibt eine Vielzahl von möglichen Verfahren zur Qualifikations-Diagnose und -Prognose. Im Rahmen der Mitarbeiterbeurteilung sollen die Verfahren im Vordergrund stehen, die geeignet erscheinen, übergreifend für die verschiedenen Arbeitsbereiche des Personal-Managements die notwendigen Informationen über Qualifikationen von Mitarbeitern im Sinne von Ist-Ausprägungen bereitzustellen. Verfahren, die bei der Auswahl externer Bewerber im Vordergrund stehen und in der Regel keine Verwendung für die Mitarbeiterbeurteilung finden, werden deshalb gesondert als Verfahren zur Bewerberbeurteilung im Rahmen der Personalbedarfsdeckung behandelt.

Verfahren zur Mitarbeiterbeurteilung lassen sich nach unterschiedlichen Gesichtspunkten voneinander unterscheiden.[60] Nach dem Diagnose-Inhalt lassen sich die heute bekannten Verfahren der folgenden Vierer-Gruppierung zuordnen:

(1) **Ziel-(Ergebnis-)orientierte** Verfahren gehen von den erwarteten Leistungen bzw. von den erfüllten Aufgaben aus.

---

59 Vgl. Berthel/Koch (1985) 84f.

60 Einen umfassenden Ansatz entwickelt Becker (1992) 252ff. Es werden jedoch die Verfahren nach der Verfahrenstechnik und dem Diagnose-Inhalt auf einer Ebene dargestellt und diskutiert. Da die einzelnen Bewertungstechniken mitunter bei verschiedenen Diagnose-Inhalten Anwendung finden (können), ergeben sich bei einem solchen Vorgehen viele Überschneidungen.

(2) **Verhaltensorientierte Verfahren** schätzen das Leistungsverhalten ein.
(3) **Eigenschafts-(Persönlichkeits-)orientierte Verfahren** prüfen das Vorhandensein oder aber das Fehlen von Persönlichkeitsmerkmalen.
(4) **Aufgabenorientierte Verfahren** stellen das positions- und mitarbeiterspezifische Zustandekommen von Leistung in den Mittelpunkt.

Üblicherweise wird die Feststellung der **Gesamtqualifikation** als Leistungsbeurteilung bezeichnet. Denn eine erbrachte **Arbeitsleistung** ist Ausdruck der Summe der aktivierten Qualifikationsmerkmale als Leistungspotential und insofern eine **Resultante**. Von ihr aus können Rückschlüsse gezogen werden darauf, ob und inwieweit Leistungsdeterminanten des Könnens, aber auch des Wollens aktiviert wurden. Zwingend und einigermaßen zweifelsfrei auf bestimmte Komponenten zurechenbar sind die Ergebnisse solcher Rückschlüsse jedoch nicht. Leistungsbeurteilungs-Verfahren setzen in praxi entweder am **Leistungsverhalten** (verhaltensorientierte Verfahren) oder am **Leistungsergebnis** (zielorientierte Verfahren) an.[61]
Im nachfolgenden werden die oben grob klassifizierten Verfahren näher erläutert:

Zu (1): **Zielorientierte Verfahren** sind auf den Vergleich von erwarteten und tatsächlich erbrachten Leistungen der Mitarbeiter gerichtet. Sie machen die Festlegung von Leistungsmaßstäben erforderlich, die als Bezugsgrößen für den Vergleich dienen. Leistungsmaßstäbe lassen sich in Form von **Leistungszielen (-ergebnissen)** oder **Leistungsstandards** formulieren. Leistungsziele sind nach Inhalt und Ausmaß für eine bestimmte Stelle spezifiziert und für einen bestimmten Bezugszeitraum konkretisiert. Leistungsstandards sind dagegen relativ konstante, allgemein verbindliche Stellennormen, die für eine unbestimmte Zeitdauer gelten. Problematisch ist jedoch, daß andere Determinanten des »Erfolgs« als die individuelle »Leistung« unberücksichtigt bleiben (z.B. der tatsächliche Schwierigkeitsgrad der Zielerreichung). Es ist daher erforderlich, diese mit zusätzlichen subjektiven Bewertungen zu erfassen. Abbildung 42 liefert ein Beispiel für ein Bewertungsformular.

Bekanntlich sind zielorientierte Beurteilungssysteme Bestandteil der Führungskonzeption des **»Management by Objectives«** (MbO).[62] Wesentliches, vorgelagertes Element des MbO ist die Ableitung und Bestimmung von Sektoralzielen (bis hin zu Abteilungs- und Stellenzielen). MbO sieht vor, eine wechselseitige Zielabstimmung zwischen Vorgesetzten und Untergebenen aufzunehmen und die vereinbarten Ziele zur Grundlage von Leistungsbeurteilungen zu machen. Der erste Vorgang einer vorläufigen Zielableitung hierarchieabwärts gehört dabei zur Anforderungsseite, während bei der Zielbestätigung hierarchieaufwärts in das Zielvereinbarungsgespräch zwischen Vorgesetztem und Untergebenem auch Leistungsvermögen und -bereitschaft des letzteren Eingang finden. Damit kommt auch im MbO der Einfluß der Positionsinhaber auf die Aufgaben und damit auf deren Anforderungen zum Tragen. Die im MbO vorgesehene Abweichungsanalyse deckt u.a. mögliche Leistungslücken und deren Ursachen auf. Weitere Instrumente wie Beurteilungsgespräche ermöglichen Qualifikations-Diagnosen und Verlängerungen zu Qualifikations-Prognosen sowie weiteren Maßnahmen.

Bisher angestellte Langzeitstudien zeigen insgesamt positive Folgen sowohl für den Betrieb als auch für die Mitarbeiter, wenn Diagnoseverfahren in der oben skizzierten Form

61 Vgl. die empirischen Studien von Grunow (1976) 14ff.; Gaugler u.a. (1978) 46ff.; Wunderer/Boerger/Löffler (1979); Heinrich/Erndt (1980); Beyss (1983); Liebel/Walter (1978).
62 Vgl. speziell Kill (1972) 118ff. sowie Lattmann (1975) 85ff.

Zielsetzungen						
Ziel Nr.	Aufgaben gem. Stellenbeschreibung	Ziel	Randbedingungen	Maß- bzw. Bewertungsvorschriften	Informationsgrundlagen	Gewicht
	Allgemeine Aufgaben					
1	Planung	Einhaltung des Budgets des unterstellten Bereichs bei Durchführung aller geplanten Aktivitäten oder bei a.o. Umständen sofort nach Kenntnisnahme Bericht erstattet.	Keine neuen Aufgaben.	Abweichung in % des Budgetbetrages.	Budgetberichte	6
2	Personalführung	Einhaltung von Arbeitszeiten und allg. Weisungen durch direktunterstellte Mitarbeiter.	Technische Voraussetzungen für korrekte Gleitzeiterfassung gegeben.	Korrektheit der Gleitzeitdaten.	Gleitzeitabrechg. Reklamationen.	3
3	Information und Koordination	Laufende Information des Stellvertreters, so daß dieser in der Lage ist, die Aufgaben des Stelleninhabers in dessen Abwesenheit wahrzunehmen.	Mitarbeiter, der die Stellvertreterfunktion übernimmt, wird gem. Abmachung mit Abt. X auf Anfang der Periode in die Personalabt. versetzt.	Führung der Geschäfte bei Abwesenheit Stelleninhaber.	Korrespondenz Aktennotizen usw.	8
	Sachaufgaben					
4	Personalbeschaffg. und -einsatz	Besetzung freiwerdender Stellen innerhalb minimaler Frist, 50% innerhalb von 6 Monaten besetzt. Alle Anforderungen aus der letzten Periode bis Ende Bewertungsperiode besetzt.	Gleichbleibende Arbeitsmarktsituation.	Schnelligkeit der Besetzung zu gewünschten Bedingungen.	Personalanforderg. Stellenplan.	10
5		Eingestellte Mitarbeiter erfüllen die Anforderungen der Stelle.	Anforderungen der Stellen durch die betr. Vorgesetzten genügend klar definiert.	Zahl der Austritte in den ersten 3 Monaten bzw. Zahl der Versetzungen.	Rapporte, sonst. Berichte.	10
6		Personalumschlag: pro Monat nicht mehr als 10 Austritte.	Einhaltung der vorhandenen Führungsrichtlinien durch Vorgesetzte.	Zahl der Austritte.	Personalstatistik	10
7		Mit neuen Mitarbeitern am ersten Tag und mindestens einmal in der Probezeit Kontakt aufgenommen.		Erfassung der Probleme neuer Mitarbeiter.	Besuchsnotizen, Berichte	8

Bewertung der Zielerreichung 1		
Ziel Nr.	Ergebnis	Kommentar zur Zielerreichung (Begründung von Abweichungen)
1	Budget – 10% eingehalten	Personalwerbespesen wesentlich unter geplanten Ausgaben. Begründung: Einsparung durch Reduktion Zahl der Werbeträger, keine laufenden Serien mehr.
2	Am Ende der Bewertungsperiode Einhaltung der Vorschriften durch alle Mitarbeiter	Am Anfang der Periode z.T. Nichteinhaltung der Blockzeiten durch Mitarbeiter. Nach Gespräch keine Abweichungen mehr.
3	Kein Stellvertreter vorhanden. Platzhalterschaft gesichert	Bei Planung zu optimistisch, daß neuer Mitarbeiter rechtzeitig von der anderen Abteilung freigegeben werde. Als Ersatzlösung Platzhalterschaft durch Hr.... Funktioniert zufriedenstellend.
4	70% der freiwerdenden Stellen innerhalb von 6 Monaten besetzt. 10% der Anforderungen aus der letzten Periode noch offen.	Ziel angesichts der rel. guten Arbeitsmarktlage eher zu tief gesetzt (ungenügende Grundlagen bei der Zielfestlegung). Standortänderung einer Abteilung gegenüber letzter Periode hatte unbesetzte Stellen zur Folge.
5	Bei 3 von 85 Besetzungen Anforderungen nicht erfüllt, bei 2 davon interne Versetzungen möglich.	In einem Fall Fehleinschätzung Bewerber, in 2 Fällen von vornherein als Versuch betrachtet.
6	Zwischen 12 und 17 Austritte pro Monat.	Zuwenig direkte Einflußmöglichkeiten durch Personalabteilung. Ziel zu hoch. Stelleninhaber überblickte Situation zu Beginn der Bewertungsperiode infolge kurzer Einarbeitungszeit nicht völlig. Insbesondere Problem, inwieweit GL Einflußnahme der Personalabteilung unterstütze, unklar. Zielerreichung in Anbetracht der Sachlage gut.
7	Nur etwa 50% der Mitarbeiter am Eintrittstag gesehen. 90% während der Probezeit gesehen.	Häufige Terminüberschneidungen mit anderen Verpflichtungen. Kapazität falsch eingeschätzt, insbesondere, da kein Stellvertreter vorhanden.

Abb. 42: Bewertungsformular für einen Personalleiter im Rahmen eines zielorientierten Verfahrens
Quelle: Becker (1993) 16f. (in Anlehnung an Müller 1974).

angewendet wurden.[63] Das sonst oft als Manko beobachtete Phänomen einer Beurteilungstendenz zur Mitte (zum Durchschnitt) verminderte sich rapide. Die Beurteilungen wurden insgesamt kritischer, die Zufriedenheit der Mitarbeiter mit dem Beurteilungssystem war trotzdem sehr groß.

Zielorientierte Diagnoseverfahren werden nicht nur zustimmend beschrieben und kommentiert. Gegen sie werden vielmehr auch Einwände vorgebracht. In der Hauptsache sind es die folgenden:[64]

---

63 Vgl. Bartölke (1972) 638f.; Schuler (1978) 153.
64 Vgl. insgesamt Schuler (1978) 153; Bartölke (1972) 638f.

- Die Verfahren seien unvollständig, da eine Analyse der Ursachen von Leistungsdefiziten Hypothesen über das hierfür verantwortliche Leistungsverhalten, über die persönlichen Voraussetzungen sowie über die Leistungsbedingungen erforderlich mache.
- Die Verfahren setzten voraus, daß die Leistungsergebnisse eindeutig auf bestimmte Personen zuzurechnen seien, was in der Realität häufig nicht möglich sei (z.B. bei der Teamarbeit).
- Die Verfahren konzentrierten sich auf die Bewertung meßbarer Anforderungselemente (insbesondere basierend auf quantifizierbaren Zielsetzungen), wodurch ein nicht geringer Teil weiterer Beurteilungskriterien außer Betracht bliebe.
- Allgemeine und vergleichbare Standards bei der Zielformulierung lägen im Rahmen des Instruments nicht vor und müßten einzelfallspezifisch definiert werden.
- Die Verfahren vernachlässigten die Leistungsbedingungen und -voraussetzungen.

Zu (2) und (3): Zu den Diagnoseverfahren, die am **Leistungsverhalten** ansetzen, zählen u.a. das Check-List-Verfahren, das Zwangswahl-Verfahren und die Methode kritischer Ereignisse. Sie sind auf Verhaltenskomponenten gerichtet wie mündliches und schriftliches Ausdrucksvermögen, Verhalten gegenüber Vorgesetzten, Gleichgestellten und Untergebenen, Pünktlichkeit, Sorgfalt u.ä. Oftmals sind sie auch mit **eigenschaftsorientierten** Verfahren vermischt, die Merkmale wie Intelligenz, Phantasie usw.[65] zu beurteilen suchen. Für letztere werden häufig spezielle Verfahrenstechniken eingesetzt wie Einstufungs- oder Kennzeichnungsverfahren.

- Das **Check-List-Verfahren** operiert mit einer Liste von Beschreibungen über Verhaltensweisen, die für die Leistung förderlich oder aber hinderlich sind und aus der eine Wahl zu treffen ist, ohne daß Bewertungen abzugeben sind.[66]
- Ähnlich steht das **Zwangswahl-Verfahren** (Forced Choice-Methode) auf der Grundlage der vorgegebenen, gruppierten Verhaltensbeschreibungen über erfolgreiche und erfolglose Mitarbeiter, denen das Verhalten der zu Beurteilenden zuzuordnen ist.[67]
- Mit der **Methode kritischer Ereignisse** (Critical Incidents) werden auf einer Liste von Verhaltensweisen kritische, d.h. Erfolg oder Mißerfolg begründende Ereignisse (Tätigkeiten, auch Ergebnisse) verzeichnet. Aufgrund von Beobachtungen werden Häufigkeitsverteilungen ermittelt, auf deren Grundlage zusammenfassende Beurteilungen gebildet werden.[68]

Obwohl solche Verfahren am wenigsten den oben formulierten Ansprüchen an die Qualifikations-Diagnose genügen, sind sie in der Wirtschaftspraxis sehr weit verbreitet[69] (s. auch das Beispiel für ein Bewertungsformular für Angestellte, vgl. Abb. 43).

Im einzelnen sind gegen verhaltensorientierte, vor allem aber gegen eigenschaftsorientierte Verfahren die folgenden **Haupteinwände** zu erheben:[70]

- Die Anforderungsseite bleibt weitgehend unberücksichtigt,
- gültige, zuverlässige, objektive Urteile sind kaum möglich,

---

65 Vgl. z.B. den Eigenschaftskatalog bei Fischer (1973) 138f.
66 Vgl. Brandstätter (1970) 678f.; Bartölke (1972) 654; Gohen (1972) 20; Lattmann (1975) 70f.
67 Vgl. Sisson (1948) 223ff.; Brandstätter (1970) 679ff.
68 Vgl. Flanagan (1954) 336ff.; Bartölke (1972) 684.
69 Vgl. z.B. Grunow (1976) 14ff.; Gaugler u.a. (1978) 46ff.; oder Becker (1992) 279f. und die dort angegebene Literatur.
70 Vgl. v.a. Neuberger (1980); Becker (1992) 280ff.

Bewertungsmerkmale	Gewichtung	Bewertungsskala				
		1	2	3	4	5
I. Anwendung der Kenntnisse Darunter ist z.B. zu verstehen: – Beweglichkeit des Denkens oder – Erkennen des Wesentlichen oder – gezeigte Selbständigkeit	1	entspricht selten der Erwartung 0	entspricht im allgemeinen der Erwartung 2	entspricht voll der Erwartung 4	liegt über der Erwartung 6	liegt weit über der Erwartung 8
II. Arbeitseinsatz Darunter ist z.B. zu verstehen: – Initiative oder – Ausdauer oder – Zuverlässigkeit	1	0	2	4	6	8
III. Arbeitsquantität Darunter ist z.B. zu verstehen: – Intensität der Arbeitsausführung oder – Umfang des erzielten Arbeitsergebnisses	2	0	4	8	12	16
IV. Arbeitsqualität Darunter ist z.B. zu verstehen: – Genauigkeit der Arbeitsausführung oder – Fehlerfreiheit des Arbeitsergebnisses	2	0	4	8	12	16
V. Zusammenarbeit und persönliche Wirksamkeit Darunter ist z.B. zu verstehen: – Informationsaustausch oder – Zusammenarbeit oder – Mitarbeiter anzuweisen oder anzuleiten oder zu beurteilen oder zu fördern	1	0	2	4	6	8

Abb. 43: Bewertungsformular eines merkmalsorientierten Einstufungsverfahrens
Quelle: Becker (1993) 9.

- ein situationsspezifischer oder individueller Zuschnitt ist (wenn überhaupt) nur schwer praktizierbar,
- es ist möglich, daß die Verfahrensanwendung negative motivationale Effekte nach sich zieht, die die Leistungsbereitschaft und/oder Leistungsintensität beeinträchtigen, wenn nicht positiv ausgerichtete Aktivitäten (z.B. Mitarbeitergespräche) begleitend eingesetzt werden.

Ein am Leistungsverhalten orientiertes Verfahren, mit dem nach Meinung seiner Verfasser und Verfechter eine Überwindung dieser Fehler möglich sein müßte, ist das Verfahren der **»Behaviorally Anchored Rating Scales« (BARS)**. Es geht auf Smith/Kendall zurück und basiert auf der Methode der »kritischen Ereignisse«.[71] Wichtig ist, daß BARS die Anforderungsseite mit einbezieht dadurch, daß die speziellen Anforderungen der einzelnen Arbeitsplätze entwickelt werden. Dabei wird besonderer Wert auf die Partizipation der späteren Benutzer des Systems an der Konzipierung der Arbeitsdimensionen und der Skalen gelegt. Als Ergebnis entstehen für jede einzelne Arbeitsdimension in Begriffen des Leistungsverhaltens formulierte Anker, die zusammen spezielle Leistungsskalen ausmachen. Sie repräsentieren spezifische, arbeitszielorientierte Kriterien, in denen die Erfüllungsgrade einer Arbeitsdimension definiert sind.

Mit der Entwicklung und Benutzung der BARS sollen die folgenden postulierten **Effekte** erreicht werden:

- ein Vermeiden der Fehler, die bei grafischen und kategorialen Einstufungen entstehen können,
- eine Langzeitstrukturierung des Verhaltens der Mitarbeiter,
- die Gewährleistung regelmäßiger Kommunikation im Vorfeld und des Feedbacks der Beurteilungsergebnisse.

Allerdings gibt es zu diesem Verfahren auch **Kritikpunkte**:

- Gültigkeits- und Zuverlässigkeits-Studien brachten widersprüchliche Ergebnisse,
- alle Anforderungsbereiche können mit den Skalen des Leistungsverhaltens kaum abgedeckt werden,
- der erforderliche Zeitaufwand ist hoch (insbesondere durch die Forderung, Einigung zu erzielen),
- es müssen für verschiedene Stellen (Anforderungsfelder) verschiedene Formen der BARS entwickelt werden; bei Stellenneubesetzungen müssen auch die BARS entweder bestätigt oder aber neu hergeleitet werden.

Zu (4): Das bekannteste **aufgabenorientierte Verfahren** ist das sogenannte Konzept der ganzheitlichen Qualifikation von Capol.[72] Anhand der in einer Beurteilungsperiode zu erfüllenden positionsspezifischen Aufgaben wird der jeweilige Mitarbeiter mit einem hierauf abgestimmten Verfahren in seiner Leistung beurteilt. Capol verfolgt mit seinem Verfahren neben der unmittelbaren Mitarbeiterführung auch die »verstehende Erfassung« der (beurteilten) Person. Die interindividuelle Vergleichbarkeit ist bei einem solchen Vorgehen nicht gegeben. Das Verfahren kann somit allenfalls Hinweise zur Entwicklung der individuellen Leistungsfähigkeit geben. Im einzelnen wird bei diesem Verfahren wie folgt vorgegangen:[73]

1. Schriftliche Festlegung der konkreten Aufgabenstellung;
2. Bewertung des Arbeitsverhaltens anhand von Aufgabenlisten sowie des Sozialverhaltens auf Basis von Beobachtungen und belegbaren Tatsachen. Eine entsprechende Einstufung dient nur als Hilfsmittel für den Bewerter und nicht für statistische Zwecke.
3. Suche nach den jeweiligen Ursachen der beschriebenen Verhaltensweisen;
4. Ableitung adäquater Entwicklungsmaßnahmen (z.B. Qualifizierung, Beförderung).

Ein Beispiel für ein entsprechendes Bewertungsformular liefert Abbildung 44.

Kritisch ist insbesondere anzumerken, daß ein solches Verfahren einen hohen Entwick-

---

71 Vgl. Smith/Kendall (1963) 149ff.; Campbell/Dunnette/Weick (1970) 118ff.; Weinert (1981) 306ff.
72 Vgl. Capol (1965) 90ff.; sowie Becker (1992) 268ff.
73 Vgl. Becker (1993) 18.

Verhalten	Begründung/Tatsachen/Ursachen	**Maßnahmen**	Wer Termin
Auftreten			
Verhalten zu Vorgesetzten			
Verhalten zu Mitarbeitern	Anhand der nebenstehenden *Merkpunkte* soll der Vorgesetzte das *Sozialverhalten* seiner Mitarbeiter *schildern* und durch überprüfbare Beobachtungen *belegen**. Auch hier hat sich der Vorgesetzte wiederum *zweckmäßige Maßnahmen* zu überlegen, deren Verwirklichung das Sozialverhalten der qualifizierten Mitarbeiter *positiv beeinflussen* können. Durch Angabe seines Kurzzeichens in der letzten Kolonne und durch die Festlegung eines Termines *verpflichtet* sich der Vorgesetzte, die vorgesehene *Führungsmaßnahme einzuleiten und durchzuführen.* * Die Stufen und die durch Eintragung einer Strichmarkierung in diese Stufen ausgedrückte Beurteilung wurde, wie früher ausgeführt und begründet, fallen gelassen.		
Einhalten der betrieblichen Regelungen			
Persönliche Arbeitstechnik			
Arbeitstempo			
Umgang mit betriebs-eigenen Mitteln			
Einstellung zum Betrieb			
Gesundheit und Absenzen: Angabe von auffälligen Absenzzahlen oder anderer Beobachtungen als Indizes zu entsprechender gesundheitlicher Betreuung der Mitarbeiter			
Datum: der Bekanntgabe der Qualifikation		Visum: des qualifizierenden Vorgesetzten	

Tätigkeiten	U	B	G	A	Begründung/Tatsachen/Ursachen	**Maßnahmen**	Wer Termin
Auf dieser Seite werden die einzelnen Funktionsbestimmungen der individuellen Aufgabenkataloge umschrieben und beurteilt mit:					Der Vorgesetzte wird angehalten, unter den obenstehenden Titeln seine Beurteilung kurz *tatbeständlich und ursächlich zu begründen.* Die *subjektive Ursachenbegründung* des Vorgesetzten hat als *Annahme* zu gelten, nach der, mit gezielter Auswahl und Verwirklichung von *Führungsmaßnahmen*, das individuelle Leistungsverhalten des qualifizierten Mitarbeiters *positiv beeinflußt* werden kann und soll. In der letzten Kolonne werden die mit der Durchführung dieser Maßnahmen beauftragten Vorgesetzten durch die Angabe ihres Kurzzeichens gekennzeichnet. Gleichzeitig wird hier der voraussichtliche Termin der erwarteten Wirkungen dieser Führungsmaßnahmen eingetragen.		
unbefriedigend →	x						
befriedigend →		x					
gut →			x				
ausgezeichnet →				x			
Dabei wird die individuell zugewiesene Aufgabe (Ist) mit der auf eine ideale Norm bezogenen individuellen Aufgabenerfüllung (Soll) verglichen.							

Abb. 44: Bewertungsformular eines aufgabenorientierten Verfahrens
Quelle: Capol (1965) 146ff.

lungsaufwand erfordert und mangels interindividueller Vergleichbarkeit der Ergebnisse nicht ohne erhebliche subjektive Einflüsse zur Lohndifferenzierung herangezogen werden kann.

Wenn man die hier dargestellten Verfahren anhand der formulierten Gütekriterien für Qualifikations-Diagnosen beurteilt und daraufhin einem Vor- und Nachteilsvergleich unterzieht, so liegt nach unserem Dafürhalten eine Verwendung ergebnisorientierter Verfahren nahe. Denn sie versprechen am ehesten eine zumindest zufriedenstellende Erfüllung der Ansprüche. In bestimmten Einzelfällen bietet sich die Ergänzung eines ergebnisorientierten Verfahrens, z.B. mit verhaltensorientierten Leistungsskalen, für diejenigen Arbeitsdimensionen, die für grundlegende Ziele eines Arbeitsplatzes stehen, an. Besonders wichtig erscheint uns, daß bei der Prüfung gleichwertig erscheinender Verfahren letztlich solchen der Vorzug gegeben wird, mit denen es ohne Schwierigkeiten möglich ist,

- daß offene und ungezwungene Gespräche (Beurteilungsgespräche) zwischen allen am Urteilsprozeß beteiligten Personen (besonders: Vorgesetzte und Untergebene) geführt werden, und zwar regelmäßig zu Vorgehensweisen, Ergebnissen und Folgen der Beurteilungen,
- ein informatives und gründliches Feedback der Beurteilungsergebnisse sicherzustellen,
- die Beurteiler systematisch, regelmäßig und gründlich zu trainieren.

Bei Qualifikations-Diagnosen der beschriebenen Art sind Beteiligungsrechte des Betriebsrats zu beachten (s. Kap. F.I.3.a).

Bei den bislang kurz vorgestellten Verfahren handelt es sich um die Beurteilung eines Untergebenen durch den direkten Vorgesetzten. Daneben sind noch andere Beurteilungsformen möglich:[74]

- Bei der **Vorgesetzten-Beurteilung** handelt es sich um Verfahren, mittels derer in einem Betrieb ein oder mehrere Mitarbeiter ihre direkten Vorgesetzten bezüglich des Arbeits- und/oder Führungsverhaltens und/oder der Qualifikation beschreiben und/oder anhand bestimmter Kriterien beurteilen.[75] Dadurch erhalten Führungskräfte Informationen darüber, wie ihr Verhalten von den Untergebenen wahrgenommen wird; gleichzeitig laufen in der Personalabteilung Diagnose-Ergebnisse zu Führungsqualifikationen zusammen.
- Durch **Gleichgestellten-Beurteilungen** werden von Mitgliedern einer begrenzten Personengruppe (z.B. Arbeitsgruppe), die der gleichen hierarchischen Stufe angehören und gleiche oder ähnliche Positionen innehaben, gegenseitig Urteile über Gruppenmitglieder hinsichtlich deren Leistungen abgegeben.[76]
- Bei den **Teambeurteilungs-Verfahren** werden die Mitglieder einer Projektgruppe, eines Teams o.ä. gemeinschaftlich im Hinblick auf ihre Leistungen hin bewertet.[77]

Allen Verfahren der Qualifikations-Diagnose gemeinsam ist der gewollte Verwendungszweck, geeignete (potentielle) Mitarbeiter zu identifizieren und von weniger geeigneten zu unterscheiden. Gemeinsam ist ihnen auch, daß dies nur mangelhaft gelingt, wenn sie selbst mit Fehlern behaftet sind oder/und fehlerhaft gehandhabt werden.[78] **Verfahrensfehler** können

74 Vgl. auch Domsch/Gerpott (1992) Sp. 1635f.
75 Vgl. Reinecke (1983).
76 Vgl. Jochum (1987).
77 Vgl. Boerger (1979).
78 Eine Zusammenstellung von Fehlermöglichkeiten ist z.B. bei Lattmann (1975) 157ff. oder bei Becker (1992) insbes. 174ff. zu finden.

z.B. in nur eingeschränkter (oder sogar fehlender) Beobachtbarkeit von Qualifikationsaspekten, in deren Überlappung (Folge: Mehrfachbeurteilungen desselben Tatbestandes) oder auch in der mangelhaften Erfaßbarkeit von Leistungsunterschieden ihre Ursache haben.

Handhabungsfehler können bewußt gemacht werden: Beurteilungsfälschungen, begründet in Sympathie/Antipathie, in dem Willen, Mitarbeiter zu behalten oder aber »wegzuloben«, schließlich auch in der Angst vor negativen Konsequenzen von »extremen« Beurteilungen. Gefährlich, weil auch für den Beurteilenden selbst nicht erkennbar, sind **unbewußte** Fehler. In der folgenden Abbildung 45 sind die häufigsten Fehler kurz zusammengestellt.

- **Wahrnehmungsverzerrungen**
  - **Halo-Effekt:** Ein Beurteilungsmerkmal strahlt auf mehrere andere aus.
  - **Nikolaus-Effekt:** Der/die Beurteiler/in stellt auf Ereignisse ab, die erst kürzlich stattgefunden haben (synonym: Recency-Effect).
  - **Primacy-Effekt:** Der/die Beurteiler/in stellt auf Ereignisse ab, die zu Anfang des Beurteilungszeitraumes stattgefunden haben.
  - **Kleber-Effekt:** Längere Zeit nicht beförderte Mitarbeiter werden unterschätzt.
  - **Hierarchie-Effekt:** Je höher der zu beurteilende Mitarbeiter in der Hierarchie eingeordnet ist, um so besser fällt die Bewertung aus.
- **Maßstabsanwendung**
  - **Tendenz zur Mitte:** Bevorzugung mittlerer Urteilswerte bei Einstufungsverfahren.
  - **Tendenz zur Strenge/Milde:** Beurteilungen eines Beurteilers weichen durchschnittlich im Vergleich zu anderen Beurteilern nach unten oder nach oben ab, z. B. durch zu hohes/zu niedriges Anspruchsniveau.
  - **Sympathie/Antipathie:** Besonders sympathisch bzw. unsympathisch wirkende Mitarbeiter werden besser bzw. schlechter bewertet.
- **bewußte Verfälschungen**

  Beurteilung als Mittel zum Zweck: Beurteilungen bestimmter Mitarbeiter erfolgen im Hinblick auf einen anderen Zweck, z. B. eine bestimmte Leistungszulage oder das »Wegloben«.

Abb. 45: Beurteilungsfehler

Die Notwendigkeit, eine Mitarbeiterbeurteilung um eine Qualifikations-Prognose zu erweitern, besteht immer dann, wenn für Arbeitsplätze (deren Aufgabeninhalte) oder deren personelle Besetzung Veränderungen geplant werden. Ist abzusehen, daß Aufgabeninhalte von Arbeitsplätzen sich ändern werden (z.B. im Gefolge von technologischem Wandel oder von geplanten Job Enrichment-Maßnahmen), während die derzeitigen Arbeitsplatzinhaber sie auch in Zukunft besetzen wollen (sollen), so wird eine Aussage darüber notwendig, ob und in welchem Ausmaß sie die geänderten Anforderungen erfüllen werden.

Qualifikationen zu prognostizieren ist ebenso erforderlich für Mitarbeiter, die in einem späteren Zeitpunkt einen anderen als den gegenwärtigen Arbeitsplatz besetzen sollen (Nachwuchs-Einsatz, Personalentwicklung). Die Qualifikations-Prognose (synonym: Potentialbeurteilung) versucht für einzelne Mitarbeiter die Frage zu beantworten, inwieweit diese in der Lage sein werden, zukünftig gleichen oder veränderten Anforderungen zu genügen.[79]

---

79 S. auch Lattmann (1975); Becker (1989); Berthel/Koch (1985).

Möglichkeiten, Qualifikations-Diagnosen für Prognosezwecke zu nutzen, bieten die sogenannten **diagnoseorientierten Verfahren**, die auf der Fortschreibung, Interpretation und/oder Ergänzung von Diagnosedaten basieren.

Eine **Fortschreibung** von Diagnosedaten (etwa in der Form von Trendextrapolationen) setzt voraus, daß aussagekräftige und konsistente Diagnosen über einen längeren Zeitraum hinweg vorliegen. Nur dann lassen sich Entwicklungstendenzen für Qualifikationsmerkmale erkennen und begründen. Gleichwohl kann über ihr Fortexistieren in der Zukunft keine sichere Aussage gemacht werden, da Fortschreibungen ex definitione von unveränderten Rahmenbedingungen ausgehen. Gerade diese Annahme erscheint aber in einer dynamischen Umwelt als höchst problematisch.

Eine **Interpretation** von Diagnosedaten greift besonders typische oder augenfällige Kennzeichen der Zusammensetzung und Entwicklung von Qualifikationen heraus. So eignen sich als Kennzeichen für Qualifikationsentwicklungen:[80]

- die Kontinuität (Diskontinuität) der Leistungsentwicklung: z.B. eine stetige Steigerung der Leistungsergebnisse im Laufe eines längeren Beobachtungszeitraumes,
- die zeitliche Dauer von Entwicklungsfortschritten: z.B. der Zeitraum, den jemand vom Eintritt in den Betrieb bis hin zur vollwertigen Aufgabenerfüllung benötigt,
- der Entwicklungsaufwand, d.h. die unternommenen Anstrengungen zur Erreichung eines bestimmten Leistungsniveaus: z.B. die Art und die Anzahl der von einem bestimmten Mitarbeiter genutzten Personalentwicklungs-Maßnahmen.

Eine Analyse der Zusammensetzung der Qualifikations-Merkmale kann weitere Auffälligkeiten der individuellen Qualifikation aufzeigen:

- das Gefälle zwischen den Ausprägungsstärken der einzelnen Anforderungs- und Qualifikations-Merkmale sowie zwischen dem Anforderungs- und Qualifikationsprofil insgesamt; dadurch wird beispielshalber deutlich, ob ein Mitarbeiter eine Spezialqualifikation besitzt oder aber über breitgestreute Leistungspotentiale verfügt,
- die Einstufung der vorhandenen Ausprägungsstärken in den Qualifikations-Merkmalen nach ihrer Wichtigkeit für die Erbringung der Gesamtleistung: Dadurch werden z.B. Qualifikationsüberschüsse bei besonders bedeutsamen Anforderungselementen sichtbar.

Bei einer **Ergänzung** von Qualifikationsdaten der Vergangenheit stufen Beurteiler die Verwendungs- und Entwicklungsmöglichkeiten von Mitarbeitern entweder global ein, oder aber sie bewerten als spezifische Merkmale **Meta-Qualifikationen**, von denen angenommen wird, daß sie besondere Bedeutung für das Entwicklungspotential besitzen wie z.B. Lernbereitschaft und -fähigkeit, Mobilitätsbereitschaft und -fähigkeit. Je nachdem, ob Leistungsergebnisse, Leistungsverhalten oder aber Eigenschaften Gegenstand der Qualifikations-Diagnose waren, wird versucht, Verhaltensformen oder Eigenschaften zu identifizieren, die für neue Aufgaben wichtig erscheinen. So lassen sich z.B. Aussagen über beobachtetes Leistungsverhalten dahingehend ergänzen, daß Verhaltensformen danach unterschieden werden, in welchem Grade sie für eine andere Stelle verwendbar sind.

Die **Probleme** der Prognosen auf der Grundlage von Diagnosedaten liegen in ihrer Vergangenheitsorientierung. Ihre Grundlage ist stets die Annahme, daß sich Qualifikationen weder stark im Umfang noch abrupt ändern und/oder die in der Vergangenheit beobachteten Änderungsrichtungen auch beibehalten werden. Diese Annahme erscheint gewagt, weil

---

80 Vgl. Müller (1971) 256.

sich nicht nur Anforderungen, sondern auch Qualifikationen in bisweilen recht kurzen Zeiträumen ändern können. Trotzdem kann man sagen, daß für Mitarbeiter-Qualifikationen ein Zusammenhang von Vergangenheit, Gegenwart und Zukunft im Regelfall besteht; eine konstante resp. regelmäßige Entwicklung von Mitarbeitern über einen längeren Zeitraum ist in der Realität nicht untypisch. Dafür spricht auch die Beobachtung, daß die Karriereentwicklung eines Mitarbeiters von den Erfahrungen abhängt, die dieser in den einzelnen Phasen seiner Karriere gemacht hat.

Eine ähnliche Grundlage wie diagnoseorientierte Verfahren haben **biografische Verfahren**, die wieder an Aktualität gewonnen haben, und zwar in Form des »Developmental Integrative Model« von Owens und des »Assessment Classification Model« von Schoenfeld.[81]

Owens' Grundthese ist, daß das beste Vorhersagekriterium für zukünftiges Verhalten eines Individuums dessen Vergangenheitsverhalten sei. Als Indikatoren für das Verhalten in der Vergangenheit sammelt er biografische Informationen.[82]

Aufgrund der bei verschiedenen Personen gesammelten Daten bildet Owens Gruppen (Cluster) ähnlicher Dimensionsausprägungen (d.h. ähnlicher Vergangenheitserfahrungen). Nach seinen empirischen Untersuchungen unterscheiden sich die durch biografische Daten definierten Personengruppen tatsächlich in ihrem Verhalten und in ihren Leistungen.

Schoenfeld erweitert das Modell von Owens durch eine Zuordnung von Personengruppen und Positionsgruppen (Job Families). Die aufgrund ihrer ähnlichen Lebensgeschichte zusammengefaßten Personen (Biodata-Gruppe) werden mit denjenigen Job Families in Zusammenhang gebracht, mit denen ihr Erfolg und ihre Zufriedenheit korrelieren. Dies kann durch empirische Untersuchungen festgestellt werden, in denen für Biodata-Gruppen in Job Families die konkreten Ausprägungen ausgewählter Kriterien (wie z.B. Geschlecht, Erziehung, alle biografischen Daten, Leistungsergebnisse, Fluktuation als arbeitsbezogene Daten) erhoben werden.

Gegen biografische Verfahren werden die folgenden **Hauptbedenken** geltend gemacht:

- Die gesammelten biografischen Verfahren weisen keinen Anforderungsbezug auf. Ihr Zusammenhang zu Leistungsvoraussetzungen, -verhalten und -ergebnissen ist unklar. Er beruht auf nicht untersuchten, jedenfalls nicht erklärten Korrelationen.
- Die Daten – subjektiv gewählt – haben einen anekdotischen, nicht kontrollierbaren Charakter.
- Die in den Fragebögen eingehenden Items und die Begründungen der mit ihnen erhobenen Ergebnisse sind kulturspezifisch.
- Auswahl und Besetzung von Stellen aufgrund biografischer Daten bedeuten eine konservative Festschreibung einmal erreichter Niveaus; ein erforderliches und mögliches Wachsen des Leistungsstandards wird damit tendenziell verhindert.
- Mitarbeiter, die Minderheiten angehören, weil sie statistisch »unterrepräsentiert« sind, werden benachteiligt.

Die beschriebenen Verfahren zur Qualifikations-Prognose sind stark vergangenheitsorientiert. Weit weniger gilt dies für das **Assessment-Center-Verfahren**, das in Wissenschaft

81 Zur biografischen Methode in den Sozialwissenschaften grundsätzlich z.B. Allport (1969). Zu den neueren Ansätzen als Methode der Qualifikations-Prognose und Plazierungsgrundlage vgl. Owens (1971) 993ff.; Schoenfeld (1974) 583ff.; Brush/Owens (1979) 370ff.; Schuler/Stehle (1986).

82 S. Schoenfeld (1974) 586.

und Praxis in zunehmenden Maße auch für die Qualifikations-Prognose und damit im Zusammenhang mit der Personalentwicklung und der Personalauswahl eingesetzt wird. Da die Schwerpunkte des Einsatzes von Assessment-Center-Verfahren vor allem in der Personalauswahl liegen, wird dort auf das Verfahren vertiefend eingegangen (s. Kap. D.III.3.b.dd).

3. Personalbedarfsplanung

a) Begriff und Inhalt

Unter der **Planung des betrieblichen Personalbedarfs** ist die Ermittlung des gegenwärtigen und zukünftigen Personal-Sollbestandes zu verstehen, der zur Erreichung der betrieblichen Ziele erforderlich ist, spezifiziert in quantitativer, qualitativer und zeitlicher Hinsicht. Sie weist gleichzeitig die (Über-, Unter-)Deckung dieses Sollbestandes aus und kann sich auf einzelne Teilbereiche oder/und den gesamten Betrieb beziehen.[83]

Eine so verstandene Personalbedarfsplanung ist Voraussetzung für die Entwicklung von Maßnahmen und Programmen zur Beseitigung von Sollbestands-Über- bzw. -Unterdekkungen.[84] Der Personalbedarfsplan als Planungsergebnis hat **abgeleiteten** (derivativen) Charakter; denn in aller Regel (außer etwa in Arbeitslagern, Strafkolonien o.ä., wenn man diese als »Betriebe« bezeichnen will) geschieht der Einsatz menschlicher Arbeitskraft nicht um ihrer selbst willen, sondern zur Erreichung bestimmter betrieblicher (Teil-)Ziele.

Unmittelbar darauf bezogene Pläne sind einer Personalbedarfsplanung vorgelagert und enthalten ihr Ausgangsmaterial; jedoch kann das Zusammentragen aller erforderlichen Informationen für einen bestehenden und zukünftigen Personalbedarf durchaus als **eigenständige** Planung bezeichnet werden.[85] Sie fällt nicht automatisch als »Abfallprodukt« vorgelagerter Pläne an, sondern muß vielmehr durch systematische Informationssammlung der (qualitativen, quantitativen, zeitlichen) Bedarfskomponenten gezielt betrieben werden.

Der sprachlichen Präzisierung dient die Unterscheidung von **Bruttopersonalbedarf** (Bb, Gesamtheit der benötigten Quantität und Qualität an Arbeitskräften = Soll-Personalbestand) und **Nettopersonalbedarf** (Nb, zu beschaffende bzw. freizusetzende Arbeitskräfte), der durch Abzug des **Personal-Ist-Bestandes** (I, vorhandene Arbeitskräfte) ermittelt werden kann:

$$Bb\ ./.\ I = Nb \text{ (Voraussetzung: } Bb > I)$$

Liegt letztere Voraussetzung nicht vor, ist also $I > Bb$, so ergibt sich ein negativer Nettobedarf, d.h. ein **Personalfreisetzungsvolumen** (F): $I\ ./.\ Bb = F$.

Die **Komponenten des Personalbedarfs** sind bereits in der eingangs gegebenen Definition enthalten: Quantität, Qualität und Terminierung des Personalbedarfs.

(1) Die **Quantität** eines Personalbedarfs ist abhängig von der zugrundeliegenden Begriffsfassung: Beim Bruttobedarf ist sie identisch mit der Summe der erforderlichen Arbeitskräfte, beim Nettobedarf identisch mit der durch Vergleich mit dem Ist-Bestand festge-

83 Diese begriffliche Fassung findet sich vielfach. Vgl. für andere Hackstein/Nüssgens/Uphus (1975) Sp. 1489.

84 Vgl. Ulrich/Staerkle (1975) 12.

85 Vgl. dazu Wächter (1974) 39.

stellten (Unterdeckungs-)Lücke bzw. mit dem (Überdeckungs-)Freisetzungsvolumen. Die Bedarfsquantität ist eher eine statistische Größe, die für konkrete Bedarfsdeckungs-(Abbau)-Maßnahmen jedoch ohne ausreichende Aussagekraft bleibt, solange sie nicht durch zusätzliche Angaben hinsichtlich des zu beschaffenden (freizusetzenden) Personals angereichert wird.

(2) Die **Qualität** des Brutto-Personalbedarfs ist gedanklich gleichzusetzen mit der Summe der für die Arbeitsplätze eines Betriebes existierenden Anforderungsprofile. Für den Netto-Personalbedarf kommt die qualitative Kennzeichnung des Ist-Bestandes – mithin die Summe der Qualifikationsprofile der vorhandenen Arbeitskräfte – hinzu. Die Güte, die »Treffsicherheit« betrieblicher Personalpolitik, die dafür sorgen soll, daß der »richtige Mann am richtigen Platz« sitzt, ist abhängig von einer sorgfältigen und zutreffenden Planung der Personalbedarfs-Qualität. Insofern ist an dieser Stelle mit Nachdruck auf die obigen Ausführungen (s. Kap. D.II.2) zu verweisen.

(3) Die **zeitliche** Komponente einer Personalbedarfsplanung betrifft in der Hauptsache die Länge des Planungshorizontes. Die allgemeine Unterteilung in kurz-, mittel- und langfristige Planung hilft ohne nähere Präzisierungen auch hier nicht weiter, weil – je nach Variabilität der Grundarten – ein 2–3-Jahresplan in einer Branche, die durch raschen technologischen (modischen) Wandel gekennzeichnet ist, bereits als langfristig gelten kann. Die sinnvolle Mindestlänge für eine Personalbedarfsplanungs-Periode hängt zuerst davon ab, wofür (für welche Teilsysteme des Personal-Managements) die Planung aufgestellt und herangezogen wird. Hinzu kommt die zeitliche Reichweite der Unternehmungsplanung, in die die Personalplanung eingebettet ist. Ausschlaggebend ist in jedem Falle die Zeitspanne, die zwischen dem planerischen Erkennen eines quantitativ und qualitativ präzisierten Personalbedarfs und dem Wirkungserfolg derjenigen Maßnahmen liegt, die zu seiner Beseitigung ergriffen werden können. So wird eine Personalbedarfsplanung, die primär oder einzig dem Aufdecken von Arbeitskräftebestands-Lücken dient, die durch Personalbeschaffung vom externen Arbeitsmarkt geschlossen werden können, der seinerseits keine Verknappungstendenzen aufweist, sich auf eine wesentlich kürzere Frist erstrecken können als in dem Fall, in dem sie Teil einer Personalplanung für hochqualifizierte Führungskräfte ist, die durch Fortbildungsmaßnahmen »herangezüchtet« werden sollen. Hierfür veranschlagt z.B. Schönfeld die Planungs-Mindestreichweite auf fünf Jahre.[86] Für Führungskräfte-Personalplanung wird i.d.R. mit **längeren** Zeiträumen (15–20 Jahre) gerechnet.[87]

Eine jede praktisch aufgestellte Personalbedarfsplanung kann nur so gut sein wie die verarbeiteten Informationen über die Einflußgrößen des Personalbedarfs. Deren vollständige Aufzählung und Systematisierung, vor allem allgemeingültige Bedeutungs-Gewichtung, ist wegen der Vielfalt der betrieblichen Besonderheiten nicht möglich.[88] Dennoch soll ein Mindestkatalog von häufig als wichtig genannten **Determinanten des Personalbedarfs** knapp angedeutet werden (s. Abb. 46). Dabei sind die aufgelisteten Einflußfaktoren weder stets in bezug auf die Bedarfs-Komponenten überschneidungsfrei, noch auf deren Spezifizierungen, d.h. die Planungs-Gegenstände (letzte Spalte).

86 Schönfeld (1963) 149.

87 Vgl. Ford (1968) 21; Meij (1974) 110f.

88 Es liegen mehrere Versuche hierzu vor, so z.B. Wächter (1974), (1974a); Hentze (1970); Fehr (1973); Weber (1975); Daegling (1974); Hackstein/Nüssgens/Uphus (1971); Beyer (1981).

Personalbedarfs-komponente	*Einflußfaktoren* auf den Personalbedarf, wirken i. d. Hauptsache auf	Planungs-*gegenstand*
Quantität	1) Wirtschaftslage, Konjunktur i. V. m. geplantem Absatz	Arbeitsvolumen
	2) Arbeitsdauer	
	3) Technisierungs-(Mechanisierungs-) grad i. V. m. Arbeitsproduktivität	Arbeitsteilung (-inhalte)
	4) Fluktuation	Ersatzhäufigkeit
	5) Niveau der Betriebsorganisation	u. a. Führungs-kräftebedarf
Qualität	6) Produktions- (Arbeits-) Verfahren	Aufgabeninhalte
	7) Rationalisierungsvorhaben	Aufgabenwandel
	8) Anforderungsprofile (Arbeitsplätze)	Soll-Bestands-Qualifikation
	9) Qualifikationsprofile (Mitarbeiter)	Ist-Bestands-Qualifikation
	10) Qualifikations-Lücken	Trainingsinhalte
	11) Aus-, Fortbildungsprogramme	Änderungen der Ist-Bestands-Qualifikationen
Zeit	12) Altersaufbau	Zeitpunkte für Versetzung, Ersatz etc.

Abb. 46: Haupteinflußgrößen auf den Personalbedarf

b) Ermittlung des Brutto-Personalbedarfs

Es gibt eine Reihe von Modellen und methodischen Ansätzen, mit denen versucht wird, funktionale Beziehungen zwischen Einflußfaktoren und dem Personalbedarf abzubilden, um daraus Berechnungsmodi für die Ermittlung des Personalbedarfs herzuleiten.
Es versteht sich von selbst, daß die theoretische Maximalforderung, sämtliche Einflußfaktoren einzubeziehen, nicht erfüllt werden kann. Zumeist werden daher abstrahierende Schwerpunkte in bezug auf bestimmte zu berücksichtigende Gruppen von Faktoren gesetzt, die jedoch auch in praxi **Ermittlungsprobleme** aufweisen. Dabei bleiben jeweils zwei Arten von Schwierigkeiten:

- die Ermittlung konkreten und korrekten Zahlenmaterials für die Modell-Parameter,
- die Abstraktion von weiteren Bedarfsdeterminanten infolge der fiktiven Reduzierung auf die einbezogenen Parameter.

Es lassen sich grundsätzlich zwei Gruppen von **Ermittlungs-Methoden** unterscheiden,[89] die wiederum jeweils genauer gekennzeichnet werden können:

89 Zu näheren Einzelheiten in diesem Abschnitt s. vor allem Gaugler/Huber/Rummel (1974) 51ff., deren Grundgedanken hier gefolgt wird.

(1) Methoden zur **detaillierten** Ermittlung des gegenwärtigen und kurzfristigen Brutto-Personalbedarfs
   - Modellansätze der Organisationslehre,
   - Modellansätze der Unternehmungsforschung.
(2) Methoden zur **globalen** Schätzung des langfristigen Brutto-Personalbedarfs
   - vergangenheitsbezogene Modelle,
   - nicht vergangenheitsbezogene Modelle.

Zu (1): **Detaillierte** Bedarfsermittlungen, in die zusätzlich qualitative Aspekte einbezogen werden, können als Verfeinerungen für kurz- oder mittelfristige Planungszeiträume angestellt werden.

- Modellansätze der **Organisationslehre**:
  Grundlage können hier **Organisationspläne** sein, die die für die Aufbauorganisation getroffenen Regelungen schaubildlich fixieren.[90] Das heißt, Organisationspläne geben Aufgabenkomplexe gleichartiger und gleicher Aufgaben an. Diese müssen zur Erfüllung auf einzelne Personen übertragen werden. Die Menge der Aufgaben erfordert eine bestimmte Menge an einzusetzenden Menschen.
  Die Kriterien zur Quantitätsbestimmung werden häufig unter dem Stichwort »**Personalbemessung**« diskutiert. Deren einfache Grundformel lautet[91]: Die Zeit, die die Bewältigung einer Arbeit in Anspruch nimmt, dividiert durch die Zeit, die eine Person zur Verfügung stellt, ist gleich der Zahl der einzusetzenden Personen.
  So erlangt die zur Erfüllung eines ermittelten Arbeitsvolumens erforderliche Arbeits**zeit** besondere Bedeutung, weil sie als eine der Hauptdeterminanten für den Personalbedarf herangezogen wird.
  Mit dem Problem der Zeitermittlung beschäftigen sich eingehend die arbeitswissenschaftlichen Zeitstudien.[92] Kritische Punkte sind dabei:
  - Zugrundelegung von Durchschnittszeiten, ob individuelle Abweichungen hinsichtlich benötigter Arbeitszeit (möglichem Arbeitstempo) unproblematisch sind, weil sie sich gegenseitig kompensieren, oder aber dies im Gegenteil nicht der Fall ist, weil sie sich kumulieren, bleibt offen.
  - Zeitermittlung ist exakt nur bei Routinearbeiten möglich, d.h. Schwierigkeiten exakter Zeitschätzungen nehmen mit steigenden Hierarchie-Ebenen zu.

Nicht nur auf unterschiedlichen Hierarchie-Ebenen, sondern auch in den verschiedenen betrieblichen **Funktionsbereichen** sind spezielle Gegebenheiten anzutreffen. Deshalb sind in der Praxis problemspezifische Verfahren entwickelt worden:

Sie sind für den **Fertigungsbereich** industrieller Betriebe auf arbeitswissenschaftlichen Grundlagen mit Hilfe von Arbeitsstudien derzeit am weitesten gediehen.[93] Die entscheidende Größe der Arbeitszeit wird nach der Grundformel ermittelt:

$$\text{Arbeitszeit} = \text{Bemessungswert x Erfüllungshäufigkeit} + \text{sonstige Zeiten}$$

$$\text{Darin ist der Bemessungswert} = \frac{\text{Zeitbedarf bei Regelleistung}}{\text{einmalige Erfüllung der Bezugsaufgabe}}$$

---

90 Vgl. Kramer (1969) Sp. 1218.
91 Rosenkranz (1969) Sp. 1590.
92 Vgl. REFA (1985); Böhrs (1967).
93 Näheres s. bei Bartke (1976) 7ff., 36f.; Jordt (1959) 64ff.; Gaugler/Huber/Rummel (1974) 74ff.

Die »Erfüllungshäufigkeit« bildet dann die Schlüsselgröße für die Umrechnung auf den personellen Kräftebedarf, wobei zusätzliche Annahmen über Arbeitstempo und -dauer eingehen müssen.

Darüber hinaus wird mit Methoden der mathematischen Unternehmungsforschung (s.u.) bereits versucht, optimale Personalbestandszahlen für die spezielle Produktionsweise der Fließfertigung zu ermitteln, wobei qualitative Unterschiede durch Lernraten Berücksichtigung finden.[94]

Auf den **Verwaltungs-**(»Büro«-)**Bereich** sind die bisher entwickelten arbeitswissenschaftlichen Methoden kaum anwendbar: Die entsprechenden Ausführungen im Zusammenhang mit der Ermittlung von Anforderungsprofilen greifen hier nochmals Platz. Für **Routine**-Tätigkeiten wurden spezielle Zeitermittlungs-Methoden erarbeitet, wie z.B. die **Multimoment-Aufnahme**, mit der **Normalzeiten** für einen bestimmten Prozentsatz der Tätigkeiten exakt ermittelt werden und auf den Zeitbedarf für die restlichen Aktivitäten per Analogie geschlossen wird.[95] Dagegen kann in bezug auf den zeitlichen und qualitativen Aufwand für Führungstätigkeiten überwiegend nur mit Schätzwerten operiert werden, die aufgrund von Befragungen sachkundiger Führungskräfte zu gewinnen sind.[96]

Weitere Besonderheiten für Personalbedarfsplanungen sind im **Dienstleistungsbereich**, vor allem in dem – von der Zahl der dort Beschäftigten her – bedeutsamen Wirtschaftszweig des **Handels**.

Durch die Personalbemessung wird also die Anzahl der Stellen genau festgelegt, die für die Ausführung der Einzelaufgaben notwendig ist. Wird nun der Organisationsplan um diese Stellen erweitert, ergibt sich der **Stellenplan**[97], der grafisch oder tabellarisch dargestellt werden kann.

Stellenpläne sind in der Praxis allerdings sowohl Ergebnis von Arbeitsinhalts- und -volumina-Planungen im Zusammenhang mit organisatorischen Strukturierungen, aber auch beeinflußt durch »belegschaftspolitische« Verhandlungen, z.B. mit Betriebsräten.[98] Stellenpläne enthalten zumindest zahlenmäßige Angaben über die Personalentwicklung, differenziert nach Arbeitsplätzen (Arbeitsplatzgruppen), d.h. Stellen.[99] Der quantitative Brutto-Personalbedarf besteht dann aus der Summe der im Stellenplan aufgeführten Stellen.

Stellenpläne können um qualitative Aspekte erweitert werden, die aus **Stellenbeschreibungen** hervorgehen, und zwar solche, die nähere Beschreibungen der an den einzelnen Arbeitsplätzen zu erfüllenden Aufgabeninhalte liefern, ergänzt um Angaben über Kompetenzen, Verantwortungen, Über- und Unterstellungsverhältnisse.[100] Die zu erfüllenden Aufgaben sind eine der Grundlagen für die Formulierung der Anforderungen eines Arbeitsplatzes. Daher ist es ebenso möglich wie – zwecks Dokumentation auch dieser qualitativen Informationen für den Personalbedarf – sinnvoll, Stellenbeschreibungen um Anforderungen an den Stelleninhaber zu ergänzen.

Sollen Stellenbeschreibungen für detailliertere Bedarfsermittlungen im Rahmen von Brutto-Personalbedarfsplanungen (d.h. des Soll-Bestandes) brauchbar sein, müssen sie in der

---

94 Literaturangaben s. bei Gaugler/Huber/Rummel (1974) 76.

95 Für nähere Einzelheiten s. Duschek (1967/68); den Ansatz von Rosenkranz (1968); umfangreiche Literaturangaben bei Wächter (1974a) 50f.

96 Zum hierfür einsetzbaren Instrumentarium s. Weber (1975) 59f.

97 Vgl. dazu z.B. Markwitz (1970).

98 Vgl. z.B. Heinen (1975) Sp. 1535.

99 Zu näheren Einzelheiten vgl. Fuchs (1972); Meyer (1968) 30ff.; Wächter (1974a) 52ff.

100 Vgl. ausführliche Spezialliteratur über Stellenbeschreibungen, z.B. Acker (1969); Schwarz (1972).

Weise gehandhabt werden, daß sie nicht nur – stets aktualisiert – den Arbeitsplätze-Ist-Zustand zutreffend beschreiben, sondern darüber hinaus auch als gesonderter Planungsteil existieren: für zukünftig neue Arbeitsplätze und für geplante Änderungen derzeit bestehender Stellen. Dieser Forderung genügen Stellenbeschreibungs-Systeme der Praxis nur selten.

- In der **Unternehmungsforschung** sind Modellansätze verschiedener Ausgangspunkte entwickelt worden. Es können drei Kategorien von Modellen unterschieden werden:
  - **Produktionsprogrammorientierte Modelle**. In ihnen wird der Personalbedarf mittels verschiedener Produktionsfunktionen ermittelt, und zwar nach dem Grundschema, in dem ein bestimmtes »Produktionsprogramm« als unabhängige Variable, der Personalbedarf als abhängige Variable fungiert. Andere Daten können wahlweise als Parameter in Form von intervenierenden Variablen eingegeben werden.[101] Als sinnvoll erweist es sich, Produktionsfunktionen differenziert nach Aufgabenarten aufzustellen und in ihnen arbeitsspezifische Besonderheiten der einzelnen Stellen (etwa: Intensitätsgrad, Technisierungsgrad, Ausbringungsmenge) zu berücksichtigen. Über eine Aggregation der Produktionsfunktionen kann dann der gesamte Personalbedarf ermittelt werden.[102]
  - **Ablauforientierte Modelle** versuchen, z.B. mit Hilfe von Netzplänen, Lösungen für die Frage zu finden, zu welchen Zeiten welche Arbeitskräfte an welchen Stellen einzusetzen sind. Als Hilfsmittel dazu werden Terminübersichten, Terminkarteien u.a.m. benötigt.[103] Erkennbar handelt es sich hierbei also um sehr exakte, auf engere Arbeitsbereiche bzw. genau spezifizierte Arbeitsabläufe zugeschnittene kurzfristige Personalbedarfsrechnungen in der Kategorie operativer Planungen.
  - **Organisationstheoretisch orientierte Modelle** sind vor allem solche, die auf eine Bestimmung des Bedarfs an Führungskräften zielen. Sie gehen zumeist innerhalb der Mitarbeiterpyramide von Realisationsebenen aus und ermitteln mit Hilfe von **Leitungsspannen** (Span of Control: Zahl der einem Vorgesetzten zu unterstellenden Mitarbeiter) sukzessive »von unten nach oben« den Führungskräftebedarf.[104] Kritisch ist allerdings anzumerken, daß immer dann, wenn von pauschalierten Vorstellungen hinsichtlich der Leitungsspannen-Größe ausgegangen wird, sowohl unternehmungsspezifische Besonderheiten (Branche, Größe, Spezialisierungsgrad etc.) wie auch individuelle Differenzierungen (z.B. Qualifikationsniveau) außer Betracht bleiben. Ein zusätzliches Problem entsteht, wenn Stabsstellen außer Ansatz bleiben.

Zu (2): **Globale** Bedarfsschätzungen können nur grobe quantitative, d.h. nicht um qualitative Konkretisierungen verfeinerte Aussagen liefern. Sie sind daher in der Hauptsache für längerfristige Globalplanungen geeignet. Das aber nur dann, wenn Betriebe, die solche Methoden anwenden, mit Schätzungen dieser Art (insbesondere mit der Treffsicherheit der Ergebnisse) einige Erfahrungen gesammelt haben. Denn die Verläßlichkeit so globaler Schätzwerte, die zumeist auf der Grundlage von Produktions- bzw. Umsatz-Volumina erarbeitet werden, ist stark von dem jeweiligen Grad der Stabilität der Ausgangsdaten (z.B. der Märkte) abhängig: Insofern ergeben sich branchenmäßige Unterschiede ihrer Brauchbarkeit.

---

101 Vgl. z.B. Frese (1976) Sp. 2947.

102 In dieser Weise geht z.B. Kloock (1969) vor. Vgl. auch Mensch (1968); Küching (1973).

103 Vgl. Mensch (1968) 476ff.; Bertelsmann (1969) 96.

104 Modelle dieses Typs haben entwickelt: Kossbiel (1972); Domsch (1970) 91ff. Vgl. auch Frese (1976) Sp. 2948; Secker (1972) 30f.; Wächter (1974a) 52.

- **Vergangenheitsbezogene** Modelle arbeiten mit statistischen Methoden oder – für bestimmte Planungsgrößen – mit speziellen Ansätzen. Allgemein gehen sie davon aus, daß sich Erfahrungswerte auf die Zukunft übertragen lassen.
  - Zu den für globale Personalbedarfsschätzungen herangezogenen statistischen Methoden sind **Trendextrapolationen** und Regressions- (Korrelations-)Rechnungen zu zählen, die häufig auf der Grundlage von Relationen von Output-Ziffern (Produktionsvolumen, Absatzhöhe) zu dafür eingesetzter Personalstärke operieren.[105] Die umfangreicheren Ansätze ökonometrischer Modelle bauen zumeist auf **Regressionsmodellen** auf und erfassen die Bedarfs-Einflußgrößen über Kennzahlen mit Hilfe mehrerer Gleichungen. Ihre Anwendung ist aufwendiger und daher eine Frage der Wirtschaftlichkeit (Relation des Nutzens bei vorhandenem Treffsicherheits-Risiko zu notwendigem Aufwand).
  - Eine Variante statistischer Modelle sind Prognosen bestimmter **Kennzahlen**, z.B. der Arbeitsproduktivität, aufgrund von Vergangenheitszahlen. Hierzu kann auch das (wegen Mangels spezifizierender Informationen u.U. erzwungene) stark vereinfachende Verfahren der linearen Verknüpfung von Produktionsausstoß und Personalbedarf über einen konstanten Personalkoeffizienten[106] gezählt werden: B = Personalbedarf; a = Personalkoeffizient; x = Einheit eines Fertigungsprodukts

    $$B = a \cdot x$$

    Eine solche Kennziffer ist sehr global, denn nicht für alle Betriebsbereiche besteht Proportionalität zum Produktionsausstoß. So müßten theoretisch für jeden Funktionsbereich eigene Kennziffern gebildet werden, z.B. für den Lagerbereich die Umschlagshäufigkeit, für die Bauabteilung der umbaute Raum.[107]

- **Nicht vergangenheitsbezogene** Modelle werden häufig in Form von **Identitätsgleichungen** (Balancing Equations) oder als Formeln, in die statistische Erfahrungswerte nicht eingehen, formuliert.[108] Dabei wird der Personalbedarf zu anderen Größen in Beziehung gesetzt, die als Determinanten des Personalbedarfs vorrangig erscheinen.
  So werden Größen verknüpft wie:
  - Gesamtoutput,
  - fremdbezogene Zwischengüter,
  - Arbeitsstunden,
  - Änderungsraten des Output/Arbeitsstunden-Verhältnisses (Arbeitsproduktivität).

  Diese Variablen können auch in Simulationsmodelle eingehen, die dann auf EDV-Anlagen durchgerechnet werden.

c) Ermittlung des Personalbestandes

Auch die Ermittlung des Personalbestandes kann für unterschiedliche Zeitpunkte angestellt werden: sowohl für gegenwärtige (t_o) wie auch für zukünftige (t_x).

---

105 Vgl. auch Burton (1964); Drui (1963); kritisch: Gascoigne (1968).
106 Vgl. Frese (1976) Sp. 2947f.; Kossbiel (1975) Sp. 1617.
107 Vgl. Zander (1969) 69.
108 Vgl. Doeringer/Piore/Scoville (1968) 39f.; Walker (1969) 156ff. und die Berichte hierüber bei Gaugler/Huber/Rummel (1974) 56ff.

– Die Feststellung des **gegenwärtig** in einem Betriebe vorhandenen Personalbestandes:
  - **Quantitativ** bereitet sie in aller Regel keinerlei Schwierigkeiten, denn der Stellenplan muß nur um die Namen der gegenwärtigen Stelleninhaber erweitert werden **(Stellenbesetzungsplan)**.
    Anders ist dies schon mit der Aussage über das mit dem »vorhandenen« Personal zu bewältigende Arbeitsvolumen: Dazu werden (aufgrund von Vergangenheitsdaten statistisch aufbereiteten Materials) Angaben über Abwesenheitsraten, durchschnittliche (evtl. saisonal schwankende) Krankenstände, über Arbeitspensen etc. benötigt.
  - Eine Personalbedarfsplanung, die in einem ausgebauten System des Personal-Managements Grundlage der Personalbedarfsdeckung und -entwicklung sein soll, erfordert **qualitative** Merkmale. So wird es unumgänglich, Angaben über Berufserfahrung, bewiesene Leistungsfähigkeit (Qualifikationsprofile, gemessen an Anforderungsprofilen etwa aufgrund von Personalbeurteilungen), vorhandenes (evtl. nicht genutztes und insofern latentes) Leistungspotential, über Berufsziele, Aufstiegserwartungen, d.h. über die relevanten Komponenten des Könnens wie auch des Wollens zur Leistung[109] aufzunehmen bzw. zu erarbeiten.

Sicherlich ist die vielfach de facto geübte Praxis wenig sinnvoll (zumindest überprüfungsbedürftig), alles das aufzunehmen, worüber problemlos aufgrund der Personalpapiere und eventuell bei der Einstellung ausgegebener Fragebögen (Alter, Geschlecht, Nationalität, Vorbildung etc.) Informationen zu bekommen sind.

Für ein mit sinnvollen bzw. notwendigen Inhalten gefülltes **Personalinformations-System** ist allerdings zu beachten, daß hinsichtlich der Zwecke, denen dies dienen soll, zwei Kategorien existieren: zum einen extern vorgegebene, gesetzlich vorgeschriebene, mit Kammern, Verbänden u.a. Institutionen vereinbarte Informationslieferpflichten der Betriebe,[110] zum anderen intern aus der Ausgestaltung des Personal-Managements als Anforderungen resultierende Zwecke.

Angaben über qualitative Personalmerkmale für externe wie interne Zwecke können sich in günstigen Fällen vielfach decken bzw. überschneiden. Zur Zeit ist in der Praxis eine gewisse Unsicherheit aufgrund gesetzlicher Bestimmungen über den Datenschutz zu verzeichnen.

Jedenfalls ist festzuhalten, daß mit der Gründlichkeit der Eruierung und Deckung des Informationsbedarfs für Personalplanungen, die für Teilsysteme des Personal-Managements nötig sind, deren Güte und Schlagkraft steht und fällt. Gesetzliche Vorschriften, die hier betriebliche Spielräume einengen, können daher – aus einzelbetrieblicher Sicht – von Schaden sein.

– Hinsichtlich der Entwicklung des Personalbestandes **zukünftiger Zeitpunkte** ergeben sich folgende Probleme:
  - Veränderungen des Personalbestandes resultieren aus **Mitarbeiterabgängen** wegen Erreichens der Altersgrenze, Invalidität, Tod, Beurlaubung (z.B. Wehrdienst, weitere Ausbildung), Kündigungen durch Mitarbeiter, Entlassungen durch den Betrieb; **Mitarbeiterzugängen** wegen verbindlicher Einstellungszusage, Übertritt vom Ausbildungs- ins Arbeitsverhältnis, Rückkehr von Beurlaubten. Diese Zu- und Abgänge

109 Vgl. dazu Schönfeld (1963) 150f.; Wächter (1974) 296; Gaugler/Huber/Rummel (1974) und die jeweils dort angegebene weitere Literatur.

110 Vgl. zu diesem Zusammenhang z.B. die auch aus überbetrieblicher Sicht verfaßte Schrift von Schmidt (1977).

sind einerseits mit unterschiedlichen Sicherheitsgraden zu erwarten und andererseits von personalpolitischen Maßnahmen abhängig (»dispositionsabhängig«)[111]. Kurzfristig ist ein Teil der Größen als relativ sicher voraussehbar anzusehen (z.B. Pensionierungen). Andere Größen lassen sich lediglich aufgrund betrieblicher Statistiken schätzen (z.B. Fluktuationsquote[112]). Langfristig ist man nur noch auf Schätzungen angewiesen, die sich auf Statistiken wie Altersstruktur der Bevölkerung und des Betriebes (Vergleichsmaßstab) sowie Erwerbs-Lebenserwartung stützen müssen.

- Um von bloßen Personalbestandszahlen auf Angaben über zu bewältigende Arbeitsvolumina zu kommen, sind – ebenso wie für den Bruttopersonalbedarf – Prognosen über Arbeitszeitentwicklungen (-veränderungen) und ihre Auswirkungen erforderlich. Insofern sind die entsprechenden Konsequenzen von Arbeitszeit-, Urlaubsregelungen, Überstundenpolitik abzuschätzen und in die Planung mit aufzunehmen.
- Sollten für den Nettopersonalbedarf brauchbare Unterlagen zur Verfügung stehen, sind auch die eben erwähnten qualitativen Merkmale des vorhandenen Personals im Hinblick auf diejenigen Veränderungen zu prognostizieren, die bis zu dem Zeitpunkt t_x zu erwarten sind. Dabei bereiten Voraussagen über die Entwicklung der Mitarbeiter-Qualifikationen die größten Schwierigkeiten, sind aber für die Planung zukünftiger Vakanzen-Besetzungen, Versetzungen, Beförderungen und Fortbildungsprogramme dann notwendig, wenn man Anpassungs-Friktionen und Überraschungen nicht hinnehmen will. In diesem Zusammenhang ist auf die Ausführungen über Qualifikations-Prognosen (s. Kap. D.II.2.b.cc) zu verweisen.

d) Ermittlung des Netto-Personalbedarfs (Soll/Ist-Vergleich)

Der letzte Schritt einer Personalbedarfsplanung besteht in einer Gegenüberstellung des Sollbestandes mit dem Istbestand, und zwar für jeden geplanten Zeitraum.

Einer **kurzfristigen** Planung des Nettopersonalbedarfs kann folgendes Schema zugrunde gelegt werden:[113]

(1) Brutto-Personalbedarf
./. (2) Personalbestand im Zeitpunkt t_0
\+ (3) Abgänge
- sichere Abgänge: z.B. bei Pensionierung, durch Wehrdienst;
- statistisch erfaßbare Abgänge: Fluktuation, Invalidität, Tod;
- Abgänge als Auswirkungen getroffener Dispositionen: Beförderungen, Versetzungen;

./. (4) feststehende Zugänge: z.B. durch vertragliche Verpflichtungen, durch Beförderungen, Übernahmen aus dem Ausbildungsverhältnis

---

= (5) Netto-Personalbedarf
→ Ersatzbedarf bei Unterdeckung
→ Freistellungsbedarf bei Überdeckung

111 Näheres zu dieser Problematik und zu Einzelaspekten s. bei Gaugler/Huber/Rummel (1974).
112 Näheres zu diesem personalverwaltungstechnisch wichtigen Begriff und Problem s. z.B. bei Goossens (1957); Schlüter (1960).
113 Vgl. auch das Grundschema bei Schönfeld (1963) 145f.

Dieses Schema kann auf einzelne Organisationseinheiten (Abteilungen, Hauptabteilungen, Sparten, Hierarchie-Ebenen usw.) differenziert angewandt, zu größeren betrieblichen Einheiten bis hin zum Gesamtbetrieb aggregiert werden. Seine rechnerische Einfachheit darf über die erheblichen Ermittlungs- und Handhabungsschwierigkeiten nicht hinwegtäuschen, die sich auf die Eingangsgrößen und auf die Voraussetzungen beziehen.[114]
Bei einer **langfristigen** Planung kompliziert sich das Schema erheblich:

	(1)	Brutto-Personalbedarf	
±	(2)	Bedarfsveränderungen ← – – – – – – – – – – – z.B. infolge von Erweiterungsinvestitionen, Änderungen der Organisationsstruktur, Rationalisierungsmaßnahmen	gleichzeitig (zeitlich parallel)
=	(3)	Brutto-Personalbedarf im Zeitpunkt t_n	
./.	(4)	Personalbestand	
±	(5)	Bestandsveränderungen ← – – – – – – – – – – – wie kurzfristig	
=	(6)	Netto-Personalbedarf im Zeitpunkt t_n	
		→ Ersatzbedarf → Neubedarf (Erweiterungsbedarf) } bei Unterdeckung	
		→ Freistellungsbedarf bei Überdeckung	

Kurzfristig geht der Netto-Personalbedarf nur auf Veränderungen im Personalbestand zurück. Er besteht somit nur aus Ersatz- bzw. Freistellungsbedarf. Langfristig hängt er sowohl von Veränderungen des Personalbestandes als auch des Brutto-Personalbedarfs ab (in Abhängigkeit von den oben genannten Determinanten des Personalbedarfs). Damit ergibt sich Ersatz- und/oder Neubedarf bzw. Freistellungsbedarf.

Eine Dokumentation dieses Gegenüberstellungs-Ergebnisses wird unterschiedlich ausfallen, je nachdem, ob sie im Wege einer Gesamtbetrachtung erfolgt oder aber auf einzelne Tätigkeitsbereiche bezogen werden soll. Für globale Bedarfsaussagen dürfte das Schwergewicht auf quantitativen Planinhalten liegen, schon deshalb, weil Angaben über qualitative Mitarbeiter-Merkmale nur in beschränktem Rahmen aggregationsbedürftig und -fähig sind.

e) Netto-Personalbedarf im Planungszusammenhang

Die anzuschließende Planung von Maßnahmen zur Beseitigung der ermittelten Differenz(-en) (Nettopersonalbedarf) bezieht sich im Falle eines »negativen Bedarfs« auf die Freisetzung von Personal, im »positiven Bedarfsfalle« auf die Beschaffung von Personal.

Ein Personalbeschaffungsbedarf wie auch ein Personalfreisetzungsbedarf kann jeweils unternehmungsintern oder -extern (am Arbeitsmarkt) gedeckt bzw. abgebaut werden.

Unternehmungsintern kann ein Personalbeschaffungsbedarf nur gedeckt werden, wenn ein Personalfreisetzungsbedarf besteht, der durch Einsatz geeigneter Personalentwicklungsmaßnahmen in qualitativer, quantitativer und zeitlicher Hinsicht zum Ausgleich gebracht werden kann. Im Rahmen der Personalbedarfsplanung besitzt die Personalentwicklung so-

114 Vgl. diesbezüglich z.B. Bertelsmann (1969) 91ff; Secker (1972) 50; Ulrich/Staerkle (1975) 15; Wächter (1970) 295f.

mit zwei Aufgaben: Zum einen soll die Entstehung von Personalfreisetzungs- und (externem) Personalbeschaffungsbedarf durch den Einsatz von Personalentwicklungs-Maßnahmen vermieden werden. Zum anderen soll entstandener Freisetzungsbedarf durch Einsatz von Arbeitsstrukturierungs- oder Bildungsmaßnahmen in seinen qualitativen, quantitativen und zeitlichen Ausprägungen so verändert werden, daß er zur Deckung bestehenden Personalbeschaffungsbedarfs eingesetzt werden kann.

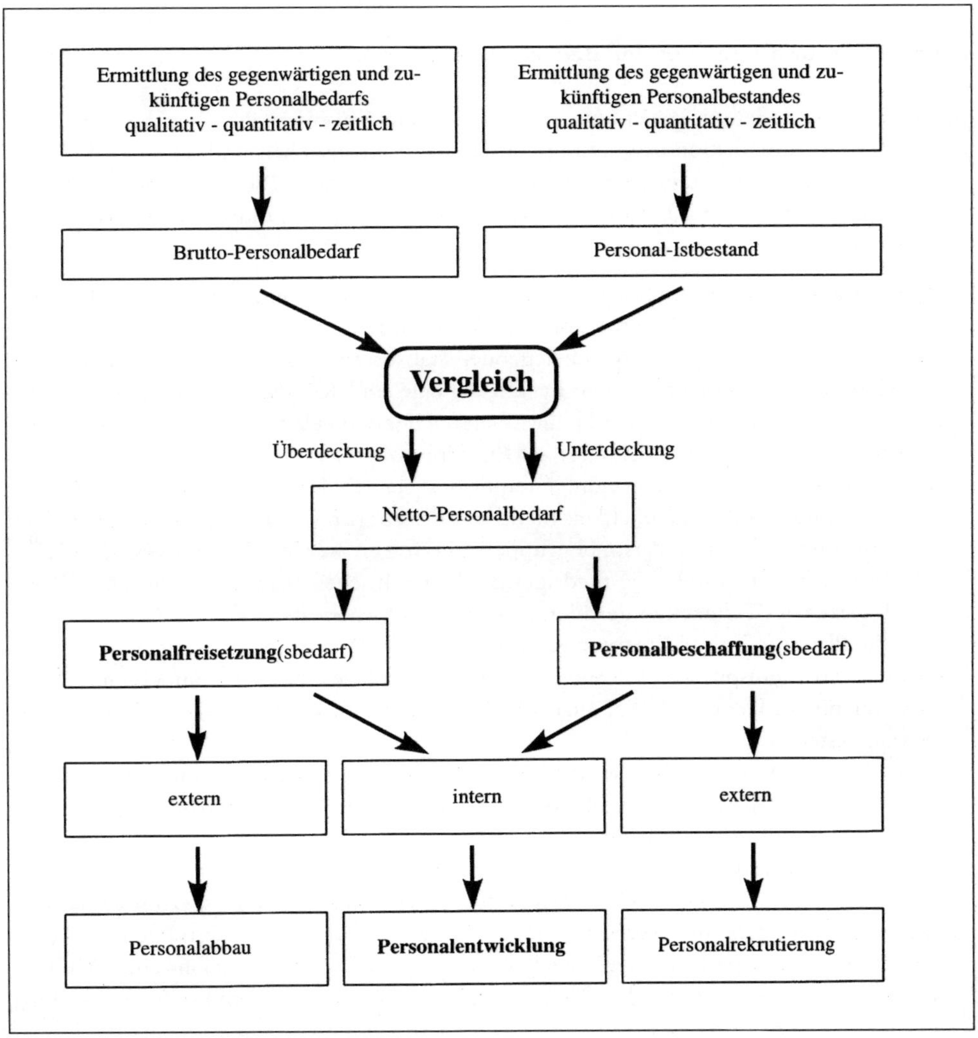

Abb. 47: Ablauf der Personalbedarfsplanung

Neben den negativen individuellen Auswirkungen für die Mitarbeiter, die auf den externen Arbeitsmarkt freigesetzt werden, ist jede auf den externen Arbeitsmarkt gerichtete Personalbeschaffung oder -freisetzung mit hohen Kosten verbunden. Schon allein aus betriebswirtschaftlichen Kosten-Nutzen-Überlegungen heraus ist es für den Betrieb naheliegend, auf dem »unternehmungsinternen Arbeitsmarkt« – unterstützt durch Personalentwicklungs-Maßnahmen – einen Ausgleich herbeizuführen, zumindest solange, wie die hiermit verbunden Personalentwicklungskosten die Kosten für extern gerichtete Maßnahmen des Personalabbaus und der Personalrekrutierung nicht übersteigen.

Auf die einzelnen Schritte und Maßnahmen der Personalbeschaffung, -freisetzung und -entwicklung wird im einzelnen im weiteren Verlauf dieser Schrift ausführlich eingegangen (s. auch Abb. 47).

f) Probleme und Grenzen der Bedarfsplanung

An dieser Stelle sollen einige Punkte zusammengetragen werden, die über die allgemeine Planungs- und Informationsgewinnungs-Problematik hinausgehen und zu den im obigen Text angeführten Einzelproblemen hinzutreten. Man kann diese Probleme gliedern in solche der quantitativen, der qualitativen, der zeitlichen Bedarfsermittlung und in weitere spezielle Probleme.

– **Quantitative** Voraussagen können umso besser abgesichert werden, wenn sie auf statistisches Erfahrungsmaterial gestützt werden können. Diese statistische Stütze wird umso schwächer, je kleiner die zugrundeliegenden statistischen Massen sind, was hierarchieaufwärts mehr und mehr der Fall ist: Für Ausfälle und Kündigungen liegt dann kaum noch Erfahrungsmaterial vor. Für die oberen Hierarchieebenen wäre die Personalbedarfsplanung daher tendenziell eher auf Einzelpersonen zuzuschneiden.
  Erkenntnisse aus Personalbewegungen aufgrund statistischen Erfahrungsmaterials können mit einiger Wahrscheinlichkeit nicht von der zugrundeliegenden Grundgesamtheit losgelöst und auf andere Personengruppen übertragen werden. So sind vermutlich die Abgangsraten um so höher, je niedriger die hierarchischen Ränge und die Qualifikations-Niveaus der Tätigkeiten der hierzu erfaßten Personen sind.[115]
– Was die Planung der **qualitativen** Komponenten des Personalbedarfs angeht, so kommt zu den an den entsprechenden Stellen bereits aufgeführten Problemen noch eine Reihe weiterer hinzu. Denn je höher man die Personalpyramide hinaufsteigt (hierarchieaufwärts), desto
  • mehr gewinnt das qualitative Moment der Personalplanung insgesamt an Bedeutung,
  • mehr nimmt die für die Einarbeitung und innerbetriebliche Fortbildung notwendige Zeit wie auch Vorbildung zu,
  • stärker nimmt die Auswechselbarkeit der Mitarbeiter ab.[116]
– Planungen mit unterschiedlichen **zeitlichen** Horizonten bedürfen spezifischer Ausgestaltungen. So ist die für kurzfristige Pläne mögliche und auch notwendige Detailliertheit für längerfristige Pläne tendenziell abzubauen, weil sonst die Gefahr eines Mißverhältnisses zwischen dem mit den Plänen erzielbaren Nutzen und dem für ihre Aufstellung erforderlichen Aufwand wächst.[117]
  Zu dem Problem abnehmender Überschaubarkeit der Gegebenheiten zur Planrealisierung bei wachsendem Planungshorizont kommt hinzu, daß die Unsicherheitsquellen je nach Planungsinhalt unterschiedlich sind:

---

115 So Saltzman (1969) 84.
116 Vgl. zu diesen Argumenten insb. Schönfeld (1963) 146ff.
117 Vgl. Häusler (1969) 24. Kritische Anmerkungen vor allem zu längerfristigen Personalbedarfs-Planungsmodellen hat Weiermair (1974) 113ff. zusammengetragen.

- Für Neubedarf an Personal sind diese Quellen auch in den Teilplänen zu suchen, aus denen er abgeleitet wird, wohingegen
- mit der Planung des Personal-Ersatzbedarfs autonome Probleme der **Personal**planung verbunden sind.

– Mit der Personalbedarfsplanung sind **spezielle** Probleme insofern verbunden, als Interdependenzen in den Aktivitäten einzelner Stellen nur schwer erfaßbar sind und daher unberücksichtigt bleiben müssen: In der Folge ist die Gefahr eines zu hohen Personalbedarfs-Ausweises nicht zu übersehen, weil
  - sie nicht ohne Beteiligung des Betriebsrates durchgeführt werden darf (§ 92 BetrVG), der auch nicht ohne Einfluß für die Personalbedarfsdeckung ist;[118]
  - sie sinnvollerweise durch eine Personalkostenplanung zu ergänzen ist,[119] damit auch die Erfolgsseite des gesamten Unternehmungs-Zielsystems berücksichtigt wird, Mitarbeiterleistung und -kosten auch ex ante vergleichbar werden, die Bedarfsdeckungsmöglichkeiten auch von ihren finanziellen Konsequenzen her im Vorgriff exakter erkannt werden können.

Weder die Grenzen noch die aufgezeigte Problematik einer Personalbedarfsplanung aber dürfen zur vorschnellen Resignation verleiten: Inhalt und Sorgfalt eines Planes, der den Personalbedarf verzeichnet, sind maßgeblich bestimmend für den Erfolg von Maßnahmen zur **Deckung** des Personalbedarfs. Die Schlußfolgerung, eine Personalbedarfsplanung zu unterlassen, weil man den Anforderungen an eine optimale Ausgestaltung nicht ausreichend Rechnung zu tragen in der Lage ist, kann demnach nur als höchst gefährlich bezeichnet werden. Richtiger wäre es daher, den Personalbedarf zunächst nach Maßgabe vorhandener Informationen und Mittel zu planen und auf schrittweise Verbesserungen hinzuarbeiten.

---

118 Zu den Funktionen und Rechten des Betriebsrates in diesem Zusammenhang s. Dedering (1972) 42f.

119 Vgl. Gaugler (1976) Sp. 2961.

III. Personalbedarfsdeckung

1. Begriff, Inhalt und Determinanten der Personalbedarfsdeckung

Unter **Personalbedarfsdeckung** sind alle diejenigen Aktivitäten zu verstehen, die auf Gewinnung und Einsatz von personellen Kapazitäten gerichtet sind, die im Betriebe benötigt werden.[120]

Mit den Worten »im Betriebe benötigt« ist die Bedarfsorientierung verdeutlicht, »Gewinnung und Einsatz« führen zur Unterscheidung von **drei Teilaufgaben (-phasen)** des gesamten Personalbedarfsdeckungs-Prozesses. Es sind dies:

- die **Personalbeschaffung**, die die Suche und die Bereitstellung menschlicher Arbeitskräfte umfaßt, nach Maßgabe des in einer Bedarfsplanung ermittelten Personalbedarfs in quantitativer, qualitativer, zeitlicher und räumlicher Hinsicht. Zur Personalgewinnung gehört neben der Beschaffung auch
- die **Personalauswahl**, ein Entscheidungsprozeß, an dessen Ende die Bestimmung derjenigen Kandidaten steht, die sich für bestimmte Positionen aus einem Kreise von Bewerbern als die »bestqualifizierten« herausgestellt haben.
- Erst mit dem **Einsatz** gewonnenen Personals, d.h. seiner Eingliederung in den betrieblichen Leistungsprozeß, ist Personalbedarf für einen Betrieb faktisch gedeckt. Mit der Eingliederung werden zum einen in sachlicher Hinsicht (arbeitsprozessualer Bezug), zum anderen aber auch in personeller Hinsicht optimale Lösungen angestrebt. So verlangt letzteres beispielsweise die Berücksichtigung von Kooperationsmöglichkeiten mit übergeordneten, gleichgestellten und unterstellten Mitarbeitern. Damit wird deutlich, daß Aspekte des Personaleinsatzes bereits als Kriterien für eine Personalauswahl zum Tragen kommen müssen und insgesamt alle drei Phasen der Personalbedarfsdeckung nicht isoliert nacheinander ablaufen, sondern vielmehr wechselseitig miteinander verzahnt sind.

Unter **Determinanten der Personalbedarfsdeckung** sollen alle diejenigen Einflußgrößen verstanden werden, von deren Ausprägungen der Erfolg der Bemühungen zur Personalbeschaffung, -auswahl und zum -einsatz abhängt. Es sind dies vor allem:

- die Qualität der Informationen, die das Ergebnis der Personalbedarfsplanung ausmachen, nämlich über die **Bedarfskomponenten**:
  - Bedarfsquantität (Zahl der zu besetzenden Stellen),
  - Bedarfsqualität (die Anforderungen der Stellen),
  - Bedarfsterminierung und
  - Bedarfsorte.

  Auf sie ist oben (s. Kap. D.II.2) bereits näher eingegangen worden;
- vom Betriebe aus mit dem Bedarfsdeckungsprozeß verbundene Ziele und Bedingungen, die in der Regel auch ökonomische Konsequenzen betreffen, wie z.B. die entstehenden Kosten der Personalbeschaffung und -auswahl, die zu minimieren versucht werden;
- der **externe Arbeitsmarkt** beeinflußt Möglichkeiten und Erfolge der Personalbedarfsdeckung insofern, als er etwa durch die starke **Heterogenität** gesuchter und vermittelter

---

120 Vgl. u.a. Hentze (1969) 95f.; Secker (1972) 54; Blümle (1976) Sp. 2931; Frese (1976) Sp. 2937, 2940.

Arbeitsleistungen, den Grad der **Mobilität** von Arbeitskräften u.a.m. die Auswahl von Beschaffungsmethoden und -instrumenten mit beeinflußt. Hinderlich ist dabei oft die geringe **Transparenz** des Arbeitsmarktes;
- **arbeitsrechtliche Regelungen** können oft einschneidende Restriktionen darstellen (s. Kap. D.III.4).

2. Personalbeschaffung

Mit der Beschaffung von Personal sollen durch Suche und Bereitstellung Personalressourcen verfügbar gemacht werden, damit Personalbedarf (Ersatz-, Neubedarf) gedeckt werden kann. Die dabei anzuwendenden Methoden und Instrumente unterscheiden sich vor allem danach, ob aktivierbare Personalressourcen sich innerhalb oder aber außerhalb des Betriebes mit einem Personaldefizit befinden.[121]

a) Methoden der Personalbeschaffung

Je nachdem, ob der Personalbeschaffungsbedarf unternehmungsintern oder -extern gedeckt werden soll, lassen sich die Personalbeschaffungsmethoden wie in Abbildung 48 dargestellt unterscheiden.[122]

aa) Interne Personalbeschaffung (Personalentwicklung)

Eine Personalbeschaffung für vakante Stellen aus dem Kreise der im Betriebe bereits beschäftigten Mitarbeiter ist gleichbedeutend mit Änderungen bestehender Arbeitsverhältnisse: mit Versetzungen (d.h. mit personellen Umbesetzungen bei inhaltlich unveränderten Stellenaufgaben) oder Veränderungen der Aufgabeninhalte von Stellen. Beides sind Maßnahmenbündel der **Personalentwicklung**. Sie werden daher an späterer Stelle (s. Kap. D.V.) ausführlicher zu behandeln sein. Hier kommen spezielle Beschäftigungsaspekte zum Zuge.

In der Praxis werden häufig Maßnahmen der Aktivierung internen **und** externen Beschaffungspotentials

- **parallel** eingesetzt, um die vorhandenen Ressourcen voll auszuschöpfen und um Mitarbeiter mit dem Herausforderungscharakter einer Stellenbesetzung anzureizen bzw. auch
- **sukzessive** eingesetzt, etwa wenn nach Versetzungen Stellen frei werden, die intern nicht mehr zu besetzen sind.

Die **Instrumente einer Personalbeschaffung** aus internem Potential dienen der Deckung des mittel- und langfristigen Personalbedarfs, so z.B. eine systematische Karriere- und Fortbildungsplanung (s. Kap. D.V.) und der Deckung des kurzfristigen Personalbedarfs, so z.B. Stellenclearing und innerbetriebliche Stellenausschreibung.

---

121 Vgl. u.a. Weber (1975) 76; Bisani (1992) Sp. 1619ff.
122 Vgl. auch Nüssgens (1973) 299.

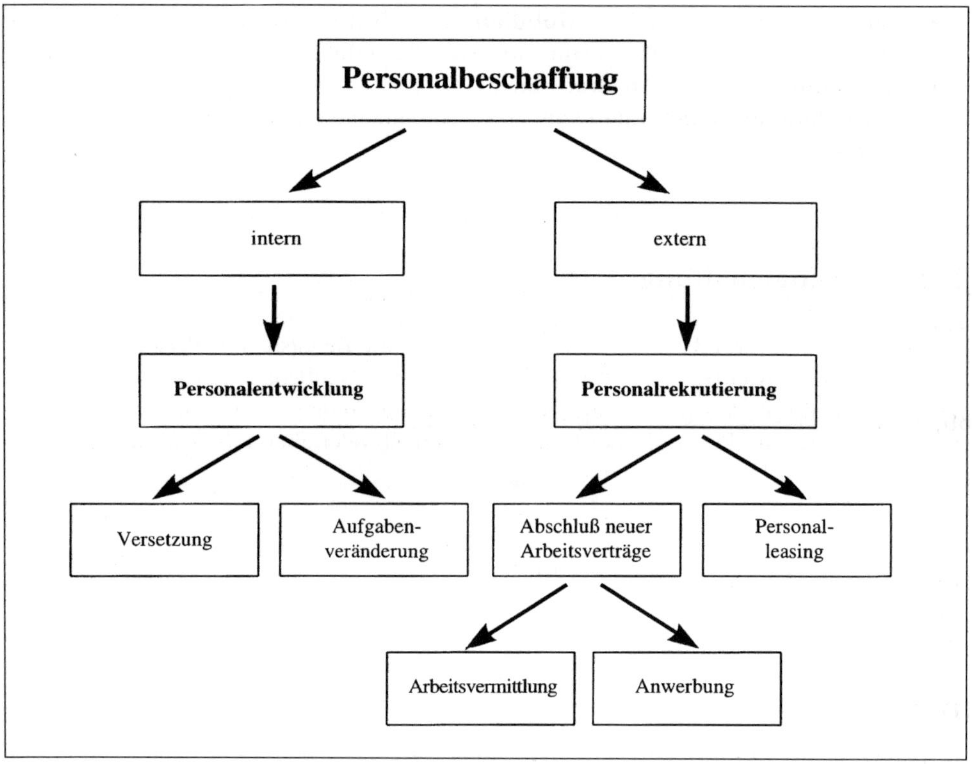

Abb. 48: Methoden der Personalbeschaffung
Quelle: In Anlehnung an Nüssgens (1973) 299.

- **Stellenclearing**[123] wird erreicht durch Informationsaustausch zwischen betroffenen Abteilungsleitern und Verantwortlichen der Personalabteilung (etwa im Wege von Konferenzen), mit dem offene Stellen und ihre Anforderungen geklärt und mit den internen Deckungsmöglichkeiten abgestimmt werden (Vorschlagssystem zur Stellenbesetzung).
- Innerbetriebliche **Stellenausschreibungen** dienen der direkten Gewinnung von Stellenanwärtern aus den eigenen Reihen und der Information über das innerbetriebliche Beschaffungspotential (u.a. mitbestimmt und veränderbar durch Karrierewünsche von Mitarbeitern).[124] Sie können vom Betriebsrat verlangt werden (§ 93 BetrVG), der bei Unterlassen die Zustimmung zur Einstellung externer Bewerber u.U. verweigern kann. Sie enthalten Beschreibungen der vakanten Stellen und ihrer Anforderungen und werden der Belegschaft durch Anschlag, Anzeige in der Werkszeitung, Handzettel oder in anderer geeigneter Form bekanntgemacht.
  Innerbetriebliche Stellenausschreibungen bringen einige **Probleme** mit sich, auch wenn parallel externe Beschaffungsversuche unternommen werden:
  - Sinnvoll sind sie überhaupt nur, wenn genügend geeignete Bewerber zu erwarten sind; andernfalls verzögern sie den Prozeß der Personalbeschaffung.

123 Vgl. Weber (1975) 76.

124 Zur innerbetrieblichen Stellenausschreibung vgl. z.B. Hanel (1985).

- Es ergeben sich häufig Differenzen zwischen dem Arbeitgeber und dem Betriebsrat darüber, welche Positionen ausgeschrieben werden sollen.
- Zwar erhöhen innerbetriebliche Stellenausschreibungen die Transparenz des internen Arbeitsmarktes, jedoch sind sowohl die bisweilen erwünschte – wenigstens temporäre – Geheimhaltung der Vakanz bzw. Besetzung einer Stelle wie auch die Vertraulichkeit von Bewerbungen erschwert.
- Das »Recht« eines Vorgesetzten, Mitarbeiter (u.U. auch Nachfolger) vorzuschlagen, wird de facto beschnitten.

Die Berichte über positive Erfahrungen mit innerbetrieblichen Stellenausschreibungen entstammen zumeist Großunternehmungen.[125]

bb) Externe Personalbeschaffung (Personalrekrutierung)

Externes Beschaffungspotential (Personalrekrutierung) ist sowohl in Arbeitskräften zu sehen, die bereits im Arbeitsprozeß stehen, als auch in solchen, die entweder noch nicht oder nicht mehr beschäftigt sind: z.B. Ausbildungsabgänger, Arbeitslose, Pensionäre. Vom Spezialfall des Personalleasing abgesehen, können die Methoden der Inanspruchnahme von Arbeitsvermittlung als auch der direkten Anwerbung jeweils prinzipiell nur aus den gleichen Quellen schöpfen.

(1) Beschaffungswege

(a) **Arbeitsvermittlung** in Anspruch zu nehmen heißt, daß der Betrieb mit Personalbedarf sich Institutionen bedient, die ihrerseits den direkten Zugang zu externem Beschaffungspotential suchen. Solche Institutionen sind:

- **Arbeitsämter**: staatliche Stellen in regionaler Aufgliederung sowie mit einer Zentralstelle für Arbeitsvermittlung (Frankfurt am Main) und Fachvermittlungsstellen (Büro-, Führungskräfte der Wirtschaft[126]; Akademikervermittlung; Bühnen-, Fernseh-, Filmvermittlung; Auslandsabteilung). Diese besaßen früher das zum 01. Juli 1994 aufgehobene Arbeitsvermittlungsmonopol. Seitdem sind auch private Arbeitsvermittler zugelassen.
- **Personalberatungsunternehmen**: Personalberater unterstützen Unternehmen bei der Suche und Auswahl von Arbeitskräften im Rahmen eines jeweils erteilten konkreten Beratungsauftrages gewerbsmäßig. Sie unterliegen dabei gesetzlichen Beschränkungen (Beachtung des Arbeitsvermittlungsmonopols der Arbeitsämter) und bieten i.d.R. folgende Dienstleistungen an:[127]
  - Analyse der zu besetzenden Position: Aufgabenstellung, Anforderungen, organisatorische Einordnung, sachliches und personelles Umfeld;
  - Formulierungen von Anzeigentexten, in denen der Auftraggeber in aller Regel nicht genannt wird. Der Personalberater inseriert unter seinem Namen (gleichzeitig indirekte Eigenwerbung) oder unter Chiffre;

---

125 Vgl. Gruppe (1971) 695; Marienhagen (1979).

126 1986 hat das Büro »Führungskräfte der Wirtschaft« der Zentralstelle der Bundesanstalt für Arbeit in Frankfurt/M. rund 40 Personen mit Gehältern von ca. 250.000 DM vermittelt (Quelle: Manager Magazin 18 (1988) 2, S. 119).

127 Vgl. Pillat (1990); Gaugler/Weber (1988); Gaugler (1993).

- seit einigen Jahren verstärkt »direct search« (sog. »headhunting«), nicht mehr nur auf der Ebene des Topmanagements sondern auch auf der zweiten und dritten Führungsebene;[128]
- Gegenüberstellung und Bewertung der eingegangenen Bewerbungsunterlagen, Besprechung der Ergebnisse mit dem Auftraggeber;
- Durchführung der Grobselektion;
- Einholung von Auskünften und Referenzen;
- umfassende Beurteilung, Auswahl eines engeren Kreises ernsthaft in Frage kommender Bewerber;
- Mitwirkung bei der Vorstellung beim Auftraggeber;
- Beratung bei der Auswahlentscheidung, evtl. auch bei der Gestaltung von Arbeitsverträgen.

Somit reichen die Leistungen von Personalberatern oft über den eigentlichen Vorgang der Personalbeschaffung im engeren Sinne hinaus und umfassen auch eine Mitwirkung bei der Personalauswahl (s. Kap. D.III.3). Die Gründe ihrer Inanspruchnahme sind verschieden (sie liegen z.T. auch sämtlich vor): Wunsch nach Anonymität des Personal suchenden Betriebes – besonders bei Spitzenpositionen –, unzureichende Kapazitäten der eigenen Personalabteilung, Erwartung größerer Erfolgschancen durch Nutzung der spezifischen Informationen und Beziehungen des Personalberaters.

(b) **Anwerbung** (direkte Personalwerbung) kann sich verschiedener Suchmedien bedienen.[129] Praktisch in Anspruch genommen werden vor allem:

- **Inserate** in Zeitungen und Zeitschriften (regional/überregional; Fachpublikationen)[130] oder anderen Werbeträgern (z.B. Informationsbroschüren, Plakate),
- bestehende oder herzustellende **Kontakte** zu Institutionen, die über Personalpotentiale verfügen bzw. zu Aspiranten Zugang besitzen:
  - Berufs-, Fach-, Hochschulen[131] (»Campus Recruiting«) durch die unterschiedlichsten Formen der Kontaktaufnahme:[132] Fachvorträge an der Hochschule, Anzeigen in Hochschulpublikationen, Schenkungen an Hochschulen, Einladungen von Studenten und Lehrpersonal zu Betriebsbesichtigungen, Unterstützung von Dissertationen und Diplomarbeiten, Bereitstellen von Praktikantenplätzen, Broschüren über die Personal suchende Unternehmung: Betätigungsfeld, Ziele, Aufstiegschancen etc.);
  - Betriebe, die Personal mit gesuchter Qualifikation beschäftigen. Diese Form der Anwerbung wird auch »Abwerbung« genannt. Sie gilt in Deutschland zumeist als wenig seriös und wird z.B. durch u.U. stillschweigende Übereinkünfte zwischen (örtlich benachbarten) Unternehmungen, sich Arbeitskräfte gegenseitig nicht aktiv abzuwerben, und durch gesetzliche Wettbewerbsverbote für bestimmte Berufsgruppen (vgl. z.B. §§ 74ff. HGB) zu vermindern gesucht. Dennoch stellt sie oft den »letzten Versuch« der Personalbeschaffung dar: vor allem bei großer Knappheit an speziell qualifizierten Arbeitskräften, die durchaus auch bei hoher Arbeitslosenquote bestehen kann;

---

128 Vgl. Manager Magazin 18 (1988) 2, S. 106.
129 Vgl. auch Arnold (1992) Sp. 1815ff.
130 Vgl. u.a. Tangermann (1989).
131 Vgl. zu Hochschulkontakten als Instrument der Personalwerbung z.B. Fröhlich (1986) oder Fröhlich/Langecker (1989).
132 Vgl. dazu Pfützner (1988) 376; sowie Freimuth (1987).

- Mitarbeiter, die Zugang zu Personen mit den gesuchten Qualifikationen (z.B. Familienangehörige) haben. Dies kann jedoch als Beschaffungsweg nicht unerhebliche Probleme aufwerfen:[133] Gefährdung des Betriebsklimas, »Vetternwirtschaft« u.a.m.;
- Überbetriebliche Institutionen, wie z.B. Industrie- und Handelskammern, Verbände (branchenspezifische, z.B. Einzelhandelsverband, Arbeitgeberverbände, Gewerkschaften, die z.B. in den USA bei der Beschaffung von Lohnempfängern eine Rolle spielen).

(c) Das **Personalleasing**[134] stellt eine spezielle Methode der temporären Personalbeschaffung insofern dar, als mit ihm nicht Mitarbeiter gewonnen werden, die vertraglich ständig an das jeweils beschäftigende Unternehmen gebunden sind, sondern diesem vielmehr aufgrund von **Arbeitnehmer-Überlassungsverträgen** zur Verfügung gestellt werden. Es kommen dabei Rechtsbeziehungen zwischen **drei Parteien** zustande: zwischen dem Verleiher, dem Entleiher und dem Leiharbeitnehmer.

Der »**Verleiher**« ist ein selbständiger Betrieb, der vorübergehend Arbeitnehmer »verleiht«, deren Arbeitsverträge zu ihm weiter fortbestehen. Das Personalleasing-Unternehmen schließt mit dem Zeitarbeitnehmer einen **Dienstvertrag** ab, zahlt diesem den Nettolohn und führt Steuern und Sozialabgaben ab. Der »Verleiher« hat das volle **Weisungsrecht** über den Leiharbeitnehmer und schließt mit dem Entleiher einen Arbeitnehmer-Überlassungsvertrag. »**Entleiher**« ist der die Arbeitsüberlassung in Anspruch nehmende Betrieb: Er bedingt sich gegenüber dem Verleiher i.d.R. das Recht aus, den »geliehenen« Mitarbeitern für die Zeit der Beschäftigung für seinen Betrieb Weisungen zu erteilen. Das entleihende Unternehmen zahlt die vereinbarte Gebühr und gibt dem Zeitarbeitnehmer lediglich Arbeitsanweisungen am Arbeitsplatz. Die rechtlichen und ökonomischen Beziehungen zwischen den drei Parteien verdeutlicht folgende Abbildung 49.

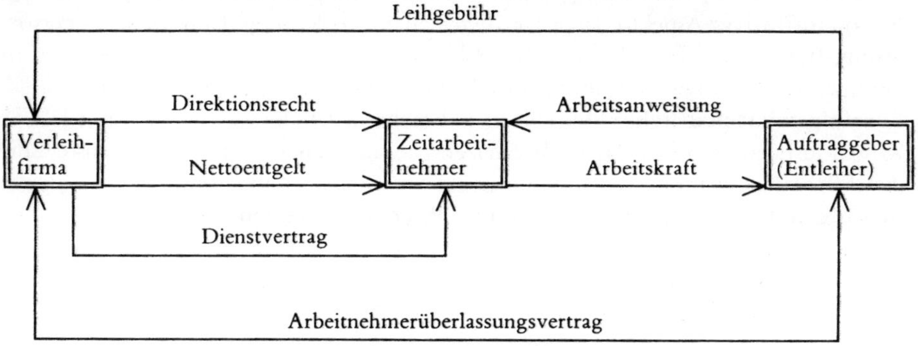

Abb. 49: Beziehungen der Personalleasing-Beteiligten
Quelle: In Anlehnung an Stopp (1987) 53.

Bei nicht gewerbsmäßiger Überlassung von Arbeitnehmern werden diese gelegentlich zwischen Betrieben (die u.U. unter gemeinsamer wirtschaftlicher Leitung stehen) zur Deckung kurzfristigen Personalbedarfs ausgeliehen. Die Rechtsbeziehungen zwischen den Parteien

133 Vgl. Pillat (1990).
134 Vgl. zu dieser Methode auch Friese (1982) 375ff.; Olfert/Steinbuch (1987) 101f.

sind dabei im Rahmen der relevanten unabdingbaren Vorschriften frei gestaltbar. Dies ist anders bei gewerbsmäßiger Arbeitnehmerüberlassung; denn sie ist durch das **Arbeitnehmerüberlassungsgesetz** geregelt: Es bedarf einer Erlaubnis der Bundesanstalt für Arbeit (§ 1ff. AÜG), der Verleiher muß die Arbeitnehmer grundsätzlich unbefristet einstellen (vgl. § 9 Nr. 2, 3 AÜG), darf diese nicht länger als neun Monate bei demselben Entleiher belassen (§§ 1 II, 3 I Nr. 6 AÜG) und hat die üblichen Arbeitgeberpflichten, während der Entleiher vornehmlich Schutzpflichten gegenüber dem Arbeitnehmer hat (vgl. § 11 VI AÜG).

Zur Beurteilung der Bedeutung von Personalleasing können die Bedarfskomponenten herangezogen werden:

- In **zeitlicher** Hinsicht steht die Beseitigung von Personalbedarfs-Deckungslücken über **kurze Fristen** im Vordergrund; so etwa, wenn für Arbeitsausfälle aufgrund von Krankheit, überraschender Kündigung, Tod, Urlaub vorerst Zwischenlösungen gefunden werden müssen. Personalleasing wird auch zur Deckung saisonal (durch Auftragsspitzen) bedingten Personalbedarfs, der das sonst übliche Arbeitsvolumen überschreitet, herangezogen.
  Dieser Aspekt der **vorübergehenden** Bedarfsdeckung, der Personalleasing als Bestandteil der **kurzfristigen** Personalplanung ausweist, wird als wesentlich angesehen.[135] Bei langfristiger, leihweiser Überlassung von Mitarbeitern werden Probleme gesehen: mangelhafte Kontinuität der Besetzung bestimmter Arbeitsplätze, soziale Probleme für die Leiharbeitnehmer im Zusammenhang mit ihrer Eingliederung, Mehrkosten gegenüber dauerhafter Besetzung.
- Im Hinblick auf die **qualitative** Komponente können zwei Gesichtspunkte Bedeutung erlangen: die wertvolle Ergänzung des eigenen Arbeitskräftereservoirs durch betriebsexterne Spezialisten und die Möglichkeit, auf das Halten eigener Personalreserven verzichten zu können – Personalleasing-Unternehmen nehmen diese Notwendigkeit ab.
- Ein **quantitativer** Aspekt erlangt überbetriebliche Bedeutung dann, wenn es Personalleasing-Betrieben gelingt, latentes Arbeitskräftepotential (Arbeitsmarktreserven) zu mobilisieren und einzugliedern und damit die Gesamtbeschäftigung zu erhöhen.
- In **erfolgswirtschaftlicher** Hinsicht ist zu beachten, daß die verleihenden Betriebe ihre Kosten in Form von Gebühren überwälzen. Sie sind daher in einer Vergleichsrechnung den Personalbeschaffungs-, -einstellungs-, -verwaltungs-, Lohn- und Sozialleistungskosten gegenüberzustellen. In einer solchen Rechnung müßten zusätzlich einerseits die Leerkosten der Unterbeschäftigung ständig eingestellter Mitarbeiter und andererseits die zusätzlichen Kosten für die Anpassung und Einarbeitung der bei wiederkehrender Arbeitnehmerüberlassung wechselnden Mitarbeiter berücksichtigt werden.

(2) Beschaffungsinstrumente

Personalbeschaffung aus externem Potential benötigt zur Akquisition geeignete **Instrumente**. Hierfür kommen direkte Werbemittel infrage, die je nach Art des Bedarfs (Zielgruppen, s. unten) und darauf abgestimmten, einschlägigen Beschaffungswegen gewählt werden können wie z.B. Inserate, Plakate, Broschüren, Informationsgespräche, Vorträge, Betriebsbesichtigungen, Rundfunk- oder Fernsehwerbung.

Ein effizienter Instrumenteneinsatz verlangt vor allem eine **zielgruppengerechte Bewerberansprache**, um unter Berücksichtigung vertretbarer Beschaffungsdauern und -ko-

---

135 S. dazu Schmidt, H. (1973) 284.

sten die relativ höchstqualifizierten Mitarbeiter gewinnen zu können. Das bedeutet, daß **Teilarbeitsmärkte** qualitativ (nach Berufsgruppen) und regional unterschieden werden müssen, letzteres insbesondere für solche Berufsgruppen, bei denen größere Mobilität nicht erwartet werden kann. Das trifft allerdings auf Führungskräfte in Spitzenpositionen nicht zu: Dieser Teilarbeitsmarkt benötigt daher keine regionale Differenzierung (es sei denn nach Ländern für multinationale Konzerne).

Eine in dieser Hinsicht gezielte Instrumentenwahl und -nutzung erfordert Informationen über zu erwartende Instrumentenwirkungen. Sie hängen von betriebsinternen wie auch externen Faktoren ab, die ihrerseits in unterschiedlichem Maße durch den Personal suchenden Betrieb beeinflußbar sind (s. unten). Zwei **Funktionen** sind es in erster Linie, die Personalbeschaffungsinstrumente erfüllen sollen,[136] die aber nicht unabhängig voneinander sind:

(a) Personalwerbung soll eine **Informationsfunktion** erfüllen; mit ihr soll

(b) eine Akquisition und Selektion aus vorhandenem Personalpotential bewirkt werden. Man kann dies insofern auch als **Verhaltensbeeinflussungsfunktion** der Instrumente bezeichnen, als sie geeignete Personen zu Bewerbungen veranlassen sollen.

Dabei ist die Erfüllung der ersten Funktion Voraussetzung dafür, daß auch die zweite erreicht wird, auf die die Maßnahmen der Personalbeschaffung letztendlich hinzielen.

Zu (a): Die **Informationsfunktion** ist erfüllt, wenn ein Beschaffungsinstrument, z.B. ein Inserat, mindestens alle diejenigen Informationen enthält, die ein potentieller Bewerber erwartet und ihn schließlich zur Bewerbung bewegen. Dies sind:

- Informationen über den **Betrieb** selbst: Branche, Größe und Bedeutung, Standort (evtl. »Freizeitwert«), Führungsstil u.a.m.;
- Informationen über den zu besetzenden **Arbeitsplatz**: Aufgaben, Kompetenzen und Verantwortungen, hierarchische Einordnung, das sachliche und persönliche Arbeitsumfeld, die Arbeitszeit;
- Informationen über die **Anforderungen** an den gesuchten Stelleninhaber: erforderliche Kenntnisse, Fähigkeiten (evtl. Ausbildungsgänge), persönliche Eigenschaften etc.;
- Informationen über die **Leistungen** des Betriebes: Entgelt, soziale Leistungen, Fortbildungs-, Aufstiegsmöglichkeiten;
- Informationen über die **Art der Kontaktaufnahme**, z.B. telefonische Erkundigungen am Wochenende;
- Informationen über erwünschte **Inhalte** und **Form** der **Bewerbung**: benötigte Unterlagen, Vorstellungen etc.

Zu (b): Die **Verhaltensbeeinflussungsfunktion** erlangt besondere Wichtigkeit, wenn ein wesentlicher, den Erfolg der Unternehmung beeinflussender Faktor (strategisches Erfolgspotential) darin liegt, daß bereits im Unternehmen tätige Mitarbeiter bleiben bzw. neue Mitarbeiter von außen hinzugewonnen werden können. Ist der Arbeitsmarkt für (strategisch) wichtige Positionen vom Arbeitskräfteangebot her sehr eng, so liegt ein dem »Käufermarkt« auf der Absatzseite entsprechendes Phänomen vor: Die relativ größere Marktmacht besitzen die Nachfrager, in diesem Falle nach Arbeitsplätzen, weil das Angebot seitens der

---

136 Vgl. Arnold/Wächter (1975) Sp. 1507; v. Eckardstein/Schnellinger (1975) Sp. 1592ff.; Wunderer (1975) Sp. 1691ff.; Kreklau (1974) 757.

Unternehmen die Nachfrage übersteigt. Bezüglich der Arbeitsleistung allerdings ist der Arbeitsmarkt für die Unternehmung ein Beschaffungsmarkt, wie zuvor deutlich wurde.

Insofern mag durchaus die Verwendung des Terminus »**Personal-Marketing**« angebracht sein, jedenfalls dann, wenn eine Unternehmung vor engen (vor allem externen) Arbeitsmärkten steht.[137] Denn dann steht die Idee des Schaffens von Präferenzen für eine Unternehmung, die Arbeitskräfte sucht, d.h. gleichzeitig Arbeitsplätze anzubieten hat, bzw. die Idee des Steigerns ihrer Attraktivität im Vordergrund. Denn sie lenkt die Aufmerksamkeit der für die Unternehmungsführung und das Personal Verantwortlichen auf die Notwendigkeit des Einsatzes von Marketing-Instrumenten zum Akquirieren von Arbeitskräften im Wege des »Vermarktens« von Arbeitsplätzen (deren Nicht-Besetzung fatale Folgen haben könnte).

Es gilt infolgedessen, Wettbewerbsvorteile auf dem Arbeitsmarkt zu erlangen, um potentielle Anbieter von Arbeitsleistungen zu veranlassen, das eigene Unternehmen statt anderer als Arbeitgeber zu präferieren. Es geht also um eine Profilierung für potentielle Mitarbeiter gegenüber Wettbewerbern auf dem Arbeitsmarkt.

Zu diesem Zweck ist es erforderlich, diejenigen Vorteile zu ermitteln, die ein Unternehmen möglichen Arbeitsplatz-Interessenten bieten könnte. Die folgende Fragenliste kann dafür hilfreich sein:[138]

(1) Welche gegenwärtigen und zukünftigen Aufgabenfelder werden in der Unternehmung zu bearbeiten sein? Wie sieht insbesondere das gegenwärtige und zukünftige Leistungsprogramm der Unternehmung aus?
(2) Wie sind die Arbeitsplätze der Unternehmung gegenwärtig gestaltet, und welche Arbeitsplatzgestaltung ist in Zukunft zu erwarten?
(3) Welche Angebote zur Perioden- und Lebensarbeitszeit kann die Unternehmung gegenwärtig und zukünftig machen?
(4) Welche Möglichkeiten der Ausbildung, des Aufstiegs und der Personalentwicklung, der regionalen, nationalen oder internationalen Mobilität kann die Unternehmung gegenwärtig und zukünftig bieten?
(5) Welche Bedingungen der Vergütung, Erfolgs- und Vermögensbeteiligung sowie sonstigen Sozialpolitik kann die Unternehmung gegenwärtig oder zukünftig bieten?
(6) Welche Konzepte der Personalführung und Einbindung von Mitarbeitern sieht die Unternehmung gegenwärtig und zukünftig als verbindlich an?
(7) Welche Werthaltungen gelten in der Unternehmung und prägen die Unternehmungskultur?
(8) Welche Bedingungen bieten die Unternehmung und ihr Standort zu Unterbringung, Einkaufsmöglichkeiten, Betreuung von Kleinkindern, Schul- und Freizeitangeboten einschließlich kultureller Angebote?

---

137 Die Verwendung des Personalmarketing-Begriffs in einem weiteren Sinne – wie sie seit Mitte der 70er Jahre bisweilen versucht wurde – erscheint abwegig. Denn Unternehmungs- und Personalpolitik auf Erwartungen und Bedürfnisse von vorhandenen und potentiellen Mitarbeitern abzustellen, ist entweder eine Übertreibung der Analogie der Idee von der Kundenorientierung, oder aber diese ist – in der ausbalancierten Form des Versuchs der Erreichung von institutionellen und individuellen Zielen – gleichbedeutend mit den Grundmaximen des Personal-Managements, für die sich ein neuer Begriff erübrigt. Aus der zahlreichen Literatur zum Personalmarketing vgl. z.B. Hunziger (1973); v. Eckardstein/Schnellinger (1975); Marr/Stitzel (1979) 308; Fröhlich (1987), (1987a); Staude (1989); Strutz (1989), (1992); Wunderer (1991); Scholz (1992).

138 Drumm (1992) 255.

Vorteile sind Bedingungen in Beantwortung dieser Fragen aber im Sinne von **Beschäftigungsvorteilen** nur dann, wenn Arbeitnehmer Interesse an ihnen haben, d.h. sie individuelle Zielsetzungen und Bedürfnisse befriedigen bzw. Werthaltungen entsprechen. Nicht auszuschließen ist jedoch auch das Wecken neuer oder Verstärken latenter Bedürfnisse. Insofern kommt einer gezielten Personalforschung erhebliche Bedeutung zu, die verwertbare Erkenntnisse über Einstellungen, Erwartungen, Verhaltensweisen von Berufstätigen (auch: Berufsstartern) zu Tage fördert. Meinungs-, Berufs-, Mobilitäts-, Arbeitsmarktforschung gehören in dieses Feld.[139]

Beschäftigungsvorteile sind aber erst dann gleichzeitig **Wettbewerbsvorteile**, wenn bekannt ist, daß Arbeitsmarkt-Konkurrenten sie nicht (nicht so gut) bieten, wie das eigene Unternehmen. Insofern ist zudem eine Konkurrentenanalyse anzustellen, die mithin Teil der Arbeitsmarktforschung sein muß. Sie hat Informationen zu liefern über das Nachfrage- und Akquisitionsverhalten von Arbeitsmarkt-Wettbewerbern sowie über ihr (gegebenenfalls noch nicht per Werbung verwertetes) akquisitorisches Potential.

Hauptproblem einer solchen Konkurrentenanalyse ist die Ermittlung und Erschließung entsprechender Informationsquellen (Stellenanzeigen, Geschäftsberichte, Hauszeitschriften u.a.m.). Das informationssuchende Unternehmen kann selbst aktiv werden, indem es in Einstellungsinterviews gezielte Fragen stellt und auswertet nach Konkurrenz-Unternehmen, wenn Bewerber bei ihnen gearbeitet haben.[140]

b) Kriterien zur Auswahl von Methoden der Personalbeschaffung

aa) Informationen über vorhandene und latente Personalressourcen

(1) Analyse des **internen** Personalbestandes
Für Entscheidungen darüber, ob Mitarbeiter intern oder aber extern am Arbeitsmarkt beschafft werden sollen, sind Informationen über den internen Personalbestand und seine (geplante) Entwicklung notwendig.

Sie stehen dann in ausreichender Qualität zur Verfügung, wenn eine Personalbedarfsplanung – wie oben beschrieben (s. Kap. D.II.3) – durchgeführt wird. Insofern kann auf die entsprechenden Ausführungen verwiesen werden. Die darin enthaltenen Informationen und ihre qualitative Ausgestaltung (besonders bei Personalbeurteilungen, bei Fluktuationsanalysen) haben erheblichen Einfluß nicht nur auf die Qualität von Entscheidungen über anzuwendende Methoden der Personalbeschaffung, sondern auch auf die Gestaltung von Personalentwicklung, -einsatz und Anreizsystemen. Dadurch wird deutlich, daß eine informationell aufwendige und daher »teure« Personalbedarfsplanung sich durchaus als »lohnend« erweisen kann.

(2) Analyse des **externen** Arbeitsmarktes
Sie wird auch **Arbeitsmarktforschung** genannt und besteht in der Beschaffung und Aufbereitung arbeitsmarktbezogener Informationen.[141] Zwei Kategorien können unterschieden werden:

---

139 Vgl. z.B. Reber (1980); Seiwert (1985).
140 Vgl. Drumm (1992) 257.
141 Zur Arbeitsmarktforschung vgl. Overbeck (1968); Gaugler/Huber/Rummel (1974) 116ff.; Kreklau (1974) 747ff.; Friedrichs (1974) 54f.; Fiebig (1975) 138ff.; Hentze (1970a) 82ff.

- **Allgemeine** Informationen, die aus gut zugänglichen statistischen Quellen beziehbar sind:
  - gegenwärtige, zukünftige Bevölkerungsstruktur, allgemeine Arbeitsmarktsituation,
  - Veränderungen der Beschäftigungsstruktur (Mobilitätsforschung),
  - Auslandsarbeitsmärkte: vorhandenes, zukünftiges Potential,
  - Entwicklung der volkswirtschaftlichen Produktivität, der Bildungsstruktur, der arbeitsmarktrelevanten Gesetzgebung u.a.m.

Für Entscheidungen betrieblicher Personalbeschaffungspolitik können Informationen dieser Art jedoch nur einen Hintergrund bilden, vor dem weitaus detailliertere Kenntnisse verarbeitet werden müssen, insbesondere solche über diejenigen Teilmärkte, die für den Betrieb jeweils von Belang sind.

- **Spezielle** Informationen über einzelne Teilmärkte erfordern eine sinnvolle Abgrenzung von Teilmärkten:
  - in **regionaler** Hinsicht eine nicht zu grobflächige Untergliederung, da sonst regionale Teilgebiete entstehen, die ein Betrieb nur z.T. ausschöpfen kann; Arbeitsmarktinformationen aber könnten dann überwiegend – unerkannt – denjenigen Teilsektor betreffen, der dem Betriebe unzugänglich ist;
  - in **qualitativer** Hinsicht, d.h. nach Zielgruppen; dabei dürfte heute eine Untergliederung nach Wirtschaftszweigen vor allem eine solche nach Berufsgruppen von Interesse sein.

    Allerdings bestehen Interdependenzen zwischen regionalen und qualitativen Teilarbeitsmärkten. So hängt die für einen Betrieb sinnvolle regionale Ausdehnung von seinen personellen Interessenlagen, d.h. von Art und Anzahl gesuchter Arbeitskräfte ab: z.B. für Führungskräfte der überregionale Markt, für Teilzeitbeschäftigte hingegen i.d.R. nur der regional eng begrenzte Teilmarkt.

    An Informationen über so abgegrenzte Teilmärkte interessieren vor allem solche, aus denen die gegenwärtige wie auch für die Zukunft zu erwartende Situation des jeweiligen Teilmarktes hervorgeht, d.h. z.B. Informationen über
    - die Größe des Arbeitskräftepotentials,
    - die Struktur des Arbeitskräftepotentials: Altersschichtung, Geschlechterverteilung, Anteil latenten Potentials etc.,
    - Aufstiegs-, Anpassungs-, regionale Mobilität,
    - repräsentative Daten über gebotene und/oder individuell erwartete Arbeitsbedingungen wie Arbeitsplatzausstattung, Entgelt, Arbeitszeit usw.

Daß Erkenntnisse aus allgemeiner und aus Teil-Arbeitsmarktforschung durchaus nicht immer gleichgewichtet sein müssen, zeigt sich z.B. dann, wenn trotz generell großen Arbeitskräfteangebots (hohe Arbeitslosenquote) dringender und kurzfristig nicht zu deckender Bedarf an speziell qualifizierten Arbeitskräften besteht (z.B. an Facharbeitern bestimmter Spezialisierungen). Dieser Bedarf ist überdies oft latent, weil viele Betriebe ihre Nachfrage aus Kenntnis der Arbeitsmarktlage gar nicht mehr artikulieren.

Für eine erfolgreiche Personalbeschaffungspolitik ist es generell notwendig, daß Ergebnisse von Arbeitsmarktforschungen rechtzeitig, regelmäßig und kurzfristig zur Verfügung stehen und Prognosen enthalten. Mit den Instrumenten der Arbeitsmarkt-Analyse sind einige Probleme verbunden: Verfügbares statistisches Material (z.B. die amtlichen Nachrichten der Statistischen Ämter, Veröffentlichungen von Verbänden) ist häufig – zumeist wegen Berufsaggregationen – nur wenig brauchbar; methodisch einwandfreie, zielgerichtete Befragungen durch kommerzielle Institute sind wegen der damit verbundenen Kosten i.d.R. nur Großunternehmungen möglich; quantitative Prognosemethoden (Trendextrapolationen, Regressionsanalysen u.a.m.) leiden oft unter dem Mangel an detaillierten Informationen und erbringen nur Näherungslösungen.

Als einfach zu beschreitende Auswege bieten sich an: eine Nutzung der Arbeitsämter als Informationsquellen, ständige Marktbeobachtung in eigener Regie durch Sammeln und Verarbeiten aller verfügbaren Informationen, Analyse der Erfolge von Personalbeschaffungen, differenziert nach unterschiedlichen Methoden.

bb) Evaluierung von Beschaffungsmethoden

(1) **Vor- und Nachteile** der Personalbeschaffung aus externen und internen Potentialen. Die Darstellung kann insofern vereinfacht werden, als der Wegfall der Vorteile (Nachteile) der einen Beschaffungsmethode die Nachteile (Vorteile) der anderen bedeutet.[142]

- **Vorteile** der Personalbeschaffung aus betriebs**internen** Ressourcen (Sie entfallen bei »externer Beschaffung« und stellen dann deren relative Nachteile dar.):
  - geringeres Auswahlrisiko (Die Beurteilung der Leistungen und Qualifikationen von Mitarbeitern, die im Betriebe beschäftigt sind, ist leichter möglich als von fremden, externen Bewerbern.);
  - spezifische Kenntnisse der Mitarbeiter über den Betrieb, seinen organisatorischen Aufbau (Kompetenz-, Kommunikationssystem), über Arbeitsabläufe und Arbeitsplatzanforderungen;
  - geringere Beschaffungskosten (Es entfallen Kosten der Anwerbung, für Eignungsprüfungen (Voraussetzung: vorhandenes Personalbeurteilungssystem), für Einarbeitungszeiten.).
  - Das Vertrautsein mit dem Führungsstil, der Unternehmungs-, der Personalpolitik begünstigt, insbesondere Führungskräfte intern zu rekrutieren (u.U. nach Fortbildungs- oder anderen Entwicklungsmaßnahmen).
  - Stellenbesetzungen »aus eigenen Reihen« motivieren zur Weiterbildung und können insofern zur Flexibilität des Betriebes beitragen.
  - Möglichkeiten der Bewerbung auf angestrebte Positionen und Aufstiegschancen üben positive Wirkungen auf das Betriebsklima aus. Andererseits jedoch kann sich die Unzufriedenheit nichtberücksichtigter interner Bewerber auch negativ auf das Betriebsklima auswirken.
  - Die personellen Kapazitäten können besser ausgelastet werden.
- **Nachteile** der Personalbeschaffung aus betriebs**internen** Ressourcen[143] (Sie können bei »externer Beschaffung« entfallen und stellen dann deren relative Vorteile dar.):
  - Gefahren wachsender Betriebsblindheit, des Erlahmens der Kreativität (»Degenerationserscheinungen« aufgrund von »Inzucht«), der unzureichenden Autorität(sausübung) aufgrund falsch verstandener Solidarität zu ehemals gleichgestellten Kollegen (Nicht-Abbau von »Kumpel«-Verhältnissen).

---

142 Vgl. zu diesem Komplex Beach (1975) 197; Knebel (1974) 72; Bertelsmann (1969) 7ff.; Secker (1972) 55; Gaugler/Huber/Rummel (1974) 145; Kador/Pornschlegel/Kempe (1977) 79f.

143 Vgl. Knebel (1974) 73; Secker (1972) 55; Bertelsmann (1969) 98ff.

- Aus den eigenen Reihen kommen keine geeigneten Bewerber, d.h. der externe Arbeitsmarkt muß doch bemüht werden. Das ist häufig auch der Fall, wenn innerbetriebliche Beschaffungsmaßnahmen durch (horizontale, vertikale) Versetzungen Kettenreaktionen auslösen und letztlich Vakanzen hinterlassen. Eine Beschränkung auf die betrieblichen Personalressourcen hat zur Folge, daß nur ein Teil des insgesamt relevanten Beschaffungspotentials zur Grundlage der Personalauswahl wird: Es entsteht die Gefahr unterqualifizierter Besetzung.

In der Praxis wird bei der Beschaffung von Führungskräften dem Versuch, die internen Ressourcen auszuschöpfen, der Vorzug gegeben.

(2) Differenzierung nach **Zielgruppen**

Für die Entscheidung, welche Methoden der Personalbeschaffung angewandt, welche Instrumente wie gestaltet und eingesetzt werden sollen, ist die auf diesen Zweck zugeschnittene Eingrenzung derjenigen Zielgruppe(n), die angesprochen werden soll(en), eine der wichtigsten Vorbedingungen, denn umso selektiver kann die Akquisitionswirkung erwartet werden. Mit der Bestimmung der richtigen Zielgruppen wird eine Vorauswahl getroffen, aus der heraus dann die engere Auswahl für das spezifische Anforderungsprofil der vakanten Stelle erst möglich wird.

Die Bestimmung derjenigen Kriterien, die zur Zielgruppenabgrenzung heranzuziehen sind, ist deshalb eine Zweckmäßigkeitsfrage, deren Beantwortung von der Sicherheit der Erwartung abhängt, mit der Zielgruppe eine ausreichende Zahl von nach Möglichkeit bestqualifizierten Bewerbern zu erhalten. Als solche Kriterien haben sich z.B. bewährt:

- Wirtschaftszweige (Metallindustrie, Einzelhandel),
- Berufsgruppen (Schlosser, Verkäuferinnen),
- Vorbildung (Schultyp, Fach-, Hochschulstudium),
- Berufsbildung (Lehre, Berufserfahrung),
- Alter, Geschlecht, Arbeitszeit (unter Berücksichtigung der betrieblichen Belegschaftsstruktur).

Zielgruppen können durch Betonung eines Kriteriums, aber auch durch Mischung mehrerer Kriterien bestimmt werden; von ihnen hängt dann ab, welche Beschaffungsmethoden und -instrumente Aussicht auf Erfolg haben. Die folgende Tabelle (s. Abb. 50) verdeutlicht diese Zusammenhänge beispielhaft.

Bestimmte Beschaffungsmethoden und Arten der Informationsgestaltung bedingen sich häufig gegenseitig. So werden z.B. über sogenannte **informelle Beschaffungswege** (z.B. über das soziale Netzwerk der Belegschaft) andere Informationen über ein Stellenangebot übertragen werden als über **formelle** (z.B. Stellenanzeigen). Verschiedene Untersuchungen haben ergeben,[144] daß durch informelle Methoden qualifiziertere Arbeitskräfte (gemessen v.a. an Leistungs- und Fluktuationskriterien) gewonnen werden als auf formellem Wege. Als Begründung dafür erscheint plausibel, daß über informelle Wege offensichtlich realistischere Informationen über den Arbeitsplatz übermittelt werden. Sie führen zu einer Selbstselektion jener Bewerber, die nicht erwarten, ihre persönlichen Ziele an dem Arbeitsplatz erreichen zu können.

---

144 Vgl. Taylor/Schmidt (1983).

Zielgruppenkriterien	Zielgruppe	Personalbeschaffungsmethoden, -instrumente
Berufsgruppe, -bildung	Auszubildende	Kontakt zu Berufsschulen, Arbeitsamt
Arbeitszeit, Geschlecht	teilzeitbeschäftigte Frauen	Belegschaftsmitglieder, Arbeitsamt
Berufsgruppe, -bildung	Facharbeiter-Nachwuchskräfte	Berufsschule, Arbeitsamt, lokale Presse, Branchenwerbung
Berufsgruppe, Vorbildung	Wissenschaftler	Kontakte zu Hochschulen, überregionale Zeitungen, wissenschaftliche Zeitschriften, Personalberater
Berufsgruppe, Vorbildung, Alter	Führungskräfte	Interne Ressourcen, Inserate in überregionalen Zeitungen, dto. in Fachzeitschriften, Kontakte zu Banken etc., Personalberater

Abb. 50: Zusammenhänge zwischen der Bestimmung von Zielgruppen und der Wahl von Personalbeschaffungsmethoden und -instrumenten

(3) Personalbeschaffungs-**Zeitraum**

Dieses Kriterium erlangt insofern Bedeutung, als eine Abstimmung zwischen den Terminen der erforderlichen Personalbedarfsdeckung und dem Zeitbedarf der einsetzbaren Beschaffungsinstrumente herbeizuführen ist. So kommt z.B. eine mehrere Monate dauernde Spezialausbildung für bereits im Betriebe beschäftigte Mitarbeiter nicht für die Besetzung einer überraschend frei gewordenen Stelle infrage, die sofort wiederbesetzt werden muß (kurzfristiger Bedarf). Tendenziell kann gesagt werden, daß

- für **kurzfristigen** Bedarf neben dem Personalleasing für Spitzenbedarf vor allem die Nutzung interner Ressourcen (durch Versetzung, u.U. auch Mehrarbeit) und Inserate (in regionaler Presse) infrage kommen, während
- **langfristiger** Bedarf durch eine innerbetriebliche Personalentwicklung, durch arbeitsmarktbezogene Pflege des Firmenimages und andere, längere Zeiträume in Anspruch nehmende Beschaffungsmethoden und -instrumente gedeckt werden kann.

(4) **Wirtschaftlichkeit** der Personalbeschaffung

Daß bei gleichem erzielbarem Nutzen alternativer Personalbeschaffungs-Methoden bzw. -Instrumente diejenigen zu wählen sind, die geringere Kosten verursachen, gehört zu den nicht weiter begründungsbedürftigen betriebswirtschaftlichen Grundeinsichten. Allerdings bereitet schon die exakte Kostenerfassung z.T. nicht unerhebliche Schwierigkeiten. Zu den **Kostenarten** der Personalbeschaffung zählen: Anwerbungs-, Auswahl-, Einstellungs- und Übergangskosten als direkte Akquisitionskosten, wohingegen z.B. Aus- und Fortbildungskosten (s. Kap. D.V.) direkte aber auch indirekte Kosten enthalten, die nicht zweifelsfrei abgrenzbar und ermittelbar sind.

Die größeren Probleme jedoch liegen bei dem Ansatz von **Nutzengrößen**. Angenommen, die Fortbildung eines bestimmten Mitarbeiters für eine Führungsposition würde das gleiche kosten wie eine relativ aufwendige Kampagne der Beschaffung einer Führungskraft vom externen Arbeitsmarkt, angenommen auch, Gleichqualifizierung sei gewährleistet, ist dann gleicher »Nutzen« unterstellbar? Wie ist der Wert des Vorteils langjähriger Betriebserfahrung gegen den alternativen Zusatznutzen einer »Personalauffrischung« von außen abzuwägen?

Sollen demnach Beschaffungsalternativen unter wirtschaftlichen Gesichtspunkten beurteilt werden, ist es notwendig, die oben aufgeführten, qualitativen Aspekte der Konsequenzen unterschiedlicher Beschaffungsmaßnahmen zu quantifizieren (also z.B.Vor- und Nachteile zu bewerten), um zu Aussagen mit vergleichbaren Größen zu gelangen. Die bekannten Grundprobleme der Nutzenerfassung, -bewertung und -prognose treten auch hier sämtlich und unvermindert auf.

c) Hilfsmittel zur Personalbeschaffung

Besonders unter praxisorientiertem Blickwinkel interessiert es, neben den Grundinformationen, **welche** Maßnahmen der Personalbeschaffung **warum** durchzuführen und zuvor zu planen sind, auch zu wissen, **wie** eine solche Maßnahmenplanung praktisch vor sich gehen kann. Das ist die Frage nach einem technischen Instrumentarium der für eine systematische Personalbeschaffung unabdingbaren Maßnahmenplanung.

Ein solches Instrumentarium ist vor allem notwendig für zwei Gruppen von Planungsphasen oder -schritten:

- für den Vorgang der **Auswahl** geeigneter Beschaffungsalternativen und
- für die Planung der **Reihenfolge** derjenigen Teilaktivitäten, die im Zuge der Personalbeschaffung nacheinander (teilweise auch parallel) durchzuführen sind (Ablaufplanung).

Für Instrumente zur systematischen **Auswahl** von Alternativen bietet der Problemkomplex der Personalbeschaffung keine Anhaltspunkte für Besonderheiten, die über die Überlegungen zum allgemeinen Einsatz von Planungsinstrumenten hinausgingen.Von der Aufgabe her liegen gleiche Grundstrukturen vor. Zuerst sind Alternativen zu suchen (dafür können Kreativitätstechniken[145] herangezogen werden), anschließend die zu erwartenden Konsequenzen der aufgefundenen Alternativen zu prognostizieren (Instrumente: z.B. Extrapolations-, Simulations-, Delphi-Methoden), letztlich sind die Alternativen zu bewerten (s.o.: Kosten-Nutzen-Analyse).[146]

Das ist anders in bezug auf Instrumente zur **Ablauf-**(und Termin-)**Planung**: Mit einem **Flußdiagramm** können die einzelnen Teilphasen, in denen die Beschaffungsprozesse ablaufen, schaubildlich dargestellt werden. Ein solches Diagramm fungiert dann als bildhafte **Checkliste**, mit deren Hilfe auf analytischer Grundlage faktisch anstehende Beschaffungsmaßnahmen projektiert werden können.

Eine andere Technik, die unter Einbeziehung der Zeit-Komponente verwendet werden kann, ist das **Balken-Diagramm** (s. Abb. 51), das ein in vielfältigen Abwandlungen (Veränderungen der Randspalten-Inhalte,Verfeinerungen der Zeiteinteilung in der Kopfleiste) variierbares Planungs-Hilfsmittel ist.

Aus der gesamten Palette des methodischen Instrumentariums der Betriebswirtschaftslehre verdient für die hier vorliegende Problemstellung die **Netzplantechnik** hervorgehoben zu werden. Daß sie als Planungstechnik auch in den Sektor der Personalbeschaffung Eingang gefunden hat, ist durch die Vielzahl, Kompliziertheit und z.T. schwer überschau-

---

145 Zu denken ist dabei z.B. an Brainstorming, Methode 635, Synektik, morphologischen Kasten, Checklisten o.ä.

146 Vgl. hierzu Weber (1975) 92ff.; für Planungsinstrumente allgemein Wild (1973); für spezielle Fragen der Planung Berthel (1973).

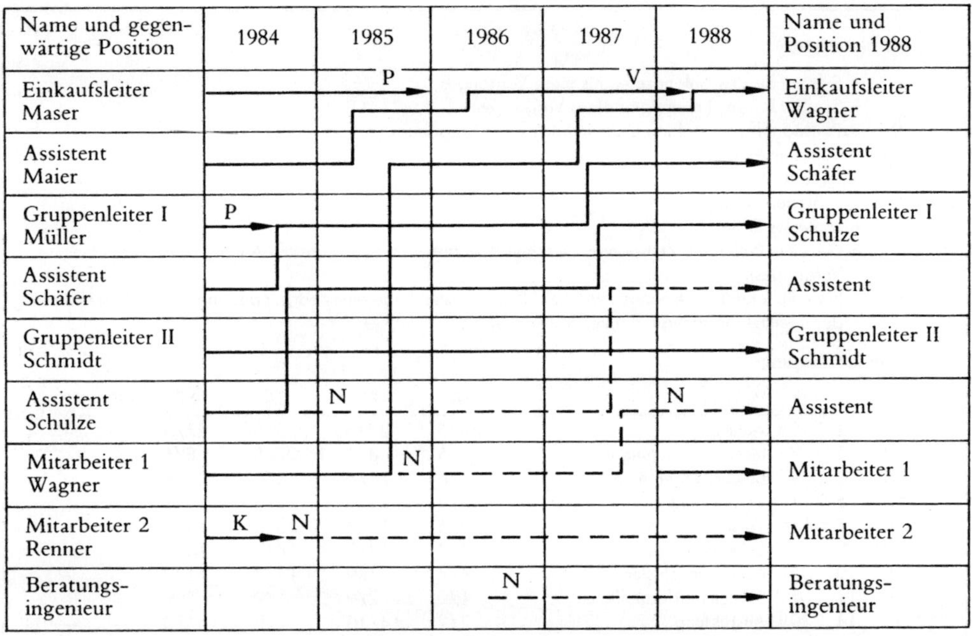

P: Pensionierung, V: Versetzung, K: Kündigung, N: Neueinstellung

Abb. 51: Balkendiagramm zur Stellenbesetzungsplanung
Quelle: Weber (1975) 100.

bare Verzahnung der notwendigen Einzelphasen begründet. Vor allem hat die richtige Bestimmung, Abstimmung und exakte Einhaltung von Terminen hier besondere Bedeutung. Der Veranschaulichung dient Abbildung 52.

3. Personalauswahl

a) Bedeutung und Problematik der Personalauswahl

Die Personalauswahl wurde oben als ein Entscheidungsprozeß beschrieben, der eine Auslese unter den Bewerbern für eine vakante Stelle zum Gegenstand hat. Der Kreis der Bewerber ist das Resultat von Maßnahmen der Personalbeschaffung. Diese determiniert insoweit die Alternativen der Auswahlentscheidung, deren Ziel letztlich die Bestimmung des Bestqualifizierten unter den Kandidaten ist. Eine Reihe von Bedingungen (z.B. ökonomische: angemessene Gehaltshöhe) ist i.d.R. zusätzlich zu berücksichtigen.

Die Bestimmung des »Bestqualifizierten« macht Feststellungen von **Bewerber-Qualifikationen** erforderlich und setzt Kenntnisse der **Stellen-Anforderungen** voraus, denen die Qualifikationen entsprechen sollen. Die Güte der Auswahlentscheidung hängt insofern auch von der Präzision der Formulierung der Arbeitsanforderungen, von den Möglichkeiten zureichender Qualifikations-Diagnosen und -Prognosen und der Vergleichbarkeit ihrer Ergebnisse mit den Anforderungen ab. Die grundsätzlichen Ausführungen zu Problemkreisen der

Abkürzungen:

i = Symbol für das Anfangsereignis eines Vorganges
j = Symbol für das Endereignis eines Vorganges
D = Zeitspanne vom Anfang bis zum Ende eines Vorganges (z.B. in Tagen)
FA = frühester Anfang
FE = frühestes Ende
SA = spätester Anfang
SE = spätestes Ende
GP = Gesamte Pufferzeit (Zeitspanne zwischen dem frühesten und spätesten Anfang bzw. Ende eines Vorganges)
FP = Freie Pufferzeit (Zeitspanne zwischen dem frühesten Ende eines Vorganges und dem frühesten Anfang der unmittelbar nachgeordneten Vorgänge)

Liste der Vorgänge:

i	j	D	Vorgang	FA	FE	SA	SE	GP	FP
1	2	2	Auftrag	25/5	27/5	25/5	27/5	–	–
2	3	7	Inserate – Zeitungen	27/5	8/6	27/5	8/6	–	–
3	5	9	Bewerbungen empfangen	8/6	22/6	8/6	22/6	–	–
5	6	1	Vorauswahl	22/6	23/6	22/6	23/6	–	–
6	7	15	Vorstellung	23/6	14/7	23/6	14/7	–	–
7	9	–	Scheintätigkeit	14/7	14/7	14/7	14/7	–	–
9	10	35	Kündigungsfristen	14/7	1/9	14/7	1/9	–	–
10	11	1	Einstellungsformalitäten	1/9	2/9	1/9	2/9	–	–
11	14	30	Ausbildung	2/9	14/10	2/9	14/10	–	–
6	9	2	Eignungsuntersuchung	23/6	27/6	12/7	14/7	13	13
2	4	2	innerbetr. Stellenausschreibung	27/5	1/6	20/6	22/6	14	–
4	5	–	Scheintätigkeit	1/6	1/6	22/6	22/6	14	14
6	8	1	ärztl. Untersuchung	23/6	24/6	13/7	14/7	14	–
8	9	–	Scheintätigkeit	24/6	24/6	14/7	14/7	14	14
11	12	2	Wohnungssuche	2/9	6/9	10/10	12/10	26	–
12	13	2	Umzugsurlaub	6/9	8/9	12/10	14/10	26	–
13	14	–	Scheintätigkeit	8/9	8/9	12/10	14/10	26	26

Grafische Darstellung des Netzplans:

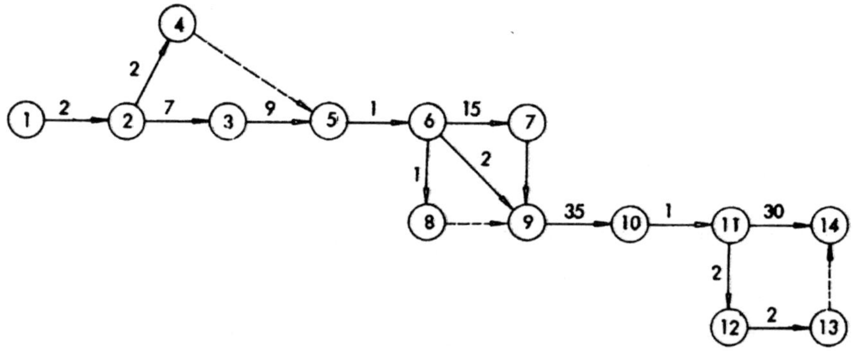

Abb. 52: Einfaches Beispiel für die Anwendung der Netzplantechnik – Einstellung eines Mitarbeiters
Quelle: Weber (1975) 102.

Mitarbeiterbeurteilung (s. Kap. D.II.2.b.cc) gelten auch hier. Im Rahmen der Personalauswahl wird hier analog von Bewerberbeurteilung gesprochen.

Die Idealvorstellung über ein »richtiges« Vorgehen bei der Feststellung der Bewerberqualifikationen ist die, mit der Summe aller Beurteilungsverfahren ein Prüfergebnis zu erzielen, aus dem hervorgeht, in welchen Graden die Arbeitsplatz-Anforderungen von den einzelnen Bewerbern erfüllt werden. Ohne exakte Anforderungsprofile sind zweckgerichtete Qualifikationsüberprüfungen nicht möglich.

Für die Praxis der Personalauswahl gilt es, in diesem Zusammenhang eine Mehrzahl von **Schwierigkeiten** zu bewältigen, die aus folgenden Tatsachen resultieren:

- Es existiert stets eine **Mehrzahl von Anforderungskategorien**:
  - Faktoren des Könnens:
    - Eignungen:
      Wissen, geistige, körperliche Fähigkeiten, Persönlichkeitsmerkmale: z.B. Ausdauer, Konzentrationsvermögen.
    - Arbeitskenntnisse
  - Faktoren des Wollens:
    im Beruf angestrebte persönliche Ziele,
    mit der Arbeit im Betrieb verbundene Erwartungshaltungen.
- Es gibt eine **Mehrzahl von Quellen**, auf die die Notwendigkeit zurückgeht, die Erfüllung dieser Anforderungs-Kategorien zu fordern:
  - die von dem Bewerber zu übernehmende Aufgabe,
  - die zu ihrer Erledigung angewandten Arbeitsverfahren und eingesetzten Hilfsmittel (z.B. EDV-Anlagen bestimmten Typs), situative Kontext-Faktoren, wie:
  - das unmittelbare, betriebsinterne Arbeitsumfeld: gleichgestellte Kollegen, Vorgesetzte, unterstellte Mitarbeiter,
  - das betriebsexterne Arbeitsumfeld: z.B. Mitarbeiter bestimmter Lieferanten- oder auch Abnehmer-Firmen, zu denen ständige Kontakte zu pflegen sind.
- Die bei Bewerbern vorhandenen Ist-Qualifikationen werden mit einer **Mehrzahl** von **Verfahren** zu eruieren versucht: z.B.
  - Auswertung der Bewerbungsunterlagen (s.u.),
  - Befragungen (Interviews, Vorstellungsgespräche),
  - Gutachten (Referenzen),
  - Tests,
  - Beobachtungen,
  - für interne Bewerber: z.B. Leistungsbeurteilungsergebnisse der Vergangenheit,
  - für externe Bewerber: z.B. Arbeitsproben, Verhaltensbeobachtungen.

Hierbei liegt das Problem darin, daß alle Verfahren Ergebnisse zu jeweils mehreren Anforderungsarten (z.T. auch -kategorien) liefern, m.a.W. die einzelnen Instrumente nicht jeweils anforderungsspezifisch sind, sondern Bausteine liefern, die mosaikartig zusammenzusetzen sind.

Für eine Entscheidung, die eine Auswahl unter mehreren Bewerbern nach Maßgabe der bei ihnen festgestellten Qualifikationen treffen soll, sind die einzelnen Ergebnisse der Qualifikationsüberprüfungen den Anforderungsarten in der Weise zuzuordnen, daß eine Aussage darüber möglich ist, in welchen Graden sie im einzelnen erfüllt sind.

Formal könnte eine solche Ergebniszusammenfassung wie in Abbildung 53 aussehen. Das praktische Hauptproblem dabei ist, daß die »Feststellung« der Bewerber-Qualifikation eher eine »Beurteilung« ist. So muß z.B. die Bewertung »normal (befriedigend)«, die zu dem Multiplikator 1 führt, für die Anforderungsart »geistige Fähigkeiten« aus den Resultaten aus Zeugnisauswertungen, Test-Teilergebnissen und persönlich gewonnenen Beobachtungen »zusammengebastelt« werden. Sie nähert sich der Idealvorstellung nach Objektivität umso mehr, je besser sie überprüfbar und interpersonal nachvollziehbar ist.

Anforderungsarten	Arbeitswert-Ziffer	ungenügend 0,7	ausreichend 0,85	normal (befried.) 1,00	gut 1,15	sehr gut 1,30	Spitzenleistung 1,45	Teilwert
1 Fachkenntnisse								
2 Geistige Fähigkeiten								
3 Fachkönnen (Geschicklichkeit)								
4 Belastungen durch geistige Tätigkeit								
5 Belastungen durch körperliche Tätigkeit								
6 Verantwortung für Betriebsmittel								
7 Verantwortung für Sicherheit								
8 Verantwortung für Arbeitsablauf								
9 Führungsaufgaben								
10 Umwelteinflüsse								
Summe								

Abb. 53: Bewertung der Qualifikationen

Davor liegt das Problem einer Schichtung und der Gewichtung der Anforderungsarten. Hauptsächlich verwandtes **Schichtungsmerkmal** ist naturgemäß das der Anforderungsinhalte, etwa gemäß der oben wiedergegebenen Mindest-(Grob-)Gliederung. Es erscheint darüber hinaus aber durchaus sinnvoll, zusätzliche Schichtungsmerkmale anzuwenden. So ist heute in der Praxis der Personalauslese zunehmend zu beobachten, daß das Merkmal der »Quellen« für die Bestimmung der Anforderungen herangezogen wird, und zwar insofern, als situativen Kontext-Faktoren, dabei vor allem dem Arbeitsumfeld, besondere Beachtung geschenkt wird. Dies findet z.T. seinen Niederschlag auch darin, daß bei Anforderungs-**Gewichtungen** entsprechend differenziert wird. Dann wird etwa neben

- aufgaben- und arbeitsprozeßbezogenen Fach- und Persönlichkeits-Qualifikationen auch
- umfeldbezogenen Qualifikationen ein gesonderter Anteil (z.B. als Prozentsatz) der insge-

samt vergebenen Gewichte zugemessen. Solche Gewichtungsanteile werden je nach Position, Hierarchieebene, Unternehmung unterschiedlich ausfallen.

b) Bewerberbeurteilung

Von den Kandidaten für eine Stellenbesetzung liegt dem (den) am Auswahlprozeß Beteiligten i.d.R. eine Reihe von Unterlagen vor, die angefordert waren, und/oder zur Stützung der Bewerbung mit eingereicht wurden. Dies sind z.B.: Bewerbungsschreiben, Lebenslauf, Schul-, Ausbildungsabschluß-, Prüfungs-, Berufszeugnisse, Referenzen, polizeiliches Führungszeugnis, amtsärztliche Bescheinigungen, evtl. ein firmeninterner Fragebogen, ein Foto. Diesen Unterlagen sind **Basisinformationen** zu entnehmen, die die Bewerber kennzeichnen und drei Funktionen dienen: Zum einen ist es möglich, in einer ersten Vor-Auswahl völlig ungeeignete Bewerber auszuschließen, zum zweiten bieten sie erste Anhaltspunkte für eine Qualifikationsbeurteilung und zum dritten ermöglichen sie es, offene Fragen für ein Vorstellungsgespräch zu erkennen. Solche Basisinformationen sind:

- Daten zur Person (Alter, Familienstand, Wohnort),
- Ausbildungsgang (erworbene Kenntnisse und Fähigkeiten),
- bisherige berufliche Laufbahn (Art, Zahl der Betriebe und der innegehabten Positionen, Zeiträume der einzelnen Betriebszugehörigkeiten),
- Ausdrucksgewandtheit, Wortschatz, äußere Form,
- Lückenlosigkeit des Lebenslaufes.

Die Wirtschaftspraxis ist an der Entwicklung geeigneter Instrumente zur Qualifikationsdiagnose sehr interessiert: Fehlentscheidungen bei der Personalauswahl haben Störungen bei der Betriebszielerreichung, oft auch des »Betriebsklimas« zur Folge, sie sind dazu stets mit zusätzlichen Kosten verbunden (Personalbeschaffungs-, -auswahl-, Einarbeitungskosten). Daher ist es verständlich, daß z.T. in der Regie einzelner Unternehmungen »maßgeschneiderte« Diagnose-Inhalte und -Verfahren ausgearbeitet und angewendet werden. Ihnen wird oft einiger Stellenwert in puncto Konkurrenzvorsprung beigemessen; aufgrund des daraus folgenden Geheimhaltungsstrebens sind sie in der wissenschaftlichen Literatur zumeist nicht – jedenfalls nicht zusammenfassend – bekannt. Die nachfolgenden Ausführungen können sich daher nur auf punktuell gewonnene Einzelerfahrungen stützen.

Zur Personalauswahl werden in der Praxis in der Hauptsache folgende Instrumente eingesetzt (s. Abb. 54); die genannten Verfahren sind im einzelnen wie folgt zu erläutern:

aa) Auswertung der Bewerbungsunterlagen

Das **Bewerbungsschreiben** kann im Hinblick auf äußere Form und Stil analysiert werden. Gegenstand der Formanalyse sind Sauberkeit und Gestaltung des Schreibens, während sich die Stilanalyse auf Ausdrucksgewandtheit, Wortschatz usw. bezieht. Daraus sucht man auf die Beweggründe der Bewerbung, Motivation, Selbsteinschätzung u.ä. zu schließen.[147]

---

147 Eine ausführliche Beschreibung zur Auswertung des Bewerbungsschreibens bringt z.B. Pillat (1990); vgl. auch Olfert/Steinbuch (1987) 108f.; Stopp (1987) 59ff.; allgemein zur Bewerbungsanalyse Mell (1989).

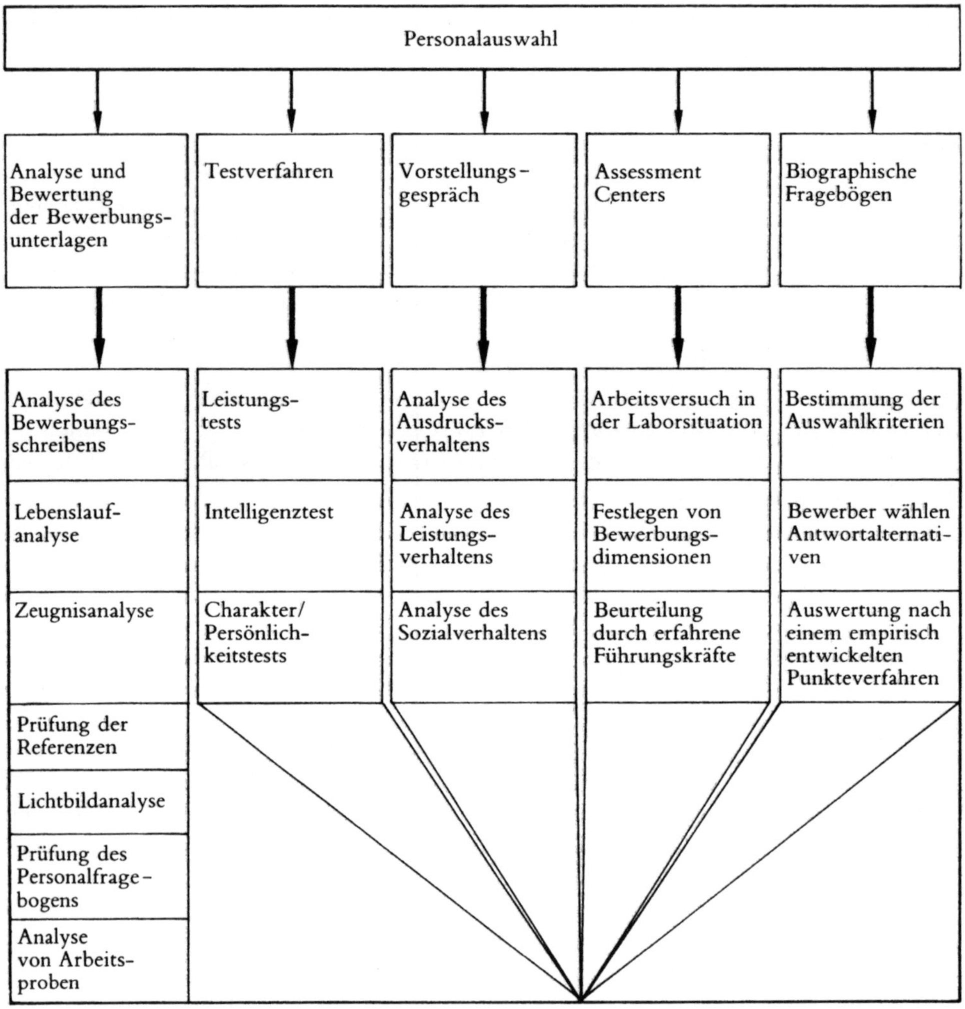

Abb. 54: Instrumente der Personalauswahl
Quelle: In Anlehnung an Oechsler (1985) 63.

Der **Lebenslauf**[148] gibt einen Überblick über die Gesamtentwicklung des Bewerbers. Eine Analyse erstreckt sich auf Zeitfolge (Arbeitsplatzwechsel, Zeitlücken) und Positionsfolge (Aufstieg, Abstieg, Berufswechsel, Wechsel der Aufgabenbereiche). Dadurch sollen sich Hinweise auf die allgemeine Entwicklungstendenz, das soziale Niveau (sozio-kultureller Hintergrund) und die typische Thematik des Schicksals sowie Anhaltspunkte für das Vorstellungsgespräch ergeben.

Bei der Zeitfolgenanalyse ist besonders das Alter des Bewerbers zu berücksichtigen: Es läßt durchaus unterschiedliche Bewertungen von Positionen- und Arbeitgeberwechseln zu. Sie können bei einem jüngeren Bewerber den Schluß auf Orientierungsstreben und Energie

148 Vgl. Raschke/Knebel (1983).

zulassen, wäre also positiv zu bewerten. Anders bei einem älteren Bewerber: Ein erst kurz zurückliegender Arbeitsplatzwechsel wird eher negativ gewertet, da zunehmendes Alter mit zunehmender Konstanz des Arbeitsverlaufsprozesses übereinstimmen sollte.[149]

Problematisch für die Lebenslaufanalyse ist die Tendenz zur Selbstidealisierung von Bewerbern und die Vergleichbarkeit verschiedener Lebensläufe anhand eines standardisierten Schemas.

Schulzeugnisse geben Auskunft über die Allgemeinbildung, einzelne Kenntnisse und Fähigkeiten, wobei Noten auf die Anpassungsfähigkeit des Bewerbers hinweisen. Allerdings ist ihre Aussagefähigkeit wegen der relativen Ferne zu betrieblichen Arbeitsbedingungen und wegen des großen zeitlichen Abstands bei älteren Bewerbern deutlich beschränkt.

Arbeitszeugnisse erstrecken sich i.d.R. auf die Tätigkeit und ihre Beurteilung durch die vorhergehenden Arbeitgeber. Dabei sind abgestufte Umschreibungen der Leistung üblich.[150] Inhaltlich lassen sich zwei Arten von Betriebs- oder Arbeitszeugnissen unterscheiden:

- Das **einfache Zeugnis** enthält Angaben über die Person des Arbeitnehmers sowie Angaben über Art und Dauer der Beschäftigung.
- Das **qualifizierte Zeugnis** erstreckt sich – nur auf Verlangen des Arbeitnehmers – über die Angaben des einfachen Zeugnisses hinaus auch auf seine Führung und seine Leistungen im Dienste. Indikatoren für Führung können vor allem das Sozialverhalten sein, Indikatoren für Leistungen sind z.B. Arbeitsumfang, -bereitschaft, Fachkenntnisse etc.

Bei dem letzten Punkt ist zu beachten, daß der Beurteiler vor der Schwierigkeit steht, zum einen über Leistung und Verhaltensweisen wahrheitsgemäß auszusagen, andererseits jedoch gesetzliche Vorschriften über den Inhalt eines Zeugnisses berücksichtigen zu müssen. Nach einem Grundsatzurteil des BAG sollen Zeugnisaussagen »vom verständigen Wohlwollen für den Arbeitnehmer getragen sein und ihm sein weiteres Fortkommen nicht erschweren« (s. auch Kap. E.III).

In der Folge haben sich in der Praxis »indirekte« Zeugnisaussagen gebildet, die für den Bewerber ungünstige Vorkommnisse verschlüsselt ausweisen. So steht z.B. die Passage »... hat die ihm übertragenen Arbeiten im großen und ganzen zu unserer Zufriedenheit erledigt« für mangelhafte Leistungen des Beurteilten.[151]

Referenzen von Privatpersonen und ehemaligen Vorgesetzten werden zur Bestätigung bestimmter Charakteristika und Entwicklungen herangezogen. Dabei hängt ihre Wirkung oftmals von der Bekanntheit und Besonderheit der angegebenen Referenzperson ab. Nicht selten sind allerdings Gefälligkeitsgutachten und »Wegloben«.

Vom Format und Ausdruck (Pose, Kleidung) des **Fotos**[152] eines Bewerbers wird oftmals auf Lebensniveau und -einstellung geschlossen. Grundsätzlich jedoch wird ein Lichtbild aber nur vage Anhaltspunkte liefern können. Alle Versuche physiognomischer Deutung auf Intelligenz, auf Leistungsfähigkeit oder Charakter des Bewerbers haben sich als fragwürdig erwiesen.[153] Manchmal läßt allerdings die Art des Bildes (farbig, schwarz/weiß) Rückschlüsse auf den Bewerber zu.

---

149 Vgl. Stopp (1987) 61.
150 Zur Auswertung von Schul- und Arbeitszeugnissen vgl. ausführlich Pillat (1990); auch Weuster (1989).
151 Vgl. Stopp (1987) 64.
152 Die Zweifelhaftigkeit des Aussagewertes ist evident. Vgl. zur Anwendung z.B. Raschke/Knebel (1983) 36ff.
153 Vgl. Pillat (1990).

Viele Betriebe lassen aufgrund des handschriftlichen Lebenslaufes oder einer Handschriftprobe ein **graphologisches Gutachten** anfertigen. Die Graphologie versucht, von Merkmalen des Schriftbildes auf Persönlichkeitsmerkmale zu schließen. Es wird vielfach bestritten, daß diese Methode aufgrund ihrer mehrdeutigen und unsicheren Ergebnisse dem Anspruch auf Wissenschaftlichkeit genügen könne.[154]

Viele Unternehmungen verlangen von ihren Bewerbern ausgefüllte **Personalfragebögen**.[155] Diese sollen die für die Unternehmungen wichtigen Daten wie z.B. Angaben zur Person, Schul- und Berufsausbildung, beruflicher Werdegang, spezielle Berufskenntnisse und Erfahrungen erfassen. Personalfragebögen sollen diese Daten in systematischer und einfach auswertbarer Form darstellen.

bb) Vorstellungsgespräch

Das Vorstellungsgespräch ist das in der Praxis verbreitetste Auswahlinstrument.[156] Vorstellungsgespräche können als Einzel- oder Gruppeninterviews geführt werden.[157] Als **Ziele** eines Vorstellungsgesprächs sind aus Unternehmungssicht folgende zu nennen:

- Gewinnung eines persönlichen Eindrucks über den Bewerber,
- Ermittlung fehlender Daten zur Person, zum Leistungsstand und zur Einsatzfähigkeit des Bewerbers,
- Vergleich schriftlicher und mündlicher Aussagen des Bewerbers und Klärung eventueller Differenzen,
- Ermittlung des Grades der Integrationsfähigkeit des Bewerbers, d.h. seiner Fähigkeit, sich in die ihm zugedachte Arbeitsgruppe einzuordnen,
- Ermittlung der Erwartungen und Zielvorstellungen des Bewerbers,
- Gegebenenfalls Korrekturen unrealistischer Erwartungen des Bewerbers.

Durch ein Vorstellungsgespräch können Informationen aus anderen Quellen ergänzt werden. Vor allem die persönliche Ausstrahlung, die für viele Tätigkeiten eine wichtige Anforderung ist, läßt sich noch am ehesten durch dieses Instrument beurteilen. Allerdings wird die Qualität der aus einem Einstellungsgespräch gewonnenen Informationen in der Praxis häufig überschätzt. Es gibt Befunde darüber, daß die **prognostische Validität** von Auswahlentscheidungen auf der Basis von Interviews stark schwankt.[158] Gravierendster Nachteil ist die mögliche Verfälschung der Beurteilung durch das subjektive Empfinden des Interviewers. Speziell im US-amerikanischen Raum existiert eine Vielzahl von psychologisch orientierten empirischen Studien, die die Einflüsse von Vorurteilen, Kleidung, Sprachstil, physische Attraktivität, Körpersprache u. v. m. auf die Dynamik der Interaktion im Vorstellungsgespräch untersuchen. Eine ganze Reihe von verzerrenden Einflüssen kann dabei als nachgewiesen gelten.

---

154 Vgl. zur Graphologie z.B. Cobbert (1982); Wiesendanger (1987); Michel/Wiese (1988).

155 Vgl. dazu z.B. Goossens (1974) 649ff.; Pillat (1990); Stopp (1987) 67ff.

156 Vgl. dazu z.B. Pillat (1990); Kompa (1984) 159ff.; Hornthal (1985) 26ff.; Stopp (1987) 75ff.; Weuster (1989a).

157 Vgl. zu Gruppeninterviews z.B. Berger (1987) 216ff.

158 Vgl. Stehle (1986) 17, siehe auch Kompa (1984) 173ff.

cc) Psychologische Tests

Allgemein versteht man unter Tests jede Datenerhebungsmethode, bei der individuelle Reaktionen unter **standardisierten** Bedingungen erfaßt werden, wobei sich die Standardisierung auf Inhalt und Form der Instrumente, Datenauswertung und -interpretation u.ä. bezieht.[159] Psychologische Tests (oft synonym: psychometrische Tests) werden zumeist dort eingesetzt, wo ständig größere Bewerberzahlen anfallen. Aus der Sicht betrieblicher Personalarbeit wichtigste Voraussetzung für ihren sinnvollen Einsatz ist, daß diejenigen Verhaltensweisen ermittelt werden, die für eine erfolgreiche Berufsausübung an einem bestimmten zu besetzenden Arbeitsplatz (gegebenenfalls an mehreren vorgesehenen Positionen) wichtig sind. Diese erfolgsrelevanten Kriterien müssen dann in Testverfahren umgesetzt und meßbar gemacht werden.

Die Überprüfung von Auswahlverfahren hinsichtlich ihrer Qualität erfolgt anhand der bereits weiter vorn erläuterten Gütekriterien der empirischen Sozialforschung (s. Kap. D.II.2.b.bb).

Für psychologische Tests gibt es unterschiedliche Klassifikationsansätze.[160] Hier wird eine Unterteilung nach inhaltlichen Oberbegriffen – Leistung, Persönlichkeit und Intelligenz – gewählt.

- **Allgemeine Leistungstests** gehen davon aus, daß Stelleninhaber bei Erfüllung ihrer Aufgaben nicht nur intellektuellen Ansprüchen genügen müssen, sondern auch Ansprüchen an Konzentration, Aufmerksamkeit usw. (Pauli-Test, Durchstreiche-Test etc.). Ähnliches gilt für **spezielle Fähigkeitstests**, die sensorische (z.B. Gehörsinn) oder motorische Funktionen (z.B. Muskelkraft) prüfen.
- **Persönlichkeitstests**[161] versuchen, die Charakterbilder der Bewerber zu erfassen und vergleichbar zu machen. Die Tests sind dabei auf Interessen, Einstellungen und Wahrnehmungen gerichtet. Sie werden entweder in Form von Personalfragebögen oder als »projektive Tests« durchgeführt. Letztere suchen die Persönlichkeit des Bewerbers ohne dessen Wissen und Wollen abzubilden: Deutungsaufgaben (Tintenkleckse: Rohrschach-Test, Bilder: Thematic Apperception Test), Sympathiewahl von Reizen (Portraitfotos: Szondi-Test, Farben: Lüscher-Test). Sie sind in ihrer Interpretation im Gegensatz zu Persönlichkeitsfragebögen stark von den subjektiven Wertungen der Tester abhängig.
  Aus rechtlicher Perspektive ist problematisch, inwieweit durch Tests (speziell durch projektive Verfahren) die Persönlichkeitsrechte des Bewerbers verletzt werden. Nicht alle psychologischen Tests sind daher ohne explizite Einwilligung des Probanden zulässig.
- **Intelligenztests** sind als Instrumente der Personalauswahl in der Praxis besonders weit verbreitet. Schwierigkeiten bereitet dabei allerdings bereits die Frage, was Intelligenz überhaupt ist. In der Literatur wird dieses Phänomen nur vage umschrieben. Es gibt eine große Bandbreite von Definitionen. Sie reicht von dem vereinfachenden, etwas spöttisch-resignativen Zusammenfassungsversuch, der besagt, daß Intelligenz sei, was ein Intelligenztest eben messe, bis zu komplexen Aussagen, die Intelligenz als »die den innerhalb einer bestimmten Kultur Erfolgreichen gemeinsamen Fähigkeiten«[162] beschreiben.

---

159 Vgl. Kompa (1984) 119.

160 S. dazu z.B. Brickenkamp (1975) 10ff. oder auch Lössl (1992).

161 Vgl. zu Persönlichkeitstests allg. Mittenecker (1971) und Fahrenberg (1971); zu »projektiven Tests« speziell Lienert (1969) 440ff.

162 Hofstätter (1957) 173.

Fest steht, daß Intelligenz sich nicht direkt beobachten läßt. Zu beobachten sind nur verschiedene Verhaltensweisen von Personen in verschiedenen Situationen. In diesem Verhalten kann nach gemeinsamen Faktoren gesucht werden, welche die Bezeichnung »Intelligenz« verdienen.[163]

Der bekannteste deutschsprachige Intelligenztest ist der Hamburg-Wechsler-Intelligenztest für Erwachsene (HAWIE), ein Individualtest, der nur im Einzelversuch durchgeführt werden kann. Zu den bekanntesten deutschsprachigen Gruppenintelligenztests zählt der Intelligenz-Struktur-Test nach Amthauer.

Intelligenz wird stets ein theoretisches Konstrukt sein, das zur operationalen Definition an Meßoperationen gebunden werden muß.[164] Dabei beinhaltet Intelligenz Faktorenbündel, die aus einzelnen Aufgabenbereichen bzw. Fähigkeiten wie Raumvorstellung, Wahrnehmungsvermögen, Wortverständnis, Rechenvermögen, Gedächtnis, Sprachgeläufigkeit, induktives und deduktives Denken bestehen.[165] U.a. interessiert auch die Frage, ob es eine »allgemeine Intelligenz« gibt, die in allen verschiedenen Messungen der Intelligenz (»g«-Faktor) gemeinsam auftritt. Diese allgemeine Intelligenz kann mit Fähigkeit zum abstrakten Denken und Problemlösen umschrieben werden und wird von allen gängigen Intelligenztests gemessen.[166]

Wird das Gesamtergebnis eines Intelligenztests auf die Normalverteilung der Bezugspopulation bezogen und umgerechnet, ergibt sich ein Intelligenzquotient (IQ).[167]

dd) Assessment Center

Unter dem Begriff Assessment Center wird sowohl eine eignungsdiagnostische Methode, wie auch diejenige Veranstaltung, in der diese angewendet wird, verstanden. Ein Assessment Center ist »... ein systematisches Verfahren zur qualifizierten Feststellung von Verhaltenselementen bzw. Verhaltensdefiziten, das von mehreren Beobachtern gleichzeitig für mehrere Teilnehmer in bezug auf vorher definierte Anforderungen angewandt wird«.[168]

Assessment Center werden heute angewandt im Rahmen der

- Auswahl von (internen und externen) Bewerbern zur Besetzung von Vakanzen,
- Personalentwicklung allgemein
- systematischen Führungskräfteentwicklung
- Analyse von Qualifikationspotentialen
- Bildungsbedarfsanalyse usw.[169]

Zur Lösung von Personalauswahl-Problemen werden Assessment Center in praxi vor allem dann eingesetzt, wenn auf ausgeschriebene Positionen eine Vielzahl von Bewerbungen eingeht,

163 Vgl. Pillat (1990).

164 Vgl. Eysenck (1975) 70f.

165 Vgl. Zimmer (1975) 23ff.; Groffmann (1971) 190 betont, daß der Einbezug und die Gewichtung in einzelnen Intelligenztests unterschiedlich und insgesamt kulturbedingt ist. Das stellt die Kulturneutralität der Testanwendung allerdings nicht in Frage, vgl. dazu Eysenck (1975) 75f.; Zimmer (1975) 32f.

166 Vgl. Groffmann (1971) 190.

167 Vgl. für andere Heckhausen (1974) 285.

168 Jeserich (1981).

169 Vgl. im einzelnen Berthel/Touet (1992).

wie es z.B. für Trainee-Programme und Stellen für Berufsstarter der Fall ist.[170] Zumeist sind es auch hier wieder Großbetriebe, die Assessment Center einsetzen, und zwar in allen Branchen.

Assessment Center entstammen ursprünglich dem militärischen Bereich und haben allgemeine Beachtung und weite Anerkennung durch die Ergebnisse der »Management Progress Study« erlangt, einer 1956 begonnenen Langzeitstudie bei AT & T.[171] Heute wenden schätzungsweise 4000 US-amerikanische und 50 deutsche Firmen Assessment-Center Verfahren regelmäßig an. Die herausragenden Merkmale dieser Verfahren sind darin begründet, daß man diejenigen Fehler zu vermeiden sucht, die sich durch Einzelpersonen als Beurteiler und der Anwendung nur jeweils eines Prognoseverfahrens einschleichen können. Von daher rührt, daß für Assessment Center der Einsatz jeweils einer **Mehrzahl** von

- teilnehmenden, zu beurteilenden Kandidaten,
- urteilenden Bewertern und
- angewandten Methoden

zentrales Kennzeichen ist (»Mehrfach-Prinzip«).

Die zu beurteilenden Personen unterziehen sich nicht einzeln, sondern vielmehr in Gruppen (i.d.R. 10 bis 15 Kandidaten, z.B. die konkurrierenden Bewerber um eine vakante Stelle) dem Bewertungsprozeß. Die Beobachtung, Beurteilung und Bewertung nehmen speziell vorbereitete und trainierte Personen vor (i.d.R. 3 bis 6 Personen). Eine endgültige Qualifikations-Prognose kommt erst nach gemeinsamer Diskussion und Urteilsabstimmung durch die Bewerter zustande. Die Grundphasen, in denen Assessment Center ablaufen, sind die folgenden (wobei die erste der Assessment-Center-Vorbereitung dient):

(1) Entwicklung von Bewertungskriterien und -dimensionen unter Mitwirkung der späteren Beobachter,
(2) Beobachtung der Kandidaten,
(3) Bewertung
    - schriftliche Berichte der Beobachter zu den Prüfungsergebnissen,
    - individuelle Einstufungen (Ratings) durch die Bewerter,
    - endgültiger Konsens durch Diskussionen zwischen den Beobachtern.

Die folgende Abbildung 55 zeigt den Ablaufplan eines Assessment Centers.

Die für Assessment Center gebräuchlichen Methoden sind außerordentlich vielgestaltig. Zu den wichtigsten zählen:

- »objektive Tests«, z.B. Paper-and-Pencil-Tests, Intelligenz-, Fähigkeiten-, Interessen-Tests,
- »projektive Tests«, wie z.B. der Thematic-Apperception-Test (TAT),
- Interviews,
- soziometrische Verfahren,
- Simulationen von Arbeitssituationen, z.B. In-Basket-Tests, Diskussionen in führerlosen und geführten Gruppen, Fallbearbeitungen, Plan-, Rollenspiele,
- Beurteilungsverfahren, z.B. Rangskalierungen der Kandidaten durch die Bewerter.[172]

---

170 Einen Überblick über Assessment-Center-Verfahren geben z.B. Finkle (1976) 861ff.; Byhman (1977) 142ff.; Jeserich (1981), (1982); Heitmeyer/Thom (1988); Lehr v.d. (1989) 183ff.; Berthel/Touet (1992).

171 Vgl. dazu v.a. Bray/Grant (1966) 1ff.; Bray/Campbell (1968) 36ff.; Bray/Campbell/Grant (1974) 17ff.

172 Vgl. z.B. die Befragung von Benutzerfirmen durch Bender (1973) 50ff., wonach In-Basket-Tests, Planspiele und führerlose Gruppendiskussionen am häufigsten eingesetzt werden. Zur Kombination der Methoden und ihrer Güte s. z.B. Ungerson (1974) 12.

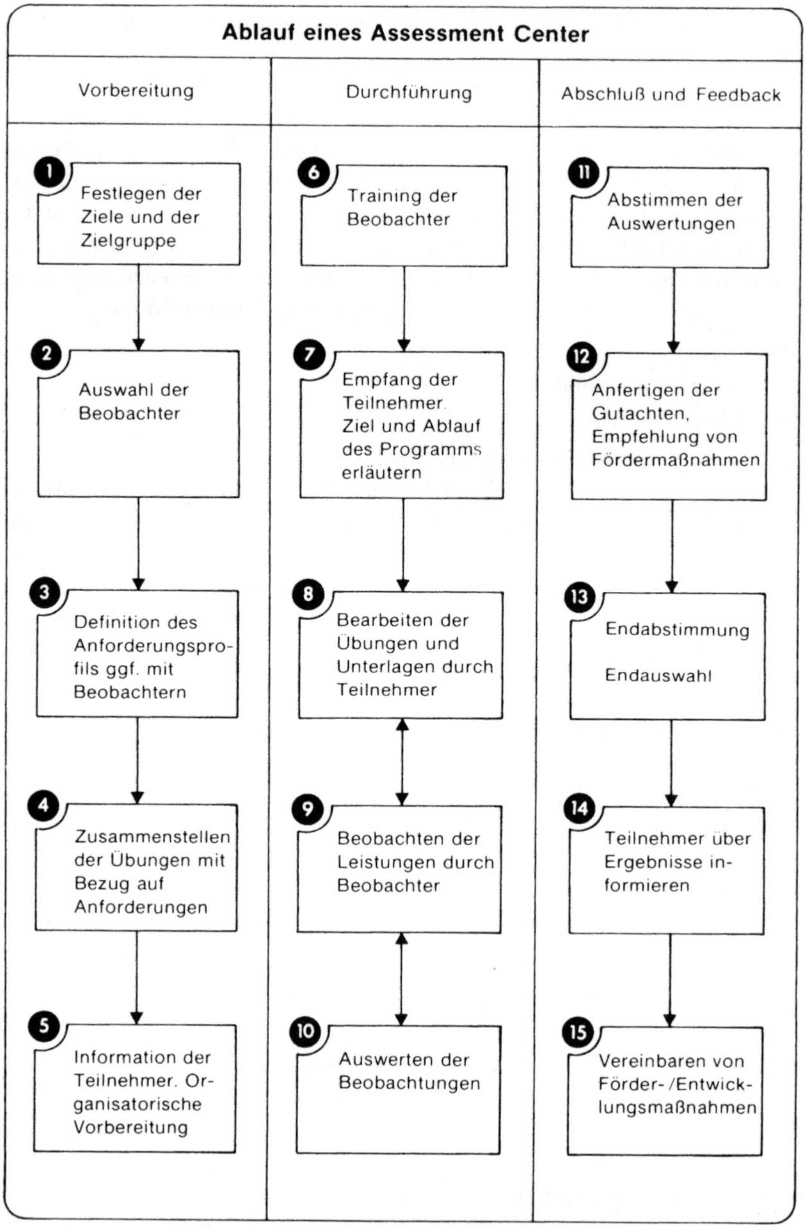

Abb. 55: Ablauf eines Assessment Centers
Quelle: Jeserich (1981) 35.

Mit der Vielzahl und der Verschiedenartigkeit der angewendeten Methoden wird mit großem Nachdruck der Versuch gemacht, das Qualifikationspotential von Personen in seiner Gesamtheit zu erfassen. Als Schwerpunkt gilt dabei die Simulation von Arbeitssituationen. Die Befürworter von Assessment Centern belegen deren Gültigkeit i.d.R. durch den **Voraussageerfolg** (»Prognosevalidität«). Nach der klassischen AT & T-Studie korrelieren die

Erfolgsprognosen für durch Assessment Center ausgelesene Kandidaten hochsignifikant mit deren späterem Erfolg (operationalisiert durch Aufstieg und Einkommenszuwachs). Weniger subjektive Einzelbeurteilungen und eher objektive Urteile werden – so die Befürworter – dadurch erreicht, daß geschulte Bewertergruppen die Urteile in gemeinsamer Urteilsfindung treffen. Auch die Zuverlässigkeit erscheint herkömmlichen Verfahren überlegen.[173] Zusätzlich ergeben sich positive Motivations- und Lerneffekte sowohl für die Kandidaten wie auch für die Bewerter. Wenn es sich bei den Bewertern um Linienvorgesetzte handelt, lassen sich auch positive Wirkungen auf ihr Führungsverhalten im Alltag erwarten.

Trotz der offensichtlichen Vorteile gegenüber traditionellen Beurteilungsverfahren haben auch Assessment Center Schwachstellen.[174] Sie liegen in Inhalt, Messung und Anforderungsbezug der Qualifikationsermittlung, im Problem der Kriterienverschmelzung und in den Kosten, die Assessment Center insgesamt verursachen.

Assessment Center gehen i.d.R. nicht betont und vorwiegend von empirisch ermittelten Anforderungskategorien aus. Der Anforderungsbezug wird durch Simulation von Arbeitssituationen hergestellt, kann aber nur dann als einigermaßen hinreichend betrachtet werden, wenn die Simulationsbeispiele aus realen Situationen im jeweiligen Anwenderbetrieb gewonnen wurden. Das spricht für den betriebsspezifischen Zuschnitt der Assessment Center (tailor-made) und gegen den Kauf und die unabgewandelte Anwendung genereller Assessment Center (pre-packaged).

Das Problem der Kriterienverschmelzung besteht für Assessment Center in der Gefahr, daß »self fulfilling prophecies« produziert bzw. vorbereitet werden. Diese Gefahr entsteht, wenn die aufgrund der abschließenden Bewertung gewonnenen Prognosedaten über die Qualifikation eines Mitarbeiters an diejenigen Stellen im Betriebe weitergegeben werden, die über die Karriere dieses Mitarbeiters entscheiden. Werden die Prognosedaten als Kriterien für diese Entscheidungen genommen, so steigt gleichzeitig die Eintreffenswahrscheinlichkeit der Prognose. Ein z.B. auf dem Karriereerfolg beruhender Nachweis für die Gültigkeit des Assessment-Center-Verfahrens ist dann augenscheinlich wertlos. Zum Gültigkeitsnachweis für Assessment Center ist daher die Trennung der Qualifikations-Diagnosen durch Assessment Center von der Fundierung und vom Zustandekommen späterer Auswahl(karriere-)entscheidungen erforderlich, was die klassische AT & T-Studie auch streng eingehalten hat.

Vorbereitung, Einführung und Durchführung von Assessment Centern verursachen nicht unerhebliche Kosten. Bewerter und Kandidaten müssen für die Dauer des Beobachtungs-, Beurteilungs- und Bewertungsprozesses freigestellt werden, es werden Räume, Geräte, Tests und Methoden benötigt. Zudem bleibt die Mitwirkung geschulter Diagnostiker bei der Anwendung von Tests unerläßlich. Die Kosten lassen sich rechtfertigen, wenn der Nutzen beträchtlich höher liegt. Nutzen drückt sich durch Überlegenheit von Assessment Centern gegenüber alternativen Verfahren aus. Zusätzlich von Belang ist, die oben aufgeführten Kriterien einzuhalten. Daß der Zuwachs an Voraussageerfolg durch Assessment Center mit ihren höheren Kosten gegenüber anderen Verfahren generell Schritt hält, ist jedoch umstritten, weil Untersuchungen dazu widersprüchliche Ergebnisse brachten.[175]

---

173 Vgl. z.B. die Studien von Moses (1973) 569ff. zur Test-Retest-Reliabilität und Schmitt (1977) 171ff. zur Interrater-Reliabilität.

174 Vgl. zur Kritik an Assessment-Centers v.a. Wilson/Tatge (1973) 172ff.; Ungerson (1974) 12; Lehrenkrauss (1978) 150ff.; Brush/Schoenfeldt (1980) 70ff; Berthel/Touet (1992) 15f. insbesondere 17ff.

175 So fanden Wilson/Tatge (1973) 177f., daß der Voraussageerfolg von AC kaum höher war als der von einfachen »In-Basket-Tests«. Zu anderen Ergebnissen kamen Cascio/Silbey (1979) 107ff. in

Derzeit praktizierte Assessment Center weisen inhaltliche **Schwächen** auf, von denen die folgenden als die wichtigsten anzusehen sind:[176]

- Es findet eine Anhäufung von isolierten Einzelübungen statt, die keinen Bezug zueinander haben. Diese sind häufig realitätsfern und zu wenig auf den Kontext einer Wirtschaftsunternehmung bezogen.
- Es werden zu wenig Führungsfähigkeiten abgeprüft, da die Übungen i.d.R. keinen Kontakt zwischen Führungskräften und ihren Mitarbeitern erfordern.
- Es erfolgt eine zu starke Konzentration auf die zu beobachtenden Handlungen, die vorab definiert wurden. Viele wertvolle Beobachtungsinformationen werden dadurch ausgeblendet.
- Wegen der isolierten Einzelübungen können keine Handlungsstrategien der Teilnehmer beobachtet werden. Lernfähigkeit und Verhaltensflexibilität der Teilnehmer können somit nicht systematisch beobachtet und bewertet werden.
- Da die Teilnehmer ihre Handlungen i.d.R. nur planen, nicht aber realisieren können, erfahren sie nicht die möglichen Auswirkungen realisierter Pläne. Sie erhalten somit kein »Feedback«, aus dem sie Folgerungen für ihre weiteren Handlungen ziehen können.

Um diesen Schwächen zu begegnen und den Assessment-Center-Gedanken inhaltlich und methodisch voranzutreiben, entwickelte ein interdisziplinäres Team von Betriebswirten und Psychologen aus Wissenschaft und Praxis ein Verhaltensplanspiel, das als **»Dynamisches« Assessment Center** zu bezeichnen ist.

Aufgrund einer bestimmten Organisationsstruktur der dabei simulierten Unternehmung wurde eine größere Komplexität im Unternehmungsgeschehen und die zwingende Notwendigkeit zur Lösung von Personalführungsproblemen hergestellt.

Der Inhalt des Verhaltensplanspiels wurde durch die Spielleitung strukturiert. Dazu standen diverse Steuerungsinstrumente zur Verfügung; durch Interventionen konnte lenkend in das Spielgeschehen eingegriffen werden, um zielgerichtet das Vorhandensein bestimmter Qualifikationen zu prüfen.

Es ist möglich, einige der obengenannten Schwächen des herkömmlichen Assessment-Center-Verfahrens durch die geschilderte Vorgehensweise – zumindest teilweise – zu beseitigen:

- Es ist eine realitätsnahe Simulation von konkretem Unternehmungsgeschehen möglich.
- Es finden viele personelle Interaktionen mit Führungscharakter statt, die u.a. auch die Anwendung verschiedener Personalführungsinstrumente erfordern (z.B. Leistungsbeurteilungen, Fördergespräche). Dabei besteht weitestgehend Handlungsspielraum für die Teilnehmer (Selbststeuerung).
- Es ist abteilungsübergreifende Kooperation und Kommunikation erforderlich.
- Es kann beobachtet werden, ob und welche situationsübergreifenden, durchgängigen Handlungsstrategien von den Teilnehmern verfolgt werden.

---

einer Kosten-Nutzen-Studie. Danach überwiegt der durch höhere Validität erzielbare Nutzen von AC (Folgen: geringere Kosten von Fehlbesetzungen) die Kosten bei weitem.

176 Vgl. Berthel u.a. (1988) 111ff.

ee) Biographische Fragebögen

Mit biographischen Fragebögen können biographische Daten in systematischer Form erhoben werden; sie ermöglichen eine psychometrische Auswertung.[177] Die grundsätzliche Vorgehensweise und Kritik ist bereits weiter oben (s. Kap. D.II.2.b.cc) erläutert worden. Sie wird hier in ihren wesentlichen Elementen für die Personalauswahl nochmals kurz skizziert. Biographische Daten sind die Elemente jeglicher Selbstbeschreibung einer Person mit sowohl nachprüfbaren objektiven als auch darüber hinaus subjektiven Informationen über eine Person zu früheren, gegenwärtigen und zukünftigen Gegebenheiten.[178]

Dem biographischen Fragebogen liegt die Hypothese zugrunde, daß der bisherige Lebens- und Berufsweg des Bewerbers gute Prädiktoren für sein zukünftiges Verhalten liefere.[179]

Die Bewerber bearbeiten einen Bogen mit Fragen und vorgegebenen Antwortalternativen, wobei diese Fragen überwiegend vergangene und gegenwärtige Aktivitäten und Lebensumstände des Bewerbers betreffen, z.B. seine Hobbies, Interessen, Einstellungen usw. Zur Auswertung werden die vom Bewerber gewählten Antwortalternativen nach einem empirisch entwickelten Punkteverfahren gewichtet, wobei die erreichte Gesamtpunktzahl über die Berücksichtigung bei der Endauswahl entscheidet.[180]

Biographische Fragebögen unterscheiden sich von standardisierten Interviewleitfäden durch die psychometrische Auswertung und Interpretation verbunden mit einer Urteilsbildung, während die Interviewleitfäden ausschließlich die Datengewinnung systematisieren.

Der Unterschied zu Selbstbeschreibungen besteht darin, daß biographische Fragebögen versuchen, bisherige Erfahrungen zur Prognose zukünftigen Verhaltens zu nutzen, wohingegen durch Selbstbeschreibungen allein nur versucht werden kann, über gewonnene Informationen die »Persönlichkeit« eines Individuums zu beschreiben.[181]

Stehle führt nach einer Analyse der Fachliteratur zu eignungsdiagnostischen Verfahren folgende Validitätskoeffizienten auf. Dabei gibt die prognostische Validität die Übereinstimmung von mittels einzelner Verfahren prognostiziertem Berufserfolg mit dem tatsächlichen Berufserfolg an. Siehe dazu Abbildung 56.

Es fällt auf, daß biographische Fragebögen neben dem Assessment Center zu den validesten Verfahren zählen, daher überrascht es, daß im deutschsprachigen Raum bisher kaum Erfahrungen mit diesem Instrument gemacht wurden.[182]

c) Partizipation der »Stammbelegschaft«?

Der Partizipationsgedanke im Sinne einer Beteiligung der Mitarbeiter nimmt in der personalwirtschaftlichen Forschung und Praxis inzwischen einen immer breiteren Raum ein. Es wäre daher nicht abwegig zu prüfen, ob und inwieweit eine Partizipation der von einer

---

177 Vgl. Stehle (1983) 6f.; Richter/Stehle (1986).
178 Vgl. Jäger (1976) 25; Stehle (1986) 18.
179 Vgl. Owens (1976) 625; Stehle (1980) 92; Cascio (1982) 194.
180 Zu Inhalt und Konstruktion eines biographischen Fragebogens vgl. detailliert Stehle (1983); Weuster (1987).
181 Vgl. Stehle (1986) 18.
182 Vgl. Stehle (1986) 18; Weuster (1987) 425ff.

Verfahren	Validität (prognostische)
Interviews	0,00–0,25
Intelligenztests	0,20–0,30
Leistungstests	0,10–0,20
Persönlichkeitstests	0,20–0,40
situative Verfahren	0,20–0,30
Assessment Center	0,40–0,75
Peer-Ratings	0,30–0,50
Biographische Fragebögen	0,40–0,70

Abb. 56: Überblick über Validität eignungsdiagnostischer Verfahren
Quelle: Stehle (1986) 17.

Personalauswahl-Entscheidung »Betroffenen« an dem Auswahlvorgang sinnvoll sein kann.[183] Die Qualität eines Personalauswahl-Verfahrens bemißt sich u.a. nach seiner Fähigkeit, den späteren Berufserfolg eines Bewerbers zu prognostizieren. Vornehmlich geht es also um die Prognose-Validität der Personalauswahl. Betrachtet man die Validitätskoeffizienten bisheriger Methodiken der Personalauswahl, dann ist die aufwendige Assessment-Center-Methode die am wenigsten schlechte (s.o.).

Durch Einbeziehung der Mitarbeiter besteht die Möglichkeit, die Validität des Personalauswahlverfahrens zu steigern. Denn diese kennen die Anforderungen eines konkreten Arbeitsplatzes meist besser als die mit der Personalauswahl betrauten Personen, die sich oft nur auf (meist) veraltete Stellenbeschreibungen oder Anforderungsprofile (sofern solche überhaupt vorliegen) stützen können.

Neben einer »fachlichen Passung« gibt es aber anerkanntermaßen auch eine »soziale Passung«, bei deren Fehlen die Eingliederung eines neuen Mitarbeiters zum Scheitern verurteilt ist. Doch welches Personalauswahlverfahren überprüft in ausreichendem Maße die »soziale Passung«? Hierzu könnte sich eine verstärkte Beteiligung der Mitarbeiter an der Auswahl ihres zukünftigen Kollegen anbieten. Zumindest in groben Zügen kann dann die menschliche Übereinstimmung geprüft werden. Der spätere Erfolg des Bewerbers kann zuverlässiger prognostiziert werden; die Validität des Auswahlverfahrens steigt.

Der Eintritt in eine Unternehmung ist für einen neuen Mitarbeiter mit vielfältigen Anpassungs- und Orientierungsproblemen verbunden. Es kann davon ausgegangen werden, daß die Bereitschaft der Stammbelegschaft, einem neuen Kollegen Hilfestellung zu gewähren, durch eine Mitwirkung bei dessen Auswahl deutlich ansteigt. Das wäre dann der Fall, wenn auch hier der bekannte Effekt wirken würde, daß die Beteiligung an einer Entscheidung zu einer erhöhten Identifikation mit dieser Entscheidung führt. Die alteingesessenen Mitarbeiter werden stärker in die Verantwortung für einen erfolgreichen Verlauf des Eingliederungsprozesses eingebunden. Um das Scheitern einer unter ihrer Mitwirkung getroffenen Auswahlentscheidung zu verhindern, werden sie ihr Engagement erhöhen.

Ein naheliegender Ansatzpunkt wäre zum Beispiel, bei der Verwendung eines Assessment Centers in die einzelnen Übungen als Probanden nicht nur Stellenbewerber, sondern auch diejenigen Mitarbeiter einer Unternehmung einzubeziehen, die später mit dem Neuen zusammenarbeiten sollen. In Rollenspielen, Gruppendiskussionen und ähnlichen Übungen

183 S. hierzu ausführlicher Watzka (1988).

kann unter relativ realitätsnahen Bedingungen eine erste Prüfung der »sozialen Passung« vorgenommen werden.

4. Rechtliche Aspekte

Bei der externen Personalbeschaffung sowie bei der Personalauswahl sind zahlreiche kollektiv- und individualrechtliche Bestimmungen zu beachten, die den Gestaltungsspielraum des Arbeitgebers stark einengen (können).

Abbildung 57 gibt einen Überblick über die zentralen rechtlichen Aspekte, die vom Arbeitgeber bei der Anbahnung des Arbeitsverhältnisses[184] zu beachten sind, wobei die Darstellung sich am zeitlichen Ablauf der Anbahnungsphase orientiert.[185]

Die Beteiligungsrechte des Betriebsrats bei der externen Personalbeschaffung und der Personalauswahl werden in Kap. F.I.3.a kurz skizziert. Nachfolgend wird das **Fragerecht des Arbeitgebers** als **ein** wichtiger individualrechtlicher Aspekt, der sowohl für die Gestaltung von Personalfragebogen als auch für Vorstellungsgespräche von Bedeutung ist, kurz erläutert.[186]

Vor allem bei einer für sie schwierigen Arbeitsmarktlage versuchen die Bewerber, so wenig wie möglich bestehende oder auch nur vermutete negative Informationen über sich preiszugeben. Der Arbeitgeber hingegen hat ein hohes Interesse, möglichst umfassende Informationen über die Bewerber zu erhalten, um so eine zuverlässige Entscheidungsbasis zu gewinnen und das Risiko von »personellen Fehlinvestitionen« zu minimieren.

Die ständige Rechtsprechung des Bundesarbeitsgerichts seit 1957 hat sich wiederholt mit dem Interessenkonflikt zwischen dem Persönlichkeitsrecht des Bewerbers und dem Informationsstreben des Arbeitgebers beschäftigt. Als Ergebnis lassen sich drei Fallgruppen unterscheiden:

(1) Der Bewerber hat die Pflicht, Umstände, die ihn erkennbar hindern werden, die konkret vorgesehene Aufgabe zu erfüllen, von sich aus zu offenbaren.
(2) Auf zulässige Fragen des Arbeitgebers hat der Bewerber wahrheitsgemäß und vollständig zu antworten. Andernfalls kann der Arbeitgeber den Arbeitsvertrag später nach §§ 119, 123 BGB anfechten.
(3) Unzulässige Fragen kann der Arbeitnehmer verweigern oder falsch beantworten, ohne daß dies für ihn rechtlich negative Konsequenzen hat.

Da die Abgrenzung zwischen zulässigen und unzulässigen Fragen problematisch ist, ergeben sich für den Arbeitgeber somit zwei Probleme: Er stellt nicht alle zulässigen Fragen, so daß wichtige Informationen für die Bewerberbeurteilung fehlen können. Falls er aber unzulässige Fragen stellt, haben die Bewerber ein »Lügerecht«, so daß u.U. falsche Informationen erhoben werden.

---

184 Der Prozeß der externen Personalbeschaffung und der Personalauswahl wird in der juristischen Literatur oft als »Anbahnung des Arbeitsverhältnisses« bezeichnet.

185 Vgl. insbesondere zur Struktur der Abbildung Köckerling (1992) und die dort angegebene Literatur.

186 Vgl. dazu Welslau/Haupt (1993) sowie Halbach u.a. (1991) 41ff.

Externe Personalbeschaffung und Personalauswahl
– Zentrale rechtliche Aspekte –

Zentrale rechtliche Regelungen, die sich auf den *gesamten* Prozeß der externen Personalbeschaffung und der Personalauswahl beziehen

- **Individualrechtliche Ebene**
  Generell gilt der *Grundsatz der allgemeinen Vertragsfreiheit* (= Abschluß-, Auswahl-, Form- und Inhaltsfreiheit), aber:
  - Beschränkung des Auswahlermessens durch
    - *Abschluß- und Beschäftigungsverbote* für bestimmte Mitarbeiter(gruppen) z.B. nach §§ 16 AZO, 5, 7 JArbSchG, 3, 4, 6, 8 MuSchG, 2, 3, 8 AuslG, 19 AFG.
    - *Abschlußgebote* vor allem für Behinderte nach § 5 SchwbG
    - (geschlechtsbezogenes) *Benachteiligungsverbot* nach § 611a BGB
  - Beschränkung der Handlungsfreiheit durch das gesetzliche Schuldverhältnis nach dem Grundsatz von »Treu und Glauben« (§ 242 BGB), so daß zwischen den Parteien die gewohnheitsrechtlich anerkannten Grundsätze der *culpa in contrahendo* (c.i.c.) Anwendung finden
  - Beschränkung des Informationsstrebens des Arbeitgebers aufgrund des Persönlichkeitsrechts des Bewerbers
- **Kollektivrechtliche Ebene (Beteiligung des Betriebsrats bei allgemeinen personellen Angelegenheiten)**[1]
  Beteiligungsrechte
  - bei der Personal(beschaffungs)planung (§ 92 BetrVG)
  - bei Personalfragebogen (§ 94 I BetrVG)
  - bei der Aufstellung allgemeiner Beurteilungsgrundsätze (§ 94 II BetrVG)
  - bei Auswahlrichtlinien (§ 95 BetrVG)
  - in Bezug auf das Auswahlergebnis (§ 99 BetrVG)

Externe Personalbeschaffung – Zentrale rechtliche Regelungen

- **Stellenanzeige**
  Die Stellenanzeige ist kein Angebot i.S. von § 145 BGB, sondern soll potentielle Bewerber informieren und sie zur Abgabe eines Vertragsangebots auffordern. Der Arbeitgeber darf jedoch keine falschen Erwartungen bei den Bewerbern wecken, da er sonst zum Ersatz des Vertrauensschadens verpflichtet sein kann. Zudem sind Stellenanzeigen nach § 611 b BGB geschlechtsneutral auszuschreiben.
- **Abwerbung von Mitarbeitern**
  Die Abwerbung von Mitarbeitern durch den Arbeitgeber ist in der Regel zulässig, wenn er dabei nicht gegen die guten Sitten verstößt oder die Abwerbung sich nicht als unlauterer Wettbewerb i.S. des § 1 UWG darstellt.

→

Personalauswahl – Zentrale rechtliche Regelungen[2]

- **Bewerbungsunterlagen**
  Aus dem gesetzlichen Schuldverhältnis resultiert für den Arbeitgeber die Pflicht zur sorgfältigen Behandlung und Aufbewahrung der Unterlagen. Zudem ist er verpflichtet, für eine vertrauliche Behandlung der Unterlagen zu sorgen. Bei der **Analyse** der Bewerbungsunterlagen **können** Beteiligungsrechte des Betriebsrats nach § 94 II und § 99 BetrVG bestehen.
- **Einstellungsfragebogen**
  Bei der inhaltlichen Gestaltung des Fragebogens können das **Persönlichkeitsrecht** der Bewerber sowie die Bestimmungen des BDSG zu Beschränkungen des Frage- und Erhebungsrechts führen. Der Arbeitgeber ist verpflichtet, die Daten erfolgloser Bewerber zu löschen. Die Gestaltung von Einstellungsfragebogen kann zudem die Mitbestimmung des Betriebsrats nach § 94 I und II sowie § 95 BetrVG unterliegen.

- **Staatliche Arbeitsvermittlung**
  Die Grundsätze zur Arbeitsvermittlung sind im AFG sowie in der Satzung, der Geschäftsordnung und in Richtlinien der Bundesanstalt für Arbeit geregelt, so z.B. unparteiische und unentgeltliche Ausführung ihrer Dienste (§§ 20, 21 AFG).

- **Vorstellungsgespräch**
  Das Fragerecht des Arbeitgebers wird insbesondere durch das allgemeine **Persönlichkeitsrecht** begrenzt. Der Arbeitgeber darf nur solche Fragen stellen, die einen unmittelbaren Bezug zur Stelle (und deren Anforderungsprofil) aufweisen. Für Gruppendiskussionen ist die Zustimmung der Bewerber einzuholen. Zudem bestehen Offenbarungspflichten sowohl für die Bewerber als auch für den Arbeitgeber. Es **können** (je nach Art des Vorstellungsgesprächs) Beteiligungsrechte des Betriebsrats nach § 94 I und II sowie § 95 BetrVG bestehen.

- **Psychologische Tests**
  Wegen des arbeitsrechtlichen Prinzips, daß nur Eigenschaften des Bewerbers erfragt oder geprüft werden dürfen, die einen unmittelbaren Bezug zur Stelle aufweisen, sind psychologische Tests nur dann zulässig, wenn sie sich auf diese anforderungsspezifischen Persönlichkeitsmerkmale beschränken. Zudem muß der Bewerber auch bei einem rechtlich zulässigen Test die Möglichkeit haben, die Teilnahme zu verweigern. Der Arbeitgeber ist somit verpflichtet, den Bewerber umfassend über den Test aufzuklären und dessen Zustimmung einzuholen. Es **können** Beteiligungsrechte des Betriebsrats nach § 94 I und II sowie § 95 BetrVG bestehen.

- **Assessment Center**
  Für das Assessment Center gelten die gleichen Regelungen wie für Vorstellungsgespräche **und** psychologische Tests.

- **Biographische Fragebogen**
  Der Einsatz biographischer Fragebogen ist rechtlich problematischer als der Einsatz von Einstellungsfragebogen, da wegen der Art der Fragen die Gefahr zunimmt, daß die Grenzen des Fragerechts überschritten werden. Bei der Konstruktion biographischer Fragebogen ist besonders zu beachten, daß bestimmte Bewerbergruppen weder durch Inhalt noch durch Formulierungen der Items diskriminiert werden. Zudem tangiert die Konstruktion solcher Fragebogen (wegen der Bildung von Extremgruppen) auch die anderen Mitarbeiter des Unternehmens, so daß sich nach § 82 und § 84 BetrVG rechtliche Konsequenzen für den Arbeitgeber ergeben können. Es **können** Beteiligungsrechte des Betriebsrats nach § 94 I und II sowie § 95 BetrVG bestehen.

- **Ärztliche Einstellungsuntersuchungen**
  Bei jeder ärztlichen Einstellungsuntersuchung, die auf Veranlassung und Interesse des Arbeitgebers erfolgt, liegt ein Eingriff in das Persönlichkeitsrecht des Bewerbers vor. Daher finden Untersuchungen auf den Gesundheitszustand und die Arbeitsfähigkeit dort ihre Grenzen, wo sie keinen Bezug mehr zu den Erfordernissen der Stelle aufweisen. Um beurteilen zu können, ob und in welchem Umfang ein Bewerber beschäftigt werden kann, bedarf der Arbeitgeber keiner einzelnen gesundheitlichen Daten und Untersuchungsbefunde, sondern lediglich des **Ergebnisses** einer ärztlichen Beurteilung. Damit der Arzt dem Arbeitgeber überhaupt ein Ergebnis mitteilen kann, muß der Bewerber den Arzt von der Schweigepflicht entbinden. Diese Regelungen sind auch auf Zusatzuntersuchungen (HIV-Infektion/AIDS-Erkrankung und Genomanalysen) anzuwenden. Beteiligungsrechte des Betriebsrats können nach den § 9–11 ASiG und den § 87 I Nr. 7, § 94 I und II und § 95 BetrVG bestehen.

1 Die Beteiligungsrechte des Personalrats und des Sprecherausschusses werden nicht dargestellt.

2 Nachfolgend werden nur die zentralen rechtlichen Regelungen für **ausgewählte** Instrumente der Personalauswahl skizziert. Die Beteiligungsrechte des Betriebsrats werden nicht in der Abbildung, sondern in Kap. F.I.3.a erläutert.

Abb. 57: Externe Personalbeschaffung und Personalauswahl – Zentrale rechtliche Aspekte

Durch Lehre und Rechtsprechung hat sich als Grenze des Fragerechts ergeben, daß die Fragen des Arbeitgebers einen **unmittelbaren** Bezug zur Stelle (und damit zu deren Anforderungsprofil) aufweisen müssen. Abbildung 58 gibt einen Überblick über wichtige Fragen und ihre rechtliche Beurteilung:

	Offenbarungspflicht des Bewerbers	**Zulässige Frage und wahrheitsgemäße Beantwortung**	**Unzulässige Frage und "Lügerecht"**
Wettbewerbsverbot	ja	ja	nein
Schwerbehinderteneigenschaft **chronische Krankheiten**	wenn der Bewerber erkennen muß, daß er wegen der Behinderung die vorgesehene Arbeit nicht leisten kann oder eine deswegen beschränkte Leistungsfähigkeit für die vorgesehene Arbeit von ausschlaggebender Bedeutung ist	soweit für die Stelle von Bedeutung	wenn kein Einfluß auf die vertragsgemäße Leistung
beruflicher Werdegang einschließlich Wehr-/Zivildienst	nein	ja	nein
Schwangerschaft	nein	i.d.R. nein	ja
letztes Einkommen	nein	wenn bisheriges Einkommen Schlüsse auf Eignung für angestrebte Position zuläßt	wenn nicht aufschlußreich für die erforderliche Qualifikation
Vorstrafen	bei höherer Stellung z.B. Lehrer mit Sittlichkeitsvorstrafen	soweit für die Stelle von Bedeutung, z.B. Eigentumsdelikt bei Kassierer, Verkehrsdelikt bei Fahrer	
Vermögensverhältnisse	nein	zulässig bei leitenden Angestellten, Bankkassierern u.ä.	ja
Religions- und Parteizugehörigkeit	nein	ausnahmsweise konfessionelle Krankenhäuser /Kindergärten, religions-/parteigebundene Verlage	(Ausnahme siehe vorangegangene Spalte)
Gewerkschaftszugehörigkeit		allenfalls wegen Tarifbindung oder betrieblichem Beitragseinzug	
Heiratsabsichten, insbesondere bei Frauen	nein	nein	ja

Abb. 58: Fragerecht des Arbeitgebers
Quelle: Watzka (1991) 15f.

5. Einführung neuer Mitarbeiter

Die Deckung eines Personalbedarfs kann erst als abgeschlossen betrachtet werden, wenn die stabile Integration des neuen Mitarbeiters in den Betrieb gelungen ist. Die ersten Wochen und Monate der Betriebszugehörigkeit stellen dabei den kritischen Zeitraum dar. Untersuchungen bestätigen immer wieder die hohe Fluktuationsrate während dieser Zeit; sie kann während des ersten Jahres oder sogar innerhalb der ersten sechs Monate zwischen 30% und 60% liegen.[187] Die für solche **Frühfluktuationen** geschätzten Kosten bewegen sich zwischen DM 35.000 (für einen qualifizierten Facharbeiter) und DM 260.000 (für eine Führungskraft). Diese Kosten entstehen u.a. aus folgenden Gründen: Minderleistung des Mitarbeiters vor, während und nach der Entscheidung, wieder zu kündigen, seine Entlassung, die Anwerbung, Auswahl und Einstellung eines neuen Mitarbeiters, dessen Anlernen und Einarbeiten;[188] für die übrigen Mitarbeiter erhöhte Arbeitsbelastungen, Verluste von Sozialkontakten, die Notwendigkeit der Sozialisation neuer Mitarbeiter, Störungen der Arbeitsabläufe und Gruppenprozesse, Änderungen von Rollenverteilungen und Kommunikationsnetzen.[189]

Hohe Fluktuation ist ein Indikator für besondere Probleme in der Einführungsphase, die näherer Analyse bedürfen. Die vielfältigen negativen Konsequenzen von Frühfluktuationen rechtfertigen den Einsatz spezieller Maßnahmen.

a) Problemfelder

Die Situation eines neuen Mitarbeiters im Betrieb läßt sich global mit »**Orientierungslosigkeit**« kennzeichnen. Ein zwischenbetrieblicher Arbeitsplatzwechsel macht das Vertrautmachen mit neuen Arbeitssituationen erforderlich. Für den neuen Mitarbeiter sind die betrieblichen Besonderheiten nicht wie für die alteingesessenen Belegschaftsmitglieder Selbstverständlichkeiten; sie stellen vielmehr Neuland, z.T. sogar Barrieren dar, deren Überwindung für ihn mit erhöhten Belastungen einhergeht.[190] Die an ihn gerichteten Verhaltenserwartungen (Rollen) entschlüsselt und interpretiert der neue Mitarbeiter aufgrund seiner früheren Erfahrungen. Je mehr Elemente sich aber gegenüber seiner alten Stelle geändert haben, desto größer ist die Gefahr, daß er bestimmte Verhaltenserwartungen überhaupt nicht oder verzerrt wahrnimmt oder glaubt, Erwartungen nachkommen zu müssen, die gar nicht an ihn gerichtet werden.[191] Die Entschlüsselung der Rollen wird zum einen durch die Tatsache erschwert, daß sich in Unternehmungen und auch in Arbeitsgruppen mit der Zeit Routinen und Selbstverständlichkeiten der Verständigung herausbilden, bei denen weniger verbale Kommunikation, dagegen mehr Mimik und Gestik eingesetzt wird.[192] Zum anderen ist der neue Mitarbeiter zunächst ein Außenseiter, der nur schrittweise in die Arbeitsgruppe integriert und in ihre »Geheimnisse« eingeweiht wird. Er muß sich in gewachsene Sozialstrukturen einpassen und sich eine Statusposition sichern. Je besser und gefestigter die grup-

---

187 Vgl. Türk (1978) 47; Mobley (1982) 40; Farell/Peterson (1984) 682.
188 Vgl. Streim (1982) 139.
189 Weitere negative und positive Konsequenzen von Fluktuationen bei Mowday/Porter/Steers (1982) 142ff.
190 Vgl. Bosch (1978) 149; Louis (1980) 241f.
191 Vgl. Althauser (1982) 101.
192 Vgl. Neidhardt (1979) 646.

pendynamischen Beziehungen in der Gruppe sind, desto stärker wird der Neue als Eindringling empfunden. Die Gruppe nimmt dann eine reservierte Haltung ein.[193]

In der nachfolgenden Übersicht (s. Abb. 59) sind wichtige Aspekte der neuen Arbeitssituation aufgeführt, hinsichtlich derer sich der neue Mitarbeiter orientieren muß. Zum Teil spiegelt sich in ihnen auch die **Unternehmungskultur** (geteilte Normen und Werte), die zu erlernen ist.[194]

In einer empirischen Studie wurden 50 neue Mitarbeiter von Großunternehmungen (Sachbearbeiter sowie unteres und mittleres Management) über einen 15-Monats-Zeitraum über Einarbeitungsprobleme befragt. Als Hauptprobleme wurden ein **Realitätsschock** aufgrund enttäuschter Erwartungen, **quantitative Rollenüberlastung** (Aufgaben sind in der zur Verfügung stehenden Zeit nicht lösbar), **qualitative Unterforderung** (Anforderungen liegen unter den Qualifikationen des Mitarbeiters), **Rollenunklarheit** (zu wenig Informationen über das erwartete Verhalten), **Feedback-Defizite** und **Führungsdefizite** genannt. Dabei wirkte sich die qualitative Unterforderung am schädlichsten auf die Motivation und Bindung an die Unternehmung (= Commitment) aus.[195] Quantitative Rollenüberlastungen dagegen stoßen – sofern sie nicht hoffnungslos sind – auf die Bereitschaft des Mitarbeiters, »Reserven zu mobilisieren«.[196]

(1) Welches sind die wichtigsten Gradmesser für Leistung und darauf bezogene Belohnungen/Bestrafungen?

(2) Wie findet man heraus, auf welche Art und Weise man die geforderte Leistung erbringen kann, und wie sieht das Feedback aus?

(3) Von welchen Schlüsselpersonen ist man abhängig, wenn man die Arbeit erfolgreich bewältigen will? (Gibt es Widersacher/Saboteure?)

(4) Welches sind die größten Hürden bei der Aufgabenbewältigung: technische, logistische, interpersonelle, mikropolitische?

(5) Welche Quellen für welche Hilfen gibt es?

(6) Welches sind die wichtigsten unausgesprochenen Annahmen über Arbeit, Menschen, interpersonelle Beziehungen?

(7) Was braucht man, um im Unternehmen erfolgreich zu sein; welche Personen werden am meisten respektiert; was wird als heldenhaft angesehen?

(8) Was wird als ernste Strafe angesehen; welche Fehler werden nicht verziehen?

(9) Welche Rituale, Symbole, Zeremonien spiegeln am ehesten den Charakter des Unternehmens wider?

(10) Welchen Hauptregeln hat jeder im Unternehmen zu folgen (z. B. Kleidung, Lebensstil, was sagt oder tut man bzw. sagt oder tut man nicht, wen kritisiert man nicht öffentlich etc.)?

Abb. 59: Orientierungsnotwendigkeiten neuer Mitarbeiter
Quelle: In Anlehnung an Sathe (1985) 99ff.

193 Vgl. Kaufmann (1985) 240; Freimuth (1985) 201.

194 Vgl. Sathe (1985) 99ff.; Levinson (1972) 520ff.

195 Zum Konstrukt des Commitment, das in jüngster Zeit vermehrt Interesse findet, vgl. die Übersichten bei Weinert (1987) 439ff.; Mowday/Porter/Steers (1982) 27ff.

196 Vgl. Krüger (1983) 132ff.; Kieser/Nagel (1986) 957f. Theoretische Fundierungen zu dieser Studie finden sich bei Althauser (1982) und Krüger (1983). Weitere theoretische Grundlagen bei van Maanen (1976); van Maanen/Schein (1979).

b) Einarbeitungsprogramme

Der Eingliederungsprozeß ist dann erfolgreich abgeschlossen, wenn der neue Mitarbeiter in seinem Verlauf eine starke Bindung an die Unternehmung entwickelt hat, wenn er die zentrale Aufgabe versteht, beherrschen lernt und Motivation in sie einbringt, als kreativer Individualist jedoch an Verbesserung betrieblicher Prozesse interessiert bleibt.[197] Um dieses Ziel zu erreichen, bietet sich der Einsatz spezieller Einarbeitungsprogramme an. Deren genaue Ausgestaltung muß die Besonderheiten der Unternehmung und der einzugliedernden Mitarbeiter berücksichtigen; Standardlösungen gibt es insofern nicht. Die wichtigsten möglichen Bausteine eines solchen »**Induktionsprogramms**« werden nachfolgend kurz skizziert.[198]

Eine **realistische Personalrekrutierung** kann – sozusagen als Vorbedingung von Einarbeitungsprogrammen – enttäuschte Erwartungen reduzieren. Im herkömmlichen Rekrutierungsverfahren übermittelt die Unternehmung dem Bewerber geschönte Informationen; es »verkauft« sich nach außen, um möglichst viele Bewerber anzusprechen und dann den vermeintlich qualifiziertesten zum Eintritt in die Unternehmung zu bewegen. Hält dann die Arbeitsrealität den Erwartungen des Bewerbers nicht stand, kommt es zu Reaktionen wie Leistungsreduktion, Fehlzeiten, schließlich Fluktuation. Realistische Rekrutierung dagegen sieht vor, daß dem Bewerber auch die Nachteile und Schwächen seiner zukünftigen Stelle (z.B. Monotonie in der Arbeit, soziale Isolierung, begrenzte Aufstiegschancen o.ä.) vorab mitgeteilt werden. Als Hilfsmittel eignen sich schriftliche Broschüren, ausführliche Betriebsbesichtigungen, Filme über die spätere Tätigkeit, Tätigkeitssimulationen oder Informationsgespräche mit derzeitigen Stelleninhabern. Realistische Rekrutierung soll wie eine »Schutzimpfung« wirken: Rechtzeitiges Verabreichen »kleiner Dosen« Arbeitsrealität hilft, Widerstandskraft gegen Erwartungsenttäuschungen zu entwickeln.[199]

Es ist sinnvoll, **Einführungsschriften** vor Arbeitsantritt auszugeben: Die Motivation zur Informationsaufnahme ist dann besonders hoch. Sie dienen einer ersten Orientierung des Mitarbeiters, indem sie z.B. die Unternehmung als Produktionsstätte (Geschichte, Produktprogramm, Marktposition etc.), als Arbeitsstätte (Führungsgrundsätze, Personalpolitik, Arbeitszeit, Sozialleistungen, Vorschlagswesen etc.), als Aus- und Weiterbildungsstätte (Weiterbildungsangebot, Teilnahmevoraussetzungen, Ansprechpartner) und als Erfahrungsraum (Wo findet man was bzw. wen?) vorstellen. Der konkrete Inhalt, die Länge (Faustformel: 20 Seiten) und die Ausgestaltung richtet sich nach der Zielgruppe, nach der Größe und Art der Unternehmung und vor allem nach Art und Umfang anderer, bereits existierender, schriftlicher Hilfen wie z.B. Stellenbeschreibungen. Für ihre Erarbeitung gilt, daß sie grundsätzlich aktualisierbar, erweiterbar und leicht mit anderen schriftlichen Hilfen kombinierbar sein sollten. Vorteile von Einführungsschriften liegen vor allem in ihrer jederzeitigen Verfügbarkeit, in der Anregung zur Information und in der Möglichkeit zur spannungsfreien Informationsaufnahme ohne Zwang zur Stellungnahme.[200] Allerdings darf die Wirkung von Einführungsschriften wegen einer gewissen Abstumpfung gegen informatorische Überschwemmungen auch nicht überschätzt werden. Sie sind als sinnvolle Ergänzung zu anderen Bausteinen eines Induktionsprogramms zu sehen.[201]

---

197 Vgl. Kieser u.a. (1985) 46.
198 S. dazu auch Stiefel (1979); Feldman (1976).
299 Vgl. Wanous (1978) 249ff., (1980) 34ff.
200 Vgl. Volk (1977) 220ff.; Bohlen (1982) 34; Haberkorn (1972) 15ff.
201 Vgl. Kieser u.a. (1985) 150.

Checklisten, die alle wichtigen Aktivitäten und Informationsnotwendigkeiten enthalten, können für den neuen Mitarbeiter und den für seine Einführung Verantwortlichen gleichermaßen eine nützliche Hilfe sein.[202]

Initiationsrituale sind Aufnahmezeremonien mit offiziellem Charakter (z.B. Lehrlingsbegrüßung durch den Vorstand). Sie entfalten ihre Wirkungen auf der psychologischen Ebene, indem sie dem neuen Mitarbeiter Aufmerksamkeit und Akzeptanz durch die neue Umgebung signalisieren. Das Publikmachen seiner Beitrittsentscheidung bewirkt, daß sich der Mitarbeiter stärker an seine Entscheidung gebunden fühlt.

Orientierungsveranstaltungen liefern dem neuen Mitarbeiter erste Informationen nach seinem Unternehmungseintritt. In der Praxis bietet sich eine Koppelung mit den Initiationsritualen an. Als Inhalte kommen alle für eine Einführungsschrift geeigneten Themen in Frage.[203]

Einführungsseminare finden im Gegensatz zu Orientierungsveranstaltungen für eine Gruppe neuer Mitarbeiter mehrfach, d.h. über die ersten Monate in der Unternehmung verteilt, statt. Sie dienen zum einen dem Informationsaustausch zwischen der Unternehmung und den Mitarbeitern und zum anderen dem Informationsaustausch neuer Mitarbeiter untereinander. Einarbeitungsprobleme können so intensiv diskutiert und gegebenenfalls sogleich gelöst werden. Dem einzelnen Mitarbeiter wird durch den Kontakt mit »Leidensgenossen« die Normalität seiner Probleme verdeutlicht, was beim Abbau von Frustrationen hilft. Daneben können Einführungsseminare zum gezielten weiteren Informationsausbau genutzt werden. Voraussetzung für ihre Durchführung ist eine ausreichende Unternehmungsgröße und die Existenz einer homogenen Gruppe neuer Mitarbeiter.[204]

Patenkonzepte sehen die Betreuung eines neuen Mitarbeiters durch einen **gleichgestellten** Kollegen vor. Die möglichen Aufgaben eines Paten sind außerordentlich vielfältig. Er soll den Neuen in die Arbeitsgruppe einführen und mit allen wichtigen Kontaktpersonen bekanntmachen. Er soll die fachliche Einarbeitung übernehmen, mit geschriebenen und ungeschriebenen Gesetzen der Unternehmung vertraut machen, bei fachlichen und persönlichen Problemen beraten, Bezugsperson/Anlaufstelle sein, bei guten Leistungen loben, bei schlechten Leistungen aufbauend kritisieren, zu selbständigem Handeln anleiten u. v. m. Für diese Aufgaben muß der Pate überdurchschnittliche menschliche Qualifikationen (Zuverlässigkeit, Verschwiegenheit, Ausgeglichenheit etc.), fachliche und pädagogische Fähigkeiten aufweisen. Erkennbar ist somit nicht jeder Mitarbeiter für diese Aufgabe geeignet; intensive und regelmäßige Schulungen sind wichtige Voraussetzungen.

Das Patenkonzept wird z.T. sehr kritisch gesehen: Neben der Gefahr der Überforderung des Paten entsteht vor allem die Frage, ob die Einführung neuer Mitarbeiter nicht eine echte Führungsaufgabe ist, die der Vorgesetzte wahrnehmen muß und die nicht an einen Paten delegierbar ist. Folgende mögliche Nachteile sind mit Patenkonzepten verbunden:

- Der Kontakt zum Vorgesetzten wird abgeschnitten. Dieser aber hat letztlich Leistungsbeurteilungen zu erstellen und Belohnungen zu gewähren.

---

202 Für Beispiele siehe Möhl (1985) 130f.; Michels (1978) 271f.

203 Vgl. Kieser u.a. (1985) 8, 148f.; Kieser/Nagel (1986) 961.

204 Vgl. Kieser u.a. (1985) 165ff.; Kieser/Nagel (1986) 961f.; für einen Vorschlag zu einem Seminarablauf siehe Bohlen (1982) 36.

- Für den Vorgesetzten ist die Möglichkeit verringert, innovatorische Impulse von einem noch nicht betriebsblinden Mitarbeiter aufzunehmen.
- Für den Betreuten entstehen u.U. Irritationen, da im Paten (als eine Art Ersatz-Vorgesetztem) eine weitere Instanz existiert, an der er sich orientieren muß.
- Durch verbesserte fachliche und pädagogische Fähigkeiten entsteht ein Konkurrenzverhältnis zwischen Paten und Vorgesetzten.
- Die Patenaufgabe kollidiert mit der Erfüllung der eigentlichen Sachaufgabe des Paten.
- Der Pate zieht höherwertige Aufgaben an sich und delegiert nur Randaufgaben seiner Stelle an den neuen Mitarbeiter.
- Der Pate kann aus seiner neuen Aufgabe Ansprüche auf Einkommenssteigerung und Beförderung geltend machen. Seine Aufgabe führt zu Neid bei den unberücksichtigten Mitarbeitern.[205]

Mentorenkonzepte sehen die Betreuung durch einen hierarchisch **höhergestellten** Mitarbeiter vor. Folgende Mentorfunktionen sind zu nennen: Lehrer/Coach/Trainer, positives Rollenmodell, Talentförderer, Türöffner, Beschützer, der negative Konsequenzen von Fehlern abwehrt, Sponsor, der für eine »gute Presse« sorgt, erfolgreicher Führer, der Akzente setzt.[206] Der größte Nachteil dieses Konzepts liegt in der Gefahr des Aufbaus einer »Kronprinzenmentalität« beim Betreuten. Vom Anwendungsbereich her ist es eher auf den Führungsnachwuchs zugeschnitten.

Der **Mitarbeiterführung** kommt in der Integrationsphase große Bedeutung zu. Der Vorgesetzte soll das Einarbeitungsprogramm bezüglich Inhalt und Terminierung zusammen mit dem Mitarbeiter erstellen, damit Über- und Unterforderungen vermieden werden können; das Tempo des Lernfortschritts bestimmt der Mitarbeiter. Um die Verhaltenssicherheit zu stärken, sind häufiges spontanes Feedback, aber auch institutionalisierte Feedback-Gespräche in kurzen Abständen sinnvoll.

Als angemessene Basisstrategien der Einführung gelten weder die »Schonstrategie« (lange in Ruhe lassen) noch die »Wirf-ins-kalte-Wasser-Strategie« oder die schärfere Form der »Entwurzelungsstrategie«, bei denen der Mitarbeiter gleich mit schwierigen oder gar unlösbaren Aufgaben konfrontiert wird, um ihn zu testen oder gezielt zu verunsichern. Angezeigt ist vielmehr eine fordernde, aber zugleich lösbare Aufgabenstellung.[207]

Bausteine für Eingliederungsprogramme existieren zwar in der Theorie, werden aber in Deutschland – im Gegensatz zu den USA – nur selten eingesetzt.[208] In einer Untersuchung gaben von 296 Führungskräften fast die Hälfte an, keine Einarbeitung erhalten zu haben. Nach der Wichtigkeit einzelner Maßnahmen befragt, wurde das Gespräch mit dem direkten Vorgesetzten zu 86% als wichtig eingestuft. Für andere Maßnahmen ergaben sich folgende Prozentzahlen:[209]

---

205 Vgl. Brettschneider (1979) 325ff.; Möhl (1985) 132; Althauser (1982) 222f.; Kieser u.a. (1985) 157.
206 Vgl. Schein (1978) 178; ausführlich zum Mentor-Konzept: Kram (1985).
207 Vgl. Kieser/Nagel (1986) 958f.
208 Vgl. Louis u.a. (1983) 861, die einen Überblick über die in den USA praktizierten Einarbeitungsprogramme und deren Wichtigkeit in der Wahrnehmung von Hochschulabsolventen geben.
209 Vgl. Domsch/Grosser (1985) 100, 102.

– Gespräche mit unterstellten Mitarbeitern	68,9 %	– gezieltes on-the-job-Programm	39,2 %
– Gespräche mit Kollegen	60,4 %	– Gespräche mit Vorgängern	38,1 %
– regelmäßige Gespräche über Zielvereinbarungen	60,1 %	– schriftliche Unterlagen	36,5 %
– Gespräche mit der Geschäftsleitung	55,0 %	– Einarbeitungsseminare	24,7 %
		– Gespräche mit externen Personen	23,3 %
		– Benennung eines Paten	11,8 %

Abb. 60: Bedeutung einzelner Eingliederungsmaßnahmen
Quelle: Domsch/Grosser (1985) 102.

IV. Personalfreisetzung

1. Begriff, Objekte und Ziel der Personalfreisetzung

Sowohl aus Entwicklungen des Umfeldes als auch aus unternehmungsinternen Faktoren können Veränderungen des Aufgabenvolumens und/oder der Anforderungen an die Mitarbeiter und damit eine Veränderung des Nettopersonalbedarfs resultieren. Dies kann sowohl zur (externen oder internen) Beschaffung (Kap. D.III.2.a) als auch zur Freisetzung von Personal führen.

Personalfreisetzung[210] bedeutet die Reduzierung einer Personalüberdeckung (= negativer Nettopersonalbedarf), die in quantitativer, qualitativer, zeitlicher und örtlicher[211] Hinsicht zu spezifizieren ist.

Sie kann – analog zur Personalbeschaffung – sowohl **intern** durch qualitative, zeitliche oder örtliche Anpassung als auch **extern** durch die Abgabe von Personal an den Arbeitsmarkt erfolgen.

Objekte der Personalfreisetzung sind nicht nur die Mitarbeiter einer Unternehmung (die Arbeitnehmer i.S. des Arbeitsrechts sind), sondern **alle** Personen, die einer Unternehmung ihr Leistungspotential auf der Basis eines Arbeits- oder arbeitsähnlichen Vertrages zur Verfügung stellen und eine Vergütung erhalten (also zum Beispiel auch Auszubildende, Praktikanten, Leihmitarbeiter, freie Mitarbeiter).[212]
Personalfreisetzungen haben

- für die Unternehmungen sowohl positive (vor allem ökonomische) als auch negative Wirkungen (z.B. auf Betriebsklima oder Unternehmungsimage) und
- für die Mitarbeiter vor allem negative Wirkungen (z.B. Gefährdung der materiellen Existenzgrundlage, Statusverlust, reduziertes Selbstwertgefühl).[213]

Aus diesen Wirkungen in Verbindung mit der für das Personal-Management postulierten Dualität von institutionellen und individuellen Zielen kann als Ziel der Personalfreisetzung die hinreichende Reduzierung einer Personalüberdeckung bei gleichzeitiger Minimierung der negativen Folgen für die Unternehmung und die Mitarbeiter formuliert werden.[214]

---

210 In der Literatur findet sich eine Vielzahl von Begriffen mit gleichen oder ähnlichen Inhalten so z.B. Personalabbau, -anpassung, -freistellung, -reduzierung. Vgl. z.B. Deters/Karg/Rosenberg (1985) 255f.; Wagner (1992) Sp. 1546; Hentze (1991) 258.

211 Da die Unternehmungen beschäftigungswirksame Alternativen, wie z.B. die Versetzung von schrumpfenden in wachsende Unternehmungsbereiche anbieten können, ist es sinnvoll, in einen partiellen (bereichsbezogenen) und einen unternehmungsbezogenen Freisetzungsbedarf zu unterscheiden.

212 Vgl. zu dieser Abgrenzung Hamel (1994) 4 sowie allgemein zum Arbeitnehmerbegriff Kap. F.I.2.b.

213 Die möglichen Wirkungen von Personalfreisetzungen für Unternehmungen und Mitarbeiter werden bei der Darstellung von Alternativen der Personalfreisetzung erläutert.

214 Vgl. Becker/Meurer (1988) 273 und Hamel (1994) 6.

2. Ursachen der Personalfreisetzung

Die im Rahmen dieses Lehrbuches geforderte Integration des Personal-Managements in die Gesamtunternehmungsführung (s. auch Kap. F.II) ist auch für die Personalfreisetzung von Bedeutung. Die in der (strategischen) Unternehmungsplanung durch eine Umfeld- und Unternehmungsanalyse erhobenen (Frühwarn-)Informationen für die Formulierung von (Unternehmungs- und Funktional-) Strategien bilden die informationelle Basis für eine differenzierte Analyse und Prognose potentieller Ursachen der Personalfreisetzung im Rahmen der Personalplanung.

Nachfolgend werden **einige** wichtige Ursachen aufgelistet, wobei zum Teil bestehende sachliche und zeitliche Interdependenzen vernachlässigt werden[215]:

- Eine rückläufige **konjunkturelle** Entwicklung wirkt sich auf die Branchen und Unternehmungen einer Volkswirtschaft unterschiedlich aus und kann zu einem Rückgang des Absatzes und der Produktion führen.
- Konjunkturelle Entwicklungen werden häufig durch **strukturelle** Änderungen (z.B. Änderung von Bedarfsstrukturen) in und zwischen den Wirtschaftszweigen, Regionen oder Unternehmungsgrößenklassen einer Volkswirtschaft überlagert.
- In vielen Branchen und Unternehmungen ergeben sich aus der Art des Produktions- und Absatzprogramms **saisonale** Schwankungen der Beschäftigung.
- **Technologischer** Wandel kann sowohl das Aufgabenvolumen (z.B. durch Substitution von menschlicher Arbeit durch den Einsatz neuer Technologien) als auch die Anforderungen[216] an die Mitarbeiter beeinflussen.
- **Management- und Planungsfehler** bei der Reaktion auf die vorab skizzierten Entwicklungen des Unternehmungsumfeldes.
- **Strategische Neuorientierung** der Unternehmung (oder von Geschäftsfeldern) und daraus resultierende tiefgreifende Veränderungen des Leistungsprogramms (z.B. Konversion von Unternehmungen der Rüstungsindustrie).
- **Stillegung** oder **Vernichtung** von Unternehmungsbereichen.
- **Standortverlagerungen**.
- **Mangelnde Leistungsbereitschaft oder Leistungsfähigkeit** von Mitarbeitern.
- **Änderungen der Aufbau- oder Ablauforganisation** (z.B. Abbau von Hierarchien im Rahmen von »Lean-Management«).

Diese Ursachen sind erkennbar von ganz unterschiedlicher Qualität, u.a. was ihre Herkunft (unternehmungsextern oder -intern) und damit auch ihre Gestaltbarkeit angeht. Wichtiger als ihre Vorhersagbarkeit (ein gut ausgebautes und funktionierendes Informationssystem kann »Überraschungen« und »Zufälle« reduzieren) ist das Ausmaß ihrer Beeinflußbarkeit und die unternehmungspolitische Intention ihrer tatsächlichen Beeinflussung. So könnten z.B. Unternehmungsbereichs-Stillegungen, Standortverlagerungen, Organisationsänderungen »ohne Rücksicht auf personelle Konsequenzen durchgezogen« oder aber ganz anders angegangen werden: etwa unter Einschluß ernsthafter Versuche, solche Konsequenzen sozialverträglich abzufedern oder gänzlich zu vermeiden. Ausschlaggebend hierfür sind die »Grundlegenden Orientierungen der Unternehmungspolitik« und die aus ihnen resultierenden Grundhal-

215 Vgl. Hentze (1990) 249ff.; Schreiber (1992) 100ff.; Wagner (1992) Sp. 1547f.

216 Vgl. zu den Auswirkungen neuer Technologien auf die Anforderungen z.B. de Grave (1993) und die dort angegebene Literatur.

tungen: hier diejenigen, die sich auf die personellen Ressourcen der Unternehmung beziehen (s. hierzu ausführlicher die Darlegung in Kap. F.II).

3. Planung der Personalfreisetzung

Die Personalfreisetzungsplanung beinhaltet die gedankliche Erfassung und Reduzierung einer Personalüberdeckung spezifiziert nach quantitativen, qualitativen, zeitlichen und örtlichen Aspekten[217] und wird in zwei Planungsformen[218] unterschieden:

- Die **antizipative** Personalfreisetzungsplanung wird als integrativer Bestandteil der Unternehmungs- und Personalplanung verstanden. Sie versucht durch die Analyse und Prognose möglicher Ursachen und die Ableitung von unternehmungs- und personalpolitischen Strategien Personalüberdeckungen zu vermeiden oder diese durch den rechtzeitigen Einsatz »weicher« Freisetzungsmaßnahmen (z.B. Nutzung der natürlichen Fluktuation, Urlaubsgestaltung) zu reduzieren.
- Die **reaktive** Personalfreisetzungsplanung beginnt erst, wenn bereits eine Personalüberdeckung besteht, so daß der Einsatz von »harten« Freisetzungsmaßnahmen (vor allem Kündigungen) in der Regel nicht mehr zu vermeiden ist.

Die Planung der Personalfreisetzung besteht aus einer Vielzahl von Einzelaktivitäten, zwischen denen sachliche und zeitliche Beziehungen bestehen. Die Strukturierung dieser Beziehungen kann durch die in der Literatur vorgeschlagenen Phasenschemata erfolgen.[219] Diese sind jedoch nur als »Orientierungshilfe« für eine unternehmungsindividuelle Gestaltung zu verstehen.

Abbildung 61 zeigt ein mögliches Phasenschema, das auch die der Planung nachgelagerten Phasen der Durchführung und Kontrolle umfaßt.

4. Alternativen (zur Vermeidung) der Personalfreisetzung

a) Überblick

Die Menge der Alternativen, die einer Unternehmung zur (Vermeidung der) Personalfreisetzung zur Verfügung stehen, hängt von der Planungsform (antizipativ oder reaktiv) ab, die somit gleichzeitig als Kriterium für die Systematisierung von Maßnahmen (zur Vermeidung) der Personalfreisetzung dienen könnte.[220] Ein Teil der nachfolgend dargestellten Maßnahmen kann jedoch sowohl antizipativ als auch reaktiv eingesetzt werden, so daß hier eine andere Systematisierung gewählt wird.

217 Vgl. Becker/Meurer (1988) 273.
218 Vgl. z.B. Drumm/Scholz (1988) 146f.
219 Vgl. z.B. Hentze (1991) 261 oder Schreiber (1992) 53.
220 So Drumm/Scholz (1988) 146ff. und Schreiber (1992) 323ff.

Phasen der Personalfreisetzung

(1) Problemerkennung und Problemanalyse
 	
Ermittlung und/oder Prognose von (möglichen) Ursachen einer bestehenden oder zukünftigen Personalüberdeckung (»Freisetzungsbedarf«) durch
 	
• Analyse des Unternehmungsumfeldes
• Unternehmungsanalyse
 	
als Basis für die
 	
• Quantitative und qualitative Personalbedarfsplanung
• Quantitative und qualitative Personalbestandsplanung
 	
⇒ Spezifikation der Personalüberdeckung nach
    • Quantität
    • Qualität
    • Zeit
    • Ort

(2) Suche, Auswahl und Bewertung von Alternativen
 	
• Suche nach und (Vor-)Auswahl von Alternativen
 	
    • Alternativen zur Vermeidung von Personalfreisetzung
      (z.B. staatliche Beschäftigungsgarantien, Lagerproduktion, Flexibilisierungsstrategien)
    • Alternativen der Personalfreisetzung
        • Interne Personalfreisetzung (= ohne Reduktion des Personalbestandes) durch
            • Qualitativ orientierte Maßnahmen
            • Örtlich orientierte Maßnahmen
            • Zeitlich orientierte Maßnahmen
        • Externe Personalfreisetzung (= mit Reduktion des Personalbestandes)
 	
• Bewertung der Alternativen
 	
• Bestimmung der Weiterverwendungs- und Anpassungsmöglichkeiten für die intern freizusetzenden Mitarbeiter
 	
• Bestimmung der an den externen Arbeitsmarkt freizusetzenden Mitarbeiter
 	
⇒ Alternativen-Mix (Optimales Alternativenbündel)

(3) Durchführung
 	
• Festlegung der Informationspolitik gegenüber
    • dem Betriebsrat/Sprecherausschuß
    • den extern und intern freizusetzenden Mitarbeitern
    • den nicht betroffenen Mitarbeitern
• Angebot fluktuations- und mobilitätsfördernder Anreize
• Aufstellung von Sozialplänen

(4) Kontrolle • Kontrolle des Planungsprozesses • Kontrolle der Ergebnisse

Abb. 61: Phasen der Personalfreisetzung
(Quelle: in Anlehnung an Hentze (1991) 261)

Zunächst wird in Alternativen zur Vermeidung von Personalfreisetzung und Alternativen der Personalfreisetzung differenziert.[221] Die Alternativen der Personalfreisetzung lassen sich weiter nach den Determinanten des Personalbedarfs in quantitativ, qualitativ, zeitlich und örtlich orientierte Maßnahmen differenzieren. Die Bezeichnung »quantitativ, qualitativ, zeitlich oder örtlich orientierte Maßnahmen« bedeutet jedoch nicht, daß diese stets und direkt mit einem quantitativen, qualitativen, zeitlichen oder örtlichem Freisetzungsbedarf verbunden sind.

Nach der Wirkung auf den Personalbestand lassen sie sich jedoch wieder zu zwei Gruppen zusammenfassen, so daß sich die nachfolgende Systematisierung ergibt:

- Alternativen zur Vermeidung von Personalfreisetzung
- Alternativen der Personalfreisetzung
  - Alternativen der Personalfreisetzung **ohne** Reduktion des Personalbestandes (»Interne Freisetzung«) differenziert in
    - qualitativ orientierte Maßnahmen
    - örtlich orientierte Maßnahmen
    - zeitlich orientierte Maßnahmen.
  - Alternativen der Personalfreisetzung **mit** Reduktion des Personalbestandes (»Externe Freisetzung«).

b) Vermeidung von Personalfreisetzung

Aus dem Ziel der Personalfreisetzung ergibt sich, daß ihre Vermeidung in der Regel jeder noch so »weichen« Freisetzungsalternative vorzuziehen ist. Nachfolgend werden einige »Vermeidungsstrategien« skizziert:
Zu den unternehmungspolitischen Vermeidungsstrategien zählen

- zum einen alle Unternehmungsstrategien, die dem Aufbau neuer und dem Erhalt und Ausbau bestehender Wettbewerbsvorteile dienen und die gleichzeitig die Beschäftigungsentwicklung (und damit den Bruttopersonalbedarf) positiv beeinflussen sowie
- zum anderen alle Maßnahmen, die zur Erlangung staatlicher Beschäftigungsgarantien führen sowie
- u.U. die Verschiebung von Rationalisierungsinvestitionen.

Daneben gibt es noch eine Reihe anderer Maßnahmen, die insbesondere bei zeitlich begrenzten und/oder saisonalen Personalüberdeckungen sowie im Vorfeld von bestandsreduzierenden Maßnahmen ergriffen werden können, so z.B. Lagerproduktion, Übernahme von Fremdaufträgen oder Vorziehen von Reparatur- und Wartungsarbeiten.[222]

In der Wirtschaftspraxis wird die Personalfreisetzung (unter Vernachlässigung der dualen Zielsetzung) zum Teil auch als eine Strategie zur Senkung von (zu hohen Personal-) Kosten gesehen. Die kostenreduzierenden Wirkungen von Personalfreisetzungen sind jedoch vor allem bei mittel- und langfristiger Betrachtung nicht unumstritten. Zur Vermeidung der sogenannten »ökonomischen Freisetzung« könnten zunächst folgende Maßnahmen ergriffen werden:

---

221 Ähnlich Jakobs-Fuchs (1978).
222 Vgl. z.B. Jakobs-Fuchs (1978) 163ff.

- Reduzierung freiwilliger sozialer Leistungen
- »Einfrieren« von Vergütungsbestandteilen
- Kürzung von Vergütungsbestandteilen

und zwar als absolute Kürzungen mit unmittelbarer Wirkung oder als relative Kürzungen über Auslaufregelungen durch partielle Anrechnung künftiger Steigerungen der Vergütung.[223] Zudem sollte kritisch geprüft werden, ob vergleichbare Kostenreduktionen nicht auch durch die Ausschöpfung von Kostensenkungspotentialen in anderen Bereichen (z.B. bei Unternehmungen mit materialintensiver Produktion in der Beschaffung) erzielt werden können.

Durch personalpolitische Flexibilisierungsstrategien[224] können generell in den Teilsystemen des Personal-Managements z.B. durch

- die Förderung von Schlüsselqualifikationen (s. auch qualitätsorientierte Maßnahmen),
- die Gestaltung flexibler Perioden- und Lebensarbeitszeitmodelle (s. auch zeitorientierte Maßnahmen),
- die Gestaltung flexibler Vergütungssysteme oder
- den Aufbau einer Stamm- und Randbelegschaft

Flexibilitätspotentiale aufgebaut werden, die zumindest eine kurz- bis mittelfristige Anpassung an eine neue Beschäftigungsentwicklung (und/oder eine Milderung von Folgen der Personalfreisetzung für Unternehmung und Mitarbeiter) ermöglichen.

c) Kriterien zur Beurteilung von Alternativen der Personalfreisetzung

Möglicherweise zu erwartende und faktisch existierende Personalfreisetzungs-Erfordernisse stellen das Personal-Management vor schwerwiegende Entscheidungen. Sie können nur selten ganz frei gefällt werden, sondern erfordern ein sorgfältiges Abwägen der an sie anzulegenden Beurteilungskriterien (erhoffte positive Wirkungen, zu vermeidende/vermindernde negative Konsequenzen). Nachfolgend werden einige dieser Beurteilungskriterien skizziert.[225]

- **Quantitative Aspekte:** Diese beziehen sich auf das mögliche **Ausmaß** von Freisetzungsalternativen (z.B. sind vorzeitige Pensionierungen nur für einen Teil des Personals zu realisieren).
- **Qualitative Aspekte:** Hier ist die Wirkung von Alternativen auf die Qualifikationsstruktur zu beachten. So sind z.B. oft die Mitarbeiter, die sich aus formalen Gründen (Lebensalter, soziale Auswahl) anbieten würden, wichtige Leistungsträger.
- **Zeitliche Aspekte:** Zum einen sind die **Wirkungsdauer** von Alternativen und zum anderen die **zeitlichen Restriktionen**, wie z.B. Kündigungsfristen oder die Dauer des noch nicht in Anspruch genommenen Urlaubs, zu beachten.
- **Rechtliche Bedingungen:** Der Gestaltungsspielraum der Unternehmung wird durch eine Vielzahl von Regelungen des individuellen (z.B. Kündigungsschutzgesetz) und kollektiven Arbeitsrechts (z.B. Betriebsverfassungsgesetz) begrenzt, deren Nichtbeachtung zu arbeitsgerichtlichen Verfahren und z.B. zur Rücknahme von Freisetzungsentschei-

---

223 Vgl. Hamel (1994) 7f.
224 Vgl. zur Flexibilisierung des Personal-Managements z.B. Kolb (1992).
225 Vgl. zu den nachfolgenden Ausführungen RKW (1990) 200ff.; Hamel (1994) 8ff. und Schreiber (1992) 320ff.

dungen und/oder zu erheblichen Kosten führen kann. Abbildung 137 in Kap. F.I gibt einen Überblick über wichtige **gesetzliche** Regelungen, die den Gestaltungsspielraum der Unternehmung bei der Personalfreisetzung begrenzen. Bei der nachfolgenden Darstellung von Alternativen der Personalfreisetzung werden ausgewählte Regelungen näher erläutert.

- **Zustimmungserfordernisse:** Für zahlreiche Freisetzungsalternativen (z.B. Aufhebungsverträge) ist die Zustimmung der betroffenen Mitarbeiter erforderlich. Ihre Realisierung ist somit fraglich, kann aber u.U. durch die Gewährung von (materiellen) Anreizen gefördert werden.
- **Ökonomische Wirkungen:** Bei der Analyse der ökonomischen Folgen sind positive (z.B. Reduzierung der Personalkosten) und negative Wirkungen (z.B. Zahlung von Abfindungen, Sozialplanzahlungen) abzuwägen.
- **Wirkungen auf das Unternehmungsimage:** Personalfreisetzungen und damit u.U. verbundene öffentliche Aktionen von Arbeitnehmern, wie z.B. Straßenblockaden oder Hungerstreik, können das Image einer Unternehmung nachhaltig beeinflussen. Dies kann z.B. zu negativen Einstellungen bei potentiellen Bewerbern führen und damit als »Bewerbungshindernis« wirken.
- **Folgen für die Gesellschaft:** In Zeiten hoher Arbeitslosigkeit führen vor allem Personalfreisetzungen mit Reduktion des Personalbestandes zu negativen Folgen für die Gesellschaft (z.B. höhere Ausgaben für soziale Leistungen, Kaufkraftverluste, sinkende Steuereinnahmen).
- **Folgen für die freizusetzenden Mitarbeiter:** Die Folgen für die Mitarbeiter sind vor allem bei Kündigungen gravierend, da diese u.a. zur Gefährdung der materiellen Existenzgrundlage oder zu destabilisierten Familienbeziehungen führen können.[226]
- **Wirkungen auf die nicht betroffenen Mitarbeiter:** Bei der Auswahl von Alternativen ist auch die Wirkung auf die Mobilitätsbereitschaft und das Fluktuationsverhalten zu beachten. So neigen vor allem besonders qualifizierte Mitarbeiter dazu, sich in anderen Unternehmungen einen neuen (sicheren) Arbeitsplatz zu suchen, während die weniger qualifizierten Mitarbeiter in der Unternehmung verbleiben.

d) Alternativen der Personalfreisetzung

Abbildung 62 gibt zunächst einen Überblick über die Alternativen der Personalfreisetzung.

aa) Personalfreisetzung ohne Reduktion des Personalbestandes

Die Personalfreisetzung **ohne** Reduktion des Personalbestandes kann durch die Änderung von Qualifikationen der Mitarbeiter durch Personalentwicklung, die Änderung der Arbeitszeit oder die Änderung von Arbeitsorten durch horizontale oder vertikale Versetzung erfolgen und wirkt somit auf bestehende Beschäftigungsverhältnisse ein.

226 Vgl. ausführlich Watzka (1989) 64ff.

Alternativen der Personalfreisetzung

* **Personalfreisetzung ohne Reduktion des Personalbestandes (»Interne Personalfreisetzung«)**
  * Qualitativ orientierte Maßnahmen (Personalentwicklung)
  * Örtlich orientierte Maßnahmen (Horizontale oder vertikale Versetzung)
  * Zeitlich orientierte Maßnahmen
    * Urlaubsgestaltung
    * Abbau von Mehrarbeit/Überstunden
    * Kurzarbeit
    * Allgemeine Verkürzung der Arbeitszeit
    * Angebot individueller Arbeitszeitverkürzungen
* **Personalfreisetzung mit Reduktion des Personalbestandes (»Externe Personalfreisetzung«)**
  * Nutzung der natürlichen Fluktuation (mit Einstellungsstop)
  * Nichtverlängerung befristeter Arbeitsverträge
  * Nichtverlängerung oder Kündigung von Personalleasingverträgen
  * Aufhebungsverträge
  * Vorzeitige Pensionierung
  * Kündigungen
  * Outplacement

Abb. 62: Überblick über die Alternativen der Personalfreisetzung

(1) Qualitativ orientierte Maßnahmen

Die Änderung von Qualifikationen im Rahmen der internen Freisetzungsproblematik erfolgt in den Teilsystemen der Personalentwicklung (insbesondere durch Maßnahmen der Anpassungs- und Aufstiegsfortbildung sowie Umschulung). Diese werden im nachfolgenden Kapitel D.V erläutert. Zu den Teilsystemen der Personalentwicklung zählt auch die Versetzung. Im Rahmen der Personalfreisetzung dient sie jedoch vor allem der örtlichen Anpassung, also dem Kapazitätsausgleich zwischen Unternehmungsbereichen, und wird daher gesondert behandelt.

Der Erfolg qualitativ orientierter Maßnahmen hängt in erster Linie von der Entwicklungsbereitschaft und -fähigkeit der Mitarbeiter sowie dem Ausmaß der sachlichen und zeitlichen Divergenzen zwischen den »alten« und den »neuen« Anforderungen ab. Die qualitative Anpassung ist für die Unternehmung u.U. mit hohen Kosten und hohem Zeitbedarf verbunden. Unter bestimmten Voraussetzungen (z.B. bei Umschulung) kann jedoch den betroffenen Mitarbeitern durch die Bundesanstalt für Arbeit finanzielle Unterstützung (§§ 47–50 AFG) gewährt werden. Für die betroffenen Mitarbeiter führt die qualitative Anpassung zur Erhöhung ihrer Beschäftigungschancen (u.U. auch in anderen Unternehmungen). Bei der Planung von Maßnahmen der Personalentwicklung sind zudem die Beteiligungsrechte des Betriebsrats zu beachten (s. Kap. F.I.3.a).

(2) Örtlich orientierte Maßnahmen

Örtliche Maßnahmen in Form von horizontalen und/oder vertikalen Versetzungen dienen einem Kapazitätsausgleich innerhalb einer Unternehmung, so daß lokale Personalüberdekkungen in schrumpfenden u.U. durch lokale Personalunterdeckungen in wachsenden Unternehmungsbereichen kompensiert werden können. Dabei sind vor allem die folgenden arbeitsrechtlichen Aspekte zu beachten:

- Nach der Legaldefinition in § 95 III BetrVG ist **Versetzung** die Zuweisung eines anderen Arbeitsbereichs, die voraussichtlich die Dauer von einem Monat überschreitet oder die mit einer erheblichen Änderung der Umstände verbunden ist, unter denen die Arbeit zu leisten ist. Sie können sowohl horizontal (auf einer Hierarchieebene) als auch vertikal (hierarchischer Aufstieg oder Abstieg) erfolgen.
- Falls die Versetzungen nicht mehr kraft Weisungsrecht des Arbeitgebers erfolgen können, kann der Arbeitgeber **Änderungskündigungen** (i.S. des § 2 KSchG) aussprechen. Eine Änderungskündigung liegt vor, wenn der Kündigende (i.d.R. der Arbeitgeber) das Arbeitsverhältnis kündigt und dem Kündigungsempfänger die Fortsetzung des Arbeitsverhältnisses unter geänderten Arbeitsbedingungen anbietet.[227]
- Dem Betriebsrat stehen sowohl bei Versetzungen als auch bei Änderungskündigungen verschiedene Beteiligungsrechte zu (s. Kap. F.1.3.a).

Für die Unternehmung lassen sich durch Versetzungen externe Personalfreisetzungen und damit vor allem Kündigungen vermeiden. Zudem ergeben sich die generell für die interne Beschaffung geltenden positiven Effekte (s. Kap. D.III.2.b.bb). Probleme können aber zum einen entstehen, wenn Versetzungen nicht auf nahezu identische Positionen erfolgen, sondern die betroffenen Mitarbeiter erhebliche Qualifikationsdefizite haben, die auch durch Personalentwicklung nicht behoben werden können. Zum anderen können zeitliche Divergenzen zwischen Freisetzungs- und Beschaffungsbedarf bestehen. Weitere Nachteile für die Unternehmung können sich aber z.B. auch dadurch ergeben, daß der Bestand von eingespielten Gruppen oder Teams (und damit von u.U. wichtigen informellen Strukturen) gefährdet wird.

Auch für den einzelnen Mitarbeiter können Versetzungen erhebliche negative Folgen haben (z.B. hierarchischer Abstieg, Prestigeverlust, längere Anfahrtswege oder Wohnungswechsel).[228]

(3) Zeitlich orientierte Maßnahmen

Die Änderungen der Arbeitszeit sollen durch Reduktion der quantitativen Leistung – bei Konstanz des quantitativen und qualitativen Personalbestandes – zu einer Anpassung an ein (kurz- oder langfristig) reduziertes Aufgabenvolumen führen.

(31) Urlaubsgestaltung

Die Urlaubsgestaltung[229] dient dem Ausgleich von kurzfristigen, zeitlich vorhersehbaren und/ oder saisonalen Beschäftigungsschwankungen durch die Anwendung der folgenden Maßnahmen:

227 Vgl. § 2 S. 1 KSchG sowie Schaub (1992) 954ff.
228 Vgl. dazu Schreiber (1992) 356ff.
229 Vgl. Schreiber (1992) 336f.; Jakobs-Fuchs (1978) 174ff.

- Verlagerung und/oder Verlängerung der Betriebsferien,
- Gewährung von unbezahltem Urlaub,
- Verlagerung von individuellen Urlaubsansprüchen in beschäftigungsschwache Zeiten (durch Schaffung geeigneter Anreize),
- Gewährung von Langzeiturlauben (Sabbaticals).

Dabei sind insbesondere die Beteiligungsrechte des Betriebsrats nach § 87 I Nr. 5 BetrVG zu beachten.

Die Wirkung von Maßnahmen der Urlaubsgestaltung wird vor allem durch die festliegenden Jahresurlaubsansprüche, die Höhe der vorhandenen (Rest-)Urlaubsansprüche und die Bereitschaft der Mitarbeiter zur Inanspruchnahme von unbezahltem Urlaub und Sabbaticals sowie zur Änderung der individuellen Urlaubsplanung und damit zur Verlagerung von Urlaubsansprüchen bestimmt.

(32) Abbau von Mehrarbeit/Überstunden

Mit dem Abbau von Mehrarbeit/Überstunden kann eine Personalüberdeckung relativ kurzfristig reduziert werden. Die Rückkehr zur Normalarbeitszeit ist relativ problemlos, da es sich genaugenommen um die Rücknahme einer speziellen Form der Deckung von kurzfristig erhöhtem Personalbedarf handelt. Sie führt zu einem überproportionalen Rückgang der Personalkosten (durch den Wegfall von tariflichen Zuschlägen). Im Gegensatz zur Einführung von Mehrarbeit/Überstunden (§ 87 I Nr. 3 BetrVG) bestehen bei deren Rücknahme keine Beteiligungsrechte des Betriebsrats.

Für die Mitarbeiter ist der Abbau von Mehrarbeit/Überstunden zwar einerseits mit mehr Freizeit und geringeren gesundheitlichen Belastungen verbunden, andererseits führt er jedoch zu einer realen Einkommensminderung. Daraus können u.U. Konflikte resultieren, insbesondere dann, wenn die Mitarbeiter das »Zusatzeinkommen« bereits über einen längeren Zeitraum bezogen und als Bestandteil der »normalen« Vergütung angesehen haben.[230]

Ähnliche zeitliche – nicht jedoch kostenreduzierende – Wirkungen können generell auch durch den **Aufbau von Zeitschulden** der Mitarbeiter im Rahmen von Gleitzeitmodellen erzielt werden.

(33) Kurzarbeit

Die der Mitbestimmung des Betriebsrats unterliegende (§ 87 I Nr. 3 BetrVG) Einführung von Kurzarbeit für einen gesamten Betrieb oder einzelne Betriebsteile bietet der Unternehmung die Möglichkeit, sich flexibel an einen zeitlichen Personalüberhang anzupassen. Es handelt sich um eine **vorübergehende** Verkürzung der betriebsüblichen Arbeitszeit mit der Intention, so bald wie möglich zur Normalarbeitszeit zurückzukehren und zwar auch dann, wenn der Zeitraum der Kurzarbeit noch nicht genau bestimmt werden kann.

Für die Unternehmung ist die Kurzarbeit vor allem vorteilhaft, weil der Mitarbeiterbestand dann erhalten bleibt, die Personalkosten sinken und der Einkommensausfall der Mitarbeiter durch die Gewährung von »Kurzarbeitergeld« durch die Bundesanstalt für Arbeit teilweise kompensiert werden kann (§§ 63–73 AFG).

Bei der Einführung der Kurzarbeit spielen jedoch nicht nur die ökonomischen Wirkungen und die Regelungen des AFG, sondern auch weitere unternehmungsindividuelle Besonderheiten eine Rolle. So können z.B. Handelsunternehmungen ihre Öffnungszeiten in

230 Vgl. dazu und zu diesem Kapitel RKW (1990) 213f.

der Regel nicht (oder nicht kurzfristig) verändern, so daß die Einführung von Kurzarbeit nahezu unmöglich oder nur mit erheblichem Planungsaufwand zu realisieren ist.[231]

(34) Allgemeine Verkürzung der Arbeitszeit

Eine Verkürzung der täglichen, wöchentlichen, monatlichen oder jährlichen Arbeitszeit **aller** Mitarbeiter führt entweder zu einem Rekrutierungsbedarf oder zur Reduktion der quantitativen Leistung bei Erhalt des Personalbestandes. Rechtliche Grundlagen können sowohl (Haus-)Tarifverträge oder Betriebsvereinbarungen, aber auch der individuelle Arbeitsvertrag sein.

Eine allgemeine Verkürzung der Arbeitszeit führt – wenn sie nicht oder nur teilweise mit Lohnausgleich verbunden ist – für die Unternehmung vor allem zu einer Senkung der Personalkosten und für die Mitarbeiter zu Einkommensverlusten. Dieses Vorgehen wird daher – bei Arbeitgebern und Arbeitnehmern sowie deren Verbänden – kontrovers diskutiert.

In der Vergangenheit war eine allgemeine Arbeitszeitverkürzung ohne vollen Lohnausgleich für die (tarifgebundenen) Unternehmungen kaum zu realisieren. Aufgrund der zunehmenden Arbeitslosigkeit in der Bundesrepublik Deutschland sind jedoch zur Zeit in einigen Unternehmungen Haustarifverträge oder Betriebsvereinbarungen über Arbeitszeitverkürzungen mit nur noch teilweisem Lohnausgleich und gleichzeitigen zeitlich befristeten Arbeitsplatzgarantien geschlossen worden (z.B. bei der Volkswagen AG).[232]

(35) Angebot individueller Arbeitszeitverkürzungen

Die Unternehmung kann zwar allen oder ausgewählten Mitarbeitern oder Mitarbeitergruppen individuelle dauerhafte oder zeitlich begrenzte Verkürzungen der täglichen, wöchentlichen, monatlichen oder jährlichen Arbeitszeit anbieten. Sie sind jedoch in der Regel nur mit Zustimmung der Mitarbeiter (oder eventuell durch eine Änderungskündigung) zu realisieren. Daneben sind weitere sachliche Aspekte (z.B. Teilbarkeit von Aufgaben und Stellen) und rechtliche Restriktionen zu beachten.

Eine individuelle Arbeitszeitverkürzung kann z.B. in Form von Job Sharing, Kapazitätsorientierter variabler Arbeitszeit (s. Kap. D.VI.2.b.cc) oder Umwandlung von Voll- in Teilzeitstellen erfolgen. Eine besondere Form der vorzeitigen Pensionierung, der **gleitende Übergang in den Ruhestand**, zählt eigentlich auch zu den individuellen Arbeitszeitverkürzungen. Er wird jedoch weiter unten bei der Darstellung der vorzeitigen Pensionierung behandelt.

Bei der Verkürzung individueller Arbeitszeiten bestehen – außer bei Änderungskündigungen – keine Beteiligungsrechte des Betriebsrats.

bb) Personalfreisetzung mit Reduktion des Personalbestandes

Falls eine Reduktion der Mitarbeiterzahl nicht zu vermeiden ist, kann die Unternehmung zunächst Maßnahmen wie die Nichtverlängerung befristeter Arbeitsverträge oder die Nichtverlängerung/Kündigung von Personalleasingverträgen ergreifen. Diese zielen vor allem auf den Abbau der »Randbelegschaft« zugunsten der »Stammbelegschaft«. Zudem kann der Per-

231 Vgl. zu diesem Kapitel Engelen-Kefer (1992) und RKW (1990) 214ff.
232 Vgl. allgemein RKW (1990) 217f.

sonalbestand durch die Nutzung der natürlichen Fluktuation (in Verbindung mit einem Einstellungsstop) reduziert werden.

Die Unternehmung kann aber auch versuchen, die Beendigung des Arbeitsverhältnisses seitens der Mitarbeiter zu fördern, und zwar zum einen durch spezielle Anreize wie das Angebot von Aufhebungsverträgen mit Abfindungen und/oder Outplacement sowie Angebote zur vorzeitigen Pensionierung. Zum anderen kann die Bereitschaft der Mitarbeiter zur Beendigung des Arbeitsverhältnisses durch das Ausüben von »sozialem Druck« auf bestimmte Mitarbeiter(gruppen) oder auch die Rücknahme bisheriger Anreize (z.B. freiwilliger sozialer Leistungen) gefördert werden. Die zuletzt genannten Maßnahmen sind wegen ihrer schwer abzuschätzenden ökonomischen und sozialen Folgen zwar umstritten, werden in der Wirtschaftspraxis aber durchaus ergriffen.

Oftmals ist jedoch die Beendigung bestehender Arbeitsverhältnisse durch Kündigung seitens des Arbeitgebers unvermeidlich, wobei auch hier die Folgen u.U. durch Outplacement-Programme »abgefedert« werden können.

Nachfolgend werden die wichtigsten Freisetzungsalternativen, die zu einer Reduktion des Personalbestandes führen, dargestellt.

(1) Nutzung der natürlichen Fluktuation (mit Einstellungsstop)

Mit der Einführung von Einstellungsstops wird versucht, die »natürliche Fluktuation« der Mitarbeiter (z.B. Kündigung seitens der Mitarbeiter, Pensionierung, Invalidität, Tod) durch den Verzicht auf Ersatz- und/oder Neueinstellungen auszunutzen und so eine quantitative Reduktion des Personalbestandes im Zeitablauf zu erreichen. Zudem kann die Wirkung von Einstellungsstops durch das Angebot fluktuationsfördernder Anreize positiv beeinflußt werden.

Es sind verschiedene Arten von Einstellungsstops denkbar[233]:

- Bei einem **generellen Einstellungsstop** erfolgen in allen Unternehmungsbereichen weder Ersatz- noch Neueinstellungen. Neben den möglichen positiven Wirkungen auf die Personalkosten ergeben sich gravierende Nachteile, da eine Steuerung der Personalstruktur nicht mehr möglich ist.
- Bei einem **relativen Einstellungsstop** erfolgen nur Ersatzeinstellungen, so daß die quantitative Wirkung auf den Personalbestand sehr gering ist.
- Bei einem **qualifizierten Einstellungsstop** erfolgen die Einstellungen nur noch für ausgewählte Mitarbeitergruppen (z.B. Fach- und Führungskräfte, Auszubildende) oder Unternehmungsbereiche, so daß personelle Engpässe und negative Wirkungen auf die Personalstruktur u.U. vermieden werden können.
- Bei einem **modifizierten Einstellungsstop** werden Ersatz- und/oder Neubedarf **intensiv** geprüft. Diese Variante ist zwar mit hohem Kontrollaufwand verbunden, kann aber inhaltlich auf die Besonderheiten einer personellen Überdeckung am besten abgestimmt werden.
- Bei einem **befristeten Einstellungsstop** werden in einem bestimmten Zeitraum keine Einstellungen mehr vorgenommen. Diese Variante kann vor allem in den Unternehmungsbereichen sinnvoll sein, in denen zeitlich überschaubare Personalüberdeckungen bestehen.

---

233 Vgl. z.B. Schreiber (1992) 343ff.

Die Wirkungen von Einstellungsstops hängen von der Zahl der ausscheidenden Mitarbeiter und damit vor allem von der **Personalstruktur** und der **Arbeitsmarktlage** ab.[234] Daneben sind auch die Beteiligungsrechte des Betriebsrats zu beachten (s. Kap. F.I.3.a).

(2) Nichtverlängerung befristeter Arbeitsverträge[235]

Ein befristeter Arbeitsvertrag liegt dann vor, wenn das Arbeitsverhältnis durch Zeitablauf (Zeit-/Datumsbefristung) oder Erreichen eines vereinbarten Zweckes (Zweckbefristung) endet. Während des befristeten Arbeitsverhältnisses ist eine ordentliche Kündigung nur möglich, wenn dies im Arbeitsvertrag vereinbart wurde. Eine außerordentliche Kündigung aus wichtigem Grund kann jederzeit ausgesprochen werden. Die Reduktion des Personalbestandes kann daher u.U. durch die Nichtverlängerung dieser Arbeitsverhältnisse erfolgen. Generell sollte bereits vor Abschluß befristeter Arbeitsverträge zur Deckung eines zeitlich begrenzten Einstellungsbedarfs eine bedarfsadäquate Befristung erfolgen. Der Abschluß befristeter Arbeitsverträge kann der Unternehmung somit einen erheblichen Flexibilitätsspielraum eröffnen und ist zudem gut planbar.

Befristete Arbeitsverhältnisse, die mehr als 6 Monate dauern, sind in Betrieben mit mehr als zehn Arbeitnehmern unter folgenden Voraussetzungen zulässig:

- Nach § 1 I des Beschäftigungsförderungsgesetzes (BeschFG) (befristet bis zum 31. Dezember 2000) können befristete Arbeitsverhältnisse ohne sachlichen Grund bis zu einer Dauer von insgesamt 24 Monaten abgeschlossen werden. Innerhalb dieser Höchstdauer ist eine dreimalige Verlängerung des befristeten Arbeitsvertrages ohne sachlichen Grund zulässig. Hat der Arbeitnehmer das 60. Lebensjahr vollendet, entfallen die Einschränkungen des Absatzes I (§ 1 II BeschFG). Die Befristung nach § 1 I und II ist allerdings nicht zulässig, wenn zu einem vorhergehenden unbefristeten oder befristeten Arbeitsvertrag mit demselben Arbeitgeber ein enger sachlicher Zusammenhang besteht. Ein enger sachlicher Zusammenhang ist insbesondere dann anzunehmen, wenn zwischen den Arbeitsverträgen ein Zeitraum von weniger als 4 Monaten liegt (§ 1 III BeschFG). Damit wurde die bisherige Rechtsprechung des Bundesarbeitsgerichtes in das – zuletzt durch Gesetz vom 25. September 1996 geänderte – Beschäftigungsförderungsgesetz übernommen.[236]
- Bei einer Befristung außerhalb der Regelungen des Beschäftigungsförderungsgesetzes muß ein sachlicher Grund für die Befristung und deren Dauer vorliegen (z.B. Vertretung eines erkrankten Arbeitnehmers, Vertretung von Arbeitnehmer/innen für die Dauer der Mutterschutzfristen und/oder des Erziehungsurlaubs).

Der Grund für diese Einschränkungen besteht darin, daß durch den mehrfachen Abschluß von befristeten Arbeitsverträgen der gesetzliche Kündigungsschutz nach dem Kündigungsschutzgesetz umgangen werden kann.

Für das Berufsausbildungsverhältnis ist der befristete Vertragsabschluß gesetzlich vorgeschrieben (§§ 14, 18 BBiG). Die **Nichtübernahme von Auszubildenden** stellt somit einen Sonderfall der Nichtverlängerung befristeter Arbeitsverhältnisse dar.

(3) Nichtverlängerung oder Kündigung von Personalleasingverträgen

Durch Personalleasing kann ein kurzfristiger, zeitlich begrenzter Personalbedarf gedeckt werden, der durch Fehlzeiten (z.B. wegen Urlaub oder Krankheit) von Mitarbeitern der

234 Vgl. dazu z.B. Inhoffen (1979) 2000f.
235 Vgl. zu befristeten Arbeitsverhältnissen Bährle (1997) 88ff.
236 Vgl. Welslau (1996) 39f.

»Stammbelegschaft« oder durch eine unvorhersehbare oder saisonal bedingte Erhöhung des Arbeitsvolumens entstanden ist. Die Substitution von »normalen Beschäftigten« durch Leihmitarbeiter ist jedoch sowohl aus sachlichen Erwägungen als auch durch die Bestimmungen des Arbeitnehmerüberlassungsgesetzes (AÜG) nur begrenzt möglich (s. Kap. D.III.2.a.bb). So beträgt z.B. die zulässige Höchstdauer der Arbeitnehmerüberlassung neun Monate (§§ 1 II, 3 I Nr. 6 AÜG).

Die Kündigung oder Nichtverlängerung von Personalleasingverträgen ist eine für die Unternehmung relativ problemlose Möglichkeit zum Abbau einer Personalüberdeckung. Die Wirkung auf den Personalbestand wird dabei vom Ausmaß des Einsatzes von Leihmitarbeitern bestimmt. Auch die Kündigung eines Personalleasingvertrages ist in der Regel ohne Angabe von Gründen kurzfristig möglich und führt zu einer sofort wirksamen Kostensenkung. Die Maßnahme betrifft nur die nicht durch einen Arbeitsvertrag direkt an die Unternehmung gebundenen Mitarbeiter und führt in der Regel auch nicht zur Freisetzung der Leihmitarbeiter durch den Verleiher.

(4) Angebot von Aufhebungsverträgen

Der (Dienst-)Aufhebungsvertrag ist ein Vertrag, mit dem ein Arbeitgeber und ein Arbeitnehmer – im Rahmen der allgemeinen Vertragsfreiheit (§ 305 BGB) – jederzeit für die Zukunft einvernehmlich die Beendigung des Arbeitsverhältnisses vereinbaren können.[237] Dabei spielen weder die Kündigungsschutzbestimmungen noch die Beteiligungsrechte des Betriebsrats eine Rolle. Bei der inhaltlichen Gestaltung von Aufhebungsverträgen sollten jedoch die zum Teil komplizierten steuer- und sozialversicherungsrechtlichen Regelungen und deren Folgen für Arbeitgeber und Arbeitnehmer beachtet werden.[238]

Die Vorteile von Aufhebungsverträgen für die Unternehmung – vor allem im Gegensatz zu Kündigungen – liegen zum einen in den guten Steuerungsmöglichkeiten und zum anderen in der hohen bestandsreduzierenden Wirkung:

- So kann die Unternehmung Aufhebungsverträge – im Gegensatz zur Kündigung – **gezielt** ausgewählten Mitarbeiter(gruppen) anbieten und so die mit Kündigungen verbundenen negativen Folgen wie z.B. Verlust oder Fluktuation besonders qualifizierter Mitarbeiter und die daraus resultierenden Wirkungen auf die Alters- und Qualifikationsstruktur weitgehend vermeiden.
- Aufhebungsverträge sind u.U. mit geringeren Kosten verbunden als Individualkündigungen oder Massenentlassungen, da die Personalkosten mit sofortiger Wirkung ohne Beachtung von (Kündigungs-)Fristen reduziert werden können. Auch die Kosten für Abfindungen sind in der Regel geringer als Sozialplanzahlungen.

Die Wirkung von Aufhebungsverträgen hängt letztlich davon ab, ob die Mitarbeiter den angebotenen Aufhebungsverträgen zustimmen. Für diese können Aufhebungsverträge zum einen mit ähnlichen Folgen wie Kündigungen (Verlust der materiellen Existenzgrundlage, längere Arbeitslosigkeit) verbunden sein. Zum anderen kann eine einvernehmliche Trennung (u.U. in Verbindung mit Outplacement-Maßnahmen) sowohl materiell als auch für die weitere berufliche Entwicklung Vorteile bieten.[239]

---

237 Vgl. Weuster (1994).

238 Zur inhaltlichen Gestaltung von Aufhebungsverträgen vgl. z.B. Weuster (1994) oder Bauer (1993).

239 Vgl. RKW (1990) 231ff. sowie Jakobs-Fuchs (1978) 115ff.

(5) Vorzeitige Pensionierung

Unter **Pensionierung** wird die formalisierte, endgültige altersbedingte Beendigung der Berufsausübung (von Arbeitnehmern) verstanden.[240] Die Unternehmung kann somit durch die Beeinflussung der (individuellen) Pensionierungszeitpunkte die Reduktion (oder Erhaltung) des Personalbestandes fördern. Im Gegensatz zu Kündigungen (und anderen Alternativen zur Reduktion des Personalbestandes) führen vorzeitige Pensionierungen auch nicht zu einer »Überalterung« der Belegschaft, sondern u.U. (wieder) zu einer ausgewogenen Altersstruktur.

Die vorzeitige Pensionierung kann in **zwei** Formen erfolgen, die nachfolgend kurz skizziert werden:

Die **einstufige Pensionierung** erfolgt zu einem bestimmten Zeitpunkt (abrupt von einem Tag zum anderen). Seit einiger Zeit ist eine Flexibilisierung dieser Pensionierungsform zu beobachten und zwar chronometrisch durch Veränderung der Lebensarbeitszeit. Der Einsatz der einstufigen Frühpensionierung zum Abbau von Personalüberdeckungen war bislang in der Wirtschaftspraxis üblich. Sie galt als eine »weiche« Freisetzungsalternative, die eine problemlose Trennung von (u.U. leistungsgewandelten oder -geminderten) älteren Mitarbeitern ermöglichte. Durch das Vorruhestandsgesetz (VRG) wollte der Gesetzgeber durch eine Förderung der vorzeitigen Pensionierung der Arbeitnehmer beschäftigungspolitische Anreize schaffen und die sogenannte »59er-Regelung« verteuern. Ziel war es, eine Verbesserung der Altersstruktur der Unternehmungen auf Kosten der Solidargemeinschaft der Sozialversicherungspflichtigen zu verhindern. Das VRG kann ab 1. Januar 1989 nur noch angewendet werden, wenn die Voraussetzungen für den Anspruch erstmals vor diesem Stichtag erfüllt waren.

Aufgrund der angespannten finanziellen Situation der gesetzlichen Rentenversicherung und der Debatte um die hohen Lohnnebenkosten am Standort Deutschland wird die vorzeitige Pensionierung als Freisetzungsalternative von vielen politischen Entscheidungsträgern mittlerweile anders bewertet als noch vor einigen Jahren. Zur Zeit gelten folgende Bestimmungen des Sozialgesetzbuches (SGB):

Männer können mit vollendetem 65. (§ 35 SGBVI) oder 63. (§ 36 SGBVI), Frauen (§ 39 SGBVI) und Schwerbehinderte (§ 37 SGBVI) Altersrente beziehen. Diese Altersgrenze von 60 Jahren wird bei Altersrenten wegen Arbeitslosigkeit und für Frauen für Versicherte, die nach dem 31. Dezember 1940 geboren sind (§ 41 I SGB VI) und die Altersgrenze von 63 Jahren für Versicherte, die nach dem 31. Dezember 1937 geboren sind (§ 41 I SGB VI), stufenweise angehoben. Eine vorzeitige Inanspruchnahme ist grundsätzlich möglich.

Die **gleitende (mehrstufige oder stufenweise) Pensionierung** (synonym gleitender Übergang in den Ruhestand) wird an dieser Stelle nur aus didaktischen Erwägungen behandelt. Sachlich ist diese Maßnahme der zeitlich orientierten Anpassung (s.o.) zuzuordnen. Die gleitende Pensionierung erfolgt nicht abrupt, sondern in einem u.U. mehrere Jahre umfassenden Zeitraum (»Gleitphase«), in dem die Arbeitszeit chronologisch durch Variation von Tages- und/oder Wochenarbeitszeiten sukzessive reduziert wird und zum Teil auch andere Kompenenten der Arbeit (z.B. Belastungen oder Arbeitsbedingungen) reduziert oder geändert werden.[241] Bis zum 31. Dezember 1992 hat der Gesetzgeber diese Form der Pensionierung durch das sogenannte »Altersteilzeitgesetz« gefördert. In der Zeit danach gab es keine besonderen Bestimmungen mehr. Seit dem 23. Juli 1996 gibt es ein neues Altersteil-

---

240 Vgl. Stitzel (1992) Sp. 1535.

241 Vgl. Stitzel (1992) Sp. 1541.

zeitgesetz (AltersteilzeitG). Erklärtes Ziel des Gesetzes ist es, älteren Arbeitnehmern den gleitenden Übergang in den Ruhestand zu ermöglichen (§ 1 I AltersteilzeitG). Die Bundesanstalt für Arbeit fördert durch Leistungen nach diesem Gesetz die Teilzeitarbeit älterer Arbeitnehmer, die ihre Arbeitszeit ab Vollendung des 55. Lebensjahres spätestens ab 31. Juli 2001 vermindern und damit die Einstellung eines sonst arbeitslosen Arbeitnehmers ermöglichen (§ 1 II AltersteilzeitG). Aufgrund dieser arbeitsmarktpolitischen Zielsetzung ist die Altersteilzeit i.S. des Gesetzes für das einzelne Unternehmen nicht als Instrument zur Reduktion des Personalbestandes einsetzbar.

(6) Kündigungen

Falls die bisher dargestellten Alternativen der Personalfreisetzung nicht zu einer hinreichenden Reduktion des Personalbestandes führen, ist die Beendigung bestehender Arbeitsverhältnisse durch Kündigung unvermeidlich. Eine Kündigung ist eine einseitige, empfangsbedürftige und rechtsgestaltende Willenserklärung einer der beiden Parteien des Arbeitsvertrages (hier: Arbeitgeber), durch die das Arbeitsverhältnis für die Zukunft aufgelöst werden soll.[242] Bei Kündigungen sind zahlreiche arbeitsrechtliche Regelungen zu beachten.[243]

Hauptformen der Kündigung sind die ordentliche und die außerordentliche. Die ordentliche Kündigung erfolgt unter Beachtung der gesetzlichen[244], kollektiv- oder individualvertraglich vereinbarten Kündigungsfristen. Die außerordentliche Kündigung erfolgt in der Regel fristlos.[245]

Für die Unternehmung sind neben den Beteiligungsrechten des Betriebsrates (s. Kap. F.I) vor allem die in zahlreichen Gesetzen enthaltenen Kündigungsbeschränkungen von Bedeutung, da diese den Gestaltungsspielraum der Unternehmung erheblich begrenzen (können). Die Kündigungsbeschränkungen umfassen

- den **allgemeinen Kündigungsschutz** für alle unter den Geltungsbereich des Kündigungsschutzgesetzes fallenden Arbeitnehmer und
- den darüber hinausgehenden **besonderen Kündigungsschutz** für bestimmte Mitarbeitergruppen, die als besonders schutzbedürftig gelten, und zwar z.B. für:
  - Schwerbehinderte (Schwerbehindertengesetz)
  - Auszubildende (Berufsbildungsgesetz)
  - Schwangere Frauen, Mütter und Erziehungsurlauber(innen) (Mutterschutz- und Bundeserziehungsgeldgesetz)
  - Mitglieder der Betriebsverfassungsorgane (Kündigungsschutzgesetz)
  - Wehr- und Zivildienstleistende (Arbeitsplatzschutzgesetz).[246]

Zudem können weitere individual- und kollektivvertragliche (z.B. Rationalisierungsschutzabkommen) Restriktionen bestehen.

242 Vgl. Schaub (1992) 946.

243 Vgl. als Überblick über Kündigung und Kündigungsschutz Dörner (1992).

244 Vgl. zu den gesetzlichen Kündigungsfristen § 622 BGB. Neben den Fristen sind die Regelungen über Inhalt, Form, Zugang, Rücknahme, Mängel und Umdeutung von Kündigungen sowie über die Angabe der Kündigungsgründe zu beachten. Vgl. ausführlich Halbach u.a. (1991) 141ff.

245 Vgl. Schaub (1992) 953. Die außerordentliche Kündigung kann nur aus wichtigem Grund (§ 626 BGB) erfolgen. Dies bedeutet, daß dem Arbeitgeber die Fortsetzung des Arbeitsverhältnisses bis zum Ablauf der Kündigungsfrist nicht zugemutet werden kann. Wegen dieser rechtlichen Voraussetzung ist die außerordentliche Kündigung in der Regel keine »echte« Alternative der Personalfreisetzung und wird nachfolgend nicht erläutert.

246 Vgl. im einzelnen Halbach u.a. (1991) 173 sowie die dort angegebenen Verweise.

Nachfolgend werden die Grundzüge des allgemeinen Kündigungsschutzes nach dem Kündigungsschutzgesetz (KSchG) kurz skizziert.

Der allgemeine Kündigungsschutz nach dem KSchG bezieht sich auf ordentliche Kündigungen. Er gilt nur für

- Arbeitnehmer[247], deren Arbeitsverhältnis in demselben Betrieb oder Unternehmen im Zeitpunkt des Ausspruches der Kündigung ununterbrochen mehr als sechs Monate besteht (§ 1 I KSchG) und
- Betriebe, in denen in der Regel mehr als zehn Arbeitnehmer beschäftigt sind. Bei der Ermittlung der Anzahl der regelmäßig beschäftigten Arbeitnehmer werden die Auszubildenden nicht berücksichtigt (§ 23 I S. 2 KSchG). Teilzeitbeschäftigte mit einer regelmäßigen wöchentlichen Arbeitszeit von nicht mehr als 10 Stunden sind mit 0,25, von nicht mehr als 20 Stunden mit 0,5 und von nicht mehr als 30 Stunden mit 0,75 zu berücksichtigen (§ 23 I S. 3 KSchG).

Das Kündigungsschutzgesetz wurde durch das arbeitsrechtliche Beschäftigungsförderungsgesetz vom 25. September 1996 geändert. Bis dahin galten als Kleinbetriebe Betriebe mit regelmäßig nicht mehr als fünf Arbeitnehmern. Auszubildende und Arbeitnehmer mit einer wöchentlichen Arbeitszeit von bis zu 10 Stunden oder einer monatlichen Arbeitszeit von bis zu 45 Stunden wurden nicht berücksichtigt. Arbeitnehmer, die am 30. September 1996 unter den Geltungsbereich des Kündigungsschutzgesetzes gefallen sind, können sich bei einer Kündigung durch den Arbeitgeber bis zum 30. September 1999 auf die alten Regelungen berufen (§ 23 I S. 4 KSchG).

Ist das KSchG anwendbar, kann der Arbeitgeber dem Arbeitnehmer nur dann wirksam ordentlich kündigen, wenn die Kündigung sozial gerechtfertigt ist. Eine Kündigung des Arbeitgebers kann nach § 1 II KSchG sozial gerechtfertigt sein, wenn sie durch Gründe[248] bedingt ist, die

(a) in der Person des Arbeitnehmers oder
(b) im Verhalten des Arbeitnehmers liegen oder
(c) dringende betriebliche Erfordernisse einer Weiterbeschäftigung des Arbeitnehmers in diesem Betrieb entgegenstehen.

Zu (a):
Personenbedingte Kündigungsgründe beruhen auf persönlichen Eigenschaften und Fähigkeiten des Arbeitnehmers. Dazu zählen z.B. mangelnde körperliche oder geistige Eignung sowie Erkrankungen, die die Einsatzfähigkeit des Arbeitnehmers erheblich beeinträchtigen, wobei die Abgrenzung zu verhaltensbedingten Kündigungsgründen u.U. problematisch sein kann. In jedem Einzelfall sind die Interessen des Arbeitnehmers und des Betriebes sorgfältig gegeneinander abzuwägen. Dabei sind auch die Möglichkeiten einer anderen Beschäftigung im Betrieb zu berücksichtigen.

Zu (b):
Verhaltensbedingte Kündigungsgründe beruhen vor allem auf Vertragsverletzungen des Arbeitnehmers, wobei nur solche Gründe eine Kündigung rechtfertigen, die es dem Arbeitgeber unzumutbar machen, das Arbeitsverhältnis fortzusetzen. Bei verhaltensbedingten Kün-

247 Vgl. zum (arbeitsrechtlichen) Begriff des Arbeitnehmers Kap. F.I.2.b.
248 Vgl. zur sozialen Rechfertigung von ordentlichen Kündigungen Schaub (1996) S. 1159ff.

digungen ist zu beachten, daß der Kündigung in der Regel eine Abmahnung vorausgehen muß.

Zu (c):

Eine betriebsbedingte Kündigung ist sozial gerechtfertigt, wenn eine unternehmerische Entscheidung vorliegt, durch die aufgrund innerbetrieblicher (z.B. Rationalisierung) oder außerbetrieblicher Ursachen (z.B. Auftragsmangel, Umsatzrückgang) das Aufgabenvolumen reduziert wird und Kündigungen unvermeidbar (also nicht durch andere Maßnahmen substituierbar) sind. Hat der Arbeitgeber die Absicht, mehreren Arbeitnehmern aus betriebsbedingten Gründen zu kündigen, muß er bei der Auswahl der zu kündigenden Arbeitnehmer soziale Gründe berücksichtigen (§ 1 III KSchG). In diese sogenannte soziale Auswahl sind alle vergleichbaren Arbeitnehmer einzubeziehen, wobei die Kündigung dann denjenigen trifft, der davon am wenigsten hart betroffen wird. Einzubeziehende soziale Gesichtspunkte sind nach § 1 III S. 1 KSchG die Dauer der Betriebszugehörigkeit, das Lebensalter und die Unterhaltspflichten. Diese Regelung gilt nicht für Arbeitnehmer, deren Weiterbeschäftigung, insbesondere wegen ihrer Kenntnisse, Fähigkeiten und Leistungen oder zur Sicherung einer ausgewogenen Personalstruktur[249] des Betriebes, im berechtigten betrieblichen Interesse liegt (§ 1 III S. 2 KSchG). Diese durch Gesetz vom 25. September 1996 geschaffene Neuregelung der betriebsbedingten Kündigung bedeutet für die Unternehmen - im Vergleich zur alten Regelung - eine erheblich Erleichterung, da nun bei der sozialen Auswahl auch betriebliche Interessen berücksichtigt werden müssen.

Den möglichen positiven (ökonomischen) Wirkungen von Kündigungen für die Unternehmung stehen auch negative Aspekte gegenüber. So können u.U. die kostensenkenden Wirkungen durch Sozialplanzahlungen nach §§ 112 und 112a BetrVG (über)kompensiert werden. Kündigungen können jedoch auch zu Imageverlust, Verschlechterung des Betriebsklimas oder einer erhöhten Fluktuation nicht betroffener, aber besonders mobiler und qualifizierter Mitarbeiter führen.

Für die betroffenen Mitarbeiter können Kündigungen z.B. zu langfristiger Arbeitslosigkeit und damit sinkenden Wiederbeschäftigungsmöglichkeiten, zu einer Gefährdung der materiellen Existenzgrundlage, zu einer Reduktion des sozialen Kontaktfeldes oder zu einer Destabilisierung der Familienbeziehungen führen.[250]

(7) Outplacement

Unter Outplacement (synonym: Outplacement-Counseling, Placement) versteht man die systematische und gestaltungsorientierte Beschäftigung mit den Problemen, die durch die Trennung von Mitarbeitern entstehen können.[251] Outplacement-Programme stellen daher vor allem eine **Ergänzung** zu Kündigungen und/oder Aufhebungsverträgen dar.

In der Bundesrepublik Deutschland sind vor allem Führungskräfte Zielgruppe von Outplacement-Programmen, die in der Regel als Dienstleistung von externen Beratern bezogen werden.

Outplacement-Programme beziehen sich vor allem auf folgende Problemkreise:

---

249 Zur Ermittlung einer „ausgewogenen Personalstruktur“ siehe Berthel/Berscheid (1996) S. 5ff.

250 Vgl. Watzka (1989) 64ff.

251 Vgl. hierzu und im folgenden Mayrhofer (1992) und die dort angegebene Literatur.

- Für die Mitarbeiter kann eine Trennung zu einer Einkommensminderung oder sogar zum Verlust der materiellen Existenzgrundlage, zu negativen Wirkungen auf die berufliche Entwicklung und zu psycho-sozialen Belastungen führen.
- Für die Unternehmung ist eine Trennung vor allem mit (erheblichen) Kosten und negativen Wirkungen auf die verbleibenden Mitarbeiter und das Unternehmungsimage verbunden.

Daher ergeben sich folgende Ziele des Outplacement

- Sicherung der materiellen Basis der Mitarbeiter unter Beachtung rechtlicher Regelungen und des finanziellen Spielraums der Unternehmung
- Unterstützung der Mitarbeiter bei der Bewältigung der psycho-sozialen Folgen und zwar unter Einbindung des sozialen Umfeldes
- Hilfe bei der Suche eines neuen Arbeitsplatzes
- Reduktion der mit der Trennung verbundenen monetären und nicht-monetären Kosten
- Individuelle Gestaltung der Übermittlung der Trennungsnachricht
- Positive Beeinflussung der in der Unternehmung verbleibenden Mitarbeiter sowie der Unternehmungsumwelt
- Schaffung einer Basis für ein intaktes Verhältnis zu den ausscheidenden Mitarbeitern um zukünftige Beziehungen (z.B. als Geschäftspartner oder bei einer erneuten Einstellung) zu ermöglichen.

V. Personalentwicklung

1. Begriff und Inhalt

Der Begriff der Personalentwicklung wird nicht einheitlich gebraucht. Hier soll den bereits existierenden Definitionen[252] keine gänzlich neue hinzugefügt, sondern vielmehr eine Begriffsfassung gewählt werden, die die meisten der übereinstimmend benutzten Merkmale enthält und sich im Rahmen der Gesamtkonzeption dieser Schrift als zweckmäßig erweist.

Unter Personalentwicklung ist eine Summe von Tätigkeiten zu verstehen, die für das Personal nach einem einheitlichen Konzept systematisch vollzogen werden. Sie haben in bezug auf einzelne Mitarbeiter aller Hierarchie-Ebenen eines Betriebes Veränderungen ihrer Qualifikationen und/oder Leistungen durch Bildung, Karriereplanung und Arbeitsstrukturierung zum Gegenstand. Sie geschehen unter Berücksichtigung des Arbeits-Kontextes, wobei ihre Orientierungsrichtung die Erreichung (Erhöhung des Erreichungsgrades) von betrieblichen und persönlichen Zielen ist. Bereits diese Orientierung legt eine spezifische Art und Weise der Erfüllung der Personalentwicklungsaufgaben nahe: die Zusammenarbeit der Betroffenen bei der Bedarfsermittlung, Programmplanung und -durchführung sowie Kontrolle.[253]

Die Personalentwicklung wirkt auf das **Qualifikationspotential** ein. Unter diesem wird das potentiell realisierbare Arbeitsvermögen eines jeden Mitarbeiters verstanden. Das Arbeitsvermögen seinerseits wird determiniert durch die individuell verschiedenen Lebens- und Arbeitsbiographien. Zur Entfaltung der Wirksamkeit des potentiell realisierbaren Arbeitsvermögens eines jeden Mitarbeiters bedarf es daher einer **individuellen** Aktivierung des Potentials.[254] Gleichzeitig wird hiermit ausgedrückt, daß Qualifikationspotential immer auch individuelles Entwicklungspotential ist und, da individuelle Qualifikationen Determinanten des menschlichen Leistungsverhaltens sind, Personalentwicklung immer auch auf **Verhaltensentwicklung** abzielt.[255]

Mit einigen näheren Erläuterungen zu den Begriffsmerkmalen wird auch zugleich der Inhalt der Personalentwicklung beschrieben:

- Durch Ausrichtung auf die **Mitarbeiter** wird Personalentwicklung von der Organisationsentwicklung abgegrenzt: Letztere bezieht zusätzlich zur personellen auch die strukturelle Seite des Arbeitsvollzuges und deren Veränderungen mit ein.[256]
- Durch den Bezug auf Mitarbeiter **aller** Hierarchie-Ebenen wird keine Mitarbeitergruppe von der Personalentwicklung ausgeschlossen, wie dies etwa der Fall wäre, wenn ausschließlich auf Führungskräfte abgehoben würde (»Management« Development).
- Mit **Qualifikationsverbesserungen** ist der Versuch angesprochen, Stellenanforderungen mit persönlicher Qualifikation in Übereinstimmung zu bringen. Dabei werden alle

252 Vgl. z.B. Flohr/Niederfeichtner (1982); Domsch/Reinecke (1982); Kitzmann/Zimmer (1982); Conradi (1983); Mentzel (1985).

253 Vgl. Domsch/Reinecke (1982) 69.

254 Ähnlich definiert Neuberger, der Personalentwicklung als die Umformung des unter Verwertungsabsicht zusammengefaßten Arbeitsvermögens versteht. Vgl. Neuberger (1991) 3.

255 Vgl. Hungenberg (1990) 29.

256 Vgl. Stiefel (1972) 39; Gebert (1974) 9.

Qualifikationsmerkmale des Leistungsdeterminanten-Konzeptes einbezogen: sowohl Komponenten des Könnens als auch des Wollens,[257] jeweils in bezug auf gegenwärtige wie auch zukünftige Stellenanforderungen.

- **Veränderungen von Mitarbeiterleistungen** können – außer durch Aus- und Fortbildung – bewirkt werden durch **Variation der Aufgabeninhalte** einer Stelle (Aufgabenerweiterung/-bereicherung) und durch **Versetzung** auf andere als die bisher innegehabten Stellen. Letzteres ist erkennbar eine eigenständige Form der Personalentwicklung, die aber auch mit den beiden zuvor genannten kombinierbar ist.
- Durch die Berücksichtigung des **Arbeits-Kontextes** werden die interdependenten Wirkungen von Personalentwicklung und Kontextfaktoren beachtet, ausgehend von der Grunderkenntnis, daß Personalentwicklungs-Systeme bestimmter Ausprägung ihre Wirkungen nicht unabhängig von Personal-, Organisations-, Umgebungs-Situationen entfalten (Kontingenz-Ansatz[258]). Es gilt daher, den spezifischen Handlungsrahmen konkreter Personalentwicklungs-Systeme zu identifizieren (s. Kap. F).

  So sind z.B. **Organisationsstruktur** und **Produktionstechnologie** (im weitesten Sinne) mit Sicherheit Kontextfaktoren, die sowohl erheblich sein dürften als auch erhebbar sind. Sie bestimmen Spielräume für Maßnahmen der Personalentwicklung, können ihrerseits aber auch umgekehrt durch Personalentwicklungs-Maßnahmen verändert werden. **Entwicklungsbedürfnisse** der Mitarbeiter sind sicherlich erhebliche Kontextfaktoren. Sie hängen von individuellen Motiven, Einstellungen und Erwartungen ab, die wiederum nicht ohne weiteres erhebbar sind und zudem von nur schwer (wenn überhaupt) beeinflußbaren, externen Bedingungen (gesellschaftliche, sozio-kulturelle Einflüsse) abhängen.

  Ein **»entwicklungsfreundliches« Klima** wird als wichtiger betrieblicher Kontextfaktor bezeichnet.[259] Damit ist gemeint, daß Personalentwicklung als Vorgesetztenaufgabe akzeptiert, durch das Top-Management unterstützt, durch interpersonale Beziehungen gefördert und durch ein adäquates Führungsmodell konstituiert und vorangebracht werden sollte.[260]
- Der Zusatz, daß Personalentwicklung eine **doppelte zielbezogene Orientierungsrichtung** hat, stellt ihren Beitrag zum Personal-Management heraus, wie es hier mit der Grundmaxime als Instrument zur institutionellen und individuellen Zielerreichung verstanden wird.
- Tätigkeiten der Personalentwicklung können sporadisch und/oder punktuell, d.h. ohne Konzeption (ohne System) geschehen. Ihr Zielverbesserungsbeitrag wäre dann – wenn er eintritt – zufällig. Sollen Erfolge betrieblicher Führung **nicht** von Zufällen abhängen, sondern aufgrund geplanter Aktionen zustande kommen, so wird es unabdingbar, auch die Personalentwicklung in Inhalt und Abläufen Regelungen zu unterwerfen, die in ihrer Gesamtheit die Personalentwicklung zu einem System zusammenschließen: Ordnung und Kombination der verschiedenen Maßnahmen **nach Maßgabe eines geschlossenen ziel- und problemorientierten Konzeptes**.

---

257 Conradi unterscheidet hier zwischen direkter und indirekter Personalentwicklung. Vgl. Conradi (1983) 7.

258 Zur Anwendung des Kontingenz-Ansatzes auf Personalentwicklung, vgl. Ashton u.a. (1975) 353.

259 Vgl. Desatnick (1970) 86; Roberts (1974) 24; Steinle (1975) 156.

260 Vgl. Wunderer (1990) 189.

Der Inhalt der Personalentwicklung wird also nicht beschränkt auf explizite Qualifizierungsmaßnahmen, wie sie z.B. Gegenstand betrieblicher Fortbildungsmaßnahmen sind. Dies würde den Blickwinkel zu stark einengen und bestehenden inhaltlichen Interdependenzen und funktionalen Beziehungen nicht gerecht werden.[261] In der oben vorgestellten Definition von Personalentwicklung sind vielmehr auch solche Maßnahmen eingeschlossen, die implizit Qualifikationsveränderungen bewirken (Karriereplanung, Arbeitsstrukturierung) und solche, die auf Leistungsänderungen zielen (unter Inanspruchnahme bisher nicht genutzter Qualifikationen) sowie solche, die Selbst-Qualifizierungsprozesse beeinflussen.

Mit Personalentwicklung kann ein inhaltlich weites Spektrum von Qualifikationen abgedeckt werden zur Erfüllung von Anforderungen sowohl jetziger wie auch zukünftiger Arbeitsplätze bishin zur Entwicklung von Qualifikationen, die helfen, zukünftige Anforderungen zu definieren bzw. zu finden und damit die zukünftige Entwicklung des Unternehmens bzw. von Teilbereichen der Unternehmung zu steuern.[262]

Von Qualifikationen bzw. ihrem Einsatz für Arbeitsleistungen ist bereits an mehreren Stellen dieses Buches zuvor die Rede gewesen: So im Zusammenhang mit dem Leistungsdeterminanten-Konzept (s. Kap. B.II), so im Kapitel über die informatorische Fundierung der Personalplanung (s. Kap. D.II.2). Jetzt erlangen Qualifikationen erneut Bedeutung, und zwar aus dem Blickwinkel ihres Einsatzes, ihrer Vermittlung bzw. ihrer Verbesserung – also als Personalentwicklungs-Inhalte. Aus dieser Sicht gibt es eine Mehrzahl von Versuchen, sie in Kategorien einzuteilen und näher zu kennzeichnen. So unterscheidet in Gleichsetzung der Termini »Qualifikation« und »Kompetenz« eine erste (pädagogisch-didaktisch geprägte) Klassifikation in eher anwendungsorientierter Sichtweise Fachkompetenzen, Methodenkompetenzen und Sozialkompetenzen.[263] Mit **Fachkompetenzen** sind Breiten- und Tiefenwissen und ihr Anwendungs-Know-How gemeint, die für die fachliche Bewältigung der Berufsaufgaben benötigt werden. **Methodenkompetenzen** umfassen die Fähigkeiten, zu analysieren, Konzepte zu entwickeln, zu entscheiden und zu steuern, was gleichbedeutend ist mit einer gedanklichen Antizipation derjenigen Arbeitsschritte, die für eine Tätigkeit erforderlich sind. **Sozialkompetenzen** befähigen zur Tätigkeit in Gruppen unterschiedlicher sozialer Strukturen (hinsichtlich Alter, sozialer Herkunft, Hierarchieebene): Sie ermöglichen es, erfolgreich zur Problemerkennung und Lösung sowie zur Handhabung von sach- und personenbezogenen Konflikten beizutragen.

Eine andere Einteilung stellt stärker auf die geistigen Inhalte von Qualifikationen ab und unterscheidet Wissen im Sinne des Besitzens von Kenntnissen (knowledge), Fähigkeiten (skills) und Einstellungen (attitudes).[264]

Im einzelnen ist damit folgendes gemeint:

- **Wissen (knowledge):**
  - generelles Wissen (über die Unternehmung, die Umwelt),
  - Wissen über Führungsprozesse,
  - Spezialwissen über Funktionen, Prozesse, Methoden.
- **Fähigkeiten (skills):**
  - analytische Fähigkeiten: Auffassungsvermögen, konzeptionelle und organisatorische Fähigkeiten, auch Kritikfähigkeit,

---

261 Vgl. Flohr/Niederfeichtner (1982) 42.

262 S. auch die Ausführungen zu Lehrzielen in Kapitel D.V.5.b.

263 Zum Kompetenzbegriff vgl. De Grave (1991) 122.

264 S. für viele Staehle (1991) 815ff. und die dort angegebene Literatur.

- soziale Fähigkeiten zu effizienter Arbeit in Gruppen, zu Kooperation und Kommunikation, zur Mitarbeitermotivation und -führung,
- technische Fähigkeiten zum Anwenden von gelernten Methoden und Techniken auf praktische Probleme.

– **Einstellungen (attitudes):**
  - Toleranz, Offenheit gegenüber sozialen Vorgängen und neuen Erkenntnissen,
  - Lernbereitschaft und Befähigung zum Denken in größeren zeitlichen und räumlichen Dimensionen.

Wie aus den Ausführungen erkennbar ist, überschneiden sich beide Einteilungen: So enthalten z.B. die Fähigkeiten sowohl Fach- als auch Methoden- und Sozialkompetenzen. Überschneidungen ergeben sich ebenfalls, wenn Spezialisten- und Generalisten-Qualifikationen unterschieden werden. Unter ersteren werden berufsfachliche Kenntnisse und Fertigkeiten verstanden, die sich aus den inhaltlichen Anforderungen von abgegrenzten Sachaufgabenbereichen ergeben. Generalisten-Qualifikationen hingegen befähigen zum Einsatz in verschiedenartigen Tätigkeitsfeldern, beziehen sich auch auf die Art und Weise des Arbeitsvollzuges und umfassen auch allgemeine, d.h. intellektuelle, kreative, soziale, wertebezogene Einstellungen und Befähigungen. Diese fachübergreifenden Qualifikationen dienen auch der Entwicklungsfähigkeit der Unternehmung als System; ihnen wird in der Praxis steigende Bedeutung zugesprochen. Eine spezielle Auflistung empirisch ermittelter Generalisten-Qualifikationen findet sich oben in Kap. D.II.2.

Über die Schließung von Qualifikationslücken geht Personalentwicklung dann hinaus, wenn sie Qualifikationen vermittelt, die der individuellen Entwicklung und damit in der Konsequenz der Entwicklung der Unternehmung dienen. Es geht also nicht nur um die Beseitigung bestehender Qualifikationslücken, um veränderten Anforderungen zu genügen, sondern auch um Qualifikationen, die einen Mitarbeiter in die Lage versetzen, solche **Anforderungen für seinen Arbeitsplatz** und letztendlich für die **Unternehmungszukunft** zu **definieren**.[265] Diese Qualifikationen dienen der Bewältigung unterschiedlicher Situationen und werden in der Literatur **Schlüsselqualifikationen** genannt. Charakterisierend für diese ist, daß sie keinen »unmittelbaren und begrenzten Bezug zu bestimmten disparaten praktischen Tätigkeiten erbringen, sondern vielmehr a) die Eignung für eine große Zahl von Positionen und Funktionen als alternative Optionen zum gleichen Zeitpunkt und b) die Eignung für die Bewältigung einer Sequenz von (meist unvorhersehbaren) Änderungen von Anforderungen im Lauf des Lebens haben«[266] und damit die Entwicklungsfähigkeit entscheidend determinieren.

---

265 Ersteres wird auch als »Single-Loop-learning« und letzteres als »Double-Loop-learning« bezeichnet. Vgl. Wunderer (1990) 182; Argyris (1991) 95f.

266 Mertens (1974) 40.

2. Personalentwicklung als komplexer Prozeß

a) Personalentwicklung und Organisationsentwicklung

Personalentwicklung entfaltet interdependente Wirkungen in der gesamten Unternehmung; die Verbindung mit der Organisationsentwicklung ist besonders eng. Beide Entwicklungsarten verkörpern Veränderungsstrategien.

Die Wechselbeziehungen zwischen Personalentwicklung einerseits und Organisationsentwicklung andererseits stellen sich wie folgt dar: Veränderungen des Unternehmungsumfeldes oder von Produkt-Markt-Strategien haben typischerweise Einfluß auf das Leistungsprogramm und zumeist nachfolgend auch auf die Organisationsstruktur einer Unternehmung. Diese Veränderungen beeinflussen Arbeitsinhalte und Ablaufprozesse, was wiederum zu Änderungen der Stellenanforderungen führt, die an die sie besetzenden Personen zu richten sind. Eine Organisationsstruktur ist gekennzeichnet durch die Einrichtung von Institutionen, Programmen und Regeln, die sicherstellen sollen, daß trotz unabhängiger Aktionsweise dennoch koordiniert gehandelt wird. Solche Programme und Regeln sind (z.B. durch Schriftform und Vereinheitlichung) formalisiert, dazu zeitlich, sozial und sachlich generalisiert und letztlich verbindlich gemacht. Organisationsentwicklung ist nun seinerseits gleichbedeutend mit einer Änderung dieser Institutionen, Programme und Regeln, um sicherzustellen, daß aufgetretene Veränderungen und Probleme auf eine organisierte Weise bewältigt werden können. Dies ist der strukturelle Aspekt von in Unternehmungen erforderlichen und sich ereignenden Veränderungen und Entwicklungen.

Andererseits ist es erforderlich, daß diese Veränderungen auch personell bewältigt werden, Qualifikationen und Leistungen der im Betriebe tätigen Mitarbeiter diesen veränderten Anforderungen entsprechen bzw. angepaßt werden. Umgekehrt aber ist es ebenso unabdingbar, daß organisationsstrukturelle Änderungen durch Personen in Gang gesetzt werden, die die Änderungsanlässe bzw. -notwendigkeiten erkennen und die Änderungsprozesse selbst in die Wege leiten, vollziehen und sichern. Dies ist der personelle Aspekt von Entwicklungsvorgängen in Unternehmungen. Erkennbar sind beide Aspekte weder voneinander trennbar noch ist es möglich, generell einen der Aspekte zum stets richtigen/notwendigen Ausgangspunkt zu nehmen.[267]

Da auch Personalentwicklungsmaßnahmen primär auf Individuen gerichtet sind, die ihrerseits ihre Arbeit nicht isoliert vollziehen, sondern vielmehr zumeist in Gruppen, Abteilungen, letztlich in gesamte Organisationen eingebunden sind, ist es unrichtig, Personalentwicklung als auf Einzel-Individuen gerichtet zu definieren. Die wechselseitige Verzahnung von Personal- und Organisationsentwicklung ist dadurch gekennzeichnet, daß sie gemeinsam planmäßig auf mittel- bis langfristig wirksame Veränderungen zielen, und zwar von

- individuellen Verhaltensmustern, Einstellungen und Fähigkeiten von Mitarbeitern, Organisations- und Kommunikationsstrukturen sowie strukturellen Regelungen im weitesten Sinne (wie Arbeitszeit, Lohnformen), und letztlich auf
- Organisationskultur und Organisationsklima.[268]

Als Fazit bleibt festzuhalten, daß Impulse für Entwicklungen sowohl von Personen als auch von der Unternehmung und ihrer Organisation ausgehen können. Eine Entwicklung des

---

267 Vgl. hierzu Neuberger (1991) insbesondere 254ff.
268 In gleicher Weise Staehle (1991) in seinem Überblick 829ff.

einen, ohne das andere zu beachten, ist jedoch nicht möglich. Möchte eine Unternehmung das gesamte Potential an Entwicklungsmöglichkeiten ausschöpfen, ist es sinnvoll, möglichst offene Strukturen zu schaffen und das Qualifikationspotential der Mitarbeiter intensiv zu aktivieren.

b) Selbstentwicklung

aa) Begriff und Bedeutung

Qualifikationsänderungen geschehen an und in Personen und sind ohne deren Mitwirkung nicht erfolgreich zu bewirken. Dabei sollen solche Formen ausgeschlossen werden, die vom Betroffenen unbemerkt und ungewollt vor sich gehen. So gesehen geschieht jede Personalentwicklung im Wege von Selbstentwicklung in einem **weiten Sinne**. Auch das Beispiel, daß jemand (wenigstens anfangs) gegen seinen Willen eine Position übernimmt, dann aber »in ihr wächst«, eventuell sogar »über sich hinaus wächst«, beschreibt eine Entwicklung, die nicht ohne »Selbstbeteiligung« funktioniert – letztendlich also auch Selbstentwicklung einschließt.

Selbstentwicklung in diesem weiten Sinne ist demnach stets Voraussetzung bzw. Grundlage von Personalentwicklung gewesen. Denn sie ist stets ein Prozeß von Änderungen

- von sich selbst
- durch sich selbst, letztlich auch
- für sich selbst.[269]

Vielfach wird Selbstentwicklung aber auch in einem zweiten, und zwar wesentlich **engeren Sinne** gesehen: als ein Erreichen von und als Durchbruch zu »höheren« Entwicklungs-Stufen, etwa in der Dimension von Persönlichkeits-Reife, -Potentialen (Entwicklung in diesem Sinne liegt auch den Termini »Entwicklungs-Psychologie«, »Kinder-Entwicklung« zugrunde).

Geht Personalentwicklung über die instrumentalistische Dimension im Sinne des »Lückenkonzeptes« hinaus, werden verstärkt solche Qualifikationen angesprochen, die sich in der Persönlichkeit widerspiegeln, so daß dann dem Mitarbeiter entsprechende Freiräume zur eigenen und eigenverantwortlichen Gestaltung der für Personalentwicklung relevanten Parameter seines betrieblichen Umfeldes zu gewähren sind. Anders ausgedrückt: Der Prozess der Selbstentwicklung an sich bleibt der betrieblichen Personalentwicklung vorenthalten; aktive Gestaltungsparameter sind jedoch die für Selbstentwicklung maßgeblichen Rahmenbedingungen sowie eine Informationspolitik, die eine antizipierbare Selbstentwicklung **fördert**.[270]

Selbstentwicklung im ersteren weiten Sinne also ist unverzichtbar. Allerdings geschieht sie nicht immer von selbst, d.h. aus eigenem Antrieb bzw. mit erwünschten Inhalten und Ergebnissen. Insofern entsteht für betriebliche Personalentwicklung die zusätzliche Aufgabe, Selbstentwicklung zu fördern. Spezielle Formen der Förderung dürften notwendig sein für Selbstentwicklung im engeren Sinne, um die es sich handeln dürfte, wenn eine Unter-

---

269 Vgl. Berthel (1990) 223.
270 Vgl. Flohr/Niederfeichtner (1982) 27.

nehmung z.B. das Ziel verfolgt, Generalisten-Qualifikationen bei Führungskräften zu fördern, um damit letztendlich auch Organsiationsentwicklung voranzutreiben.

bb) Förderung von Selbstentwicklung

»Alle Entwicklung ist letzten Endes Selbst-Entwicklung, die nur von außen angestoßen werden muß«.[271] Der betrieblichen Personalentwicklung kommt also bei der Selbstentwicklung die Aufgabe der Hilfe zur Selbsthilfe zu. Die Förderung der Selbstentwicklung hat demzufolge an den Komponenten einer Selbstentwicklung anzusetzen und kann über die positive Stimulierung von Anstrengungs- und Konsequenzerwartungen des Mitarbeiters in bezug auf die eigene Lern-Leistung und dessen Ergebnis sich vorteilhaft auf das Selbstverständnis und damit die Bereitschaft zur Eigeninitiative auswirken.[272] Angesprochen sind hier sowohl Wollens- als auch Könnens-Komponenten der Leistungsdeterminanten (s. Kap. B.II).

Eine Förderung der **Wollens-Komponenten** von Selbstentwicklung sowohl im erst wie auch im zweit genannten Sinne müßte zuerst auf Aktivitäten gerichtet werden, von denen ein Anstoß zu einem individuellen beruflichen Lebensplan ausgeht. Dies kann etwa geschehen durch geeignete Formen einer Aufforderung zu einer Selbstanalyse und -bewertung. Ergebnis eines solchen Prozesses wäre:[273]

- Offenlegung eigener Motive, Werte, Einstellungen und Fähigkeiten,
- Gewinnung von Einsichten über Selbstverantwortung und Selbststeuerung/Steuerbarkeit der eigenen Karriere,
- Resultate der Selbstanalyse und -bewertung können offen diskutiert werden.

Am Ende steht die Definition und Offenlegung eines Selbstkonzeptes.

Weitere allgemeine Förderung von Wollens-Komponenten der Selbstentwicklung könnte von Aktivitäten ausgehen, mit denen entwicklungsunterstützende Bedingungen bewußt gestaltet werden; hier beginnen sich die Grenzen zur Organisationsentwicklung und Führung, auch zur Kulturgestaltung zu verwischen. Als solche Bedingungen sind vorstellbar:

- Ermutigung zum Experimentieren,
- Tolerieren von Fehlern, von Mißerfolgen,
- Forderung und Förderung von Zusammenarbeit,
- Respektieren individueller und kultureller Unterschiede,
- Dominieren von Vertrauens-Atmosphäre.

Selbstentwicklung im engeren Sinne bedarf zusätzlicher Stimulierungen, die eine erkennbare Herausforderung ergeben und damit Problemdruck erzeugen. Erreicht wird dies z.B. durch:[274]

- Exzessive Delegation unterschiedlicher und schwieriger Aufgaben,
- Offene Konfrontation als »normale« Kommunikations- und Interaktionsform,
- Setzen anspruchsvoller Ziele,

271 Neuberger (1991) 310.
272 Vgl. Berthel (1990) 224f.
273 Vgl. Berthel (1990) 225.
274 Vgl. Berthel (1990) 226.

– Häufige Rollen-, Aufgaben- und Funktionswechsel,
– Ambiguität und Unsicherheit als erklärte Aufgabenmerkmale.

Die Förderung der Selbstentwicklung über die **Könnens-Komponenten** richtet sich auf die eigentliche Lernfähigkeit sowie das Qualifikationsrepertoire spezifischer Fähigkeiten/Verhaltensweisen/Einstellungen. Dabei kann sich eine Förderung von Selbstentwicklung im weiteren Sinne z.B. auf Führungskräfte-Nachwuchs beziehen, etwa mit dem Ziel, ein spezifisches Repertoire von Generalisten-Qualifikationen zu vermitteln, um so einen Pool von qualifizierten Aspiranten für zukünftige Vakanzen in bestimmten Hierarchie-Ebenen zu erhalten oder aufzufüllen (»Goldfischteich«). Hierfür wäre das Personalentwicklungs-System der betrieblichen Weiterbildung geeignet.

Aus Sicht der Unternehmung ist es sinnvoll, die Förderung von Selbstentwicklung im engeren Sinne gezielt auf bestimmte, als geeignet angesehene Einzelpersonen auszurichten, welche die erforderlichen Entwicklungssprünge tatsächlich auch machen (können). Bei diesen Aspiranten wäre dann nach Bedingungen zu suchen wie:[275]

– Neigung, Herausforderung zu suchen und zu bewältigen,
– Einsatz der gesamten Persönlichkeit bei der Bewältigung der Herausforderung,
– Bereitschaft, persönliche Risiken einzugehen,
– Fähigkeit, die eigene Abhängigkeit von beeinflußbaren und nicht-beeinflußbaren Bedingungen einzuschätzen,
– Bereitschaft und Fähigkeit, bewußt an der eigenen Entwicklung zu arbeiten.

Die Hilfe manifestiert sich in den Rahmenbedingungen und der Vermittlung von Qualifikationen zur Selbstentwicklung. **Rahmenbedingungen** sind in diesem Zusammenhang alle Einflußfaktoren, die das Umfeld selbstentwicklungsfreundlich beeinflussen können. Wichtige Faktoren dabei sind die Aufgabenstrukturen und die Unternehmungskultur. Von der **Aufgabenstruktur** gehen wesentliche Impulse für das Selbstverständnis aus, wobei in der Literatur solche Parameter als positiv angeführt werden, die sich allgemein förderlich auf die intellektuelle Leistung auswirken. Diese Faktoren sind z.B.:[276]

– abwechslungsreich und ganzheitlich gestaltete Aufgaben,
– Anregung und Stimulation durch die Arbeitsumgebung,
– Soziale Kontakte,
– Wichtigkeit, Bedeutung der Aufgabe, wobei dies auch dem Mitarbeiter vermittelt wird,
– Autonomie bei der Durchführung,
– Rückkoppelung bzw. Bewertung über das Arbeitsergebnis.

Ein weiteres Moment ist, daß Förderung oder Verhinderung von Selbstentwicklung durch die Unternehmung und dessen Organe einen eigenständigen Wert darstellt und somit Ausdruck der Unternehmungskultur ist. Aus den Überlegungen zur Integration von Personalentwicklung und Organisationsentwicklung wird die Stellung der **Unternehmungskultur** für die Selbstentwicklung deutlich (s. Kap. D.V.2).

Die Initiierung und Durchführung der Selbstentwicklung setzt das Vorhandensein bestimmter Qualifikationen voraus. Diese Qualifikationsqualifikationen sind dem Bereich der

---

275 Vgl. Berthel (1990) 227.
276 Vgl. Flohr/Niederfeichtner (1982) 28; Hofmann (1990) 208f.

Schlüsselqualifikationen zuzuordnen.[277] De Grave nennt in diesem Zusammenhang die in Abbildung 63 genannten Qualifikationen.

Geforderte Qualifikation	**Beschreibung**
Lernmotivation, -fähigkeit, -bereitschaft	Einsicht in die Selbststeuerung der eigenen Entwicklung; Einsicht in die Selbstverantwortung; Ergänzen der aktuellen Potentiale durch Aneignen von Wissen, Fähigkeiten und Verhaltensweisen.
Fähigkeit zur Selbstanalyse	Reflexion von Stärken/Schwächen; Analyse eigener Selbstentwicklungsziele; Nutzung anderer Individuen zur Selbstanalyse (spezialer Vergleich).
Rollendistanz	Hinterfragen gelernter Normen; Verhaltenserwartungen zurückweisen können.
Zukunftsorientierung	Positive Einstellung gegenüber Veränderungen von Objekten, Personen, Situationen, Zielen; Offenheit gegenüber neuen Ideen, Konzeptionen, Strukturen; Bereitschaft für neue Erfahrungen.
Fähigkeit zur Setzung von Selbstentwicklungszielen	Vorhandensein bzw. Entwicklung eines Selbstkonzeptes mit Kriterien für eine Selbstbeurteilung
Lernen aus Erfahrung	Aufsuchen und Erkennen von Lernsituationen; Identifizierung von Lernmöglichkeiten.
Berufliches Selbstverständnis	Identifikation mit der Arbeit und Fähigkeit zum Aufbau einer eigenen beruflichen Identität.

Abb. 63: Qualifikationen für Selbstentwicklung
Quelle: In Anlehnung an de Grave (1991) 140.[278]

277 Vgl. Flohr/Niederfeichtner (1982) 26.
278 De Grave bezieht sich nur auf die berufliche Erstausbildung.

3. Stellenwert konzeptioneller Personalentwicklung für die Unternehmung

Die zunehmende Erfahrung, daß Innovationen in Produkte, Technik und Unternehmungsführung eine regelmäßige und systematische Weiterentwicklung des Personals voraussetzt,[279] führte zu der Erkenntnis, daß, je weitergehender die Personalentwicklung in einer Unternehmung betrieben wird, desto wertvoller der Nutzen hieraus für die Unternehmung ist. Der Begriff »weitergehend« meint über die inhaltliche Komponente hinaus auch die »Intensität« der Entwicklungsprogramme, die von rein kognitiven Maßnahmen bis zu teilnehmerspezifischen kognitiven und sozialen bzw. strategieumsetzenden Kompetenzerweiterungen reichen können.[280] Erstere beziehen sich auf die Vermittlung von Lerninhalten, während letztere Verhaltensänderungen, bezogen auf teilnehmerindividuelle Entwicklungsziele bzw. unternehmungsspezifische Anforderungen, zum Gegenstand haben. Neben diesem **strategischen Zusammenhang** gibt es noch eine Reihe weiterer **Ursachen** dafür, daß einer konzeptionellen Personalentwicklung eine wachsende Bedeutung zugesprochen wird:[281]

- Zunehmende Dynamik der Wirtschaft, die sich in permanenten Wandlungen und Veränderungen des erforderlichen Leistungsbeitrages äußert,
- Suboptimalität von Qualifikationen gegenüber aufgabenbedingten Anforderungen und im betrieblich zwischenmenschlichen Bereich,
- hochentwickeltes Anspruchsniveau der Mitarbeiter an die Qualität der zwischenmenschlichen Beziehungen erfordert permanente Bemühungen zur Qualifizierung der Führungskräfte etc.,
- zunehmendes Aufstiegs- und Fortbildungsbedürfnis des Personals,
- sinkende zwischenbetriebliche Mobilität,
- zunehmende Nutzung des unternehmungsinternen Arbeitsmarktes für die Personalbeschaffung,
- Ausbau des Kündigungsschutzes,
- Umkehrung des Trends zur Arbeitsteilung.

Letzteres wird sichtbar an erheblichen Veränderungen der Arbeitsabläufe und Organisationsstrukturen in Unternehmungen, wie sie unter Stichworten wie »lean management«, »lean production«, »total quality management« u.ä. auch Eingang in wissenschaftliche bzw. wissenschaftsnahe Publikationen gefunden haben.[282] Gemeinsamer Grundgedanke ist, daß durch die verstärkte Vernetzung einzelner Arbeitsschritte der gesamte Arbeitsprozeß effizienter gestaltet werden kann. Das hat Auswirkungen auf die Menschen in Unternehmungen und zwar bedingt durch die zunehmende Technisierung der Informationsverarbeitung und Kommunikation, die damit einhergehende Entkoppelung des Menschen von Papier- und Materialflüssen und durch das Denken in komplexen Strukturen und ganzheitlichen Prozessen. Sie fordern Qualifikationen, die durch einfache Fortbildungsveranstaltungen ungenügend gelehrt werden können und stattdessen konzeptionelle Personalentwicklungsarbeit fordern.

---

279 Vgl. Conrad (1991) 413ff.; Kettgen (1989) 4; Vor einer Überstrapazierung dieser These warnen Flohr/Niederfeichtner. Vgl. Flohr/Niederfeichtner (1982) 30.

280 Zur Terminologie vgl. Stiefel (1989a) 82f.

281 Vgl. Drumm (1992) 291; Gaugler (1989) 37. Siehe auch die empirische Studie bei Weber (1986) 121f.

282 Vgl. Daum/Piepel (1992) 41f.; Hirschhorn/Gilmore (1993).

Damit nimmt auch die Beeinflussung des Qualifikationspotentials der Mitarbeiter an Bedeutung zu: Sie ist zum zentralen Aspekt des **Human Resource Management** geworden.[283]

Obwohl in der Praxis die Wichtigkeit der Personalentwicklung erkannt wird, folgt sie systematischen Vorstellungen nur sehr zögerlich und dann im wesentlichen auf einer operativen Ebene mit unkoordinierten instrumentellen Einsätzen. Dies bestätigt eine 1986/87 von Kettgen in Deutschland durchgeführte Untersuchung. An der Umfrage beteiligten sich 142 Unternehmungen mit mehr als 1000 Mitarbeitern, die von sich behaupten, ein Personalentwicklungs-Konzept zu haben bzw. eines zu planen. Die Ergebnisse zeigten, daß nicht von einer allgemein progressiven Einstellung zur Entwicklungsarbeit gesprochen werden kann.
Gründe hierfür können sein:[284]

- Investitionen in Mitarbeiter werden als Betriebs- und nicht als Investitionskosten angesehen, und Betriebskosten gilt es zu minimieren.[285]
- Personal-Management wird mit kurzfristigem Zeithorizont betrieben und nicht an strategischen Geschäftsausrichtungen orientiert, so daß die Entwicklungsnotwendigkeit falsch bzw. unzureichend eingeschätzt wird.[286]
- Personal-Management wird ohne strategische Planung auf Grund von Notständen und unter Zeitdruck aktionistisch betrieben, obwohl es die Ressource mit den längsten zeitlichen Reichweiten ist, was den Aufbau und die Wirkungsdauer angeht.

In der Folge droht Personalentwicklung – nicht in ein systematisches Personal-Management integriert (was sich in Ordnung und Kombination der verschiedenen Maßnahmen nach Maßgabe eines geschlossenen ziel- und problemorientierten Konzeptes niederschlägt) – kontraproduktiv zu wirken. Beispielsweise bedarf eine Entwicklungsmaßnahme zur Förderung von kooperativen Führungsstilen auch solcher Beurteilungs- und Anreizsysteme, die diese Führungsstile belohnt oder ihnen zumindest nicht entgegenstehen, da sonst die beabsichtigte Wirkung ausbleibt.[287]

4. Ziele

Die Grundmaxime des Personal-Managements, die Erreichung individueller und auch institutioneller Ziele gleichermaßen zu ermöglichen bzw. zu fördern, gilt selbstverständlich auch für die Personalentwicklung. Unter dieser Maxime ist es Ziel der Personalentwicklung, sicherzustellen, daß arbeitsplatzbezogene Anforderungen und personenbezogene Qualifikationen übereinstimmen und sich kongruent entwickeln, d.h. Qualifikationen aufgebaut werden und Qualifikationsabbau vermieden wird.[288] An dieses generelle Personalent-

283 Vgl. Sattelberger (1989) 17; Staehle (1988).
284 Vgl. Sattelberger (1989) 16.
285 Ausgaben für betriebliche Aus- und Weiterbildung mehren nicht das Eigentum der Unternehmung oder seiner Kapitaleigner, sondern schaffen eine Art Eigentum des Mitarbeiters. Vgl. Gaugler (1989) 32.
286 Siehe die explorative Studie von Gerpott. Vgl. Gerpott (1990).
287 Vgl. Wunderer (1990) 189ff.; Becker (1988) 206.
288 Vgl. Hungenberg (1990) 29 in Verbindung mit 11.

wicklungs-Ziel anknüpfend lassen sich nach den Interessenten differenzierte Zielsetzungen der Unternehmung, der Mitarbeiter und der Gesellschaft unterscheiden, auf die im folgenden näher eingegangen wird.

a) Gesellschaftliche Ziele

Oben wurde bereits darauf hingewiesen, daß die Gesellschaft Einflüsse auf die Personalentwicklung ausübt, daher ist an dieser Stelle leicht nachvollziehbar, daß es neben individuellen und institutionellen auch gesellschaftliche Ziele gibt, deren Erfüllung von Personalentwicklung in Betrieben erwartet wird.

In ökonomischer Sicht geht es um die Erhaltung und Verbesserung des gesellschaftlichen Humanvermögens, das notwendig ist, um den wirtschaftlich-technischen und gesellschaftlich-sozialen Wandel zu gestalten. Betriebe sollen einen Beitrag leisten zur Verringerung der Arbeitslosigkeit und zur optimalen Allokation der humanen Ressourcen.

In politischer Sicht kann Personalentwicklung einen Beitrag leisten zur Gewährung des Grundrechts auf freie Entfaltung einer verantwortungsvollen, kritikfähigen und selbstbewußten Persönlichkeit, zur Aufrechterhaltung von Handlungswillen, Lebensoptimismus, Zukunftsbejahung und Fortschrittshoffnung; sie kann des weiteren durch die betriebliche Sozialisation Unterstützung leisten bei der Erziehung zum mündigen Staatsbürger in einer Demokratie, oder, wie Gaugler formuliert, zur »geistigen, immateriellen Entproletarisierung beitragen«[289].

Zur Verfolgung bildungs- und beschäftigungspolitischer Ziele nimmt der Staat durch Gesetze und Vorschriften Einfluß auf die Personalentwicklung im allgemeinen und Aus- und Fortbildung im speziellen. Ziele sind im einzelnen u.a.:[290]

- Erhöhung der Sicherheit am Arbeitsplatz (Unfallverhütung),
- Reintegration von Arbeitslosen,
- Resozialisation von Straffälligen,
- Umschulung von Berufstätigen.

b) Ziele der Unternehmung

Personalentwicklung, als Instrument der Unternehmungsführung, trägt in letzter Konsequenz dazu bei, die obersten Unternehmungsziele zu erreichen. Konkreter ausgedrückt strebt Personalentwicklung die effiziente Entwicklung der Personalausstattung derart an, daß der Personalbedarf in quantitativer, qualitativer und zeitlicher Hinsicht langfristig optimal gedeckt wird. Es geht insoweit um die langfristige Erhaltung und Verstärkung des betrieblichen Humanvermögens. Diese Formulierung ist nicht ausreichend operational, um aus ihr konkrete betriebliche Maßnahmen der Personalentwicklung abzuleiten. Dies wird erst möglich, wenn speziellere Ziele der Personalentwicklung formuliert werden. Für sie kann es ebensowenig Allgemeingültigkeit geben wie für individuelle Ziele. Sie können nur

---

289 Gaugler (1989) 40.
290 Vgl. Gaugler (1989) 40; Schlaffke (1989) 11.

aufgrund der speziellen betrieblichen Situation, auch hinsichtlich des bestehenden Personalbedarfs und seiner Entwicklung, in der Zukunft konkret bestimmt werden.

Die bereits zitierte Umfrage von Kettgen ergab folgende Prioritäten bezüglich der mit Personalentwicklung verfolgten Ziele:[291]

1. Leistungsverbesserung
2. Sicherung des Mitarbeiterbestands
3. Befriedigung des Bildungsbedarfs
4. Ausgleichen konträrer Interessen
5. Erfüllung individueller Mitarbeiterwünsche.

Das Ergebnis zeigt, daß die Qualifizierungsabsicht im Vordergrund der Unternehmungsinteressen steht und Interessensausgleich und Mitarbeiterwünsche nachrangige Bedeutung haben.

Detailliertere Angaben über diese Ziele im einzelnen werden in der in Abbildung 64 aufgeführten Präferenzliste wiedergegeben.

Bei vorsichtiger Interpretation dieser empirischen Untersuchungen kann man folgendes festhalten: Personalentwicklung ist sehr stark am Aufstieg von Mitarbeitern orientiert. Daneben spielt die Erhaltung der Wettbewerbsfähigkeit eine große Rolle, und zwar sowohl in technologischer als auch in wirtschaftlicher Hinsicht. Immer noch bedeutsam ist auch die Verbesserung innerbetrieblicher Abläufe hinsichtlich Kommunikation und Kooperation. Weniger wichtig sind arbeitsmarktorientierte Ziele. Auffallend ist die geringe Bedeutung für Personalentwicklung als Impulsgeber zur Organisationsentwicklung.

c) Ziele der Mitarbeiter

Personalentwicklung kann dazu beitragen, Wünsche und Erwartungen, die einzelne Mitarbeiter im Hinblick auf ihre persönliche Entfaltung und ihr berufliches Weiterkommen haben, zu erfüllen. Dies ist umso besser möglich, je genauer die von den Mitarbeitern verfolgten Ziele bekannt sind. Dazu ist es für jeden einzelnen erforderlich, sich zuerst über seine eigenen beruflichen Zielsetzungen Klarheit zu verschaffen: Wie steht er zur Unternehmung, zu ihren Aufgaben, zu den daraus resultierenden Anforderungen, welche Aufgaben kann er bewältigen, will er übernehmen? Dies ist gleichbedeutend mit einer Art Selbstanalyse (näheres s. unten unter Karriereplanung Kap. D.V.5.b.cc), die auch die eigenen vorhandenen Fähigkeiten, Anlagen und Neigungen einzuschließen hat.

Die Ziele der Mitarbeiter sind aufgrund unterschiedlicher Werte, Normen, Erwartungen und Motive individuell verschieden, so daß eine abschließende Aufzählung nicht möglich sein kann. Trotzdem soll der Versuch unternommen werden, sich mit individuellen Zielen auseinanderzusetzen, da ansonsten das bloße Konstatieren von deren Berücksichtigung ohne ihre inhaltliche Kenntnis zu einer Verschleierung von Konfliktpotentialen führt.[292] Daher werden im folgenden verschiedene Ansätze dargestellt, die zu dieser Diskussion beitragen können, ohne sie im einzelnen zu werten.

291 Vgl. Kettgen (1989) 132.

292 Vgl. Flohr/Niederfeichtner (1982) 38; der Versuch einer Kategorisierung findet sich bei Franz/Herbert. Vgl. Franz/Herbert (1987) 96ff.

Reihenfolge der Ziele	**Nennungen absolut**	**in %**
Führungskräftebestand und -nachwuchs sichern	109	81
Mitarbeiter an neue Technologien anpassen	100	74
Wettbewerbsfähigkeit des Betriebs erhalten	100	74
Leistungsbereitschaft erhalten bzw. verbessern	97	72
Flexibilität des Personaleinsatzes erhöhen	96	71
Führungsfähigkeit optimieren	96	71
Übernahme höherwertiger Aufgaben vorbereiten	94	70
Qualifikations- und Anforderungsniveau anpassen	93	69
Entwicklungspotential individuell aktivieren	92	68
Kooperation und Kommunikation fördern	91	67
Beherrschung neuer Technologien sichern	88	65
Leistungsdefizite ausgleichen	86	64
Einsatz neuer Technologien vorbereiten	86	64
Einsicht in betriebliche Probleme erreichen	83	61
Arbeitsproduktivität steigern	82	61
Zufriedenheit der Belegschaft pflegen	71	53
Organisationsänderungen begleiten	69	51
Fähigkeit zur Innovation entwickeln	63	47
Betriebsbindung erhöhen, Fluktuation senken	62	46
Selbstbestätigung und Zufriedenheit ermöglichen	61	45
Sozial- und Leistungsklima begünstigen	55	41
Laufbahn- und Bildungsberatung anbieten	55	41
Transferfähigkeit weiterentwickeln	54	40
Betriebs- und Mitarbeiterinteressen ausgleichen	46	34
Führungsphilosophie im Betrieb angleichen	44	33
Humanisierung der Arbeit unterstützen	40	30
Arbeit und Einkommen des Mitarbeiters sichern	37	27
Selbstverwirklichung des Mitarbeiters fördern	35	26
Image am Arbeitsmarkt verbessern	33	24
Unabhängigkeit vom Arbeitsmarkt erreichen	32	24
Organisationsänderungen anstoßen	30	22
Chancengleichheit im Betrieb verwirklichen	28	21
Spezialisierungsgrad der Mitarbeiter erhöhen	28	21
Allgemeinbildung der Mitarbeiter steigern	25	19
Arbeitsmarktmobilität des Mitarbeiters erhöhen	20	15

n = 142

Abb. 64: Personalentwicklungs-Ziele der Unternehmung
Quelle: Kettgen (1989) 134.

Abbildung 65 listet beispielhaft **allgemeine** Personalentwicklungs-Ziele auf.[293]

- Ermöglichung einer eignungs- und neigungsgerechten Aufgabenzuweisung
- Anpassung der persönlichen Qualifikation an die Ansprüche des Arbeitsplatzes durch Aufrechterhaltung und Verbesserung der fachlichen Qualifikation
- Verbesserung der Selbstverwirklichungschancen durch Übernahme qualifizierterer Aufgaben
- Entfaltung der Persönlichkeit durch Bildung
- Übertragung neuer, erweiterter Aufgaben
- Erhöhung des persönlichen Prestiges
- Erhöhung der Arbeitsplatzsicherheit, Schaffung karrierebezogener Voraussetzungen für den beruflichen Aufstieg
- Sicherung eines ausreichenden-/Erhöhung des bestehenden Einkommens
- Erhöhung der individuellen Mobilität auf den Arbeitsmärkten
- verbesserte Verwendungs- und Laufbahnmöglichkeiten
- Vermeidung von Überforderung
- Realisierung von Chancengleichheit

Abb. 65: Personalentwicklungs-Ziele der Mitarbeiter

Erkennbar sind dies z.T. gegensätzliche, d.h. nicht durch ein und dieselbe Person verfolgbare Zielsetzungen. Das schließt aber nicht aus, daß sie – im Grenzfall sämtlich – durch eine Vielzahl von betrieblichen Maßnahmen der Personalentwicklung erfüllbar wären.

In diesem Katalog sind für die Gestaltung betrieblicher Personalentwicklung noch keine inhaltlichen Aussagen enthalten. Mitarbeitern kann ein prinzipielles Interesse unterstellt werden, daß ihre Qualifikationen zumindest erhalten bleiben, wenn nicht sogar ausgebaut werden. Neben expliziten Qualifizierungsmaßnahmen kann dies auch durch Parameter der Arbeitssituation bewertet werden. Abbildung 66 führt Merkmale von Arbeitssituationen an, die in diesem Sinne positiv zu werten sind, so daß unterstellt werden kann, daß sie auch von Mitarbeitern angestrebt werden.[294]

Darüber hinaus wird Arbeitnehmern tendenziell ein Interesse an breiter, betriebsunspezifischer und -übergreifender Qualifizierung unterstellt, die zudem möglichst zertifizierbar ist. Dazu zählt also eine Qualifizierung, die über das bloße Einweisen bzw. Anlernen hinausgeht. Dahinter steht das Ziel, möglichst flexibel und anpassungsfähig zu sein, um sowohl inner- als auch zwischenbetrieblich verschiedene Arbeitsplätze einnehmen zu können.

Ein Versuch einer empirisch begründeten Systematisierung potentieller Zielsetzungen stellt die Klassifizierung von Karriereorientierungen – auch als Karriereanker bezeichnet – dar, wie sie Schein aufgrund einer Langfriststudie ermittelt hat. Schein unterscheidet folgende fünf Orientierungsmuster, von denen eines bei einer Person jeweils dominiert, und

293 Remer (1978) 319 u. 324; Marr/Stitzel (1979) 335f.; Domsch/Reinecke (1982) 65f.; Flohr/Niederfeichtner (1982) 14; Heymann/Müller (1982) 152; Kitzmann/Zimmer (1982) 27f.; Conradi (1983) 4ff.; Thom/Winkelmann (1984) 363; Mentzel (1985) 30.

294 Siehe auch selbstentwicklungsfördernde Merkmale in Kapitel D.V.2.b.

- Komplexe und abwechslungsreiche Tätigkeit
- Experimentierchancen; Möglichkeit des Lernens aus Versuch und Irrtum
- Häufige Nutzung vielfältiger und kollegialer Kommunikations- und Interaktionsformen
- Demokratische Entscheidungsverfahren
- Erfahrungen und realistische Erwartungen individuellen Weiterkommens und gesellschaftlichen Fortschritts
- Ausbildung und Anwendung einer ganzheitlichen Handlungskompetenz
- Aufgabenspezifische Integration von Handlungsplanung und -ausführung
- technischer Fortschritt
- Periodischer Wechsel von Arbeitshandlungen in bekannten und Lernhandlungen in neuen Handlungssystemen
- Variable Abstimmung der Aufgabenstruktur mit der lernphasenbedingten Erweiterung der Arbeitskompetenzen und mit entwicklungsspezifischen Lernprozessen
- Eingriffspunkte in, sowie Freiheitsgrade und Möglichkeiten der differenzierenden Gestaltung der Aufgaben- und Sozialstruktur.
- Unvorhergesehene Probleme und Störungen, für die ohne Zeitdruck und mit Unterstützung des Vorgesetzten Lösungen gesucht werden können.

Abb. 66: Persönlichkeits- und lernfördernde Merkmale von Arbeitssituationen[295]

auf die alle wesentlichen Entscheidungen einer individuellen Karriere zurückzuführen seien:[296]

Aufwärts-orientierte Personen streben nach höheren Positionen mit Führungskompetenz und Verantwortung.

Technisch-funktional orientierte Personen suchen herausfordernde Aufgaben innerhalb ihres Fachgebietes und treffen Karriere-Entscheidungen danach, ob diese solche Herausforderungen eröffnen.

Sicherheits-orientierte Personen sind mit den erreichten Situationen eher zufrieden und versuchen diese tendenziell abzusichern. Aufstiegsgelegenheiten sind von geringerer Bedeutung.

Kreativitäts-orientierte Personen wollen etwas Neues schaffen. Sie suchen nach einer Karriere, in der sie eigene Ideen einbringen, ihre Kreativität entfalten und sich selbst verwirklichen können.

Autonomie-orientierte Personen streben nach größtmöglicher Freiheit von Beschränkungen und Unabhängigkeit in ihrem Arbeitsbereich.

Diese Anker sind nicht direkt bei den Personen beobachtbar, sondern können nur anhand von Begründungen über Entscheidungen und aus Selbsterkenntnissen der betroffenen Personen abgeleitet werden. Weitere Zielsetzungen (Anker) sind vorzufinden, wie etwa das Streben nach sozialen Kontakten im Beruf u.a.m.

295 Vgl. Conradi (1983) 67; Flohr/Niederfeichtner (1982) 39.
296 Vgl. Schein (1975); Schein (1980).

d) Interessenausgleich

Die Frage nach dem Ausgleich der Interessen von Mitarbeitern und der Unternehmung wird durchaus kontrovers gesehen. Während die eine Seite die Beziehung der beiden Interessengruppen als relativ problemlos darstellt, konstatiert die andere Seite, daß Mitarbeiterziele in der Regel nur insoweit Berücksichtigung finden, wie sie Unternehmungszielen nicht entgegenstehen.[297]

Die mögliche Zielkonkurrenz wird an folgenden Beispielen deutlich: Als ungelernt eingestufte Arbeitskräfte erhalten zumeist keine Verbesserung ihres qualifikatorischen Status, da ausreichend qualifizierte Arbeitskräfte auf dem Arbeitsmarkt zur Verfügung stehen. Weitere Konflikte sind zu erwarten, wenn im Falle von Aufwärtsorientierung der Personalentwicklung als nicht-beförderbar eingestuftes Personal typischerweise auch nicht entwickelt wird.[298]

Erfolge betrieblicher Personalentwicklung im Sinne positiver Wirkungen durchgeführter Maßnahmen lassen sich in ökonomischen wie in außerökonomischen Kategorien leichter erzielen, wenn bestimmte, auf die persönlichen Belange der weiterentwickelten Mitarbeiter gerichtete **Bedingungen** vorliegen. Zu ihnen gehört, daß

- den institutionellen Personalentwicklungszielen nicht andersgerichtete individuelle Ziele entgegenstehen: Erforderlich ist also zumindest Zieltoleranz bzw. -neutralität, nicht unbedingt -akzeptanz.
- auch das System betrieblicher Fortbildung unter Zuhilfenahme solcher Konditionen gehandhabt wird, die positiv auf die individuellen Faktoren des Könnens und Wollens zur Leistung und/oder auf zufriedenheitsorientierte Motive und Erwartungen wirken. Zu solchen Konditionen zählen z.B. die Partizipation an der Ermittlung von Fortbildungsbedarf, an der Formulierung von Trainingszielen, bei der Maßnahmenplanung.
- mit betrieblicher Fortbildung auch individuell gewollte Erfolge erzielt werden. Gerade dies wird als besonders wichtig angesehen, weil andernfalls Fehlentscheidungen wahrscheinlich seien.[299] Als Erfolge dieser Art werden überwiegend solche genannt, die sich direkt oder indirekt als Konsequenz von Qualifikationsverbesserungen einstellen können:[300]
  - Verringerung der Ermüdung am Arbeitsplatz infolge verbesserter Kenntnisse und Fähigkeiten, Verringerung von Spannungen aufgrund vergrößerter Sachkompetenz;
  - Vergrößerung der Arbeitsplatz-Sicherheit sowie der Chancen, angestrebte Arbeitsplätze übertragen zu bekommen (Beförderungsmöglichkeiten);
  - Erweiterung von Entscheidungs- und Mitentscheidungsbefugnissen, Möglichkeiten zu verstärkt selbständigen und eigenverantwortlichen Tätigkeiten;
  - Erfüllung von Prestigebedürfnissen, gegebenenfalls auch Vergrößerung der Chancen zu Betriebswechsel durch allgemein anerkannte Zeugnisse, durch das Recht, erworbene Titel führen zu dürfen u.a.m.

Ein Projekt, welches sich mit diesem Spannungsverhältnis auseinandergesetzt hat und Möglichkeiten zur Berücksichtigung individueller Ziele in der betrieblichen Praxis zum Ziel

297 Vgl. Conradi (1983) 4ff.; Kettgen (1989) 68–70; Flohr/Niederfeichtner (1982) 14f.
298 Vgl. Flohr/Niederfeichtner (1982) 41f. Bzgl. der Aufwärtsorientierung siehe Kapitel D.V.4.b.
299 Vgl. dazu ausführlich Arnold (1971) 117ff.
300 Vgl. dazu im einzelnen DePhilipps/Berliner/Cribbin (1960) 21; Lattmann (1974) 17; Churchill/Ford/Walker (1974) 254ff.; Darmon (1974) 418ff.

hatte, ist das Forschungsvorhaben zur »Humanisierung der Arbeit«, welches an anderer Stelle noch genauer erörtert wird (s. Kap. D.V.5.b.bb).

5. Das System der Personalentwicklung

Weiter oben wurde gezeigt, welche Bedenken gegen eine sporadische Personalentwicklung bestehen und warum diese sogar kontraproduktiv sein kann. Im folgenden wird daher ausgeführt, wie eine konzeptionelle Personalentwicklung ausgestaltet werden kann, welche Interdependenzen hierbei bestehen und wie sich diese Interdependenzen sogar synergetisch nutzen lassen.

Systemtheoretisch betrachtet bilden Personen bzw. deren Potentiale und Aktionen bzw. Prozesse der Entwicklung die Elemente eines Personalentwicklungs-Systems. Der **institutionelle Aspekt** steht im Vordergrund, wenn die Personen, differenziert nach Art und Anzahl sowie Strukturierung und Einbindung in übergeordnete Systeme, betrachtet werden. Interessieren die Aktionen bzw. Prozesse, die zur Entwicklung beitragen, steht der **funktionale Aspekt** im Vordergrund.[301] Im folgenden werden anhand einer phasenorientierten Betrachtung beide Aspekte näher erläutert.
Eine konzeptionelle Personalentwicklung ist gekennzeichnet durch die Phasen:[302]

- Systematische Ermittlung des **Entwicklungsbedarfs** (Entwicklungs-Erfordernisse) bei identifizierten **Entwicklungs-Adressaten**,
- Formulierung eines Programms mit den entsprechenden **Entwicklungsmaßnahmen**,
- **Durchführung** der Maßnahme und
- **Evaluation** des Entwicklungserfolgs.

Diese schematische Auflistung sollte nicht den Eindruck erwecken, daß systematische und erfolgreiche Personalentwicklung lediglich eine Funktion der Auswahl und des Einsatzes der richtigen Entwicklungs-Instrumente ist. Dies funktioniert schon allein aus zwei Gründen nicht: zum einen existiert kein Set von Instrumenten,[303] für dessen Auswahl ein hinreichend begründetes theoretisches Fundament zur Verfügung stünde und das daher unschwer operational einsetzbar wäre. Zum anderen ist ein wichtiger Aspekt bei der praktischen Personalarbeit die Methodenakzeptanz und zwar seitens der Unternehmungsleitung und auch der betroffenen Mitarbeiter, was eine stark subjektive Komponente in die Personalentwicklungs-Arbeit einbringt.[304] Vor allem aber ist Personalentwicklung immer vor dem Hintergrund unternehmungsspezifischer Kontextfaktoren zu gestalten. Sie unterliegt damit dynamischen Anpassungsprozessen, wie die weiteren Ausführungen noch zeigen werden (s. Kap. F.).

Dies bedeutet jedoch nicht das »Aus« für konzeptionelle Personalentwicklung, sondern stellt eine Herausforderung an die Entscheidungskompetenz der Verantwortlichen dar, da diese in der Lage sein sollten, aus einem Pool von Instrumenten und Methoden heraus unternehmungs- und situationsadäquat zu wählen.

---

301 Vgl. Hungenberg (1990) 41.
302 Vgl. Gaugler (1989) 39f.
303 Siehe auch die kritischen Anmerkungen zu den Instrumenten im einzelnen.
304 Siehe auch die Bemerkungen zu den subjektiven Prägungen in Kapitel D.V5.a.aa und die Ausführungen zum Akzeptanztheorem bei Drumm (1992) 316ff.

a) Entwicklungsbedarf

Voraussetzung für eine systematische Personalentwicklung ist eine detaillierte qualitative, auf die Zukunft gerichtete **Personalbedarfsplanung** und auf die Gegenwart bezogene **Personalbestandsplanung,** mit deren Hilfe, aufbauend auf prognostizierten Veränderungen der Unternehmungsstruktur und deren Umfeld, zukünftige Aufgaben und Anforderungen im Tätigkeitsfeld der Mitarbeiter analysiert werden.

Bei Praktizierung einer Personalentwicklung nach dem Lückenkonzept werden gegenwärtige Qualifikationen einer Person den Anforderungen einer Stelle gegenübergestellt und damit **Deckungslücken** offengelegt, die durch Personalentwicklung zu schliessen sind. Damit bilden Änderungsprozesse in der Unternehmung den Ausgangspunkt für den Einsatz der Personalentwicklung. Die Aufgabe der Personalentwicklung ist es dann, sicherzustellen, daß diese Änderungen möglichst konfliktfrei und reibungslos durchgeführt werden, weshalb auch der in Kapitel D.V.4 angesprochene Zielpluralismus zu berücksichtigen ist.

Abbildung 67 gibt einen skizzenhaften Überblick über die informatorische Grundlage einer solchen instrumentalistischen Personalentwicklung.

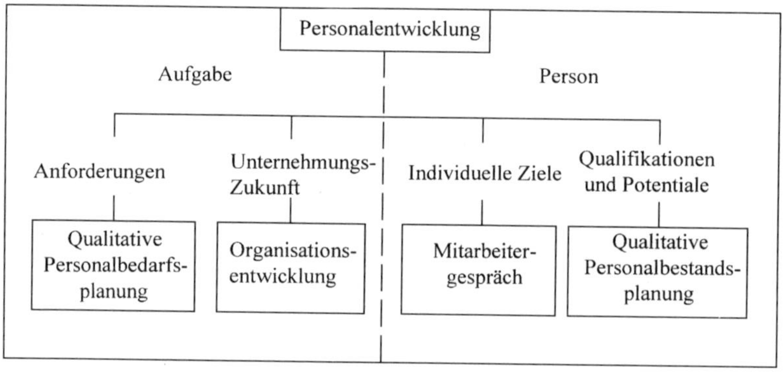

Abb. 67: Informatorische Grundlage der Personalentwicklung
Quelle: In Anlehnung an Drumm (1992) 297.

Eine wesentliche Differenzierung besteht nun zwischen den Arbeitsinhalten von Fach- und Führungsfunktionen dahingehend, daß Führungsaufgaben typischerweise sehr unstrukturiert und bezüglich der Inhalte relativ vielseitig sind.

Entwicklungsbedarf entsteht bei Abweichungen vom Idealzustand der Stellenbesetzung, d.h. wenn Mitarbeiter im Sinne der Erreichung betrieblicher und individueller Ziele nicht optimal eingesetzt sind. Ein **Einsatzoptimum**[305] ist dann vorhanden, wenn

– **bestehende** Arbeitsplätze derart besetzt sind, daß
  • die Mitarbeiter-Qualifikationen den Stellen-Anforderungen entsprechen,
  • Qualifikationen entsprechend sich wandelnden Anforderungen verändert werden,
  • die vorhandenen Qualifikationen im Zuge der Aufgabenerfüllung genutzt werden,

305 Vgl. Müller (1971) 34.

– für derzeit und zukünftige **freie** Arbeitsplätze (Vakanzen)
  • eine ausreichende Zahl von Nachwuchskräften bzw. Positions-Aspiranten vorhanden ist,
  • die Positions-Aspiranten auf ihre künftigen Aufgaben so vorbereitet sind, daß ihre Qualifikationen bei Übernahme der Stelle ausreichen.

Damit wird deutlich, welche **Voraussetzungen** erfüllt sein müssen, damit Abweichungen von diesem Optimum erkannt und Entwicklungs-Maßnahmen inhaltlich konkretisiert werden können. Es sind erforderlich:

– Kenntnisse der Aufgaben- und Stellenveränderungen (Inhalte der Organisations-, Stellenplanung);
– Kenntnisse der Stellenanforderungen und ihrer Veränderungen;
– Kenntnisse der Mitarbeiter-Qualifikationen und ihrer voraussichtlichen Entwicklungen und
– Kenntnisse der Entwicklungsbedürftigkeit der Mitarbeiter.

Das Vorliegen dieser Informationen ist notwendig, um den Bedarf an Personalentwicklung feststellen zu können. In systematischer Betrachtung liegt Entwicklungsbedarf dann vor, wenn

– **Deckungslücken** zwischen Arbeitsplätzen und Mitarbeitern bestehen, die sich beziehen auf
  (1) die Quantität der Stellenbesetzung: **Vakanzen** und/oder
  (2) die Qualität der Stellenbesetzung (**Anforderungs-Qualifikations-Diskrepanzen**). Diese können in zwei Formen auftreten:
    (a) Als **Qualifikationslücken**, wenn Qualifikationen die Anforderungen unterschreiten,
    (b) als **Anforderungslücken**, wenn die Anforderungen unter den vorhandenen Qualifikationen liegen.

  Diese drei Arten von Deckungslücken kann man als den primären betrieblichen Personalentwicklungsbedarf bezeichnen. Er wird durch Entwicklungsprogramme planerisch fundiert zu beheben versucht. Gelingt dies (in einer ersten Planungsrunde) nicht vollständig, so entsteht ein weiterer, sekundärer Entwicklungsbedarf. Er besteht aus

– Deckungslücken zwischen den betrieblichen Entwicklungsmöglichkeiten und den persönlichen Entwicklungswünschen. Sie können auftreten als
  (1) **Gelegenheitslücken**, wenn weniger Entwicklungsmöglichkeiten vorhanden sind, als diesbezüglich Wünsche geäußert wurden,
  (2) **Ziellücken**, wenn die Entwicklungswünsche hinter den vorhandenen (geplanten) Entwicklungsmöglichkeiten zurückbleiben.

Solche Deckungslücken können gegenwärtig bestehen und/oder zukünftig entstehen. In bezug auf gegenwärtigen Entwicklungsbedarf ist es eher möglich, ihn detailliert, d.h. arbeitsplatz- und mitarbeiterspezifisch zu formulieren. Bedarfsprognosen sind mit den üblichen Planungsunsicherheiten behaftet, zu denen zusätzliche Schwierigkeiten treten, die mit – vor allem längerfristigen – Voraussagen über zukünftige Arbeitsplatz-Anforderungsveränderungen und Mitarbeiter-Qualifikationspotentiale verbunden sind.

Personalentwicklungsbedarf hat zwei Komponenten:

- Die **sachliche** Komponente sagt aus, wofür und wohin entwickelt werden soll. Es geht hierbei um das Schließen der Deckungslücken i.S. des Definierens von Entwicklungszielen und -inhalten.
- In der **personellen** Komponente kommt zum Ausdruck, wer entwickelt werden soll. Es geht also um die Mitarbeiter(-Gruppen), für die Entwicklungsmaßnahmen geplant und durchgeführt werden sollen.

Abbildung 69 stellt diese Zusammenhänge dar.

aa) Erhebung des betrieblichen Entwicklungsbedarfs

Basis für die Personalentwicklung bildet die Identifikation des **betrieblichen Entwicklungsbedarfs**, u.a. seiner sachlichen Komponente. Für das Beispiel der Führungskräfte-Entwicklung deutet Abbildung 68 skizzenhaft die Operationalisierung durch Abgleich von Stellen-Audit, Nachfolgeplänen und Nachwuchslisten an.

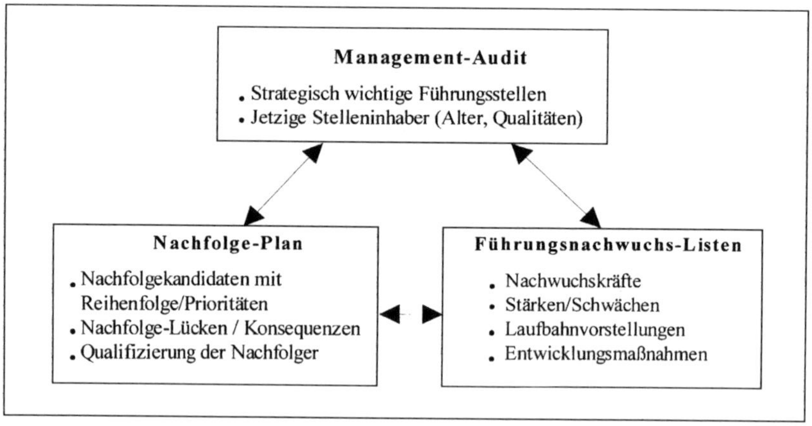

Abb. 68: Führungskräfte-Entwicklungsplanung
Quelle: In Anlehnung an Sattelberger (1989a) 159.

Dieses sehr grobe Schema bedarf einer Konkretisierung bezüglich einzelner Kompetenzen, wie sie Entwicklungsmaßnahmen zugänglich sind. So ist es z.B. nicht hinreichend konkret, jemanden von einer unerfahrenen zu einer erfahrenen Marketing-Führungskraft entwickeln zu wollen. Gerade für den Führungskräftebereich existiert eine Vielzahl von Ansätzen zur Ableitung von Anforderungen, auf die schon weiter oben eingegangen wurde. Neben diesen Ansätzen ist die Analyse von Arbeitssituationen und hier die Auswertung von Dokumentationen organisatorischer Regelungen noch von Bedeutung (s. Kap. D.V.5.a.aa).

Als Grundlage einer systematischen Personalentwicklung reicht es nicht aus, festzustellen, ob Qualifikationsdefizite bestehen. Zu differenzieren ist vielmehr zum einen nach der Dringlichkeit der Behebung des Defizits und danach, ob die Person bzw. das Arbeitsumfeld dieses Defizit nicht kompensiert. Während ersteres die unternehmungsbezogene Tragweite des Defizits anspricht, können sich mit letzterem vorhersehbare Adaptionsprobleme in der

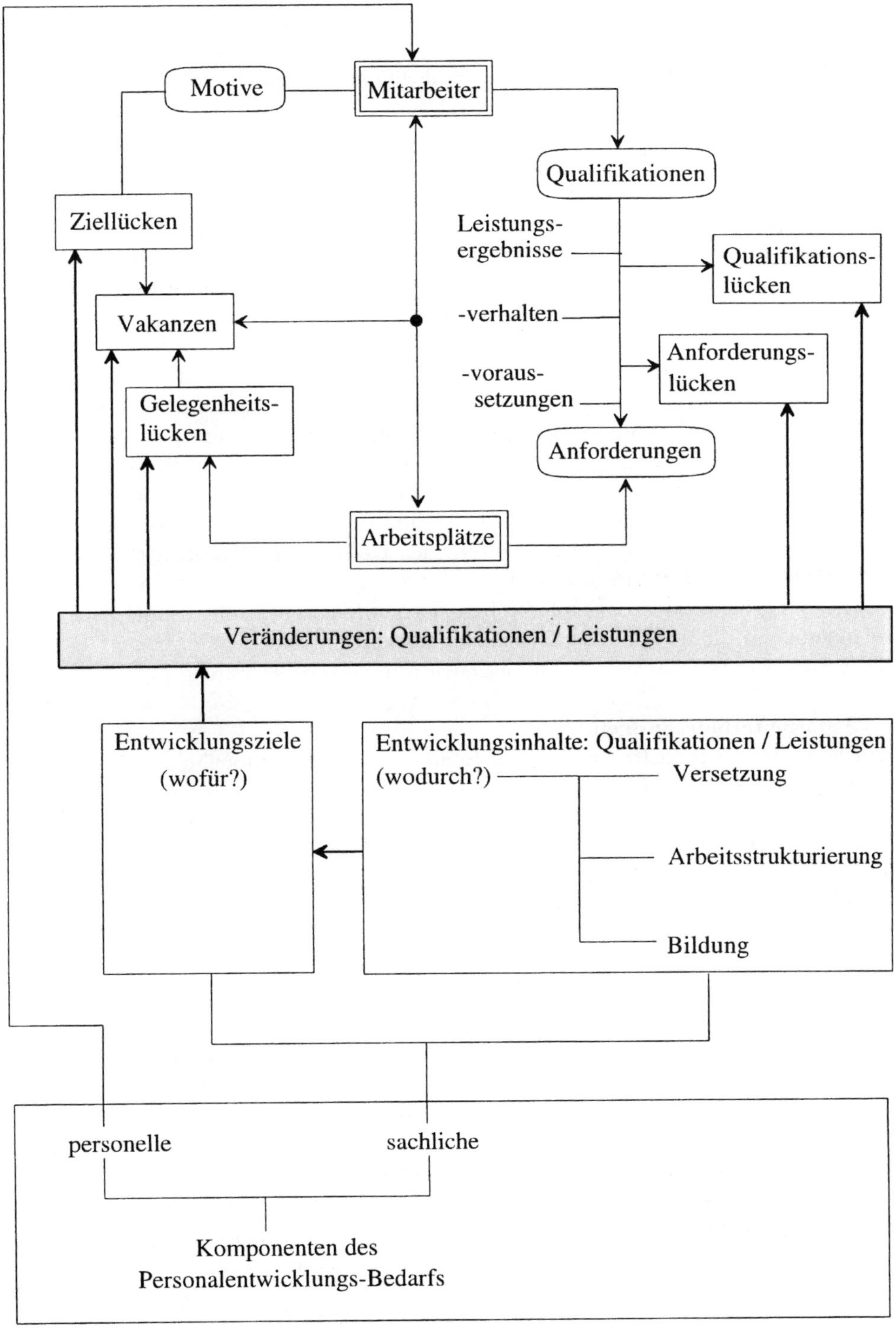

Abb. 69: Bestimmungsgrößen und Komponenten des Entwicklungsbedarfs

Organisation vermeiden lassen, die in Folge einer Anpassung der Qualifikation notwendig würde.[306]

Geht die Personalentwicklung über die Schließung von Qualifikationslücken hinaus und hat sie auch die Entwicklungsfähigkeit der Mitarbeiter und die der Unternehmung zum Ziel, so reicht diese instrumentalistische Vorgehensweise (»Lückenkonzept«) nicht mehr aus. In diesem Falle kommt den oben angeführten fachübergreifenden Qualifikationen zusätzliche Bedeutung zu, die sich auf das selbständige Erkennen, Analysieren und Bewältigen von, eventuell noch nicht vorhandenen, Problemen beziehen und damit das Potential für aktive Entwicklungsprozesse schaffen. Zur Entwicklung der dann angesprochenen Qualifikationen rücken Aspekte, wie z.B. die Persönlichkeits-Entwicklung durch Selbstentwicklung oder die Entwicklung von Lernfähigkeit durch motivationsanregende Arbeitsstrukturierung, in den Vordergrund.

Aus Abbildung 69 geht hervor, daß sowohl aufgaben- als auch personenbezogene Daten zu erheben sind. Ausgangspunkt für die Erhebung bilden typischerweise von der methodischen Seite her bzgl. der Aufgabe die **formale Stellenbeschreibung** und bzgl. der Person die **Leistungsbeurteilung**. Die Stellenbeschreibung wird primär unter funktional-organisatorischen Gesichtspunkten erstellt und wird daher hier nicht weiter ausgeführt. Bei der Leistungsbeurteilung gelten prinzipiell die Ausführungen zur Qualifikationsdiagnose, was speziell auch für die Probleme der prognostischen Relevanz, der Reliabilität, Validität, Objektivität und Wirtschaftlichkeit zutrifft.

Außer den beiden oben angeführten Instrumenten, die, wie erwähnt, nur in ihrer sekundären Funktion zur informatorischen Fundierung herangezogen werden, existiert noch eine Reihe spezieller Instrumente, die im folgenden näher dargestellt werden.

(1) Mitarbeiterbefragungen

Durch die Mitarbeiterbefragung können Informationen über Einstellungen, Erwartungen und Bedürfnisse der Mitarbeiter, bezogen auf den Arbeitsplatz, das betriebliche Arbeitsumfeld und die Umwelt erhoben werden. Die Qualität der Informationen aus Befragungen hängt neben der Qualität der Fragen auch von der Handhabung der Durchführung und weiteren situativen Faktoren ab.

Sporadische Befragungen in rezessiven Zeiten können beispielsweise Unruhe bei den Befragten auslösen. Als Reaktion darauf können diese dazu tendieren, solche Antworten zu geben, die vermeintlicher Weise eher der Sicherung des Arbeitsplatzes dienen und damit nicht zur Erhöhung der Förderungs- und Entwicklungsperspektiven beitragen.

Über Qualifikationslücken, die bei bestimmten Mitarbeitern vorhanden sind, können solche Personen Aussagen machen, die zum einen über arbeitsplatzbezogene praktische Erfahrungen und/oder theoretische Kenntnisse verfügen, d.h. über die Aufgabeninhalte, den Arbeitsvollzug und dessen Anforderungen, und die zum anderen diejenigen Mitarbeiter kennen, für die eventuell benötigte Fortbildungsinhalte ermittelt werden sollen. Als zu Befragende kommen Mitglieder der Unternehmungsleitung, Vorgesetzte der zu beurteilenden Mitarbeiter, Trainer und vor allem die Mitarbeiter selbst in Betracht. Als Interviewer werden selten bestimmte Personen genannt, es sei denn, die sog. Bildungsbeauftragten der Unternehmung, über die in letzter Zeit verstärkt diskutiert wird.

---

306 Stiefel spricht in diesem Zusammenhang von »Korridorthemen«, die eine strategische Bedeutung haben. Vgl. Stiefel (1989) 54f.

Als Befragungsmethoden kommen Expertenbefragungen, z.B. durch Interviews, Fragebogen-Erhebungen, strukturierte Rollenanalysen oder ähnliche Techniken in Betracht.

- Expertenbefragungen durch **Interviews** können sich einmal an Arbeitsplatz-Experten richten, zum anderen durch Personalentwicklungs-Experten durchgeführt werden. Ersteres ist der Fall, wenn Mitarbeiter selbst und/oder deren Vorgesetzte befragt werden.[307] Mitarbeiterbefragungen lassen auch individuelle Interessen und Neigungen erkennen, in ihnen werden unabhängig vom Vorgesetzten Qualifikationslücken und Trainingswünsche mitgeteilt. Vorgesetztenbefragungen können in Ergänzung zu Mitarbeiterbefragungen eine Beurteilung realistisch abrunden. Ein Personalentwicklungsexperte wird beteiligt, wenn Bildungsbeauftragte Bedarfserhebungen durchführen bzw. als Informationssammelstelle für Personalentwicklungsbedarf fungieren. Werden Bildungsbeauftragte für die einzelnen Funktionsbereiche eines Betriebes eingesetzt, so wird es möglich, bereichsspezifische Entwicklungssignale dezentral zusammenzufassen und in Maßnahmen umzusetzen. In solchen Expertenbefragungen liegen aber auch Gefahren:[308] Sie erbringen oft unvollständige Ergebnisse, in starkem Maße Meinungen neben und statt Fakten, teilweise Problemlisten der Befragten, wenn der Interviewer als Beschwerdestelle mißverstanden wurde. Bei schriftlichen Befragungen kommen Mißverständnis- und Fehlinterpretations-Gefahren hinzu. Oft zögern Vorgesetzte auch, ihre Meinungen und Urteile über Mitarbeiter schriftlich abzugeben. Diese Gefahren können durch spezielle Vorkehrungen, wie z.B. Art der Frageformulierung, Antwortvorgabe, Hilfestellung beim Ausfüllen des Fragebogens u.a.m., gemindert werden. Andererseits liegen in solchen »Hilfen« oft wiederum neue Gefahren: so bei sog. »geschlossenen« Fragen mit vorgegebenen multiple choice-Antwortkategorien die des Aufzwingens des theoretischen Referenzrahmens, der zur Fragebogen-Konstruktion benutzt wurde.
- Ausschließliche **Fragebogen-Erhebungen** erbringen im Vergleich zu Interviews schnellere Ergebnisse, sie sind kostengünstiger, die in der Person des Interviewers liegenden Fehlerquellen fallen fort. Auch ist ein größeres Spektrum der im Betrieb vorhandenen Vorstellungen über den Entwicklungsbedarf durch Mehrfachbefragungen, d.h. sowohl der Mitarbeiter selbst wie auch deren Vorgesetzte und die Geschäftsleitung, leichter zu erheben. Gerade dann aber, wenn Kataloge über Tätigkeiten oder Wissensgebiete zugrunde gelegt werden,[309] die durch Ankreuzen zu bearbeiten sind, ist die oben genannte Gefahr besonders groß, daß ein fester Rahmen aufgezwängt wird.
- In **strukturierten Rollenanalysen**[310] werden Mitarbeiter über ihre Erwartungen und Vorstellungen befragt, die sie von den (Einzel-)Funktionen ihrer Stelle und deren relativen Bedeutung zueinander sowie von den Faktoren haben, die die Aufgabenerfüllung beeinflussen. Schließlich geht es um ihre Einschätzung der Qualifikationslücken, die – durch Gewichtungen abgestuft – bei ihnen selbst vorhanden sind. Solche Selbsteinschätzungen sind nicht immer leicht beurteilbar, weil in bezug auf die Antwortqualität zumindest zwei Zweifel bestehen:
  a) Sind die wirklichen Mitarbeiter-Erwartungen und nicht nur abstrahierte Meinungsbilder über sie gewonnen worden?

307 Vgl. Guercke (1971).

308 Vgl. Lattmann (1974) 28; Guercke (1971) 172ff.; Habib (1970) 46.

309 Für Beispiele vgl. Esche u.a. (1970) Anlage 1 und Anlage 2; Stewart (1970) 12ff.; Claycombe/Bird/Bennet (1976) 116ff.

310 Vgl. hierzu Zeidler (1972); Stiefel (1974) 445; Lattmann (1974) 30.

b) Stimmen die angegebenen, notwendigerweise allgemeinen Erwartungen mit den besonderen und konkreten im jeweiligen Aufgabenerfüllungsfall überein?

- Auch mit der sog. »**Critical Incident**«-Methode kann der Inhalt von Entwicklungsbedarf ermittelt werden. Kritische Vorfälle oder Schwierigkeiten beim Aufgabenvollzug können entweder durch die Mitarbeiter selbst mit Hilfe tagebuchartiger Aufzeichnungen oder aber mittels Arbeitsablaufanalyse entdeckt werden.[311] Unabhängig davon, in welcher Form Arbeitsmängel festgestellt wurden, schließt sich eine Untersuchung darüber an, ob sie in unzureichenden Mitarbeiter-Qualifikationen ihren Grund haben, und ob diese durch Personalentwicklungs-Maßnahmen verbessert werden können.
- Mit **Gruppengesprächen** unterschiedlicher Formen kann Trainingsbedarf schließlich ebenfalls ermittelt werden. Dazu gehören Brainstorming-Sitzungen, Übungen zu Problemidentifizierungen, direktes Erfragen genau konkretisierter Trainingsinhalte z.B. am Beginn von Seminaren. Durch diese Formen der Teilnehmeraktivierungen können gruppendynamische Prozesse eingeleitet werden an Problemen, die durch Erkennen von einer Personenmehrheit legitimiert sind.

(2) Dokumentenanalyse

Die wichtigsten zur Aufdeckung von Entwicklungsbedarf zu analysierenden Dokumente sind Aufzeichnungen über **Leistungsbeurteilungen** (Performance Analysis).[312] Auf dieses Instrument einer globalen Qualifikations-Diagnose wurde oben schon im Zusammenhang mit dem informatorischen Fundament der Personalplanung und -entwicklung (s. Kap. D.II.2) eingegangen. Grundvoraussetzungen sind das Vorhandensein von und ständiges Arbeiten mit Leistungsstandards, die Messung der tatsächlich erzielten Arbeitsergebnisse, die Diskussion der Resultate zwischen leistendem Mitarbeiter und beurteilendem Vorgesetzten und die schriftliche Protokollierung des Beurteilungsgesprächs.

Den Vorteilen objektivierter und akzeptierter Beurteilungskriterien stehen aber durchaus auch Nachteile gegenüber,[313] die sich vor allem auf die Handhabung und auf Schlußfolgerungen aus den Beurteilungsergebnissen beziehen: Dem Schluß von mangelhaften Leistungen (Zielverfehlung) auf Ursachen, die in der Person des Stelleninhabers liegen und nicht etwa auf solche Gründe, die nicht von ihm beeinflußbar waren, liegen zumindest auch subjektive Einschätzungen zugrunde. Insofern gehören auch Mechanismen zur Bewältigung von Konflikten zwischen Beurteiltem und Vorgesetzten über diesen Punkt zu einem ausgebauten Beurteilungssystem. Auch der Schluß von Fehlleistungen auf bestimmte Qualifikationsmerkmale, die in nur unzureichendem Maße ausgeprägt und daher trainierbedürftig sind, ist keineswegs stets zwingend. Schließlich ist besondere Vorsicht bei der prognostischen Beurteilung von Persönlichkeits- und Verhaltensmerkmalen karrierefähiger Mitarbeiter geboten.

Die gleichen Schwierigkeiten hinsichtlich der Ursachenanalysen und des Sicherheitsgrades gezogener Schlußfolgerungen ergeben sich bei der Auswertung von **Personalakten**, um sogenannte »**Skills Inventories**«[314] anzufertigen, oder von anderen Unterlagen und

---

311 Vgl. für nähere Einzelheiten Rayfield (1971) 26f.; Nadler (1971) 54ff.; Stiefel (1974) 445; Wessman (1975) 112.

312 Sie sind nach Fournies (1974) 19ff. in ca. 85% aller Firmen der USA für das Management verbreitet.

313 Vgl. Wessman (1975) 111; Zimmer (1974) 47f.

314 Vgl. Wessman (1975) 113.

Kennziffern. Sie können u.U. wertvolle Indikatoren liefern, auf denen weiter Recherchen und Gespräche gezielt aufbauen können.

Dieser eher heuristische Charakter, z.B. von Kennzahlen, wird bei einer Durchsicht diesbezüglicher Vorschläge[315] deutlich. So werden z.B. genannt: steigende Fluktuationsraten, Krankenquoten, Überstunden, Kundenreklamationen, Inventurdifferenzen, sinkende Abteilungs-Deckungsbeiträge, Personalproduktivität, Zahl von Verbesserungsvorschlägen u.a.m.

(3) Verhaltensbeobachtungen

Qualifikationen prägen die Disponiertheit eines Mitarbeiters, Arbeit vollziehen zu können. Aus der Beobachtung des Arbeitsverhaltens können Rückschlüsse auf vorhandene oder aber nicht vorhandene Qualifikationen gezogen werden.

Verhaltensbeobachtungen sind in verschiedenen Formen möglich:

- als Beobachtungen durch Dritte in »Originalsituationen«, z.B. als Dauerbeobachtungen am Arbeitsplatz, als Multimomentstudien, als Mikro-Momentaufnahmen.[316]
- Eine andere Form sind Beobachtungen in »Sondersituationen«, z.B. in Rollenspielen, Prüfungen, psychologischen Tests (z.B. sog. Achievement Tests).[317] Mit ihnen sind allerdings besondere Schwierigkeiten verbunden, vor allem hinsichtlich der »Echtheit« des Beobachteten. Insbesondere einem mit Tests Versierten dürfte es nicht schwerfallen, nach einem zurechtgelegten Konzept oder auch so zu agieren, wie er meint, daß es dem Beurteilenden zusagt.

Alle Beobachtungsformen können sich nur dann als wertvolle Quelle für Zusatzinformationen über Mitarbeiter-Qualifikationen erweisen, wenn die beobachtenden Personen mit den Tätigkeiten, die sie beobachten, ausreichend vertraut sind.[318] Andernfalls sind Fehlkonstruktionen über das jeweils »richtige Musterverhalten« wahrscheinlich, die auf Mißverständnissen über (etwa technisch) notwendige Teiltätigkeiten beruhen können.

(4) Mitarbeitergespräche

Mitarbeitergespräche dienen sowohl der Leistungsbeurteilung an sich als auch der Beratung und Orientierung in Karrierefragen. Abbildung 70 gibt einen groben Überblick über einzelne Inhalte und Ziele von Mitarbeitergesprächen.

Eine typische Vorgehensweise bei der Erhebung personenorientierter Daten ist es, auf Grundlage einer Leistungsbeurteilung Stärken und Schwächen einer Person zu beurteilen und darauf aufbauend das Entwicklungspotential einzuschätzen. Nachteil sowohl von der (personenbezogenen) Leistungsbeurteilung als auch von der (aufgabenbezogenen) Stellenbeschreibung ist die retrospektive bzw. status quo Orientierung, weshalb sie keine methodisch gesicherte Grundlage für Prognosen sind. Damit ist die beschriebene Vorgehensweise nicht nur fehlerhaft, sondern kann auch das sogenannte Peter Prinzip auslösen, nach dem jemand solange befördert wird, bis er die Stufe seiner Inkompetenz erreicht hat.[319]

---

315 Vgl. Tavernier (1971) 10f.; Morano (1971) 486f.; Zimmer (1974) 95.
316 Vgl. Johnson (1967) 16ff.; Schmidt, G. (1973) 51ff.; Lattmann (1974) 32ff.
317 Vgl. Wessmann (1975) 113.
318 Vgl. Habib (1970) 46.
319 Vgl. Oechsler (1992) 327.

Gesprächsinhalt:

- Fähigkeiten und Fertigkeiten des Mitarbeiters
- Leistungsbeurteilung
- Konkrete Förderungs- und Schulungsmaßnahmen
- Fragen der Karriereplanung
- Belastungen
- Entwicklungsalternativen im Unternehmen

Ziele der Gespräche:

- Verbesserung der Beziehung von Mitarbeitern zu Führungskräften
- Verbesserung der Leistungen
- Initiierung und Steuerung der Fortbildung
- Klärung der Karriereplanung
- Planung individueller Arbeits-, Verhaltens- und Schulungsziele
- Basis für Potentialeinschätzung erheben
- Arbeitszufriedenheit erhöhen

Abb. 70: Personalentwicklungs-orientierte Inhalte und Ziele von Mitarbeitergesprächen
Quelle: In Anlehnung an Oechsler (1992) 335.

(5) Assessment Center

Geeigneter zur informatorischen Fundierung ist das **Assessment Center** (AC), bei dessen Einsatz Anforderungen künftiger Arbeitssituationen mit in die Testsituation eingebracht werden können. Damit können Personen in Situationen beobachtet werden, die künftigen Anforderungen entsprechen, so daß hier eine relativ höhere Prognosevalidität im Vergleich zu anderen Erhebungsinstrumenten erzielbar ist. In Zusammenhang mit der Personalauswahl ist dieses Instrument oben näher beschrieben worden (s. Kap. D.III.3.b.dd). Abbildung 71 gibt den theoretisch unterstellten idealtypischen Erkenntnisfortschritt durch ein AC skizzenhaft wieder.

(6) Weitere Verfahren

Für weitere Verfahren zur Ermittlung von Personalentwicklungsbedarf ist zum einen auf die informatorische Fundierung der Personalplanung zu verweisen. Die dort benötigten und ermittelten Informationen können auch in dem hier zur Diskussion stehenden Zusammenhang herangezogen werden. Dies belegt den sachlichen Zusammenhang eines systematisch und konzeptionell betriebenen Personal-Managements.

Zum anderen sind die Instrumente, die bei der Personalauswahl Anwendung finden, prinzipiell auch geeignet, um personenbezogene Informationen für die Personalentwicklung zu erheben.[320]

320 Vgl. im einzelnen Conradi (1983) 82f.

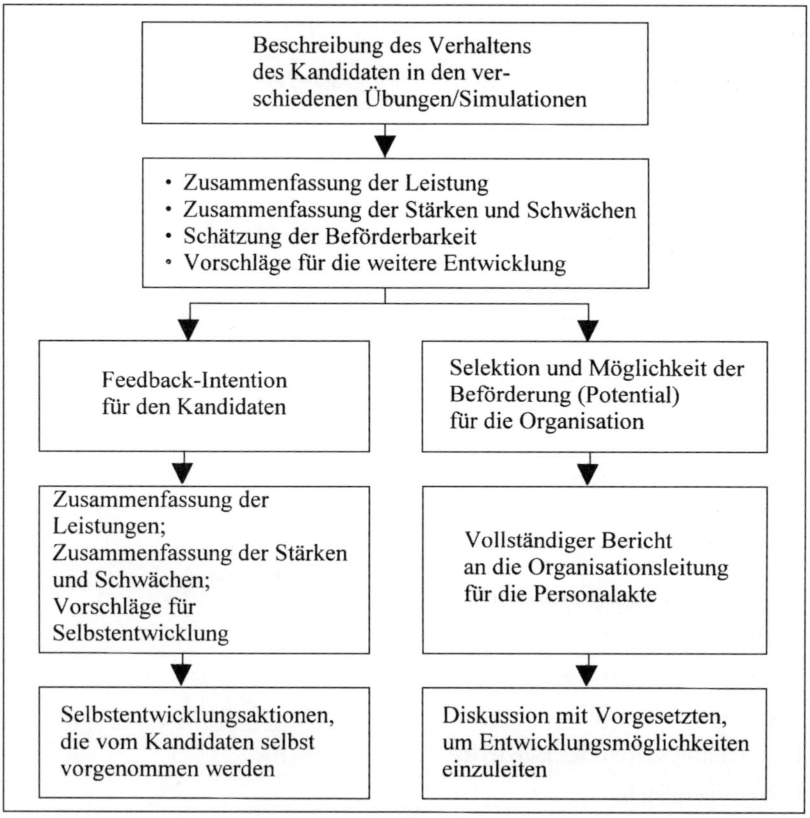

Abb. 71: Assessment Center innerhalb der Personalentwicklung
Quelle: In Anlehnung an Oechsler (1992) 329.

In der weiter oben schon angeführten Befragung größerer Unternehmungen in Deutschland wurde auch nach den Grundlagen der Personalentwicklung gefragt. Abbildung 72 gibt das Ergebnis wieder, in dem sich zeigt, daß personenbezogene Informationsquellen die höchste Bedeutung in den befragten Unternehmungen haben. Dies ist eine Bestätigung der Erkenntnis, daß Personalentwicklung eine hohe Bedeutung als Aufstiegshilfe zukommt.

bb) Identifizierung der Entwicklungsadressaten

Nach Feststellung des betrieblichen Entwicklungsbedarfs sind **Entwicklungs-Adressaten** auszuwählen, womit die **personelle Komponente** des Personalentwicklungs-Bedarfs angesprochen ist. Auswahlkriterium der Praxis ist vielfach die gegenwärtige Funktion und Position. Personalentwicklung zielt jedoch nicht nur auf die Erhaltung der Eignung für gegenwärtige Aufgaben ab, sondern auch auf den Eignungsaufbau für zukünftige Anforderungen. Rational gesehen ist daher entscheidender, ob ein Mitarbeiter entwickelt werden möchte und ob er ein entsprechendes Entwicklungs-Potential besitzt.

Hinsichtlich der Entwicklungsbedürfnisse der Mitarbeiter darf nicht verkannt werden, daß sie zum einen nicht einfach zu ermitteln sind und zum anderen Mitarbeiter nicht selten

Informationsquelle	Rangwert
personenbezogen	
Nachfolgepläne	3,3
Leistungsbeurteilung	3,5
Stellenbeschreibung	2,3
Mitarbeiterbestand	2,6
Zielvereinbarung	2,7
Erwartungen der Mitarbeiter	2,7
funktionsbezogen	
Anforderungsprofile	3,1
Revisionsberichte u.ä.	1,6
Empfehlungen vom Bildungswesen	2,7
Empfehlungen vom Personalwesen	3,3
Ergebnisse von Arbeitskreisen	2,2
Individuelle Problemanalysen	2,6
unternehmensbezogen	
Rationalisierungsvorhaben	2,6
Investitionsprogramme	3,0
Entwicklungsdaten des Betriebs	3,0
Betriebsvergleiche	1,7
Organisationsentwicklung	2,7
Klimaanalyse im Unternehmen	1,6

Rangwert: 5 = hohe Bedeutung
1 = geringe Bedeutung

Abb. 72: Informationsstruktur der Personalentwicklung
Quelle: Kettgen (1989) 139.

Schwierigkeiten haben, sie deutlich und hinreichend informiert zu artikulieren. In mehreren Leistungsdeterminanten liegen Komponenten verborgen, die gemeinsam zu Entwicklungsbedürfnissen führen: in Motiven, Einstellungen, Valenzen, Anordnungen, Erwartungen – sämtlich durch Erfahrungen und Lernprozesse aus der Arbeitsumwelt geprägt. Zwar gibt es etliche Instrumente, die als Artikulationshilfen betrachtet werden können;[321] gleichwohl bleibt, daß in möglicherweise nicht wenigen Einzelfällen Erwartungs- und Erfahrungshorizonte von Mitarbeitern sehr eng sind, daher Entwicklungschancen nicht erkannt werden und der Entwicklungswille nicht sehr ausgeprägt ist.

Entwicklungs-Ziele der Adressaten können in Mitarbeitergesprächen erhoben werden. Zu beobachten ist, daß neben Sicherheit, finanziellen Gründen, Aufstieg und anderen

321 Vgl. Berthel/Koch (1985).

generellen Zielen im Zuge des Wertewandels individuelle Entwicklungsziele wie Selbstbestimmung, Individualität, Selbstverwirklichung, u.ä. an Bedeutung zunehmen, was bei der Ermittlung die Wichtigkeit der **individuellen** Erhebung deutlich macht. Pragmatisch gesehen ist hierfür eine Selbstanalyse der Mitarbeiter notwendig, mit deren Hilfe der Mitarbeiter sich über seine persönlichen Entwicklungswünsche und -ziele klar wird.

Beim Abbau von Bewußtseins- und Kenntnis-Defiziten können Mitarbeiter-Beratungs- und Mitarbeiter-Fördergespräche, z.B. durch die unmittelbaren Vorgesetzten, hilfreich sein.

Ist eine entsprechende Entwicklungsbereitschaft bei den Mitarbeitern nicht vorhanden, verbleiben nur externe Deckungsmöglichkeiten. Dem Personal-Management kommt hier eine zentrale Koordinationsfunktion zu, die sich aus den Überschneidungen von Beschaffungs-, Einsatz- und Entwicklungssystemen ergibt.

Die Erhebung von **Entwicklungs-Potentialen** gestaltet sich ungleich schwieriger. Um Potentiale analysieren zu können, sind Anforderungen auf der einen Seite und Qualifikationen auf der anderen Seite merkmalsgleich zu formulieren, wobei eine Leistungsbeurteilung hier alleine nicht ausreicht, da diese nur eine Einschätzung der gegenwärtigen Leistungsfähigkeit widergibt. Ist die Erhebung gegenwärtiger Qualifikationen von der methodischen Seite her schon problematisch, so ist die Erhebung von Potentialen mit noch größeren methodischen Unwägbarkeiten bzw. Unschärfen verbunden, was allein schon darin begründet liegt, daß Informationen über das Potential bezogen auf die Erfüllung neuer, d.h. anderer oder gestiegener Anforderungen benötigt werden.[322] Alternativ zu einer systematischen Erhebung von Potentialen mit ihren Mängeln könnte man noch die subjektiven Werturteile der direkten Vorgesetzten zugrunde legen. Das wäre im Zweifelsfall jedoch die schlechtere Alternative, da neben persönlichen Wertschätzungen für oder gegen einzelne Adressaten vor allem die Gefahr besteht, daß systematische Verzerrungen zugunsten stabilisierender Qualifikationen (wie etwa Überbetonung der Anpassungsfähigkeit an etablierte Systeme) zu einem Stillstand der Entwicklungsfähigkeit der Unternehmung führen.[323]

Das Entwicklungs-Potential kann von der **Deckungslücke** nach oben oder unten abweichen, wobei unabhängig von dem Problem der Ermittlung des Potentials, nur solche Mitarbeiter zu den Entwicklungs-Adressaten gehören können, deren Potential größer oder gleich der Deckungslücke ist.

Häufig findet eine Auswahl von Entwicklungs-Adressaten auch aufgrund weniger rationaler Kriterien statt. Subjektiver und mit (persönlichen) Werturteilen verbunden sind folgende Auswahlregeln:[324]

- **Chancengleichheit** für alle Mitarbeiter als potentielle Entwicklungsadressaten,
- **Privilegierung** bestimmter Mitarbeitergruppen, mit den Unterfällen
  - **Begabtenförderung** solcher Mitarbeiter mit hohem Entwicklungspotential,
  - **Senioritätsprinzip** bevorteilt Mitarbeiter mit langer Betriebszugehörigkeit und Erfahrung,
  - **Juvenilitätsprinzip** als Bevorzugung jugendlicher Mitarbeiter.

---

322 Zu den Problemen der Fähigkeitsprognose und Ermittlung von Fähigkeitsobergrenzen siehe die Ausführungen zur Informatorischen Fundierung (Kap. D.II.2). Vgl. Flohr/Niederfeichtner (1982) 22ff.

323 Siehe auch die Ausführungen zur Verstetigung des Lernens in Kapitel D.V.5.c.aa.

324 Vgl. Drumm (1992) 301.

cc) Faktische Bedarfsermittlung

Die Entwicklung der Mitarbeiter verursacht Kosten und unterliegt demzufolge ökonomischen Restriktionen, wie sie für jede Ressourcenverwendung gelten. In der Literatur werden zwei Regeln zur Bewältigung dieser Restriktion diskutiert:[325]

- **Linearisierung** des Entwicklungsaufwands pro Entwicklungs-Adressat,
- **Begrenzung** des Aufwands bei Maximierung des zu erwartenden Entwicklungs-Nutzens (sog. »Budgetregel«).

Die Linearisierung kommt dem Chancengleichheitsprinzip nahe.

Faktisch stellen bestehende oder latent vorhandene Defizite die wichtigsten Auslöser für Personalentwicklungs-Maßnahmen und damit der Personalentwicklungs-Planung dar, so daß sich der hier theoretisch deduzierte Anlaß von Deckungslücken auch in der Praxis wiederfindet. Gabele stellte für den Bereich der Fortbildung empirisch fest, daß Impulse für neue Bildungsinhalte von folgenden Faktoren ausgehen:[326]

1. institutionell-unternehmerische Faktoren
- technologische Veränderungen: Neue Technologien und Produktionsverfahren,
- Änderungen der Marktverhältnisse: Absatzmarkt, gesamtwirtschaftliche Lage, Konkurrenzdruck,
- Veränderungen im Managementbereich: Änderungen der Unternehmungsgröße, der -ziele, personelle Veränderungen in der Geschäftsleitung.

2. personell-politische Faktoren
- Veränderungen im Betriebsklima: Mitarbeiterfluktuation, Arbeitszufriedenheit, -klima,
- bildungspolitische Entwicklungen: Vorschriften und Richtlinien, Angebote an außer- und überbetrieblichen Bildungseinrichtungen, Planungen im schulischen Bereich.

Weber konnte in mehreren empirischen Untersuchungen nachweisen, daß das Ausmaß (quantitativ) von Fortbildungsaktivitäten abhängig ist von der unternehmungsspezifischen Ausprägung von Faktoren wie Wirtschaftsbereich, Beschäftigtenzahl, Betreuungsintensität der Produkte, Forschungsintensität, Anteil von Hochschulabsolventen, Umfang betrieblicher Fortbildungsziele, Existenz entscheidungsunterstützender Instrumente (Fortbildungspläne, Personalentwicklungs-Pläne, Fortbildungsgrundsätze), Unternehmungsphilosophien und der Aktivität des Betriebsrates.[327]

Sind obige Untersuchungen auf die situationsspezifischen Determinanten derjenigen Faktoren ausgelegt, die in einer speziellen Unternehmung und für eine spezielle Situation gelten, so wird in der Qualifikationsforschung die längerfristige Qualifikationsentwicklung, als generell zu unterstellende Entwicklungstendenz, anhand folgender Thesen diskutiert:[328]

1. Höherqualifizierungsthese:
Technischer Wandel und die Hinwendung zu automatisierter Arbeit bedingen einen Trend zur Höherqualifizierung.

---

325 Vgl. Drumm (1992) 302.
326 Vgl. Staehle (1991) 807 und die dort angegebene Literatur.
327 Vgl. ebenda.
328 Vgl. Conradi (1983) 18ff.; Schlaffke (1989) 14ff.

2. Dequalifizierungsthese:
Bei zunehmender Mechanisierung steigen zunächst die Qualifikationsanforderungen an, sinken dann aber wieder, da die prozeßgebundenen Qualifikationen die handwerklichen Fertigkeiten entwerten.

3. Differenzierungs- und Polarisierungsthese:
Die zunehmende Technologisierung und damit Automatisierung bewirkt eine Abwertung der Qualifikation für die technischen Erfordernisse eines konkreten Arbeitsplatzes (prozeßgebundene Qualifikationen) und gleichzeitig eine Steigerung der Bedeutung prozeßunabhängiger Qualifikationen.[329]

Das Nebeneinanderbestehen dieser widersprüchlichen Thesen ist erklärbar durch den Einfluß individueller Einstellungen des Managements gegenüber der Nutzung organisatorischer Spielräume. Das hat eine Vielfalt von faktisch existierenden Strukturen zur Folge, die ihrerseits die Qualifikationsanforderungen an die Arbeitsplätze determinieren.[330]

Zweites subjektives Moment ist nach Staehle die Management- bzw. unternehmungsphilosophische Einstellung gegenüber Sinn und Zweck von Personalentwicklung. In diesem Sinne lassen sich folgende Personalentwicklungs-Strategien unterscheiden:[331]

- **Purchasing Method:** Personalentwicklung findet nicht statt, Mitarbeiter werden nach Qualifikationsbedarf eingestellt und bei nicht ausreichender Leistung entlassen.
- **Jungle Method:** Personalentwicklung findet nicht statt, auftretende personelle Engpässe werden durch Neueinstellungen oder zufällig vorhandenes Personal beseitigt.
- **Manufacturing Method:** Personalentwicklung findet selektiv und nur bei Bedarf statt, halbausgebildete Mitarbeiter mit Berufserfahrung werden in Abhängigkeit von ihrer Qualifikation eingesetzt und auf verschiedenen Positionen ausprobiert.
- **Agricultural Method:** Personalentwicklung findet auf allen Ebenen statt, es werden junge Nachwuchskräfte mit hohem Wachstumspotential eingestellt und systematisch qualifiziert.

Die beiden ersten auswahlorientierten Strategien sind gekennzeichnet durch komplexe, optimierte Selektionssyteme, Nutzung externer Vorselektion, breiter Einsatz von Assessment-Center zur Beurteilung, Heranziehung von Zusatzgutachten zur Absicherung persönlicher Meinungen über Mitarbeiter, schnellen Einsatz von Freisetzungsmaßnahmen und eine Förderung der Mitarbeiter nach persönlichen Kriterien der direkten Vorgesetzten. In den beiden letzteren entwicklungsorientierten Strategien finden sich komplexe und optimierte Entwicklungssysteme, strukturierte Trainee-Programme, langfristig angelegte Förderkonzepte, Förderung von Zusatzqualifikationen, seltener Einsatz von Probezeiten und Kündigungen.[332]

Die drei erstgenannten Methoden dürften vor allem bei Unternehmungen anzutreffen sein, die die unternehmungspolitische Grundorientierung einer Bestandssicherung erfolgreich betreiben, d.h. Produkte ohne Innovationsbedarf in stabilen Märkten ohne Wettbewerbsdruck vertreiben und auch für die Zukunft keine nennenswerten Änderungen dieser Situation erwarten. Die letztgenannte Methode allerdings ist typisch bis notwendig in ent-

---

329 Vgl. Kern/Schumann (1970) 71.
330 Vgl. Staehle (1991) 809.
331 Vgl. Taylor/Lippitt (1983), zitiert nach Staehle (1991) 809.
332 Vgl. Sattelberger (1989) 18.

wicklungsorientierten Unternehmungen, die in turbulenten Umwelten unter Innovations- und Wettbewerbsdruck stehen und nach neuen Erfolgspotentialen suchen (s. Kap. F.II).

b) Personalentwicklungs-Arten

Diejenigen Tätigkeiten, in denen Personalentwicklung im Sinne von Veränderungen von Mitarbeiter-Qualifikationen bzw. -Leistungen bewirkt werden können, sind oben in die drei Arten Bildung, Arbeitsstrukturierung und Versetzung (Karriereplanung) unterteilt worden. In dieser Reihenfolge sind sie Gegenstand der anschließenden Erörterungen.

Aus methodischer Sicht steht für diese Personalentwicklungs-Arten eine Vielzahl von Maßnahmen zur Verfügung, die entweder nur für eine oder aber auch für mehrere dieser Arten eingesetzt werden können. Sie werden in dem anschließenden Kapitel c) im einzelnen dargestellt.

aa) Bildung

Bildung ist ein sowohl in der Alltagssprache als auch in zahlreichen Disziplinen wie Anthropologie, Philosophie, Pädagogik, Didaktik u.a. gebrauchter Begriff. Bildung als Vorgang ist mit Lernen gleichzusetzen, das zumeist über theoretische Einsicht vollzogen wird. Vom Inhalt her wird Bildung in vielfacher Hinsicht unterschieden, so z.B. als ästhetische, musische, sprachliche, technische, religiöse Bildung. Verschiedene Bildungskategorien zu unterscheiden ist auch nötig im Zusammenhang mit gesetzlichen Regelungen. So teilt z.B. das Weiterbildungsgesetz des Landes Nordrhein-Westfalen Bildung in Sachbereiche auf: personenbezogene Bildung; Eltern- und Familienbildung; freizeitorientierte und kreativitätsfördernde Bildung; politische Bildung; wissenschaftliche Bildung; nichtberufliche, abschlußbezogene Bildung; berufliche Bildung.

Die hier angesprochene berufliche Bildung ist von der Allgemeinbildung abzugrenzen. Dies ist auch mit dem Arbeitsförderungsgesetz (AFG) konform, in dem es heißt, man versteht unter beruflicher Fortbildung alle Maßnahmen, die das Ziel haben, berufliche Kenntnisse und Fertigkeiten festzustellen, zu erhalten oder der technischen Entwicklung anzupassen oder einen beruflichen Aufstieg zu ermöglichen und eine abgeschlossene Berufsausbildung oder eine angemessene Berufserfahrung voraussetzen (§ 41 AFG). Die berufliche Bildung ihrerseits wird unterteilt in berufliche Ausbildung und Fortbildung; Fortbildung setzt Ausbildung in der Regel voraus.

Die begriffliche Abgrenzung läßt sich auch aus einer inhaltlichen Orientierung der Bildungsziele ableiten. Berufliche Bildung läßt sich zusammenfassend unterteilen in:

- **berufliche Erstausbildung** Erwachsener,
- **Ergänzungs- und Anpassungsfortbildung** bei technischen Veränderungen im Arbeitsprozeß,
- **Aufstiegsfortbildung** zur Vorbereitung auf die Übernahme höherwertiger Tätigkeiten innerhalb der Unternehmung,
- **berufliche Umschulung** als nachgeholte Ausbildung zum Erwerb neuer Fähigkeiten und Kenntnisse,
- **berufliche Rehabilitation**, **Resozialisation** und **berufliche Reaktivierung.**

Durch diese Einteilung wird auch die Abgrenzung der Fortbildung in dem 2. und 3. Punkt von den weiteren beruflichen Bildungsbereichen deutlich. Im folgenden wird nur eine Einteilung in Aus- und Fortbildung vorgenommen, da sowohl die Umschulung als auch die berufliche Rehabilitation etc. lediglich gesellschaftspolitische Aspekte ergänzend beinhalten, die bei der hier verfolgten betriebswirtschaftlichen Betrachtung unberücksichtigt bleiben.

(1) Ausbildung

Obiger Einteilung folgend versteht man unter Ausbildung alle betrieblich initiierten Bildungsmaßnahmen, mit denen Mitarbeitern einer Unternehmung, die für bestimmte Tätigkeiten oder Berufe[333] erforderlichen Qualifikationen vermittelt werden.[334] Darunter fallen im wesentlichen:

- die Berufsausbildung nach dem Berufsbildungsgesetz (BBiG),
- die Traineeausbildung auszubildender Hochschulabsolventen und
- die Anlernausbildung.

(11) Berufsausbildung

In der Berufsausbildung werden erstmalig und systematisch berufliche Kenntnisse und Fähigkeiten erworben. Aufgabe der beruflichen Erstausbildung nach BBiG ist die Vermittlung einer breit angelegten beruflichen Grundbildung und der für die Ausübung einer qualifizierten Tätigkeit notwendigen fachlichen Fertigkeiten und Kenntnisse. Ferner hat sie den Erwerb der erforderlichen Berufserfahrungen zu ermöglichen (§ 1 Abs. 2 BBiG). In der Bundesrepublik Deutschland wird die Berufsausbildung überwiegend im Rahmen des sogenannten dualen Systems durchgeführt, d.h. in kooperativer Form in den beiden Lernorten Betrieb und Berufsschule.[335] Gemäß **Berufsbildungsgesetz** (**BBiG**) darf die Ausbildung Jugendlicher unter 18 Jahren nur in anerkannten Ausbildungsberufen stattfinden, die vom Bundesminister für Bildung und Wissenschaft in einem Verzeichnis geführt werden. Das BBiG regelt die Verteilung der Ausbildungskompetenzen, die Rechte und Pflichten von Ausbildern und Auszubildenden, das Prüfungswesen und den Erlaß von Ausbildungsordnungen. Mit diesem Gesetz besteht eine gewisse Normierung der Ausbildung und Einhaltung von Mindeststandards; obwohl es nicht derart restriktiv ist, daß es nicht gleichzeitig Freiräume für die Unternehmungen zur Gestaltung der Ausbildungsinhalte gemäß unternehmerischer Anforderungen und Anpassung an Entwicklungen sichert. Neben dem angeführten BBiG ist für die Berufsausbildung das BetrVG von Bedeutung, da dem Betriebsrat durch dieses Gesetz Einfluß auf die Errichtung und Ausstattung von Berufsbildungseinrichtungen und die Durchführung der eigentlichen Maßnahmen gewährt wird.

– Ziele

Die **gesellschaftlich-staatliche** Motivation bezüglich der Ausgestaltung des Ausbildungssystems ist die Umsetzung des bildungspolitischen Anspruchs der Chancengleichheit nach Abschluß der Ausbildung, die Steigerung der Wiederbeschäftigungschance bei Arbeitslosigkeit und die Erhöhung von Mobilität und Aufstieg.[336]

Von **betriebswirtschaftliche**r Seite können zwei »Triebfedern« das Ausmaß der Ausbildungspolitik prägen:

---

333 Zum Berufsbegriff vgl. ausführlich Conze (1972).

334 Andere Autoren verwenden den Begriff »Ausbildung« umfassender für alle Bildungsmaßnahmen. Vgl. Zimmer (1974) 14ff.; Bruder (1979) 6ff.

335 Vgl. Hegelheimer (1974) 1ff.; Münch (1982) 45f.

336 Vgl. Conradi (1983) 37.

- unternehmungspolitisch gesehen dient sie der bedarfsgerechten Bereitstellung relevanter Fähigkeits- und Kenntnispotentiale,
- personalpolitisch betrachtet erhöht sie darüber hinaus das interne Beschaffungspotential.

Erreicht werden kann damit eine weitgehende Abkoppelung vom externen Arbeitsmarkt. Mit einer derartigen Ausbildungspolitik können für die Unternehmungen folgende Vorteile verbunden sein:

- Vermittlung branchen- und unternehmungsspezifischer Qualifikationen,
- Minimierung der Beschaffungskosten,
- Sicherung des Nachwuchsbedarfs an kaufmännischen und gewerblichen Nachwuchskräften.

Diese potentiellen Vorteile ergeben sich nur im systematischen Zusammenhang von Personalentwicklung und Personalauswahl, der über die personalpolitischen Ziele besteht und auf der Personalplanungsebene vollzogen wird.

Zwischen den betrieblichen und staatlichen Zielen der Ausbildung im dualen System besteht ein Zielkonflikt, da die staatlichen Intentionen tendenziell zu Generalisierung, demgegenüber jedoch die betrieblichen Intentionen eher zu Spezialisierung führen. Der Ausgleich erfolgt bei dem in der Bundesrepublik Deutschland bestehenden **dualen System der Berufsausbildung** durch Kombination berufsschulischen Unterrichts und praktischer Ausbildung in den Unternehmungen. Erstere dient zur Vermittlung allgemeiner, theoretisch geprägter Kenntnisse und Fertigkeiten, wodurch bezüglich der staatlichen Anliegen an die Ausbildung eine weitgehende Normierung erfolgt; letztere dient der spezifischen Ausbildung am Arbeitsplatz oder einer Lehrwerkstatt, wobei diese durch weitere, jedoch unternehmungsspezifische, theoretische Schulungen ergänzt sein kann.

– Das duale System der beruflichen Ausbildung

Abbildung 73 zeigt die wichtigsten Elemente der beruflichen Ausbildung, die in ihrer Kombination die Dualität ausmachen.

Kennzeichen der Dualität und damit Strukturmerkmale von Abstimmungsproblemen sind:[337]

- **institutionelle Dualität**,
  die in der Kompetenzzuweisung für die theoretische und allgemeine Ausbildung bei den öffentlichen Berufsschulen und für die praktische Ausbildung bei den Unternehmungen besteht.
- **Dualität der Ausbildungsregelungen:**
  Die Aufstellung der Lehrpläne der Berufsschulen obliegt den Kultusministerien der Länder, für die betrieblichen Lehrpläne gibt es eine bundeseinheitliche Rechtsverordnung, die Schulpflicht besteht auf der Grundlage eines öffentlichen Rechts; die betriebliche Ausbildung hingegen richtet sich nach privatrechtlichen Berufsausbildungsverträgen.
- **Dualität der Ordnungskompetenzen:**
  Die berufsschulische Ausbildung richtet sich nach dem Ordnungsrecht der Landesregierung, die gesamte Berufsausbildung nach dem Ordnungsrecht der Bundesregierung.

337 Zu den Abstimmungsproblemen vgl. Conradi (1983) 46ff.

Elemente der Berufsausbildung	Dualität	
Institution	Ausbildungsbetrieb	Berufsschule
Lehrender	Ausbilder nach der Ausbildereignungs-verordnung	Berufsschullehrer mit Abschluß gemäß Studien- und Prüfungsordnung
Lernender	Auszubildender, Lehrling	Berufsschüler
Ausbildungsvorschriften	Ausbildungsordnung	Rahmenlehrplan
Aufsicht	zuständige Stellen der Kammern	staatliche Behörden
Finanzierung	Unternehmungen	öffentliche Hand
Planung	Unternehmungen und Selbstverwaltungsorganisation derWirtschaft*	staatliche Behörden
Ordnungskompetenz	Bund	Länder

* z.B. IHK's für alle Dienstleistungs-, Handels- und Industrieunternehmungen (§ 44 BBiG).

Abb. 73: Das duale System der Berufsausbildung
Quelle: Drumm (1992) 283.

– Gestaltung der betrieblichen Berufsausbildung

Planungsgegenstände der Berufsausbildung sind:

- die Planung der **Ausbildungsgänge und -inhalte**, die am zukünftigen qualitativen Personalbedarf anknüpfen,
- die Planung der **Ausbildungskapazitäten**, die von dem quantitativen Personalbedarf ausgehen und zwar sowohl von den Ausbildungsplätzen als auch von den -kosten her.

Inhalt und Ablauf der Ausbildung unterliegt dem Einfluß des jeweiligen Auszubildenden und der Unternehmung.

Entwicklungen in der Technik und Veränderungen in der Arbeitsweise von Unternehmungen machten in den letzten Jahren auch eine Anpassung der Ausbildungsinhalte der Berufsausbildung notwendig, die in diesen jedoch nur verzögert umgesetzt wurden. Die daraus entstandene Lücke zwischen gelehrtem und benötigtem Wissen ließ insbesondere bei größeren Unternehmungen einen zusätzlichen Qualifizierungsbedarf entstehen. Neben dem Angebot an **Zusatzqualifikationen** durch Industrie- und Handelskammern, privaten Bildungseinrichtungen, etc. wurde das duale System durch die duale Ausbildung des tertiären Bereichs (als akademische berufliche Erstausbildung) ergänzt, wobei sich dieses Angebot lediglich an Abiturienten richtet. Träger dieser berufsbegleitenden Ausbildung sind meistens Berufs-, Wirtschafts- und Verwaltungsakademien.

Zur **Verbesserung der Qualifikationen** der Auszubildenden im Hinblick auf ihre Funktion als potentielle Mitarbeiter bietet sich die Gestaltung folgender Parameter an:[338]

338 Zu den qualitativen Problemen i.a. vgl. Conradi (1983) 48ff.

- Wahl und **Gestaltung der Lehr- und Lernorte**, z.B. durch Ergänzung des Arbeitsplatzes als Lernort durch eine Lehrwerkstatt,
- Wahl der **Ausbilder** bezüglich ihrer fachlichen und pädagogischen Qualifikationen,
- Präzisierung und Aktualisierung der **Lernziele und -inhalte** durch Ausbildungspläne. Dadurch wird die Transparenz für den Auszubildenden erhöht sowie die Möglichkeit der Anhebung des Ausbildungsniveaus und der Anpassung der Ausbildung an unternehmungsspezifische Anforderungen eröffnet,[339]
- Ergänzung der praktischen Ausbildung durch **theoretischen Unterricht** von der Unternehmung aus,
- Erhöhung der tatsächlichen **Ausbildungszeit** durch Verkürzung der »produktiven« Zeit,
- Abschluß von **Kooperationsverträgen** mit anderen Unternehmungen zur Verbesserung der Ausbildungsbedingungen,
- Nutzung **überbetrieblicher Lehrwerkstätten,**
- Wahl der **Lehrmethoden und -mittel**, die nach BBiG keiner Regelung unterliegen.

(12) Traineeausbildung

Traineeprogramme sind spezielle betriebliche Einarbeitungsprogramme, in denen Hochschulabsolventen systematisch mit dem gesamtbetrieblichen Geschehen (Unternehmensphilosophie und -politik), den strukturellen Zusammenhängen und konkreten Arbeitsanforderungen der Unternehmung vertraut gemacht werden, indem sie nach ihrem Hochschulabschluß ihre berufliche Laufbahn beginnen. Die Trainees durchlaufen dabei mehrere Ausbildungsstationen, in denen sie z.T. auch praktisch mitarbeiten. Sie nehmen oftmals an zusätzlichen Fortbildungsmaßnahmen teil.[340]

Welche Ziele mit Traineeprogrammen verfolgt werden, die von großen Unternehmungen mit unterschiedlichem zeitlichen Umfang angeboten werden, in denen sowohl die Anzahl der durchlaufenen Betriebsbereiche wie auch die Verweildauern in ihnen unterschiedlich ausgestaltet sind,[341] zeigt die folgende Abbildung 74.

Mit Traineeprogrammen werden unterschiedliche Funktionen zu erfüllen versucht: solche der Ausbildung und Förderung der Trainees, solche der Beschaffung von Arbeitskräften und der Versorgung des Betriebes mit Mitarbeitern und solche, imagebildend zu wirken und Anreize auszuüben. Im einzelnen sind diese Funktionen der folgenden Abbildung 75 zu entnehmen.

(13) Anlernausbildung

Nicht alle Schulabgänger oder auch Erwachsene, die eine neue Berufstätigkeit anstreben, wollen sich der Mühe einer länger dauernden Berufsausbildung unterziehen. Schnelle Verdienstmöglichkeiten erscheinen ihnen wichtiger. Auch Betriebe sind oft interessiert, neue Mitarbeiter schnell an bestimmten Arbeitsplätzen einsatzfähig zu haben. Spezielle Anlernausbildungsprogramme bieten sich für Arbeitsplätze an, an denen eine einfache Unterweisung in die Tätigkeit nicht ausreichen würde, z.B. solche mit komplizierten Apparaturen, komplexen Arbeitsvorgängen. Gegenüber einer Berufsausbildung nach BBiG sind solche Anlernausbildungen

---

339 Wobei letzteres in erster Linie für die Unternehmung positiv ist.
340 Vgl. Conradi (1983) 53f.
341 Vgl. Ferring/Thom (1981) 21ff.

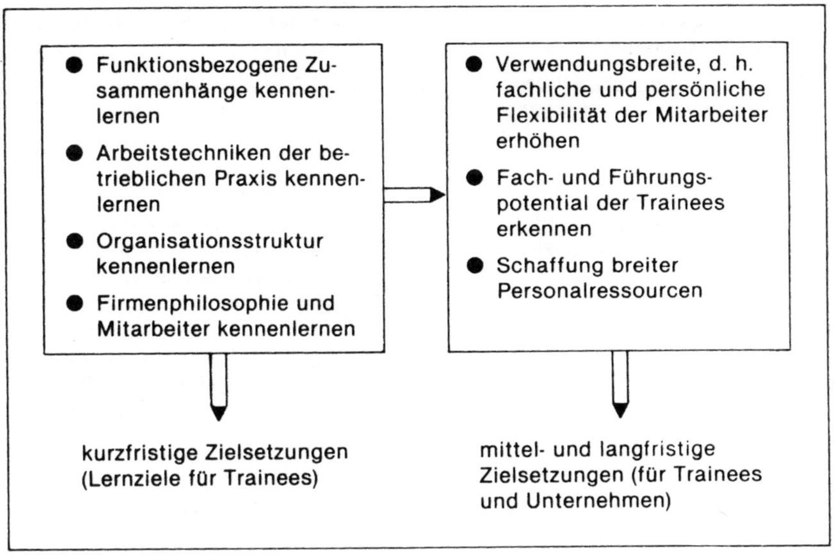

Abb. 74: Aufgaben und Ziele von Trainee-Programmen
Quelle: Ferring/Thom (1981) 23.

- von relativ kurzer Dauer (bis zu einigen Monaten),
- auf spezielle Anforderungen eines Arbeitsplatzes zugeschnitten, d.h. sie erfordern keine berufliche Grundausbildung,
- nicht mit einem staatlich anerkannten Abschluß verbunden.

»Die Anlernausbildung findet meist als Folge von **praktischen Unterweisungen** statt; die Entwicklung von Fertigkeiten steht somit der Vermittlung von Kenntnissen gegenüber im Vordergrund. Die erworbenen Qualifikationen sind kaum auf andere Arbeitsplätze oder Betriebe übertragbar. Immerhin können aber mehr Kenntnisse und Fertigkeiten erworben werden, als dies bei einfacher Unterweisung der Fall ist. Insofern ermöglicht die Anlernausbildung den Zugang zu besser bezahlten Positionen.«[342]

(2) Fortbildung

(21) Begriff

Personalentwicklung wird häufig – entgegen der hier vertretenen Auffassung – verengt lediglich im Sinne von Fortbildung verstanden. Dies liegt sicherlich u.a. daran, daß durch Fortbildung eine explizite oder auch **direkte Qualifizierung** (Vermittlung von Qualifikationen) erfolgt und sie somit den Kern der Personalentwicklungs-Arten darstellt.[343]

Unter Fortbildung wird die Vermittlung von Kenntnissen und Fähigkeiten einschließlich Verhaltensweisen verstanden, mit der die Qualifikation eines Mitarbeiters erhalten oder durch Erweiterung und/oder Vertiefung verbessert werden kann. Fortbildung soll hier auf bewußte, planmäßige und gezielte Maßnahmen eingegrenzt werden (d.h. Bildung als Folge und

342 Conradi (1983) 42f.
343 Zur Unterscheidung direkter vs. indirekter Qualifizierung vgl. Conradi (1983) 7f.

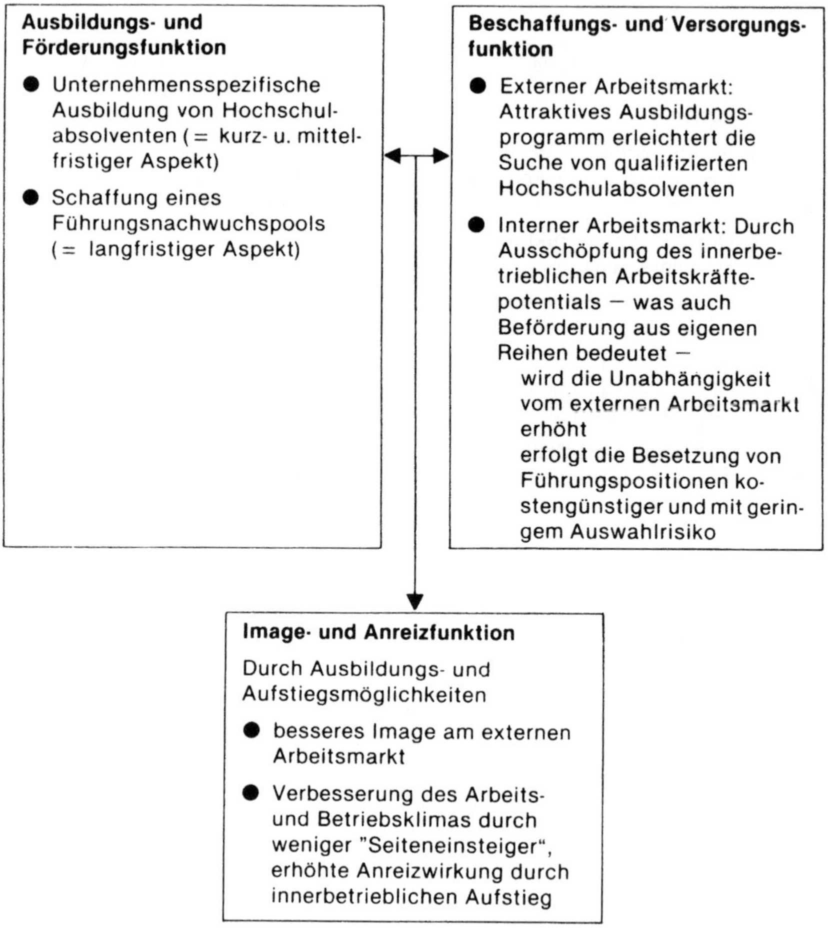

Abb. 75: Funktionen von Traineeprogrammen
Quelle: Ferring/Thom (1981) 22.

ohne besondere Absicht durch die Sozialisation in Unternehmungen wird hier nicht berücksichtigt). Berufliche Fortbildung ist also von allgemeiner Fortbildung (z.B. Besuch von Bildungsveranstaltungen allgemeiner Art, wie z.B. Sprachkursen) zu unterscheiden. Nach § 1 Abs. 3 BBiG soll die berufliche Fortbildung »es ermöglichen, die beruflichen Kenntnisse und Fertigkeiten zu erhalten, zu erweitern, der technischen Entwicklung anzupassen oder beruflich aufzusteigen«. Fortbildung setzt eine Ausbildung oder eine längere berufliche Tätigkeit voraus. Es ist zwischen Anpassungs- und Aufstiegsfortbildung zu unterscheiden.[344] Dabei soll die **Anpassungsfortbildung** der Erhaltung der horizontalen, die **Aufstiegsfortbildung** der Förderung der vertikalen Mobilität dienen.[345]

344 Vgl. Mentzel (1985) 35f.; Staehle (1987) 717; Thiele (1982) 10f.; Hackstein/Nüssgens/Uphus (1972) 88ff.; Fassbender/Groenewald (1977); Fassbender/Vassen/Wippermann (1977); Weber (1985).

345 Vgl. Thom (1987) 43.

Die Begriffe Fort- und Weiterbildung werden weitestgehend synonym verwandt.[346] Differenzierungen bestehen dahingehend, daß unter Fortbildung eine Fortsetzung der fachlich-beruflichen Ausbildung und Weiterbildung darüber hinaus ein vertiefendes Verständnis komplexer Probleme zum Gegenstand hat. Diese inhaltliche Differenzierung ist jedoch zum einen von lediglich marginaler Bedeutung, zum anderen ermöglichen die methodischen Gemeinsamkeiten aufgrund veränderter Problemstellungen und Innovationstendenzen keine konzeptionell differenzierte Aussagen. Aus diesem Grunde wird im folgenden nur der Begriff Fortbildung verwandt.[347]

(22) Adressaten

Abbildung 76 gibt einen Eindruck vom Adressatenschwerpunkt betrieblicher Fortbildungsaktivitäten:

Mitarbeitergruppen	Anteil an gesamten Fortbildungskosten	Anteil an Teilnehmern betriebl. Fortbildung	Anteil an Beschäftigten
Führungskräfte	16,0%	14,8%	4,4%
kfm. Angestellte	28,9%	30,3%	15,0%
techn. Angestellte	43,9%	37,8%	18,2%
Facharbeiter	9,0%	13,0%	31,6%
An- und Ungelernte	2,2%	4,1%	30,8%

Abb. 76: Adressaten betrieblicher Fortbildung
Quelle: Bardeleben/Böll/Kühn 56 und 105 (nach Staehle (1991) 811).

Die angesprochenen Entwicklungsziele konzeptioneller Personalentwicklung können zu der Ansicht verleiten, daß dieses personalpolitische Instrument vor allem im Führungsbereich relevant ist. Die Abbildung zeigt jedoch, daß Personalentwicklung nicht etwa gleichbedeutend mit einem »Management Development«[348] ist, sondern für Mitarbeiter **aller** Hierarchieebenen Anwendung findet.

Qualifikationsverbesserungen durch Fortbildung können – je nach instrumentalem Einsatz der Personalentwicklungs-Maßnahmen – auf Herstellung der Übereinstimmung mit den Anforderungen

- eines gegenwärtigen durch den Mitarbeiter besetzten Arbeitsplatzes oder
- eines zukünftig zur Besetzung vorgesehenen Arbeitsplatzes zielen. In diesem Falle würde Fortbildung Versetzungsmaßnahmen unterstützen, und zwar sowohl zur Erleichterung horizontaler wie auch vertikaler Mobilität der Mitarbeiter.

346 Die gleichbedeutende Verwendung hat allgemein Eingang in die wissenschaftliche Literatur und bildungspolitische Veröffentlichungen gefunden. Vgl. Ashauer (1986) 4010.

347 Vgl. Oechsler (1992) 344.

348 Zu den Inhalten von Entwicklungsprogrammen für Führungskräfte vgl. beispielhaft Sattelberger (1989b) 94ff.; Ashton u.a. (1975). Zum Verhältnis von Management Development zu Personalentwicklung vgl. Berthel (1987) 591; Becker (1988) 200.

(23) Konzepte

Dies wären **reaktive** Fortbildungsmaßnahmen, die ihren Ursprung in einer instrumentalistischen Entwicklungsphilosophie haben. Bei diesem Ansatz sollen mit Hilfe geeigneter Methoden und Instrumente solche Kenntnisse und Fähigkeiten an bestimmte Mitarbeiter vermittelt werden, die als Lücken in ihren Qualifikationen ermittelt wurden und deren Dekkung auch die Mitarbeiter selbst anstreben. Fortbildung erweist sich auch in diesem klassischen Sinne als ein komplexer Prozeß mit einer Vielzahl miteinander verbundener und aufeinander abzustimmender Elemente:

- fortzubildende Mitarbeiter,
- Fortbildungs-Inhalte,
- Fortbildungs-Ziele,
- Fortbildungs-Methoden und -Hilfsmittel.

Eine solche »klassische« Weiterbildung nach dem **Lückenkonzept** (»Schließung von Qualifikationslücken« als Teil des primären betrieblichen Personalentwicklungsbedarfs) ist Gegenstand der drei ersten von Stiefel aufgelisteten Entwicklungsstufen der Weiterbildung. Er datiert sie bis zur Mitte der 70er Jahre (s. folgende Abb. 77).

Gegen Ende der 70er Jahre setzten Entwicklungen ein, in denen der betrieblichen Fortbildung zunehmend auch aktive Rollen zuerkannt wurden, z.B. mit der Intention, Problembewußtsein (z.B. für im Betrieb vorhandene Stärken und Schwächen, für erforderliche Innovationen) zu wecken, zur Weiterbildung der gesamten Unternehmung beizutragen. In der Abbildung 77 sind die »problemlösungsorientierte« und die »werteorientierte« Weiterbildung als solche eher aktive Formen zu sehen, die der angesprochenen Entwicklungsphilosophie der Vermittlung von Schlüsselqualifikationen entspricht. Deutlich sprechen auch Bronner/Schröder den Wandel zur »katalytischen« Fortbildung an.[349] Welchen Änderungen in den Zielen, dem Bildungsbedarf etc. sie Rechnung trägt, zeigt die folgende Abbildung 78.

Erkennbar wird hierbei die individuelle Ebene der Ermittlung von Fortbildungsbedarf verlassen. Es ist nicht nur zu fragen, welche Qualifikationsdefizite die einzelnen Mitarbeiter haben, sondern auch, welche Qualifikationen für interpersonale Beziehungen in Gruppen und für Interaktionen in und von Gruppen erforderlich sind und schließlich: Welche Phänomene sind es aus der Makro-Sicht der Unternehmung, die Anlässe für Fortbildungsaktivitäten begründen können, die aber ihrerseits nicht (direkt) auf individuelle oder gruppenbezogene Defizite zurückgeführt werden können?

Konsequenterweise ist demnach eine Analyse des Personalentwicklungsbedarfs auf den drei Ebenen (Mehrebenenanalyse)

- Individuum,
- Gruppe und
- Gesamtunternehmung

durchzuführen.[350]

Fortbildungskonzepte, die allein auf dem traditionellen Lückenkonzept basieren, sind ausschließlich auf der Individualebene des einzelnen Mitarbeiters angesiedelt. Ihnen geraten Probleme nicht ins Blickfeld, die von der Unternehmungsebene herrühren und einen Fort-

---

349 Vgl. Bronner/Schröder (1983) 27ff.
350 Vgl. Fritsch (1985) 46ff.

Historischer Zeitraum	50er Jahre	60er Jahre	Bis Mitte der 70er Jahre	Ende der 70er Jahre	Seit Anfang der 80er Jahre
Entwicklungsstufen	Lehrorientierte Weiterbildung	Lernorientierte Weiterbildung	Transferorientierte Weiterbildung	Problemlösungsorientierte Weiterbildung	Werteorientierte Weiterbildung
Dominante Fragestellung	»Was sind die richtigen Lehrinhalte, die in der Weiterbildung unterrichtet werden sollen?«	»Welche Effizienz haben einzelne aktivitätspädagogische Lehrmethoden der Weiterbildung?«	»Wie kann der Teilnehmer bei der Übertragung des Gelernten an den Arbeitsplatz unterstützt werden?«	»Welcher Teil des als echt und valide erkannten Problems kann mit Weiterbildung in Angriff genommen werden, und wo müssen andere Änderungsmaßnahmen vorgeschaltet, flankierend und/oder nachgeschaltet werden?«	»Welche Werte und Normen können wir in unserer Organisation identifizieren, die dazu geführt haben, daß wir dieses Problem haben?«
Typische Weiterbildungsaktionen	Aneinanderreihung von Themenblöcken in durchstrukturierten Seminaren	Aktivitätspädagogischer Lehrmethoden-Mix in Seminaren	Unterrichtseinheiten für den teilnehmerindividuellen Erwerb von Einführungsfähigkeiten einschließlich unterstützter Transferberatung	Problemklärungsseminare und Kontrahierung des Veränderungsauftrags mit den am Problem Beteiligten	Problemklärungsseminare; jetzt neu strukturiert mit der Frage nach den problembegründenden Normen und Werten
Rolle des Vorgesetzten des Seminarteilnehmers	keine	keine	Vor- und Nachbereitungsgespräche mit dem Teilnehmer	Zentrale Rolle des Vorgesetzten in der Weiterbildung	Zentrale Rolle als Schlüsselperson für Sozialisationsprozesse (»Cultural Hero«)
Rolle(n) des Trainers	Experte von Lehrinhalten	Experte von Lehrinhalten und Experte im Methodeneinsatz	Experte von Lehrinhalten, Experte im Methodeneinsatz und Experte in der Vorbereitung von Innovationsprozessen	Experte von Lehrinhalten, Experte im Methodeneinsatz, Experte in der Vorbereitung von Innovationsprozessen und Experte von Lern- und Problemlösungsprozessen	Wie bisher, doch erweitert um Kompetenz der Normen- und Werteidentifizierung. Neu gefordert: sozialanthropologische Ausrichtung

Abb. 77: Entwicklungsstufen der Weiterbildung
Quelle: Stiefel (1983) 3.

Unterscheidungs-kriterien	Deterministische Fortbildung	Katalytische Fortbildung
Ziele	Institution: Aufgaben-erfüllung Person: Qualifikation	Institution: Anpassungsfähig-keit Person: Lernfähigkeit
Bildungsbedarf	konkret erkennbarer und definierter Bildungsbedarf	nicht eindeutig definierter, sondern auch vom Teilnehmer artikulierbarer Bildungsbedarf
Instrumente	Institution: Gezielte Bildung Person: Defizit-Minderung	Institution: Projektive Bildung Person: Potential-Verstärkung
Bekanntheitsgrad der Funktionszusammen-hänge	eindeutig bestimmbare, weitgehend konstante Funktions-zusammenhänge zwischen den Problemlöse-Potentialen	komplexe und variable Funktionszusammenhänge zwischen den Problemlöse-Potentialen
Erfolgsermittlung	Institution: Leistung Person: Eignung	Institution: Potentiale Person: Kompetenz
Erfolgsprognosen	zuverlässig vorhersehbare Wirkungen einer gezielten Defizit-Minderung	nur sehr begrenzt vorhersehbare Wirkungen einer Potential-verstärkung
Erfolgssteuerung	ein in hohem Maße programmierbarer Erfolg von Bildungsmaßnahmen	ein nur in geringem Maße programmierbarer, wenn auch durchaus steuerbarer Erfolg der Bildungsmaßnahmen

Abb. 78: Kennzeichen deterministischer und katalytischer Weiterbildung nach Bronner/Schröder
Quelle: Fritsch (1985) 35.

bildungsbedarf erzeugen, der nicht unmittelbar mit der Erfüllung einzelner Aufgaben zusammenhängt. Formulierung und Implementierung einer neuen Unternehmungspolitik, Abbau von Informations-, von Organisations-Pathologien sind Beispiele hierfür.

Zentrale Ansatzpunkte für Fortbildungsaktivitäten aus der Makroperspektive zeigt die folgende Abbildung 79, in der Unternehmungspolitik als Input-Output-Modell dargestellt ist.

(24) Fortbildungsprogramme

Voraussetzung für den **Erfolg** einer Fortbildungsmaßnahme ist die lehrziel- und adressatenadäquate Kombination der didaktischen Variablen Lehrstoff, Lehrmethode und Lernumwelt.[351] Um dies leisten zu können, ist eine detaillierte Analyse der Einflußfaktoren auf die Trainingssituation notwendig, also der Faktoren, die Lehrstoff, -methode und -umwelt determinieren. Abbildung 80 gibt einen groben Überblick über den Zusammenhang zwischen den wichtigsten Variablen der Lehr-Lernsituation.

351 Vgl. Staehle (1991) 813.

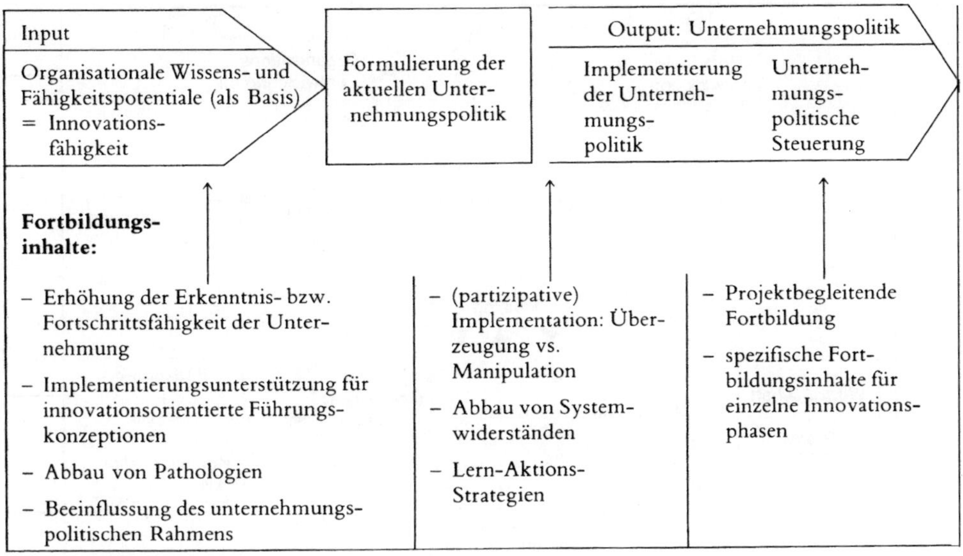

Abb. 79: Ansatzpunkte für Entwicklungsinhalte auf der Gesamtunternehmungs-Ebene
Quelle: Fritsch (1985) 174.

Ein idealtypischer Ablauf der Programmentwicklung einer Fortbildungsmaßnahme könnte wie folgt aussehen:[352]

1. Bedarfsanalyse der Unternehmung und des Trainers,
2. Anforderungsanalyse,
3. Analyse der gegenwärtigen Qualifikationen und Definitionen von Auswahlkriterien für Teilnehmer,
4. Definition von Lehr- und Lernzielen,
5. Entwicklung von Curricula (Inhalt und Ablauf),
6. Wahl der Lehrmethoden und des Lernmaterials,
7. Bereitstellung von Ressourcen (Budget, Räume, Zeit, Personal),
8. Durchführung des Trainingsprogramms,
9. Evaluation und Feedback.

Gibt obige Liste das »was« und »wann« der Programmentwicklung wieder, so stellt sich die Frage nach dem »wie«, also der Gestaltung des Prozesses der Programmentwicklung. Dem Wunsch nach Kooperation bei der Personalentwicklung in deren Vorbereitungsstadien kann durch Vorgehensweisen entsprochen werden, die Domsch am Beispiel der Fortbildung aufgezeigt und insgesamt »**partizipative Bildungsplanung**« genannt hat; sie sind in der folgenden Abbildung 81 zusammengestellt. Einzelne Methoden dürften auch geeignet sein, Fortbildungsbedarf der Unternehmungsebene festzustellen, wie z.B. die »Bedarfsplanung auf der Basis kritischer Vorfälle«.

352 Vgl. Conradi (1983) 77ff. ;Staehle (1991) 813. Für die Inhalte eines »Bedarfsklärungs-Workshops« vgl. Stiefel (1989b).

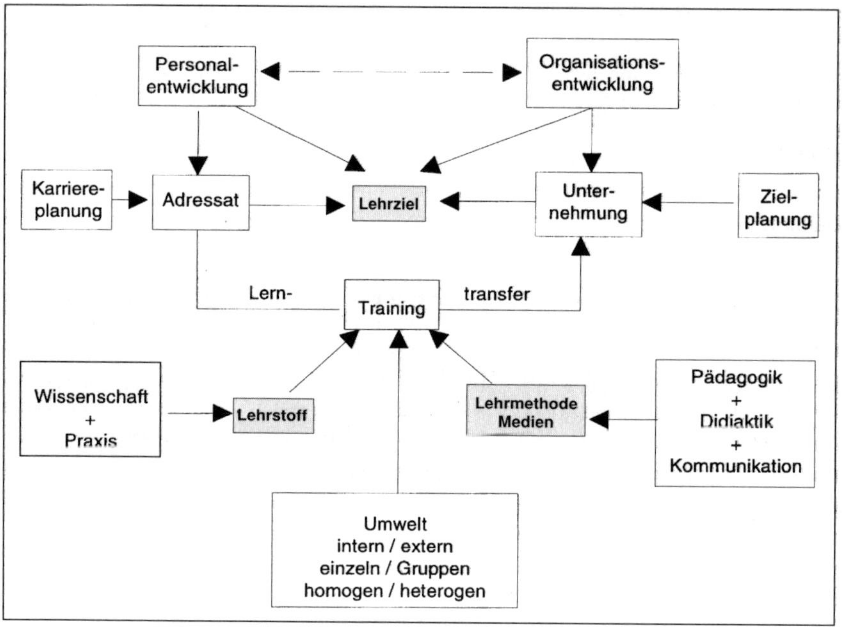

Abb. 80: Determinanten der Lehr-Lern-Situation
Quelle: Staehle (1991) 814.

Hinsichtlich der **Auswahl von Teilnehmern** sind auf die Zukunft gerichtete Auswahlkriterien aussagekräftiger als vergangenheitsorientierte. Unter letztere fallen Aspekte wie Ausbildung, Alter, Aufgabenbereich, hierarchische Stellung im Betrieb, während mit ersteren Fortbildungsbedürfnis, Lernmotivation, Qualifizierungspotential u.ä. gemeint sind. Faktisch richten sich jedoch Fortbildungsmaßnahmen primär an diejenigen, die bereits hochqualifiziert sind, wie auch Abbildung 76 tendenziell zeigt.

Der Anspruch an die Qualität von konzeptioneller Personalentwicklungs-Arbeit von Unternehmungen zeigt sich deutlich in den **Lehrzielen** der Fortbildungsprogramme. Die Palette reicht hier von Belohnungsveranstaltungen (Einzelseminare zur Streßvorbeugung und zum Zeitmanagement), Veranstaltungen zu reaktiven, nicht strategischen Anpassungsqualifizierungen (EDV-Anwenderschulungen) über karrierebegleitende Nachwuchsentwicklungsprogramme zur Vermittlung von Qualifikationen der Persönlichkeit bis zur Umsetzung einer »lernenden« Organisation, in der dispositive Prozesse der Weiterentwicklung der Unternehmung stattfinden.[353] Finden »Veranstaltungen« mit ersterer Motivation eher als Einzelveranstaltungen statt, so lassen sich letztere Ziele tendenziell effektiver dann erreichen, wenn der Gedanke der »Verstetigung der Lernprozesse«[354] den konzeptionellen Rahmen bilden. Abbildung 82 zeigt anhand der Ergebnisse von drei empirischen Studien die Vielsei-

353 Vgl. Sattelberger (1989) 25; Fischer (1989) 43f.

354 Dynamische Veränderungen der Umwelt führen zu einer Verkürzung der Halbwertzeit des Wissens, was zu einer raschen Veralterung des bestehenden Wissens und dem Zwang zu stetigem Lernen führt.

Methode	Vorgehen
1. Bedarfsplanung mit Hilfe gemeinsam erarbeiteter Lernzielkataloge	• Erstellung eines detaillierten Lernzielkataloges mit Beteiligung der betroffenen Mitarbeiter und Festlegung von Prioritäten • Basis in der Regel: Arbeitsplatzbeschreibungen/Arbeitsplatzanalysen/ geplante Vorhaben/absehbare Veränderungen der Anforderungen etc. • Transfer der Lernziele in die Planung konkreter Bildungsmaßnahmen nach Prioritäten • Zentrale Erfassung/Auswertung/Feed back
2. Bedarfsplanung mit Hilfe vorgegebener Lernzielkataloge	• Erstellung eines detaillierten Lernzielkataloges ohne Beteiligung der betroffenen Mitarbeiter • Basis in der Regel: Arbeitsplatzbeschreibungen/Arbeitsplatzanalysen/ geplante Vorhaben/absehbare Veränderungen der Anforderungen etc. • Besprechung des Lernzielkataloges mit betroffenen Mitarbeitern und gemeinsame Festlegung von Prioritäten • Transfer der Lernziele in die Planung konkreter Bildungsmaßnahmen nach Prioritäten • Zentrale Erfassung/Auswertung/Feed back
3. Bedarfsplanung auf der Basis kritischer Vorfälle und Ereignisse	• Schilderung von gewesenen und vorhersehbaren positiven Erlebnissen, kritischen Problemen, Vorfällen, Ereignissen, Situationen etc. durch die betroffenen Mitarbeiter • Selbstanalyse durch die Mitarbeiter und Empfehlung gezielter Bildungsmaßnahmen • Gruppendiskussion und Empfehlung konkreter Bildungsmaßnahmen • Zentrale Erfassung/Auswertung/Feed back
4. Bedarfsplanung mit Hilfe gegenseitiger Interviews	• Vorbereitung der Interviews und des Erfassungsbogens/Schulung in Interviewtechnik • Mitarbeiter mit vergleichbaren Tätigkeiten sprechen über ihre Tätigkeit und Bildungsbedürfnisse • Protokollierung konkreter Bildungsmaßnahmen • Zentrale Erfassung/Auswertung/Feed back
5. Bedarfsplanung mit Hilfe von Beurteilungs- und Förderungsgesprächen	• Gespräche zwischen Vorgesetzten und Mitarbeitern über bisherige Zeit (Leistungen, Verhalten, Anforderungen etc.) und zukünftige Anforderungen/Entwicklungsmöglichkeiten • Gemeinsame Erarbeitung von konkreten Bildungsmaßnahmen/Aufnahme spezieller Mitarbeiterwünsche • Zentrale Erfassung/Auswertung/Feed back
6. Bedarfsplanung mit Hilfe von Mitarbeiterbefragungen	• Entwicklung eines Fragebogens zur Erfassung des Bildungsbedarfs • Erfassung des Bedarfs mit Hilfe des Fragebogens (und evtl. zusätzlichen Interviews) • Diskussion der Ergebnisse und Prioritätensetzung • Zentrale Erfassung/Auswertung/Feed back

Abb. 81: Methoden partizipativer Bildungsplanung
Quelle: Domsch (1983) 103.

tigkeit der Ziele, welche Unternehmungen mit Fortbildung verfolgen. Die Tabelle ist so aufgebaut, daß nach unten hin die Bedeutung abnimmt.

Kailer (1990)	**Weiss (1990)**	**Hofstetter u.a. (1986)**
Behebung von Qualifikationsdefiziten	Einführung neuer Technologien	Anpassungsqualifikation
Anpassungsqualifizierung	Deckung des Fachkräftebedarfs	Führungskräfteentwicklung
Einführung neuer Technologien	Erhöhung der Arbeitsmotivation	Verbesserung des Leistungsverhaltens
Förderung der allgemeinen Persönlichkeitsbildung	Einführung neuer Produkte	Aufstiegsqualifizierung
Vorbereitung auf beruflichen Aufstieg	Steigerung der Produktivität/ Erhöhung des Leistungsvermögens	Sicherung der gegenwärtigen Qualifikation
Steigerung der Identifikation mit Unternehmen	Vorbereitung auf Führungsaufgaben	Erhöhung der Änderungsbereitschaft
Verbesserung des Kontaktes der Mitarbeiter untereinander	Erschließung neuer Märkte/ Festigung der Marktstellung	Sicherung des notwendigen Bestands an Fachkräften
Anpassungsqualifizierung	Aufstiegsqualifizierung	Verbesserung des Sozialverhaltens
Training sozialer Fertigkeiten	Förderung der Persönlichkeit der Mitarbeiter	Förderung der Persönlichkeit des einzelnen
Erhöhung der Bereitschaft für organisatorische Veränderungen	Unterstützung organisatorischer Maßnahmen	Zusatzqualifizierung zur Erhöhung der Einsatzflexibilität
Verminderung von Personalfluktuation	Belohnung der Mitarbeiter	Erhöhung der Identifikation mit dem Unternehmen
Andere Ziele		Belohnung für gute Leistungen
Belohnung für gute Leistungen		Erhöhung der Attraktivität des Unternehmens auf dem Arbeitsmarkt
		Ersatz für andere Leistungen
n = 1000 österreichische Unternehmungen	n = 435 deutsche Unternehmungen	n = keine Angaben

Abb. 82: Ergebnisse von empirischen Studien über Fortbildungsziele von Unternehmungen.
Quelle: In Anlehnung an Neuberger (1991) 7.

Martin stellte in einer Untersuchung fest, daß Fortbildung für den Adressaten einen eigenen Wert besitzen kann bzw. durch Motive gesteuert wird, die er in folgende Motivgruppen zusammenfasst, wobei die Prozentangaben die relative Gewichtung der individuellen Zielsetzungen angibt:[355]

1. Sicherheitserwägungen 63%
2. Finanzielle Gründe 52%
3. Aufstieg 58%

Idealtypisch ergibt sich das Lehrziel aus der Abstimmung der individuellen Karriereplanung und der institutionellen Zielplanung. Letztere bedarf einer Konkretisierung durch eine Organisationsanalyse, als deren Ergebnis die organisatorischen Regelungen in bezug auf die unternehmerische Zielerreichung überprüft werden. In der Personalentwicklungs-Planung können dann »**objektiv**« ermittelte Qualifikationsdefizite, also eventuell vorhandene Diskrepanzen zwischen Anforderungen und Qualifikationen erhoben werden, die, wie oben erwähnt, in Abstimmung mit den individuellen Karriereplanungen, den **subjektiv** geäußerten Qualifikationsbedürfnissen, die Lehrziele ergeben.[356]

Ausgehend von der spezifischen Situation der Teilnehmer, deren Qualifikation und dem zu vermittelnden Bildungsinhalt erfolgt idealtypischerweise die Festlegung des **Lehrstoffes**. Die als Lernziel formulierten Inhalte werden in einer Situationsanalyse hinsichtlich der durch sie bestimmten, notwendigen bzw. angestrebten Qualifikationen konkretisiert. Sind alle Qualifikationen für die Bewältigung bestimmter Aufgaben erfasst, können die Curriculum-Elemente zusammengestellt werden.[357]

Faktisch richtet sich die Festlegung des Lehrstoffes jedoch häufig nach fachspezifischen Wissensbereichen und nicht nach anwendungsorientierten Problemen. Fachspezifische Ausschnittsbetrachtungen von Problemen decken sich typischerweise nicht mit anwendungsorientierten Arbeitsfeldern, so daß die Größe der Schnittmenge von Lehrstoff und anforderungsspezifischen Lernzielen bei dieser Vorgehensweise eher dem Zufall überlassen bleibt.[358]

Die eingesetzten Lehrmethoden ihrerseits hängen wiederum von den Lehrstoffen und -zielen ab, wie Abbildung 83 zeigt.

Die Lehrumwelt wird faktisch durch den Träger der Maßnahme bestimmt, also je nachdem, ob die Unternehmung selbst oder eine externe Organisation die Maßnahme durchführt.

bb) Arbeitsstrukturierung

(1) Inhalt und Ziele

Unter Arbeitsstrukturierung ist die »Gestaltung von Inhalt, Umfeld und Bedingungen der Arbeit auf der Ebene eines Arbeitssystems zu verstehen«[359]. Ein Arbeitssystem ist das Teilsystem eines Betriebes (Arbeitsfeld), in dem eindeutig abgegrenzte Teilaufgaben durch einzelne Personen oder Arbeitsgruppen erledigt werden.

---

355 Vgl. Martin (1987) 10, 15f., zitiert nach Drumm (1992) 299.
356 Vgl. Conradi (1983) 78.
357 Curriculum bezieht sich auf die Planung des Programms, während der Begriff Didaktik lediglich die Planung einer einzelnen Veranstaltung umfaßt.
358 Vgl. Staehle (1991) 817.
359 Staehle (1991) 826.

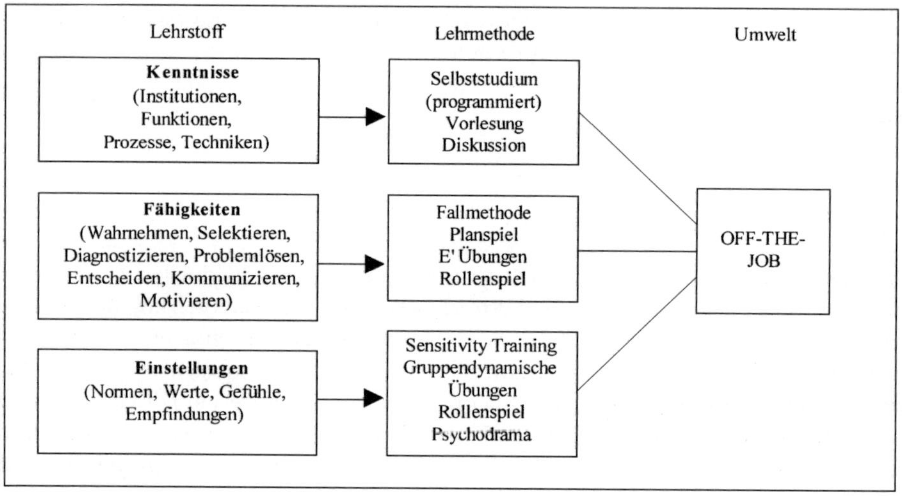

Abb. 83: Zusammenhang zwischen Lehrstoff, Lehrmethode und Lernumwelt
Quelle: Staehle (1991) 817.

Grundsätzlich gehören zur Arbeitsstrukturierung alle Maßnahmen, die eine Veränderung des Arbeitsfeldes zum Gegenstand haben, neben der Arbeitsfeld-Vergrößerung also auch eine Verkleinerung sowohl in quantitativer als auch in qualitativer Hinsicht (s. auch Abb. 84). Die Arbeitsfeld-Verkleinerung gehört aber nicht zur Personalentwicklung; sie ist eher als deren Auslöser anzusehen, denn sie ist eine mögliche Spielart der Arbeitsteilung. Gegenstand der Personalentwicklung ist somit die Gestaltung der **Arbeitsinhalte** und **Handlungsspielräume** von Tätigkeiten durch Arbeitsfeldvergrößerung.

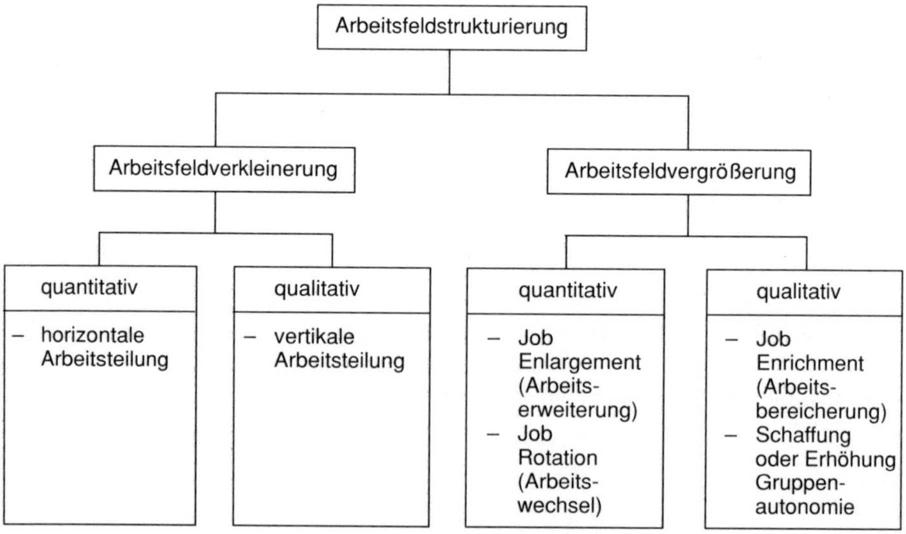

Abb. 84: Grundformen der Arbeitsfeldstrukturierung
Quelle: Hahn/Link (1975) 68.

Bei **horizontaler Arbeitsteilung** wird unter Beibehaltung der Arbeitsqualität, d.h. des Verhältnisses von Durchführungs- zu Entscheidungsaufgaben, die Zahl der verschiedenen Arbeiten, die in einer Stelle zu verrichten sind, verringert. **Vertikale Arbeitsteilung** führt zu Veränderungen des Verhältnisses von Durchführungs- zu Entscheidungsaufgaben i.d.R. in der Weise, daß letztere abgetrennt und übergeordneten Stellen übertragen werden.

Beide Formen der Arbeitsteilung führen durch die Verringerung der Zahl unterschiedlicher Arbeiten zu jeweils stärkerer **Spezialisierung**. In der Annahme, daß die damit verbundene, technisch orientierte Perfektion des Arbeitsvollzuges stets zu Leistungssteigerungen führen müsse, ist das Grundkonzept für den »technischen Fortschritt« durch Arbeitsgestaltung zu sehen, der seit Beginn der Industrialisierung zu realisieren versucht wurde.

Ein intensives Betreiben beider Arbeitsteilungsformen kann jedoch zu Spezialisierungsgraden der Arbeit führen, die als überhöht – weil mit negativen Konsequenzen verbunden – behauptet werden: Im Gegensatz zum beabsichtigten Effekt kann sinkende Arbeitsproduktivität, darüber hinaus auch abnehmende Arbeitszufriedenheit die Folge sein. Dafür gibt es empirische Belege.[360]

Begründungen für diese negativen Konsequenzen wurden vor allem darin gesehen, daß ein in Art und Tempo fremdbestimmter, monoton repetitiver Arbeitsvollzug mit nur geringen Anforderungen nicht den Vorstellungen entspricht, die die Menschen von einem positiv zu beurteilenden Arbeitsplatz haben. Hierin ist der Anlaß für Versuche zu sehen, mit gegensteuernden Maßnahmen – d.h. solchen der Arbeitsfeld**vergrößerung** – einen »optimalen« Spezialisierungsgrad zu finden.[361] Aufgabenerweiterung als **quantitative Arbeitsfeldvergrößerung** und Aufgabenbereicherung als **qualitative Arbeitsfeldvergrößerung** haben beide die gleiche Grundidee: eine stärkere Erfüllung der Erwartungen, die die Mitarbeiter in bezug auf die Art der zu erfüllenden Aufgaben haben. Daher werden diese beiden Formen der Spezialisierungs-Verringerung zu den Maßnahmen der Personalentwicklung gezählt.

Der Einfluß der Arbeitssituation auf die Persönlichkeitsentwicklung war Gegenstand wissenschaftlicher Untersuchungen der beruflichen Sozialisationsforschung. Folgende Abbildung 85 zeigt Attribute der Arbeitssituation, die Lempert in den 70er Jahren als solche mit positivem bzw. negativem Einfluß auf die Persönlichkeitsentfaltung bezeichnet.
Die Forschungsarbeiten zur **Humanisierung der Arbeit (HdA)** machten deutlich, welches Potential die Gestaltung der Arbeitsstrukturen auf die Entwicklung des Humanpotentials, insbesondere auf die Persönlichkeitsförderung hat.[362]

Aufgegriffen wurden die Ergebnisse dieser Forschungsarbeiten von den Unternehmungen, vor allem, weil deutlich wurde, daß mit den Maßnahmen auch bezüglich Flexibilisierung und Qualifizierung Fortschritte erzielbar sind. Die Nutzung dieses Potentials war demzufolge auch sinnvoll wegen des zunehmenden Wettbewerbsdrucks, der flexible Systeme und Mitarbeiter notwendig macht, die – entgegen der tayloristischen Maxime der Arbeitsteilung und Spezialisierung – ganzheitliches Denken und Arbeiten erfordern.[363]

Abbildung 86 listet wichtige Vorteile auf, die sich aus den Handlungsspielräumen zum einen im Interesse der Unternehmungen, zum anderen in dem der Mitarbeiter ergeben können.

---

360 Vgl. Walker/Guest (1952); Walker (1950); Baldamus (1951); Walker/Marriott (1951); Friedmann (1959).

361 Vgl. Kupsch (1975) 1079.

362 Vgl. Staehle (1991) 827.

363 Vgl. hierzu Staehle (1991) 56ff.

Merkmale mit positiven Einfluß	Merkmale mit negativen Einfluß
• komplexe und abwechslungsreiche Tätigkeiten	• einfache, eintönige Tätigkeiten
• Experimentierchancen	• standardisierte Operationen
• kollegiale Kommunikations- und Interaktionsformen	• autoritäre Sozialbeziehungen
• demokratische Entscheidungsverfahren	• autokratische und bürokratische Entscheidungsverfahren
• Erfahrungen und realistische Erwartungen individuellen Weiterkommens und gesellschaftlichen Fortschritts	• Perspektivenlosigkeit des individuellen Werdegangs und der gesellschaftlichen Entwicklung

Abb. 85: Attribute der Arbeitssituation mit Einfluß auf die Persönlichkeitsentfaltung
Quelle: In Anlehnung an Staehle (1991) 826.

Potentielle Vorteile für Arbeitgeber	Potentielle Vorteile für Mitarbeiter
• Flexibilisierung und Segmentierung des Arbeitskräftepotentials	• Höherqualifikation
• Entkopplung von Betriebszeit und Arbeitszeit	• Mehrfachqualifikation
• Ausweitung der Betriebsnutzungszeiten	• indiv. Wahl von Dauer und Lage der Arbeitszeit
• Anpassung der Arbeit an Auftrags- und Produktionsrhythmen	• indiv. Wahl von Arbeitsplätzen in Abhängigkeit von Anforderungsniveaus und Entwicklungspotential
• Deregulierung im Bereich des Arbeits- und Mitbestimmungsrechts	

Abb. 86: Vorteile der Personalentwicklungs-orientierten Arbeitsstrukturierung
Quelle: In Anlehnung an Staehle (1991) 827.

Aufbauend auf Herzbergs motivationspsychologischen Schlußfolgerungen über die Bedeutung der Sinnhaftigkeit von Arbeit (s. Kap. D.V.5.b.bb.23), haben Hackman u.a. Dimensionen zur Beschreibung von Arbeitsinhalten aufgestellt. Es sind dies:[364]

- Die **Tätigkeitsvielfalt**, die es den Mitarbeitern erlaubt verschiedene Handlungen durchzuführen, hierbei verschiedene Arbeitsabläufe zu durchlaufen und eventuell verschiedene Werkzeuge/Hilfsmittel zu benutzen. Somit wirkt sich die Vielfalt direkt auf die Quantität der anzuwendenden Fähigkeiten aus, wovon eine positive Wirkung erhofft wird.
- Die **Ganzheitlichkeit der Aufgabe** bezieht sich darauf, inwieweit die Aktivitäten eines einzelnen zu einem nachvollziehbaren Ergebnis führen. Spezialisierung von Stellen führt tendenziell dazu, daß einzelne Mitarbeiter nur relativ kleine Beiträge zum Gesamtvollzug

364 Vgl. Hackman u.a. (1975).

einer Aufgabe beitragen und damit der Sinn der Arbeit in den Augen desjenigen, der sie erledigt, verloren geht.

- Die **Bedeutung der Aufgabe** für andere, innerhalb oder außerhalb der Unternehmung, determiniert den Wert der Arbeit und damit auch die Wichtigkeit die man ihr selber beimißt.
- Der **Entscheidungsspielraum**, den man für die selbständige Aufgabenerfüllung zugebilligt bekommt, wirkt sich auf die Verantwortlichkeit aus, die man der eigenen Arbeit entgegenbringt. Im Management by objectives bietet man den Mitarbeitern die Möglichkeit, persönliche und arbeitsbezogene Ziele zu setzen, um systematisch diese persönliche Verantwortung für den Arbeitsvollzug zu nutzen.
- **Informationen über Arbeitsergebnisse** dienen den Mitarbeitern sowohl zur Bestätigung über die Qualität der eigenen Leistung, als auch zur Möglichkeit einer Verbesserung. Psychologisch gesehen stimuliert die Bestätigung durch Dritte nachhaltiger als eine Selbstbestätigung.

Personen mit ausgeprägten Wachstumsbedürfnissen reagieren auf Aufgaben, in denen diese Kerndimensionen stärker ausgeprägt sind, positiver als andere Personen. Die folgende Abbildung 87 verdeutlicht die Zusammenhänge.

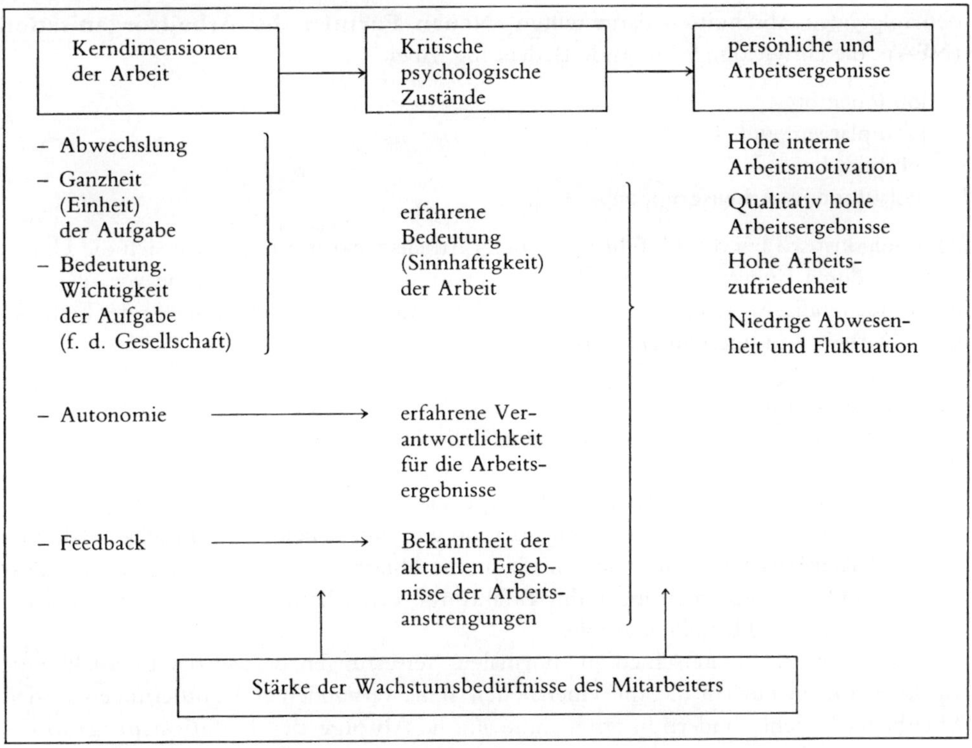

Abb. 87: Kerndimensionen der Arbeit nach Hackman/Oldham.
Quelle: Heidack (1983) 158.

Arbeitsstrukturierungsmaßnahmen haben ihren Ursprung im Bereich ausführender Tätigkeiten. Hauptgrund hierfür ist, daß dispositive Tätigkeiten per definitionem unstrukturiert und für strukturierende Maßnahmen schlecht zugänglich sind. Ein weiterer, eher pragmatischer Grund ist, daß die Forschungsbemühungen zu diesem Bereich dazu dienen, der Monotonie am Arbeitsplatz entgegenzuwirken und die Arbeit durch ihre Struktur humaner zu gestalten. Diese Faktoren spielen bei Management-Arbeitsplätzen eine untergeordnete Rolle, da diese durch den hohen Anteil dispositiver Tätigkeiten und die relativ großen Freiräume bei der Aufgabenerfüllung weniger an Monotonie oder Mangel an Selbstverwirklichungsmöglichkeiten leiden. Wenn es bezüglich der Arbeitsstrukturierung im Management zu Schwierigkeiten kommt, so ist dies vielmehr häufig auf ein organisatorisches oder personelles Problem zurückzuführen, so z.B. bei quantitativer Rollenüberlastung oder qualitativer Überforderung bezüglich der übertragenen Aufgabe.

Daher sind Arbeitsstrukturierungsmaßnahmen, wenn sie im dispositiven Bereich Anwendung finden, bezüglich der Zielsetzung ihres Einsatzes verstärkt unter situationsspezifischen Gesichtspunkten zu bewerten.

(2) Personalentwicklungs-orientierte Ausgestaltungsformen

Arbeitsstrukturierungskonzepte, die in der Praxis Beachtung gefunden haben, sind die in den folgenden Abschnitten dargestellten »**Neuen Formen der Arbeitsorganisation (NFA)**«, die entwicklungsfördernde Bedeutung haben:

- Job Rotation
- Job Enlargement
- Job Enrichment
- Teilautonome Arbeitsgruppen

Als erfolgskritisch bei der Einführung neuerer Arbeitsstrukturierungen hat sich die Unterstützung durch längere Lern- und Einarbeitungsprozesse herausgestellt, die vor allem dadurch notwendig wurden, daß anfängliche ablehnende Haltungen von Seiten der betroffenen Mitarbeiter zu überwinden waren.[365]

(21) Job Rotation

Grundidee des Job Rotation ist die individuelle Qualifizierung eines Mitarbeiters durch den planmäßigen Wechsel von Arbeitsplätzen. Dieser Arbeitsplatzwechsel schließt Veränderungen sowohl hinsichtlich **Aufgabe**, **Kompetenzen** als auch **Verantwortung** mit ein, bezieht sich also auf die gesamte Arbeitssituation und unterscheidet sich insofern nicht von einer regulären Versetzung. Sie geschieht, damit die Mitarbeiter durch Hinzugewinnen neuer Fach- und Führungserfahrungen ihre Erfahrungsbasis verbreitern und durch Qualifikationsausweitung ihre Flexibilität erhöhen.

Der wesentliche Unterschied zu »normalen« Versetzungen ist, daß der Entwicklungsaspekt sich nicht nur auf die, mit einer neuen Stelle verbundenen Anforderungen an den Mitarbeiter bezieht, sondern in erster Linie auf die **Abfolge des Rotationsprogramms** und den damit verbundenen Wechsel bzw. den Aufbau neuartiger Aufgaben und Anforderungen.[366]

---

365 Vgl. Staehle (1991) 828.
366 Zu Job Rotation vgl. Hungenberg (1990) 212ff.

Gestaltungsparameter des Job Rotation sind der funktionale Horizont, die geographische Reichweite und die einbezogenen hierarchischen Ebenen. Abbildung 88 deutet diese Dimensionen in ihren Ausprägungen skizzenhaft an.

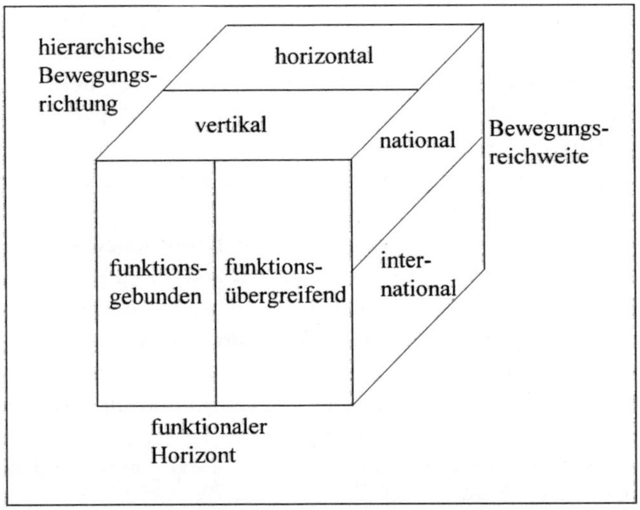

Abb. 88: Gestaltungsparameter des Job Rotation
Quelle: In Anlehnung an Hungenberg (1990) 214.

Die Entwicklung bezieht sich auf unternehmungsbezogenes Wissen über weitere Tätigkeitsfelder und, je nach Ausgestaltung, auf bereichsübergreifende Sachverhalte. Unter dem Gesichtspunkt der Persönlichkeitsentwicklung sind es konzeptionelle Fähigkeiten, Anpassungsfähigkeit, Flexibilität und Fähigkeiten zur Bewältigung von Problemlösungsprozessen, welche in Rotationsprogrammen im Vordergrund stehen.

Die **funktionsgebundene Rotation**, also innerhalb eines Funktionsbereichs, dient der Entwicklung von Fachkräften. Ein solches Programm kann hierarchisch sowohl horizontal als auch vertikal ausgestaltet sein. Vorteilhaft ist ein funktionsgebundenes Rotationsprogramm bei Fach- und Führungskräften in mittleren Karrierephasen, da diese in der Regel durch Anforderungen ihrer Stelle keine Herausforderung mehr finden und für Monotonie, Unterforderung und Demotivierung besonders anfällig sind (s. Kap. D.V.5.b.cc.7).

Die Entwicklung von Generalisten zur Übernahme von Aufgaben mit verschiedenartigen Anforderungen ist Ziel **funktionsübergreifender Rotation**. Vertikale Programme führen hier wegen der Belastung mit fachfremder Materie und neuen »höheren« Führungsaufgaben leicht zur Überforderung des Mitarbeiters. Tendenziell wird funktionsübergreifenden Programmen im Führungskräftebereich eine stärkere Bedeutung zugesprochen, da Aufgaben mit übergreifendem Charakter auf Führungsebenen zukünftig eher zunehmen werden.

Grundsätzlich sind **Stellen** danach zu selektieren, inwieweit extremes Spezialwissen für die Aufgabe benötigt wird, wie unterschiedlich sie von den Aufgabeninhalten her sind, wie lange potentielle Einarbeitungszeiten sein können und inwieweit die geforderten und geförderten Qualifikationen mit den individuellen Entwicklungszielen des Mitarbeiters übereinstimmen. Von der **Mitarbeiterseite** her sind bisher vorhandene Qualifikationen und das

Qualifikationspotential zu beachten und zwar in dem Sinne, daß vorhandene Qualifikationen systematisch genutzt und ausgebaut werden und Qualifikationspotential zielorientiert realisiert wird.

Bezüglich der **Verweildauer** lassen sich keine konkreten und allgemeingültigen Aussagen für die optimale Gestaltung treffen. Generell gilt, daß sowohl die Aufgaben als auch der zu entwickelnde Mitarbeiter determinierend für die Verweildauer sind. Von der Stelle her sollte der Mitarbeiter in der Lage sein, alle einzelnen Funktionen wahrzunehmen und die Konsequenzen der eigenen Entscheidung zu erkennen, um den vollen Qualifizierungserfolg zu erreichen. Auf der anderen Seite sollte eine Stelle längstens bis zur Ausschöpfung vorhandener Herausforderungen beibehalten bleiben, um Monotonie und Unterforderung entgegenzuwirken.

An diesem Punkt kommt es zu einem **latenten Konflikt** zwischen Personalentwicklungs-Zielen und unternehmerischen Gewinninteressen, da qualifizierte Mitarbeiter tendenziell effektiver eine Aufgabe erledigen können als solche, für die eine Aufgabe stets eine Herausforderung ist. Dieser Aspekt kommt insbesondere bei funktionsübergreifender Rotation zum Tragen, wo ein Leistungsabfall, zumindest in der Anfangsphase mit einzukalkulieren ist und somit bereichsübergreifende Abstimmungen sowohl organisationsstruktureller Art als auch mit der Stellenbesetzungsplanung erforderlich werden.

Als wichtigste **Vorteile** systematischer Rotations-Programme werden zumeist die folgenden genannt:[367]

- Es werden keine Spezialisten, sondern vielmehr Generalisten herangezogen.
- Die Betroffenen werden mit Herausforderungen konfrontiert: Der Zwang zur Bewältigung neuer Problemstellungen verhindert ein »Einrosten«.
- In die Arbeitsumgebung, in die jemand aufgrund eines Rotations-Programms versetzt wird, kommt mit neuen Ideen und unbefangenen Standpunkten »frischer Wind«.
- Die Flexibilität der Mitarbeiter durch ihren wechselnden Einsatz fördert zweierlei:
  - Für die Mitarbeiter wachsen Karriere-Chancen (Sie können ihre Qualifikationen mehrfach und in unterschiedlichen Positionen unter Beweis stellen).
  - Für den Betrieb verringert sich das Risiko, bei plötzlich auftauchendem Arbeitszuwachs keine geeignete personelle Besetzung zur Verfügung zu haben.
- Mitarbeiter werden in wechselnden Positionen auch dann eingesetzt, wenn im Betrieb keine Aufstiegschancen bestehen bzw. Mitarbeiter selbst nicht aufstiegswillig und/oder -befähigt sind.
- Von Bedeutung für die Durchsetzung kooperativer Führung kann die Konsequenz sein, daß mit Zunahme des Generalistentums Kooperations- und Delegationsbereitschaft wachsen. Das Bewußtsein fehlender Detailkenntnisse und der daraus resultierende Zwang zur Zusammenarbeit mit Spezialisten können dies fördern.

Neben diesen Vorteilen als Personalentwicklungs-Methode bietet Job Rotation noch eine Reihe weiterer positiver Effekte für die Zusammenarbeit, wie z.B. einen erheblichen Beitrag zum Transfer von Know-how und Unternehmungskultur innerhalb der Unternehmung, Verbesserung der Kommunikationsbeziehungen usw.

Auf der anderen Seite gibt es auch mit Rotations-Programmen verbundene **problematische** Punkte:

---

367 Vgl. Strauss/Sayles (1972) 499; v. Eckardstein (1971) 101.

- Gefahr von Verzögerungen und Stockungen in betrieblichen Arbeitsabläufen während der Einarbeitungszeiten,
- reservierte Einstellung zum Programm (u.U. sogar Ablehnung) durch Vorgesetzte, die fürchten, gute Mitarbeiter zu verlieren,
- Ablehnung des Programms durch Versetzungs-Aspiranten, die Tätigkeitswechsel als störend empfinden: Da die Durchführung eines Rotations-Programms einerseits nur sinnvoll, weil erfolgsversprechend mit versetzungswilligen Mitarbeitern ist, andererseits aber eine bestimmte Mindestzahl von Kandidaten einem reibungslosen Ablauf förderlich ist, liegt hierin eine grundsätzliche Gefährdungsmöglichkeit.

(22) Job Enlargement

Mit Job Enlargement (Aufgabenerweiterung, Horizontal Job Loading) wird das Arbeitsfeld einer Stelle dadurch vergrößert, daß neue, **qualitativ** etwa **gleichartige** Aufgaben hinzugefügt werden. Insofern wird eine neue Stelle gebildet; das kann bis hin zur Zusammenlegung ganzer ehemals eigenständiger Stellen zu einer einzigen neuen gehen.

Es gibt mehrere Gesichtspunkte, nach denen die zusätzlichen Aufgaben bestimmt werden können, die einer Stelle zur Erweiterung ihres Arbeitsfeldes hinzugefügt werden sollen. So können nach dem organisatorischen Aufgabenanalyse-Kriterium des **Ranges** der in einer Stelle zu vollziehenden Tätigkeiten solche der Entscheidung von denen der Ausführung unterschieden werden. Ein nach diesem Merkmal vorgehendes Job Enlargement wird als **sachorientiert** bezeichnet;[368] es würde entweder auf der Entscheidungsebene andere Entscheidungstatbestände hinzufügen oder aber auf der Ausführungsebene zusätzliche Einzeloperationen.

Ein anderer Gesichtspunkt ist der der **Phasen**, in denen die Handlungen zur betrieblichen Aufgabenerfüllung ablaufen: Im einfachen Falle werden die Phasen der Planung, der Realisation und der Kontrolle unterschieden. Ein hieran anknüpfendes **phasenorientiertes** Job Enlargement würde den in einer Stelle zu vollziehenden Phasen weitere (Teil-)Phasen hinzufügen und damit z.B. den Umfang der insgesamt zu erfüllenden Kontrolltätigkeiten erweitern.[369]

Insgesamt ist für Maßnahmen des Job Enlargement kennzeichnend, daß »alte« und »neue« Stellenaufgaben qualitativ-strukturelle Ähnlichkeiten besitzen, d.h. Entscheidungs- und Ausführungsaktivitäten ein etwa gleichbleibendes Mischungsverhältnis beibehalten und damit insgesamt ein annähernd **unverändertes Anforderungsniveau** erhalten bleibt.

Mit Job Enlargement wird in der Hauptsache der **Arbeitszyklus** einer Stelle **verlängert,** d.h. die Anzahl aller Tätigkeiten zur Erfüllung einer Stellenaufgabe und gleichzeitig die für sie durchschnittlich aufzuwendende Arbeitszeit werden erhöht. Damit sollen die mit kurzzyklischen Belastungen verbundenen Monotonie-, Ermüdungs- und Sättigungserscheinungen abgebaut[370] und die aus ihnen resultierenden negativen Folgen der Abwesenheit vom Arbeitsplatz, Leistungsrestriktionen und Fluktuation vermieden werden. Trifft es zu, daß letztere Indikatoren für individuelle Unzufriedenheit mit dem Arbeitsplatz sind, so kann mit Job Enlargement auch diese vermindert werden. Das Ziel dieser Personalentwicklungs-Maßnahme wäre erreicht: individuell erwartungsadäquate Aufgabeninhalte und Anforderungshöhen.

---

368 Vgl. Kupsch (1975) 1079.
369 Vgl. Kupsch (1975) 1079.
370 Vgl. Ulich (1972) 266.

Trotz empirischer Belege dafür, daß diese Wirkungen erzielt wurden,[371] können eindeutige Zusammenhänge des Job Enlargement weder mit der Arbeitszufriedenheit noch mit der Arbeitsproduktivität gefolgert werden.[372] So enthielten die Untersuchungen zum einen **methodische Mängel:** z.B. Vermischungen mit Job Enrichment-Elementen,[373] fehlende Kontrollen des Hawthorne-Effektes, d.h. von Verhaltensänderungen der beobachteten Personen, die ihren Grund in der Tatsache der Beobachtungen selbst haben, die während der Untersuchungen stattfanden.[374]

Zum anderen ist der Hauptgrund dafür, daß die Konsequenzen aus Job Enlargement-Programmen nicht mit Sicherheit prognostiziert werden können, in den folgenden Tatsachen zu sehen: Die Möglichkeiten für unterschiedliche Aufgabenerweiterungen sind zumeist sehr zahlreich, desgleichen können die Erwartungen an einen akzeptablen Arbeitsplatz sehr verschiedenartig sein. Man kann also nicht von bekannten, gleichartigen Erwartungshaltungen an diesen mit Sicherheit auszurichtenden Programm-Alternativen für Aufgabenerweiterungen und mit diesen letztlich eindeutig erzielbaren Wirkungen ausgehen. Die betrieblichen Anlässe für Aufgabenerweiterungs-Programme stellen vielmehr meist Einzelfälle schlecht-strukturierter Entscheidungsprobleme dar, für die **individuelle Lösungen** gefunden werden müssen. Eine statistische Aufbereitung von Befunden über Job Enlargement Programme in der Praxis ist daher für sehr detaillierte Angaben über Einzelheiten des Vorgehens nicht sinnvoll.

Die im folgenden kurz referierten Ergebnisse vermitteln einige illustrative Einblicke in **Art, Anlässe, Vor- und Nachteile** in der Praxis betriebener Personalentwicklungs-Arbeit.[375]

Unter den **Gründen** für die Durchführung von Job Enlargement wurden Kostensenkungen an erster Stelle genannt, gefolgt von den Zielen, die Aufgaben für die Mitarbeiter interessanter zu gestalten, den Spezialisierungsgrad zu senken, die Qualität anzuheben, die Monotonie zu reduzieren. Dies wurde mit Maßnahmen zu realisieren versucht, durch die im Ergebnis eine relativ große Zahl ursprünglicher Stellen (drei, vier, fünf und mehr) zu neuen kombiniert wurden und mit denen überwiegend jeweils mehrere hundert Mitarbeiter erfaßt wurden.

Als erreichte **Vorteile** durchgeführter Job Enlargement-Programme wurden gleich oft erhöhte Arbeitszufriedenheit und Kostensenkungen genannt, dicht gefolgt von Anstieg der Arbeitsqualität, der Ausstoßquantität, Verminderung der Monotonie. Als **Nachteile** wurden an erster Stelle Widerstände gegen Veränderungen – und zwar einzelner Mitarbeiter, aber auch der Gewerkschaften – berichtet, des weiteren, daß einige Mitarbeiter nicht zum »Wachsen mit der Aufgabe« fähig sind, daß Fortbildungszeiten anstiegen. Schließlich war auch nach den **Problemen** gefragt worden, die sich für die Mitarbeiter beim Einstellen auf die erweiterten Aufgaben herausgestellt hatten. Dazu wurden mit Abstand an erster Stelle Schwierigkeiten genannt, die mit der Anpassung an die vermehrten Pflichten entstanden; vergleichsweise viel seltener wurde Widerstand gegen Veränderungen angegeben.

---

371 Vgl. Walker (1950) 344ff.; Biggane/Stewart (1972) 270ff.
372 So auch Kupsch (1975) 1081.
373 Vgl. Lawler (1969) 432.
374 Vgl. Hulin/Blood (1968) 205.
375 Über ähnliche Befunde berichten Filley/House/Kerr (1976) 339ff.; Dessler (1976) 79ff.

(23) Job Enrichment

Herzberg sieht in der Anreicherung der Arbeit mit sinnvollen Inhalten den Schlüssel zur Motivation von Mitarbeitern, womit er den Unterschied zwischen Job Enrichment und Job Enlargement betont. Während Job Enlargement primär eine quantitative Zunahme einzelner Aktivitäten bei der Arbeit bedeutet, bezieht sich Job Enrichment darüber hinaus auf die Autonomie, die Verantwortung und die Abgeschlossenheit bzw. Kontrolle von Aufgaben. Job Enrichment führt zu einer Erhöhung der motivationalen Wirkung einer Arbeit, während Job Enlargement eher die Monotonie reduziert, jedoch nur begrenzte Motivationswirkungen besitzt.[376]

Job Enrichment gibt den Mitarbeitern die Gelegenheit, interessantere Tätigkeiten zu vollziehen und letztendlich damit mehr Möglichkeiten für persönliche Entwicklung und Wachstum zu haben. Herzberg hat damit, aufbauend auf seinen motivationspsychologischen Überlegungen, die interdependenten bzw. gleichgerichteten Wirkungen, wie sie in Abbildung 86 zum Ausdruck kommen, zum Ausgangspunkt für Überlegungen zur Gestaltung der Arbeit gemacht und eine Wirkungskette hergestellt: Mehr Sinn in der Arbeit führt zu einer höheren Zufriedenheit bei den Mitarbeitern, die sich deshalb zur Weiterentwicklung angeregt fühlen und insgesamt bessere Arbeitsergebnisse hervorbringen.

Mit Maßnahmen des Job Enrichment (Aufgabenbereicherung, Vertical Job Loading) werden einer Stelle neue, und zwar qualitativ von den ursprünglichen Stellenaufgaben unterschiedliche Aufgaben, hinzugefügt. Dabei geht der Unterschied grundsätzlich in die Richtung auf ein **höheres Anforderungsniveau**. Das Wort »Bereicherung« soll dies andeuten: Eine Anreicherung um schwierigere, anspruchsvollere Aufgaben ist gemeint. Die angelsächsische Begriffsfassung des »Vertical« Job Loading macht darauf aufmerksam, daß überwiegend an eine Anreicherung um Aufgaben gedacht ist, die zuvor auf höheren Ebenen der organisatorischen Hierarchie erfüllt worden waren. Durch Job Enrichment werden also Führungsaufgaben wie Planungs- und/oder Kontrollaktivitäten hinzugefügt.

Das Konzept der Aufgabenbereicherung hat einen normativen Ausgangspunkt: Erklärtes **Ziel**[377] ist es, Mitarbeitern ein Wachsen ihrer Persönlichkeit durch Selbstverwirklichung zu ermöglichen; dem mit anspruchsvolleren Aufgabeninhalten verbundenen Anforderungsanstieg wurde dabei die Rolle eines Motivators zugesprochen. Job Enrichment geht damit von intrinsischer Motivation durch die Arbeit selbst aus. Daß diese Intention dem Konzept eine einseitige Rolle zuweist, wird durch Rückverweis auf die oben referierten motivationspsychologischen Erkenntnisse (s. Kap. B I. 2. a. aa) deutlich. Es kann durchaus als nicht allgemein gültig unterstellt werden, daß jedermann am Arbeitsplatz Selbstverwirklichung anstrebt; es ist durchaus möglich und jedenfalls legitim, im Beruf extrinsisch motiviert zu sein.

Wird als allgemeine Maxime des Personal-Managements akzeptiert, individuelle und institutionelle Ziele gleichermaßen erreichen zu wollen, so wird man auch extrinsische Motivation durch Job Enrichment »zulassen« müssen.[378] Ein solchermaßen **individueller Zuschnitt** jedoch ist nur unter folgenden **Voraussetzungen** möglich:

---

376 Vgl. Donnelly/Gibson/Ivancevich (1992) 328; Herzberg (1972) 35.

377 Vgl. Herzberg (1972) 35.

378 So sind Tatsache und Ausmaß intrinsischer Motivation als vom Urbanisierungsgrad, von der ranghierarchischen Stellung, von der individuellen Wertorientierung abhängig erkannt worden, vgl. Turner/Lawrence (1971) 258ff.; Hulin/Blood (1968) 203ff.; Centers/Bugental (1966) 193ff.; Goldthorpe u.a. (1968) 36ff.

- Bekanntheit der tatsächlich vorhandenen Motivationsstruktur derjenigen Mitarbeiter, denen man mit Aufgabenanreicherung positive Motivationskonditionen schaffen will,
- Kenntnis der anreicherungsbedürftigen und -fähigen Stellen: abhängig sowohl von der Persönlichkeit des Stelleninhabers als auch vom sachlichen Aufgabeninhalt;
- Klarheit über die Beschaffenheit der jeweils hinzufügungsfähigen (Teil-)Aufgaben sowie deren motivationale Wirkung. So wird z.B. intrinsisch motivierende Wirkung solchen Tätigkeiten zugesprochen, die folgende Merkmale aufweisen:[379]
  - **Autonomie:** Aufgaben, zu deren Erfüllung verantwortliche Wahl zwischen alternativen Handlungen nötig und möglich ist;
  - **Varietät:** Aufgaben, deren Erfüllung verschiedenartige und abwechslungsreiche Aktivitäten bedingen, so daß auch die Anforderungen variieren;
  - **Rückkoppelung:** Aufgaben müssen so beschaffen sein, daß Informationen über die Tatsache und das Ausmaß ihrer Erfüllung möglich sind;
  - **Identität:** Aufgaben müssen erkennbare Bedeutung innerhalb eines größeren Zusammenhanges besitzen.
- Vorhandensein und Anwendung eines Konzeptes zur kooperativen Führung. Bei einer Umverteilung von Führungsaufgaben müßte sonst mit dysfunktionalen Folgen gerechnet werden.
- Die organisatorischen Konsequenzen von Job Enrichment-Programmen müssen in das gesamtbetriebliche Entwicklungskonzept passen, zumindest ohne erhebliche Zielerreichungs-Einbußen verkraftbar sein. Diese Konsequenzen beziehen sich auf
  - die Aufbauorganisation: Mit einer Delegation von Führungsaufgaben
    - geht (zumindest partiell) eine Verrichtungs-Dezentralisation einher,
    - sind Kapazitätsfreisetzungseffekte bei Leitungsstellen (Instanzen) verbunden,
    - ergeben sich größere Leitungsspannen,
    - werden weniger Hierarchie-Ebenen benötigt, so daß sich eine insgesamt flachere Organisationspyramide ergibt; ihr wird größere Aktions- wie Reaktionsflexibilität zugesprochen.
  - den Informationsbedarf: Für ihn wird aufgrund der stärkeren Führungsaufgaben-Dezentralisation eine Steigerung erwartet.
  - die Änderungshäufigkeit der Organisationsstruktur: Da Personalentwicklung durch Aufgabenanreicherung ein Konzept der Organisation ad personam ist, muß mit nahezu kontinuierlicher Reorganisationsnotwendigkeit gerechnet werden.
- Die Implementierung von Aufgabenanreicherungs-Programmen muß nach einem abgestimmten Konzept erfolgen, damit z.B. Einführungswiderstände überwunden werden können.

Eine Koppelung von Programmen der Aufgabenanreicherung mit Personal-Fortbildung kann zu einem kontinuierlichen Prozeß der Dynamisierung von Aufgaben-, Anforderungs- und Qualifikationsentwicklung sowie Stellenbesetzung führen:[380] Stellenaufgaben »wachsen« mit den Stelleninhabern, die Mitarbeiter erhalten von Zeit zu Zeit anspruchsvollere Aufgaben.

Die **Gründe**, die im Zusammenhang mit Job Enlargement dafür genannt wurden, daß Konsequenzen und Wirkungen nicht mit Sicherheit prognostiziert werden können, gelten in gleicher Weise auch für Aufgabenbereicherungs-Programme: Vielzahl und Unterschied-

379 Vgl. Hackman/Lawler (1971) 264; Turner/Lawrence (1971) 258; Schanz (1977) 347.
380 Vgl. Hill/Fehlbaum/Ulrich (1974) 307f.

lichkeit der Anreicherungs-Möglichkeiten und der Erwartungen und Motive der in (geplante) Programme involvierten Mitarbeiter machen Prognosen auch hier schwierig.

(24) Teilautonome Arbeitsgruppen

Als teilautonom werden solche Arbeitsgruppen bezeichnet, in denen Aufgaben gemeinsam, meist teamartig, erledigt werden unter gleichzeitiger Übertragung von Befugnissen für Planungs-, Regelungs- und Kontrollfunktionen. Von deren Inhalten und Umfang hängt der Autonomiegrad der Gruppen ab, die ihren Aufgabenbereich gesamthaft zur kollektiven Verantwortung übertragen bekommen.[381]

Für die Bildung von teilautonomen Arbeitsgruppen, die im Sinne institutioneller wie auch individueller Zielsetzungen funktionstüchtig sind, ist das Vorliegen oder die Schaffung einer Reihe von **Voraussetzungen** förderlich. Zu ihnen gehört die Überschaubarkeit der auf solche Gruppen übertragungsfähigen Aufgaben, ein innerer Zusammenhang der Gruppen-Arbeitsplätze, festgelegte bzw. vereinbarte Produktionsziele, ein hinreichender Dispositionsspielraum für die Arbeitsgruppe, das Vorliegen von Regeln für die gruppeninterne Kommunikation.

Auf zwei Ebenen entstehen **Gestaltungs-** und **Koordinationsprobleme:** zum einen auf der Ebene des Betriebes, zum anderen innerhalb der Gruppen selbst. Die Übertragung der Autonomie für die Arbeitsverteilung an die Gruppe bringt es mit sich, daß sie den Arbeitsablauf selbst gestalten und koordinieren muß, d.h. daß den einzelnen Mitgliedern durch Gruppenentscheidungen Aufgabeninhalte und Arbeitspensen zugeordnet, daß auch soziale Rollen verteilt werden.

Das Haupt-Gestaltungsproblem auf der **Betriebsebene** entsteht in bezug auf die Bestimmung des Autonomiegrades und der Größe der Gruppen (von letzterer hängt auch die Zahl teilautonomer Gruppen in einem Betrieb ab). Je mehr Freiheitsgrade die Gruppen erhalten, um so weniger Probleme ständiger Arbeitsgestaltung verbleiben auf der Betriebsebene. Andererseits wächst dann der Koordinationsaufwand auf dieser Ebene: Er ist umso größer, je mehr Gruppen es gibt und je größer ihre Freiheitsspielräume sind. Eine solche Koordination kann z.B. über (u.U. mit den Arbeitsgruppen überlappende) Planungsgruppen erfolgen.

Als Hauptproblem des Einführens und Funktionierens teilautonomer Arbeitsgruppen werden auf der **Gruppenebene** die Änderungsbedürftigkeit des Vorgesetzten-Selbstverständnisses, auf der Betriebsebene die Handhabung geeigneter Anreizsysteme bezeichnet;[382] denn materielle Anreizsysteme werden dann unbrauchbar, wenn befürchtet werden muß, daß sie die Bereitschaft der Gruppenmitglieder zur Zusammenarbeit behindern.

Aus der Praxis der Gestaltung der Arbeitsbedingungen soll als **Beispiel** der inzwischen berühmt gewordene Versuch des schwedischen Automobilkonzerns Volvo mit teilautonomen Gruppen herausgegriffen werden, nicht um ihn als Vorbild hinzustellen, sondern weil in ihm eine besonders große Vielzahl von Gestaltungsbereichen in Angriff genommen wurde.[383]

---

381 Vgl. Walker (1950) 344ff.; Biggane/Stewart (1972) 270ff.

382 So auch Kupsch (1975) 1081f.

383 Ein Beispiel aus jüngster Zeit betrifft eine einfachere industrielle Fertigung, die seit jeher als Paradebeispiel für die Fließbandproduktion galt (Großserien in der Textilindustrie): Levi Strauss & Company hat in allen Fabriken der USA von Band- auf Teamarbeit umgestellt. Vgl. Tenbrock (1994) 29.

Als **Ausgangsbasis** stellten sich folgende Verhältnisse in dem schwedischen Automobilkonzern Volvo dar: Eine Suche nach den Ursachen für sehr hohe Abwesenheits- und Fluktuationsraten und für ein seit längerem beobachtetes »Job hopping« der Mitarbeiter förderte zutage, was wie eine neue industrielle Krankheit aussah: psychischer Streß, Gleichgültigkeit, Feindseligkeit, Aufsässigkeit von Belegschaftsmitgliedern, insbesondere im Produktionsbereich. Als Ursache hierfür wurde vor allem ein als eklatant gewerteter **Widerspruch** gesehen: Die Mitarbeiter sind einerseits »mündige Bürger« mit einem generell hohen Ausbildungsniveau in einer relativ homogenen Gesamtbevölkerung, in der ein beachtenswertes kulturelles Klima herrscht. Andererseits aber finden sie diese Lebensqualität des privaten, des Freizeit-Bereiches im Beruf nicht vor, wenn überwiegend repetitive Routine-Arbeiten abverlangt werden, deren Inhalte und Ziele – vom Arbeitenden aus gesehen – fremdbestimmt sind, wenn eine Arbeitsatmosphäre der Anonymität, des Gefühls als »Rad im Betrieb« herrscht.

Um diesen unerwünschten Zuständen zu begegnen, schlug Volvo eine Änderungsstrategie mit vier Komponenten ein, von denen die ersten zwei den Arbeitsbedingungen im hier dargelegten Sinne zugehören, während letztere Personalentwicklung im hier verstandenen Sinne betreffen:

(1) technologische Veränderungen (andere Arbeitsverfahren);
(2) Verbesserungen der physiologischen Arbeitsbedingungen;
(3) neuartige Arbeitsstrukturen: selbststeuernde Gruppen in Verbindung mit Job-Rotation, -Enrichment, -Enlargement;
(4) konsequente Personalentwicklung,

dies alles gemeinsam im Rahmen eines umfassenden institutionalisierten Mitsprachewesens.

Diese weitgehende Änderungsstrategie erforderte den Bau einer neuen Auto-Produktionsstätte (Werk Kalmar) für 600 Beschäftigte, die ein höheres Investitionsvolumen notwendig machte als ein Werk mit gleichem Ausstoß in herkömmlicher Fertigungsweise. In Kalmar wird nicht am Fließband, sondern in 25 Arbeitsgruppen mit je rund 15 Beschäftigten gefertigt; diese Gruppen sind autonom in bezug auf eine selbständige, flexible Aufgabeneinteilung, auf Kontrollen der Arbeitsergebnisse, auf Bestimmung über eigene Budgets. Sie haben je einen werkstattähnlichen Arbeitsbereich, sind für einen bestimmten Fahrzeugabschnitt verantwortlich, haben eigene »Pufferzonen« und daneben Sozialräume mit eigenen Rekreations- und Meetingbereichen. Die Gruppenmitglieder können darüber befinden, ob sie einzeln oder in Untergruppen arbeiten wollen, sie verrichten – im Gegensatz zu früher – mehr als einen Arbeitsgang.

Die höheren Investitionskosten begannen sich zu amortisieren: Die gestiegene Zufriedenheit der Mitarbeiter ließ die Fluktuationsrate und die damit verbundenen Kosten rapide sinken, die Produktivität wurde als sehr gut bezeichnet, was sich allerdings in der Folgezeit nicht fortsetzte.

Auf der anderen Seite fordert eine solche weitgehende Umstellung in so vielen Gebieten der Betriebsarbeit auch einen Wandel im Führungsstil und in den Management-Funktionen, dies sowohl bei der Unternehmungsleitung als auch auf den unteren Management-Ebenen unter Einschluß der Meister. Sie müssen in den Arbeitsgruppen nunmehr neue Rollen ausfüllen, sich auch als »gute Menschenführer« bewähren. Es gibt bereits Berichte, aus denen hervorgeht, daß eine solche weitgehende Kooperationsbereitschaft und -fähigkeit erfordernde Demokratisierung teilweise von denen als unbequem empfunden wird, die von ihr profitieren sollen.

Zudem können Selbstkontrollen und durch Gruppen selbstgesetzte Normen anspruchsvoller sein als die Hierarchie-Vorgesetzten: Sie können sogar zur Diskriminierung von leistungsschwächeren und weniger beliebten Gruppenmitgliedern führen. »Selbststeuerung« von Gruppen wird dann zu einer »Selbstreinigung«.[384]

Der **Autonomiegrad einer Gruppe** kann mit Hilfe folgender Kriterien bestimmt werden (in der folgenden Liste nimmt der Autonomiegrad von unten nach oben kumulativ zu). Siehe dazu Abbildung 89.

Entscheidungsobjekt	**Autonomiegrad**
Die Gruppe hat Einfluß auf die qualitativen Ziele	hoch ↑
Die Gruppe hat Einfluß auf die quantitativen Ziele	
Die Gruppe entscheidet mit über externe Führungsfragen	
Die Gruppe entscheidet über die Übernahme zusätzlicher Aufgaben	
Die Gruppe entscheidet, wann sie arbeitet	
Die Gruppe entscheidet über die Produktionsmethode	
Die Gruppe regelt die interne Aufgabenverteilung	
Die Gruppe entscheidet darüber, wer Mitglied wird	
Die Gruppe entscheidet über interne Führungsfragen	
Die Gruppenmitglieder entscheiden selbst über ihre individuelle Aufgabenbewältigung	↓ niedrig

Abb. 89: Autonomiegrad einer Gruppe
Quelle: Staehle (1987) 471.

(3) Folgen

Mit den beschriebenen Formen der Arbeitsstrukturierung (vor allem mit Job Enrichment und teilautonomen Arbeitsgruppen) werden Verbesserungen von Arbeitsproduktivität und -zufriedenheit angestrebt. Daß beides mit ihnen generell erreichbar sei, gilt durchaus nicht als sicher.

Eine wesentliche Voraussetzung für das Erreichen dieser beabsichtigten Folgen dürfte der Stellenwert sein, den Arbeit überhaupt und der Arbeitsinhalt speziell in der Motivationsstruktur der Betroffenen hat. Besteht etwa für bestimmte Arbeitnehmer das zentrale Lebensinteresse nicht in einer Bestätigung in der Arbeitswelt, sondern in anderen Lebensbereichen, so spielt Arbeit nur die Rolle eines Mittels zum Zweck des Gelderwerbs. Von ihnen würden Job Enrichment-Programme, die erhöhte Aufmerksamkeit und Verantwortung erfordern, eher als Belastung oder sogar als Verschlechterung der Arbeitssituation empfunden werden (vor allem, wenn mit ihnen keine Lohnerhöhungen einhergingen).[385]

Daher gehen Porter/Lawler/Hackman von der Annahme aus, daß Leistung und Zufriedenheit nicht nur von der Organisation und von der (entweder einfachen oder aber bereicherten) Arbeitsstruktur abhängen, sondern zudem von den individuell empfundenen Mit-

---

384 Vgl. Altmann u.a. (1982) 144.
385 Vgl. Hulin/Blood (1968); Dubin/Champoux/Porter (1975).

arbeitermotiven (insbesondere vom Ausmaß des »Wachstumsbedürfnisses«).[386] Empirische Untersuchungen haben diese Zusammenhänge prinzipiell bestätigt.[387]

Aus Studien zu Folgewirkungen von Maßnahmen der Arbeitsstrukturierung geht hervor, daß individuellen Eigenschaften von (potentiellen) Stelleninhabern eine erhebliche Bedeutung zukommt. Dies sind vor allem:

- personale Faktoren (wie z.B. Alter, Geschlecht, Schulbildung, Religion),
- außerbetriebliche Lebensumstände (wie z.B. die soziale Schicht, städtische oder ländliche Umgebung),
- berufliche und betriebliche Faktoren (wie z.B. Position in der Hierarchie, Dauer der Betriebszugehörigkeit).

Empirische Untersuchungen hierüber lassen den Schluß zu, daß den Variablen Schulbildung, soziale Schicht und organisatorische Hierarchie größte Bedeutung zukommt.[388] Daher liegt es für Staehle nahe, »der Entwicklung von Arbeitsorientierungen durch Sozialisation (vor allem durch Arbeit) besonderes Augenmerk zu schenken«.[389]

Darin ist eine Abkehr von universellen und eine Hinwendung zu stärker individuell differenzierenden Ansätzen zu erkennen.[390] Ulich beschreibt drei **Prinzipien**, deren Anwendung bei der Arbeitsgestaltung persönlichkeitsförderliche Folgen habe;

- Bei **flexibler** Arbeitsgestaltung ist es den Mitarbeitern möglich, ihre eigenen spezifischen Arbeitsweisen einzusetzen.
- Im Wege **differentieller** Arbeitsgestaltung werden unterschiedliche Arbeitsfelder angeboten, aus denen dasjenige ausgewählt werden kann, das am meisten zusagt.
- Durch **dynamische** Arbeitsgestaltung werden bestehende Arbeitssysteme verändert, und zwar nach Maßgabe der (gewachsenen) Ansprüche der Mitarbeiter; im Grenzfall kommt es zur Schaffung ganz neuer Arbeitssysteme.[391]

Ein solches pointiertes Eingehen auf individuelle Belange durch Maßnahmen der Arbeitsstrukturierung wird von Steinmann/Schreyögg kritisiert, und zwar nicht mit dem Argument, daß dies angesichts der in der Wirtschaftspraxis verfolgten Zielvorstellungen und dafür favorisierten Maßnahmen unrealistisch sei. Sie entdecken vielmehr in den Ansätzen zu individuell differenzierender Arbeitsgestaltung die liberalistische Idee, Freiheit als formale Freiheit der Wahl zu begreifen. Dem setzten sie – unter Berufung auf Habermas – entgegen, daß einer solchen freien Wahl ein gesellschaftlicher Aufklärungsprozeß vorausgehen müsse über das, was die einzelnen Personen »wollen würden, wenn sie wüßten, was sie wollen könnten«.[392]

---

386 Vgl. Porter/Lawler/Hackman (1975) 274ff.
387 Vgl. Pierce/Dunham/Blackburn (1979).
388 Vgl. Niederfeichtner (1982) 158ff.
389 Staehle (1987) 499.
390 Vgl. z.B. Schanz (1982).
391 Vgl. seine Beiträge in Frei/Ulich (1981) (s. auch Kap. D.V.2.b.bb).
392 Steinmann/Schreyögg (1980) 76.

cc) Karriereplanung (Versetzungen)

(1) Begriff

Der individuelle berufliche Werdegang ist Gegenstand der Karriereplanung. Dabei wird hier unter **Karriere** jede beliebige Stellenfolge einer Person im betrieblichen Stellengefüge verstanden.

Die oft vorgenommene Einschränkung auf Aufwärtsbewegungen beim Stellenwechsel wird dabei nicht gemacht – »Karriere« ist damit ihres einseitigen Aufstiegsbezugs entkleidet. Zum einen bestehen Positionswechsel nicht nur aus Beförderungen und enden nicht stets mit einer ranghierarchisch höheren Position als zu Beginn. Von Bedeutung ist zum anderen ein weiterer Aspekt: eine personalpolitisch sinnvolle Umorientierung individueller Karriereerwartungen in Richtung auf eine realistische Einbeziehung der heute und in Zukunft in den Betrieben bestehenden Versetzungsmöglichkeiten, aber auch -anforderungen.

Mit zunehmender Verjüngung der Führungsspitze und/oder langsamerem Wirtschaftswachstum vermindern sich die Aufstiegsmöglichkeiten. Mit der größeren Dynamik und Komplexität der heutigen Arbeitswelt steigt gleichzeitig die Notwendigkeit, Mitarbeiter häufiger auf Stellen mit anderen (auch höheren) Anforderungen zu versetzen, ohne daß dies stets »Beförderung«, d.h. ranghierarchischer Aufstieg im herkömmlichen Sinne sein kann. Durch solche »horizontalen« Versetzungen lassen sich sowohl betriebliche als auch persönliche Ziele erreichen. Für den Betrieb ist ein flexibel einsetzbarer und leistungsfähiger Mitarbeiter besonders wertvoll. Auf die Führungskraft wirkt sich die mit einer anderen Position verbundene Abwechslung positiv motivierend aus.

Mit Positionswechseln in der betrieblichen Hierarchie ist der objektive Aspekt der Karriere angesprochen. Daneben tritt auch ein **subjektiver Aspekt:** Für die einzelne Person bedeutet Karriere der auf wirtschaftliche Tätigkeiten bezogene Ausschnitt des gesamten Lebenslaufes.[393] Auch in Karrieren also bringen Personen Motive, Ziele, Fähigkeiten, Erwartungen u.a.m. ein, die sich während des Karriereverlaufs wandeln können. Karriere geht dadurch mit persönlicher Entwicklung einher. Insoweit werden Karrieren meist in größeren Zusammenhängen, d.h. als Kette von Positionsfolgen oder sogar als Ganzes gesehen, bewertet und interpretiert.

Eine gleichzeitige Berücksichtigung beider Aspekte bei der Planung von Karrieren erfordert daher die Einbeziehung des Entwicklungsprozesses der einzelnen Personen. **Karriereplanung** nimmt zukünftige tatsächliche Stellenfolgen gedanklich vorweg. Insoweit ist Karriereplanung Teil einer umfassenden Personalentwicklung, die sämtliche betrieblichen Einflußmaßnahmen auf die individuelle Entwicklung umfaßt: neben der Karrieresteuerung auch die betriebliche Fortbildung und die personenorientierte Arbeitsstrukturierung.

(2) Karrieresystem

Daß in einer Unternehmung Karriereplanung systematisch betrieben wird – also ein betriebliches Karrieresystem existiert – ist ein Zeichen dafür, daß nach dem personalpolitischen Grundsatz verfahren wird, vakante Positionen aus den Reihen der im Betriebe bereits beschäftigten Mitarbeiter zu besetzen (interne Personalbeschaffung): entweder wann immer es möglich ist, oder aber wenigstens bezogen auf einen spezifisch definierten Teil von Vakanzen (z.B. in bestimmten Funktionsbereichen, auf bestimmten Hierarchie-Ebenen o.ä.).

---

393 In diesem Zusammenhang wird auch unterschieden zwischen Laufbahn- und Nachfolgeplanung. Vgl. Berthel (1992a) 1204.

Die Struktur eines betrieblichen Karrieresystems ist durch 6 **Merkmale** gekennzeichnet:

(1) Der **Bewegungsraum** eines Karrieresystems ist gleichbedeutend mit Stellen-(Positionen-)Gefüge, das die Besetzungs-(Versetzungs-)Möglichkeiten liefert. Er ist durch die Organisationsstruktur geprägt unter Einschluß der (zusätzlichen) Laufbahnformen (Fachlaufbahn, Projektgruppen), die als Karriereangebote bereitgestellt werden (s. unten (5)).

(2) **Bewegungsanlässe** sind besetzungsbedürftige Vakanzen. Sie entstehen durch Freiwerden von vorhandenen oder aber durch Einrichten zusätzlicher Stellen. Der letztgenannte Anlaß stellt eine der möglichen Formen dar, in denen originäre Personalplanung betrieben werden kann; sekundärer Personalentwicklungsbedarf mit »Gelegenheitslücken« (s. oben Abb. 69) ist ein möglicher Grund hierfür.

(3) Es gibt maximal drei **Bewegungsrichtungen:** vertikale Versetzungen aufwärts, aber auch abwärts, die durch den Wechsel auf jeweils eine andere Ebene mit Kompetenzänderungen verbunden sind, horizontal, d.h. Versetzungen auf gleicher Hierarchieebene. Eine Sonderform – eher horizontalen Versetzungen zuzurechnen – ist die Abordnung von Mitarbeitern in Projektgruppen.

(4) Die **Bewegungshäufigkeit** (-geschwindigkeit) wird bestimmt durch die Verweildauer der Mitarbeiter auf ihren Positionen. Sie hängt vor allem ab von Barrieren, die als Randgrenzen zwischen Hierarchieebenen wirksam sind, als Funktionsgrenzen zwischen Aufgabenbereichen existieren bzw. durch Zugehörigkeitsgrenzen entstehen können, die Gruppen und Cliquen um sich aufrichten.

(5) **Bewegungsprofile** entstehen, wenn sich charakteristische Positionenfolgen herausbilden, die über längere Zeit konstant bleiben. Sie können durch bewußte Gestaltungsentscheidungen entstehen und werden dann als Karrierepfade bezeichnet. Möglich ist dies in größeren Unternehmungen mit ausreichend zahlreichen und homogenen Stellen in stabilen Hierarchien (kennzeichnend z.B. für Warenhauskonzerne). Karrierepfade unterscheiden sich voneinander durch die Länge, d.h. die Anzahl der zugehörigen Positionen, deren Aufeinanderfolge, ihre Steighöhe (die höchste zuletzt erreichte hierarchische Position). Hat sich eine Unternehmung für bestimmte Karrierepfade in definierten Laufbahnformen strategisch entschieden, so ist damit ein generalisierter Versetzungsmodus festgelegt. Seine grundsätzliche Geltung heißt jedoch nicht, daß Abweichungen unzulässig seien. Darüber, ob auch Varianten für andersartige Stellenfolgen ermöglicht werden sollen, ist jeweils im Bedarfsfall zu entscheiden. Solche Verfahren können entweder vom Betrieb offeriert werden (vorzugsweise stellenspezifisch bei Entstehung entsprechender Vakanzen) oder aber in Ansehung bestimmter Personen zugelassen werden, auf deren spezielle Begabungen oder Neigungen ein Unternehmen eingehen will, etwa um einen bewährten Mitarbeiter zu halten. Hier liegt auch eine Koppelung mit anderen Maßnahmen der Managemententwicklung nahe, wie z.B. Aufgabenstrukturierungen (individueller Zuschnitt von Stelleninhalten).
In kleineren Betrieben und in solchen, die ein von den Anforderungen sehr stark heterogenes Stellengefüge aufweisen, sind Karrierepfade in aller Regel nicht möglich. Hier löst jede freiwerdende Führungsposition individuelle Nachfolgeüberlegungen aus.

(6) Das **Aktivitätsniveau** eines Karrieresystems ist gleichbedeutend mit der Summe derjenigen Gestaltungsmaßnahmen, mit denen auf die Ausprägungen dieser Merkmale Einfluß genommen wird. Es wir durch drei Bedingungen beeinflußt: durch rechtliche Regelungen, die Betriebsgröße, Größenänderungen (Wachstum, Schrumpfung).

Einen Ansatz zur Systematisierung von potentiellen Karrierebewegungen bietet das **Human Resources Portfolio**. Aufbauend auf einer Befragung von 55 Managern in unterschiedlichen Karrierephasen haben Ference/Stoner/Warren mit Hilfe der Kriterien »gegenwärtige Leistung« und »Entwicklungspotential« vier Typen unterschieden, die in Abbildung 90 wiedergegeben werden.

	Entwicklungspotential	
gegenwärtige Leistung	**niedrig**	**hoch**
hoch	Leistungsträger (effizient plaziert)	Spitzenkräfte (nicht plaziert)
niedrig	Mitläufer (ineffizient plaziert)	Fragezeichen (nicht plaziert)

Abb. 90: Human Resources Portfolio
Quelle: In Anlehnung an Ference/Stoner/Warren (1977) 603.

Von seiten der Unternehmung bedeutet ein ausgeglichenes Portfolio, daß genügend

- **Spitzenkräfte** auf verantwortlichen Stellen vorhanden sind, die mit genügend unternehmerischen Gestaltungsfreiheiten und -chancen ausgestattet sind,
- **Fragezeichen** für die zukünftige Entwicklung aufgebaut werden können und daß in diese auch investiert wird,
- **Leistungsträger** existieren und diese auch Entwicklungsperspektiven sehen und dementsprechend gefördert werden,
- Aufmerksamkeit den **Mitläufern** geschenkt wird und diese entweder bewußt eingesetzt oder umorientiert werden.[394]

Für einen Mitarbeiter auf einer Karriereplazierung (s. Abb. 90) ist es sinnvoll, sich die Ursachen für seine Situation zu verdeutlichen. Im für ihn positivsten Fall ist seine Karriereplazierung eine eigene gezielte Entscheidung als Ergebnis einer individuellen Karriereplanung. Liegen Karriere- oder Entwicklungsrestriktionen der Unternehmung vor, so ist bei darüber hinaus liegenden Karrierezielen für den Mitarbeiter eventuell ein Unternehmungswechsel sinnvoll. Hat man die Grenzen des eigenen Potentials erreicht, stellt sich die Frage nach einem Karrierewechsel, einem Ausweichen auf außerberufliche Ziele oder dem Abfinden mit der gegenwärtigen Situation. Allgemein gewarnt wird vor einer Über-Simplifizierung des Portfolio-Ansatzes im Personalbereich, in dem Sinne einer eigenschaftsorientierten Kategorisierung der Mitarbeiter und damit verbundenen vorschnellen Schlussfolgerungen, wie: »We polish the stars, fix the problems, feed the workhorses plenty of hay, and shoot the dogs«.[395]

---

394 Vgl. Beutel/Fischer (1989) 63f.

395 Odiorne (1984) 68; Ähnlich Fopp, der sogar von einer »Unkraft« spricht. Vgl. Fopp (1982) 333ff. Unter dem Eindruck dieser Problematik weisen Ference, Stoner, Warren auf die Notwendigkeit hin, sich »neutral« mit Karriereperspektiven auseinanderzusetzen, bevor es zu Frustation kommt und sehen das Human Resources Portfolio eher als weiterführendes Analyseinstrument, z.B. in Ergänzung zum Karrieremodell von Schein. Vgl. Ference/Stoner/Warren (1977) 602f. u. 610f. Zur Kritik der Übertragung des Portfolio-Gedankens auf das Personal-Management vgl. Conrad (1991) 438f.

Gerpott hat aufbauend auf dem obigen Konzept die Variable **Positionsimmobilität** bzw. Positionsstehzeit vorgeschlagen.[396] Diese Überlegungen beinhalten zum einen eine am Potential orientierte Richtung der Karriereberatung für die so typisierten Manager und zum anderen eine besondere Aufmerksamkeit, die den immobilen Managern zu widmen ist. Ausgehend von einer Analyse der Gründe der Immobilität bedarf es verstärkter Entwicklungsmaßnahmen, um z.B. unzureichende Fähigkeiten oder obsoletes Wissen auszugleichen oder bei Fehlbesetzungen Versetzungen oder eventuell die Kündigung in Betracht zu ziehen.

(3) Ziele der Karriereplanung

Ein Karrieresystem ist stets zielorientiert: Es gehen betriebliche und individuelle Ziele in die Planung ein, wenn sie konsequent gehandhabt wird.

– Betriebliche Ziele

Generell können die betrieblichen Ziele dadurch gekennzeichnet werden, daß mit Karriereplanung eine sachliche und eine ökonomische Optimierung versucht wird. Sachliche Optimierung kann bewirkt werden durch Karriereentscheidungen, mit denen eine bestmögliche Übereinstimmung zwischen Stellenanforderungen und Mitarbeiter-Qualifikationen erreicht wird. Stehen für eine vakante Stelle mehrere Aspiranten zur Verfügung, so ist eine Auswahl in dem genannten Sinne zu treffen. Wenn es gelingt, Probleme der Stellenbesetzung wie auch der Nachfolgersuche sowohl in qualitativer Hinsicht als auch zu den erforderlichen Zeitpunkten überwiegend zu lösen, so wird eine Kontinuität in der Personalbereitstellung erreicht und damit eine Erhöhung der Stabilität des Betriebes.

Die Lösung des qualitativen Problems der Personalbereitstellung trägt gleichzeitig zur ökonomischen Optimierung bei: Eine bessere Übereinstimmung von Arbeitsplatz-Anforderungen und Mitarbeiter-Qualifikationen ermöglicht eine bessere Nutzung des menschlichen Leistungspotentials und mündet insoweit in Steigerungen des betrieblichen Erfolges.

Zur weiteren Steigerung der Arbeitsproduktivität und -wirtschaftlichkeit kann Karriereplanung zudem beitragen, wenn es mit ihrer Hilfe gelingt, die Motivationen und persönliche Entwicklung der Mitarbeiter zu verbessern. Motivierend wirkt Karriereplanung dann, wenn Mitarbeiter die mit Karriere verbundenen Anreize schätzen und die vom Betrieb aus ergriffenen Karrieremaßnahmen als Folgen individuellen Leistungsverhaltens wahrnehmen. Als relativ sicheres Mittel, Mitarbeiter zum Verbleib im Betriebe und zu langfristig kontinuierlicher Leistungsabgabe zu bewegen, wird angesehen, ihnen die Erreichung ihrer persönlichen, auf den Arbeitsplatz bezogenen Ziele – soweit es aus betrieblicher Sicht als durchführbar erscheint – zu ermöglichen.

– Individuelle Ziele

Karriereziele als Ausschnitt des **individuellen Zielbündels** können vielerlei Gestalt annehmen. Weiter oben wurde bereits die Ziel-Systematik von Schein vorgestellt. Über die Fünfer-Klassifizierung läßt sich eine weitere, empirisch nachgewiesene Typisierung stülpen.[397] Jede der fünf genannten Orientierungen kann von Mitarbeitern angestrebt werden, die sich entweder professionell oder aber institutionell, d.h. betrieblich gebunden fühlen. Erstere (»**Cosmopolitans**«) empfinden sich nicht einem bestimmten Betrieb verpflichtet. Bei einer

396 Vgl. Gerpott (1988) 80ff.

397 Vgl. Gouldner (1957/58) 281ff.; Rippe (1974) 255ff.; Klingemann (1979) 240ff.

ausgeprägten Neigung zu zwischenbetrieblicher Mobilität orientieren sie ihre Aktivitäten an Angehörigen ihrer Berufsgruppe. Letztere (»**Locals**«) hingegen verspüren eine hohe Verpflichtung gegenüber »ihrem« Betrieb. Wenn sie einen Positionswechsel anstreben, dann zuerst innerhalb des Betriebes. Damit ergeben sich insgesamt zehn mögliche Typen für Karriereorientierungen (s. Abb. 91).

Für die Bundesrepublik Deutschland liegen Untersuchungen über die von Führungskräften angestrebten Karriereziele und Karrieremotivationen allgemein vor. Auf die Frage »Was bewegt Sie zu einer Veränderung Ihrer gegenwärtigen Position?« nannten ca. 2.500 befragte Führungskräfte die folgenden Karrieremotive[398] (die sich in den Karriereankern von Schein wiederfinden):

- höheres Einkommen (42%)
- mehr Kompetenz und Einfluß (38%)
- größere Selbständigkeit (31%)
- die Tätigkeit selbst (26%)
- bessere Entwicklungsmöglichkeiten (23%)
- größere Sicherheit des Arbeitsplatzes (11%)

Eine Forschergruppe um von Rosenstiel ist u.a. der Frage nachgegangen, inwieweit sich Führungsnachwuchskräfte bezüglich der Karriereorientierung (definiert wie folgt: »der berufliche Aufstieg ist zentrales Lebensinteresse«) von tätigen Führungskräften der älteren Generation unterscheiden. Die Befragungsergebnisse erbrachten deutliche Unterschiede: 50% Karriereorientierung der Älteren standen 23% beim Nachwuchs gegenüber.[399]

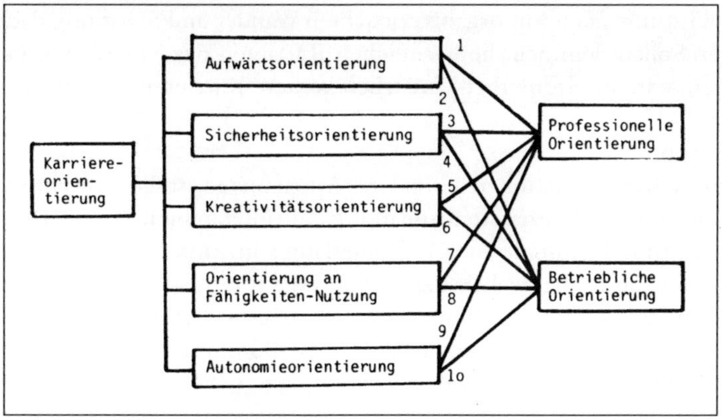

Abb. 91: Karriereorientierungen
Quelle: Berthel/Koch (1985) 25.

(4) Karriereangebote (Laufbahnformen)

Karrieremöglichkeiten nehmen durch den hierarchischen Aufbau von Unternehmungen nach oben hin prinzipiell ab. Ein weiterer Einflußfaktor auf die Karriere ist die wirtschaftliche Lage einer Unternehmung: Unternehmungen tendieren in prosperitären Phasen mit der Aufblähung der Führungsmannschaft, mit dem Ziel der Reduktion von Kontrollspan-

398 Vgl. Witte/Kallmann/Sachs (1981) 10.
399 Einsiedler/Rau/Rosenstiel (1987). Weitere Veröffentlichungen s. vorn in Kap. C.IV.2.

nen und um eventuell zusätzlich eingestelltes Personal in die Unternehmungshierarchie einzugliedern. In rezessiven Phasen besteht dann typischerweise jedoch die Tendenz zum Abbau von Hierarchieebenen, so daß die motivierende Wirkung, die wegen der zusätzlich geschaffenen Aufstiegsmöglichkeiten bestanden hat, durch andere **Anreize** zu kompensieren ist. Solche Anreize können sein:

- Delegation von Kompetenz und Verantwortung auf tiefere Ebenen, Bildung teilautonomer Arbeitsgruppen,
- Einführung von Fachlaufbahnen als alternativer Entwicklungspfad neben dem Führungskräfteaufstieg,
- Forcierung von horizontalen Versetzungen,
- Abordnung in Projektgruppen

Im allgemeinen lassen sich folgende Laufbahnformen unterscheiden:

– Führungslaufbahn

Versetzungen innerhalb der Linienorganisation (Hierarchie) sind die traditionelle Karriereform; ihre Abfolge wird auch »**Führungslaufbahn**« genannt. Es überwiegen dabei neben horizontalen Versetzungen (Stellenwechsel auf gleicher Hierarchieebene) solche vertikal aufwärts: der Aufstieg. Er ist in aller Regel mit Zuwachs an Kompetenz, Verantwortung, Status, Macht, Entgelt verbunden. Versetzungen hierarchieabwärts sind in der Praxis eher Ausnahmen (zumeist aus persönlicher Rücksichtnahme); häufig verläßt der Abstiegs-»Bedrohte« die Unternehmung.

Karriereangebote in Führungslaufbahnen werden tendenziell mit Verlangsamung des Wirtschaftswachstums, auch mit organisatorischem Wandel und Schaffung flacherer Hierarchien geringer. Sollen dennoch die beruflichen Karrieren der Mitarbeiter/Führungskräfte nicht stagnieren, wird es erforderlich, zusätzlich weitere Karrieremöglichkeiten anzubieten.

– Fachlaufbahn

Eine Möglichkeit, Karrierestationen besonderer Art zu bieten, ist die Einrichtung von »**Fachlaufbahnen**« (synonym: Spezialistenlaufbahn, Parallelhierarchie). Sie existieren neben der traditionellen Leitungshierarchie (mit Führungslaufbahn) und haben als Charakteristikum einen hohen Anteil an Fachaufgaben bei sehr geringem Umfang an administrativen Aufgaben. Grundgedanke der Fachlaufbahnen ist es, Aufstiegsmöglichkeiten für solche Mitarbeiter zu schaffen, die nicht geeignet oder bereit sind, Positionen in Führungslaufbahnen zu übernehmen. Daneben dienen sie der:

- Förderung, Anerkennung und Belohnung besonderer fachlicher Leistungen,
- Dokumentation der Anerkennung,
- Übertragung eines höheren Freiheitsgrades,
- Verringerung der Fluktuation und
- Erhaltung/Steigerung der fachlichen Leistung.

Damit Fachlaufbahnen eine echte Alternative darstellen, müssen diese sowohl unternehmungsintern als auch -extern der Führungslaufbahn als gleichwertig erkannt werden (Akzeptanzproblem).[400] Damit dieses Problem gelöst werden kann, wird versucht, die Struktur der Fachlaufbahn an die Führungslaufbahn anzulehnen, was die Positionen jeder Laufbahn,

---

400 Vgl. Kern/Schröder (1977) 349f.

hinsichtlich ihrer »Höhe«, formeller und informeller Gewichtung in der Organisation, Anerkennung und der Distanz zwischen den einzelnen Karriereschritten betrifft.[401] Glaubwürdigkeit und Akzeptanz werden umso eher erreicht, wenn die Besonderheiten der Auswahlkriterien für Fachlaufbahnen deutlich und nachvollziehbar sind: fachliche Befähigung auf Gebieten, die für die Unternehmung von Bedeutung sind: durch Erfindungen, durch Veröffentlichungen bewiesenes Renommee u.a.m. Nachteilig an Fachlaufbahnen ist zum einen, daß mit ihnen tendenziell eine einseitige Spezialisierung hervorgerufen wird, die inner- und zwischenbetriebliche Wechsel erschwert. Zum anderen ist der Konkurrenzkampf innerhalb von Fachlaufbahnen tendenziell größer, da hier Beförderungen aufgrund individueller Leistungen erfolgen.[402]

Häufigste Einsatzbereiche für Fachlaufbahnen in der Praxis sind bisher der Forschungs- und Entwicklungsbereich, der Vertrieb, der Organisations-/EDV-Bereich.[403]

– Projektgruppen

Zu einer immer wichtiger werdenden Alternative für Karriereentscheidungen wird die Besetzung von **Projektgruppen** durch »Abordnung«, Entsendung von Mitarbeitern.

Projektgruppen haben im Gesamtkonzept der Personalentwicklung einen erheblichen, in letzter Zeit allem Anschein nach steigenden Stellenwert: Sie treten als vorübergehende Arbeitsform neben die ständige Linienorganisation und verbreitern durch Hinzukommen von Leitungsstellen die Führungsebenen. Sie vergrößern die Palette der Entwicklungsmöglichkeiten, was vor allem dann bedeutsam ist, wenn den Aufstiegsgelegenheiten (z.B. durch relativ niedriges Lebensalter von Führungskräften) Grenzen gesetzt sind. Aufstiegswünschen von Mitarbeitern kann u.U. nicht in angestrebten Zeiträumen Rechnung getragen werden; »motivationale Ausweichstrategien« werden nötig – sie können z.B. im Streben nach Versetzung in Projektgruppen bestehen.

Da eine Versetzung in eine Projektgruppe grundsätzlich die Übernahme einer **befristeten** Arbeit bedeutet, wird für die Planung mitarbeiterbezogener Entwicklungsprogramme eine Abstimmung mit den übrigen vorgesehenen bzw. möglichen Versetzungs- und Fortbildungsmaßnahmen notwendig. Die damit verbundenen Aspekte werden in Kapitel D.V.5.c.bb.6 ausführlicher erörtert.

Mit Projektgruppenorganisation können indessen auch durchaus Gefahren verbunden sein:

- Insbesondere bei länger dauernden Projekten und solchen, deren Beendigungstermin nicht von vorneherein exakt absehbar ist, entsteht für die Gruppenmitglieder nicht selten erhebliche Unsicherheit bezüglich der Positionen, die bei Rückkehr in die Linie übernommen werden sollen.
- Daraus kann eine allgemeine Furcht vor dem Verpassen von Chancen zur Beförderung innerhalb der Linie während der Projektdauer resultieren.
- Eine Aufteilung von Kompetenzen zwischen Linienvorgesetzten und Projektleitern (z.B. bei Matrix-Projektgruppen) bringt das Risiko von Konflikten mit sich.

Mit der Versetzung in Projektgruppen weitgehend identisch ist die Zuweisung von Sonderaufgaben (Special Assignments),[404] die zumeist neben den normalen Pflichten übernommen

---

401 Vgl. Pössnecker (1986) 213.
402 Vgl. Neuhaus (1968) 571; Heeb/Zingg (1983) 485ff.
403 Vgl. Pössnecker (1986) 199ff.
404 Vgl. z.B. Roberts (1974) 91.

werden müssen. Auch sie kann als Maßnahme in den Katalog der Personalentwicklungs-Alternativen aufgenommen werden.

(5) Berücksichtigung von Positionsfamilien

Profile der **Einzel**positionen sind für ganz bestimmte Zwecke auswertbar, z.B. für Leistungsbeurteilungen, Beratungen u.ä. Aber auch bei Verwendungszwecken dieser Art erhöhen ergänzende Auswertungen – wie Gegenüberstellungen und Vergleiche mit anderen Einzelprofilen – die Aussagekraft. Es gibt jedoch eine Reihe von Maßnahmen – zu ihnen ist die Karriereplanung zu zählen –, bei der es sehr viel sinnvoller ist, von der auf Einzelpositionen gerichteten Perspektive abzugehen und **Gruppen** von Positionen zu betrachten. Eine Bündelung von Positionen verhindert, daß Karrierechancen für zu eng abgegrenzte Positionen planerisch eröffnet werden; es kann so eine Einengung der Mitarbeiter durch zu frühzeitige und zu spezialisierte Fixierung vermieden werden.

Die Tatsache und eine präzise Terminierung von Vakanzen kann – insbesondere für die fernere Zukunft – nicht exakt vorhergesagt werden; mit einer Positionsbündelung wird daher eine verfrühte Einengung des Betriebes, bestimmte Karrierestationen anzubieten, verhindert bzw. werden Schwierigkeiten, dies planerisch zu bewerkstelligen, verringert.

Erkennbar wird für Karriereplanungen durch Positionenbündelung eine größere Toleranzbreite in mehrfacher Hinsicht erzielt. Ein Bündel ähnlicher Positionen, das sich in den Anforderungen signifikant von anderen Positionsgruppen unterscheidet, bezeichnen wir als »**Positionsfamilie**«.[405] Positionsfamilien werden durch Auswertung des für Einzelpositionen gewonnen Datenmaterials ermittelt; sie sind insoweit empirisch begründete Typenbildungen.

Die den Positionsfamilien zugrunde liegende Zentralidee ist so neu durchaus nicht. Bereits in der Vergangenheit haben Personalfachleute versucht, für Versetzungs- und Entwicklungszwecke Aufgabenfamilien zu bilden, indem sie aus Stellenbeschreibungen und -bezeichnungen Gruppen ähnlicher Stellen zusammenfaßten. Die dadurch entstandenen Aufgabenfamilien waren allerdings vorwiegend abteilungsspezifisch, durch persönliche Erfahrungen begründet und überdies durch die individuelle Verarbeitungskapazität begrenzt. Durch eine solche Vorgehensweise kann es leicht geschehen, daß gerade für Karriereplanungen wichtige Aspekte übersehen werden, z.B. die Ähnlichkeit von Stellen in unterschiedlichen Abteilungen und auf unterschiedlichen hierarchischen Ebenen. Die Möglichkeit, anhand von Merkmalsähnlichkeiten rein visuell Positionsfamilien zu erkennen, die sich aus ähnlichen Positionsprofilen zusammensetzten, dürfte auf drei bis vier Merkmale beschränkt sein. Die folgende Abbildung 92 mag eine solche Möglichkeit verdeutlichen.[406] In ihr sind die senkrechten Linien die Skalen für die Merkmale M1, M2 und M3. C_1, C_2 und C_3 sind die graphisch ermittelten Positionsfamilien.

Im von uns vorgeschlagenen Verfahren zur Bildung von Positionsfamilien ist eine größere Anzahl von Merkmalsdimensionen zugrunde zu legen. Hierfür werden Methoden der mathematisch-statistischen Datenanalyse benötigt, wie die Konstruktionsmethoden der Faktorenanalyse, der Clusteranalyse und weitere multivariate Analysetechniken (z.B. Varianzanalyse, Diskriminanzanalyse, multidimensionale Skalierung).[407]

---

405 Vgl. Pearlman (1980) 4.

406 Nach Schlosser (1976) 154.

407 Einen Überblick über die zur Anforderungsanalyse gebräuchlichen Verfahren gibt Pearlman (1980) 14f. Zu den Verfahren der multidimensionalen Datenanalyse im allgemeinen s. z.B. Weiss (1976) 327ff.

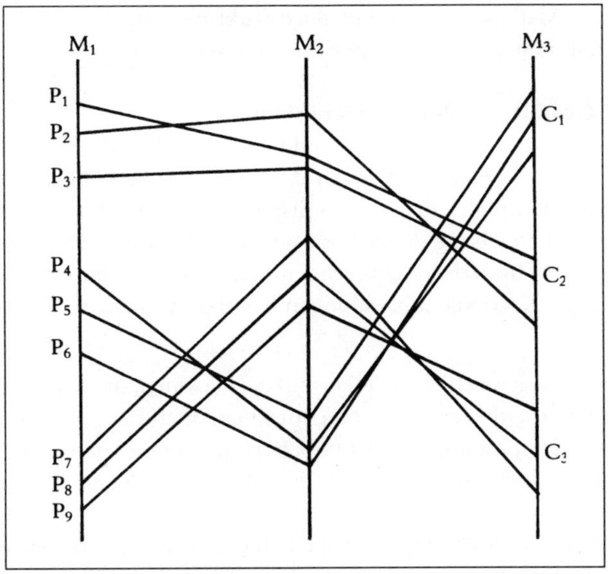

Abb. 92: Merkmalsprofile (P) mit Merkmalen (M), die drei Cluster (C) erkennen lassen
Quelle: Nach Schlosser (1976) 154.

Die eine Positionsfamilie kennzeichnenden Charakteristika hängen weniger von der angewandten Konstruktionsmethode und ihren verschiedenen Vorgehensweisen ab, sondern vielmehr von den Gruppierungsmerkmalen (Deskriptoren), die der Konstruktion zugrunde gelegt werden.[408] Diese Gruppierungsmerkmale ergeben sich bei der Verknüpfung von Informationssammlung und -auswertung aus der Taxonomie. Je nachdem, ob eine aufgaben-, verhaltens- oder persönlichkeitsorientierte Taxonomie verwandt wurde, können sich die mit ihnen gebildeten Positionsfamilien – auch bezogen auf eine gleiche Grundgesamtheit von Einzelpositionen – sowohl in ihrer Anzahl als auch in ihrer Zusammensetzung wesentlich voneinander unterscheiden. Damit wird erneut deutlich, wie wichtig es ist, die Sammlung und Auswertung von Informationen über Arbeitsplatzanforderungen einheitlich auf die angestrebten Verwendungszwecke auszurichten.

Die **Verwendungszwecke** für Positionsfamilien sind innerhalb der Karriereplanung vielfältig. Sie können genutzt werden für:

a) die Verknüpfung von aufgaben- bzw. verhaltensorientierten Anforderungsmerkmalen mit Leistungsvoraussetzungen,
b) die Anforderungsprognose,
c) die Konzeption von Maßnahmen für Mitarbeitergruppen, was gegenüber Maßnahmen für einzelne Mitarbeiter eine Aufwandsverringerung bedeutet,
d) das Auffinden sinnvoller, d.h. geeigneter und erwünschter Positionenfolgen,
e) den Entwurf karrierebegleitender Trainings-Curricula und -Programme,

408 Dies ist das Ergebnis eines empirischen Vergleichs der Anwendung verschiedener Taxonomien bei gleicher Clustermethodik durch Cornelius/Carron/Collins (1979) 695ff.

f) die Planung von Maßnahmen zur Aufgabenstrukturierung,
g) die Konstruktion von altersspezifischen Karrieremaßnahmen.[409]

(6) Ablauf und Gestaltung der Karriereplanung
Eine Übereinstimmung der betrieblichen und individuellen Ziele ist beispielsweise dann gegeben, wenn ein Mitarbeiter wünscht, an die Spitze der betrieblichen Hierarchie zu gelangen und der Betrieb ihn gleichzeitig für entsprechend entwicklungsbereit und -fähig hält und ihn auch für die Erreichung dieser Position entwickeln will. Diesem Idealfall stehen in der Realität oft große Hindernisse entgegen, die nicht selten von einer fehlenden planerischen Fundierung der Karriereentscheidungen herrühren. Derartige **Hindernisse** ergeben sich, wenn

- weniger Aufstiegspositionen vorhanden sind als Personen, die nach Aufstieg streben;
- Betriebe ihre Mitarbeiter für Positionen vorsehen, die diese gar nicht anstreben;
- Betriebe das Karrierepotential von Mitarbeitern nicht erkennen bzw. falsch einschätzen;
- der Aufstieg nach Kriterien erfolgt, die die Mitarbeiter nicht durchschauen und/oder nicht akzeptieren;
- Mitarbeiter ihr eigenes Karrierepotential falsch einschätzen, so daß sie unrealistische Karriereziele und Erwartungen hegen;
- Mitarbeiter verschiedene Ziele haben, diese sich auch noch im Zeitablauf ändern.

Wenn die individuellen Karriereintentionen und die Ausformungen des betrieblichen Karrieresystems so weit auseinandergehen, kann das für beide Seiten negative Folgen zeigen: Durch unterschätzte Karrierepotentiale werden vorhandene Ressourcen nicht genutzt. Durch überschätzte Karrierepotentiale entstehen Fehlleistungen, die für die Mitarbeiter und für den Betrieb verhängnisvolle Folgen haben können. Enttäuschte Karriereerwartungen haben Unzufriedenheit zur Folge, die sich auf die Leistungs- und/oder Bleibebereitschaft auswirkt. Konkurrenz und Neid der Mitarbeiter untereinander führen zu mangelnder Kooperation, und effiziente Teamarbeit wird zumeist unmöglich.

Die genannten negativen Folgen können vermieden – wenigstens gemildert – werden, wenn die Ziele der Mitarbeiter und des Betriebes identifiziert und aufeinander abgestimmt werden. Nur dann können Maßnahmen geplant werden, die unter Berücksichtigung betrieblicher Erfordernisse individuelle Ziele weitgehend mit einbeziehen. Hierfür bietet sich eine Vorgehensweise an, die die Karriereplanung zum **integrierten Bestandteil** der Personalplanung (speziell: der Personalentwicklungsplanung) macht, wie dies Abbildung 93 veranschaulichen will. Kooperativer Ablauf der Karriereplanung heißt nicht nur, daß der einzelne in der Lage und bereit sein muß, seine Karriereziele offenzulegen und zu formulieren. Er muß darüber hinaus auch Verantwortung für die Maßnahmenplanung mit übernehmen und selbst alles tun, um die Ziele zu erreichen. Die wichtigsten Einflüsse auf die Personalentwicklung gehen von den eingenommenen Stellen und ihrer zeitlichen Abfolge aus. So wirkt jeder Arbeitsplatz – neben seiner Leistungsfunktion – auch als Sozialisations- und Lernfeld. An jedem neuen Arbeitsplatz werden neue Verhaltensweisen erworben und die Verhaltensdeterminanten beeinflußt. Stellen sind im Laufe der Karriere Entwicklungsschritte, die auf die weitere Karrierezukunft der Mitarbeiter Auswirkungen haben: Sie erweitern oder beschränken die Möglichkeiten, andere Stellen einzunehmen. Eine ungeplante Stellenfolge nutzt die vergangenen Erfahrungen für gegenwärtige und zukünftige Tätigkeiten

409 Zu näheren Einzelheiten s. Berthel/Koch (1985) 76ff.

kaum oder nur unzulänglich, wodurch Lerneffekte verlorengehen. Karrieremaßnahmen sollten eine sinnvolle Verknüpfung von Vergangenheit, Gegenwart und Zukunft leisten. Dies ist dann möglich, wenn Mitarbeiter in systematischer Weise eine Reihe von Positionen durchlaufen, deren Zusammenhang in bezug auf die mit ihnen verbundenen Lerneffekte konsistent ist. Bei der Festlegung von individuellen Karrieren bestimmen die **Planungshorizonte** den erforderlichen Detaillierungsgrad: Mittel- bis kurzfristig müssen die Positionen und die für sie vorgesehenen Anwärter exakt feststehen. Dies ist dann umso notwendiger, wenn mit zunehmenden Stellenanforderungen auch die Fortbildungszeiten für die Anwärter länger werden. Langfristig dagegen genügt es oft, wenn lediglich relativ grob festliegt, welcher Aspirant sich in welchem Funktionsbereich auf welcher Führungsebene befinden wird.

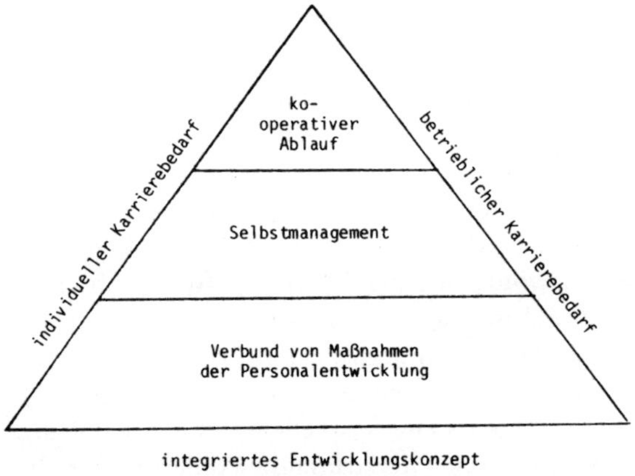

Abb. 93: Karriereplanung als betriebliches und individuelles Entwicklungskonzept
Quelle: Berthel/Koch (1985) 55.

Gegen Karriereplanung werden **Vorwürfe** erhoben:[410] In die Praxis der Stellenbesetzung kann Starrheit geraten, die bei unvorhergesehenem Personalbedarf mangelnde Anpassungsfähigkeit zur Folge haben kann (vergleichbar etwa mit der öffentlichen Verwaltung). Außerdem entstehe die Gefahr, daß sich bei designierten Nachfolgern eine Art »Kronprinzenmentalität« einstelle, die sich in Nachlässigkeit, Minder- und Fehlleistungen äußern könne.

Diese Gefahren sind in der Tat nicht zu unterschätzen. Sie werden dann vermindert bzw. treten erst gar nicht auf, wenn

- das **Leistungsprinzip** erkennbar und kontrolliert praktiziert wird,
- in bezug auf Aufstieg **Chancen**, nicht aber Anrechte eingeräumt werden,
- eine Laufbahnplanung nur **ein bis zwei Ebenen** der betrieblichen Hierarchie umfaßt und für **kürzere Zeiträume** aufgestellt wird,
- vakante Stellen auch für den Einsatz anderer (externer) Anwärter **offen** gehalten werden.

Karrierepläne sind in mehrfacher Hinsicht komplizierte Gebilde: Zum einen kann jede geplante Stellenbesetzung als ein mit einer Vielzahl von Unsicherheiten behaftetes Projekt angesehen werden, zum anderen ist es notwendig, für eine Mehrzahl von Mitarbeitern und Stellen je unterschiedliche Entwicklungsinhalte und Verläufe zu planen. Schließlich ist es

410 Vgl. z.B. Schönfeld (1967) 108.

auch möglich, **pro Mitarbeiter** eine Mehrzahl von Entwicklungs-Alternativen vorzusehen.

Zur gleichzeitigen Planung für mehrere Stellen und Mitarbeiter lassen sich Balkendiagramme als Instrumente verwenden.

Die Realisierung von Planungen dieser Art geschieht durch konkrete Entscheidungen über Versetzungen, d.h. Karrierentscheidungen, für deren Zustandekommen die angewandten Entscheidungskriterien von Bedeutung sind; sie gelten entweder generell formal, sind de facto akzeptiert oder aber werden im jeweiligen Einzelfall herangezogen. Die Kriterien eröffnen auch unterschiedliche Einflußstärken und -inhalte; zwei sind hervorzuheben: das Leistungs- und das Senioritätsprinzip.

Bei Anwendung des **Leistungsprinzips** gelangen Mitarbeiter auf diejenigen Positionen, die ihrer Leistungsfähigkeit und -bereitschaft entsprechen, vorausgesetzt, beides ist mit ausreichender Sicherheit feststellbar bzw. festgestellt worden. Darin liegen auch die bekannten Schwierigkeiten einer Leistungsorientierung: nämlich Meß-, Bewertungs-, Prognoseprobleme. Sie erfahren im Zusammenhang mit Karrierentscheidungen noch eine Steigerung. Denn Versuche objektivierter Leistungsfeststellungen beziehen sich in der Regel auf bisher gezeigte, d.h. vergangene Leistungen. Für Karriereentscheidungen dagegen ist zumeist die zukünftig erwartete Leistung – das Leistungspotential – von Bedeutung (s. Kap. D.V.5.a.bb). Die fatale Folge einer »Beförderung der Falschen« würde sich einstellen, wenn in neuen Positionen – was die Regel ist – andere zusätzliche Qualifikationen erforderlich sind, die von den Beförderungs-Aspiranten in der Vergangenheit nicht gezeigt werden konnten und deren Vorhandensein nicht überprüft würde. Gelingt es – soweit möglich –, dem Leistungsprinzip zur Geltung zu verhelfen, so ist es am ehesten wahrscheinlich, daß die Deckung von Anforderungen und Qualifikationen und damit die Förderung der oben genannten betrieblichen Ziele erreicht wird.

Nach dem **Senioritätsprinzip** werden Mitarbeiter nach Maßgabe ihres Lebensalters und/oder der Dauer ihrer Betriebszugehörigkeit versetzt: bei Beförderungen hierarchieaufwärts zumeist der Älteste, bei Bewegungen hierarchieabwärts oder -seitwärts auch – in Umkehrung – der jüngste Mitarbeiter. Die Handhabung diese Prinzips ist denkbar einfach; es findet in der öffentlichen Verwaltung und in hochbürokratisierten Betrieben starke Verbreitung. Die Erreichung der genannten betrieblichen Ziele stellt sich jedoch nur dann ein, wenn die Annahme eines gleichsinnigen Steigens von Lebens-(Dienst-)Alter einerseits und Qualifikationen andererseits zutrifft. Wenn dies nicht der Fall ist, so werden leistungsorientierte Mitarbeiter eher abwanderungsbereit sein; das Senioritätsprinzip begünstigt sicherheitsorientierte Mitarbeiter.

Die Ergebnisse von empirischen Untersuchungen zur Geltung von Kriterien für Karriereentscheidungen vermitteln kein einheitliches Bild. Das ist sicherlich z.T. auch auf die unterschiedlichen verwendeten Erhebungs-Designs zurückzuführen. Zum einen wird die Geltung des Leistungsprinzips weit verbreitet behauptet.[411] Dem widerspricht, daß seine Wirksamkeit weniger deutlich nachweisbar ist.[412] Zudem muß überraschen, daß beförderte Mitarbeiter in überproportionalem Umfange Merkmale besitzen, die in keinerlei Zusammen-

411 Vgl. Dalton (1950/51) 407ff.
412 Vgl. De Salvia/Gemmill (1977) 40ff.

hang mit dem Leistungs- oder Senioritätsprinzip stehen, wie etwa soziale Herkunft,[413] Mitgliedschaften in Parteien, Religionen, Clubs[414] u.a.

Das legt die Annahme nahe, daß für Karriereentscheidungen auch andere Kriterien herangezogen werden, wenn nicht sogar ausschlaggebend sind. Die **Beförderungs-Konformitäts-Hypothese** behauptet, daß die Anpassung an herrschende betriebliche Normen belohnt werde.[415] Die erwähnte Beförderung nach Kriterien wie Mitgliedschaften in Parteien, Religionszugehörigkeit u.ä. wird unter dem Begriff der **Mikropolitikthese** diskutiert.[416] Gleichzeitig ist nicht unwahrscheinlich, daß weiter verbreitet sein könnte, was vereinzelt beobachtet wurde: In Institutionen rekrutieren Eliten sich ihre eigenen Nachfolger durch **Kooptation.**[417] Damit wird gleichzeitig das bestehende Machtgefüge stabilisiert. Bestärkungen hierfür können Berichten entnommen werden, nach denen für Einstellungen und Versetzungen Konformität mit der Unternehmungskultur ein wichtiges Kriterium bildet.[418]

Daß Aufstieg ein für eine Vielzahl von Menschen geltendes Ziel im Berufsleben ist und dann die Rolle eines Motivators zur Leistung darstellt, ist durch empirische Befunde belegt und oben dargelegt worden. Allerdings wird man davon ausgehen müssen, daß die motivatorische Wirksamkeit des Aufstiegs von entsprechend positiven **Erwartungen** der Mitarbeiter abhängt. Auf diese Erwartungen wiederum hat die Ausgestaltung der Karriereplanung positiven Einfluß, und zwar dann, wenn folgende **Anforderungen** erfüllt sind:[419]

- **Objektivität** der Versetzungs-Begründungen: Sie wird zumeist dann als begründet angesehen, wenn als wichtigstes Beförderungskriterium die Leistung genommen und durch Qualifikations-Diagnosen überprüft wird.
- **Übereinstimmung** der geplanten Versetzungen mit den persönlichen Entwicklungszielen der Mitarbeiter; gemeinsame Planung mit den Betroffenen.
- **Transparenz** der Karriereplanung: Bekanntheit und Nachvollziehbarkeit der individuellen Karrierelinien und der Aufstiegskriterien.
- **Kontinuität**: weitgehende Einhaltung der Pläne, wenn die Versetzungs-Voraussetzungen und übrigen Plan-Prämissen erfüllt sind.

(7) Karriere- und Lebensphasen

Für eine systematische Karriereplanung ist das Angebot von Beratungsleistungen notwendig, um die Realisierbarkeit der individuellen Erwartungen zu prüfen und unrealistische Karrierevorstellungen zu vermeiden.[420] Dazu ist die Kenntnis typischer Entwicklungsphasen im Leben eines Menschen hilfreich. Bezogen auf das Berufsleben lassen sich diese in Karrierephasen aufteilen.[421] Die folgende Abbildung 94 verdeutlicht in einer knappen Übersicht, welche Ereignisse in den einzelnen Lebenssphären die drei Karrierephasen prägen.

---

413 Vgl. Wallach (o.J.).
414 Coats/Peeligin (1957) 200ff.
415 Vgl. Zetterberg (1973).
416 Vgl. Neuberger (1990a) 261ff.
417 Vgl. Presthers (1966).
418 Vgl. Uttal (1983).
419 Vgl. z.B. Morgan (1977) 26.
420 Zu Quellen und Instrumenten der Karriereberatung s. Berthel/Koch (1985) 112ff.
421 Vgl. Schein (1978). Aufbauend auf die Unterteilung in Karrierephasen hat Pazy 1990 eine qualitative empirische Studie durchgeführt, die ähnliche Schlußfolgerungen, jedoch bezogen auf die Karriere und die Obsoleszenz-Gefahr, zuläßt. Vgl. Pazy (1990), insb. die Abb. auf S. 260.

	Lebenszyklus		
	Arbeitssphäre (Karrierezyklus)	Soziale Sphäre (Familie, Freunde, Gemeinde)	Biopsychische Sphäre
Frühe Karrierephase (15–35)	Berufswahl Ausbildung Eintritt in Betrieb Realitätsschock reguläre Leistungsbeiträge oder Austritt	Kindschaft Heirat Elternschaft	Entwicklung eines Lebensstils Entwicklung einer Karriereorientierung
Mittlere Karrierephase (35–50)	reguläre Leistungsbeiträge Beförderungen »Mit Career Crisis« Umorientierung reguläre Leistungsbeiträge	erwachsene Kinder verlassen Elternhaus Verantwortung für eigene Eltern neue Freunde	Bewußtsein der Disparität zwischen Traum und Realität Bilanz
Späte Karrierephase (50–65)	reguläre Leistungsbeiträge Beförderungen Ruhestandskrise Austritt	Tod von Freunden, Ehepartner Übernahme von Gemeinschaftsaufgaben	Rückblick Ungewißheit

Abb. 94: Der Zusammenhang von Karrierephasen und Lebenssphären
Quelle: In Anlehnung an Schein (1978) 36.

Die Unterscheidung in diese drei Karrierephasen kann – da interindividuelle Unterschiede Realität sind – nur idealtypischen Charakter haben; sie hat daher vor allem heuristischen Wert. Aus jeder Phase sollen für die folgende Darstellung einige Besonderheiten herausgegriffen werden.

In der **frühen Karrierephase** stehen Berufsanfänger im Mittelpunkt der Karriereplanungsaktivitäten. Nach Berufswahl und Ausbildung erfolgt der Eintritt in einen Betrieb, der nicht selten mit hohen Erwartungen an eine anspruchsvolle Tätigkeit verbunden wird. Werden die Berufsstarter dann jedoch mit einer restriktiven und kompetenzarmen Arbeitssituation konfrontiert, so entsteht eine subjektiv wahrgenommene Diskrepanz zwischen Anspruch und Wirklichkeit, die zu einem **Praxis- und Realitätsschock** führt. Er wirkt sich auf die Leistung und Zufriedenheit der Nachwuchskräfte oft bis in die mittlere Karrierephase hinein aus.[422] Als Folgen des Realitätsschocks wurden bei Zurechnung seiner Ursachen durch den Berufsanfänger auf sich selbst (interne Zurechnung) Senkung seines Anspruchsniveaus und Verringerung von Einsatzbereitschaft und Leistung beobachtet. Bei externer Zurechnung (d.h. auf außerhalb seiner selbst liegenden Ursachen) steigen Widerspruchshaltung

422 Vgl. Bray/Campbell/Grant (1974).

aufgrund von Unzufriedenheit und die Abwanderungsneigung. Die Fluktuationsquote ist am Berufsanfang als besonders hoch ermittelt worden.[423]

Weiterhin treten nicht selten Diskrepanzen zwischen den erwarteten und den tatsächlich erreichten sozialen Beziehungen auf, vor allem zum Vorgesetzten und dessen Rollenausfüllung. Im Rahmen einer systematischen **Personaleinführung** (s. Kap. D.III.5) werden daher dem neuen Mitarbeiter Informationen über die Unternehmung, die Abteilung und den Arbeitsplatz zur Verfügung gestellt, um ihn bei der Orientierung über seine Funktion und den erwarteten Leistungsbeitrag zu unterstützen. Gleichzeitig können bereits in dieser Phase die für die jeweilige Position realistischen Karriereperspektiven offengelegt werden, so daß der Mitarbeiter keine falschen Erwartungen mit der Position verbindet.

Nach der Einführungsphase beginnt ein Mitarbeiter sich typischerweise zu etablieren und über den wachsenden Autonomieraum, den er sich »erarbeitet«, erste Karriereschritte zu planen. Zur Absicherung dieser Pläne und zu deren Umsetzung bietet sich ein Mentor an, der wiederum im Rahmen einer systematischen Personalentwicklung für diese Aufgabe vorbereitet sein sollte (s. Kap. D.VI.2.b.cc).

An diesem Punkt wird die enge Verflechtung zwischen Personalentwicklung und Mitarbeiter-Führung deutlich: Ein solches Mentorenkonzept verlangt von den Mentoren eine gewisse fürsorgliche Einstellung gegenüber jungen Mitarbeitern. Um dies in einer Unternehmung zu etablieren, ist es wichtig, sowohl diese Einstellung aktiv zu fördern als auch die Mentoren bezüglich dieser Arbeit zu unterstützen und anzuerkennen, was in die Werte und Normen in einer Unternehmung Eingang findet.

In der **mittleren Karrierephase** findet oft eine kritische Überprüfung des eigenen Standortes – persönlich wie auch beruflich – statt: Erfolgsorientierte Personen suchen verstärkt Managementaufgaben und betreiben eine gezielte Karrierepolitik. Personen mit Erfolgsängsten oder privaten Problemen tendieren hingegen zur Resignation oder steigen aus und versuchen eine zweite Karriere.[424] Besonders kritisch ist für diese Personen das Gewahrwerden der Gefahr einer »stuck-in-the-middle« Position. Dies ist der Fall, wenn einerseits jüngere, qualifiziertere Mitarbeiter zu Konkurrenten um die eigene Position werden, andererseits jedoch ein Aufstieg mangels fachübergreifender Kompetenzen und aktuellem Wissen nicht möglich ist. Dabei auftretende Gefühle der Unsicherheit können sich dramatisch zur »**Krise der Lebensmitte**« zuspitzen. Sie erzeugt Umorientierungen auch in karrierebezogenen Wahrnehmungen, Zielen und Werten. Folgen müssen durchaus nicht stets Karriereabbruch, »Aussteigen«, »Umsteigen« sein; oftmals gelingt es auch, zu veränderten Motiven eine positive Einstellung zu finden und ihre Befriedigung im Betrieb zu erlangen, etwa durch Wandel vom Spezialisten zu einer Führungskraft, die eine mehr allgemeine Fähigkeiten erfordernde Rolle übernimmt oder auch durch Übernahme einer Mentorrolle für jüngere Führungskräfte.

Hier kommt der Personalentwicklung die Aufgabe zu, den Mitarbeiter bei der Einschätzung von Entwicklungspotentialen und Wachstumschancen und bei der Überwindung von Karriereplazierungen zu helfen.

---

423 Vgl. Dunnette/Arvey/Banas (1973); Kieser u.a. (1985).

424 Zur Bedeutung vergangenheitsorientierter Aspekte wie z.B. Erfahrungen und bis dahin genossenes Training für die weitere Karriere vgl. Hill/Elias (1990), insb. 212.

In der **späten Karrierephase** gelangen erfolgreiche Führungskräfte i.d.R. in die Spitze der betrieblichen Hierarchie.[425] Die Vielzahl der gesammelten Erfahrungen, die gute Kenntnis der Unternehmung und ihrer Philosophie sind häufige Berufungsgründe. Andere versuchen dagegen lediglich, ihren status quo zu halten. Weitere Erscheinungen der späten Karrierephase sind die Wahrnehmungen des eigenen biologischen Alterns, der Verringerung und des Obsoletwerdens der Fähigkeiten, was zu einem Disengagement bis hin zur sogenannten **Ruhestandskrise** führen kann. Angst vor sozialen und finanziellen Verlusten, der Verlust der Möglichkeit, sich selbst durch die Arbeit zu verwirklichen und das Gefühl der Nutzlosigkeit prägen diese Zeit. Kompensationsmöglichkeiten stecken im Einbringen von Erfahrungen, Wortschatz, Sprachvermögen u.a.m., die im Vergleich zu jüngeren Führungskräften größer und reicher sind.[426]

Im Rahmen der Karriereplanung besteht die Möglichkeit, durch den Einsatz verschiedener Workshops, Seminare etc. einen gleitenden Übergang vom Erwerbsleben in den Ruhestand zu ermöglichen und somit diese schwierige Phase abzumildern.

Unter Beachtung der Erkenntnisse aus den obigen Phasenzusammenhängen kann innerhalb der Karriereplanung auf wesentlich längerfristigere Entwicklungslinien bewußt gestaltend eingewirkt und können Qualifizierungsmaßnahmen an den individuellen Bedürfnissen besser ausgerichtet werden. Abbildung 95 zeigt, wie sich Maßnahmen auf Grund dieser beiden Planungsdimensionen bezüglich der Ziele unterscheiden können.

	Orientierung der Entwicklung Aufgabe	 Person
kurzfristig	Leistung	Einstellung
Zeithorizont		
langfristig	Anpassungs- fähigkeit	Selbstbild

Abb. 95: Entwicklungsziele in Abhängigkeit vom Zeithorizont und Objektorientierung
Quelle: In Anlehnung an Hall/Goodale (1986) 304.

Häufig wird Karriereplanung von Vorgesetzten (bisweilen implizit und unbewußt) betrieben. Ist dies der Fall, so bedeutet die Einführung einer systematischen Karriereplanung im Rahmen einer konzeptionellen und damit eventuell auch zentralisierten Personalentwicklung den Verlust der alleinigen Entscheidungsbefugnis über Positionsbesetzungen für den entsprechenden Vorgesetzten. Daraus ergibt sich, daß die Einführung eines Karriereplanungs-Systems flankierender Organisationsentwicklungs-Maßnahmen bedarf und einer entsprechenden unternehmungskulturellen Orientierung.[427]

---

425 Vgl. Poensgen (1982), der 46 Jahre als Durchschnittsalter für eine Berufung in den Vorstand eruiert hat.

426 Vgl. auch Auchter (1983).

427 Vgl. hierzu in einem Überblick Sattelberger (1989a) 162ff.

c) Personalentwicklungs-Methoden

Bildung, Arbeitsstrukturierung und Karriereplanung als Teilbereiche der Personalentwicklung können nicht isoliert voneinander gesehen werden. Vielfach ist die praktische Personalarbeit in diesem Felde nur sinnvoll als Kombination von Maßnahmen aus allen drei Bereichen. So wird z.B. für einen Mitarbeiter die Versetzung auf eine durch Aufgabenbereicherung veränderte Position vorgesehen; als Vorbereitung darauf wird er spezielle Fortbildungs-Maßnahmen absolvieren.

Diese mitunter sehr enge **Verzahnung** der Personalentwicklungs-Bereiche findet sich auch in einigen Personalentwicklungs-Methoden wieder, für die eine eindeutige Zuordnung zu einem einzigen Personalentwicklungs-Bereich dann schwierig wird. So ist das Instrument des Qualitätszirkel beispielsweise nicht lediglich ein Fortbildungsinstrument, sondern gleichzeitig eine Umstrukturierung des Arbeitsfeldes für jedes Gruppenmitglied. Die bereits im Zusammenhang mit der Arbeitsstrukturierung behandelte Methode des Job Rotation enthält auch Elemente eines On-the-Job-Training, sie kann bei längerfristiger Betrachtung einer Mehrzahl von Positionen, die durchlaufen werden, zudem als spezielle Form einer Folge von geplanten Versetzungen gesehen werden (Karriereplanung).

Dies ist der Grund, warum die folgenden Methoden als solche der Personalentwicklung, zusammengefaßt nach der Darstellung der Personalentwicklungs-Bereiche, behandelt werden. In bezug auf die meisten der Methoden außerhalb des Arbeitsplatzes ist ihr Charakter als Bildungsmethoden am ehesten deutlich.

aa) Auswahl der Personalentwicklungs-Methoden

Bedeutsamer als Entscheidungen bezüglich der Anwendung und Ausgestaltung einzelner Maßnahmen sind, wegen ihrer zeitlichen und strategischen Reichweite, Fragen der konzeptionellen Gestaltung und der Rahmenbedingungen, in denen Personalentwicklung vonstatten gehen soll. Angesprochen sind z.B.:

- **institutionelle** Entscheidungen, wie die Einrichtung von Lehrwerkstätten und Bildungszentren,
- **organisatorische** Entscheidungen, wie der Einsatz von Arbeitsgruppen,
- **systemische** Entscheidungen, wie die Einrichtung von Fachlaufbahnen o.ä.

Erfolgskritisch für eine strategieorientierte Personalentwicklung ist, einer explorativen Untersuchung folgend, die Einbindung des Managements in der Konzeptionierung und auch Durchführung der Personalentwicklungs-Maßnahmen, was sich in der Programmgestaltung, dem Einsatz als Trainer und dem Vertrauensverhältnis zwischen Management und Personalentwicklungs-Programmverantwortlichen niederschlägt.[428]

Die Personalentwicklungsbedarfs-Planung stellt den konzeptionellen Rahmen für die Wahl der Maßnahmen in den Teilbereichen der Personalentwicklung dar. Daraus ergeben sich zwei Gestaltungsaspekte: zum einen die Ausgestaltung der einzelnen Maßnahme an sich und zum anderen die Abstimmung der Maßnahmen untereinander, innerhalb der Teilbereiche und zwischen diesen. Die Ausgestaltung der Maßnahmen an sich ist primär eine pädagogisch-technische Fragestellung und wird in der Folge nicht angesprochen. Von personal-

428 Vgl. Bolt (1986) 113; Sattelberger (1989) 21.

politischer Bedeutung dagegen ist die Gestaltung des Systems, wie sie in der zielorientierten Abstimmung der Maßnahmen untereinander zum Ausdruck kommt. Aus diesem Grunde stehen im Mittelpunkt der nachfolgenden Ausführungen die Aspekte, die für die Abstimmung der Maßnahmen und Ausgestaltung der Teilbereiche von Bedeutung sind.

Während bei der instrumentalistischen Personalentwicklung tendenziell funktionelle Kriterien durch die Verantwortlichen, quasi von oben, anwendbar sind, steht der Entwicklung von Qualifikationen der Persönlichkeitsbildung eine dirigistische Auswahl und Festlegung entgegen. Mit anderen Worten können Qualifikationen, die zur Gestaltung der Unternehmungszukunft erforderlich sind, nicht entwickelt werden, wenn dem Adressaten ein »Maßnahmen-Mix« von außen vorgegeben wird.

Unabhängig von der Vorgehensweise bilden folgende drei Kriterien die gröbsten Richtlinien für die Auswahl von Maßnahmen:[429]

- Maximaler Abbau von Deckungslücken (soweit vorhanden),
- Erfüllung der Entwicklungs-Ziele der Mitarbeiter,
- Tragfähigkeit des Entwicklungsaufwands durch die Unternehmung.

Bei der Umsetzung dieser und weiterer, ähnlich gelagerter Kriterien besteht die Gefahr, daß es durch Übernahme theoretisch fundierter Quantifizierungsmodelle zu systematischen Verzerrungen kommt, so daß subjektive Wahrscheinlichkeitsurteile dann eine geeignetere Grundlage bilden. Die Anwendung von Punktbewertungsverfahren trägt demgegenüber zur Verbesserung der Entscheidung bei, da dieses Instrument vor allem den Entscheidungsprozess unterstützt und die Kommunikation zwischen den am Prozess Beteiligten erleichtert.

Über die genannten »Richtlinien« hinaus hängt die Wahl einzelner Maßnahmen ab u.a. von:[430]

- der Struktur der Deckungslücke (soweit vorhanden),
- Transparenz potentieller Maßnahmen bezüglich Entwicklungszielen, -inhalten, -methoden und Vermittlungserfolg,
- Zeitbedarf und Kosten,
- Träger der Maßnahme und dessen Ruf.

Nach der räumlichen und zeitlichen Nähe zum Arbeitsplatz unterscheidet Conradi Personalentwicklungs-Maßnahmen in:[431]

- **Personalentwicklung into-the-job**:
  umfaßt Maßnahmen, die in zeitlicher, z.T. auch räumlicher Entfernung, jedoch weitgehender inhaltlicher Nähe auf die Übernahme einer Position vorbereiten.
- **Personalentwicklung on-the-job:**
  bezeichnen Maßnahmen, die unmittelbar am Arbeitsplatz im Vollzug der Arbeit stattfinden.
- **Personalentwicklung off-the-job:**
  bezieht sich auf die Weiterbildung, die üblicherweise in räumlicher, zeitlicher (bisweilen auch inhaltlicher) Distanz zur Position stattfindet.
- **Laufbahnbezogene Personalentwicklung:**
  befaßt sich mit dem systematischen Wechsel von Arbeitsplätzen.

---

429 Vgl. Drumm (1992) 303.
430 Vgl. Drumm (1992) 304.
431 Vgl. Conradi (1983) 22ff.

- **Personalentwicklung out-of-the-job:**
  meint Maßnahmen, die den Übergang vom Erwerbsleben in den Ruhestand erleichtern sollen.

Die Systematisierung von Conradi bietet den Vorteil, daß sie sich auf das Verhältnis der Maßnahme zur Position des Aspiranten bezieht und damit die Richtung der Qualifizierung unter technisch-instrumentellem Aspekt betont. Die folgenden Darlegungen sind nach dem für am wesentlichsten angesehen Unterscheidungsmerkmal »on-the-job« und »off-the-job« gegliedert.

bb) Personalentwicklung am Arbeitsplatz

Bei der Personalentwicklung am Arbeitsplatz (Training-on-the job) erfolgt eine individuelle Qualifizierung im Rahmen der betrieblichen Aufgabenerfüllung. Im einzelnen werden Komponenten der individuellen Arbeitssituationen entwicklungsorientiert gestaltet, so daß sie zur zielorientierten Vermittlung und/oder Aktivierung von Qualifikationen beitragen. Die **permanente Konfrontation** mit zu bewältigenden Aufgaben, wie sie während der gesamten Berufstätigkeit am Arbeitsplatz stattfindet, beeinflußt nachhaltig die individuelle berufliche Entwicklung, wobei herausfordernde Aufgaben diese Entwicklung besonders fördern. Damit steht diese Form der Personalentwicklung in einer ständigen Wechselbeziehung von Entwicklung und Einsatz, woraus ein prinzipieller Vorteil bzgl. der **Praxisrelevanz** resultiert.[432] Für die Unternehmung fallen relativ **geringe Kosten** an, da der zusätzlich zu betreibende Aufwand gering ist. Der Mitarbeiter kann das **Lerntempo** seinen individuellen Bedürfnissen anpassen, wobei andererseits das Erlernen von Aufgaben unter realistischen Bedingungen geschieht, was Störungen, Verantwortung und vor allem Zeitdruck betrifft. Das Lernen in und an **realen Arbeitssituationen** läßt auch die Problematik des Transfers gelernter Inhalte von der Lernsituation auf die Arbeitssituation weitgehend entfallen (s. Kap. D.V.5.c.bb).[433]

Prinzipiell nachteilig ist bei allen Maßnahmen on-the-job die eher **unsystematische** Lernsituation, die sich aus dem Zusammenspiel von Zeitdruck und mangelnder Ausbildung der Führungskräfte (der Ausbilder) für die Entwicklungstätigkeit ergibt. Weiterhin besteht die Neigung zu übermäßig stark betriebsbezogener Wissensaneignung, wobei selbst innerhalb eines Betriebes die **Übertragbarkeit** auf andere Arbeitsplätze dann schwierig ist, wenn spezielle verrichtungsorientierte Qualifikationen vermittelt wurden. Isoliert betrieben fehlt auch eine breite, grundlagenorientierte **Wissensbasis**. Dieser Aspekt limitiert dann auch die Entwicklungsmöglichkeiten der betroffenen Mitarbeiter, da sie relativ wenig Einblick in Zusammenhänge bekommen und auch Anforderungsveränderungen nicht ohne weiteres bewältigen können. Für die Mitarbeiter selbst haben diese Maßnahmen noch den Nachteil, daß sie sich typischerweise nicht oder nicht hinreichend zertifizieren lassen.

Die Gegenüberstellung der Vor- und Nachteile macht deutlich, daß ein aktionistisch betriebener Einsatz isolierter Entwicklungsmaßnahmen zu sub-optimalen oder auch kontra-produktiven Ergebnissen führt und erst die konzeptionelle Einbindung in eine systematische Personalentwicklung, mit aufeinander abgestimmtem Instrumente-Einsatz, die Ent-

---

432 Zum Arbeitsplatz als »Lernort« vgl. Wunderer (1990) 185 und die dort angegebene Literatur.
433 Vgl. Schönfeld (1967) 191ff.

Anzahl eingebundener Mitarbeiter / zeitliche Reichweite	einer (individuell)	mehrere (kollektiv)
befristet	Sonderaufgaben Unterweisung am Arbeitplatz	Projektarbeit
unbefristet	Einsatz als Assistent, Stellvertreter, Nachfolger	Gremienarbeit Qualitätszirkel

Abb. 96: Grundlegende Alternativen der Personalentwicklung am Arbeitsplatz
Quelle: In Anlehnung an Hungenberg (1990) 195.

wicklung bzw. Aktivierung von Qualifikationen ermöglicht, die für die Bewältigung komplexer, dispositiver, planender o.ä. Aufgaben notwendig sind.

Grundlegende Gestaltungsalternativen lassen sich nach ihrer zeitlichen Reichweite und nach der Anzahl eingebundener Mitarbeiter charakterisieren. Abbildung 96 gibt einen Überblick über die unterschiedlichen Methoden der Personalentwicklung am Arbeitsplatz.

(1) Einsatz als Assistent, Stellvertreter, Nachfolger (Understudy-Arbeit)
Gemeinsames Merkmal der Personalentwicklung durch Understudy-Arbeit ist die systematische Aufgabenerweiterung am Arbeitsplatz in Verbindung mit einer planmäßigen Anleitung, Betreuung und Rückkoppelung (»Coaching«). Vorteil dieser Personalentwicklungs-Methoden ist, daß Mitarbeiter frühzeitig herausfordernde Tätigkeiten übertragen bekommen, wobei gleichzeitig die Gefahr der Überforderung oder ungenügender Aufgabenerfüllung durch den Coach kompensiert werden kann. Damit ist diese Form der Entwicklung geeignet für die Vermittlung tätigkeitsspezifischer Fähigkeiten und die Aneignung von Qualifikationen für die Bewältigung von – im wesentlichen – bekannten Aufgaben und Arbeitssituationen.

Besondere Anforderungen werden an die Führungsperson, den Coach, gestellt, da dieser sehr eng mit dem zu entwickelnden Mitarbeiter zusammenarbeiten muß und von ihm als Vorbild ein wesentlicher Einfluß auf das Verhalten und die Entwicklung des Mitarbeiters ausgeht. Das bedeutet, daß der Coach die Entwicklung des Mitarbeiters als Bestandteil seiner Aufgaben wahrnehmen und seinerseits für das Coaching qualifiziert sein muß.[434] Die Anforderungen an den Coach verändern sich zum einen mit der Entwicklung des zu Betreuenden, andererseits auch mit der Veränderung der Aufgabe an sich, so daß diese Arbeit insgesamt gesehen ein **doppeltgerichtetes Entwicklungsverfahren** darstellt.

Damit werden auch schon die potentiellen **Gefahren** der Entwicklung durch Understudy-Arbeit angesprochen. Vielfach sind Führungskräfte zeitlich stark in das Tagesgeschäft eingebunden und methodisch überfordert, worunter das Coaching sowohl inhaltlich als auch von der Intensität her leidet. Die zweite systematische Gefahr besteht darin, daß bei diesen Methoden tradierte Denkschemata von den Coaches fortgeschrieben werden. Aus diesem Grunde ist es sinnvoll, die Personalentwicklung am Arbeitsplatz nicht isoliert, sondern kon-

434 Vgl. Hungenberg (1990) 197f.

zeptionell eingebunden mit weiteren Methoden anzuwenden, um im Endeffekt die Gefahren zu kompensieren und eine für die jeweiligen individuellen und situationsspezifischen Erfordernisse ausgerichtete Qualifizierung zu erreichen. Der hiermit verbundene Aufwand ist der Grund dafür, daß diese Form der Personalentwicklung meistens bei Führungsnachwuchskräften Anwendung findet (zumindest in seiner systematischen Ausprägung), während im gewerblichen Bereich eher von der kurzfristigen und unsystematischen Unterweisung am Arbeitsplatz Gebrauch gemacht wird.

Zu den Maßnahmen im einzelnen gehören das Arbeiten in Assistentenpositionen, als Stellvertreter und als Nachfolger. Bzgl. dieser Erscheinungsformen sei nochmals darauf hingewiesen, daß nur dann von Personalentwicklung gesprochen werden kann, wenn mit diesen Positionen eine[435]

- gezielte Auswahl der Arbeitsplätze,
- sorgfältige Auswahl der Vorgesetzten,
- Planung der Lernziele, -inhalte und Zeitvorgaben und
- eine geplante und systematische Anleitung und Betreuung während des Lernprozesses verbunden ist.

Ein **Assistent** wird an der Erfüllung der Aufgaben – auch von Leitungsaufgaben – seines Vorgesetzten **aktiv beteiligt**; Beratungstätigkeiten und Entscheidungsvorbereitung bilden dabei den Kern. Dient der Assistent lediglich der Entlastung des Vorgesetzten, handelt es sich nicht um systematische Personalentwicklung. Um diese zu erreichen, bedarf es einer expliziten Entwicklungs-Zielsetzung und Vorbereitung für eine zukünftige Stellenbesetzung durch den Assistenten.

Die Entwicklung des Assistenten kann in zweifacher Weise vorangetrieben werden: durch Zunahme des Anspruchsniveaus bezüglich der Komplexität der Aufgaben oder durch Erweiterung des Problemhorizonts von stark strukturierten abgegrenzten Aufgaben, die sich auf einen relativ kleinen Bereich beziehen, bis hin zu Problemen der obersten Unternehmungsebene.

Für den Erfolg des Einsatzes als Assistent als Entwicklungsmaßnahme ist der persönliche Einsatz des Vorgesetzten von entscheidender Bedeutung, da ihm als Vorbild eine herausragende Bedeutung zukommt und er es praktisch in der Hand hat, ob der Assistent ihn »nur« entlastet und als Prestigeobjekt dient oder ob dieser sich dabei fortentwickeln kann.

Charakteristisch für den **Stellvertreter** ist, daß dieser **Aufgaben, Kompetenzen und Verantwortlichkeiten einer Stelle** teilweise oder vollständig übernimmt. Wesentlich hierbei ist nicht, ob der Stelleninhaber abwesend ist, sondern daß der Stellvertreter dessen Aufgaben in seinem Sinne und Namen, jedoch in eigener Verantwortung übernimmt. Die Stellvertretung dient primär der **Sicherung der Führungskontinuität** und ist damit in erster Linie eine organisatorische Regelung. Darüberhinaus kann sie jedoch auch der Entwicklung des Stellvertreters dienen und zwar sowohl bei Stellvertretung einer ranghierarchisch höheren als auch gleichgestellten Stelle mit einem für diese Stelle spezifischen Aufgabenspektrum.

Entscheidende Bedeutung für den Erfolg der Stellvertretung wird dem **Informationsfluß** zugesprochen, soll die Vertretungsfähigkeit eines Aufgabenbereichs jederzeit gegeben sein.[436] Diese Bereitschaft zum offenen Informationsaustausch stellt eine **besondere Anfor-**

---

435 Vgl. Schönfeld (1967) 194.
436 Vgl. Hungenberg (1990) 200 und die dort angegebene Literatur.

derung dar, die nicht ohne weiteres von jedem erfüllt wird. Sie wird ergänzt durch die Forderung nach der Bereitschaft, den Stellvertreter aktiv an der Aufgabenerfüllung zu beteiligen. Zweite erfolgskritische Anforderung an den Stelleninhaber ist die Bereitschaft zur Förderung des Stellvertreters. Vom Stellvertreter wird zusätzlich zu den weiter oben angeführten Anforderungen noch – sozusagen als Gegenzug für den offenen Informationsfluß – ein hohes Maß an **Loyalität** erwartet.
Als **Nachteile** der Stellvertretung werden genannt:[437]

- Es ist nicht möglich, Stellvertretungs-Tätigkeiten zum festen Bestandteil von Fortbildungsprogrammen zu machen, weil sie wegen ihrer Seltenheit und der zeitlichen Unbestimmtheit nicht systematisch vorgeplant und angewendet werden können.
- Die Vertretungsdauer ist meist unzureichend, um sämtliche vorkommenden Aufgaben kennenzulernen und in ihrer Erfüllung Geübtheit zu erlangen.
- Weil der Stelleninhaber abwesend ist, die Vertretung also sachverständig nicht beobachtet werden kann, ist eine Leistungsbeurteilung nicht möglich.
- Die Stellvertretung ist selten wirklich voll verantwortlich, da wegen ihrer kurzen Dauer Entscheidungen verschoben und nicht immer abschließend getroffen werden können.
- Stellvertreterfurcht gründet sich auf die Angst vor Prestige- und Einflußverlust und auf eine Beeinträchtigung des Gefühls der Unersetzlichkeit.

Die Stellvertretung wird häufig mit **Nachfolgeregelungen** verbunden, bzw. als solche von den Stellvertretern interpretiert. Die oben genannten Anforderungen stehen jedoch teilweise im latenten Widerspruch zu den Karriereabsichten eines Nachfolgers, was bei offiziellem Nachfolgestatus in »Kronprinzenmentalität« münden kann. **Rivalität und Konflikte** entstehen, wenn sich ein designierter Nachfolger »durchsetzen« möchte, bzw. der Stelleninhaber »seine« Stelle in Gefahr sieht, während die Verfolgung von Qualifizierungszielen Loyalität und Förderungsbereitschaft verlangt. Dieses latente Problem läßt sich dadurch vermeiden, indem man von vorneherein die Qualifizierungsabsicht einer Stellvertretung in den Vordergrund stellt. In diesem Falle kann der wesentliche Vorteil der Stellvertretung gegenüber dem Einsatz als Assistent ausgeschöpft werden, der darin besteht, daß die Entwicklung in zeitlicher und inhaltlicher Sicht dem Horizont der Gesamtaufgabe, der Komplexität der Einzelaufgaben, den Kompetenzen und dem »Lern«-Tempo angepaßt werden kann.

(2) Unterweisung am Arbeitsplatz
Als Form der gelenkten Vermittlung von Erfahrungen ist die Unterweisung am Arbeitsplatz eine vom Vorgesetzten kontrollierbare Vorbereitung auf die Durchführung exakt definierter Aufgaben; sie kann auch der Verbesserung der Aufgabenerfüllung dienen.[438] Das ist umso eher und besser möglich, wenn individuelle Bildungspläne vorliegen, Stellenbeschreibungen mit Aufgabendefinitionen und Anforderungsprofilen vorhanden sind und ein Beurteilungssystem angewandt wird, das Lernfortschrittskontrollen ermöglicht.

Eine bewährte Methode mit zielgerichtetem Ablauf ist die **Vier-Stufen-Methode**. Sie ging aus der amerikanischen TWI-Methode (Training Within Industry) hervor und ist heute Teil der »Methodenlehre des Arbeitsstudiums«. Sie sieht die folgenden Stufen vor (s. Abb. 97).

437 Vgl. Schönfeld (1967) 199; Fischer (1966) 170.
438 Näheres s. bei Schönfeld (1967) 191ff. mit zahlreichen weiteren Literaturangaben; Rados (1967) 277ff.

1.	**Stufe: Vorbereitung**	
–	Eigene Vorbereitung des Unterweisenden	
–	Vorbereitung des Unterweisungsvorgangs	
–	Vorbereitung des Mitarbeiters	
2.	**Stufe: Vorführen und Erklären durch den Unterweisenden**	
–	Vorführen und Erklären in geraffter Form	
–	Zweite Vorführung:	Detailliertes Vormachen, Erklären und Begründen
–	Dritte Vorführung:	Vormachen und Kernpunkte wiederholen
3.	**Stufe: Ausführen (Nachmachen) durch den Mitarbeiter**	
–	Erster Ausführungsversuch:	Nachmachen durch den Mitarbeiter, ohne zu sprechen
–	Zweite Ausführung:	Wiederholen mit detaillierter Erklärung und Begründung durch den Mitarbeiter
–	Dritte Ausführung:	Nachmachen und Kernpunkte wiederholen lassen
4.	**Stufe: Abschluß und Übung**	
–	Mitarbeiter selbständig üben lassen	
–	Erfahrene Mitarbeiter für Rückfragen benennen	
–	Übungsfortschritte beobachten und kontrollieren	

Abb. 97: Unterweisung nach der Vier-Stufen-Methode
Quelle: In Anlehnung an Schanz (1979) 133.

Bevor Entscheidungen über anzuwendende Lehrmethoden herbeigeführt werden, ist es nützlich, deren Vor- und Nachteile daraufhin zu prüfen, ob sie auf den Betrieb und konkrete Arbeitsplätze bzw. Mitarbeiter zutreffen, um sie gegeneinander abwägen zu können.
Für Übungen am Arbeitsplatz werden folgende **Vorteile** genannt:

- praxisnahe Aufgabenlösung;
- Möglichkeit der Anpassung der Fortbildungsinhalts-Präsentation (Definition der Lernschritte), der Trainingszeiten usw. an die Bedürfnisse und Umstände des Trainee;
- geringe Kosten: Es wird nur ein Teil der Arbeitszeit beansprucht, Fehler sind schnell korrigierbar.

Dem stehen u.U. folgende Mängel oder **Nachteile** gegenüber:

- geringe Bereitschaft, unzureichende Fähigkeit zum Training bei dem mit dieser Fortbildung Beauftragten (z.B. Vorgesetzten);
- mangelnder Trainingswille auf seiten des Trainee, wenn dieser die zu vermittelnden Kenntnisse bereits zu haben glaubt; dies ist insbesondere dann umso eher der Fall, wenn
- die Mitarbeiterbeurteilungen unzureichend durchgeführt werden; Training unter Zeitdruck erfolgt; ist dies der Fall, so ist das ein Manko insbesondere bei Verhaltenstraining.

(3) Leittextmethode
Eine innerhalb der beruflichen Erstausbildung entwickelte Ausbildungsmethodik ist die Leittextmethode. Ihre **Grundintention** ist es, den Lernenden so anzuleiten, daß er möglichst

Erreichen einer Lernstufe mit der Leittextmethode:		
Deckblatt durchlesen	=	Aufgaben kennenlernen
Leitfragen bearbeiten	=	Aufgaben durchdenken im Team
Kenntnis-Checkliste ausfüllen	=	Fachkenntnisse erwerben
Leitfragen und Kenntnis-Checklisten durchsprechen	=	Gelerntes kontrollieren mit Ausbilder
Übungshilfe bearbeiten	=	neue Fertigkeiten allein üben
Arbeiten am Projekt ausführen	=	Fertigkeiten anwenden und vertiefen
ausgeführte Arbeiten kontrollieren und bewerten	=	angemessene Gütekriterien entwickeln mit Ausbilder

Abb. 98: Erreichen einer Lernstufe mit der Leittext-Methode
Quelle: Rottluff (1986) 50.

selbständig lernt. Dazu wird eine Arbeitsmappe erstellt, welche sämtliche Arbeiten an einem bestimmten Projekt anleitet: Sie ist der sogenannte Leittext. Das gesamte Projekt (z.B. Fertigung einer Pumpe) ist dabei in Lernstufen untergliedert. Die Materialien zu jeder Lernstufe bestehen aus einem Deckblatt, Leitfragen und einer Kenntnis-Checkliste (s. Abb. 98).

Das Deckblatt enthält Angaben zu Lernzielen der Lernstufe, benötigten Materialien, verfügbaren Medien zur Informationsbeschaffung und zusätzlichen Übungshilfen. Nach seinem Durchlesen ist der Lernende über die Art der praktischen Aufgabe informiert und weiß, welche Kenntnisse und Fertigkeiten es zu erwerben gilt. Das anschließende Durcharbeiten der Leitfragen trägt zum Verständnis der Aufgabe und zum Erkennen von Schwierigkeiten bei.

Die Leitfragen werden in einem Team von drei oder vier Personen bearbeitet. Die Bearbeitung der Kenntnis-Checkliste in der nächsten Stufe regt den Lernenden zum Erwerb von Kenntnissen an. Da diese Fragen nur zum Teil aus Vorkenntnissen beantwortet werden können, müssen Medien (Bücher, Kataloge, Handbücher, Filme usw.) zur Informationsbeschaffung bereitgestellt werden.

Im Anschluß an die Bearbeitung des Leittextes werden die Antworten mit dem Ausbilder besprochen; erst danach wird die gedankliche Vorbereitung in die praktische Arbeit umgesetzt. Nach dieser erfolgt zuerst eine Selbst-, dann eine Fremdkontrolle. Bei Abweichungen beeinflußt der Ausbilder die Gütemaßstäbe des Lernenden. Hierauf folgt die nächste Lernstufe.

Im Gegensatz zu einer Unterweisung am Arbeitsplatz kann der Auszubildende den Leittext in einem seinem Lernvermögen angepaßten Tempo bearbeiten, d.h. Über- und Unterforderung vermeiden. Während in einer Unterweisung alle Informationen gestellt werden, muß sich der Auszubildende diese hier selbständig erarbeiten. Die Bearbeitung der Leitfragen im Team macht Kooperation erforderlich. Die Leittextmethode gewährt Entscheidungsfreiheit und eröffnet Gestaltungsmöglichkeiten, aber es wird auch Verantwortung übertragen. Vor allem werden Selbständigkeit und Kooperationsfähigkeit gefördert. Letztere sind in der jüngeren Bildungsdiskussion immer wieder geforderte Schlüsselqualifikationen. Dabei braucht die Leittextmethode nicht auf den Bereich der beruflichen Erstausbildung beschränkt zu bleiben. Sie kann vielmehr ebenso in der Erwachsenenausbildung (z.B. Anlernen, Umschulen) oder auch in modifizierter Form für Trainees eingesetzt werden.[439]

(4) Übertragung von Sonderaufgaben

Sonderaufgaben gehen über die tägliche Routinearbeit hinaus und stehen typischerweise nicht in unmittelbarem Zusammenhang mit dem Aufgabenfeld eines Arbeitsplatzes. Der Qualifizierungscharakter entsteht dadurch, daß die Person diese Aufgabe **selbständig, allein** und **eigenverantwortlich** durchführt.

Wie weiter oben schon erwähnt, hat die Übertragung von Sonderaufgaben an sich keinen Entwicklungscharakter. Hierzu kommt es erst durch eine gezielte **Auswahl der Aufgabe** hinsichtlich der Anforderung an den und der individuellen Qualifikation des Aspiranten. So sind beispielsweise nur Aufgaben ohne Standardlösungen zur Förderung von Kreativität und Motivation geeignet.[440] Zweitens sind während der Durchführung **Feedback**-Möglichkeiten, wie z.B. Diskussionen von Zwischenergebnissen oder weitere Vorgehensweisen, für die persönliche Entwicklung sinnvoll. Für Führungskräfte aus dem mittleren Management kann die Übertragung von Sonderaufgaben zur Förderung der Motivation und zum Abbau von Monotonie bzw. Unterforderung eingesetzt werden, was zwar primär nicht unbedingt dem Erkenntnisfortschritt dient, zumindest jedoch den Qualifikationsabbau vermeidet.

(5) Gremienarbeit

Die Auseinandersetzung mit entwicklungsrelevanten Arbeitssituationen steht im Mittelpunkt der stellengebundenen Qualifizierung. Es ist jedoch nicht immer möglich, Mitarbeiter innerhalb ihrer täglichen Arbeit mit Situationen zu konfrontieren, die dieses Merkmal in einer geeigneten Ausprägung besitzen und zudem auch noch in das Umfeld des Aspiranten passen. Anders ausgedrückt: es gibt nicht immer die entsprechenden Probleme für alle zu entwikkelnden Mitarbeiter. In diesen Situationen ist es sinnvoll, dem Mitarbeiter zusätzliche nebenamtliche Aufgaben außerhalb des unmittelbaren Arbeitsplatzes zu übertragen. Für den Führungskräftebereich steht hier die Mitarbeit in spezifischen Unternehmungsgremien zur Verfügung, in denen höherwertige Führungsaufgaben schrittweise, kontrollierbar, reversibel übertragen werden können, **ohne** daß dies zwingend zu einem hierarchischen Aufstieg führen muß.

Typische Erscheinungsformen solcher Gremien sind Ausschüsse oder Komitees, Aufsichtsrats- oder Beiratsgremien und Junior-Boards.

Ein **Komitee** ist eine Gruppe von Mitarbeitern, die im Rahmen regelmäßiger Zusammenkünfte eine spezifische, übergreifende Problemstellung und/oder Koordinationsaufgabe löst. Typische Aufgaben von Komitees sind auf Entscheidungsvorbereitung, Koordinationsverbesserung und Konfliktbewältigung gerichtet.

Bei der Arbeit in Komitees gilt wiederum, daß primär die Aufgabenerfüllung im Vordergrund steht und Entwicklungsmöglichkeiten »lediglich« begleitenden Charakter haben. Was verbessert werden kann, sind vor allem die interpersonale Zusammenarbeit und Kooperationen zur Lösung übergreifender Aufgabenstellungen.[441] Durch die Arbeit in einem Komi-

439 Zur Leittextmethode s. Rottluff (1986) 50ff.; Pampus (1987) 46f.; ausführlich auch Bockelbrinck/Frank/Koch (1984).

440 Vgl. Hungenberg (1990) 202.

441 Vgl. Hungenberg (1990) 205 und die dort angegebene Literatur.

tee erhält der Mitarbeiter die Möglichkeit des Feedbacks bzgl. des eigenen Verhaltens und dessen Zweckmäßigkeit bei der Vorgehensweise und Kommunikation von Problemen und deren Lösungen. Angesprochen sind hier in erster Linie Qualifikationen der Teamfähigkeit, sachlicher und konzeptioneller Kompetenz und persönlicher Verhaltensweisen. Daneben kann unter Umständen auch das (bereichsübergreifende) Sachwissen und damit die Problemlösungskapazität erweitert werden. Unter Entwicklungsaspekten nachteilig an Komitees ist die begrenzte Möglichkeit der Abstimmung der Arbeit mit den individuellen Entwicklungspotentialen und -zielen der einzelnen Mitarbeiter bzw. Mitglieder.

Bei der Übernahme von Mandaten in **Aufsichts- oder Beiratsgremien** eröffnen sich für Führungskräfte die Möglichkeit, gesamtunternehmungsbezogene Führungsprobleme mit allen Aufgaben, Kompetenzen und Verantwortlichkeiten selbständig zu übernehmen. Entwicklungsmöglichkeiten bestehen hier vor allem durch die Erweiterung des persönlichen Horizonts von bereichsspezifischen- zu gesamtunternehmungsbezogenen Sichtweisen bei gleichzeitiger Partizipation an Entscheidungsprozessen, wodurch die Motivation positiv beeinflußt wird.

Junior Boards sind eine Spezialform von Gremien, die parallel zu dem obersten Führungsgremium einer Unternehmung institutionalisiert sind. Ihnen werden teilweise bzw. vollständig die Aufgabenstellungen dieses Organs zur Bearbeitung vorgetragen. Typischerweise sind die Aufgaben dieser Instanzen sehr unstrukturiert und relativ komplexer Natur, so daß hier das **Problemlösungsverhalten** im Mittelpunkt von Entwicklungsanliegen steht. Im Gegensatz zu den vorher vorgestellten Methoden steht bei Junior Boards die Personalentwicklung im Vordergrund. Die Unternehmungsleitung erhält zwar unter Umständen Anregungen und Unterstützung, jedoch ist typischerweise der Aufwand durch hohen Kommunikationsbedarf der Board-Mitglieder für den notwendigen Informationsfluß sowie die notwendigen Feedback-Gespräche weitaus höher als der »Ertrag«.
Mit dieser Lehrmethode sind folgende **Vorteile** verbunden:[442]

- Durch Beschäftigung mit realen betrieblichen Aufgaben (statt mit »gestellten« Fallbeispielen) wird eine Gewöhnung an Führungsaufgaben und die für sie erforderliche Teamarbeit erreicht, kann die Einsicht in die Interdependenzen der betrieblichen Teilbereiche und ihrer Aufgaben gefördert und damit das Ressortdenken vermindert werden.
- Fachkenntnisse und Allgemeinwissen werden dadurch erweitert, daß die Trainingsgruppe zum Denken, Entscheiden und Handeln im Rahmen eines Arbeitsplatzes gezwungen wird, der auf einer Hierarchieebene liegt, die den gegenwärtigen »eigentlichen« Positionen übergeordnet ist. Gleichzeitig ist ein Einüben in die für Führungsaufgaben notwendige Teamarbeit möglich.
- Der Betrieb kann besonders herausragende Leistungen durch Aufnahme in den Juniorvorstand honorieren und aufgrund der Tätigkeiten dort die Qualifikationen für anspruchsvolle Führungsaufgaben besser beurteilen.

Nachteilig wirkt sich aus, daß

- der Lernprozeß unsystematisch verläuft und die Lerninhalte zufallsabhängig sind, weil die Aufgabenstellungen sich an den täglich anfallenden Problemen (»Tagesgeschäft«) orientieren;

442 Vgl. Schönfeld (1967) 236.

- nur ein relativ eng begrenzter Kreis von besonders zuverlässigen Mitarbeitern erfaßt werden kann, weil für echte Führungsarbeit auch echtes Material, z.B. in Form vertraulicher Informationen, zur Verfügung gestellt werden muß;
- die klaren Unterstellungsverhältnisse der Betriebshierarchie durch das Herausheben einzelner Mitarbeiter gestört werden und zusätzliche, informale Informationssysteme entstehen können.
- es faktisch unmöglich ist, einem Junior Board die gleichen Informationen und Bedingungen zur Verfügung zu stellen wie die Instanz sie hat, da die Instanz dadurch gegebenenfalls in ihrer Arbeit behindert werden könnte. Dies liegt darin begründet, daß die Mitglieder der Instanz selbst schon auf Grund ihrer persönlichen Qualifikationen selektieren, Präferenzen setzen, Informationen nachfragen etc. also einen »Arbeitsstil« haben, der von ihrer Persönlichkeit abhängt und somit jeder Übertragungsversuch lediglich zu einem »second best« Abbild führen kann.

(6) Projektarbeit

Projekte sind komplexe und zumeist umfangreiche, einmalige und damit jeweils neuartige Aufgabenstellungen, deren Erledigung i.d.R. zeitlich befristet ist und Mitarbeitern aus verschiedenartigen Stellen übertragen wird (funktionsübergreifendes Team aus Spezialisten).[443] Augenfällige Beispiele für Projekte sind die Planung, Gestaltung und Inbetriebnahme von Großanlagen (Neubauten, Montagestraßen u.a.), die Entwicklung und Einführung neuer Produkte, die Einführung neuer Arbeitsmethoden (z.B. EDV).

Projektarbeit wird – sicherlich zu Recht – besonders herausragende Bedeutung für die Personalentwicklung attestiert. Sie liegt nicht zuletzt darin, daß in Projektgruppen Mitarbeiter mit neuartigen Aufgaben konfrontiert werden, die inhaltlich sowohl mit ihrer bisherigen Arbeit in Beziehung stehen oder davon abweichen können. Unter Personalentwicklungs-Gesichtspunkten ist wesentlich, daß die Aufgabe im **Team** und innerhalb eines vorgegebenen **Zeitrahmens** zu bewältigen ist. Überragenden Stellenwert hat im Team-Aspekt die Tatsache der funktionsübergreifenden Herkunft der Team-Mitglieder, was zu interdisziplinärem (abteilungs-, bereichsübergreifendem) Denken und Handeln geradezu zwingt. Dies war innerhalb eines Repertoires an Generalisten-Qualifikationen an erster Stelle genannt worden (offenbar ebenso wichtig wie nur unzureichend vorhanden (s. oben Kap. D.II)).

Allgemein ist Projektarbeit besonders geeignet, Generalisten-Qualifikationen zu entwikkeln, u.a. **Einstellungen** und **Verhaltensweisen**. So fordert Teamarbeit die Kommunikations- und Kooperationsfähigkeit. Die enge Zusammenarbeit mit anderen Mitarbeitern ergibt zudem die Möglichkeit der Selbsteinschätzung und das Erkennen eigener Stärken und Schwächen. Die zeitliche Befristung führt dazu, daß die Konsequenzen eigenen Leistungsverhaltens, und das der Projektgruppe, ersichtlich werden, wodurch Anpassungsfähigkeit und Flexibilität gefördert werden.[444]

Im Führungskräftebereich werden unter Personalentwicklungs-Gesichtspunkten solche Aufgaben präferiert, die komplexe, interdependente und zumeist schwer prognostizierbare Problemlösungsprozesse erwarten lassen. Entwickelt werden sollen damit **Fähigkeiten** bzgl. des Erkennens unternehmerischer Zusammenhänge und der Erweiterung von Problemlösungsperspektiven und das **Wissen** über bereichsübergreifende Sachverhalte.

---

443 Vgl. Schröder (1973) 15f.
444 Vgl. Hungenberg (1990) 210.

Eine (vermehrte) Formulierung und Übertragung von Projektarbeiten kann einerseits für den Betrieb eine Notwendigkeit darstellen: Es wird eine arbeitsmäßig größere **Flexibilität** erreicht als durch Hinzufügung neuer oder Umformulierung bestehender Stellenaufgaben der Linienorganisation; man kann der Erstarrung des Personalsystems trotz verminderter Aufstiegsmöglichkeiten infolge zeitlicher Stabilisierung der Besetzung von Führungspositionen entgehen. Es wird somit ein hohes Maß an individuellen Entwicklungsmöglichkeiten geboten, ohne daß hiermit zwingend hierarchischer Aufstieg verbunden wäre, was gerade in Zeiten betrieblicher Konsolidierung wichtig ist. Andererseits sind mit einer solchen Versetzungspraxis für den betroffenen Mitarbeiter entstehende Besonderheiten und Konsequenzen unübersehbar:

- Durch den Zwang[445]
  - zum Vertrautmachen mit **neuen** Aufgaben, die zumeist mit einer Vielfalt von Arbeitsbeziehungen verbunden sind, sowie
  - zur Teamarbeit wird die **Anpassungsfähigkeit** der in Projektbearbeitungen einbezogenen Mitarbeiter in starkem Maße gefördert.
- Fähigkeiten zu **kreativen** Leistungen werden genutzt und gefördert.
- Es wird ein Zwang zur Übernahme von **Verantwortung** ausgeübt.
- Alles zusammen bedeutet eine Möglichkeit zur Bewährung über die Routineaufgaben der Linie hinaus und damit eine Vergrößerung der Chancen und Vorbereitungen für späteren **Aufstieg.**
- **Schwierig** kann sich die Reintegration der Projektgruppenmitglieder in die primäre Unternehmungsorganisation gestalten. Hier ist vor allem die Einbindung in die individuelle Karriereplanung wichtig (s. Kap. D.V.5.b.cc.4).

Wenn den Projektgruppen auch eine Bedeutung als »motivationale Ausweichstrategie« zukommt, so ist doch der primäre Grund für ihre Einrichtung die Bearbeitung einer komplexen Aufgabe. Alternative Ausgestaltungsformen hängen deshalb auch in erster Linie von Determinanten der Aufgabe bzw. der Aufgabenerfüllung ab.[446]

(7) Qualitätszirkel, Lernstatt

Qualitätszirkel und Lernstatt sind artverwandte Formen der Kleingruppenarbeit, mit deren Hilfe Mitarbeiter, vorwiegend der unteren hierarchischen Ebenen, in den betrieblichen Problemlösungs-, Entscheidungs- und Innovationsprozeß einbezogen werden sollen. Gemeinsam ist diesen neueren Gruppenarbeitsformen, daß sie **neben** dem normalen Arbeitsablauf, also zu dessen Ergänzung, eingerichtet werden.[447]

Die Lernstatt ist dem Qualitätszirkel in der Art der Arbeitsbewältigung und deren Organisation durchaus ähnlich. Der **Unterschied** besteht vor allem in der Zielsetzung: Nicht die Realisation von Problemlösungen und die daraus resultierende Verbesserung der Kosten-/ Nutzen-Relation steht im Vordergrund, sondern vielmehr das Definieren von Problemen aller Art (nicht nur also von Qualitätsproblemen) und das gemeinsame Lernen und letztlich Erarbeiten von Lösungs-Vorschlägen.

---

445 Wegen des Zwangs sieht Deppe Werkstattzirkel als eine Form der Projektgruppe und nicht der Qualitätszirkel an. Vgl. Deppe (1989) 21f.

446 Vgl. ausführlich zur Projektorganisation Frese (1993) 448ff.

447 Vgl. Deppe (1989) 14f.

– **Qualitätszirkel**

Den Ursprung von Qualitätszirkeln sieht Deppe 1890 bei Zeiss in Jena. Die größten Promotoren waren und sind ab dem 2. Weltkrieg die Japaner, bei denen gegenwärtig jeder 3. Arbeitnehmer Mitglied eines Qualitätszirkels ist. In den USA fanden ab 1977 Qualitätszirkel eine weitere Verbreitung, während dies für Europa erst ca. 5 Jahre später begann. Qualitätszirkel sind auf Dauer angelegte Kleingruppen, in der Mitarbeiter einer hierarchischen Ebene mit einer gemeinsamen Erfahrungsgrundlage in regelmäßigen Abständen auf freiwilliger Basis zusammenkommen, um Themen des eigenen Arbeitsbereichs zu analysieren und unter Anleitung eines geschulten Moderators mit Hilfe spezieller, erlernter Problemlösungs- und Kreativitätstechniken Lösungsvorschläge zu erarbeiten und zu präsentieren, diese Vorschläge selbständig oder im Instanzenweg umzusetzen und eine Ergebniskontrolle vorzunehmen, wobei die Gruppe als Bestandteil in den organisatorischen Rahmen des Qualitätszirkel-Systems eingebunden ist und zu den anderen Elementen Kommunikationsbeziehungen unterhält.[448]

Der Einrichtung von Qualitätszirkeln liegt die **Idee** zugrunde, Problemlösungspotential von Mitarbeitern, das bisher weitgehend ungenutzt war, zu aktivieren. Der Mitarbeiter wird angeregt, seine Erfahrungen, sein Wissen und auch sein Engagement einzubringen, um an der Lösung seiner Problemsituation mitzuarbeiten, die seinem eigenen Arbeitsfeld entstammt. Der Grundgedanke ist, daß Probleme am besten dort erkannt und beseitigt werden können, wo sie auftreten – daher wird der vom Problem Betroffene an der Problemlösung beteiligt. Damit soll eine veränderte Einstellung der Mitarbeiter zu ihrer eigenen Arbeit erzeugt werden: Ihr Qualitätsinteresse soll geweckt, ihr Qualitätsbewußtsein und auch die Qualitätsverantwortung ausgebaut werden.[449]

Bzgl. der Organisation von Qualitätszirkeln wird zwischen der organisatorischen **Anbindung** des Systems Qualitätszirkel, welches typischerweise aus mehreren Kleingruppen besteht, und der **Aufbauorganisation** dieses Systems unterschieden.

Abbildung 99 gibt einen Überblick über die Struktur der Aufbauorganisation, deren zentrale Determinante der Umfang des Qualitätszirkel-Programms ist.

Das **Steuerungsteam** hat als Entscheidungs- und Informationsgremium eine herausragende Stellung für die Bedeutung der Qualitätszirkelorganisation und des -programms in der Gesamtunternehmung, weshalb ihr unbedingt Mitglieder der Unternehmungsführung angehören sollten. Für die Auswahl der Mitglieder ist neben der Qualifikation zur Leitung einer Gruppe aus Repräsentanzgründen ein Querschnitt aller Funktionsbereiche wichtig.[450]

Dem **Hauptkoordinator** obliegt die operative Verwaltung des Programms und die Supervision der Koordinatoren. Kennzeichnend für ihn ist seine »Servicefunktion« der Koordination einzelner Gruppenaktivitäten, Schaffung von Kontakten und als Ansprechpartner für alle Qualitätszirkel-Aktivitäten nach innen und außen.

Die **Koordinatoren** sind zum einen Bindeglied zum Management, Linienpersonal und den Stäben der Unternehmung und zum anderen Vertraute und Förderer der ihnen unterstellten Zirkel. Ihnen obliegt z.B. die Auswahl der Moderatoren oder auch das Programm-Management zur Planung und Realisation der praktischen Zirkelarbeit.

Der **Moderator** ist das zentrale Element des Zirkels. Er fungiert nach kurzer Ausbildung als »Coach« seiner Gruppe. Seine Aufgabe ist es, die Gruppe zusammenzustellen, den Grup-

---

448 Deppe weist explizit darauf hin, daß diese konstituierenden Merkmale in verschiedenen technischen Ausprägungen vorliegen können. Vgl. Deppe (1989) 41f.

449 Vgl. Beriger (1989) 15.

450 Vgl. Beriger (1989) 17; Deppe (1989) 51ff.

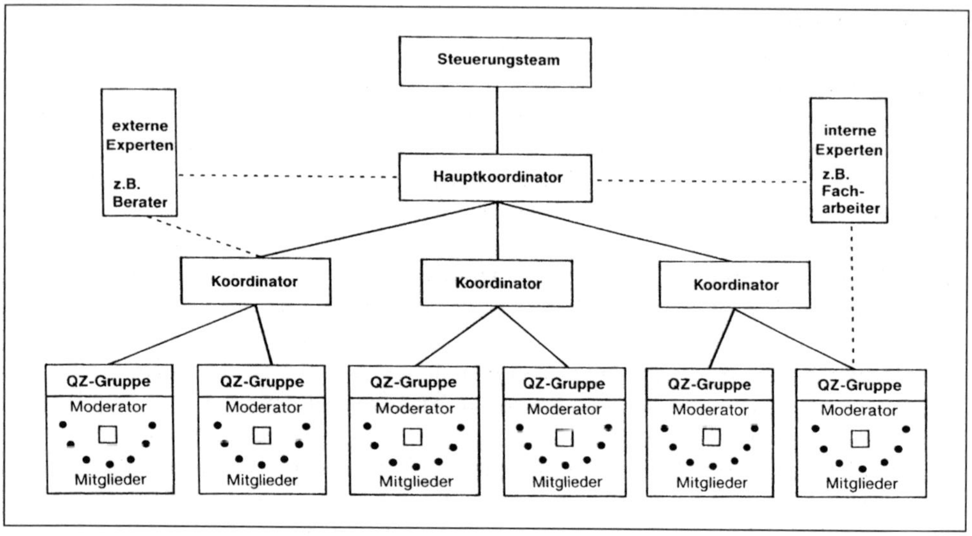

Abb. 99: Grundmodell der Aufbauorganisation des Systems »Qualitätszirkel«
Quelle: Deppe, J. (1989) 50.

penmitgliedern Techniken der Problemfindung und -definition zu vermitteln, sie zur Mitarbeit zu motivieren und die Gruppe insgesamt zu leiten. Nach einiger Zeit zieht er sich zumeist in die Rolle eines Betreuers oder Anregers zurück. Der Moderator kann, muß jedoch nicht Vorgesetzter der Mitglieder sein. Auf der einen Seite wird die Duplizität der normalen Unternehmungshierarchie und die Kompetenz und Autorität als Leiter vorteilhaft für den Vorgesetzten angeführt, jedoch ist die Akzeptanz durch die Gruppenmitglieder entscheidender, was für die Wahl eines Moderators aus der Hierarchie-Ebene der Gruppenmitglieder spricht.

Experten treten typischerweise nur spontan mit den anderen Elementen des Systems in Kontakt und haben dann vorwiegend unterstützende und beratende Funktionen.
Die grundsätzlichen **Aufgaben**bereiche von Qualitäts-Zirkel liegen im

- Erkennen von Schwachstellen im eigenen Arbeitsbereich,
- Ermitteln von deren Ursachen,
- Entwickeln von Problemlösungen,
- Präsentieren der Ergebnisse vor dem Management,
- Realisieren der Lösung und laufende Überwachung.

– Lernstatt

Entwickelt wurde die Lernstatt von den beiden Sozialwissenschaftlern Cloyd und Kasprzik, die für die Beratungsfirmen Metaplan und später cad arbeiteten, Anfang der 70er Jahre bei einem Beratungsauftrag der Firma BMW.[451] Die Konzeption war ursprünglich auf die Behebung von Sprach- und Integrationsproblemen ausländischer Arbeitskräfte im gewerblichen Bereich ausgerichtet und wurde im Laufe der Entwicklung für die Vermittlung von Fach-

451 Vgl. Deppe (1989) 82.

wissen umgestaltet. 1989 konstatiert Deppe eine untergeordnete Bedeutung von Lernstatt, da es – der Literatur folgend – lediglich von 6 Unternehmungen in Deutschland angewendet wurde. Es wird hier trotzdem aufgeführt, weil es von der Konzeption her eine sinnvolle Entwicklungsalternative für bestimmte Qualifikationen darstellt.

Der Lernstatt liegt ein **Konzept** zugrunde, mit dem das Grundwissen der Mitarbeiter erweitert, Erfahrungen gegenseitig ausgetauscht, die Kommunikation verbessert werden sollte bis hin zu dem Ziel, zur Persönlichkeitsentfaltung beizutragen.[452] Idealtypisch wird Lernstatt als zeitlich begrenzte Kleingruppe von Arbeitern definiert, die einen gemeinsamen Bezugspunkt haben und sich in regelmäßigen Abständen freiwillig in einem der jeweiligen Produktionsstätte nahegelegenen Raum zum Zweck des gemeinsamen Erfahrungsaustausches, zur Erweiterung des Grundwissens über betriebliche Zusammenhänge und zur Verbesserung und Vertiefung der Kommunikation und der Zusammenarbeit in der Unternehmung unter Anleitung und Koordination von zwei ausgebildeten Moderatoren treffen, wobei die Gruppe in den organisatorischen Rahmen des auf Dauer angelegten Lernstatt-Systems eingebunden ist und zu den anderen Elementen Kommunikationsbeziehungen unterhält.

Die Gruppengröße beträgt etwa 10 Mitglieder, die sich regelmäßig in größeren Abständen (ca. alle 14 Tage) während der Arbeitszeit treffen. In einem Lernstattzentrum – es fungiert als geistige Zentrale des gesamten Systems – werden die Lerngruppen initiiert, bisweilen Ehemalige reaktiviert und die Moderatoren unterstützt. Jeder Gruppe hilft ein Moderator, der zumeist Facharbeiter ist und auf seine Arbeit durch ein Grundtraining sowie eine längerdauernde Intensivübung vorbereitet wird. Die von der Gruppe zu bearbeitenden Themen werden entweder aus dem eigenen Arbeitsbereich heraus oder aber von außen vorgeschlagen. Angestrebtes Ziel ist das Lösen der an die Lernstatt herangetragenen Probleme und ihr Erreichen in Form von Vorschlägen. Nach Erledigung einer Problemstellung wird eine Lernstattrunde aufgelöst. Die Moderatoren treffen sich regelmäßig in Moderatorenrunden, in denen sie die bei ihrer Arbeit in der Lernstatt gemachten Erfahrungen austauschen. Zudem existiert ein Beraterkreis (Er entspricht etwa der Steuergruppe in der Qualitätszirkelorganisation), der sich aus Mitgliedern der Geschäftsführung zusammensetzt (Werkleiter, Personalleiter, Ausbildungsleiter, Betriebsratsvorsitzender). Er vermittelt gegebenenfalls den Moderatorenrunden Fachleute als Gesprächspartner und ist es letztlich auch, der die aus der Lernstattarbeit kommenden Problemlösungen weiterleitet.

cc) Personalentwicklung außerhalb des Arbeitsplatzes

Nach dem Träger der Fortbildungsmaßnahme lassen sich Training off-the-job Maßnahmen differenzieren nach deren Umsetzung durch

- innerbetriebliche eigene Einrichtungen: z.B. Ausbildungszentren
- innerbetriebliche fremde Einrichtungen: z.B. Herstellerschulungen
- überbetriebliche Einrichtungen: z.B. IHK-Bildungswerke
- außerbetriebliche Einrichtungen: z.B. Fortbildungsinstitute

In der Praxis nutzen Unternehmungen gleichmäßig sowohl interne als auch externe Schulungen.[453] Wenn Maßnahmen durch **innerbetriebliche** Einrichtungen durchgeführt wer-

452 Vgl. Conradi (1983) 72f.
453 Vgl. Gaugler (1989) 42f.

den, bieten sie den Vorteil, daß sie unternehmungsspezifisch ausgerichtet und auf die Nutzung vorhandener Betriebsmittel abgestellt werden können, was beides zur Förderung der Akzeptanz beiträgt. Ein Nebeneffekt ist der positive Einfluß auf den Gedanken- und Erfahrungsaustausch und damit auf die innerbetriebliche Kooperationsbereitschaft. Die **über- und außerbetrieblichen** Träger ermöglichen eine kritische Distanz zu der entsendenden Institution, über den Kontakt zu Kollegen aus anderen Institutionen eröffnen sie einen erweiterten Sichtkreis und vor allem ermöglichen sie eine bessere Erreichung individueller Fortbildungsziele der Teilnehmer. Darüberhinaus können durch externe Träger differenziertere und gezieltere Angebote erfolgen, was sich bei speziellen Problemstellungen und für kleinere und mittlere Unternehmungen vorteilhaft auswirkt. »Erkauft« wird dieser Vorteil jedoch durch größere Probleme beim **Lerntransfer.**

Mit Lerntransfer ist gemeint, daß mit zunehmender physischer, zeitlicher und inhaltlicher Entfernung des Lernfeldes vom Arbeitsfeld, die Übertragung neugelernter Kenntnisse, Fähigkeiten, Einstellungen auf die konkrete Berufssituation schwieriger wird.[454] Dieser Transfer eines erfolgreich gelernten Aspektes in eine Verhaltensänderung am Arbeitsplatz ist jedoch Voraussetzung für eine Effizienzsteigerung von Organisation und Management und für individuelle Höherqualifizierung. Hierbei wird deutlich, daß Bildungsmaßnahmen keinen Selbstzweck haben. Endziel ist es, daß den Teilnehmern an einer Entwicklungsmaßnahme die Übertragung des Gelernten auf ihre berufliche Situation gelingt. Diese Übertragung bezeichnet die Fähigkeit, Kenntnisse, Erfahrungen und Verhaltensweisen in Situationen anzuwenden, die von der Lernsituation verschieden sind.[455] Während die Lernerfolge im **Lernfeld** stattfinden (Phase Input, Prozeß und Output), erfolgt der Transfer im **Funktionsfeld** (Phase Output).[456] So kann z.B. eine Führungskraft zwar an einem Seminar über Menschenführung erfolgreich teilnehmen (erfolgreich z.B. durch das Bestehen einer schriftlichen oder mündlichen Abschlußprüfung). Ob sie allerdings im Umgang mit ihren Mitarbeitern das gewünschte Verhalten zeigt, kann damit nicht gleichzeitig und selbstverständlich unterstellt werden.[457] Zur Erfassung dieser Problematik wurden Transfertheorien entwickelt, aus denen einzelne Determinanten des Transfererfolges abgeleitet werden können.
Es gibt eine Vielzahl von **Transferhemmnissen,** z.B.:[458]

- Verschiedenheit der Lernaufgaben in Schulung und Arbeitsplatz,
- ungenügende Lernübung,
- innovationsfeindliches Organisationsklima,
- Vorgesetztenverhalten,
- mangelnde Anwendungsmöglichkeit der gelernten Erkenntnisse,
- Diskrepanz in der Lernintensität zwischen Lehrziel und Arbeitsplatzanforderung.

Insbesondere, wenn die Maßnahme der Führungskräfteförderung dienen soll, können bei ausbleibendem Lerntransfer folgende Gefahren entstehen:[459]

- mangelnde Führungskompetenz führt zu unterlassener Nutzung von wettbewerblichen Möglichkeiten und zu Entwicklungskrisen der Unternehmung,

454 Vgl. Staehle (1991) 818.
455 Vgl. Kitzmann/Zimmer (1982) 260f.; Ochsner (1975) 58; Grunwald (1987) 78ff.
456 zu den verscheidenen Arten von Transfer vgl. Ochsner (1975) 63ff.
457 Vgl. Mentzel (1985) 252.
458 Vgl. Treichel (1976) 162f.
459 Vgl. Stiefel (1989a) 82.

– Klimaverschlechterungen innerhalb der Unternehmung, wenn ausbleibender Erfolg die Rechtfertigung für Fördermaßnahmen vereitelt,
– Abgang von Mitarbeitern mit Qualifizierungspotential, wenn diese mangels Transfer zu Verlierern werden,
– hohe Entwicklungsausgaben ohne entsprechenden Nutzen.

Empirische Untersuchungen ergaben, daß der Transfer erleichtert wird, wenn:[460]

1. das Lern- und Arbeitsfeld gleiche Strukturen aufweisen,[461]
2. die Lehrenden eine fundierte Kenntnis des Arbeitsfeldes haben,
3. die Lerninhalte auf verschiedene Situationen bezogen werden, um Generalisierungen anzuregen.

Die Transferproblematik betrifft auch das »Klima« am Arbeitsplatz, da hier eine Bereitschaft für eine Neuerung (von den Vorgesetzten, Mitarbeitern) vorhanden sein muß, soll eine Änderung stattfinden.[462]

Findet kein Transfer statt, kann gegebenenfalls zumindest bzgl. anders gearteter Aspekte, wie Auszeichnung, Anerkennung, Belohnung, Kontaktpflege, Klimaverbesserung etc., ein (Fortbildungs-)Erfolg konstatiert werden.

Bei der Durchführung von Personalentwicklung außerhalb des Arbeitsplatzes ist sowohl die Auswahl der Methode, die Veranstaltungsform, als auch deren Gestaltung festzulegen. Wichtige Bedingungsfaktoren über die Methodenwahl sind, neben den in den Folgekapiteln angeführten Parametern,[463]

– didaktische Entscheidungen (Partizipation der Teilnehmer),
– Art und Tiefe der angestrebten Lernziele (Kenntnisse, Fertigkeiten, Überblick, Beherrschung),
– Teilnehmervoraussetzungen (Lerntrainingszustand, Vorwissen),
– zur Verfügung stehende Finanzmittel und räumliche Gegebenheiten.

Die Methoden lassen sich je nach dem, ob die Teilnehmer sie einzeln oder in Gruppen durchführen in individuelle und kollektive Methoden unterscheiden. Abbildung 100 gibt einen Überblick. Im folgenden werden die individuellen Methoden nur kurz vorgestellt, da bei diesen vor allem lern-pädagogische Aspekte im Vordergrund stehen, die hier nicht erörtert werden sollen.[464]

(1) Individuelle Methoden

Das **Selbststudium** ist die wichtigste Form nicht unternehmungsbezogener Fortbildung und findet vor allem zur systematischen Erschließung neuer Wissensgebiete Anwendung. Grenzen der Anwendung hat diese Methode durch das geringe Erklärungspotential von Lernunterlagen.

---

460 Vgl. Staehle (1991) 819.
461 Stiefel nennt diesen Aspekt die »Theorie der identischen Elemente«. Vgl. Stiefel (1989a) 81.
462 Anders Staehle, der dieses Problem nicht unter Transferproblemen subsumiert. Vgl. Staehle (1991) 819.
463 Vgl. Conradi (1983) 95ff., der sich eingehend mit dieser Theamtik auseinandersetzt.
464 Zu den Methoden der Personalentwicklung am Arbeitsplatz vgl. Hungenberg (1990) 234ff.

individuelle Methoden	kollektive Methoden
Selbststudium	Vortrag
programmierte Unterweisung	Lehrgespräch (-konferenz)
In-Basket-Methode	Fallstudie
	Planspiel
	Rollenspiel
	Gruppendynamische Trainingsformen

Abb. 100: Methoden der Personalentwicklung außerhalb des Arbeitsplatzes

Die **programmierte Unterweisung** ist eine nach lerntheoretischen Gesichtspunkten gestaltete Form des Selbststudiums, welche auf einer planmäßigen Abfolge von Information, Frage, Antwort, Kontrolle und Rückinformation aufbaut. Diese spezielle Trainingsform ist meist an den Einsatz bestimmter Hilfsmittel, wie z.B. Lehrbücher, audiovisuelle Techniken, gekoppelt.[465] Dabei wird der gesamte Lernprozeß nach dem Prinzip des Regelkreises strukturiert. Der Lernstoff wird in kleinste Lerneinheiten aufgegliedert, von denen jede immer in derselben Schrittfolge absolviert wird: Information-Frage-Antwort-Kontrolle (s. auch Abb. 101).

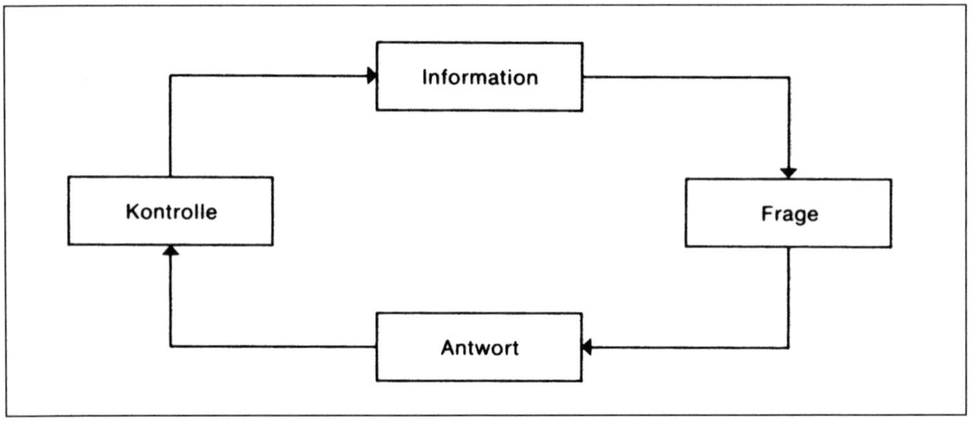

Abb. 101: Programmierte Unterweisung nach dem Regelkreisprinzip
Quelle: Mentzel (1985) 193.

Der Lernende wird in seinem Lernprozeß insoweit programmiert, als er mit den einzelnen Lerneinheiten in einer vorbestimmten Folge konfrontiert wird. Er wird durch jede Lerneinheit zu einer aktiven Stellungnahme veranlaßt, die er in Form einer vorprogrammierten Antwort abzugeben hat. Die Richtigkeit seiner Antwort kann er selbst kontrollierend feststellen, so daß auf diese Weise eine laufende Lernerfolgskontrolle (Rückkoppelung) stattfindet. Die sehr kleinen Lerneinheiten erhöhen die Wahrscheinlichkeit einer richtigen

465 Vgl. Schönfeld (1967) 203ff. mit zahlreichen Literaturangaben; Schumann (1970) 24ff.

Beantwortung, so daß es zu einer Verstärkung durch kontinuierliche Erfolgsbestätigung kommt. Dies wiederum fördert die Bereitschaft zum Weiterlernen. Als Problem allerdings wird die soziale Isolation der Lernenden gesehen.

Innerhalb der betrieblichen Fortbildung wird die Zuhilfenahme programmierter Unterweisungen vor allem für folgende Trainingsbedarfs-Kategorien als **geeignet** angesehen:

- Fakten-Informationen, die in größeren Mengen vermittelt werden müssen. Dies trifft auf viele Führungs- und die meisten Führungsnachwuchs-Kräfte zu.
- Informationen über Aufgabeninhalte von Arbeitsplätzen, deren Besetzung häufig wechselt. Sie sind an die dort jeweils neu einzuführenden Mitarbeiter zu vermitteln.
- Informationen über neue Verfahren, Geräte, Produkte, die häufig an dezentral eingesetzte Mitarbeiter in gründlicher und für alle in gleicher Weise mitgeteilt werden müssen, z.B. bei Fluggesellschaften an das Reparatur- und Aufsichtspersonal, bei Computer-Herstellern an den Außendienst. Dabei unterstützt die programmierte Unterweisung, wenn sie in schriftlicher Form durchgeführt wird, auch die jederzeitige Eigenkontrolle und Wiederholung.

Diese Lehrmethode wird vor allem für **vorteilhaft** gehalten, wenn mit ihrer Anwendung

- die betriebliche Fortbildung in ihrer Systematik verbessert wird, ihre Inhalte zentralisiert und intensiviert werden, ihre Durchführung ohne Störungen des Betriebsablaufes erfolgen kann, denn der einzelne Mitarbeiter kann sein Lernprogramm individuell in der Zeit absolvieren, in der die geringsten Ablaufstörungen bei Abwesenheit vom Arbeitsplatz zu erwarten sind;
- der Fortbildungserfolg erhöht wird durch Anpassung an die individuelle Lerngeschwindigkeit, durch einheitlichen, selbständig kontrollierten Fortbildungsstand, durch Unabhängigkeit von der Qualifikation von Trainern, von deren subjektiven Beurteilungen, durch Möglichkeit der Anwendung auch bei Fehlen von Trainern;
- Fortbildung infolge der Wiederverwendbarkeit des Lehrgangs-Materials »lagerfähig« wird;
- Kosten gesenkt werden können, kein zu großer Aufwand für die Material-Erarbeitung im Verhältnis zur Dauer bzw. Häufigkeit der Verwendung vorausgesetzt.

Nachteile durch programmierte Unterweisungen entstehen, wenn

- der zu vermittelnde Stoff für eine Programmierung nicht ausreichend geeignet ist;
- fertige bzw. genügend anpassungsfähige Programme fehlen und die Entwicklung und Hilfsmittelbeschaffung für neue Programme hohe Anlaufkosten verursacht;
- Mangel an ausgebildeten Programmierern herrscht;
- kostspielige Programme mit dem Risiko schnellen Veralterns behaftet sind;
- die Zahl der Fortzubildenden gering ist.

Die **In-Basket-Methode** ist eine individuelle Simulationsmethode, bei der die Teilnehmer Posteingänge eines bestimmten Arbeitsplatzes unter Zeitdruck zu bearbeiten und damit verbundene Aufgaben zu lösen haben. Potentielle **Vorteile** dieser Methode beziehen sich auf die flexible Anpassungsfähigkeit an individuelle Situationen, die Praxisrelevanz der Aufgaben und geringe Kosten. Nachteilig ist, daß jegliche Interaktion ausgeschlossen ist und damit die Entwicklungsrelevanz und Realitätsnähe stark eingeschränkt wird, weshalb diese Methode auch eher für diagnostische Zwecke eingesetzt wird und nicht für die Entwicklung an sich. Sie wird häufig im Rahmen von Assessment-Center eingesetzt.

(2) Kollektive Methoden
Der Begriff »Methode« wird recht weit gefasst, da auch einzelne technische Hilfsmittel mit eingeschlossen werden. Es zeigt sich, daß aktiven Formen, die tendenziell auf Umsetzung von Wissen und Aktivität am Arbeitsplatz zielen, eine höhere Bedeutung zukommt als passiven Formen.

(21) Vortrag
Diese Methode bietet sich an, wenn ein umfangreiches Stoffgebiet in relativ kurzer Zeit vermittelt werden soll. Anwendung findet der Vortrag bei der Vermittlung von Wissen, speziell nicht-tätigkeitsspezifischem Wissen. Seinen **Vorteilen** einer systematischen Stoffvermittlung und der Möglichkeit, in relativ kurzer Zeit konzentrierte Aussagen über die zentralen Punkte eines Wissensbereichs zu machen, stehen jedoch **Nachteile** gegenüber, die als erheblich angesehen werden: Die Teilnehmer müssen Abstraktionsvermögen, d.h. entsprechendes Mindest-Bildungsniveau besitzen, es besteht die Gefahr hoher Transferverluste, wenn die Teilnehmer infolge der notwendigen Permanenz der Aufmerksamkeit ermüden; dem kann mit geschicktem Medieneinsatz (Dia-, Overhead-Projektoren, Flipchart, Tafel etc.) begegnet werden. Durch konzentrierte Stoffdarstellung können zwar viele Problemaspekte angesprochen, aber auch das Verständnis der Themenbreite und -tragweite für die Zuhörer erschwert oder sogar verhindert werden.[466] Weitere Nachteile sind die mangelnde Ausrichtung auf individuelle Erfordernisse und das Fehlen von Rückkoppelungsmöglichkeiten. Für Versuche, größere und komplexere Themenbereiche möglichst intensiv zu vermitteln, wird daher in der Fortbildungspraxis zunehmend Wert darauf gelegt, Vorträge wenn nicht zu ersetzen, so doch wenigstens durch aktive Lehrmethoden zu ergänzen.

(22) Lehrgespräch (-konferenz)
Das **Lehrgespräch** ist heute eine in Seminaren häufig eingesetzte Methode. An die Stelle des Monologs tritt das Gespräch zwischen dem Dozenten und den Teilnehmern; diese werden dadurch aktiv in die Erarbeitung des zu vermittelnden Inhalts einbezogen. Die Verantwortung für den Gesprächsablauf liegt bei dem Dozenten. Der ständige Wechsel zwischen Frage und Antwort zwingt die Teilnehmer, dem Gedankengang des Dozenten zu folgen. Damit wird zum einen die notwendige Systematik im Ablauf des Gesprächs sichergestellt, zum anderen aber auch genügend Raum für die aktive Betätigung der Teilnehmer gelassen. Bei der Einschätzung von Konferenzen für die Personalentwicklung ist dahingehend zu differenzieren, ob sie primär Lernzwecken oder anderen Gründen dienen. Auf den Erfolg von Konferenzen wirkt sich die sozio-strukturelle Umgebung, wie Teilnehmerzahl, -zusammensetzung, Vorbildung und Interessenlage sehr stark aus. Es werden hohe Anforderungen an den Konferenzleiter gestellt, um Phänomene wie Dominanz einzelner Teilnehmer oder das Ausbrechen von Gruppenkonflikten zu verhindern.

Die Lehrkonferenz dient vor allem einer **Festigung und Vertiefung bereits vorhandener Kenntnisse;** dagegen kommt sie nicht in Betracht, wenn ein völlig neues Wissensgebiet erschlossen werden soll, bei dem die Teilnehmer noch über keinerlei Erfahrungen und Kenntnisse verfügen.

Auch für das **Lehrgespräch** empfiehlt sich ein **stufenweises Vorgehen**, etwa in den folgenden vier Phasen:

466 Vgl. ebenda.

- Einleitung,
- Schaffung einer Gesprächsgrundlage,
- eigentliche Diskussion,
- Abschluß und Zusammenfassung.

In der **Einleitung** informiert der Gesprächsleiter die Teilnehmer über den Gegenstand und die Ziele der Lehrkonferenz. Eine überzeugende Begründung des Gesprächsziels erzeugt bzw. verstärkt die Motivation der Teilnehmer zur Mitarbeit. Z.B. durch ein einführendes Referat wird ein einheitlicher Informationsstand als gemeinsame Gesprächsgrundlage hergestellt. Bei der **eigentlichen Diskussion** fungiert der Gesprächsleiter als »Steuermann« und »Schiedsrichter«. Durch geeignete Fragen gibt er Denkanstöße; er achtet darauf, daß die Gruppe beim Thema bleibt und sorgt durch Zwischenzusammenfassungen dafür, daß der »rote Faden« in der Diskussion nicht verlorengeht. Zum **Schluß** sorgt er dafür, daß die gefundenen Ergebnisse in einer für alle verständlichen Form herausgestellt werden; daran soll so weit wie möglich die Gruppe aktiv beteiligt sein.

(23) Fallstudie

Mit Fällen werden konkrete Entscheidungssituationen und Probleme aus der betrieblichen Praxis simuliert.[467] Die Gruppe, der sie präsentiert werden, muß in einer vorgegebenen Frist einen Lösungsvorschlag ausarbeiten; sie bekommt dazu einen genau begrenzten Informationsstand mitgeteilt und versucht unter aktiver Mitarbeit aller, das gesamte Wissen der Gruppe zu nutzen. Typischerweise sind die vorgegebenen Informationen jedoch nicht so spezifisch, als daß es eine optimale Lösung gäbe. Vielmehr sind von den Teilnehmern weitere Annahmen zu unterstellen, so daß im Endeffekt eine Entscheidung unter Ungewißheit zu fällen ist. **Anwendung** findet die Fallmethode nicht so sehr bei der Wissensvermittlung, als vielmehr beim Training der Umsetzung von theoretischen Wissen in praktische Anwendung. Die Aufgabe, einen praktischen Fall zu lösen, kann auch an einen Vortrag angeschlossen werden, um die Anwendung erworbenen theoretischen Wissens unter Hinzuziehung eigener Erfahrungen auf praktische Probleme zu üben.
Als **Vorzüge** der Fallmethode sind vor allem zu nennen:

- Durch fortgesetzte Teilnahme an Fallösungen können die Teilnehmer analytische Fähigkeiten entwickeln und ausgeprägt vertiefen. Damit erleichtern sie sich das Vorbereiten und Fällen von Entscheidungen in der betrieblichen Praxis. Das gilt auch dann, wenn nur wenig eigene Erfahrung vorhanden ist, da die Anwendung erworbenen Wissens praxisnah erprobt wird.
- Mit Gruppenarbeit an Fallbeispielen können motivationale Wirkungen erzeugt werden, und zwar insbesondere mit dem Ergebnis des Erzeugens oder Verstärkens der Bereitschaft zu kooperativem Handeln im Management. Die Einsicht in dessen Notwendigkeit und arbeitsunterstützende Wirkung wird durch den Zwang zum aktiven Mitarbeiten, zum ständigen Erfahrungsaustausch und zur gemeinsamen Entscheidungsfindung herbeigeführt.
- Die Ausprägung von Persönlichkeitsmerkmalen kann verstärkt werden, indem durch die zur Vorbereitung und Entwicklung der Fallösung notwendigen Diskussionen Initiative

---

467 Vgl. Wagner (1964) 134f.; Schönfeld (1967) 218ff.; Groenewald (1969) 169f.; Hahn (1971) 16; Schneider (1977) 235ff. Empirische Befunde s. Raia (1966) 339ff.

und Selbständigkeit gestärkt werden, durch erfolgreiches Entscheiden das Selbstvertrauen erhöht wird.
- Die Anpassungsfähigkeit an die Erfahrungen und den Wissensstand der Teilnehmer und die Flexibilität bei der Entscheidungsorientierung.

Nicht zu übersehen ist aber auch, daß die Fallmethode Probleme mit sich bringt und mit möglichen Nachteilen behaftet ist.
Problematisch sind Fälle, wenn

- die ihnen zugrunde liegenden Modelle auch nicht praxisgerechtes Verhalten honorieren,
- sie Tatbestände der Vergangenheit schildern, ohne daß zukunftsbezogene Auswirkungen der mit der Lösung getroffenen Entscheidungen erkennbar werden,
- in Lösungen von Fallbeispielen erfolgreiches Verhalten in der Praxis nachgeahmt wird, statt Wege zu eigenen Problemlösungen zu suchen.

Nachteile können darin liegen, daß

- sowohl die Kosten für die Fall- und Modellkonstruktion hoch sind als auch die für die Durchführung benötigte Zeit lang ist (1–3 Tage),
- insbesondere bei computergestützten Modellen durch Vergrößerung der Komplexität des Falles dessen Realitätsbezug zu erhöhen versucht wird, wodurch jedoch oft die Übersicht der Teilnehmer über das ganze Modell und seine Zusammenhänge eingeschränkt wird oder sogar verlorengeht.

(24) Planspiel

Man kann das **Plan-(Unternehmungs-)spiel** als Variante der Fallmethode ansehen, da in ihm Entscheidungsprozesse simuliert werden, und zwar in stärker formalisierter Weise mit Hilfe mehrgliedriger Modelle.[468] Im Vergleich zu Fallstudien werden hier zusätzlich interaktive Problemlösungsaspekte mit berücksichtigt und damit die Dynamik und Komplexität praktischer Probleme mit in den Lösungsprozeß einbezogen.

Sie verlaufen über mehrere Perioden, enthalten den Entscheidungsrahmen und die Bereiche, in denen die Spieler Entscheidungen treffen können (z.B. Beschäftigungs-, Produktions-, Absatz-, Finanzierungs-, Personalbereiche) sowie Annahmen über die Entscheidungswirkungen als Modellreaktionen auf Spieleraktionen. Als Aktionsgrundlagen werden von der Spielleitung interne und externe Daten vorgegeben, Entscheidungsergebnisse aus früheren Perioden eingespeist und Spielregeln bekanntgegeben, die während des Spielablaufs einzuhalten sind.

Planspiele eignen sich vorwiegend zur Schulung interpersonaler Qualifikationen, wie z.B. Einstellungen und kommunikative Fähigkeiten, Fähigkeiten bei der Durchführung interaktiver Problemlösungsprozesse, Umsetzung von Wissen und das Beurteilungsvermögen über komplexe Probleme, weniger dagegen zur Vermittlung von Wissen. Einen hohen Einfluß auf den **Erfolg** von Planspielen hat der Aufwand bei der Entwicklung. Einerseits dürfen diese nicht zu abstrakt sein, da sonst die Praxisrelevanz verlorengeht. Andererseits hemmen zu strikte Vorgaben eventuell die Kreativität, Originalität und die Möglichkeit, eigene Ideen einzubringen.

Mit Unternehmungsspielen, die heute zumeist computergestützt durchgeführt werden,

---

468 Vgl. Bleicher (1962), (1969); Schönfeld (1967) 227.

werden eine Reihe von Lernzielen verfolgt, die, wenn sie erreicht werden, die **Vorteile** dieser Lernmethode ausmachen:

- Die Teilnehmer werden zu systematischer Planung gezwungen, sie lernen, aus den vorhandenen und darüber hinaus angebotenen Informationen zu wählen und stets eine Vielzahl von Parametern zu berücksichtigen. Sie erkennen dadurch die Notwendigkeit gründlicher und analytischer Entscheidungsvorbereitung und die Bedeutung eines funktionsfähigen Informations- und Kommunikationssystems.
- Jeder Mitspieler muß sein Wissen in den Entscheidungsprozeß einbringen, er lernt seine eigenen Grenzen kennen und sieht, daß Arbeitsteilung und Kooperation notwendig sind, Ressortegoismus für die gemeinsam zu findende Problemlösung also schädlich ist.
- Die Teilnehmer lernen sowohl die Ergebnisse ihrer eigenen Entscheidungen kennen wie auch deren Abhängigkeit von den Entscheidungen anderer; diese müssen also in den Überlegungsprozeß einbezogen werden. Es wird sichtbar, daß übermäßige Vereinfachungen zu Fehlentscheidungen führen können.
- Werden Unternehmungsspiele in der Weise durchgeführt, daß mehrere Gruppen gleichzeitig gegeneinander spielen, so entstehen bei Leistungsvergleichen anhand der (Zwischen-)Ergebnisse »gesunde« Rivalitäten und Ansporn zu Originalität.
- Trotzdem wird deutlich, daß vollkommene Information weder erreichbar ist noch verarbeitbar wäre, so daß man bereit sein muß, eine informatorisch unzureichende Entscheidungsbasis und das darin liegende Risiko zu akzeptieren.

Wie jede Lehrmethode haben auch Unternehmungsspiele nicht nur positive Seiten. Als ihre größten **Nachteile** werden bezeichnet:

- Generelle Spiele müssen einen relativ hohen Abstraktionsgrad haben; daher können in ihnen Einzelfragen nicht intensiv behandelt werden.
- Es wird regelmäßig mit sog. geschlossenen Modellen gearbeitet, d.h. Ausgangsannahmen und Modellreaktionen können durch Spielerentscheidungen nicht beeinflußt werden. Die simulierte Modellreaktion – etwa die Konsequenzen preispolitischer Maßnahmen – entsprechen nicht immer realistischen Gegebenheiten. Wenn daraus entstehende falsche Vorstellungen nicht korrigiert, sondern sogar in die Praxis übernommen werden, können gravierende Fehler die Folge sein.
- Unternehmungsspiele zeigen nicht, daß in praktischen Situationen die Originalität einer Entscheidung besonders wichtig ist. Da ihre Teilnehmer stets gegen das – sich nicht verändernde – Modell spielen, werden sie zu einer eher vereinheitlichten Strategie verleitet.

(25) Rollenspiel

Rollenspiele zielen auf eine **Beeinflussung des Verhaltens,** das bei zwischenmenschlichen Kontakten an den Tag gelegt wird. Rolle als Spielgegenstand ist dabei die Bewältigung einer konkreten Problemsituation, die allen Beteiligten ausführlich beschrieben und vom Spielleiter erläutert wird. »Bewältigung« heißt dabei, sowohl ein Sachproblem zu lösen, das mit einer betrieblichen Aufgabenstellung zusammenhängt, als auch mit den persönlichen und zwischenmenschlichen Aspekten fertig zu werden, die sich dadurch ergeben, daß die Aufgabe unter Zusammenwirken mit anderen Personen, die ihrerseits festgelegte und beschriebene Rollen haben, zu lösen ist.[469]

---

469 Vgl. zu näheren Einzelheiten Zimmer (1974) 113ff.

Ziele, die mit Rollenspielen verfolgt werden (bei Erreichung **Vorteile,** vor allem gegenüber der Fallmethode), sind:

- Das Verhalten der Teilnehmer kann – im Vergleich zu anderen Lehrmethoden – nachhaltiger geändert werden, weil das Selbst-Handeln an die Stelle des Nachdenkens und Sprechens über Situationen und ihre Bewältigung tritt. Fehler oder Ungeschicklichkeiten im Verhalten provozieren unmittelbar Gegenreaktionen der Mitspieler, sie werden sofort und unmittelbar erlebt.
- Rollenspiele verlangen die Fähigkeit, sich in die Standpunkte anderer hineinzudenken und auf sie einzugehen. Sie bieten Gelegenheit, diese Fähigkeit zu demonstrieren. Dadurch können Verhandlungsgeschick, Schlagfertigkeit und Überzeugungskraft gefördert werden, denn die Spielteilnehmer müssen versuchen, sich mit ihren Standpunkten gegenüber ihren Gegenspieler nachhaltig durchzusetzen.
- Insgesamt sollen Anlagen und Empfindungen aufgedeckt und entwickelt werden, die in anderen Lehrmethoden nicht verlangt werden und daher nicht zutage treten.

Damit diese Ziele erreicht werden, müssen allerdings einige **Voraussetzungen** erfüllt sein, deren Fehlen die beabsichtigten Wirkungen erschwert oder verhindert:

- Rolleninhalt muß eine Handlung sein, die in der zur Verfügung stehenden Zeit entwikkelt werden kann und mit großer Praxisnähe eine reale Begebenheit (nicht also einen konstruierten Fall) darstellt.
- Zwar muß der Spielleiter die Rolleninhalte einerseits eindeutig festlegen, andererseits sollen die Spieler in ihrem Handlungsspielraum durch übertriebene detaillierte Anweisungen nicht zu sehr eingeengt werden.
- Die Teilnehmer dürfen in ihren Qualifikationsniveaus durch die Rollen nicht überfordert werden und müssen ausreichende Zeit zur Vorbereitung auf die Rolle und zum Durchdenken der Lösung sowie ihrer wichtigsten Alternativen erhalten. Andernfalls entsteht die Gefahr, daß die gewollten Lernprozesse durch eigenes Gewinnen von Erkenntnissen nicht in Gang oder nicht zum Ende kommen. Um dem vorzubeugen, soll unmittelbar im Anschluß an das Rollenspiel dessen Ergebnis ausgewertet werden.

Eine präzise Protokollierung (Tonbandaufzeichnung, Video-Recorder) stellt sicher, daß einzelne Spielsituationen nochmals nachvollzogen werden können. Die Verhaltensweisen der Teilnehmer während des Spiels werden im Anschluß mit Hilfe dieser Protokolle analysiert und diskutiert. Hierdurch erhält jeder Teilnehmer die Möglichkeit zur Selbstreflektion und zur bewußten Analyse von Verhaltensweisen auch die der anderen Teilnehmer.

Erkennbar stellen Rollenspiele hohe Anforderungen an den Trainer. Zum einen ist typischerweise die Akzeptanz und damit die Bereitschaft, emotionales Verhalten zu zeigen, am Anfang sehr gering. Zum anderen kann ein Rollenspiel leicht eskalieren, wenn die Teilnehmer sich emotional verausgaben und Rollenspiel und Wirklichkeit nicht mehr trennen können.

Deshalb und wegen des großen Zeitbedarfs ist eine kritische Prüfung der Anlässe und Inhalte sinnvoll, für die sie eingesetzt werden sollen. So ist z.B. ihre Begrenzung auf motivierende Beeinflussung und Behandlung von Mitarbeitern, auf Austragung und Schlichtung von Streitfällen, auf die Übermittlung schwieriger (z.B. konfliktgeladener) Informationen, auf die Ausbildung in der Technik des Interviews vorgeschlagen worden.[470]

---

470 Vgl. Schönfeld (1967) 224.

(26) Gruppendynamische Trainingsformen (Sensitivity Training)
Das Arbeiten in Selbsterfahrungsgruppen (Sensivity-, Laboratory-, T-Group-Training) ist eine verhaltensorientierte, gruppendynamische Trainingsmethode, die im Kern auf den Arbeiten der Aktionsforscher Lewin und Moreno aufbauen.[471] Starke Verbreitung fanden sie im Zusammenhang mit neuen Organisationsformen (z.B. Projektorganisation), mit dem Prozeß der Organisationsentwicklung (Organizational Development) und mit neuen Führungskonzeptionen, für die sie als notwendig bezeichnet wurden. Der Grund dafür ist, daß diese neueren Entwicklungen der Betriebsführung zu Arbeit auf der Basis verstärkter Kooperation tendieren, die wesentlich mehr als zuvor Qualifikationen der Menschenkenntnis, -erkenntnis und -behandlung verlangt. Der Unterstützung des dafür notwendigen Prozesses eines Wandels von »Einzelkämpfer-Naturen« zu betont kooperationswilligen und -fähigen Mitarbeitern soll das Sensitivity Training dienen. Diese Sensibilisierung ist **Gegenstand** des Sensitivity Trainings, das auf der Erkenntnis beruht, daß Personen im Arbeitsalltag kein inhaltlich differenziertes feedback über ihre Handlungsweisen bekommen und deshalb keine Fortschritte bzgl. der Bewältigung von Problemsituationen machen können. Beim Sensitivity Training spielen die Probanden deshalb in Laborsituationen der Realität entlehnte Handlungsweisen durch, die dann mit inhaltlichem feedback analysiert werden.

Es wird beschrieben als eine Lernmethode, die primär Erfahrungen vermitteln will, die die Teilnehmer in verschiedenen Begegnungssituationen selbst sammeln. Der Trainer hat bei diesem Training die Aufgabe, die Konfliktkapazität der Teilnehmer anzusteuern: bleibt er unterhalb dieser Grenze, kommt es zu keinen Fortschritten, überschreitet er sie, fühlen sich die Teilnehmer schnell überfordert, scheuen die Situation und resignieren. Fortschritt bedeutet, daß man in die Lage versetzt wird, seine Verhaltensweisen so zu verändern, daß man beim Umgang mit Konfliktsituationen eine **grundsätzliche Sicherheit** erlangt, die einem auch die Bewältigung einer Situation erlaubt, die man vorher nicht kannte.[472] Das inhaltliche feedback erlaubt den Teilnehmern, emotionale Auswirkungen eigenen und fremden Interaktionsverhaltens zu reflektieren. Man zielt auf solche Erfahrungen ab, mit denen Einstellungen beeinflußt und Fähigkeiten des Lernens aus Interaktionen und über zwischenmenschliche Beziehungen entwickelt werden. Diese Einstellungen und Lerninhalte sollen die folgenden Komponenten menschlichen Zusammenlebens und -arbeitens betreffen – sie stellen gleichzeitig **Ziele** des Sensitivity Training dar:[473]

- Selbsterkenntnis,
- Fähigkeit zur Diagnose der Persönlichkeit und des Verhaltens von anderen Individuen, von Gruppen, von Organisationen,
- Fähigkeit, die Diagnosen der eigenen Person durch andere hinzunehmen,
- Verständnis für zwischenmenschliche Beziehungen in Gruppen,
- Kennenlernen von Bedingungen, die Gruppenarbeit fördern bzw. hemmen.

Weniger geeignet ist das Sensitivity Training für die Vermittlung sachlicher Entwicklungskomponenten.

In der Praxis scheint die Arbeit in Selbsterfahrungsgruppen inzwischen durchaus verbreitet zu sein. Vereinzelten Untersuchungsberichten[474] ist zu entnehmen, daß die überwiegen-

---

471 Für einen geschichtlichen Abriß vgl. Rechtien (1990).
472 Vgl. Oechsler (1992) 364.
473 Aus der umfangreichen Literatur zum Sensitivity Training vgl. für andere House (1967); Cooper/Mangham (1971).
474 Vgl. z.B. Retting/Amano (1976) 26ff.

de Zielgruppe dem mittleren und oberen Management angehört und daß die Häufigkeit der Durchführung dieses Trainings mit wachsender Firmengröße (gemessen an der Zahl der Beschäftigten) zunimmt, aber über die Frequenz »gelegentlich« nicht hinauskommt. Trotzdem gibt es bisher keine Berichte über spezifizierte Inhalte konkret erreichter Erfolge und präzise definierter Vorteile, die mit Selbsterfahrungsgruppen erreicht wurden. Erfolgsmeldungen sind zumeist global formuliert: »größere Offenheit gegenüber den Ansichten anderer, höhere Empfindsamkeit und besseres Verstehen der zwischenmenschlichen Kontakte«.[475]

Angesichts dieser Sachlage erscheint es angebracht, die Leistungsfähigkeit des Sensitivity Training eher vorsichtig zu beurteilen, seine Ziele nicht als bewiesene Erfolge zu nehmen und auch auf mögliche Mängel und **Nachteile** hinzuweisen:

- Es kann nicht als gesichert gelten, daß es möglich ist, mit einem Training von drei Tagen bis zwei Wochen Dauer Persönlichkeitsstrukturen und Verhalten von Mitarbeitern dauerhaft und tiefgreifend zu ändern. Trainings-Wiederholungen erscheinen zumindest angebracht, wenn nicht sogar notwendig.
- Der geringe Grad der Strukturiertheit der Gruppe und der Interaktions-Situationen im Zusammenhang mit einem hohen Grad an Konfrontation, dem die Gruppenmitglieder ausgesetzt sind, bergen das Risiko dramatischer Reaktionen, explosionsartiger Ausbrüche von Emotionen, evtl. schädigender Störungen der Persönlichkeitsstruktur. Die Risiken sind umso größer, wenn sie nicht von einem erfahrenen Trainer erkannt und gemindert werden: Seine Person spielt eine zentrale Rolle.
- Schließlich ist die Gefahr nicht zu übersehen, daß in der späteren Zusammenarbeit im Betriebe Mitarbeiter, die gemeinsam Teilnehmer in einer Selbsterfahrungsgruppe waren, die in der schonungslosen Offenheit der Konfrontationssitzungen zutage geförderten Schwächen des anderen bewußt ausnutzen.
- Die Akzeptanz des Sensitivity Trainings ist eher gering, was an der mangelnden Bereitschaft liegen könnte, bei dem Erreichen persönlicher Grenzen Emotionen und Schwächen zu offenbaren.

Hungenberg hat eine Übersicht entwickelt, in der er die wesentlichen Stärken und Schwächen der von ihm vorgestellten Personalentwicklungs-Methoden zusammenfaßt. Bei der Interpretation ist zu beachten, daß keine eindeutige Rangfolge über die Vorteilhaftigkeit besteht, sondern immer die spezifischen Vor- und Nachteile in Hinblick auf eine Zielsetzung zu beachten sind und deswegen dieser Überblick, der in Abbildung 102 teilweise wiedergegeben wird, nur Anhaltspunkte liefern kann. Zudem bezieht Hungenberg seine Wertung lediglich auf Personalentwicklung im Führungskräftebereich.

475 Zimmer (1974) 119. Eine umfassende Vergleichsstudie hat Smith angestellt (1975). Überzeugende empirische Belege für die Leistungsfähigkeit dieser Methode stehen noch bei Staehle (1987) 686.

	Understudy-Arbeit	Sonderaufgaben	Gremienarbeit	Projektarbeit	Selbststudium	progr. Unterweisung	In-basket	Vortrag	Konferenz	Fallstudie	Planspiel	Rollenspiel	Sensitivity Training
Wissensvermittlung	0	0	0	0	+	++	0	+	0	0	0	0	0
Fähigkeitsvermittlung	+	+	++	++	0	0	+	0	+	++	++	+	+
Haltungsvermittlung	+	+	+	+	0	0	+	0	+	++	++	+	+
Anpassungsvermögen/ Einsatzbreite	0	+	+	+	0	0	0	0	0	+	+	+	0
Kosten/Zeiten	++	++	++	++	+	+	0	0	0	0	0	0	0
Relevanz	++	++	++	++	0	0	+	0	0	+	+	+	0
Individualisierbarkeit	++	++	+	+	++	+	+	0	0	0	0	+	+
Rückkoppelung	++	+	+	+	0	+	+	0	+	++	++	++	++
Akzeptanz	++	++	++	++	+	+	+	0	+	++	++	0	0

Eignung zur Erreichung der Ziele/Beurteilungsmerkmale der Führungskräfteentwicklung

0 eher ungeeignet
+ eher geeignet
++ herausragend geeignet

Abb. 102: Vergleich alternativer Personalentwicklungs-Maßnahmen
Quelle: In Anlehnung an Hungenberg (1990).

d) Evaluation

aa) Notwendigkeit der Evaluation

Gegen eine systematische Untersuchung von Personalentwicklungs-Maßnahmen werden als Argumente angeführt:[476]

- Evaluation ist **nicht nötig**, da Personalentwicklungs-Maßnahmen unumgängliche »Sozialleistungen« sind, die dazugehören.
- Evaluation ist **schwierig** und übersteigt, will man zu eindeutigen Aussagen kommen, die sachlichen und personellen Möglichkeiten einer Unternehmung.
- Evaluation ist **teuer** und die Summe des personellen, sachlichen und zeitlichen Aufwands überschreitet den Nutzen aus einer systematischen Untersuchung.

Diese Argumente sind nicht grundsätzlich falsch, zeigen jedoch eine einseitige und kurzsichtige Auffassung von Personalentwicklung. Evaluation von Personalentwicklungs-Maßnahmen ist sowohl in bezug auf die Zielsetzungen (s. unten bb) als auch unabhängig davon, notwendig, wenigstens sinnvoll. Gründe für letzteres basieren auf der **interdependenten Wirkung** von Personalentwicklung mit den Arbeitsprozessen, weshalb sowohl die Durchführung von Personalentwicklungs-Maßnahmen als auch deren Wirkung nach ihrem Vollzug, erhebliche Störungen in der Unternehmung verursachen kann. Ersteres trifft verstärkt auf die Arbeitsstrukturierung zu, die sich direkt auf die Arbeitsprozesse auswirkt. Letzteres tritt beispielsweise in Form von Frustration beim Adressaten auf, wenn er z.B. Lerninhalte unternehmensextern durchgeführter Seminare am Arbeitsplatz nicht umsetzen kann.[477]

Personalentwicklung erfordert auch **Ressourceneinsatz**, so daß eine Rechtfertigung für die wirtschaftliche Verwendung und für Verbesserungsmöglichkeiten der Maßnahmen sinnvoll ist. Neben dem direkten Aufwand, der bei externen Lehrveranstaltungen am offensichtlichsten ist, kommt es zu indirektem Aufwand in Form von »verlorener« Arbeitszeit der Adressaten, Vorgesetzten u.a. bei der Planung und Durchführung von Personalentwicklungs-Maßnahmen.

Die **Unternehmungszukunft** wird in erheblichem Umfang durch Personalentwicklung beeinflußt. Im ausgeprägten Fall der Zukunftsgestaltung einer Unternehmung als Zielsetzung von Personalentwicklungs-Maßnahmen wird deutlich, daß durch die vermittelten Qualifikationen auch der zukünftige Ressourceneinsatz determiniert wird. Dies ist nicht nur auf die finanziellen Ressourcen bezogen, sondern auch auf die vorhandenen Kompetenzen und damit auf den Unternehmungserfolg. Letzteres erscheint wesentlich bedeutender, da Personalentwicklung durch ihre Wirkung auf die in einer Unternehmung vorhandenen Kompetenzen einen direkten Einfluß auf die zukünftige Wettbewerbsfähigkeit einer Unternehmung hat.

Insgesamt bleibt festzuhalten, daß Evaluation der Personalentwicklung neben der Kontrollfunktion zusätzlich eine Entscheidungsfunktion hat zur Fundierung von Zielperspektiven der Personalentwicklung und zur Anpassung von Personalentwicklungs-Konzeptionen.[478]

---

476 Vgl. Conradi (1983) 109.

477 Siehe auch die abschließenden Bemerkungen in Kapitel D.V.3.

478 Zu den Funktionen von Personalentwicklungs-Evaluationen vgl. auch Neuberger (1991) 274ff. und die dort angegebene Literatur.

bb) Ziele der Evaluation

Im einführenden Abschnitt des Kapitels D.V.5 wurde Evaluation im Rahmen der Personalentwicklung als eine Kontrolle des Entwicklungserfolgs vorgestellt. Bei der Festlegung, was unter dem Begriff **Erfolg** verstanden werden kann, ist anhand der unterschiedlichen Zielsetzungen der Personalentwicklung zu differenzieren. Die oben angeführten Funktionen von Evaluationen für Kontrollen und Entscheidungen werden bzgl. folgender **Ziele** konkretisiert:

- Ermittlung, ob das Ergebnis einer Maßnahme auch zum Erreichen der Unternehmungszielsetzung beiträgt (**Legitimationsfunktion**);
- Analyse von Ursachen für eventuell festgestellte Abweichungen von den Entwicklungszielen. Damit soll für die Planung zukünftiger Programme herausgefunden werden, ob nicht erreichte Fortschritte oder/und Ziele ihre Ursachen in beispielsweise mangelnder Leistungsbereitschaft oder -fähigkeit von Mitarbeitern hatten, in unzureichender Eignung gewählter Entwicklungsmethoden, in Trainer-Qualifikationsmängeln, im Ablauf des Personalentwicklungs-Programms, ob organisatorische Hemmnisse die Wirkung von Personalentwicklungs-Maßnahmen beeinträchtigt haben oder diese in der Transferphase begründet liegen (**Entwicklungsfunktion**).
- Ergreifen, Einleiten und Versuchen von unmittelbaren Hilfen und Korrekturmaßnahmen aufgrund bekannter Abweichungsursachen. Diese beziehen sich auf Entwicklungsprogramme, die gerade durchgeführt werden, um Zielverfehlungen vorzubeugen (**Aktionsfunktion**).

Mit den unterschiedlichen Zielen sind unterschiedliche Vorstellungen über die **Vorgehensweisen** bei der Evaluation verbunden: Die klassische Sozialforschung setzt beim exakten Nachweis der Wirksamkeiten einzelner Maßnahmen bzw. einzelner Variablen in Prozessen an. Hierzu versucht man mit Hilfe möglichst reliabler und valider Meßinstrumente und weitgehender Ausschaltung störender Einflüsse auf das Meßergebnis, den Nachweis der Wirkung einer Personalentwicklungs-Maßnahme auf eine Qualifikationsveränderung zu führen. Dieser theoretische Anspruch ist in der Personalentwicklungs-Praxis jedoch nicht haltbar, wie der Hawthorne-Effekt schon deutlich macht und was auch bei der vorgestellten Bandbreite von Personalentwicklungs-Philosophien nicht realistisch erscheint. Die Evaluation hängt entscheidend von der Konzeption des Personalentwicklungs-Programms ab. Es ist ein Unterschied, ob ein kurzes, spezifisches, genau definiertes eingliedriges Programm, wie z.B. ein Trainingsfilm, zu beurteilen ist, oder ein Programm, welches auf der Kombination mehrerer Maßnahmen und der Abstimmung interdependenter Bereiche der Personalentwicklung beruht. Die Komplexität der Evaluation hängt ab von:[479]

- dem **Umfang** des Programms: ob es individuell ausgelegt ist, eine Abteilung oder die gesamte Unternehmung betrifft,
- der **Anzahl** der Teilnehmer,
- der **Dauer**: ob es wenige Minuten dauert oder ein kontinuierliches Programm ist,
- der **Klarheit** und **Spezifität** des Programm-Input: dies kann sowohl die Zielvorgaben, die Programmbeschreibung als auch die Mitarbeiter betreffen,
- der **Komplexität** und dem **zeitlichen Horizont** der Ziele: ersteres betrifft die Operationalisierung der Zielvorgabe, die im einfachen Fall aus einem Einzelziel bestehen kann,

479 Vgl. Weiss (1972) 5.

welches direkt angehbar ist, und im komplexen Fall aus einem Zielsystem mit Subzielen, für das mehrstufige Programme erforderlich sind. Ebenso vereinfacht es eine Evaluation, wenn ein Ziel schnell sichtbar und dessen Erreichung alsbaldig absehbar wird, als wenn dies erst zum Ende langer Entfaltungs- und Wirkungsprozesse geschieht.
- der **Innovativität** des Ziels: inwieweit etwas vollkommen Neuartiges vermittelt werden soll, oder ob zum wiederholten Male eine etablierte Sache Gegenstand des Programms ist.

Hinzu kommen **Operationalisierungsschwierigkeiten**: Erfolg kann bei berufsfachlichen Qualifikationen durch die erreichte Qualifikation, gemessen an der Erfüllung von Anforderungen, operationalisiert werden. Diese Operationalisierungsmöglichkeit fehlt jedoch bei fachübergreifenden Qualifikationen, welche sich vielmehr in einem qualifizierten Bewußtsein und differenzierenden Verständnis für Vorgänge und in geänderten Verhaltensweisen bei der Ausübung von Aktivitäten niederschlagen, die auf Erfahrung als Ergebnis von Interaktionsprozessen beruhen. Diese Parameter können zwar durch Personalentwicklung beeinflußt werden, jedoch ist eine Zurückführung von Veränderungen auf einzelne Personalentwicklungs-Maßnahmen nicht möglich; dies ist eine weitere spezielle Variante des allgemeinen Zurechnungs-Problems. Die Vermittlung von Qualifikationen der Persönlichkeit entzieht sich ganz der Möglichkeit der Operationalisierung, da von diesen kein direkter Zusammenhang zu konkret formulierten Anforderungen oder Aufgaben hergestellt werden kann. Somit reicht eine einfach strukturierte Ergebniskontrolle nicht aus.

Evaluation richtet sich nicht nur auf die Ergebnisse, sondern auf den gesamten **Entwicklungsprozess**, in dem der angestrebte Zustand als Ergebnis (Output) eines sich im Teilsystem Personalentwicklung vollziehenden Änderungsprozesses angesehen werden kann. Dieser Prozeß wiederum setzt den Input betrieblicher Faktoren (z.B. Lernziele, Bildungsinhalte, Teilnehmer, Referenten) voraus.[480] **Evaluation** ist demnach Überprüfung von Entwicklungsmaßnahmen hinsichtlich ihres Einsatzes (Input), ihres Prozesses und ihrer Ergebnisse (Output). Für die Aktions- und Entwicklungsfunktion interessieren hier Verbesserungsmöglichkeiten in dem gesamten Prozeß der Problemanalyse, Zielanalyse, Planung, Durchführung und Anwendung.[481] Von der pragmatischen Seite her ist es deshalb wichtig, daß Konsens über die Ziele der Evaluation und über die Verwendungsabsicht der Ergebnisse zwischen den Beteiligten besteht.[482]

Der Gruppierung der Entwicklungsmaßnahmen in Bildung einerseits, Karriereplanung und Arbeitsstrukturierung andererseits folgend können grundsätzlich **zwei Gruppen** von Entwicklungszielen unterschieden werden, deren Erreichung zum Kontrollgegenstand zu machen wäre: **Trainings-** und **Anforderungserfüllungs-Ziele**. Auf erstere wird im folgenden näher eingegangen, letztere sind identisch mit der Grundmaxime, daß im Personal-Management die Kongruenz von Stellenanforderungen und Mitarbeiterqualifikationen zu erreichen versucht wird: Sie soll auch nach der Versetzung von Mitarbeitern bzw. der Änderung von Aufgabeninhalten erhalten bleiben.

Damit stellt sich heraus, daß Kontrollen des Erfolges von Maßnahmen der Personalentwicklung (Karriereplanung, Arbeitsstrukturierung) in das Feld der Qualifikationsdiagnosen

---

480 Vgl. Kitzmann/Zimmer (1982) 255ff.
481 Vgl. Conradi (1983) 110ff.
482 Weiss sieht sonst die Gefahr, daß die gesamte Evaluation in einem Morast von konfliktären Erwartungen versumpft. Für die Zwecke von Evaluation vgl. Weiss (1972) 10ff.

(resp. Leistungsüberprüfungen) gehören,[483] die nunmehr nach Beendigung von Entwicklungsmaßnahmen durchzuführen wären. Eine solche Erfolgsüberprüfung stellt sich insofern als **Bewährungskontrolle**[484] dar: Jede Personalentwicklungs-Maßnahme kann als Probe angesehen werden, für die der Mitarbeiter in seiner neuen Tätigkeit sich zu bewähren hat. Ob diese Bewährungsproben bestanden wurden, kann mit Qualifikationsdiagnosen (u.U. auch im Wege des Vergleichs mit früheren Qualifikationsdiagnosen) kontrolliert werden.

Ökonomische Wirkungen betrieblicher (Fort-)Bildung sind nicht immer in quantitativen Größen meßbar, andere Fortbildungsziele haben nicht zu unterschätzende Bedeutung, auch wenn sie oft nur in qualitativen Ausdrücken umschrieben werden können, wie etwa gestiegene Arbeitsmoral und -disziplin, verbessertes Fortbildungsklima, Rückgang von Zahl und Schwere von Beschwerden, verbesserte, auch interhierarchische Kommunikation etc.,[485] oder wenn es (wie oben ausgeführt) generell um die Vermittlung von Schlüsselqualifikationen geht.

cc) Voraussetzungen

Allgemeine Durchführungsvoraussetzungen sind solche, die prinzipiell bei jeder Art von Erfolgskontrolle erfüllt sein müssen; sie sind aus der allgemeinen Kontrolldefinition einer Soll/Ist-Messung herzuleiten und betreffen deren Komponenten: Formulierung eines **Zielinhaltes**, Angabe von **Maßgrößen, Erreichungsgrad** und die **Erfolgsmessung** selbst, d.h. eine Aussage, ob bzw. in welchem Grade das angestrebte Soll faktisch erreicht wurde. Für die Messung von Ist-Ergebnissen (und dies gilt durchaus nicht nur für quantitative Feststellungsoperationen) müssen **Meßinstrumente, Meßvorschriften** für ihre Anwendung und **Meßoperationen** vorhanden sein, mit denen die Instrumente vorschriftsgemäß gehandhabt werden können. Faktisch erreichte Lernerfolge müssen durch Messungen in der gleichen **Dimension** und **Präzision,** in der Zielgrößen formuliert sind, überprüfbar sein, was auch eine (wenigstens näherungsweise) Lösung des Zielerreichungsproblems hinsichtlich der Erfolgsursachen voraussetzt. Die **Verläßlichkeit** von Erfolgsmessungen und die **Gültigkeit** der Meßergebnisse sind allgemeine, auf betriebliche Belange ebenfalls anwendungsbedürftige Anforderungen der empirischen Sozialforschung.

Praktische Bedingungen zur Durchführung von Erfolgskontrollen müssen mit bedacht werden, um die Abläufe der Kontrollvorgänge und auch ihre Ergebnisse zu präzisieren, zu systematisieren und zu organisieren.

Die wichtigsten **Randbedingungen,** unter denen Kontrollvorgänge ablaufen, sind zu analysieren und gegebenenfalls durch konkrete Festlegungen in den Griff zu bekommen. Dazu gehört die Verteilung der Kontrollkompetenzen, die Bestimmung derjenigen Personen, die Zugang zu den Kontrollergebnissen erhalten etc.

Diejenigen **Personen(gruppen),** die an der Durchführung von Erfolgskontrollen zu Fortbildungsmaßnahmen beteiligt werden sollen, müssen bestimmt werden. Dafür kommt grundsätzlich ein relativ großer Kreis von Personen in Frage, und zwar durchaus nicht lediglich als alternative Kontrollträger, sondern – zumindest teilweise – auch gemeinsam: Trainees, Trainer, Vorgesetzte, neutrale Dritte aus dem Bildungsbereich. Ebenso ist zu entschei-

483 Vgl. Tosi/House (1967) 32.
484 Vgl. Müller, W.R. (1971) 272.
485 Vgl. hierzu auch McGehee/Thayer (1961) 95f.; Tavernier (1971) 106; Thorley (1971) 23.

den, ob überhaupt Mitarbeiter der Unternehmung oder unternehmungs-externe Personen herangezogen werden. Kriterien, die für diese Entscheidung relevant sind, betreffen:[486]

- das Vertrauen in die Kompetenz der Auswertung durch die Nutzer der Auswertungsergebnisse,
- die Objektivität bzw. Unabhängigkeit von Interessengruppen,
- das Programmverständnis,
- die Interpretationsfähigkeit der Evaluationsergebnisse und
- die Autonomie.

Wichtig ist hier auch die **organisatorische** Einbindung des Evaluationspersonals in die Unternehmung, die auf einem Level erfolgen soll, der mit der Bedeutung des Entwicklungsprogramms in Einklang steht. So entsteht z.B. automatisch Konfliktpotential, wenn die Evaluation die Effektivität eines Entwicklungsprogramms in Frage stellt, dies jedoch dem dafür verantwortlichen Programm-Manager mitgeteilt wird und nicht einer höheren Instanz. Umgekehrt würden Budgetentscheidungen zur Lösung operativer Probleme bei dieser übergeordneten Instanz falsch angesiedelt sein.

Kontrollvorgänge müssen terminiert werden: Das bedeutet eine Festlegung der **Kontrollzeitpunkte** vor und/oder während und/oder nach Fortbildungsmaßnahmen.

Es sollte versucht werden, die **Konsequenzen** zu antizipieren, die die Betroffenen aus den Kontrollergebnissen ziehen können. Dies deshalb, um eventuell unerwünschten Schlußfolgerungen, die möglicherweise Konflikte nach sich ziehen könne, vorzubeugen.

Auch Erfolgskontrollen auf dem Fortbildungssektor unterliegen dem **Wirtschaftlichkeitsgebot.** Der mit ihnen erzielbare Nutzen, dessen Quantifizierung zweifelsohne auf Schwierigkeiten stoßen wird, sollte die für sie geschätzten Kosten rechtfertigen.

dd) Ansatzpunkte

Im einzelnen finden die Methoden und Instrumente der klassischen Sozialforschung bei der Evaluation von Entwicklungsprogrammen Anwendung, jedoch werden diese für oben angeführte Funktionen in mehrstufige Kontrollmechanismen umgesetzt.[487] Im einzelnen läßt sich unterscheiden zwischen **Prämissenkontrolle** vor einer Maßnahme, einer **Inputkontrolle** während der Initialisierung, der **Fortschrittskontrolle** während der Maßnahme, der **Ergebniskontrolle** nach Abschluß einer Maßnahme und der **Transferkontrolle** bezüglich des Umsetzungserfolgs. Abbildung 103 gibt einen Überblick.

Würde eine Evaluation lediglich am Ende von Entwicklungsmaßnahmen als Ergebniskontrolle durchgeführt, könnte dies dazu führen, daß Fehlentwicklungen nicht rechtzeitig erkannt werden. Eine Änderung von laufenden Bildungsprogrammen zur Korrektur von Abweichungen wäre dann nicht möglich.[488]

Die Evaluation **vor** Bildungsmaßnahmen ist die **Prämissen-Kontrolle**. Hier wird z.B. die Homogenität des Teilnehmerkreises sichergestellt, da ohne diese Homogenität kein vom gesamten Teilnehmerkreis akzeptiertes Problemfeld vorliegt, welches aber für einen erfolg-

486 Vgl. Weiss (1972) 20f.
487 Für die Unterschiede und Gemeinsamkeiten im einzelnen vgl. Weiss (1972) 6ff.
488 Vgl. dazu Stiefel (1978a) 71ff.; Stiefel (1983) 89ff.; Schindler (1979) 12ff.; Klusen (1985) 220ff.; Wittwer (1985).

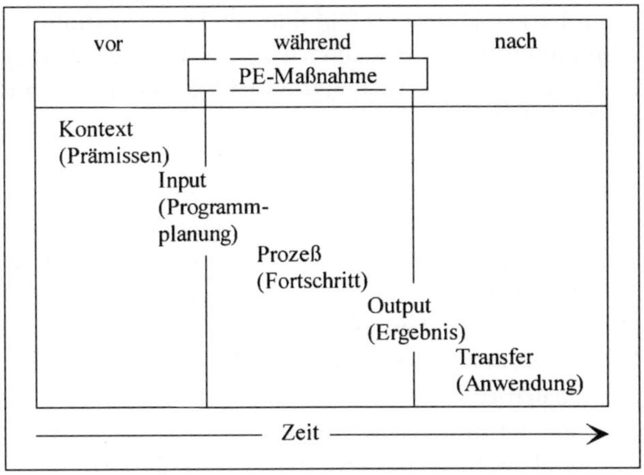

Abb. 103: Systematische Personalentwicklungs-Kontrolle
Quelle: In Anlehnung an Oechsler (1992) 367.

reichen Lerntransfer zumindest sehr förderlich ist.[489] Weiterhin ist zu untersuchen, ob das Ziel der Entwicklungsmaßnahmen mit den übergeordneten Unternehmungszielen vereinbar ist. Eine Beurteilung der Lehrmittel und Lehrmethoden im Hinblick auf die Zielsetzung und eine sorgfältige Auswahl der Dozenten sind Gegenstand einer **Input-Kontrolle** betrieblicher Bildung.

Während der Bildungsmaßnahme erfolgt die **Prozeß-Evaluation**. Hier wird u.a. auf individuelle Probleme und Erwartungen der Teilnehmer eingegangen. **Kontrollen im Lernfeld** dienen der Überprüfung der Rezeption von Lerninhalten. Nachteilig ist, daß Wirkungen einzelner Entwicklungsmaßnahmen sich überlagern können, eine Zuordnung von Lernerfolgen auf einzelne Deckungslücken mit der Schärfe der Formulierung dieser Lücken variiert. So können mögliche Mißverständnisse zwischen Teilnehmern und Dozenten über Programminhalte festgestellt und eventuell korrigiert werden. Wenn Teilnehmer »feedback« über ihr Lernen erhalten, so ist es möglich, Schwächen aufzuzeigen; gegebenenfalls kann auch der Programmablauf geändert werden. Hierzu können die Teilnehmer eventuell Lernpartnerschaften bilden, in denen sie ihre Lernfortschritte überprüfen. Die Lernpartner übernehmen hierbei die Kontrollfunktion.[490] Kontrollen des Lernprozesses können zum einen der Überprüfung formulierter Teillernziele, zum anderen auch der ständigen Rückkoppelung zwischen den an der Planung und Durchführung beteiligten Personen dienen.

Nach der Bildungsmaßnahme soll durch die **Output-Evaluation** ermittelt werden, inwieweit die Lernziele einer Bildungsmaßnahme erreicht wurden. Umgesetzt werden kann diese durch eine **Kontrolle der Bedürfnisbefriedigung**, bei der nach Abschluß einer Maßnahme z.B. der Adressat nach dem Ausmaß der Zielerreichung befragt wird. Nachteilig ist die Subjektivität in der Beurteilung und ggf. dem Zusammenhang zum faktischen Abbau von Deckungslücken. Weiterhin kann hierfür eine Rückmeldung an die Bildungsverantwortlichen oder die Durchführung von **Transfergesprächen** zwischen Teilnehmern und deren Vorgesetzten erfolgen.[491]

489 Vgl. Stiefel (1978a) 71.
490 Vgl. dazu Stiefel (1978a) 72; zu Lernpartnerschaft s. speziell Stiefel (1980).
491 Vgl. Stiefel (1978a) 73.

Ein zufriedenstellender Erfolg im Lernfeld führt nicht zwangsläufig zu einem positiven Anwendungserfolg im Funktionsfeld, weshalb nach Erreichung der Lernziele in der **Transfer-Evaluation** die Übertragung in das Funktionsfeld zu überprüfen ist. **Kontrollen im Tätigkeitsfeld** nach Abschluß einer Maßnahme setzen die Anwendbarkeit der erworbenen Qualifikationen voraus. Unterstellt wird bei dieser Form von Kontrolle ein Zusammenhang zwischen Entwicklungserfolg und Anwendungserfolg. Dies ist jedoch nur dann der Fall, wenn keine Transferprobleme existieren, die Arbeitsbedingungen sich nicht geändert haben und die Deckungslücke vor der Maßnahme scharf umrissen war. Die Kontrolle des »Fähigkeitsvektors« nach der Maßnahme, z.B. durch ein Assessment Center, ist zwar sehr aufwendig, überwindet jedoch überwiegend die oben genannten Nachteile. Nach Wexlex/Latham ist es so möglich, sowohl Qualifikationen, Transferprobleme als auch Fortschritte im Ausbau von Entwicklungspotentialen zu analysieren.[492]

Wesentlich anspruchsvoller sind hier Kontrollen, die sich auf die Anwendung des durch den Probanden Gelernten bzw. Angeeigneten in der Praxis beziehen.[493] Hierbei sind sowohl die Entwicklungssituation als auch die Anwendungsvoraussetzungen in die Kontrolle mit einzubeziehen. Diese Problematik wurde im Rahmen der Transferproblematik bei Personalentwicklungs-Maßnahmen außerhalb des Arbeitsplatzes, also »klassischen« Fortbildungsveranstaltungen, dargestellt (s. Kap. D.V.5.c.cc).

In der Praxis wird der Erfolg von Entwicklungsmaßnahmen teilweise durch Indikatoren wie Absentismus, Fluktuationsrate oder (etwas anspruchsvoller) durch Erfolgsbeurteilungen der Adressaten erhoben. Der dadurch unterstellte monokausale Zusammenhang, ohne Beachtung von Lern- und Tätigkeitsfeld oder Maßnahmen-externen Faktoren, ist jedoch prinzipiell so nicht gegeben. Derartige Kontrollen sind **Pseudo-Kontrollen**, die dann kontraproduktive Effekte bewirken, wenn systematisch Erfolg anhand von Kriterien gemessen wird, die entgegengesetzt zu den Lernzielen stehen.[494]

Abbildung 104 gibt Gründe für Erfolgskontrollen bei Seminaren wieder, geordnet nach der von Unternehmungen eingeschätzten Wichtigkeit ihrer Durchführung.

Kontrollzweck	**Nennungen**	
	Zahl	**in %**
Sicherung des Lernerfolgs im Seminar	100	80
Optimierung von Seminaraufbau und Methodeneinsatz	91	71
Begünstigung des Transfers am Arbeitsplatz	86	67
Förderung der Lernprozesse und Personalentwicklungs-Wirkung	62	48
Verbesserung der Kosten-Nutzen-Relation	59	46

n = 142

Abb. 104: Prioritäten bei der Evaluation von Personalentwicklungs-Seminaren
Quelle: In Anlehnung an Kettgen (1989) 140.

492 Vgl. Drumm (1992) 307.

493 Bzgl. Probleme bei der Kontrolle von Einstellungsänderungen vgl. Dreyer (1975). Vgl. Hirzel (1985) 136ff.

494 Siehe auch die Ausführungen zur Erhebung von Entwicklungspotentialen Kapitel D.V.5.a.aa.

Daß Kosten-Nutzen-Überlegungen an letzter Stelle kommen, kann so interpretiert werden, daß die Unternehmungen, die konzeptionelle Personalentwicklung betreiben, Aufwand in Personalentwicklung als **langfristige** Investitionen betrachten und nicht als **kurzfristige** Betriebskosten.[495] Im Vordergrund stehen berufspädagogische Aspekte und die Nutzenorientierung.

ee) Kontrollinstrumente

Eine Auswahl unter mehreren Kontrollinstrumenten muß gleichzeitig deren Einsatz spezifizieren. Dies geschieht, wenn Antworten auf alle der folgenden fünf Fragen gefunden werden, was im übrigen instrumentenorientierten Festlegungen hinsichtlich der oben erörterten praktischen Bedingungen gleichkommt.[496]

- **Was** wird gemessen? Am Erfolg welcher Fortbildungsphase soll angesetzt werden: am Input, am Prozeß oder am Ergebnis (Output)? An einer, an mehreren, an allen?
- **Bei wem** wird der Erfolg gemessen: Nur bei den Trainees, oder werden auch Kontrollgruppen benutzt?[497] Wer nimmt zum Ergebnis Stellung: die Vorgesetzten, die unterstellten Mitarbeiter der Trainees?
- **Wer** führt die Erfolgskontrolle durch (s. oben)?
- Wie werden die Kontrollvorgänge **terminiert** (s. oben)?
- Welche **Instrumente** zur Datenerhebung werden eingesetzt? Die Beantwortung dieser Frage hängt wiederum von der Fortbildungsebene ab, d.h. von der Antwort auf die erste Frage. Die Instrumente sind weithin bekannt und hinreichend beschrieben; daher genügen hier knappe Antworten:
  - **Beobachtungen** können sich nur auf beobachtbare Vorgänge, z.B. Verhalten, beziehen, nicht jedoch direkt auf die Feststellung von Wissen, Fähigkeiten o.ä. Sie erfordern systematische Beobachtungspläne, die zu beobachtende Gegenstände, die Art ihrer Erfassung, ihrer Dokumentation etc. vorschreiben, um intersubjektiv gleiche Handhabung sicherzustellen.
  - **Befragungen** sind ebenfalls zwecks Erlangung verläßlicher Ergebnisse zu strukturieren, z.B. mit Hilfe von Fragebögen. Subjektive Verzerrungen und Wertungen beim Erheben, Dokumentieren und Interpretieren können ausgeschaltet werden, wenn die Befragenden intensiv geschult werden (z.B. für die übereinstimmende Handhabung eines Beurteilungssystems, s. oben).[498]
  - **Psychologische Testverfahren,** die als Kombination von Befragungen und Beobachtungen auftreten können, sind relativ aufwendige Instrumente, so daß ihr Einsatz nur bei besonderen Anlässen, z.B. dem Training von Qualifikationen, die für einen Arbeitsplatz einen besonders hohen Stellenwert haben (etwa in Verbindung mit erwogenen Stellenbesetzungs-Änderungen), sinnvoll erscheint.
  - Zu den sogenannten **klassischen Prüfungsverfahren** sind, bezogen auf Fortbildungsmaßnahmen, z.B. Wissens-, Fertigkeits-, Arbeitsproben zu zählen. Sie können

495 Siehe auch Kapitel D.V.3.

496 Zu näheren Einzelheiten vgl. Miner (1965) 3f.; Lopez (1968) 134ff.; Belasco/Trice (1969) 22ff.; Cowell (1972) 35ff.; Holder (1972) 24ff.; Döring (1973) 135ff.; Smith/Ashton (1975) 15ff.; Cullen u.a. (1976) 12ff.

497 Siehe dazu Modelle der Erfolgsermittlung (-messung) bei Bronner/Schröder (1983).

498 Vgl. zur Befragung als Kontrollinstrument z.B. Smith (1980) 70ff.; v. Rosenstiel (1980).

dann angewandt werden, wenn mit ihnen die Prüfinhalte auf die Prüfergebnisse abgestellt werden können, die erzielt werden sollen, und möglichst zweifelsfrei handhabbare Bewertungskriterien zur Verfügung stehen.

- **Statistiken und Kennziffern,** die vom betrieblichen Rechnungswesen oder von speziellen, Statistiken aufbereitenden Stellen geliefert werden.[499] Als Beispiele können Angaben über Fluktuation, Absentismus, Ausschußprodukte, Produktionsmenge usw. gelten. Kennziffern sind allerdings für die Kontrolle von Erfolgen nur selten geeignet. Häufiger werden sie zur Messung von Leistungsveränderungen herangezogen (Auftrags-, Kostenentwicklung etc.). Als alleiniges Prüfinstrument erscheinen sie – insbesondere infolge des Problems der nicht bzw. nur annäherungsweise möglichen Erfolgs-Zurechenbarkeit – zweifelhaft.
- Mit Hilfe von plan- oder routinemäßig durchgeführter **Personalbeurteilung** in Form einer Leistungsbeurteilung kann die Anwendungswirkung von Personalentwicklungs-Maßnahmen im Funktionsfeld überprüft werden. Dies empfiehlt sich besonders, wenn die Entwicklungs-Maßnahmen aufgrund einer Defizitfeststellung bei einer vorhergehenden Personalbeurteilung veranlaßt wurden.[500]
- Darüberhinaus können Interviews, psychometrische Tests (über Einstellungen, Werte, Persönlichkeit, Präferenzen etc.), Unternehmungsdaten (z.B. Finanzdaten), persönliche Aufzeichnungen und physische Tests für die Evaluation herangezogen werden.[501]

ff) Probleme

Zu den größten Problemen von Erfolgskontrollen gehört sicherlich, daß der ökonomische Erfolg von Personalentwicklungs-Maßnahmen nur schwer meßbar ist, wie sich aus den Ausführungen in Kapitel D.V.3 unmittelbar ergibt. Die Nutzenmessung ist nur über Umwege und höchst unzuverlässig zu erreichen. Hauptgrund dafür ist, daß es außerordentlich schwierig (wenn nicht unmöglich) ist, einen festgestellten Erfolg (z.B. in Form verbesserter Leistungen eines Mitarbeiters) einer bestimmten Personalentwicklungs-Maßnahme zuzurechnen.

Der Anlaß für Bewährungschancen im Funktionsfeld, in denen sich ein eventueller Erfolg zeigen könnte, ist nicht eindeutig vorhersehbar, sondern auch von der jeweiligen Arbeitssituation abhängig.[502]

Vor allem aber bereitet die Formulierung operationaler Entwicklungsziele (z.B. Lernziele) für bestimmte Entwicklungsmaßnahmen große Probleme. Lernziele müssen u.a. eine eindeutige Angabe des Endverhaltens enthalten. Dies dürfte aber für bestimmte Personalentwicklungsmaßnahmen, vor allem für solche, die auf Verhaltensänderungen zielen, kaum möglich sein. Das Kontrasttypen-Modell von Bronner/Schröder unterscheidet zwischen deterministischer und katalytischer Weiterbildung. Ziel der katalytischen Weiterbildung ist vor allem die Erhaltung der funktionalen und sozialen Kompetenz von Personen und Förderung der Lernfähigkeit.[503] Sie ist also im Kern auf Verhalten ausgerichtet und kann damit in

---

499 Vgl. z.B. Pulte (1984).
500 Vgl. Klusen (1985) 270.
501 Vgl. Weiss (1972) 53.
502 Vgl. Döring (1973) 15.
503 Vgl. Bronner/Schröder (1983) 31ff.

einem Seminar oder im direkten Anschluß an eine Personalentwicklungs-Maßnahme nicht auf Erreichung formaler Lernziele überprüft werden, da Verhaltensänderungen Zeit brauchen.

Allerdings würde die alleinige Anerkennung operationaler Lernziele für Maßnahmen der Personalentwicklung, die u.a. auch zur Erhaltung der Flexibilität sowohl des Unternehmens wie auch der Mitarbeiter beitragen soll, weder praktikabel noch wünschenswert sein.

VI. Arbeitsbedingungen

Die Arbeitsbedingungen gehören zu den Determinanten menschlicher Arbeitsleistungen im Betrieb; sie wurden oben (s. Kap. B.II.3.c) unter die Faktoren des Könnens eingereiht und bereits enger eingegrenzt: Die vom Betriebe beeinflußbaren, d.h. betrieblichen Gestaltungsmaßnahmen zugänglichen Arbeitsbedingungen sind hier von Interesse. Sie sind Gegenstand der Arbeitswissenschaften, die durchaus nicht eindeutig abgegrenzt sind und sich in einer konsolidierenden Entwicklungsphase befinden, so daß das Betriebsverfassungsgesetz, wenn es in § 90 von »den gesicherten Erkenntnissen der Arbeitswissenschaften« spricht, im Vorgriff auf Ergebnisse längst noch nicht abgeschlossener Erkenntnisprozesse verweist.[504]

1. Gestaltungsziele

Die Grundmaxime des Personal-Management, daß mit seinen Tätigkeiten institutionelle und individuelle Ziele gleichzeitig erreicht werden sollen, bedarf an dieser Stelle keiner wiederholten Begründung. Für Maßnahmen der Gestaltung der Arbeitsbedingungen erfährt sie in der Literatur die Spezifizierung, daß mit ihnen sowohl **Wirtschaftlichkeit** der Arbeitsprozesse als auch **Humanität** des Arbeitsplatzes erreicht werden solle.[505]

Erhaltung, nach Möglichkeit Verbesserung der Wirtschaftlichkeit war zur Zeit des Scientific Management einziges Ziel von Maßnahmen der Gestaltung der Arbeitsbedingungen (»Taylorismus«). Mit ihnen wurde versucht, das Arbeitstempo zu erhöhen, die Mengenleistung und die Arbeitsqualität zu steigern sowie die Kosten zu senken.

Demgegenüber ist seit den siebziger Jahren vermehrt zu beobachten, daß Überlegungen zu Veränderungen der Arbeitsbedingungen von dem Willen bzw. von Forderungen nach stärkerer Humanisierung der Arbeit ihren Ausgang nehmen. Wird durch so initiierte Gestaltungsmaßnahmen die Wirtschaftlichkeit des Arbeitsvollzuges nicht beeinträchtigt, sondern sogar gesteigert, ist ihre Durchsetzung unproblematisch. Dies ist nicht mehr der Fall, wenn ökonomische Einbußen in der Folge von humaner gestalteten Arbeitsplätzen hingenommen werden müßten. Die Grenze des Verkraftens von Konsequenzen der Konkurrenz beider Ziele liegt dort, wo Kostensteigerungen vom Absatzmarkt nicht mehr honoriert werden. Humanität der Arbeit als vorrangiges Ziel dürfte in den Bereich utopischer Vorstellungen zu verweisen sein.[506]

Allerdings ist ein Ziel »Humanität der Arbeit« nicht operational, wenn es nicht näher konkretisiert wird. **Kreikebaum** hat in seiner gründlichen Studie hierzu drei Aspekte herausgearbeitet,[507] und zwar Verbesserungen der physischen, der psychischen und der sozialen Bedingungen des Arbeitslebens. Von ihnen düften vor allem die ersten beiden bei Maßnahmen der Gestaltung der Arbeitsbedingungen im Vordergrund stehen, wie zu zeigen sein

504 Vgl. Hettinger (1975); Hackstein (1975) Sp. 272ff. Mit den Auswirkungen von § 90 BetrVG auf betriebliche Planungsprozesse setzen sich Kreikebaum/Bokranz (1983) 918ff. auseinander.

505 Vgl. Kirchner (1977) 235ff.; Kirchner/Rohmert (1974) 92ff.; Woodman/Sherwood (1977) 384ff. Aus kritischer Perspektive: Hettlage (1983) 395ff.

506 So auch Chmielewicz (1975) 58ff.

507 Vgl. Kreikebaum (1977) 503ff.

wird; vor allem in Gruppen spielen auch soziale Aspekte eine wesentliche Rolle. Die Tatsache, daß eine einheitliche Arbeitswissenschaft noch nicht sehr lange existiert und Einigkeit über ihren Gegenstandsbereich nicht besteht, bringt es auch mit sich, daß es unterschiedliche und – trotz teilweise gleicher Benennungen – unterschiedlich abgegrenzte **Gestaltungsbereiche** für die betrieblichen Arbeitsbedingungen gibt.[508]

Der jeweils trennbaren Problemgehalte und verschiedenartigen Problemlösungsansätze wegen bietet sich die Grobunterteilung in ergonomische, organisatorische und technologische Gestaltungsbereiche an, die in sich noch weiter aufgeteilt werden können. Sie beziehen sich vorwiegend auf einzelne Arbeitsplätze; Gruppenarbeit hat spezielle, zusätzliche Probleme. Auf sie wird daher gesondert eingegangen.

2. Bedingungen für Einzelarbeit

a) Ergonomische Arbeitsplatzgestaltung

Der Begriff der Ergonomie existiert noch nicht lange.[509] Mit ihm ist die komplexe Erforschung und Gestaltung der Arbeitstätigkeit unter Einbeziehung von Arbeitsinstrumenten und -hilfsmitteln gemeint. **Ziel** ist eine Optimierung von Arbeitsprozessen, -bedingungen und -instrumenten im Sinne der beiden genannten Gestaltungsziele, durch Gestaltungsmaßnahmen also, mit denen Zielkomplementarität für Wirtschaftlichkeit und Humanität erreicht werden kann. Dabei wird hervorgehoben, daß Technik und Technologien nicht in der Weise verselbständigt zu denken seien, daß die Menschen sich ihnen (z.B. Maschinen) anzupassen hätten, sondern daß vielmehr umgekehrt technische Instrumentarien so zu konzipieren seien, daß sie unter Beachtung menschlicher Fähigkeiten echte Unterstützungsfunktionen erfüllen können. Möglicherweise wird der Begriff »Ergonomie« die Bezeichnung »Arbeitswissenschaften« ablösen; aus der folgenden Darstellung wird erkennbar, daß sie eine Mehrzahl spezieller Teildisziplinen einschließt.[510]

aa) Anthropometrische Arbeitsplatzgestaltung

Die Anthropometrie ist die Lehre von den menschlichen Körpermaßen. In der Ergonomie ist sie für Gestaltungsmaßnahmen von Bedeutung, mit denen Abmessungen des Arbeitsplatzes (in allen Dimensionen) unter Anpassung an menschliche Körpermaße und -formen variiert werden sollen. Sie spielen eine Rolle, wenn ein möglichst belastungs- und ermüdungsarmer Arbeitsplatz geschaffen werden soll. Er verlangt eine durchdachte und präzise

---

508 Vgl. z.B. Kirchner (1972); Sintschenko u.a. (1976) 17; REFA (1985), Teil 3, 142ff.

509 Griech.; ergon = Arbeit; nomos = Gesetz. Der polnische Naturforscher Wojtech Jastrzembowski hat den Begriff 1957 in einer wissenschaftlichen Fachzeitschrift vorgeschlagen. Vgl. Sintschenko/Munipow/Smoljan (1976) 13ff.

510 Zu den folgenden Ausführungen vgl. nähere Einzelheiten bei Kaminsky/Hettinger/Schmale (1980); Scherer (1967); Bartenwerfer (1970); Murrell (1971); Schmidtke (1981); Kirchner/Rohmert (1974); REFA (1985), Teil 3; Sintschenko/Munipow/Smoljan (1976).

Abstimmung von Wahrnehmungs-, Bewegungsabständen und -räumen, von Bedienungselementen in Funktion, Anordnung etc. Das wiederum ist wichtig z.B. für die am Arbeitsplatz einzunehmende, teilweise für den Arbeitsvorgang erzwungene Körperhaltung. Günstig in bezug auf Verringerung der Ermüdungsgefahren sind Bewegungen einschließende, Abwechslungen ermöglichende, eher sitzende als stehende Arbeitshaltungen.

bb) Physiologische Arbeitsplatzgestaltung

Die Arbeitsphysiologie untersucht mit physikalischen, physikochemischen und biochemischen Methoden die Möglichkeiten der Abstimmung von Arbeitsmethoden und -bedingungen auf die menschliche Leistungsfähigkeit und Belastbarkeit. Denn diese bestimmen die Hauptkomponenten des **Wirkungsgrades** menschlicher Arbeit, der definiert ist als Quotient aus

$$\frac{\text{Arbeitsergebnis}}{\text{Beanspruchung}}.$$

Dabei kann die Schaffung arbeitsspezifisch und individuell günstiger **Umgebungseinflüsse** sowohl die Leistungsfähigkeit wie auch die Belastbarkeit steigern. Der Quotient erfährt also in jedem Falle eine positive Änderung: Das Arbeitsergebnis (Zähler) wird erhöht oder/und die Beanspruchung (Nenner) wird gesenkt.

- Aussagen über den **Wirkungsgrad** liegen in der Hauptsache für solche Arbeiten vor, deren Ergebnis mit Art und Ausmaß **körperlicher** Beanspruchungen verglichen wurde; psychomentale Beanspruchungen sind weitaus schwieriger erfaßbar. Beispielhafte Grundaussagen sind etwa,
  - daß Muskeln für statische Haltearbeiten weniger geeignet sind als dynamische, d.h. für Bewegungsarbeiten,
  - daß die Ermüdung des schwächsten Gliedes einer Muskelkette die Leistung bestimmt,
  - daß die Körperhaltung u.a. die Gelenkstellung und damit den optimalen Hebelansatz bestimmt.

  Sie können zur Gestaltung von Arbeitsverfahren, -plätzen und -mitteln herangezogen werden mit den Ergebnissen,
  - bei gleicher Beanspruchungsintensität die Leistungsfähigkeit zu steigern, oder
  - unter Erhaltung der Leistungsfähigkeit die Beanspruchung zu senken, oder sogar
  - mit Leistungssteigerungen gleichzeitig Beanspruchungsminderungen zu erreichen.
- Unter **Umgebungseinflüssen** werden solche Bedingungen verstanden, die
  - die Arbeitsausführungen direkt unterstützen (Beleuchtung),
  - für eine angenehme Arbeitssituation sorgen und den Arbeitsvollzug damit indirekt erleichtern (Klima, Farben),
  - störende oder schädliche Einflüsse ausüben (Lärm, Staub, Schwingungen, Gase, Dämpfe).

    Die Bemühungen zur Gestaltung dieser Bedingungen gehen dahin, positive Wirkungsrichtungen und -ausmaße in den beiden ersten Kategorien wirkungsgraderhöhend zu nutzen bzw. negative Einflüsse nach Möglichkeit auszuschalten, wenigstens zu mindern. Zu den wichtigsten Einflußfaktoren sollen beispielhaft einige Erkenntnisse wiedergegeben werden, deren Berücksichtigung bei der Arbeitsplatzgestaltung zu einer Erhöhung des Wirkungsgrades dort vollzogener Arbeiten beitragen kann.

- Die **Beleuchtung** eines Arbeitsplatzes in Art und Stärke beeinflußt die Leistung des dort Arbeitenden, und zwar positiv durch Erhöhung der Beleuchtungsstärke, je kleiner die Details und je geringer die Kontraste der wahrzunehmenden Objekte sind. Genormte Stufen der »Kennbeleuchtungsstärke« (nach DIN 5035) empfehlen für bestimmte Sehaufgaben bestimmte Lux-Werte (s. Abb. 105, die einen Ausschnitt wiedergibt; für spezielle Empfehlungen zur Beleuchtung von Arbeitsräumen ist DIN 5035, Blatt 2, entwickelt worden).
  Die in der Tabelle angegebenen Werte sind Mittelwerte; von ihnen muß gegebenenfalls nach Maßgabe des Lichtbedarfs der an den Arbeitsplätzen jeweils Arbeitenden abgewichen werden. Dieser ist u.a. vom Lebensalter abhängig: Mit zunehmenden Alter wird der Lichtbedarf größer, und zwar in einem nichtlinearen Verhältnis. Belegt man z.B. den Lichtbedarf zum Lesen eines gut gedruckten Buches für das Alter von 40 Jahren mit der Basismeßzahl 1, so wäre diese für das Alter von 20 Jahren mit dem Faktor 1/2, für das Alter von 60 Jahren mit dem Faktor 5 zu multiplizieren. Darüber hinaus spielen für die Gestaltung der Arbeitsplatzbeleuchtung noch weitere Merkmale eine Rolle, wie z.B. die Blendfreiheit, die Gleichmäßigkeit, schließlich auch die Farbe des Lichts.

Stufe	Kennbeleuchtungsstärke: Lux	Sehaufgabe allgemein	Beispiel
4	120	leichte Sehaufgaben: große Details mit hohen Kontrasten	
6	500	normale Sehaufgaben: mittelgroße Details mit mittleren Kontrasten	normale Büroarbeiten
8	1000	schwierige Sehaufgaben: kleine Details mit geringen Kontrasten	Großraumbüro, Techn. Zeichnen, Feinstmontage
10	2000	sehr schwierige Sehaufgaben: sehr kleine Details mit sehr geringen Kontrasten	

Abb. 105: Kennbeleuchtungsstärken für bestimmte Sehaufgaben (nach DIN 5035)
Quelle: In Anlehnung an Kaminsky (1980) 131.

- Das **Klima** mit seinen vier Faktoren Lufttemperatur, -feuchtigkeit, -bewegung und Strahlungstemperatur der Umgebung beeinflußt nicht nur das individuelle Wohlbefinden (»Behaglichkeit«), sondern auch die menschliche Leistungsfähigkeit. So entzieht z.B. Hitze durch die mit ihr verbundenen erhöhten Hautdurchblutung den Muskeln Blut, was die Dauerleistungsgrenze für körperliche Arbeit absenkt.
  Für die Luftfeuchtigkeit wird innerhalb einer Bandbreite zwischen 30 und 70% das Optimum mit 50% angesetzt, wohingegen die optimalen Temperaturwerte je nach zu verrichtender Arbeit schwanken. Die Grenze der Belastung durch Wärme sinkt mit zunehmender Schwere der Arbeit, wie Abbildung 106 zeigt, die Richtwerte für die Klimagestaltung enthält.
- Auch für den **Lärm** als akustischen Störfaktor gilt, daß er sowohl das Wohlbefinden als auch die Leistungsfähigkeit beeinträchtigt. Gestaltungsmaßnahmen zur Lärmver-

Art der Tätigkeit	Lufttemperatur in °C Optimum	Schwankungsbereich Min.	 Max.
Büroarbeit, leichte Handarbeit im Sitzen	20	18	24
Leichte Arbeit im Stehen	18	17	22
Schwerarbeit	17	15	21
Schwerstarbeit	16	14	20

Abb. 106: Arbeitstypische Temperatur-Richtwerte

hinderung oder -bekämpfung sind am wirkungsvollsten, wenn sie an den Lärmursachen ansetzen können. Zu ihnen gehört die Beseitigung von Lärmquellen oder die Minderung von Störfrequenzen, Phonstärke und/oder Lärmrhythmus; sie sind jedoch nicht immer möglich. Dann kommen als zweite Maßnahmenkategorie Versuche zur Bekämpfung der Lärmfolgen infrage: z.B. die Isolierung von Lärmquellen, Lärmschutz für unmittelbar Betroffene (Gehörschutz für Flugzeug-Einweiser, für Arbeiter am Preßlufthammer).

Die Grenze, bis zu der Geräusche nicht als störend empfunden werden, wird bei 40–55 Dezibel (db) (A) angesetzt. Sehr viele Arbeitsplätze, vor allem im industriellen Werkstattbereich sind jedoch durch höhere Schallpegel gekennzeichnet: z.B. Werkzeugmaschinen mit 65–90 db (A), Sägewerke, Turbinengebläse mit 90–120 db (A), Motorenprüfstände mit über 120 db (A). Jahrelange Arbeit in den beiden letztgenannten Lärmkategorien kann zu ernsthaften gesundheitlichen Schädigungen führen, u.U. auch zu Schwerhörigkeit bis Taubheit.

cc) Psychologische Arbeitsplatzgestaltung

Für die Erreichung des Ziels, am Arbeitsplatz eine angenehme Umwelt zu schaffen, stehen der psychologischen Arbeitsplatzgestaltung die folgenden, von der Ergonomie untersuchten Gestaltungsobjekte zur Verfügung:

- **Optische** Annehmlichkeiten können einen Behaglichkeitseindruck vermitteln. Neben dem Anbringen von Bildern, dem Aufstellen von Pflanzen, von Plastiken steht hierbei die Farbgestaltung des engeren Arbeitsplatzes wie auch des weiteren Arbeitsraumes im Vordergrund. Denn Farben üben allgemein bestimmte psychologische Wirkungen aus: Einige werden als angenehm, andere als beunruhigend empfunden; zudem gehen von ihnen Wirkungen in bezug auf Temperaturvorstellungen aus.
  Anhaltspunkte vermittelt die folgende Abbildung 107.
- Annehmlichkeiten können auch auf **akustischem** Wege geschaffen werden. Hierzu wird immer wieder Musik am Arbeitsplatz genannt: Ihre positive Wirkung für Leistungssteigerungen und Fehlzeitensenkungen konnte mit Sicherheit bisher noch nicht nachgewiesen werden. Dafür spielen individuelle Geschmacksunterschiede offenbar eine Rolle. So haben Meinungsumfragen ergeben, daß ein bestimmter Prozentsatz der Menschen (bis zu 10%) Musik überhaupt nicht als angenehm empfindet, daß höhere Prozentsätze bestimmte Musikarten unangenehm finden. Trotzdem geht man davon aus, daß Musikdarbietungen während der Arbeit sich auf die allgemeine Stimmung der Mitarbeiter auswirken; dies

Farbe	Distanzwirkung	Temperaturwirkung	Psychische Stimmung
Blau	Entfernung	kalt	beruhigend
Grün	Entfernung	kalt bis neutral	sehr beruhigend
Rot	Nähe	warm	sehr aufreizend und beunruhigend
Orange	sehr nahe	sehr warm	anregend
Gelb	Nähe	sehr warm	anregend
Braun	sehr nahe, einengend	neutral	anregend
Violett	sehr nahe	kalt	aggressiv, beunruhigend, entmutigend

Abb. 107: Psychische Farbwirkungen
Quelle: Grandjean (1987) 332.

jedenfalls für Arbeitsplätze mit Tätigkeiten, die repetitiv sind und keine großen Anforderungen an Aufmerksamkeit und Konzentration stellen.

– Ein psychischer Zustand der Arbeitenden, der mit geeigneten Gestaltungsmaßnahmen zu mildern versucht wird, ist der der **Monotonie:** ein ermüdungsähnlicher Bewußtseinszustand, der mit Schläfrigkeit, Gleichgültigkeit, Abstumpfung verbunden ist, hervorgerufen durch physisch/psychische Belastungen, die von gleichförmigen Tätigkeiten ausgehen (»Fließbandmonotonie«). In der Folge sind meist Aufmerksamkeit und Reaktionsfähigkeit vermindert.
  An den Monotonie-Ursachen ansetzende Gestaltungsversuche müssen die Arbeitsvorgänge von der Gleichförmigkeit entlasten. Ist das (kurzfristig) nicht möglich, können nur noch die Monotonieerscheinungen und -folgen bekämpft werden: Abwechslung in der Raumgestaltung (optisch, akustisch), Pausenprogramme usw.

dd) Informationstechnische Arbeitsplatzgestaltung

Maßnahmen informationstechnischer Arbeitsplatzgestaltung betreffen Erleichterungen für die menschlichen Sinnesorgane in ihrem Einsatz zur Informationsaufnahme, ohne die Beginn und Vollzug von Arbeitstätigkeiten nicht möglich ist. Denn erst aufgrund von Wahrnehmungen (=Informationsaufnahme) durch Sehen, Hören, Tasten und deren Verarbeitung kann im Betriebe gearbeitet werden.

Hierauf gerichtete Gestaltungsmaßnahmen haben die Erleichterung oder die Beschleunigung des Wahrnehmungsvorganges selbst und die Verringerung der Fehlermöglichkeiten bei der Wahrnehmungsverarbeitung zum Ziel, um damit wiederum den Wirkungsgrad der Arbeit zu erhöhen.

Beispiele hierfür sind die Gestaltung optischer Informationsträger, etwa von Anzeigeinstrumenten, deren Beschaffenheit mit Zahlen, Zeigern, Skalen ihre Ablesbarkeit beeinflußt, die Benutzung von akustischen Signalen zur Sicherung des Arbeitsfortschritts oder zur Warnung u.a.m.

ee) Sicherheitstechnische Arbeitsplatzgestaltung

Ihr Gegenstand sind Maßnahmen zur Erhöhung des Arbeitsschutzes, zur Verringerung und zur Verhütung von Unfällen. Solche Maßnahmen sind Hauptaufgabe einer Vielzahl spezieller Fachkräfte für Arbeitssicherheit (Sicherheitsingenieure, Betriebsärzte), deren Vorgehen i.d.R. nach folgendem **Schema** abläuft:

- Analysieren tatsächlicher und potentieller Gefährdungen,
- Festlegen von Schutzzielen (für technische Arbeitsmittel z.B. besteht dann höchste Schutzgüte, wenn eine Gefährdung der Benutzer oder Dritter bei Bedienung, Wartung, Instandsetzung von vorneherein ausgeschlossen ist),
- Ableiten von Maßnahmen zur Erhöhung des Arbeitsschutzes,
- Kontrollieren der Wirksamkeit.

Welche Bedeutung der Arbeitssicherheit in unserem Gesellschafts- und Rechtssystem beigemessen wird, wird deutlich, wenn man sich die Vielzahl von diesbezüglichen Vorschriften, Verordnungen und Gesetzen vor Augen führt; als Beispiel mag das Bundesgesetz über technische Arbeitsmittel (Maschinenschutzgesetz) dienen.

Als sicherheitstechnische **Gestaltungsbereiche** gelten die folgenden vier:[511]

- Gefahrenausschaltung (Sie muß bereits im Stadium der Konstruktion von technischen Hilfsmitteln angestrebt werden.);
- Verhinderung des Wirksamwerdens von Gefahr;
- Verhaltensmäßige Kompensation der Gefahr;
- Erhöhen der Widerstandsfähigkeit des menschlichen Körpers (Schutzkleidung und -mittel).

b) Organisatorische Arbeitsplatzgestaltung

Unter organisatorischer Arbeitsplatzgestaltung sollen hier Maßnahmen verstanden werden, die sich zum einen auf die Aufgabenteilung und -verteilung sowie auf den Einsatz von Hilfsmitteln (Steuerung der Betriebsmittelnutzung) beziehen, zum anderen auf den zeitlichen Aspekt des Arbeitsablaufs, dessen Bedeutung als unternehmungspolitisches Gestaltungsinstrument in den vergangenen Jahren beständig gestiegen ist. Er wird daher ausführlicher behandelt.

aa) Aufgabengestaltung

Im Sinne der klassischen Organisationslehre, d.h. in strukturell-organisatorischer Sicht, ist Aufgabengestaltung gleichbedeutend mit der Aufgabensynthese, der Problemstellung der Bildung von Teilaufgabengesamten, die auf potentielle Stelleninhaber übertragungsfähig sind. Unter dem Blickwinkel des Personal-Managements interessieren in erster Linie diese Stelleninhaber und diejenige Bereiche der Motivationsstrukturen von Mitarbeitern, die sich auf die Aufgabeninhalte beziehen. Es wurde schon (s. Kap. B.II.3.a) darauf hingewiesen, daß »interessante«, »anspruchsvolle« Aufgaben in Deutschland offenbar einen besonderen Rang als Motivator haben, wie aus empirischen Untersuchungen entnommen werden kann. Wenn hier auch der motivationspsychologische Gesichtspunkt besondere Beachtung findet, wird trotzdem nicht verkannt, daß die betriebliche Aufgabengestaltung insgesamt auch andere Aspekte berücksichtigen und eventuell entgegengesetzt gerichtete Tendenzen zum Ausgleich

---

511 Zu diesem speziellen Thema vgl. Burkhard (1972); REFA (1985), Teil 3.

bringen muß: Arbeitsgestaltung geschieht auch unter Nutzung von Spezialisierungs- und Wirtschaftlichkeitsvorteilen, unter Berücksichtigung des Qualifikationsniveaus von Stelleninhabern oder -bewerbern. So gibt es z.B. Belege dafür, daß zwischen Mitarbeiterqualifikationen und Aufgabenanforderungen Zusammenhänge bestehen, die deutlich machen, daß ihre Nichtberücksichtigung negative Folgen für den Betrieb haben kann. Die folgende Abbildung 108 veranschaulicht in formalisierter Weise, daß sowohl unterforderte wie auch überforderte Mitarbeiter verstärkt zur Aufgabe des Arbeitsplatzes neigen.[512]

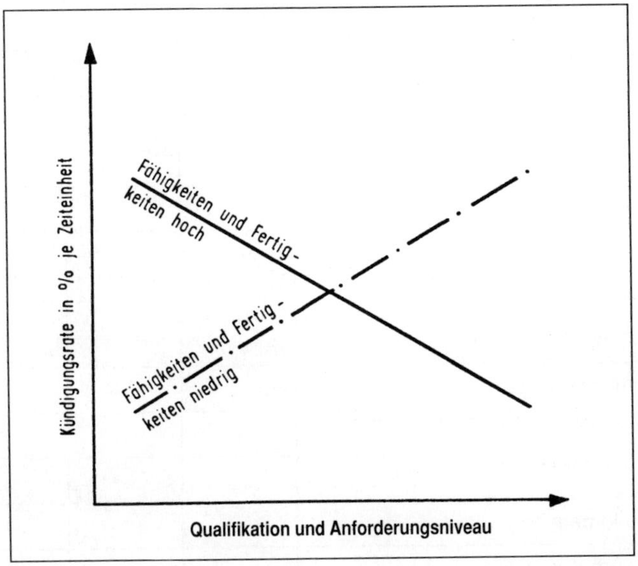

Abb. 108: Zusammenhang zwischen Qualifikation, Anforderungsniveau und Kündigungsrate
Quelle: v. Rosenstiel (1972) 108.

Die Antwort auf die Frage, ob mit **personenorientierter** Aufgabengestaltung (Arbeitsstrukturierung) Leistungsmotivation bewirkt werden kann, hängt davon ab, ob interessante, abwechslungsreiche Aufgabeninhalte Ziele **intrinsischer** Motive sind, oder – anders ausgedrückt – ob ein Mitarbeiter Entfaltungsbereitschaft besitzt. Offenbar steht die Entfaltungsorientierung mit dem Anspruchsniveau der Tätigkeitsbereiche im Zusammenhang, in denen gearbeitet wurde. Es gibt Anzeichen dafür, daß die Entfaltungsorientierung mit steigendem Tätigkeitsniveau stärker wird.[513] Gerade für so geartete Mitarbeiterkreise bieten sich demnach spezielle Personalentwicklungs-Programme an wie Job Enlargement, Job Rotation, Job Enrichment oder die Bildung teilautonomer Arbeitsgruppen. Welche Ziele mit diesen Instrumenten erreicht werden können, zeigt die folgende Abbildung 109.

Das für diesen Zusammenhang bedeutsame Modell von Hackman und Oldham, das Gegenstand einer Vielzahl von empirischen Untersuchungen war (s. Kap. D.V.5.b) ist vor allem für Personen mit einem hohem Wachstumsbedürfnis von Bedeutung.

512 Vgl. v. Rosenstiel (1972) 108.
513 Vgl. Zink (1977) 223.

Ziele	Methoden			
	Arbeitsplatzwechsel (Job-Rotation)	Arbeitserweiterung (Job-Enlargement)	Arbeitsbereicherung (Job-Enrichment)	Teilautonome Arbeitsgruppen
Störanfälligkeit des Arbeitssystems verringern	■	■	■	■
Flexibilität des Arbeitssystems erhöhen	■	■	■	■
Produktqualität verbessern	■	■	■	■
Untere Ebene der Betriebsorganisation dezentralisieren			■	■
Abwesenheitsrate verringern			■	■
Fluktuationsrate verringern			■	■
Arbeitszufriedenheit erhöhen	■	■	■	■
Interesse an der Arbeit erhöhen	■	■	■	■
Arbeitsmotivation erhöhen	■	■	■	■
Physische Belastung verringern	■			■
Monotoniebelastung verringern	■			■
Belastungswechsel (psychisch und physisch) sicherstellen		■	■	
Unterforderung (psychisch und physisch) verhindern		■	■	
Soziale Kontakte fördern				■
Kommunikation verbessern				■
Anpassung an Umweltveränderungen verbessern				■
Höherqualifizierung ermöglichen	■	■	■	■
Verantwortung erhöhen			■	■
Handlungsspielraum vergrößern			■	■
Individuelle Unterschiede berücksichtigen				■
Selbstbestätigung fördern			■	■
Selbstverwirklichung ermöglichen			■	■

■ Ziel ist erreichbar (bei entsprechend motivierbaren Mitarbeitern)

Abb. 109: Ziele und Instrumente menschengerechter Arbeitsgestaltung
Quelle: Grob/Haffner (1982) 65.

Daß andererseits die Aufgabengestaltung auch für extrinsisch motivierte Mitarbeiter Aufmerksamkeit verdient, zeigt die obige Abbildung mit der Kündigungsraten-Entwicklung für niedrige Qualifikationsniveaus. Für sie bietet sich eine eher statisch orientierte Aufgabenverteilung an. Darauf, daß für eine motivationsorientierte Aufgabengestaltung auch gruppendynamische Aspekte Bedeutung gewinnen können, wird weiter unten eingegangen (s. Kap. D.VI.3).

bb) Betriebsmittelnutzung

Als organisatorische Aufgabe bei der Arbeitsgestaltung kann es angesehen werden, die Zuordnung von technischen Hilfsmitteln (Betriebsmitteln, z.B. Maschinen) zu menschlichen Arbeitsleistungen zu steuern. Dies geschieht in Betrieben auf zwei Ebenen:

- einmal im Wege des Arbeitsstudiums, das Grundsatzfragen der technischen und der zeitlichen Nutzung von Betriebsmitteln klärt,
- zum anderen durch die laufende Arbeitssteuerung, die vor allem durch Belegungsplanungen den Grad der faktischen Kapazitätsauslastung der Betriebsmittel und damit deren zeitlichen Nutzung bestimmt:

$$\text{Kapazitätsauslastung} = \frac{\text{Belegungszeiten}}{\text{theoretische Einsatzzeit}}$$

Es gelingt selten, die Zeiten der Betriebsmittelnutzungen vollkommen nahtlos aneinanderzufügen: Unterbrechungszeiten, die ablauf-, störungs- oder persönlich bedingt sein können, lassen sich nie ganz vermeiden.

cc) Arbeitszeit-Gestaltung

Arbeitszeit ist die Zeit vom Beginn bis zum Ende der Arbeit ohne die Ruhepausen (§ 2 I Arbeitszeitgesetz (ArbZG)). Bei der Arbeitszeit wirken technologische, organisatorische und ergonomische Komponenten zusammen. So erfordern bestimmte Technologien der industriellen Herstellung unterbrechungslose Arbeit (z.B. Eisenverhüttung), begrenzen gesetzliche und tarifvertragliche Regelungen, aber auch arbeitsprozessuale Erfordernisse eine völlig freie Zeitgestaltung. Zudem gibt es biologisch-medizinische u.a. Faktoren, die z.B. für die Pausendauer und -terminierung eine Rolle spielen. Wenn von Gestaltung der Arbeitszeit gesprochen wird, so steht überwiegend der Grundgedanke im Vordergrund, die Arbeitszeit nicht für sämtliche Arbeitnehmer starr zu regeln, sondern – gegebenenfalls arbeitnehmergruppenspezifische – flexible Regelungen zu finden, wobei sowohl die Betriebe als auch die Mitarbeiter Spielräume für die Wahl zwischen mehreren Regelungen haben können. Dieser relativ »junge« Gedanke ändert die Auffassung von **Zeit als Begrenzungsfaktor** ökonomischer Prozesse zu **Zeit als ökonomische Gestaltungsvariable**.[514] So nennen auch Kilz/Reh neuere Produktionskonzepte als einen Hauptgrund für die Implementierung flexibler Arbeitszeitmodelle. Innerhalb starrer Arbeitszeitregelungen wurden in der Vergangenheit tayloristische Produktionskonzepte optimiert; einer flexiblen, an den Kundenwünschen orientierten und kostengünstigen Güterproduktion können sie nur noch bedingt entsprechen. Flexible Produktionskonzepte zur Erreichung kürzerer Wertschöpfungszeiten bei weitgehender Vermeidung von Lagerhaltung (Just-in-time) und unter Einhaltung kürzerer Reaktionszeiten können nur realisiert werden, wenn Flexibilitätsoptionen bezüglich des Faktors Arbeit vorhanden sind.[515]

---

514 Vgl. Hamel (1992) Sp. 442; Marr (1993) 16.

515 Kilz/Reh stützen sich auf die Auswertung von Betriebsfallstudien. Weitere Gründe aus betrieblicher Sicht sind die Ausdehnung bzw. Erhaltung der Betriebsnutzungszeiten und eine verschärfte Wettbewerbssituation. Vgl. Kilz/Reh (1993) 1210.

Eine jede Gestaltung kann grundsätzlich an den beiden **Dimensionen:**

- Länge der Arbeitszeit (**Chronometrie:** z.B. 8 Stunden pro Tag) und
- Lage der Arbeitszeit (**Chronologie:** z.B. von 8 bis 16 Uhr),

ansetzen.

In diesen beiden Dimensionen wiederum ist es grundsätzlich möglich, für alle denkbaren **Objekte** einer Arbeitszeit-Gestaltung Regelungen zu finden. Sie bezieht sich demnach auf jeweils sowohl Länge wie auch Lage der

- täglichen/wöchentlichen/monatlichen Arbeitszeit,
- Arbeitsschichten,
- jährlichen Arbeitszeit,
- Arbeitspausen,
- Urlaube,
- Lebensarbeitszeit.

Für Schuh/Schultes-Jaskolla/Stitzel stellt der **Dispositionsspielraum** eine weitere Beschreibungskategorie dar. Angesprochen ist hiermit, daß eine Änderung der Dimensionen Lage und Dauer (wie bei einer Verkürzung der Arbeitszeit oder einer Veränderung der Normalarbeitszeit) eine (einmalige) Anpassung an unternehmungsspezifischen bzw. mitarbeiterspezifischen Interessenlagen darstellt, jedoch nicht das **Flexibilitätspotential** erhöht. Arbeitszeit-Gestaltung ist insofern immer dann identisch mit Arbeitszeit-Flexibilisierung, wenn durch die Gestaltung ein Entscheidungsraum geschaffen wird.[516]

Es existiert eine Vielzahl von Möglichkeiten für die Arbeitszeit-Gestaltung. Welche dieser Arbeitszeitmodelle letztlich akzeptiert und eingesetzt werden, ist zum einen davon abhängig, ob sie sich in dem durch **Begrenzungsfaktoren** (z.B. gesetzlicher, tarifvertraglicher Art) gesteckten Rahmen bewegen und welchen Beitrag sie zur Erreichung der mit Arbeitszeitregelungen verfolgten Gestaltungsziele zu leisten vermögen.

Für die Verfolgung von **Gestaltungszielen** kommt eine Mehrzahl von Interessen in Betracht:[517] Neben dem Mitarbeiter und Betrieb auch die Gesellschaft und Gesamtwirtschaft, da die Zeit, in der faktisch gearbeitet wird, auch erhebliche gesamtgesellschaftliche und -wirtschaftliche Folgen haben kann.

Mit Arbeitszeitregelungen können im übrigen für die gesamte Lebensgestaltung weitreichende Konsequenzen verbunden sein: Gleitende Arbeitszeit kann Streß durch Hetze infolge Pünktlichkeitszwang beseitigen, zum Abbau von Verkehrsspitzen (»rush hours«) in großstädtischen Ballungsräumen und von Unfallgefahren beitragen. Eine Verteilung der arbeitsfreien Tage über die Woche kann die Zusammenballung von Menschen und Verkehrsmitteln an den Wochenenden verringern und damit den Erholungswert der freien Tage steigern. Abbildung 110 faßt wesentliche Vorteile, welche gleichzeitig Gestaltungsziele sein können, und mögliche Nachteile von Arbeitszeitflexibilisierung zusammen.

---

516 Beyer unterscheidet hier zwischen starren und flexiblen Arbeitszeitmodellen. Schuh/Schultes-Jaskolla/Stitzel differenzieren zwischen starrer und flexibler Arbeitszeit-Variation bzw. synonym für letzteres auch Flexibilisierung. Hamel versteht unter Flexibilität der Arbeit eine permanente Eigenschaft, sich häufigen Änderungen der Inwelt- und Umweltbedingungen präventiv und reaktiv anpassen zu können. Vgl. Beyer (1992) Sp. 459; Schuh/Schultes-Jaskolla/Stitzel (1993) 140; Hamel (1985) 377.

517 Zum Interessenausgleich vgl. Marr (1993) 33ff.

	Vorteile	Nachteile
UNTER-NEH-MUNGS-PERSPEK-TIVE	• zunehmendes Selbstverantwortungsbewußtsein • Rückgang der Absenzrate • weniger Verspätungen • weniger Überstundenzuschläge • Arbeitsqualität tendenziell besser • höhere Arbeitszufriedenheit • besseres Arbeitsklima • Förderung von Teamarbeit • bessere Anpassung an Kapazitätsauslastung (Reduzierung der Produktionskosten) • Anpassung an neuere Produktionskonzepte • bessere Kapitalnutzung • Ausdehnung der Betriebszeiten • Sicherung der Servicefunktion • Sicherung des Betriebsablaufs • geringerer Bedarf an Mietarbeitskräften • Verringerung der Lagerkosten • Attraktivität auf dem Arbeitsmarkt • geringere Fluktuation	• Schaffung von Konfliktpotentialen um die Arbeitszeit • Mißbrauchsrisiko • Implementationskosten • zusätzlicher Verwaltungsaufwand (Personalwesen und Linie) • Kosten für die Zeiterfassung • evtl. höhere Personalzusatzkosten • Weiterbildungsaufwand für Führungskräfte • evtl. Wegfall bisher stillschweigend geleisteter Überzeit
ARBEIT-NEHMER-PERSPEK-TIVE	• Einräumen begrenzter Zeitsouveränität (Autonomiebewußtsein) • Möglichkeit zur besseren Abstimmung von Beruf und Privatleben • Abstimmung mit Verkehrsmitteln • evtl. mehr persönliche Kontakte am Arbeitsplatz • evtl. bessere Anpassung an den pers. Biorhythmus (Tag, Woche, Jahr, Lebenszeit) • breitere Qualifikationsprofile werden gefördert (Weiterbildungsmöglichkeiten) • keine unbezahlten Überzeiten mehr (da meist vollständige Zeiterfassung) • Anpassung an den Arbeitsanfall (kein schlechtes Gewissen bei Unterlast) • kein Pünktlichkeitsgebot mehr	• Selbstorganisationszwang • evtl. Selbstbestimmungsverlust zugunsten des Arbeitgebers • evtl. weniger soziale Kontakte im Betrieb • Pünktlichkeitsrisiko für den Arbeitnehmer • weniger Überstundenzuschläge • im allgemeinen keine Beteiligung an den Produktivitätsgewinnen • Arbeitsverdichtung und Streßzunahme • »still over« durch Verwischen der Grenze von Arbeits- und Freizeit • Konflikte bei Arbeitszeitmodellen, in die mehrere Personen involviert sind • evtl. Entwertung der Freizeit durch Arbeitsbereitschaft • evtl. Ausweitung der Betriebszeiten • evtl. Ausnahmeregelungen für bestimmte Personenkreise • zusätzliche Kontrollen
GESELL-SCHAFTS-PERSPEK-TIVE	• Humanisierung der Arbeit durch Autonomiebewußtsein • evtl. Abbau von Arbeitslosigkeit • gesellschaftspolitische Bedeutung, z.B. flexibler Einstieg in das und schrittweiser Ausstieg aus dem Berufsleben	

Abb. 110: Vor- und Nachteile flexibler Arbeitszeitstrukturen
Quelle: In Anlehnung an Fritz (1985) 165; Gmür (1991) (entnommen aus Schuh/Schultes-Jaskolla/Stitzel (1993) 156); Kilz/Reh (1993).

Die derzeit am meisten diskutierten Arbeitszeitmodelle sehen im einzelnen folgendes vor:

Die **tägliche** Arbeitszeit kann in der einfachsten Form dadurch flexibler gestaltet werden, daß dem Mitarbeiter mehrere festgelegte Normalarbeitszeiten zur Wahl angeboten werden (z.B. 8.00 bis 16.00 Uhr oder 9.00 bis 17.00 Uhr). Man spricht auch von **Staffel-Arbeitszeit.** Dieses Arbeitszeitmodell stellt lediglich eine **starre Arbeitszeit-Variationen** dar und hat keinen Einfluß auf das Flexibilitätspotential. Von Arbeitszeitflexibilisierung wird erst dann gesprochen, wenn die Normalarbeitszeiten zur ständigen Disposition stehen und somit ein Entscheidungsspielraum geschaffen wird.

Besondere Beachtung verdient das Konzept der **gleitenden Arbeitszeit.** Es existieren dafür mehrere Modelle; die meisten enthalten eine sogenannte Kernzeit mit Anwesenheitspflicht und Bandbreiten für morgendliche und abendliche Gleitzeiten, in denen Arbeitsbeginn und -ende individuell gewählt werden können. Ansatzpunkte zur Gestaltung bieten die Länge und Lage der Gleitphasen (eventuell auch um die Mittagspause), die Möglichkeit, Zeitguthaben bzw. -schulden aufzubauen (in der Praxis oft +/– 10 Stunden pro Monat) und die Möglichkeit, Zeitguthaben in die nächste Abrechnungsperiode zu übertragen und zu »verbrauchen« (stundenweise, als halbe oder sogar ganze Urlaubstage; mit oder ohne Vorgesetztenzustimmung).

Im Grenzfall maximaler Flexibilität wird aus der Gleitzeit eine **variable Arbeitszeit:** Es existiert dann keine Kernzeit mehr. Der Mitarbeiter hat lediglich ein bestimmtes Arbeitspensum zu bewältigen. Mit welchem zeitlichen Einsatz dies geschieht, steht in seiner freien Entscheidung.

Große Gestaltungsspielräume bietet auch die **Schichtarbeit**. Traditioneller Dreischichtbetrieb mit den täglichen Schichtwechselzeiten 6.00, 14.00 und 22.00 Uhr und mit wöchentlichem Wechsel der **Schichtart** stellt heute längst nicht mehr die einzige Lösung dar.

- Arbeit im Zwei-, Drei-, Vierschichtbetrieb,
- unterschiedliche Längen der einzelnen Schichtarten (speziell verkürzte Nachtschicht),
- Änderung der Schichtwechselzeiten, Vorwärtswechsel (Frühschicht-Spätschicht-Nachtschicht versus Rückwärtswechsel (Frühschicht-Nachtschicht-Spätschicht),
- Verkürzung bzw. Verlängerung der Wechselrhythmen zwischen den Schichtarten

sind nur einige der zur Verfügung stehenden Möglichkeiten. Wie bei der Staffel-Arbeitszeit gilt auch hier, daß erst dann Arbeitszeitflexibilisierung vorliegt, wenn durch die konkrete Ausgestaltung ein Entscheidungsspielraum geschaffen und nicht, wenn ein »starrer« Schichtbetrieb einmalig festgelegt wurde. Eine Einrichtung von sogenannten Arbeitszeit-Tauschbörsen oder Kombinationen mit Gleitzeitregelungen erhöhen die Flexibilität.[518]

Auf die **wöchentliche** Arbeitszeit zielen üblicherweise **Teilzeitregelungen** (Teilzeitarbeit) ab. Es handelt sich dabei um **alle** Arbeitszeiten, die kürzer als die übliche betriebliche oder tarifliche Arbeitszeit sind. 20 Wochenstunden halbtags sind dabei ebenso denkbar wie 6 Stunden an 5 Tagen oder jeweils 8 Stunden an 3 Tagen.

Ein spezielles Modell der variablen Arbeitszeit in bezug auf die **monatliche** Normalarbeitszeit ist die sogenannte **kapazitätsorientierte variable Arbeitszeit** (»KAPOVAZ«). Sie sieht vor, daß mit dem Arbeitnehmer eine Sollarbeitsmenge, die pro Monat oder Jahr festgelegt wird und die abzuleistende Arbeitszeit je nach Arbeitsanfall – i.d.R. durch den Arbeitge-

---

518 Vgl. z.B. Beyer (1986) 91ff.

ber – kurzfristig festgesetzt wird. Da der Dispositionsspielraum idealtypisch allein der Unternehmung zukommt, ist dieses Modell sehr umstritten und wird in der Bundesrepublik nur in Einzelfällen praktiziert.[519]

Bei der jährlichen Arbeitszeit werden neuerdings **Jahresarbeitszeitverträge** viel beachtet.[520] Sie bieten sich besonders an, um die Personalkapazität dem saisonal schwankenden Personalbedarf anzupassen. Der Jahresarbeitszeitvertrag enthält im Gegensatz zu einem normalen Arbeitsvertrag einen variablen Teil. In ihm werden Arbeitssollwerte (z.B. 60, 70, 80, 90 und 100% der Regelarbeitszeit) zwischen Arbeitgeber und Arbeitnehmer zu Beginn eines jeden Arbeitsjahres vereinbart. Das Jahreseinkommen wird in 12 gleichen Monatsraten ausbezahlt; der Mitarbeiter verpflichtet sich jedoch, seine individuelle Arbeitszeit in vorgegebenen Grenzen dem Kapazitätsbedarf der Unternehmung anzupassen. Aufgrund dieser Konstruktion ist der Mitarbeiter während des ganzen Jahres im System der Sozialversicherung eingebunden, auch wenn er – im Grenzfall – in einigen Monaten überhaupt nicht anwesend sein sollte. Der Jahresarbeitsvertrag bietet ein Höchstmaß an individueller Arbeitszeitflexibilität, denn jeder Mitarbeiter kann die Arbeitszeitmenge wählen, die er wünscht. Ebenso wird eine beachtenswerte Betriebszeitflexibilisierung ermöglicht.

Bei der **Lebensarbeitszeit** stehen flexiblere Übergänge zwischen den drei Lebensphasen Ausbildung – Berufstätigkeit – Ruhestand (gleitender Ruhestand, vorzeitige Pensionierung) im Vordergrund der Diskussion (s. auch Kap. D.IV.4.c). Speziell flexible Pensionierungsmodelle spielen in einigen westeuropäischen Ländern eine erhebliche Rolle und sind auch in der Bundesrepublik Deutschland schon realisiert worden.[521] Im Kern wird dabei eine stufenweise Verkürzung von täglicher, wöchentlicher Arbeitszeit bzw. eine stufenweise Verlängerung des Jahresurlaubs praktiziert. Wesentliche Gestaltungsparameter von gleitenden Übergängen sind:

- die Gesamtlänge des Gleitprozesses,
- die Lage der Gleitphase im Verhältnis zum üblichen Normzeitpunkt der Veränderung,
- Anzahl der Stufen innerhalb des Gleitprozesses und
- Mit- bzw. Selbstbestimmungsmöglichkeiten des Mitarbeiters.

Dies geschieht bei vollem oder auch stufenweisem Lohnausgleich. Aber auch eine mögliche Verlängerung der Lebensarbeitszeit wird in die Betrachtung einbezogen. Wenn der Mitarbeiter dies wünscht und auch physisch und psychisch dazu in der Lage ist, stellt eine Arbeitsverlängerung über die Pensionierungsgrenze hinaus einen Beitrag zur Humanisierung dar.[522]

Eine besondere Form von **Urlaub** sind »Sabbaticals«. Sie können als eine Art Langzeiturlaub charakterisiert werden. Dieses ursprünglich aus den USA stammende Modell sieht eine längere Periode der Nichterwerbstätigkeit bei Aufrechterhaltung des Arbeitsvertrages vor. Gestaltbar sind z.B.:

- die Wartezeiten, nach denen ein Mitarbeiter erstmals das Anrecht auf einen Sabbatical erwirbt,

---

519 Vgl. Schuh/Schultes-Jaskolla/Stitzel (1993) 141.
520 Vgl. Fritz (1985) 168.
521 Vgl. Schuh/Schultes-Jaskolla/Stitzel (1993) 143.
522 Für eine Übersicht über flexible Pensionierungsmodelle und damit zusammenhängende Probleme vgl. Heymann/Seiwert (1984); Glaubrecht/Wagner/Zander (1985); Lehr (1979).

- dessen Länge (6 Wochen bis hin zu einem Jahr),
- der Lohnausgleich (voll oder teilweise),
- der Verwendungszweck (freie Verfügung des Mitarbeiters, Fortbildungszwecke, soziale Dienste).

Arbeitspausen dienen primär der Erholung von den physischen und psychischen Arbeitsbelastungen. Einerseits wird durch Pausen die Regeneration der Leistungsfähigkeit ermöglicht, andererseits entsteht Arbeitsstillstand während der Pausendauer und Arbeitsverzögerung durch Einarbeitung nach Pausenbeginn. Es liegen arbeitswissenschaftliche Ergebnisse darüber vor, welche Komponenten dazu führen, daß eine Pause im ökonomischen Sinne »lohnend« ist, d.h. daß der Leistungsausfall durch den Erholungswert überkompensiert wird.[523] Allgemeingültige Aussagen darüber, ob häufigere Pausen vorteilhafter sind als weniger, aber längere Pausen, sind nicht möglich: Dies hängt von den jeweiligen Besonderheiten des Arbeitsplatzes und auch des Arbeitsplatzinhabers ab: vor allem vom Arbeitsinhalt, -verfahren, von den eingesetzten Hilfsmitteln usw. Jedenfalls ist auch durch Gestaltung der Pausen eine Flexibilisierung der Arbeitszeit möglich. Sie könnte dadurch erreicht werden, daß dem Mitarbeiter überlassen wird, die Zahl der Pausen, Länge und Lage innerhalb vorab definierter Grenzen frei zu wählen. Bei maximaler Flexibilisierung würde von einem Mitarbeiter lediglich ein bestimmtes Arbeitspensum gefordert – die Pausengestaltung unterliegt dann keiner Reglementierung mehr.

Mit den dargelegten Beispielen wurde die Fülle der Flexibilisierungsmöglichkeiten nur knapp angedeutet. Durch Variation einzelner Modelle und Kombination mehrerer Modelle entstehen nahezu unbegrenzte weitere Modellvarianten. Durch Kombination mehrerer Flexibilitätsmerkmale und Nutzung hoher Freiheitsgrade bzgl. der Ausprägung dieser Merkmale entsteht tendenziell eher die Möglichkeit eines Ausgleichs betrieblicher und individueller Optionen, wie Abbildung 111 für das Beispiel der Gleitzeit zeigt. Dieses Potential wird z.Zt. in der Praxis in einem recht geringen Umfang ausgeschöpft, wie eine empirische Untersuchung ergab: zwar arbeiteten 18% der betroffenen Arbeitnehmer in Gleitzeit und 23,9% in Schichtarbeit, jedoch nur 4,7% in Teilzeit. Insgesamt zeigte sich bei dieser Untersuchung, daß die angewandten Arbeitszeitmodelle in sich jedoch starr sind, nur wenig Dispositionsspielraum lassen und daß die betroffenen Unternehmungen überwiegend zu dem Mittel der Überstunden greifen, um flexibel reagieren zu können.[524]

Eine Sonderstellung unter den Flexibilisierungsmodellen nimmt, auch wenn es in der Bundesrepublik Deutschland bislang noch selten praktiziert wird, das **Job Sharing** ein: Es hat konzeptionelle Besonderheiten, weil es von bestimmten Arbeitsplätzen und deren Teilungsmöglichkeiten ausgeht, wobei der Zeitaspekt durchaus nicht immer im Vordergrund steht. Beim Job Sharing teilen sich mindestens zwei Arbeitskräfte Pflichten und Rechte eines Vollzeitarbeitsplatzes. Sie übernehmen damit gemeinsam die Verantwortung für die Erfüllung der jeweiligen Arbeitsaufgabe und stellen dem Arbeitgeber gegenüber ein Team dar. Es gibt einen grundsätzlichen Unterschied zwischen funktionaler und zeitlicher Teilung. Bei funktionaler Teilung wird eine Vollzeitarbeitsaufgabe in zwei inhaltlich unterschiedliche Teile aufgeteilt; bei zeitlicher Teilung hingegen wird die Gesamtaufgabe in inhaltlich

523 Vgl. z.B. Graf (1970) 254ff.

524 Untersucht wurden 1.200 baden-württembergische Betriebe Anfang der 90er Jahre. Vgl. Klein (1992).

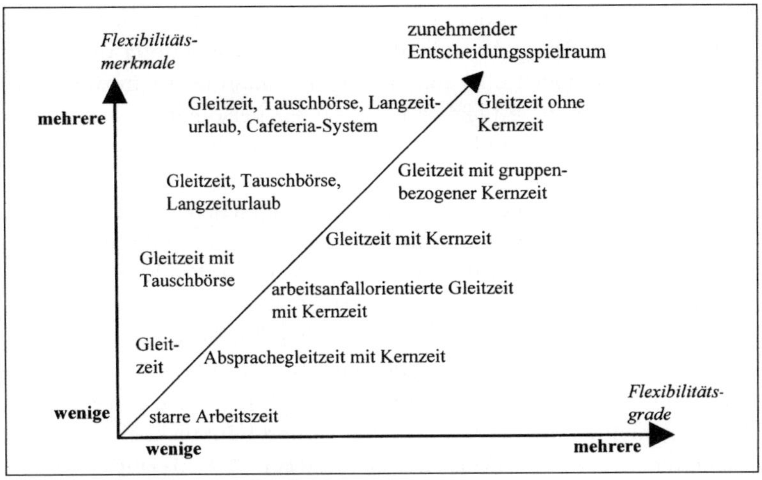

Abb. 111 : Wachsender zeitlicher Dispositionsspielraum von Gleitzeit-Arbeitnehmern. Quelle: Beyer (1992) Sp. 467.

gleiche Teile zerlegt, deren Erledigung zeitlich aufgespalten wird.[525] Bei Überlegungen zur Konzipierung und Realisierung von Job Sharing-Modellen standen überwiegend die in ihnen steckenden Gelegenheiten zur Arbeitsstrukturierung und zur differenzierten personellen Aufgabenzuweisung im Zentrum des Interesses. Auf Job Sharing wird daher unten nochmals eingegangen: im Zusammenhang mit der Arbeitszeitflexibilisierung und ihren Querverbindungen zur Personalentwicklung (s. S. 361f.).

Diverse **Beschränkungsfaktoren** engen den Gestaltungsspielraum der Arbeitszeit-Flexibilisierung ein. Sie wirken in unterschiedlichem Grade zwingend. Einige wichtige sind die folgenden:

Rechtliche Beschränkungen ergeben sich aus Gesetzen, Tarifverträgen oder Betriebsvereinbarungen. Wichtige gesetzliche Regelungen, die der Freiheit der Arbeitszeit-Gestaltung Grenzen setzen, finden sich im Arbeitszeitgesetz, in der Gewerbeordnung, im Jugendarbeitsschutzgesetz, im Mutterschutzgesetz und im Bundesurlaubsgesetz. In ihnen sind Höchstarbeitszeiten, Mindestruhepausen, relative Beschäftigungsverbote für bestimmte Mitarbeitergruppen (z.B. Mehrarbeit-, Nacht- und Sonntagsarbeitsverbot für werdende und stillende Mütter nach § 8 MuSchG) u.a.m. festgelegt. Das Betriebsverfassungsgesetz gibt dem Betriebsrat in Arbeitszeitfragen ein Mitbestimmungsrecht. Vorschriften im Sozialversicherungsrecht engen die Möglichkeiten zur Praktizierung von Teilzeitarbeit, Job Sharing oder flexibler Pensionierung ein, da die soziale Absicherung des Mitarbeiters (Kranken-, Arbeitslosen-, Rentenversicherung) oftmals an bestimmte Mindestarbeits- oder Anwartschaftszeiten geknüpft ist.

Technische/organisatorische Restriktionen können sich aus dem Einsatz bestimmter Technologien ergeben, die unterbrechungslose Arbeit erfordern (z.B. Chip-Produktion, Eisenverhüttung). Bei Fließbandfertigung sind die Möglichkeiten zu Gleitzeit-Regelungen stark eingeengt. Prinzipiell bestehen jedoch zwei Möglichkeiten zur Erhöhung des arbeits-

525 Näheres zu Job Sharing vgl. Heymann/Seiwert (1982); Schanz (1984); Trefflich (1984).

zeitlichen Dispositionsspielraumes: durch Bildung teilautonomer Arbeitsgruppen, die für eine gruppeninterne Abstimmung der individuellen Arbeitszeiten unter Beachtung betrieblicher Restriktionen Sorge tragen oder durch Zusammenfassung relativ autonom vollziehbarer Aufgabenteile (sogenannte »Aufgabenmodule«), die personell zuordenbar und flexibel einzelnen Mitarbeitern geschlossen übertragen werden können.[526]

Generell lassen sich im Verwaltungsbereich Arbeitszeiten wesentlich leichter flexibilisieren als im Produktionsbereich. Eine Ungleichbehandlung zwischen betrieblichen Teilbereichen kann jedoch zu ernsten Konflikten in der Unternehmung führen. Allerdings ist die Behauptung von der Undurchführbarkeit von Gleitzeit in der Produktion durch Lösungswege wie »Aufbau von Pufferlägern« oder »abgesprochene Gleitzeit« längst widerlegt.

Die betriebliche Praxis scheint sich vielfach noch selbst Fesseln anzulegen, indem sie unreflektiert von der unbedingten Bindung der Arbeitszeit der Mitarbeiter an die Betriebszeit der Unternehmung ausgeht. Diese Koppelung ist jedoch, neben der Uniformität der Arbeitszeit für alle Arbeitnehmer der Gleichzeitigkeit und Pünktlichkeit und der Fremdbestimmtheit charakterisierendes Merkmal nur der **starren Arbeitszeit**.[527] Daß sie jedoch überwindbar ist – Arbeitszeit und Betriebszeit also entkoppelt werden können – ist durch vielfältige Beispiele inzwischen hinlänglich bewiesen: In Krankenhäusern, bei der Flugsicherung, im Hotel- und Gaststättengewerbe sind Arbeits- und Betriebszeit seit langem mit Erfolg entkoppelt. Diese Beispiele repräsentieren im übrigen äußerst unterschiedliche Betriebstypen und Felder qualitativ-inhaltlicher Arbeitsleistungen.

Mit einer **Entkoppelung** von Arbeitszeit und Betriebszeit kann vielerlei erreicht werden:

- Gegenüber der Arbeitszeit kann nicht nur die tägliche Betriebszeit erhöht werden, sondern auch die wöchentliche (Einbeziehung des Wochenendes). Daraus resultieren Rentabilitätssteigerungen infolge besserer Auslastung kostenintensiver Produktionsanlagen – gleich welcher Art und auf welchem Wirtschaftssektor.
- Positive beschäftigungspolitische Effekte (Abbau von Arbeitslosigkeit) ergeben sich, wenn Arbeitszeitverkürzungen mit Betriebszeitverlängerungen einhergehen: Dies kann nur durch Neueinstellungen verwirklicht werden.

Biologisch-medizinische Restriktionen liegen in den Mitarbeitern selbst. So unterliegt bekanntlich die menschliche Leistungsfähigkeit im Tagesverlauf deutlichen Schwankungen. Als gut abgesichert gilt vom tendenziellen Verlauf her die Kurve in Abbildung 112.

Ein weiteres Beispiel sind die oben erwähnten Arbeitspausen mit ihren gegenläufigen Effekten der Regeneration der Leistungsfähigkeit einerseits und der Entübung durch die Pause andererseits.

Es wäre eine zu enge Sicht, Variationen der Arbeitszeit lediglich als Maßnahme zur Gestaltung von Arbeitsbedingungen zu betrachten. Vielmehr gehen mit ihnen gleichzeitig Konsequenzen einher, die für andere Teilsysteme des Personal-Managements von – teilweise erheblicher – Bedeutung sind, wie für die Personalbeschaffung, die Personalfreisetzung, die Personalplanung, die Personalentwicklung, die Entlohnung. Auf diese Zusammenhänge ist nunmehr einzugehen.

Flexible Arbeitszeiten können ein Instrument zur **Personalbeschaffung** sein, wenn eine Unternehmung spezialisierte Arbeitskräfte sucht, in seiner Branche die erste oder eine der

---

526 Zu einem Konzept zeitorientierter Arbeitsgestaltung vgl. Marr (1993) 26ff.
527 Vgl. Klein (1992) 376.

wenigen ist, die flexible Arbeitszeiten praktizieren und sich dadurch einen Attraktivitätsvorteil im Wettbewerb um knappe Arbeitskräfte verschaffen kann. Arbeitszeit-Flexibilisierung nimmt dann den Charakter einer Sozialinnovation an, die zu einem Wettbewerbsvorsprung auf dem Arbeitsmarkt verhilft, wenn sie auf entsprechende Erwartungen der Mitarbeiter trifft. Dann können durch sie Eintritts- bzw. Verbleibeentscheidungen potentieller bzw. aktueller Mitarbeiter positiv beeinflußt werden.[528]

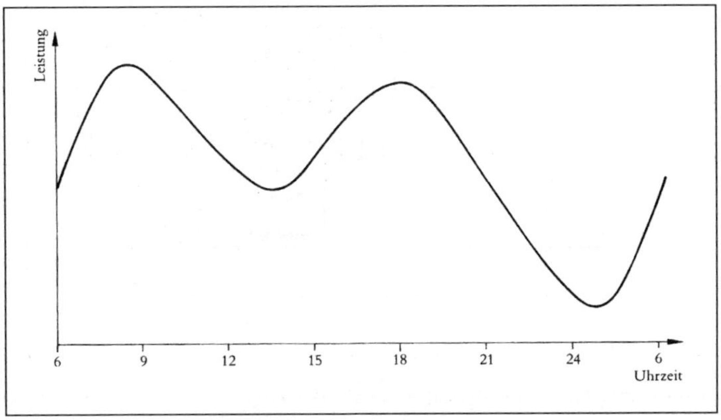

Abb. 112: Menschliche Leistungsfähigkeit im Tagesablauf
Quelle: In Anlehnung an Hardenacke/Peetz/Wichardt (1985) 289.

Im Rahmen der **Personalfreisetzung** läßt sich eine Arbeitszeitgestaltung zum Abbau von personellen Überkapazitäten einsetzen, ohne daß es zu einer Reduktion der Beschäftigtenzahl kommt.

Eine **Personalplanung,** die z.B. für Beschaffungsänderungen der Unternehmung Vorkehrungen der personellen Kapazitätsanpassung treffen soll, steht vor unterschiedlichen Situationen, je nachdem, ob in konventionellen oder aber flexiblen Arbeitszeitstrukturen gearbeitet wird. Dies machen die beiden folgenden Abbildungen 113 und 114 deutlich.
Sie enthalten vor allem die drei folgenden wesentlichen **Grundbehauptungen:**

(1) Bei flexiblen Arbeitszeitstrukturen kann die Personalkapazität kleiner und die gesamte Leistung größer sein als bei konventionellen Arbeitszeitstrukturen:

$$K_f < K_k$$
$$L_f > L_k$$

wobei:

K_f = Personalkapazität bei flexibler Arbeitszeit
K_k = Personalkapazität bei konventioneller Arbeitszeit
L_f = Leistung bei flexibler Arbeitszeit
L_k = Leistung bei konventioneller Arbeitszeit

528 Vgl. Schultes-Jaskolla/Stitzel (1987) 240.

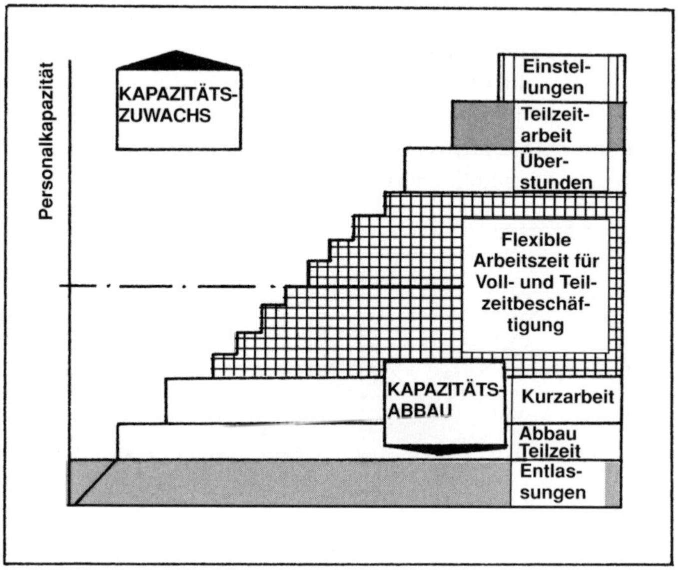

Abb. 113: Maßnahmen zur Personalkapazitätsanpassung bei flexiblen Arbeitszeitstrukturen
Quelle: Fritz (1985) 166.

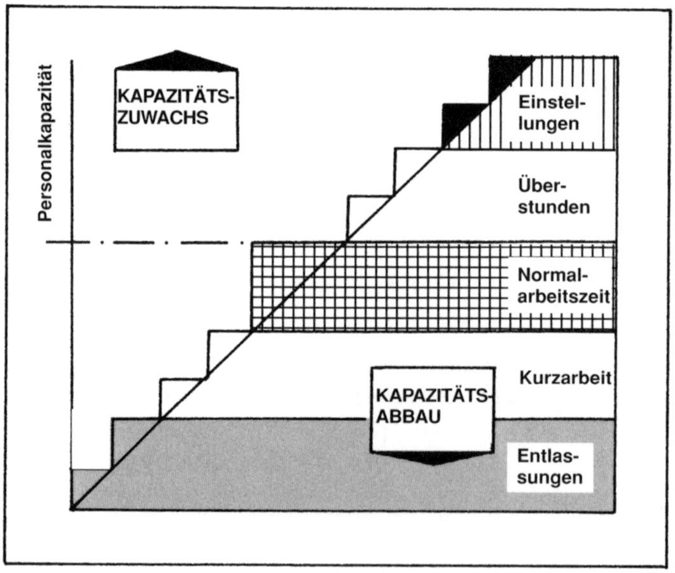

Abb. 114: Maßnahmen zur Personalkapazitätsanpassung
bei konventionellen Arbeitszeitstrukturen
Quelle: Fritz (1985) 166.

(2) Innerhalb des Rahmens flexibler Arbeitszeitregelungen sind sowohl größere Kapazitätsabbau- wie auch -zuwachs-Volumina möglich, wie die größere karierte Fläche in der Abbildung 113 zeigt.
(3) Mit der schrumpfenden Notwendigkeit, »harte« Anpassungsmaßnahmen (Entlassungen und Einstellungen) zu ergreifen, wachsen die Möglichkeiten des Einsatzes »weicher« Maßnahmen, wie vor allem Teilzeit-Variationen. (Auch Anpassungen durch Überstunden bzw. Kurzarbeit können verringert werden.)

Allerdings darf aus den Darstellungen nicht gefolgert werden, daß dies notwendige Konsequenzen flexibler Arbeitszeiten seien. Sie sind vielmehr möglich, wenn die dafür erforderlichen personellen und arbeitsorganisatorischen Bedingungen vorliegen und entsprechende Regelungen auch durchgesetzt werden können.

Die Einführung von neuen Arbeitszeitmodellen ist einerseits oft gleichbedeutend mit Maßnahmen der **Personalentwicklung** (z.B. beim Job Sharing) und zieht andererseits häufig die Notwendigkeit nach sich, parallel weitere Entwicklungsmaßnahmen (wie z.B. Fortbildung) einzusetzen. Letzteres ist dann der Fall, wenn ein Modell flexibler Arbeitszeit eine Sozialinnovation darstellt, die mit Arbeitsplatz-Anforderungen verbunden ist, denen nicht in gleichem Umfange entsprechende Qualifikationen der Mitarbeiter gegenüberstehen. Hier die Übereinstimmung zwischen Anforderungen und Qualifikationen herzustellen, ist Voraussetzung für den Erfolg von Arbeitszeit-Innovationen. Am **Beispiel des Job Sharing** können diese Zusammenhänge verdeutlicht werden.

Die praktische Durchführung fast jeden Job Sharing Modells verlangt sowohl die Lösung arbeitsrechtlicher und institutioneller Probleme wie auch eine besondere Vorbereitung der Job Sharing-Partner im Rahmen der Personalentwicklung. Eine besondere Bedeutung für eine effiziente Gestaltung des Job Sharing kommt den Kooperationsfähigkeiten der am Modell beteiligten Mitarbeiter zu. Denn aufgrund der starken Überlappung bei der Aufgabenerfüllung werden laufend Abstimmungsprozesse zwischen den jeweiligen Partnern notwendig, die zu manchen Konfliktmöglichkeiten führen und letztlich die Wirksamkeit des Modells in Frage stellen können.[529]

Andererseits erzeugt Job Sharing Lernprozesse (Qualifizierungsprozesse) durch die verstärkt notwendige Kooperation und Kommunikation (Teamarbeit) mit dem jeweiligen Job Sharing-Partner. Diese können sich wechselseitig neue Qualifikationsinhalte oder höhere -niveaus vermitteln. Andernfalls wären sie durch spezielles Training zu verbessern. Daneben ergeben sich Qualifizierungsmöglichkeiten durch mehr Freizeit, z.B. durch Aufnahme eines nebenberuflichen Universitätsstudiums.

Job Sharing ermöglicht eine zusätzliche Spezialisierung (mit ihren Rationalisierungsvorteilen) bei sich ergänzenden Qualifikationsprofilen der Job Sharing-Partner.[530]

Eine **personenorientierte Anforderungsstrukturierung** weist eine Reihe von potentiellen **Vorteilen** auf:

- Anforderungen und Qualifikationen können im Sinne eines langfristigen Entwicklungsprozesses »aufgeschaukelt«, d.h. auf höhere Niveaus gehoben werden.
- Der motivationale Gehalt des Arbeitsinhaltes (gekennzeichnet durch die Merkmale Va-

529 Zu näheren Einzelheiten s. Paschen (1982) 291ff.
530 Vgl. Berthel/Koch (1982) 343ff.

rietät, Geschlossenheit, Wichtigkeit und Autonomie der Aufgabenerfüllung, Rückkoppelung der Ergebnisse und Fähigkeitennutzung und -entwicklung)[531] steigt.

Daneben wirft eine personenorientierte Aufgabenstrukturierung aber auch **Probleme** auf:

- wachsende Abhängigkeit des Betriebes von den vorhandenen Mitarbeitern;
- ständige Reorganisationsnotwendigkeiten (Instabilität).

Job Sharing ist ein gutes Beispiel, daß ein Modell für flexible Arbeitszeit mit gleichzeitiger Personalentwicklung in allen individuellen Karrierephasen Sinn machen kann, weil es beiden Partnern individuelle Vorteile (die einander nicht widersprechen, sondern sich vielmehr ergänzen können) zu erbringen vermag.

Ältere Mitarbeiter in der **späten Karrierephase** weisen oftmals Qualifikationsprofile auf, die den Anforderungsprofilen nicht mehr entsprechen, aber für den Betrieb trotzdem von unschätzbarem Wert sind. Ihre Qualifikationen sind anders, nicht grundsätzlich geringer oder obsolet. Die körperliche Leistungsfähigkeit genügt beispielsweise häufig nicht mehr den Anforderungen eines Acht-Stunden-Tages. Eine zeitliche Kürzung im Rahmen eines Job Sharing koppelt dann die leistungsschwachen Tagesphasen ab. Dies wäre eine mögliche Form für einen gleitenden Übergang in den Ruhestand: Als Job Sharing-Partner eignen sich durchaus jüngere Mitarbeiter in der **frühen Karrierephase,** z.B. »frischgebackene« Hochschulabsolventen. Während der ältere Mitarbeiter über reichhaltige und umfangreiche Betriebskenntnisse verfügt, kennt der jüngere die neuesten Verfahren und Techniken des jeweiligen Tätigkeitsfeldes. Die Bildung eines solchen »**Promotorengespanns**«[532] verbindet Anwendungserfahrungen mit neuartigen Verfahrenskenntnissen.
Dadurch kann eine Reihe **positiver Entwicklungseffekte** entstehen:

- Die spezifischen Qualifikationen älterer und jüngerer Mitarbeiter werden genutzt und Versagensfolgen vermieden.
- Neu eingetretene Mitarbeiter erhalten trotz mangelnder Erfahrungen anspruchsvolle Aufgaben (in Kooperation); dadurch lassen sich negative Folgen von Erwartungsdiskrepanzen (»Realitätsschock«) vermeiden.
- Wechselseitige Lernprozesse werden durch unterschiedliche Qualifikationen in Gang gesetzt.
- Der ältere Mitarbeiter kann als Mentor und Sponsor (Förderbeziehungen) fungieren und die Karriere des jüngeren beeinflussen.
- Personalfreisetzungen werden möglich.

Mitarbeiter in der **mittleren Karrierephase** revidieren oftmals ihre Karriereentscheidungen: Andere Lebensbereiche gewinnen eine wesentlich größere Bedeutung als der Arbeitssektor, eine gravierende Umstellung der Tätigkeit wird angestrebt u.ä. Für diese Mitarbeiter bietet Job Sharing ein Medium, zeitlich divergierende Interessen zu vereinbaren, z.B. zwei Teilzeitbeschäftigungen, Ausweitung der Freizeit (Hobbies), und eine neue Karriereperspektive zu gewinnen. Dem Betrieb bleiben diese Mitarbeiter mit ihren Qualifikationen dann erhalten.

Weiterhin können Zusammenhänge zwischen Arbeitszeit-Flexibilisierung und **Vergütung** bestehen. Dabei ist es wichtig, die Lohnform so auf die jeweilige Form der Arbeitszeit-

---

531 Vgl. Hackman/Lawler (1971) 264.
532 Vgl. Sadowski (1977) 51f.

Flexibilisierung abzustimmen, daß im Vergleich zur Vollzeitarbeit keine Benachteiligungen für den betreffenden Arbeitnehmer entstehen und die besonderen Arbeitsbedingungen verkürzter und darüberhinaus manchmal auch **schwankender** Arbeitszeiten angemessen berücksichtigt werden. So wäre z.B. die Vereinbarung eines **Pensumlohnes** dann sinnvoll, wenn ein bestimmtes Auftragsvolumen zu erledigen ist, wozu ein bestimmter Bedarf an Arbeitszeit erforderlich ist. Hierzu wär es Aufgabe der betroffenen Arbeitnehmer, die entsprechende Arbeitszeit selbst festzulegen und in Anspruch zu nehmen, bis die Aufgabe, das Projekt erfüllt ist. Prämienlohn könnte auch bei **schwankendem Arbeitszeiteinsatz** eingesetzt werden, z.B. um der saisonal bedingten Dringlichkeit einer Aufgabe gerecht zu werden. Auch bestünde die Möglichkeit, ähnlich wie beim Zeitakkord für Zeiten erhöhter Belastung einen Arbeitszuschlag zu gewähren und z.B. die Stunde mit mehr als 60 Minuten abrechnen zu lassen.[533]

Auch auf mögliche nachteilige Auswirkungen bei unzureichender Beachtung sozialversicherungsrechtlicher Aspekte ist schon hingewiesen worden. Als Lösung bietet es sich grundsätzlich an, bei der Entgeltabrechnung möglichst konstante Auszahlungen anzustreben, um dadurch die Abrechnung von zeitlich unterschiedlich langen, u.U. auch schwankenden Arbeitsleistungen möglichst zu vereinfachen. Dies bedeutet u.U., daß Arbeitszeiten vertraglich vereinbart werden, die sich auf einen längeren Zeitraum beziehen und insofern Durchschnittswerte als Basis für die Entgeltabrechnung darstellen. Gleichzeitig sind in vielen Fällen moderne Zeiterfassungsgeräte erforderlich, die sowohl für die Arbeitnehmer als auch für den Arbeitgeber einen leicht nachvollziehbaren Überblick über das »Arbeitszeitkonto« ermöglichen.[534]

c) Technologische Gestaltung

Die Technologie eines Arbeitsplatzes ist durch den Grad seiner **Mechanisierung** bestimmt. Die existierenden technologischen Gestaltungsergebnisse sind die Summe der Ingenieurleistungen aus Wissenschaft und Praxis. Anlaß für sie, erbracht zu werden, waren zumeist und sind auch heute noch vielfach Bestrebungen zur Verbesserung der Wirtschaftlichkeit von Arbeitsprozessen und der Qualität der Arbeitsergebnisse. Mehr und mehr kommt heute hinzu, von der Erleichterungs- und u.U. sogar Ersetzungsbedürftigkeit menschlicher Arbeit auszugehen und technologischen Wandel in diese Richtung zu lenken. Die Ergonomie geht bereits Schritte auf diesem Wege.

In die Wahl eines geeigneten **Arbeitsverfahrens** gehen in der Hauptsache Überlegungen ein, die die zur Verfügung stehenden **Technologien** betreffen, worunter Art und Grad der Kombination menschlicher und maschineller Arbeit zu verstehen ist. Danach können Arbeitssysteme unterschiedlicher **Automatisierungs-** und **Mechanisierungsgrade** unterschieden werden. Das Extrem höchster Automation liegt vor, wenn dem Menschen lediglich noch die Bedienung eines Arbeitssystems obliegt, in dem Führung der Arbeitsmittel, die Steuerung des Arbeitsprozesses und die Kontrolle des Arbeitsergebnisses (einschließlich Korrektur) von maschinellen Aggregaten übernommen werden. Im anderen Extremfall liegt die Durchführung aller dieser Teilaufgaben beim Menschen. Dazwischen befindet sich ein

533 Vgl. Marr (1993) 17.
534 Vgl. Zander (1987) 277ff.

weitgespanntes Kontinuum unterschiedlicher Mechanisierungs- und Automatisierungsgrade.

Unter ihnen kann nicht immer frei gewählt werden. Der Grad der erreichbaren resp. erwünschten **Arbeitsteilung** bildet einen Bestimmungsfaktor, der seinerseits nicht unabhängig vom realisierbaren **Produktionsvolumen** ist. Andererseits sind bestimmte Produktionsmengen bisweilen nur einzig und allein mit ganz bestimmten Verfahren und technischen Einrichtungen realisierbar; Beispiele hierfür finden sich in der Stahl erzeugenden, in der chemischen Industrie.

Insgesamt konnten mit den bis heute entwickelten Technologien weitgehende **Erleichterungen menschlicher Arbeit** erreicht werden: So konnten auf vielen Gebieten schwere, gefährliche Routine-Arbeiten abgebaut werden; Arbeitsprozesse und -ergebnisse konnten erheblich verbessert werden; die manuell nie erreichbare Schnelligkeit und Genauigkeit der Informationsverarbeitung in modernen EDV-Systemen liefert auch hierfür ein eindrucksvolles Beispiel. Aber: das Konstatieren dieser Entwicklungslinien darf nicht in gefährlicher Perfektionismus-Euphorie und blinder Fortschritts-Gläubigkeit enden. Eine Abkehr hiervon zeigt sich in dem Wandel an, mit dem Abstimmungen der Erfordernisse für menschliche und maschinelle Arbeitsvorgänge zunehmend versucht werden. Von einer einseitigen Anpassung des Menschen und seiner Fähigkeiten an Maschinen, die unter rein natur- und ingenieurwissenschaftlichen Gesichtspunkten entwickelt wurden, über eine wechselseitige Abstimmung geht heute die Entwicklung mehr und mehr dahin, daß ernsthafte Versuche einer Anpassung maschineller Aggregate an die mit ihnen arbeitenden, ihre Arbeitsergebnisse benutzenden Menschen unternommen werden (in diesem Sinne versteht sich die moderne Ergonomie als eine auch vom Ausgangspunkt her gewandelte Arbeitswissenschaft).

Trotzdem kann nicht behauptet werden, daß **gravierende Probleme,** die die moderne Arbeitswelt mit sich bringt, heute als endgültig oder auch nur überwiegend gelöst angesehen werden könnten: wie etwa das Problem der Entfremdung des Menschen von seiner Arbeit (bei sehr weit getriebener Arbeitsteilung, wenn die Einsicht in die Sinnhaftigkeit des eigenen Tuns erschwert oder sogar verwehrt wird), der Monotonie aufgrund stets wiederkehrender, gleichförmiger Verrichtungen. An dieser Stelle wird deutlich, daß die Einflußrichtungen von Problemen dieser Art nicht mehr immer zweifelsfrei zu orten sind: Wirkungen auf das Wollen und auf das Können zur Leistung verschränken sich oft in schwer durchschaubare Weise.

3. Gruppenarbeit

Die Arbeitsgruppe ist insofern eine objektive Komponente der Arbeitsbedingungen, als sie das Können der Arbeitenden beeinflußt. Möglichkeit, Quantität und Qualität der Leistungserbringung können variieren, je nachdem, ob in Gruppen gearbeitet wird oder nicht.

Die obigen Ausführungen über Bedingungen für Einzelarbeitsplätze gelten dabei für die Arbeitsplätze innerhalb einer Gruppe ebenfalls (physiologische Belastungen, Umgebungseinflüsse etc.), es sei denn, bestimmte Bedingungen (etwa psychologische Wirkungen wie z.B. Monotonie) werden durch die Tatsache, daß die Arbeit in Gruppen vollzogen wird, verändert oder aufgehoben.

Es darf allerdings nicht übersehen werden, daß Gruppenarbeit auch Wirkungen auf die Komponente des Wollens entfalten kann, da bestimmte Motive des Individuums gerade durch diese Arbeitsbedingung angesprochen werden.

Das Forschungsinteresse an kleinen Gruppen, das sich insbesondere auf die Analyse ihres Einflusses auf Produktivität und Zufriedenheit richtete, entstand im Zusammenhang mit dem Human Relations-Ansatz (Hawthorne-Experimente, s. Kap. B.II). Zuvor dominierte die Analyse des Individuums sowie seiner physischen Arbeitsumwelt. Die anschließende intensive Erforschung von Gruppenphänomenen war stark soziologisch orientiert und hat auch in der Praxis des Managements zu einer Abkehr von stark individualistischen Motivations- und Führungskonzepten geführt. Gruppenbeziehungen finden seither stärkere Beachtung.

a) Begriff, Arten und Merkmale von Gruppen

Zum Begriff, zu den Arten und den Merkmalen von Gruppen ist folgendes zu bemerken:

– Begriff

Mit folgenden Merkmalen, die im Zuge der Gruppenforschung herausgearbeitet wurden, werden Gruppen heute zumeist begrifflich abgegrenzt:[535]

- direkte Interaktion zwischen Mitgliedern (face-to-face),
- physische Nähe,
- Mitglieder nehmen sich als Gruppe wahr (»Wir-Gefühl«),
- gemeinsame Ziele, Werte und Normen,
- Rollendifferenzierung, Statusverteilung,
- eigenes Handeln und Verhalten wird durch andere beeinflußt,
  relativ langfristiges Überdauern des Zusammenseins,
- Einbettung in eine übergreifende Institution (Prägung durch deren strukturelle, technologische, auch: kulturelle Besonderheiten).

– Arten von Gruppen

Inhaltliche Ausprägungen einiger dieser begriffsprägenden Merkmale führen zu Unterscheidungskriterien, mit deren Hilfe verschiedene Arten von Gruppen gekennzeichnet werden können. Von den zahlreichen in der Literatur angeführten interessieren hier diejenigen, die für Gruppen in der betrieblichen Arbeitswelt von Bedeutung sind.

Wesentliche Gruppen-Charakteristika sind ihre Struktur, ihre Ziele, die ihren Mitgliedern zugewiesenen Rollen. Die Instanz, die diese Charakteristika autorisiert, liefert das erste Kriterium: die **Fremd**- oder aber **Selbstbestimmtheit** der Gruppe. Wie weit der Gruppe Ziele, Struktur und Rollenzuweisung von außen (z.B. von der Institution) vorgegeben werden oder aber von den Gruppenmitgliedern selbst bestimmt werden können, dürfte wesentlich nicht nur die Einstellung der Mitglieder gegenüber der Gruppe, sondern auch die Leistungsfähigkeit der Gruppe beeinflussen. Der hohe Grad der Selbstbestimmung ist **das** herausragende Kennzeichen (teil-)autonomer Arbeitsgruppen.

Des weiteren kann zwischen **offenen** und **geschlossenen** Gruppen unterschieden werden. In geschlossene Gruppen kann man nicht jederzeit ohne Schwierigkeiten ein- bzw. aus ihnen nicht jederzeit austreten. Ihre Strukturen sind stabiler als die von offenen Gruppen, ihre Zukunftsperspektive ist meist längerfristig angelegt; geschlossene Gruppen haben für

---

535 Vgl. Gebert/v. Rosenstiel (1981) 115; Staehle (1991) 242f.; Neuberger (1991) 27ff.; v. Rosenstiel (1993) 321ff.

ihre Mitglieder eine insofern existentiellere Bedeutung als offene, als die Statuszuweisung nicht so leicht in Frage gestellt werden kann.[536]

Je nach Art der Entstehung und der Motive (Gründe), die mit der Bildung und Aufrechterhaltung von Gruppen verbunden sind, lassen sich **formale** und **informale** Gruppen unterscheiden. Formale Gruppen sind in Zusammensetzung, Ziel, Arbeitsinhalt und -ablauf durch die Institution offiziell autorisiert und organisatorisch verankert. Dabei können sie sowohl einen dauerhaften (z.B. Abteilungen; Stäbe) als auch einen zeitlich befristeten Charakter (z.B. Projektgruppen) haben. Neben den durch das Management vorgegebenen Zielsetzungen verfolgen formale Gruppen außerdem interne Ziele, die insbesondere der Aufrechterhaltung der Gruppe selbst dienen. Diese internen Ziele entwickeln sich mit der Gruppenreifung und beeinflussen die Einstellung der Gruppenmitglieder bezüglich der Erreichung der extern vorgegebenen Ziele.[537]

Innerhalb, aber auch neben formalen Gruppen entstehen in Betrieben Personen-Zusammenschlüsse, sozusagen »von selbst« aufgrund der vielschichtigen sozialen Beziehungen, die im Verlauf des Arbeitsalltags entstehen. Anlässe können sich im Betriebe ergeben, z.B. durch gemeinsames Verbringen von Pausen, oder auf privaten Interessen beruhen, die außerhalb des Betriebes gepflegt werden (Hobbys, Sport, Fahrgemeinschaften etc.). In dieser Weise entstandene Gruppen sind informale. Der Beitritt in solche informale Gruppen ermöglicht dem einzelnen seine jeweils individuellen Bedürfnisse nach Sicherheit, sozialem Anschluß, Ansehen, Selbstverwirklichung etc. zu befriedigen (s. Abb. 115).

Informale Gruppen wurden im Zusammenhang mit den Hawthorne-Experimenten erstmals »entdeckt«. Sie wurden lange Zeit überwiegend negativ, d.h. als Störfaktoren gesehen, die z.B. durch Hintertreiben von Institutionszielen, Ausstreuen von Gerüchten etc. dysfunktionale Wirkungen entfalten. Heute ist unbestritten, daß dies alles einerseits zwar möglich ist, daß andererseits aber Kontakte und Beziehungen, die auf informale Gruppenbildungen zurückgehen, für den reibungslosen betrieblich-formalen Arbeitsablauf bisweilen geradezu unverzichtbar sind: Unvorhergesehene, organisatorisch also weder geregelte noch regelbare Ereignisse (»Störungen«) können durch spontane, »unbürokratische« (!) Informationsbeziehungen informeller Art schnell und effizient bewältigt werden. Zudem fördern informale Gruppen Verständnis und Verständigung von Mitarbeitern untereinander, ermöglichen Lösungen persönlicher Konflikte und verstärken insgesamt den sozialen Zusammenhalt. Strukturen informaler Gruppen treten in großer Varietät auf und entziehen sich häufig der Kontrolle der Unternehmung. Dennoch haben Unternehmungen die Möglichkeit, durch organisatorische Maßnahmen den Aufbau und die Existenz informaler Gruppen zu fördern bzw. zu behindern und sie somit im Sinne der unternehmerischen Tätigkeit gestaltend zu beeinflussen.

Der Versuch, eine Gruppe eindeutig entweder als formal oder aber informal zu identifizieren und zu klassifizieren, muß scheitern: Beide Aspekte treten fast immer zusammen auf. So können ganze formale Gruppen (etwa Abteilungen) durch gemeinsame persönliche Hintergründe zugleich eine informale Gruppe bilden. Darüber hinaus entstehen oft in – vor allem großen – formalen Gruppen partiell informelle Gruppierungen (Cliquen), sie ragen zudem häufig auch in andere formale Gruppen hinein (»Netz informaler Beziehungen«).[538]

536 S. Crott (1979) 216.
537 Vgl. Donnelly/Gibson/Ivancevich (1992) 360.
538 Vgl. z.B. Weinert (1987) 319ff.; Staehle (1991) 244ff.

Dimension	Formale Gruppe	Informale Gruppe
Hauptziele	Gewinn, Effizienz, Service	Befriedigung individueller Bedürfnisse, Sicherheit
Ursprung	Planung der Unternehmung	Spontan
Einfluß auf Mitglieder	Autorität der Position, Einkommen	Persönlichkeit, Erfahrung
Kommunikation	Durch formale Strukturen und Kanäle	Persönlich, unter Nutzung sämtlicher Kanäle; Ungezwungen
Führung	Durch Unternehmung eingesetzt	Aus der Gruppe herauskristallisiert
Beziehung zwischen den Mitgliedern	Ergibt sich aus Stelle/Position und Arbeitsfluß	Spontane Entwicklung
Kontrolle	Stützung durch Macht; Beeinflußung des Einkommens	Soziale Sanktionen

Abb. 115: Vergleich formaler und informaler Gruppen
Quelle: In Anlehnung an Donnelly/Gibson/Ivancevich (1992) 346.

– **Merkmale von Gruppen**

Zwei Konstrukte, die für Gruppen konstitutiv und effizienzbeeinflussend sind, werden als besonders wichtig angesehen: Kohäsion und Konformität.

Kohäsion ist ein Sammelbegriff für eine Reihe von Phänomenen und insofern ein zusammengesetztes (uneinheitliches) Konstrukt. Sie meint den Zusammenhalt einer Gruppe als Resultante aller Kräfte, die ein Verbleiben der Mitglieder in der Gruppe bewirken. Diese Kräfte basieren vor allem auf dem Ausmaß, in dem die Mitglieder einander Interesse entgegenbringen und Interesse an den Aktivitäten der Gruppe haben. Dies alles ist umso stärker ausgeprägt, je größer die Komplementarität der Bedürfnisse und die Ähnlichkeit der Interessen und Einstellungen unter den Mitgliedern der Gruppe sind. Umso größer ist dann nämlich letztlich die Attraktivität, die die Gruppe auf alte und neue Mitglieder ausübt, was wiederum in der Stabilität der Gruppe ihren Ausdruck findet. In der Gruppenattraktivität und -stabilität schlägt sich das Ausmaß nieder, in dem eine Gruppe für ihre Mitglieder instrumentellen Charakter zur Befriedigung individueller Bedürfnisse (»Instrumentalität«) in der und durch die Gruppe besitzt.

Hohe Kohäsion gilt als beobachtbar an Verhaltensweisen wie offenem, ehrlichem, gegenseitig akzeptierendem Umgang der Mitglieder miteinander sowie der Bevorzugung von Themen persönlicher Bedeutung, an der Abschirmung einzelner Gruppenmitglieder gegen Angriffe oder Kritik von außen.

Bedingungen und Folgen von Gruppenkohäsion sind empirisch ausgiebig untersucht worden. Die wichtigsten Befunde sind:[539]

539 Vgl. Gebert/v. Rosenstiel (1981) 116; Fengler (1984) 443f.; Staehle (1991) 257f.

Höhere Kohäsion existiert tendenziell stärker in

- kleineren Gruppen,
- erfolgreicheren Gruppen,
- homogenen Gruppen (in bezug auf Ausbildung, Einstellungen),
- Gruppen mit längerer Dauer des Zusammenseins.

Allerdings zeigt ein Blick auf diese Befunde, daß Gründe für höhere Kohäsion nicht selten identisch sind mit Merkmalen der Definition von Kohäsion, wie z.B. Homogenität, Erfolg. Insofern wird wohl von einer Ko-Variation zwischen Kohäsion und anderen Merkmalen auszugehen sein bzw. werden Interdependenzen anzunehmen sein. Dies ist leicht erklärbar mit Hilfe einer Beschreibung erfolgreicher teilautonomer Arbeitsgruppen. Eine in der Fertigung tätige teilautonome Arbeitsgruppe ist umso erfolgreicher, je bessere Möglichkeiten zur Kooperation im Rahmen der Aufgabenbewältigung gegeben sind. In Kleingruppen existieren bessere Möglichkeiten zu größerer Kontakthäufigkeit. Mit zunehmender Anzahl der Kontakte wächst zudem die wechselseitige Sympathie der Gruppenmitglieder zueinander. Dies fällt seinerseits verstärkend zurück auf die Kontakthäufigkeit. Für erfolgreiche Arbeit bestehen insofern günstige Bedingungen. Der Erfolg fördert die Kohäsion; umgekehrt fördert die Kohäsion den Erfolg.

Das Merkmal der Gruppen-**Konformität** steht im Zusammenhang mit der sozialen Norm. Unbestritten ist notwendige Voraussetzung für das Funktionieren einer Gruppe sowohl das Vorliegen von Normen überhaupt wie auch Einigkeit über die Normen und deren Akzeptanz. Gruppenkonformität zeigt sich in Regelmäßigkeiten von Verhalten und Interaktionen der Gruppenmitglieder. Derartige Regelmäßigkeiten gehen auf soziale Normen zurück, die mit Erwartungen gleichzusetzen sind, die von den Gruppenmitgliedern geteilt werden. Sie legen ein Verhalten fest, das für eine gegebene Situation als angemessen betrachtet wird.

Es werden zwei **Gründe** für konformes Verhalten unterschieden; sie führen zu zwei **Arten** von Konformität:

- Aufgrund von Gruppenerwartungen und Gruppendruck wird in Gruppennormen eingewilligt (ihnen wird zugestimmt).
- Die Gruppenerwartungen werden von dem einzelnen aus freiem Willen akzeptiert (z.B. aufgrund persönlicher Übereinstimmung).

Mit gruppenkonformem Verhalten sind nicht nur äußere, beobachtbare Verhaltensweisen gemeint, sondern auch rein verbale Verhaltensmuster, Gedanken und Gefühle. Dadurch entsteht eine quasi-automatische Steuerung hin auf gleichförmiges Verhalten.[540]

Gruppenkohäsion und konformes Verhalten stehen in einem systematischen Zusammenhang.[541] Je höher die Gruppenkohäsion ist, desto eher ist ein Konsens zu erzielen über den Inhalt der Bedingungen, die den Gruppenzusammenhalt stabilisieren. Damit wird gleichzeitig die Akzeptanz von Normensetzung und -geltung vergrößert und im Ergebnis auch die Konformität innerhalb der Gruppe in den als wichtig erachteten Verhaltensmustern.

---

540 Vgl. Secord/Backman (1983) 370.

541 Vgl. Witte (1979) 129ff.; Gebert/v. Rosenstiel (1981) 117.

b) Effizienz der Gruppenarbeit

Die Frage, ob und in welchem Maße Gruppen gegenüber isoliert arbeitenden Individuen Effizienzvorteile oder aber -nachteile besitzen, nimmt in der sozialpsychologisch orientierten Literatur (vor allem in der zur empirischen Kleingruppenforschung) einen breiten Raum ein. Das Kriterium der wirtschaftlichen Effizienz steht dabei eindeutig im Vordergrund, hierauf wird gleich näher einzugehen sein. Dem sollen jedoch einige Aussagen zur **sozialpsychologischen Effizienz** der Gruppenarbeit vorangestellt werden. Für sie ist eine Erhöhung dadurch tendenziell zu vermuten, daß Arbeit in Gruppen die Zufriedenheit der Mitglieder positiv beeinflußt. Als wesentliche **Gründe** hierfür werden die folgenden angesehen:[542]

- Formale und informale Gruppen sind in der Lage, eine Fülle von zentralen Bedürfnissen zu erfüllen, wie Bedürfnis nach sozialen Kontakten, Nähe, Geborgenheit, Sicherheit, Anerkennung (Verstärkung durch Gruppenmitglieder) und Prestige (Mitgliedschaft in einer Gruppe mit hoher Reputation). Die Gruppe bietet Schutz nach außen (etwa gegenüber Vorgesetzten), verstärkt die Machtposition (Einigkeit macht stark), bewahrt vor Anonymität und verbessert die Realitätswahrnehmung (Rückkopplung von Gruppenmitgliedern).
- Allein die Anwesenheit anderer – vor allem akzeptierter oder notwendiger – Menschen kann streßmindernd wirken.
- Gruppen gewähren »soziale Unterstützung«, was ebenfalls eine streßabpuffernde Wirkung aufweisen kann. Vor allem hochkohäsive Arbeitsgruppen bieten soziale Unterstützung, die die Bewältigung bedrohlicher Situationen erleichtert.
- Mitglieder kohäsiver Arbeitsgruppen haben eine positive psychische Befindlichkeit: Sie werden mit den Arbeitsbedingungen zumeist seelisch, geistig oder körperlich besser fertig, sie erleben weniger Frustration und mehr Arbeitszufriedenheit, sie klagen weniger über Streß. Andererseits ist die Widerstandskraft des einzelnen gegenüber Beschwerden und Bedrohungen durch das Management gesteigert.

Hinsichtlich der **wirtschaftlichen Effizienz** sind einige kritische Anmerkungen voranzustellen. So kann von einer generellen Überlegenheit der Gruppe (die häufig unterstellt wird) nicht ausgegangen werden. Ein unreflektierter Gruppenenthusiasmus ist mithin fehl am Platze.

Die meisten Vorbehalte gegen die empirische (Kleingruppen-)Forschung gipfeln in dem Resümee, daß die Untersuchungs-Designs fast durchweg nur wenig Bezug zu realen Arbeitsgruppen der industriellen Wirtschaftspraxis haben. Weder könnten noch dürften daher »anderswo« gefundene Effizienzaussagen ungeprüft auf die Arbeitswelt übertragen werden. Dies wird v.a. auf folgende **Kritikpunkte** gestützt:[543]

- Der empirischen Kleingruppenforschung kann nicht attestiert werden, daß sie den Versuch unternommen hätte, ihren Untersuchungsgruppen den Charakter von »echten Gruppen« zu verleihen. Die Gruppen wurden zumeist nur für die Dauer des Experiments und dazu oft auch nur aufs Geradewohl zusammengestellt. (Die leichte Verfügbarkeit von Probanden gab den Ausschlag.) Gruppeneffekte, die sich erst durch **längere** Interaktionen einstellen, bleiben so unberücksichtigt.

---

542 S. Gebert/v. Rosenstiel (1981) 132f.; Weinert (1987) 320, 335; Staehle (1991) 280.

543 Vgl. Crott (1979) 120, 215; Bilitza (1984) 479f.

- Die meisten der Arbeiten genügen nicht den Standards heutigen Experimentierens: Die Laborexperimente wiesen nur geringe externe Validität auf, weil in ihnen Gruppenbedingungen hergestellt wurden, die mit der Alltagswirklichkeit nicht bis kaum vergleichbar waren.
- Zudem ist fraglich, ob die Ergebnisse miteinander vergleichbar sind, weil die Forscher mit viel Phantasie »Leistung« unterschiedlich operationalisierten.
- Zwar läßt sich die Quantität von Leistungen noch einigermaßen plausibel messen, was für die Qualität jedoch nicht zutrifft: Ihre Maße sind zumeist fragwürdig.
- Schließlich ergibt sich eine weitere Einschränkung aus dem Umstand, daß die Gruppenarbeit ausschließlich und isoliert von ihrem Ergebnis her beurteilt wurde. Alle weiteren Bedingungen des Zusammenwirkens der Gruppenmitglieder und die Konsequenzen, die aus der gemeinsamen Arbeit resultieren, blieben gänzlich außer Betracht.

Es ist zu konstatieren, daß die Ergebnisse immer nur für jede einzelne Untersuchung gelten, d.h. jeweils im Zusammenhang mit bestimmten Charakteristika der zu lösenden Aufgaben, der zusammengeführten Mitglieder und der (vorgegebenen oder gewählten) Gruppenstruktur. Statt einer generellen Aussage über den individuellen Leistungsgewinn in Gruppen an sich kann es daher nur einzelne deskriptive Aussagen über spezielle Gruppenergebnisse geben, etwa nach dem Muster: »Eine Person kann bei schwierigen Aufgaben in einer Dreiergruppe dann einen Leistungsgewinn erzielen, wenn die anderen Mitglieder gleich intelligent (oder aber intelligenter) sind.«

Damit ist ausgesagt, daß es eine Vielzahl von Faktoren gibt, die den Zusammenhang zwischen Gruppenarbeit und Leistung beeinflussen. Behandelt man die (wirtschaftliche, sozial-psychologische) Effizienz der Gruppe traditionellerweise als abhängige Variable, so gibt es nicht nur eine vielschichtige Gruppierung unabhängiger Variablen, sondern zudem intervenierende Variablen, wie die folgende Abbildung 116 zeigt.[544]

Als vorläufiges **Fazit** ergibt sich an dieser Stelle, daß Überlegenheit der Gruppenleistung gegenüber der besten Individualleistung (oft als Synergie-Effekt bezeichnet) sich nicht generell und stets einstellt, vielmehr nur eine Möglichkeit ist, eine Chance, die bei positiver Gestaltung aller die Gruppenleistung beeinflussenden wichtigen Faktoren genutzt werden kann.

Auf der Basis der wichtigsten der genannten Gruppenmerkmale gelangt Franke in einer interessanten Zusammenfassung zur Unterscheidung von sechs mit der Gruppenarbeit generell verbundenen Effekten. Er unterscheidet sie in **integrierende Effekte**, die der Vereinheitlichung und Intensitätssteigerung der Gruppenaktivitäten dienen, und in **differenzierende Effekte**, die die Wirkungsbreite der Gruppe erweitern können.[545] Sie sind in der folgenden Abbildung 117 kurz überblicksartig zusammengestellt.

Diese genannten Effekte werden nach Franke umso wirksamer, je stärker sie durch Maßnahmen regulierender und organisatorischer Förderung unterstützt werden. Als Maßnahmen dieser Art listet er die folgenden auf:[546]

- Einordnung des einzelnen in mehrere Gruppen, die bezüglich der personellen Zusammensetzung zum Teil homogen und zum Teil heterogen sind;

---

544 Entnommen aus Staehle (1991) 261, der als Quelle Krech/Crutchfield/Ballachey (1962) 457 angibt.

545 S. Franke (1980) 126ff.

546 S. Franke (1980) 156.

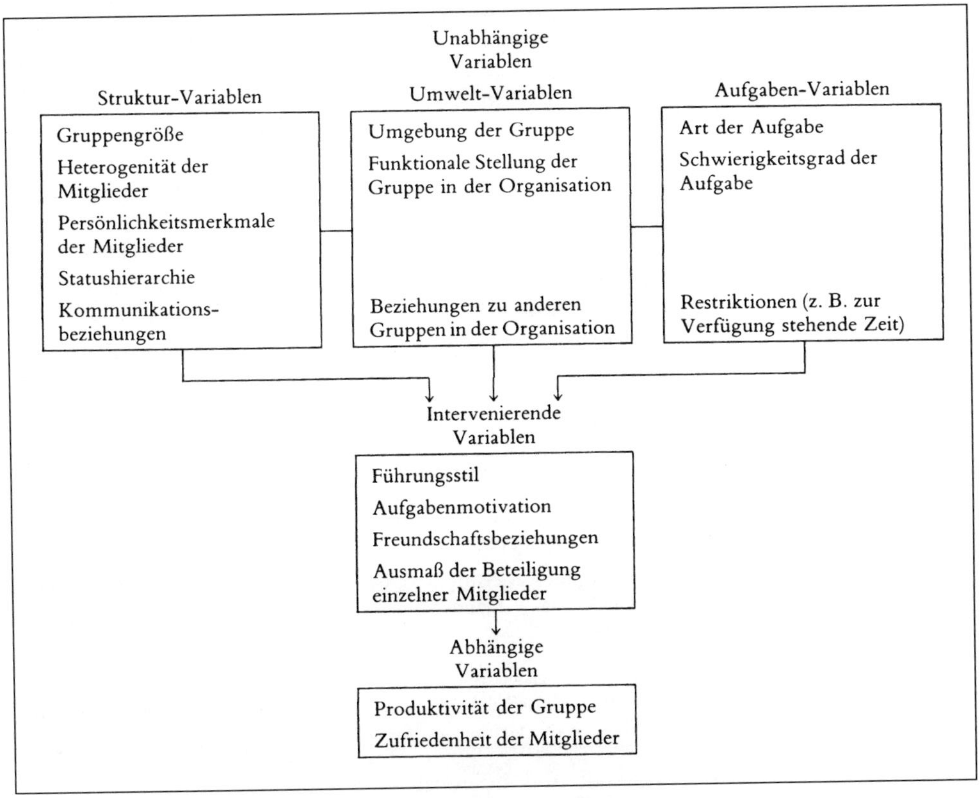

Abb. 116: Determinanten der Gruppeneffektivität
Quelle: Staehle (1987) 287.

- feste Verankerung des einzelnen in einer Stammgruppe;
- Überschaubarkeit der Gruppengröße und kleinstmögliche Anzahl der Gruppenmitglieder im Hinblick auf die gestellte Aufgabe;
- Abstimmung der personellen Eigenart der Gruppenmitglieder auf die jeweilige Aufgabe durch weitmöglichste Flexibilität der Zuordnung von Personen zu Gruppen und durch ein gut fundiertes Beurteilungswesen;
- gezielte psychologische Eignungsuntersuchung zur Feststellung von Daten, die Voraussagen über Homogenität und Heterogenität in verschiedenen Bereichen gestatten;
- Gruppenpflegemaßnahmen;
- Erhöhung der Attraktivität der Gruppe;
- Anerkennung der Gruppe;
- Belohnung eines gemeinsamen Arbeitsergebnisses;
- Entwicklung eines gemeinsamen Feindbildes;
- Veröffentlichung der Leistungsergebnisse verschiedener Gruppen zum Vergleich;
- aufrichtige Darstellung bestehender Notsituationen;
- Steigerung der Häufigkeit der räumlichen Nähe der Gruppenmitglieder;
- Entwicklung eines gruppenspezifischen Verständigungs-Codes;
- Ungezwungenheit des Informationsaustausches durch entsprechendes Führungsverhalten.

integrierende Gruppeneffekte	Kennzeichnung	Übersteigerungsgefahren
Kraftzentrierungseffekt	Sammlung gleichgerichteter Kräfte	Konzentration auf betriebsfeindliche Ziele und Verhinderung geordneter Abläufe durch affektive Übersteigerung
Festlegungseffekt	Bestimmung von Gruppenzielen und Symbolwerten	Kreativitätshemmende Unbeweglichkeit der Gruppe Oppositionelle Haltung der Gruppe
Anpassungseffekt	Kontrolle und Regulation des Verhaltens durch wechselseitige Einwirkung der Gruppenmitglieder aufeinander	Mangelhafte Situationsanpassung durch übertriebene Solidarisierung Sachziele des Betriebes treten in den Hintergrund
differenzierende Gruppeneffekte	**Kennzeichnung**	**Übersteigerungsgefahren**
Ergänzungseffekt	Zusammenfassung verschiedener personeller Leistungsschwerpunkte	Verständigungs- und Kooperationsschwierigkeiten
Anregungseffekt	Beschleunigung geläufiger Denk- und Handlungsweisen	Unangemessene Risikobereitschaft Unnötig großer Zeitaufwand bei einfachen Aufgaben
Anerkennungseffekt	Befriedigung arbeitsrelevanter Bedürfnisse durch die Kollegen der Gruppe	Überbetonung informeller Beziehungen und Vernachlässigung der formellen Gruppenaufgabe

Abb. 117: Integrierende und differenzierende Gruppeneffekte
Quelle: In Anlehnung an Franke (1980) 135f. u. 143f.

Trotz aller ausgeführten Vorbehalte sollen einige als bedeutsam erscheinende Zusammenhänge bzw. literarisch ausgiebig behandelte Effekte kurz dargestellt werden. Von den unabhängigen Variablen soll aus der Gruppe der Aufgabenvariablen die **Art der Aufgabe** als erstes einer näheren Betrachtung unterzogen werden. Anschließend ist auf die Strukturvariable **Kommunikationsbeziehung** kurz einzugehen.

zu) **Art der Aufgabe**:
Es besteht heute Einigkeit darüber, daß die Effektivität von Gruppenarbeit je nach Art der zu bearbeitenden Aufgabe unterschiedlich beurteilt werden muß. Offensichtlich ist, daß sich im Zusammenhang mit körperlicher Arbeit durch einfache Addition der Kräfte bemerkenswerte Leistungsvorteile ergeben, die allerdings im Zuge der Mechanisierung und Automatisierung durch Zuhilfenahme technischer Hilfsmittel bedeutend rationeller erreicht werden können. Wenn also heute zunehmend die Erledigung körperlicher Arbeiten statt auf Einzelarbeitsplätzen in Gruppen organisiert wird, so soll dadurch in erster Linie ein Abbau von Monotonie durch Erweiterung und Bereicherung der Arbeitsinhalte erreicht werden.

Wenn es um die Bearbeitung von **Problemlösungsaufgaben** oder **Entscheidungsproblemen** geht, wird oft grundsätzlich von einer Überlegenheit der Gruppenarbeit gegenüber der Einzelarbeit ausgegangen. Dies, weil bei **disjunktiven Aufgaben** (Aufgaben, für die es ausreichend ist, daß die richtige Lösung von einem Gruppenmitglied gefunden wird) die Lösungswahrscheinlichkeit einer Gruppe rein rechnerisch über der des besten

Gruppenmitgliedes liegt. So ergibt sich nach der Formel $p_G = 1-(1-p_1)(1-p_2)(1-p_3)$ für eine Gruppe von drei Mitgliedern mit den individuellen Lösungswahrscheinlichkeiten von $p_1=0.3$, $p_2=0.4$, $p_3=0.35$ eine Gruppenlösungswahrscheinlichkeit von $p_G=0.727$.[547]

Aus einer solchen Modellrechnung lassen sich folgende Aussagen für die Bedeutung der Gruppenarbeit bei disjunktiven Aufgaben ableiten:

- Gruppenarbeit zahlt sich insbesondere bei einem relativ geringen individuellen Leistungsniveau der Gruppenmitglieder aus, da mit steigender Mitgliederzahl die Lösungswahrscheinlichkeit der Gruppe wächst;
- bei einer Arbeitsgruppe mit durchschnittlich sehr fähigen Mitgliedern wirkt sich eine Vergrößerung der Gruppe auf deren Lösungswahrscheinlichkeit kaum aus;
- je größer eine Arbeitsgruppe ist, desto geringer wird der Gewinn durch ein zusätzlich aufgenommenes Mitglied sein.

In der betrieblichen (und auch der experimentellen) Praxis wird die realisierte Leistung einer Arbeitsgruppe i.d.R. weit unterhalb der oben definierten »Gruppen-Problemlösungswahrscheinlichkeit« liegen, welche lediglich die obere Leistungsgrenze einer Arbeitsgruppe wiedergibt. Dies ist auf den zentralen Sachverhalt zurückzuführen, daß Gruppen stets und unausweichlich zwei Aufgabenstellungen zu lösen haben:

- zum einen die gestellte Sachaufgabe und
- zum anderen die Organisation des Lösungsprozesses, was gleichbedeutend ist mit der Koordination der Gruppenarbeit.

Nur wenn es im Rahmen der zweiten Aufgabenstellung gelingt, die elementaren Voraussetzungen für eine effiziente Gruppenarbeit herzustellen, ist es möglich, das vorhandene Gruppenpotential tatsächlich auszunutzen.
Hofstätter nennt hier insbesondere:[548]

- die Unabhängigkeitsbedingung,
- die Kommunikations- bzw. Mitteilungsbedingung sowie
- die Akzeptanzbedingung.

Die **Unabhängigkeitsbedingung** meint das Erfordernis, daß die Gruppenmitglieder zunächst unabhängig voneinander Lösungsansätze suchen müssen, um so die zur Lösung des Problems erforderliche Perspektivenvielfalt herzustellen. Darüber hinaus muß gewährleistet sein, daß die Gruppenmitglieder die unabhängig voneinander ermittelten Lösungsansätze anschließend einander auch mitteilen: Dies ist die **Mitteilungsbedingung**, die verhindert, daß der für die Lösung wichtige Prozeß des Informationsaustausches sowie die Chance zur Neukombination ausgetauschter Informationen blockiert wird. Überdies muß die letztlich gefundene Lösung (bzw. Teillösung) von der gesamten Gruppe auch als Gruppenlösung und damit als »richtig« akzeptiert werden (**Akzeptanzbedingung**).

Ein Blick auf die Arbeitsrealität von Problemlösungs- und Entscheidungsgruppen belehrt darüber, daß es gerade bei komplexeren Problemstellungen auf erhebliche Probleme stößt, diese drei Bedingungen in praxi herzustellen. Es ist durchaus nicht ungewöhnlich, daß Gruppen sich in der Realität auch selbst behindern.

547 Vgl. Taylor (1954); Lorge/Solomon (1955); Hofstätter (1956).

548 S. zum folgenden die Darstellung von Gebert/v. Rosenstiel (1981) 122f.

Als **Schwierigkeiten** sind in der Hauptsache die folgenden, in empirischen Untersuchungen gefundenen, zu nennen:

Die **Unabhängigkeitsbedingung** ist vor allem durch den Konformitätsdruck gefährdet. Er stellt eine direkte Barriere für die Problemlösung dar, weil er durch Verzerrungsmechanismen bereits eine korrekte Problemdefinition verhindern kann. Denn bei hohem Konformitätsdruck sinkt die Anzahl der Fragenkreise, die überhaupt zum Problem erhoben werden, was gerade für hochkohäsive Kleingruppen als wahrscheinlich gilt. Zum anderen entstehen für die Herstellung der Unabhängigkeitsbedingung indirekte Barrieren dann, wenn bereits die pure Anwesenheit Dritter das individuelle Problemlösungsverhalten und damit die individuelle Problemlösungswahrscheinlichkeit beeinflußt. Dies ist z.B. dann der Fall, wenn Arbeitsgruppen »bewährte« Lösungsstrategien verfolgen, denen sich neue, weniger profilierte Gruppenmitglieder anschließen müssen. Auch kann die Vermutung, daß Dritte individuelle Problemlösungsbeiträge bewerten, Angst auslösen, was zu einer Art »Denkschablonisierung« führt, wodurch die Wahrscheinlichkeit steigt, daß nicht neuartige, sondern vielmehr Standardlösungen angeboten werden. Für die Herstellung der **Mitteilungsbedingung** macht bereits die Gruppengröße Probleme: So ist häufig beobachtet worden, daß mit zunehmender Zahl der Gruppenmitglieder auch der Prozentsatz derjenigen zunimmt, die zwar (ihrer eigenen Meinung nach) Ideen haben, sie dann jedoch nicht mitteilen. Die Gruppengröße ist es auch, die die Herstellung der **Akzeptanzbedingung** erschwert: Mit zunehmender Mitgliederzahl steigt zwar einerseits das Informationspotential, andererseits jedoch gleichzeitig die Wahrscheinlichkeit einer Bildung von Untergruppen, was die Fähigkeit der gesamten Gruppe zum Konsens vermindert. Die Wahrscheinlichkeit, daß eine optimale Gruppenlösung formuliert wird, hängt insbesondere von der Anzahl der vorgeschlagenen Lösungen sowie der verwendeten Entscheidungsregeln bzw. Akzeptanzbedingungen ab. Diese sind insbesondere dann von Bedeutung, wenn bei disjunktiven Aufgaben keine evidente Lösung vorliegt, z.B. bei der Beantwortung strategischer Fragestellungen. Wenig explizite Entscheidungsregeln in Verbindung mit vorhandenem Konformitätsdruck führen hier zu einer mangelnden Ausnutzung des Gruppenpotentials, indem Lösungen von Gruppenmitgliedern mit niedrigerem Status unabhängig von ihrer Güte nicht anerkannt, unkonventionelle Lösungen nicht von der Gruppe getragen werden usw., was letztlich zu suboptimalen Entscheidungen führt.

Nur wenn diese drei Produktivitätsbedingungen für bessere Gruppenleistungen realisiert sind, führt Gruppenarbeit zu **Vorteilen** wie:

- einer besseren informatorischen Fundierung von Entscheidungen durch das größere eingebrachte Gesamtwissen;
- einer größeren Vielfalt von Lösungsansätzen bei der Entscheidungsfindung;
- einem größeren Einverständnis mit der getroffenen Entscheidung aufgrund der Teilnahme am Entscheidungsprozeß;
- einem besseren Verstehen der Entscheidung selbst

und lassen sich **Nachteile** wie

- eine vorschnelle Entscheidung für suboptimale Alternativen;
- eine einseitige Vorgabe des Lösungsweges durch wenige dominante Gruppenmitglieder;
- eine Beeinflussung der Entscheidung durch informelle, nachrangige Ziele oder persönliche Bedürfnisse (z.B. Stolz, Machtstreben) verhindern.[549]

549 Vgl. z.B. King (1984) 470f.

Nicht verhindern, aber kompensieren läßt sich der mit der Gruppenarbeit immer vorhandene Nachteil des erhöhten Zeitbedarfs.[550] Zwar wird vielfach vermutet, daß Gruppen schneller arbeiten als Einzelpersonen. Dies wird aber durch viele Experimente widerlegt. Der Grund für den höheren Zeitbedarf von Gruppen wird überwiegend darin gesehen, daß viel Zeit auf Einigungsprozesse verwandt wird. Sie betreffen die Art und Weise des Angehens des Problems, des Treffens der Entscheidung, die Diskussion der Mitglieder-Präferenzen.

Schließlich muß eine Prozedur für das Herbeiführen des endgültigen Entschlusses gefunden und durchgeführt werden. Alle diese Vorgänge sind vermutlich umso zeitraubender, je größer die Gruppe ist.

Als Besonderheit von Entscheidungen in Gruppen wird das in der Literatur ausführlich behandelte sogenannte »**Risikoschub-Phänomen**« hervorgehoben.[551] Es kann nicht von vornherein als Vor- oder Nachteil gewertet werden, ohne daß die Risiko-Präferenz im Wertsystem der Institution bekannt ist, in der eine Gruppe arbeitet. Das Risikoschub-Phänomen besagt, daß Gruppen eine höhere Risikobereitschaft besitzen und risikoreicher entscheiden als der Durchschnitt der einzelnen Gruppenmitglieder. Dies wird mit einer Mehrzahl von Argumenten zu erklären versucht:

- Die Verantwortung (für einen Fehlschlag) verteile sich auf alle Gruppenmitglieder, werde also nicht einem einzelnen allein angelastet.
- Durch Gruppendiskussionen werde ein höheres Informationsniveau erreicht: Bessere Vertrautheit mit dem Problem reduziere Unsicherheit und erhöhe die Risikoneigung.
- Ein einflußreiches Gruppenmitglied könne als Führer die restliche Gruppe zu größerer Risikobereitschaft beeinflussen.
- Risikofreudigkeit gelte in der westlichen Kultur als positiver Wert.

Jede dieser Hypothesen klingt plausibel, kann bestätigende empirische Befunde für sich beanspruchen, muß jedoch auch erfolgreiche Falsifikationsversuche gegen sich gelten lassen. Einer einzelnen Hypothese dürfte mithin alleinige Erklärungskraft kaum zukommen. Für die Schlußfolgerung jedoch, daß sie gemeinsam dieses Phänomen erklären, müßte die Voraussetzung gelten, daß diejenigen Bedingungen, die den Forschungsdesigns der verhaltenswissenschaftlichen Untersuchung zugrunde lagen, auch in der realen Arbeitswelt der Wirtschaftspraxis anzutreffen sind. Dies aber ist nur selten geprüft worden, was den Vorwurf nahelegt, daß verhaltenswissenschaftliche Forschungsergebnisse oft unkritisch und undifferenziert in die Betriebswirtschaftslehre übernommen werden.[552] Es fehlt allgemein an der expliziten Formulierung von Kriterien, die eine begründete Übernahme von Forschungsergebnissen anderer Disziplinen in die Betriebswirtschaftslehre begründet gestatten. Stichworte wie »Problem-Gleichheit« in den sonst unterschiedlichen Situationszusammenhängen (die Gegenstand der Untersuchungen der Verhaltenswissenschaften einerseits, der Betriebswirtschaftslehre andererseits sind) oder »Problem-Relevanz« für betriebliche Fragestellungen sind zu wenig aussagekräftig, daher nicht operational und mithin nicht ausreichend.

Erfordert die Lösung einer zu bearbeitenden Aufgabe, spezifische Beiträge von allen oder zumindest mehreren Gruppenmitgliedern (**konjunktive Aufgaben**), läßt sich das oben dargestellte wahrscheinlichkeitstheoretische Modell zur Darstellung des Gruppenvorteils nicht anwenden. Konjunktive Aufgaben stellen i.d.R. die in der betrieblichen Praxis von Projekt-

---

550 Vgl. Crott (1979) 116.
551 Vgl. dazu Crott (1979) 114ff. und die von ihm zitierten Quellen.
552 Vgl. Elschen (1982) 870ff.

gruppen bearbeiteten Fragestellungen dar. Dabei resultiert der Leistungsvorteil der Gruppe aus deren Heterogenität bzw. dem Zusammenwirken verschiedener Qualifikationen und Perspektiven bei der Bearbeitung komplementärer Teilaufgaben. Diese sind z.T. mit stark unterschiedlichen Anforderungen an die Expertenschaft des einzelnen Bearbeiters verbunden. Durch die **Komplementarität** der einzelnen Teilaufgaben wirkt sich der Gruppenvorteil gegenüber der Einzelarbeit (im Ggs. zu disjunktiven Aufgaben) insbesondere bei durchschnittlich hoher Befähigung der einzelnen Gruppenmitglieder aus.

In der betrieblichen Praxis wird der Gruppe insbesondere im Zusammenhang mit **Kreativitätsaufgaben** oft ein grundsätzlicher Leistungsvorteil zugeschrieben, was vor dem Hintergrund der obigen Aussagen zu konjunktiven Aufgaben auch als berechtigt angesehen werden kann, wenn man den Gruppenmitgliedern im Durchschnitt eine gewisse Fähigkeit unterstellt. Allerdings zeigen die Ergebnisse der Kreativitätsforschung, daß in der Gruppe nicht immer mehr kreative (innovative) Ideen entwickelt werden als in Einzelarbeit.[553] Als wichtigster Grund hierfür wird der Konformitätsdruck angesehen.

Daraus darf nicht gefolgert werden, daß Gruppen in jedem Falle für die Bewältigung kreativer Aufgaben ungeeignet seien. Vielmehr ist auch empirisch erwiesen, daß Gruppen mit vorangegangenem Training für erfolgreiches kreatives Arbeiten, Personen, die sich gegenseitig als Partner gewählt hatten und Gruppen mit starkem Zusammengehörigkeitsgefühl kreativer waren als willkürlich zusammengestellte ad hoc-Gruppen, die völlig unerfahren kreative Aufgaben lösen sollten. Sind Aufgaben dieser Art verlangt, so ist es insofern ratsam, (Trainings-)Maßnahmen zu ergreifen, mit denen bewußt Gruppenkonformität reduziert, der Diskussionsverlauf modifiziert wird, insgesamt die Gruppenmitglieder auf kreative Leistungen vorbereitet und zu ihnen ermutigt werden.

zu) **Kommunikationsbeziehungen**:
Unter den Determinanten der Gruppenarbeits-Effizienz war oben als unabhängige Strukturvariable die »Art der Kommunikationsbeziehungen« identifiziert worden (s. Abbildung 116). Sie ist Gegenstand außerordentlich zahlreicher empirischer Untersuchungen im Rahmen der Kleingruppenforschung geworden.[554]

Die Mitteilungsbedingung läßt vermuten, daß die Organisation der Informationsaustauschbeziehungen für die Lösungsprozedur der Gruppenleistung wichtig ist. Sie hat im übrigen – wie festgestellt wurde – Auswirkungen sowohl auf die Gruppenproduktivität wie auch auf die Zufriedenheit, und zwar durchaus nicht immer gleichsinnig. Für die Leistungseffizienz spielt zudem die Komplexität der zu lösenden Aufgaben eine differenzierende Rolle. Die entsprechenden Befunde sind in aller Kürze diese: Die Zufriedenheit der Gruppenmitglieder war in dezentralisierten Strukturen (z.B. im Kreis oder sogenannten Zirkular) am höchsten und ziemlich gleichmäßig ausgeprägt. Für die Effizienz im Sinne der Produktivität (Fehlerlosigkeit, Schnelligkeit) bei der Erfüllung komplexer Aufgaben stellte sich das gleiche heraus. Anders sah es bei einfachen Routineaufgaben aus: Sie wurden in zentralistischen Kommunikationsstrukturen (z.B. im sogenannten Radial, in dem ein »Vorgesetzter« als Schaltstelle für alle Informationen fungiert) effizienter gelöst.

Es ist einleuchtend, daß nicht eine bestimmte Struktur (hier: für Kommunikationsbeziehungen) selbst und unmittelbar eine wie auch immer geartete Effizienz bewirkt, sondern

553 Vgl. Crott (1979) 116ff; King (1984) 472 u. die jeweils dort angegebene Literatur.

554 Für die folgenden referierten Ergebnisse vgl. die knappe Zusammenfassung und weitere Literaturhinweise bei Berthel (1975) 68ff; Shaw (1964).

daß die Kausalketten länger sind. So dürfte z.B. eine dezentrale Struktur geeignet sein, die Unabhängigkeitsbedingung überhaupt oder besser herzustellen, womit größere Zufriedenheit der Beteiligten ausgelöst wird. Andererseits hindert eine zentrale Struktur die Herstellung der Mitteilungsbedingung für komplexere Probleme: Die Informationsschaltstelle ist irgendwann durch Sättigung in ihrer Informationsverarbeitungskapazität überfordert.

Was die Bedeutsamkeit der angedeuteten Forschungsergebnisse für Arbeitsgruppen in der Wirtschaftspraxis angeht, so ist mit Nachdruck auf die oben ausgeführten Zweifel zu verweisen: Die Künstlichkeit der Laborbedingungen, unter denen die meisten dieser empirischen Befunde erzielt wurden, dürfte mit der Realität der Arbeitswelt nur wenig zu tun haben. Die kritischen Anmerkungen zum sogenannten »Risikoschub-Phänomen« gelten entsprechend auch hier. Das wird deutlich, wenn neuere Forschungen zu Kommunikationsnetzen[555] analysiert werden: Sie ergeben klar, daß weniger die (statische) Kommunikationsstruktur, sondern vielmehr das – in Abbildung 116 – als intervenierende Variable figurierende (dynamische) Führungsverhalten sowohl die wirtschaftliche wie auch die sozialpsychologische Effizienz beeinflussen dürfte: Leistung und Zufriedenheit richten sich nach der Sättigung und der Unabhängigkeit, die das Führungsverhalten zuläßt. Ein Führer kann die positiven oder negativen Aspekte einer bestimmten Kommunikationsstruktur verstärken oder auch abschwächen. So könnte etwa ein kooperativ agierender Führer das Sättigungspotential eines zentralisierten Netzes reduzieren und die Unabhängigkeit der in dieser Netzstruktur arbeitenden Gruppenmitglieder erhöhen.

Damit wird deutlich, daß in derart komplexen Zusammenhängen die Frage nach der Effizienz nicht vorschnell gestellt, besser: nicht vorschnell zu beantworten versucht werden sollte.

c) Konflikte in Gruppen

Gerade bei Gruppenarbeit ist – u.a. wegen des engen Kontaktes der Mitglieder – das Entstehen von Konflikten wahrscheinlich. Die mögliche Konfliktträchtigkeit von Gruppenarbeit könnte insofern als spezielles Merkmal angesehen werden. Dabei wird nicht verkannt, daß die Erkenntnisse der Konflikttheorie auf alle interpersonellen Beziehungen innerhalb des Betriebes und auch auf Beziehungen zwischen betriebsinternen und -externen Personen übertragbar sind. Gleichwohl erscheint ihre Darstellung an dieser Stelle angebracht: Wenn es richtig ist, daß in der realen Arbeitswelt heute in zunehmendem Umfange Gruppen eine Rolle spielen, dann verdient dieses Merkmal – weil oft als »erschwerend« eingestuft – besondere Beachtung.

Unter **Konflikt** wird allgemein jene Beziehung zwischen Elementen (z.B. Gruppenmitgliedern) verstanden, die sich durch Gegensätzlichkeit kennzeichnen läßt. Eine solche Gegensätzlichkeit kann objektiv oder aber subjektiv, offenkundig aber auch versteckt sein.[556] Sie löst Spannungen aus, die innerhalb und zwischen Gruppen sowie zur Unternehmung und zur Umwelt entstehen können. Konflikte sind normal, allgegenwärtig, sie treten immer wieder auf und können produktiv genutzt werden. Daher gelten sie gleichzeitig als unvermeidlich, zumeist jedoch schwierig lösbar, wohl eher lediglich handhabbar.[557]

---

555 Vgl. Snadowsky (1984).
556 Vgl. Dahrendorf (1962) 201.
557 Vgl. Krüger (1972) 15, (1984) 450.

Wichtig für den Weg der Bewältigung eines Konfliktes ist die Kenntnis seiner Ursachen. Eine Liste über theoretisch mögliche Konfliktursachen müßte geradezu unerschöpflich sein. Der folgende **Kategorisierungs**versuch dürfte aus betrieblicher Sicht fruchtbar sein:[558]

- strukturell bedingte Konflikte:
  - als Folge der Arbeitsteilung,
  - Sachfragen, die mit der Erfüllung der Betriebsaufgabe zusammenhängen,
  - Macht- und Autonomiestreben von Untereinheiten (alles unvermeidbare Konflikte) und/oder
  - fehlende Identifikation als Konfliktursache;
- Diskrepanz zwischen individuellen und betrieblichen Zielen, Bedürfnissen, Werthaltungen und Ansprüchen;
- Zielkonflikte in bezug auf die Umwelt oder Unvereinbarkeit von Teilzielen mit dem Gesamtziel.

Zu dieser Grobeinteilung von möglichen Grundursachen für Konflikte kommt speziell für Gruppen eine Reihe von Faktoren, die die Konflikthäufigkeit und -intensität begünstigen (in der nachfolgenden Abbildung 118 umso stärker, je weiter sich die konkrete Ausprägung auf dem Kontinuum nach links bewegt).[559]

Der Wunsch nach Vermeidung bzw. Reduzierung von Konflikten würde sinnvollerweise dazu führen, an diesen Faktoren anzusetzen: Sie wären in Richtung günstiger Ausprägungen zu gestalten, sofern sie überhaupt beeinflußbar sind.

Für **Konfliktverläufe** kann eine typische Stufenabfolge angenommen werden, die in der folgenden Abbildung 119 in der rechten Hälfte erscheint. Ein »Konflikt-Manager« würde die links aufgelisteten Aufgaben zu übernehmen haben.[560]

Das führt unmittelbar zu der Einsicht, daß im betrieblichen Alltag eine Konflikthandhabung, die Aussicht auf Erfolg für sich beanspruchen will, ein »professionelles« **Konflikt-Management** erforderlich macht. »Das Konflikt-Management hat in erster Linie eine Nutzung und konstruktive Handhabung von Konflikten im Sinn, nicht dagegen ihre Unterdrückung, Vermeidung und Überspielung. Konflikte werden als Signale für Änderungsnotwendigkeiten begriffen. Ihre konstruktive Austragung wird dazu benutzt, Wandel und Innovation herbeizuführen. Konflikt-Management in diesem Sinne ist also zugleich ein Management des Wandels, der Anpassung und der Innovation.«[561]
Jeder Versuch einer Konflikthandhabung muß mit folgenden Fragen beginnen:[562]

- »In welchem Umfang ist ein vorhandener Konflikt den beteiligten Entscheidungsträgern bewußt?«,
- »Läßt sich der Konflikt umgehen?«,
- »Ist ein Interessenausgleich möglich?«

Je nachdem, wie die Antworten auf diese Fragen lauten, ergeben sich vier **Grundkategorien** der Konflikthandhabung:

558 Vgl. Mayntz (1975) Sp. 2178f.
559 Entnommen aus Krüger (1972) 71.
560 Entnommen aus Krüger (1973) 24.
561 Krüger (1973) 195.
562 Thiele zitiert nach Krüger (1972) 92; für die folgende Darlegung vgl. Krüger 92ff.

Typ A: Konflikt unumgehbar – Interessenausgleich unmöglich
Typ B: Konflikt umgehbar – Interessenausgleich unmöglich
Typ C: Konflikt unumgehbar – Interessenausgleich möglich
Typ D: Konflikt latent vorhanden – Bewußtmachung notwendig.

Typ A und Typ C haben eine Austragung des Konflikts zur Folge. Dabei führt Typ A zu folgenden Möglichkeiten:

- Gewinn-Verlust-Machtkämpfe,
- Drittparteien-Urteil,
- Zufallsurteil.

(1) Problem			
Aufforderungscharakter	stark	———	schwach
Problemwertigkeit	hoch	———	niedrig
Neuartigkeit	groß	———	gering
Komplexität	groß	———	klein
Koordinationsbedarf	groß	———	klein
Bereichsüberschreitung	häufig	———	selten
(2) Situation			
Lösungszeit	gering	———	hoch
Aufmerksamkeit	hoch	———	niedrig
Sensibilisierung	hoch	———	niedrig
(3) Gruppenmitglieder			
Problemlösungsfähigkeiten	niedrig	———	hoch
Risikofreudigkeit	niedrig	———	hoch
Selbstvertrauen	niedrig	———	groß
Autoritärer Charakter	stark autoritär	———	schwach autoritär
Neigung zu Gewaltlösungen	groß	———	klein
Reife der Person	gering	———	groß
Akzeptanz der Ziele	niedrig	———	hoch
Akzeptanz der Werte	niedrig	———	hoch
Akzeptanz des Sozialklimas	niedrig	———	hoch
Bewertung der Mitgliedschaft	gering	———	hoch
Bewertung von Alternativgruppen	hoch	———	niedrig
Anerkennung der Führungsperson	niedrig	———	hoch
Konfliktstabilität des Führers	niedrig	———	hoch
(4) Organisation			
Organisationsgrad	niedrig	———	hoch
Formalisierungsgrad	niedrig	———	hoch
Art der Willensbildung	individuell	———	kollegial
(5) Kommunikation			
Umfang	niedrig	———	hoch
Intensität	niedrig	———	hoch
Ausmaß an Info.zurückhaltung	hoch	———	niedrig
Art der Info.beziehung	bilateral	———	multilateral
(6) Interaktion			
Umfang	niedrig	———	hoch
Kooperation	niedrig	———	hoch
Einfluß des einzelnen	niedrig	———	hoch
	——→ Abnehmende Konfliktintensität		
	——→ Abnehmende Konflikthäufigkeit		

Abb. 118: Faktorenprofil der Konflikte in Gruppen
Quelle: Krüger (1972) 71.

Typ C ergibt folgende Lösungen:

- Problem lösen,
- Teilen des Streitwertes,
- Friedliche Koexistenz.

Typ B dagegen führt zu einer Konfliktumgehung. Es gibt weder Gewinner noch Verlierer, noch werden konkurrierende oder antinomische Interessen zu einem Ausgleich gebracht.

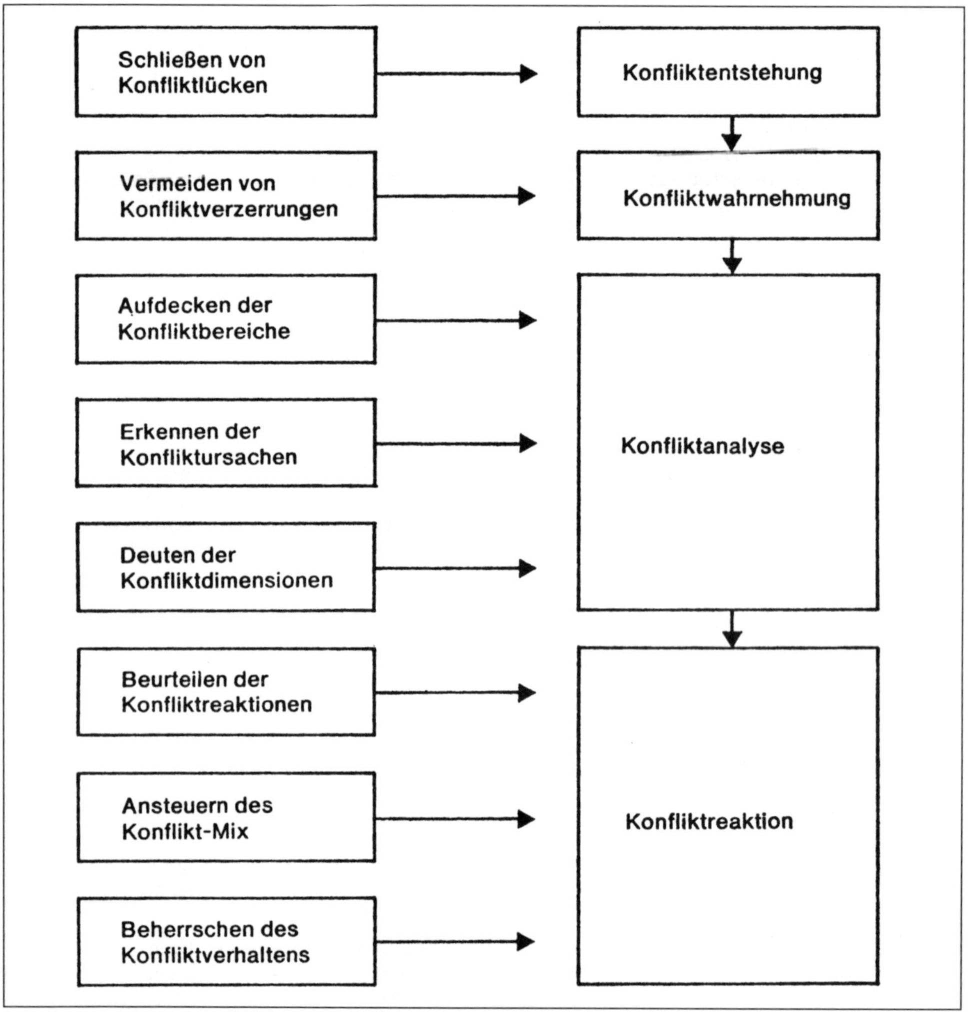

Abb. 119: Konfliktprozeß und Konfliktaufgaben
Quelle: Krüger (1973) 24.

Als Möglichkeiten ergeben sich

- Rückzug,
- Isolation,
- Indifferenz oder Ignoranz.

Typ D geht nach Bewußtmachung in einen der Typen A bis C über. Eine übersichtliche Darstellung über die Formen der Konflikthandhabung kann Abbildung 120 entnommen werden.[563] Die Form 4 ergibt sich als Möglichkeit sowohl für Typ A wie auch C.

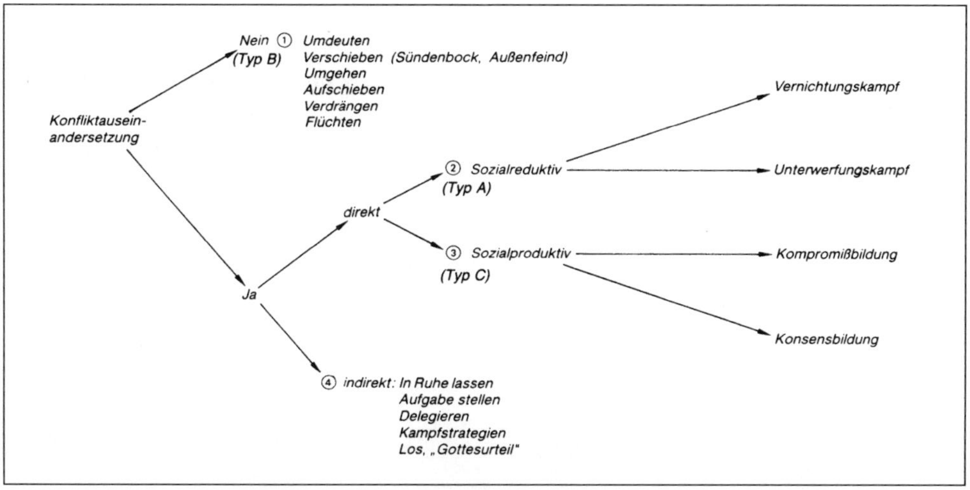

Abb. 120: Formen der Konflikthandhabung
Quelle: In Anlehung an Königswieser (1987) Sp. 1242f.

Konflikte können nicht nur negative Folgen (wie z.B. das Bremsen des Unternehmensgeschehens) haben. Bei entsprechender Handhabung können sie es auch vorantreiben und eine ganze Reihe **positiver Wirkungen** entfalten. Beispiele für letzteres sind:[564]

- sozialer und psychischer Nutzen; denn es werden verbessert:
  - Anpassungsfähigkeit,
  - Innovationsfähigkeit,
  - Gruppenkohäsion;
- Ausräumen von Aktivitätsbehinderungen durch Konflikte (Schwachstellen-Anzeige und -Beseitigung);
- erhöhte Leistungsbereitschaft durch erfolgreich gehandhabte Konflikte;
- externer Nutzen (Vorteile bei Personen, die nicht am Konflikt beteiligt sind).

Negative Folgen von Konflikten sind aus ihnen resultierende, mögliche Nachteile wie zunächst die Beeinträchtigung von Schnelligkeit, Reibungslosigkeit und Sicherheit der Aufgabenerfüllung. Zudem verursachen sie unterschiedliche Arten von **Kosten**:[565]

- Konflikthandhabungskosten:
  - Zeitaufwand,
  - Präventivmaßnahmen;

563 Nach Königswieser (1987) Sp. 1242f.
564 Vgl. Müller-Bader (1977) 182ff.
565 Vgl. Müller-Bader (1977) 179ff.

- soziale Kosten:
  - Frustration,
  - Aggression,
  - Arbeitsunzufriedenheit,
  - Unfallgefahr,
  - psychische Krankheiten;
- externe Kosten (Kosten, die bei Abteilungen entstehen, die nicht unmittelbar am Konflikt beteiligt sind).

VII. Vergütungssysteme

1. Grundlagen

Im Rahmen des Personal-Managements hat die Gestaltung von Vergütungssystemen große Bedeutung, weil diese zum einen die Personal- und damit auch die Gesamtkosten der Unternehmungen direkt beeinflussen und zum anderen einen erheblichen Einfluß auf das Leistungsverhalten der Mitarbeiter haben dürften (und damit indirekt auch auf die Gesamtkosten und/oder den Ertrag).[566]

Unter **Vergütung** wird im folgenden das gesamte Arbeitseinkommen der Mitarbeiter aus beruflicher Arbeit verstanden.[567] Der Begriff »Vergütung« wird dabei als Sammelbegriff für Termini mit gleichen oder ähnlichen Begriffsinhalten, wie z.B. »Lohn«, »Entlohnung«, »Entgelt«, verwendet. Rechtliche Basis jeder Vergütung ist vor allem der Arbeitsvertrag, der die Pflicht des Arbeitgebers zur Zahlung einer Vergütung begründet. Die Vergütung der Arbeiter wird als Lohn, die der Angestellten als Gehalt bezeichnet. Die Einteilung der Arbeitnehmer in Arbeiter und Angestellte verliert jedoch sowohl aus sachlicher (Angleichung von Aufgaben und Arbeitssituation) als auch aus juristischer Sicht (Unvereinbarkeit mit der Verfassung) zunehmend an Bedeutung, so daß nachfolgend auf diese Unterscheidung verzichtet wird.

Die weitere Differenzierung des Vergütungsbegriffs erfolgt sowohl in der Literatur als auch in der Praxis sehr unterschiedlich. Im Ergebnis bestehen jedoch oft keine (oder nur geringe) inhaltliche Unterschiede.

So unterteilen das Statistische Bundesamt und das Institut der deutschen Wirtschaft weiter in »**Entgelt für geleistete Arbeit**« (oftmals auch als »**Direktvergütung**« bezeichnet) und »**Personalzusatz-** oder **Personalnebenkosten**«, die sich aus den (gesetzlichen, tariflichen und freiwilligen) »**Sozialleistungen**« zusammensetzen. Dabei spiegelt der Begriff »Sozialleistungen« eher die Sicht der Mitarbeiter und der Begriff »Personalzusatzkosten« eher die Sicht der Unternehmung wider. Drumm[568] unterscheidet Leistungs- und Soziallohn, Schanz[569] hingegen Direktentgelt und Nebenleistungen. Die Begriffsinhalte sind mit den obigen nahezu identisch.

Eine Sonderstellung nimmt dagegen die Erfolgsbeteiligung ein, die weder der Direktvergütung noch den Sozialleistungen eindeutig zugeordnet werden kann. Bei Erfolgsbeteiligungen handelt es sich um freiwillige – oftmals sozial motivierte – Leistungen der Unternehmung, die jedoch im Unterschied zu Sozialleistungen eine erfolgsbezogene Beteiligungsbasis haben. Der letzte Aspekt würde u.U. auch eine Zuordnung zur Direktvergütung erlauben. Direktvergütungen sind jedoch individuell orientiert (»Gegenleistung für die erbrachte Arbeit«) und haben daher einen eher kurzfristigen Charakter, der sich auch im Zahlungsmodus (in der Regel monatliche Zahlungen) manifestiert. Demgegenüber basiert die Erfolgsbeteiligung überwiegend auf Erfolgen, die in der gesamten Unternehmung oder in

566 Vgl. Ackermann (1992) Sp. 1295.

567 Arbeit in der »Freizeit« und Entschädigungsformen dafür sind somit aus der Betrachtung ausgenommen.

568 Vgl. Drumm (1992) 419ff.

569 Vgl. Schanz (1993) 472.

größeren Unternehmungsbereichen in einem Jahr oder in mehreren Jahren erzielt werden. Eine Ausnahme bildet die erfolgsbezogene Vergütung von Führungskräften (s. Kap. D.VII.7). Abbildung 121 gibt einen Überblick über die Arten und Bestandteile der Vergütung.

Als zentrales Ziel der Vergütungspolitik gilt die Schaffung eines »gerechten« Vergütungssystems. Dabei ergibt sich jedoch ein Konflikt zwischen den Unternehmungs- und den Mitarbeiterinteressen: Aus **Sicht der Mitarbeiter** ist die Vergütung ein Mittel zur Befriedigung ihrer Bedürfnisse, insbesondere sichert sie die materielle Existenzgrundlage. Die **motivationalen Aspekte der Vergütung** wurden bereits bei der Darstellung von Determinanten der Arbeitsleistung behandelt (s. Kap. B.II.2). Generelle Aussagen über die möglichen leistungsstimulierenden Effekte der Vergütung sind jedoch nicht möglich.

Aus **Unternehmungssicht** ist die Vergütung eine Kostenart, so daß bei der Gestaltung von Vergütungssystemen – neben den Anreizwirkungen – auch Wirtschaftlichkeitsaspekte eine zentrale Rolle spielen. Die Personalkosten ergeben sich aus den Kosten für die Direktvergütung sowie den Personalzusatzkosten. Problematisch aus Sicht der Unternehmung ist jedoch, daß sie weder die Höhe der Direktvergütung noch die Höhe der Personalzusatzkosten, die auch als der »zweite Lohn« bezeichnet werden, autonom gestalten kann.
Zum einen wird der Gestaltungspielraum durch arbeits- und sozialrechtliche Regelungen, die vor allem dem Schutz der Mitarbeiter dienen sollen, eingeengt. Zum anderen werden in vielen Branchen Vergütungshöhe und -struktur durch kollektivvertragliche Regelungen (insbesondere Tarifverträge) bestimmt. Die einzelne Unternehmung kann somit wichtige Gestaltungsparameter eines Vergütungssystems kaum beeinflussen, so daß sich die Gestaltungsfreiheit – zumindest für Tarif-Mitarbeiter – oftmals auf die Wahl von Prinzipien der Lohnbildung und der Lohnformen reduziert.
So beruhen zum Beispiel die Personalzusatzkosten überwiegend auf gesetzlichen und tariflichen Regelungen, so daß der Anteil der freiwilligen Sozialleistungen (und damit die unmittelbar zu beeinflussenden Kosten) relativ gering ist. Abbildungen 122 und 123 geben einen Überblick über die Entwicklung der Personalzusatzkosten und deren Anteil an den gesamten Personalkosten.

Eine Verbesserung der Gewinnsituation der Unternehmung kann daher vor allem auf der »Leistungsseite« (und nicht auf der »Kostenseite«) erfolgen, wie z.B. durch Veränderungen der Arbeitsorganisation oder Entwicklung innovativer Produkte, die zu einer günstigen Wettbewerbsposition führen können.

2. Lohndifferenzierung[570]

a) Lohngerechtigkeit als Grundprinzip

Die Bestimmung der absoluten und der relativen Lohnhöhe ist eine zentrale Aufgabe der Vergütungspolitik. Ein Blick in die Wirtschaftspraxis zeigt zum einen, daß die gezahlten Vergütungen sowohl zwischen einzelnen Branchen und Unternehmungen als auch innerhalb einzelner Unternehmungen für verschiedene Mitarbeiter(gruppen) sehr weit streuen. Zum anderen existieren jedoch sowohl in einzelnen Unternehmungen als auch in ganzen

570 Vgl. zu diesem Kapitel Alewell (1993).

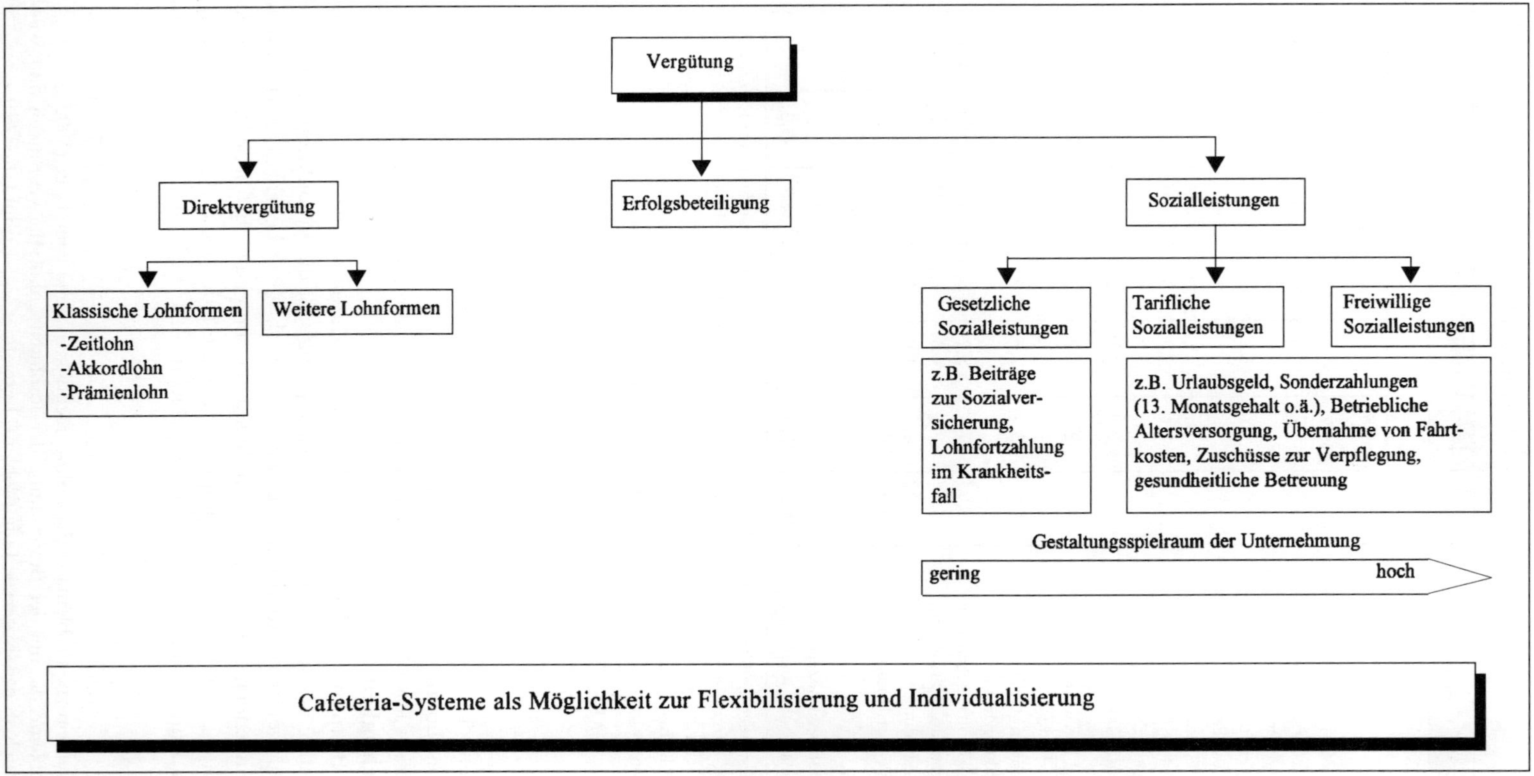

Abb. 121: Überblick über die Arten und Bestandteile der Vergütung

Personalzusatzkosten[1] (Produzierendes Gewerbe)

	1966	1975	1978	1981	1984	1988	1991	1992
	in %							
Insgesamt	43,4	62,8	71,8	77,5	81,6	82,6	83,8	84,0
Gesetzliche Personalzusatzkosten	19,4	30,7	33,6	34,7	34,7	35,8	36,9	37,2
• Sozialversicherungsbeiträge der Arbeitgeber[2]	11,7	17,7	19,8	20,7	21,9	23,0	23,7	23,9
• Bezahlte Feiertage und sonstige Ausfallzeiten	4,0	5,1	5,2	5,6	5,3	5,4	5,4	5,4
• Entgeltfortzahlung im Krankheitsfall	1,7	5,4	5,9	5,7	4,9	5,0	5,4	5,4
• Sonstige gesetzliche Personalzusatzkosten[3]	1,9	2,5	2,7	2,7	2,7	2,4	2,4	2,5
Tarifliche und betriebliche Personalzusatzkosten	24,0	32,1	38,2	42,8	46,9	46,8	46,9	46,8
• Urlaub, einschl. Urlaubsgeld	9,8	15,9	17,0	19,5	20,5	20,6	20,6	20,6
• Sonderzahlungen (Gratifikationen, 13. Monatsgehalt usw.)	5,0	7,4	8,2	8,9	9,6	10,0	10,0	10,0
• Betriebliche Altersversorgung	4,1	2,4	6,3	6,9	9,0	8,8	9,0	9,0
• Vermögensbildung	0,2	1,5	1,8	1,9	1,7	1,5	1,4	1,3
• Sonstige Personalzusatzkosten	4,9	4,9	4,9	5,6	6,1	5,9	5,9	5,9
nachrichtlich: Personalzusatzkosten bezogen auf die Personalkosten insgesamt	30,2	38,6	41,8	43,6	44,9	45,2	45,6	45,6

1 Alte Bundesländer. Unternehmen mit 50 und mehr Beschäftigten. In Prozent des Entgelts für geleistete Arbeit. Das Entgelt für geleistete Arbeit ist der/das um die Sonderzahlungen und um das Entgelt für arbeitsfreie Tage verminderte Bruttolohn/-gehalt.

2 Aus methodischen Gründen wurde mit einer konstanten Zahl von Feiertagen gerechnet.

3 Versicherungen gegen Betriebsunfälle und Berufskrankheiten, Mutterschutz usw.

Abb. 122: Personalzusatzkosten im produzierenden Gewerbe
Quelle: Institut der deutschen Wirtschaft (1993) Tab. 60.

Tarifgebieten relativ stabile Vergütungsstrukturen. Es stellt sich daher die Frage, welche Prinzipien bei der Lohnbildung eine Rolle spielen.

Als zentrales Postulat für die Bestimmung der absoluten und relativen Lohnhöhe gilt die **Lohngerechtigkeit** (s.o.).[571]

Bei der Bestimmung der absoluten Lohnhöhe geht es um die Frage, wie der von einer Unternehmung geschaffene Wert (= Wertschöpfung) auf die Produktionsfaktoren »Arbeit« und »Kapital« verteilt werden soll.[572] Über den Gerechtigkeitsbegriff als normative Kategorie existieren jedoch unterschiedliche individuelle und gesellschaftliche Wertvorstellungen. Eine gerechte Lösung des Verteilungsproblems wäre jedoch nur dann möglich, wenn ein allgemeiner Konsens über einen Gerechtigkeitsmaßstab herrschen würde. Dies bedeutet,

571 Vgl. allgemein zur Problematik der Lohngerechtigkeit Steinmann/Löhr (1992).

572 Die Probleme, die mit der Bestimmung der absoluten Lohnhöhe verbunden sind, werden von Kosiol auch als das »materiale Lohnproblem« bezeichnet. Vgl. Kosiol (1962) 19.

Personalzusatzkosten[1] (Dienstleistungsgewerbe)

	Großhandel			Einzelhandel		
	1978	1988	1992	1978	1988	1992
	in %					
Insgesamt	60,0	68,1	69,5	65,0	70,4	71,8
Gesetzliche Personalzusatzkosten	29,6	32,4	33,7	31,4	33,3	34,6
• Sozialversicherungsbeiträge der Arbeitgeber[2]	19,2	22,0	22,9	20,2	23,1	24,0
• Bezahlte Feiertage und sonstige Ausfallzeiten	5,1	5,0	5,0	5,2	4,6	4,6
• Entgeltfortzahlung im Krankheitsfall	3,7	3,9	4,2	4,7	4,2	4,5
• Sonstige gesetzliche Personalzusatzkosten[3]	1,6	1,5	1,6	1,3	1,4	1,5
Tarifliche und betriebliche Personalzusatzkosten	30,4	35,7	35,8	33,7	37,1	37,2
• Urlaub, einschl. Urlaubsgeld	13,8	17,7	17,7	14,8	18,2	18,3
• Sonderzahlungen (Gratifikationen, 13. Monatsgehalt usw.)	7,7	8,1	8,2	8,0	8,1	8,1
• Betriebliche Altersversorgung	4,1	4,3	4,4	3,8	3,2	3,3
• Vermögensbildung	1,1	1,4	1,3	0,7	1,0	0,9
• Sonstige Personalzusatzkosten	3,7	4,2	4,2	6,4	6,6	6,6
nachrichtlich: Personalzusatzkosten bezogen auf die Personalkosten insgesamt	37,5	40,5	41,0	39,4	41,3	41,8
	Bankgewerbe			**Versicherungsgewerbe**		
	1978	1988	1992	1978	1988	1992
Insgesamt	94,5	101,4	102,8	84,2	96,4	97,8
Gesetzliche Personalzusatzkosten	31,7	34,3	35,9	31,7	34,5	35,8
• Sozialversicherungsbeiträge der Arbeitgeber[2]	20,4	24,0	24,9	19,8	23,0	23,9
• Bezahlte Feiertage und sonstige Ausfallzeiten	5,6	5,3	5,3	5,8	5,6	5,6
• Entgeltfortzahlung im Krankheitsfall	4,8	2,9	4,2	4,8	4,7	5,0
• Sonstige gesetzliche Personalzusatzkosten[3]	1,0	1,1	1,2	1,4	1,3	1,3
Tarifliche und betriebliche Personalzusatzkosten	62,8	67,1	67,2	52,5	61,9	62,0
• Urlaub, einschl. Urlaubsgeld	13,6	15,5	15,5	16,4	19,3	19,3
• Sonderzahlungen (Gratifikationen, 13. Monatsgehalt usw.)	20,3	21,2	21,2	15,6	15,2	15,2
• Betriebliche Altersversorgung	18,5	16,2	16,5	13,0	17,2	17,4
• Vermögensbildung	1,9	2,3	2,2	2,2	1,5	1,4
• Sonstige Personalzusatzkosten	3,7	11,7	11,8	5,3	8,7	8,7
nachrichtlich: Personalzusatzkosten bezogen auf die Personalkosten insgesamt	48,6	50,3	50,7	45,7	49,1	49,4

1 Alte Bundesländer. Unternehmen mit 50 und mehr Beschäftigten. In Prozent des Entgelts für geleistete Arbeit. Das Entgelt für geleistete Arbeit ist der/das um die Sonderzahlungen und um das Entgelt für arbeitsfreie Tage verminderte Bruttolohn/-gehalt.

2 Aus methodischen Gründen wurde mit einer konstanten Zahl von Feiertagen gerechnet.

3 Versicherungen gegen Betriebsunfälle und Berufskrankheiten, Mutterschutz usw.

Abb. 123: Personalzusatzkosten im Dienstleistungsgewerbe
Quelle: Institut der deutschen Wirtschaft (1993) Tab. 60.

daß für die Bestimmmung eines absolut gerechten Lohnes ein solcher Maßstab gefunden werden muß. Da dieser fehlt, beruht die absolute Höhe der Direktvergütung meist auf Kompromissen zwischen den divergierenden Interessen von Arbeitgebern und Arbeitnehmern und wird in der Regel von deren Repräsentationsorganen (Arbeitgeberverbände und Gewerkschaften, s. Kap. F.I) ausgehandelt. Die Höhe der Sozialleistungen wird sowohl durch gesetzliche und tarifliche Regelungen als auch (bei freiwilligen Sozialleistungen) weitgehend autonom durch die Unternehmung bestimmt.

Forschungsgegenstand der Betriebswirtschaftslehre war und ist in erster Linie die Bestimmung der relativen Lohnhöhe[573], also die gerechte Verteilung der auf den Produktionsfaktor »Arbeit« entfallenden Lohnsumme auf die einzelnen Mitarbeiter. Auch dabei sind wieder Maßstäbe zu finden, nach denen eine von der Unternehmung und den Mitarbeitern als gerecht empfundene Vergütung bestimmt werden kann.

Aus Unternehmungssicht gilt das sogenannte **Äquivalenzprinzip** von Kosiol als zentrales Grundprinzip für die gerechte Gestaltung der Lohnstruktur. Er postuliert, daß die individuelle Lohnhöhe und die individuelle Leistung übereinstimmen sollten, so daß

- Äquivalenz von Lohn und Anforderungsgrad (Anforderungsgerechtigkeit) und
- Äquivalenz von Lohn und Leistungsgrad (Leistungsgerechtigkeit)

gegeben sein müssen.

Das Äquivalenzprinzip basiert somit auf der Fiktion, daß Anforderungen und individuelle Leistung die einzigen Determinanten der Lohnhöhe sind.

Die Praxis zeigt jedoch, daß noch weitere Prinzipien die Lohnhöhe beeinflussen können (sollten). Aus Mitarbeitersicht ist – neben der Leistungsorientierung – vor allem die Orientierung der Lohnhöhe an sozialen Merkmalen wünschenswert. Dieser Teil der Vergütung wird daher als »Soziallohn« (oder Sozialleistungen, s. Kap. D.VII.1) bezeichnet.

Als weitere Determinanten der Lohnhöhe gelten die Orientierung an den Verhältnissen auf dem Arbeitsmarkt (Marktorientierung)[574] und zunehmend auch die Qualifikationsorientierung.[575]

Die bisher genannten »Gerechtigkeitserfordernisse« führen in der Regel dazu, daß sich die Höhe der Direktvergütung kumulativ aus verschiedenen Elementen ergibt: Grundlage ist eine Mindestvergütung, die auf gesetzlichen oder tarifvertraglichen Regelungen beruht. Hinzu kommen in der Regel anforderungsbezogene Anteile, die den Schwierigkeitsgrad der Arbeit und leistungsbezogene Anteile, die die individuellen Leistungsunterschiede repräsentieren. Zudem kann mit einem qualifikationsbezogenen Anteil den unterschiedlichen Qualifikationen der Stelleninhaber Rechnung getragen werden, während im marktbezogenen Anteil der sogenannte »Lohndrift« (Differenz zwischen Tarif- und Effektivlohn) sichtbar wird. Soziale Aspekte spielen hingegen vor allem bei der Festlegung der Sozialleistungen eine Rolle und wirken somit auf die Höhe der (Gesamt-) Vergütung.[576]

Im nachfolgenden Kapitel werden nun die Prinzipien näher erläutert, die vor allem bei der Differenzierung der Direktvergütung eine Rolle spielen.

---

573 Die Probleme, die mit der Bestimmung der relativen Lohnhöhe verbunden sind, werden von Kosiol auch als das »formale Lohnproblem« bezeichnet. Vgl. Kosiol (1962) 19.

574 Vgl. z.B. Maier (1988) 124 sowie zu volkswirtschaftlichen Aspekten Brinkmann (1984).

575 Vgl. insbesondere v. Eckardstein (1986) 248.

576 Vgl. hierzu Schanz (1993) 476f.

b) Darstellung ausgewählter Prinzipien der Lohndifferenzierung

Für die Bestimmung **anforderungsbezogener**[577] (Grund-)Löhne (»Lohnsatzdifferenzierung«) ist der Schwierigkeitsgrad der zu leistenden Arbeit (z.B. in Form quantifizierter Arbeitswerte) zu ermitteln. Die Arbeitsbewertung ist somit stets auf Aufgaben bestimmter Stellen gerichtet (Objektbezug), die individuelle Leistung des Stelleninhabers spielt keine Rolle. Sie ist dabei prinzipiell an einer auf Erfahrungswerten basierenden »Normalleistung« auszurichten. Dies bedeutet, daß nur die Anforderungen zu untersuchen sind, die bei einem hinreichend qualifizierten und eingearbeiteten Mitarbeiter bei normalem Arbeitseinsatz zu erwarten sind. Die systematische Erfassung und Beurteilung der Anforderungen erfolgt auch heute noch vor allem über die summarischen oder analytischen Verfahren der Arbeitsbewertung (s. Kap. D.II.2.a), obwohl diese zur Feststellung des Schwierigkeitsgrades bestimmter Aufgaben (z.B. Führungsaufgaben) kaum geeignet sind. Die Arbeitsbewertung i.e.S. ist mit der Ermittlung des Schwierigkeitsgrades der Aufgaben beendet, so daß es nun Aufgabe der Tarifvertragsparteien ist, die Arbeitswertsummen in anforderungsgerechte Lohnbestandteile zu transformieren.

Als Fazit ergibt sich, daß bei einer anforderungsbezogenen Lohndifferenzierung ceteris paribus die Mitarbeiter, die eine Stelle mit hohen Anforderungen haben, auch einen höheren Lohn erhalten als Mitarbeiter, die einen Arbeitsplatz mit geringeren Anforderungen besetzen.

Seit Beginn der 80er Jahre zeigt sich, daß die traditionelle anforderungsbezogene (Grund-)Lohndifferenzierung den aus einem schnellen (technologie- und arbeitsorganisatorisch bedingten) Wandel resultierenden Flexibilitätserfordernissen nicht mehr (in vollem Umfang) gerecht wird.[578] Ein möglicher Weg zur Substitution oder Ergänzung der Anforderungsorientierung wird in der Qualifikationsorientierung des Lohnes gesehen. Während bei der anforderungsbezogenen Lohndifferenzierung nur die Qualifikationen eine Rolle spielen, die dem Mitarbeiter durch die Anforderungen der zu erfüllenden Aufgaben abgefordert werden, orientiert sich die **qualifikationsbezogene Lohndifferenzierung** an **allen** Qualifikationen eines Mitarbeiter, also auch an denen, die zwar potentiell vorhanden sind, jedoch durch die Aufgaben nicht abgefordert werden.[579] Somit führt ein an der Qualifikation orientierter Lohn dazu, daß Mitarbeiter mit höherer Qualifikation ceteris paribus auch einen höheren Lohn erhalten. Für die Mitarbeiter bedeutet ein qualifikationsbezogener Lohn somit einen finanziellen Anreiz zum Erwerb von Mehrfachqualifikationen und damit zur Personalentwicklung. Aus Sicht der Unternehmung führt ein qualifikationsorientierter Lohn – im Vergleich zu einem anforderungsorientierten Lohn u.U. zu höheren Personalkosten. Andererseits verbessern jedoch Mitarbeiter, die über Mehrfachqualifikationen verfügen, die personelle Flexibilität. Sie ermöglichen eine schnelle Anpassung an sich wandelnde Umfeldfaktoren und tragen somit zur Sicherung der Wettbewerbsposition der Unternehmung bei.[580]

Die **leistungsbezogene** Lohndifferenzierung kann zum einen durch die Wahl leistungsreagibler **Lohnformen** erfolgen. Lohnformen werden gesondert im nächsten Kapitel behandelt, wobei auch auf jeweils zugrundeliegende Prinzipien der Lohndifferenzierung ein-

---

577 Vgl. ausführlich zur anforderungsbezogenen Lohndifferenzierung Groenewald (1990).
578 Vgl. dazu im einzelnen v. Eckardstein (1986) 251ff.
579 Vgl. Greife (1990) 1f.
580 Vgl. Schanz (1993) 492ff.

gegangen wird. Zum anderen kann eine leistungsbezogene Lohndifferenzierung durch eine von der Lohnform unabhängige Leistungsbeurteilung (s. dazu Kap. D.II.2.b.cc) erfolgen.

Bei variierender Leistung führt eine leistungsbezogene Lohndifferenzierung somit ceteris paribus auch zu variierender Lohnhöhe.

Vor allem bei der Vergütung von Führungskräften (s. Kap. D.VII.7) spielt auch die Orientierung an den aktuellen »Marktlöhnen« (Marktorientierung) als Prinzip der Lohndifferenzierung eine Rolle. Bei marktbezogenen Vergütungsbestandteilen handelt es sich jedoch oftmals nur um eine temporäre Erscheinung, mit der die Wettbewerbsposition der Unternehmung auf den relevanten Arbeitsmärkten gesichert werden soll. Bei der Bestimmung ihrer Höhe können zum Beispiel vergleichende Vergütungsstudien eine wichtige Orientierungshilfe bieten.[581]

3. Lohnformen

Die Direktvergütung, aber auch die Sozialleistungen[582], können in verschiedenen **Formen** auftreten. Unter einer Lohnform wird eine Methode zur Bestimmung der Lohnhöhe auf der Basis der Prinzipien der Lohndifferenzierung verstanden. Nachfolgend werden zum einen die drei **klassischen** Formen der Direktvergütung (Zeit-, Akkord- und Prämienlohn), bei denen die Lohndifferenzierung anforderungs- und/oder leistungsbezogen erfolgt, erläutert. Zum anderen wird ein Überblick über weitere Formen der Direktvergütung gegeben.

a) Klassische Lohnformen

Zu den klassischen Lohnformen zählen der (reine) Zeit-, der (reine) Akkord- und der Prämienlohn. Zeit- und Akkordlohn werden auch als **elementare** Lohnformen bezeichnet, während der Prämienlohn eine **zusammengesetzte** Lohnform ist, die sich aus einem Grundlohn (auf Basis des Zeit- **oder** Akkordlohnes) und einem von einer bestimmten Leistung abhängigen Zuschlag ergibt.

aa) Zeitlohn[583]

Beim Zeitlohn als ältester und einfachster Lohnform bildet die **Dauer der Arbeitszeit** (Stunde, Tag, Woche, Monat) die Bemessungsgrundlage. Die Arbeitsmenge pro Zeiteinheit und die Arbeitsqualität spielen für die Bemessung keine Rolle. Die Vergütung des Mitarbeiters ergibt sich somit wie folgt:

Lohnsatz pro Zeiteinheit x Anzahl der Zeiteinheiten

581 Vgl. Cisek (1994).

582 Vgl. Kap. D.VII.4 in dem die betriebliche Altersversorgung als Beispiel für eine bedeutende Sozialleistungsform dargestellt wird.

583 Vgl. zum Zeitlohn Kosiol (1962) 55ff. und Reisch (1992).

Daher ist aus Sicht des Mitarbeiters der Lohn pro Zeiteinheit – auch bei Leistungsschwankungen – konstant, während aus Sicht der Unternehmung die Lohnkosten pro Arbeitseinheit (»Lohnstückkosten«) umso stärker fallen, je höher die Mengenleistung pro Zeiteinheit ist. Dies zeigt die Abbildung 124, in der im Falle x_1, d.h. geringer Mengenleistung pro Zeiteinheit, die Kosten pro Arbeitseinheit für die Unternehmung hoch sind (a_1). Im Falle x_2 sind sie bei gleichbleibendem Lohn pro Zeiteinheit (a_k) deutlich geringer (a_2).

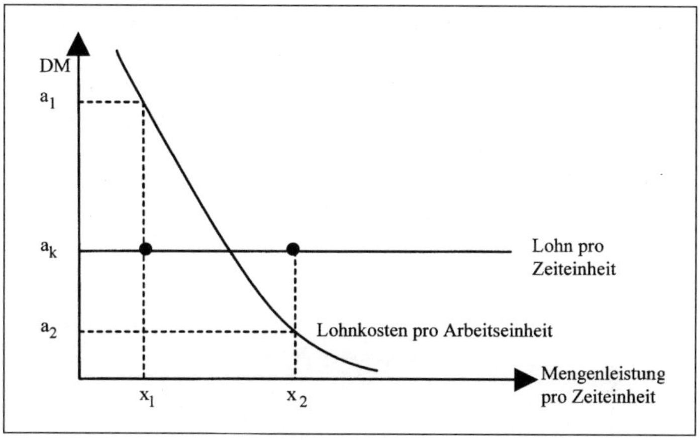

Abb. 124: Lohn- und Stückkostenverlauf bei Zeitlohn

Der Zeitlohn bietet dem Mitarbeiter somit keinen finanziellen Anreiz zur Steigerung der Arbeitsmenge pro Zeiteinheit. Die Lohnhöhe wird vielmehr allein anforderungsbezogen als konstanter Geldbetrag pro Zeiteinheit festgelegt. Dies bedeutet jedoch nicht, daß nur die Anwesenheit des Mitarbeiters ohne Bezug zur Arbeitsleistung vergütet wird. Vielmehr gehört die Pflicht, »Arbeit in einem Umfang zu leisten, der nach Treu und Glauben billigerweise von ihm erwartet werden kann« zu den Pflichten des Arbeitnehmers aus dem Arbeitsvertrag.[584]

Änderungen des anforderungsbezogen differenzierten Zeitlohnsatzes können nur im Zuge von Tarifverhandlungen oder je nach Gestaltung des Arbeitsvertrages in bestimmten Zeitabständen erfolgen.

Der Zeitlohn bietet sich daher vor allem in folgenden Situationen an:

- bei hohen Ansprüchen an die Qualität der Arbeit,
- wenn die quantitative Arbeitsleistung nicht oder nur schwer meßbar ist (also insbesondere bei geistigen Leistungen),
- wenn die Aufgabeninhalte sich häufig ändern,
- wenn der Arbeitsprozeß häufig unterbrochen wird,
- bei reinen Kontrollaufgaben,
- wenn der Arbeitsablauf organisatorisch determiniert ist (z.B. bei getakteter Fließfertigung),
- bei unfallgefährdeten Aufgaben.

584 Halbach u.a. (1991) 66.

Eine leistungsbezogene Gestaltung des Zeitlohns kann erfolgen, indem der reine Zeitlohn mit einer variablen – durch eine Leistungsbeurteilung ermittelten – Leistungszulage kombiniert wird.

bb) Akkordlohn[585]

Im Gegensatz zum Zeitlohn wird beim Akkordlohn der Lohn nicht nur anforderungsbezogen, sondern auch unmittelbar leistungsbezogen differenziert, da die Lohnhöhe auch von der – vom Mitarbeiter direkt beeinflußbaren – Mengenleistung abhängt.

Aus Sicht der Unternehmung bleiben die Lohnkosten pro Arbeitseinheit konstant, während aus Sicht des Mitarbeiters der Lohn pro Zeiteinheit mit der Arbeitsmenge pro Zeiteinheit variiert (a_2 bei x_2 gegenüber a_1 bei x_1 in Abbildung 125). In der Wirtschaftspraxis erhält der Mitarbeiter bei Absinken der Akkordleistung unter die Normalleistung (Erläuterung s.u.) jedoch auf jeden Fall den Mindestlohn, so daß der Lohn pro Stunde nach unten abgesichert ist.

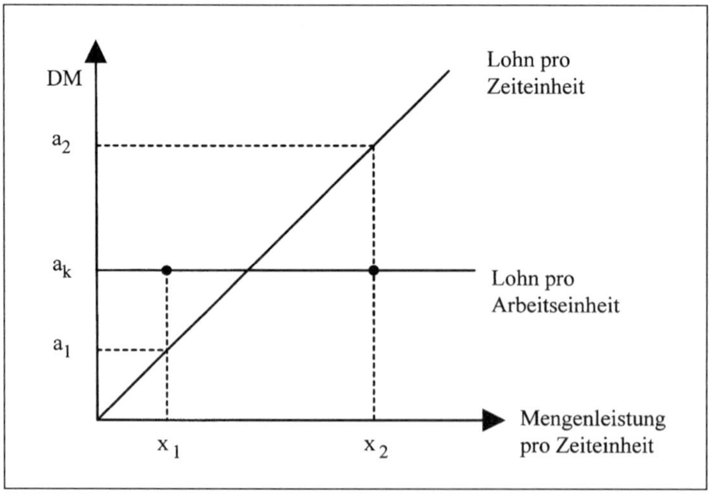

Abb. 125: Lohn- und Stückkostenverlauf bei Akkordlohn

Bei Akkordlohn lassen sich die zwei Formen **Zeitakkord** und **Geldakkord** unterscheiden. Beide Akkordvarianten unterscheiden sich in der Art und Weise der Lohnermittlung: Beim **Geldakkord** wird die geleistete Mengeneinheit mit einem Geldsatz je Mengeneinheit (»Stücklohn«) multipliziert, so daß der Mitarbeiter zum Beispiel für die doppelte Leistung auch den doppelten Lohn erhält – unabhängig von der benötigten Zeit. Beim – weiter verbreiteten – **Zeitakkord** wird hingegen für eine bestimmte Mengenleistung eine bestimmte mit einem Geldfaktor zu vergütende Zeit vorgegeben. Für die Bestimmung der Lohnhöhe wird beim Zeitakkord zuerst die Lohnhöhe pro Zeiteinheit (in der Regel Minu-

585 Vgl. zum Akkordlohn Kosiol (1962) 68ff. und Theis (1992).

ten), der sogenannte Minutenfaktor (oder Geldfaktor) bestimmt. Dieser ergibt sich aus der Division des Akkordrichtsatzes pro Stunde durch 60. Der **Akkordrichtsatz** ergibt sich i.d.R. aus einem (tariflichen) Mindestlohn und einem Akkordzuschlag und bildet den Stundenlohn eines Mitarbeiters bei **Normalleistung**.
Der Lohn pro Stunde wird dann wie folgt ermittelt:

Mengeneinheiten pro Stunde x Vorgabezeit pro Mengeneinheit x Minutenfaktor

Beide Akkordformen lassen sich ineinander überführen, da der Geldsatz je Mengeneinheit (beim Geldakkord) dem Minutenfaktor, multipliziert mit der Vorgabezeit je Mengeneinheit, also dem sogenannten »Zeitfaktor« (beim Zeitakkord) entspricht.

Während die Festlegung des **Akkordrichtsatzes** Gegenstand von Tarifverhandlungen ist, bildet die Ermittlung der **Vorgabezeit pro Mengeneinheit** auf der Basis der **Normalleistung** die Hauptaufgabe der Unternehmung bei Akkordlohn. In der Wirtschaftspraxis der Bundesrepublik Deutschland basiert die Ermittlung der Normalleistung im Rahmen von Arbeits- und Zeitstudien überwiegend auf der vom Verband für Arbeitsstudien REFA e.V. definierten REFA-Normalleistung: »Unter REFA-Normalleistung wird eine Bewegungsausführung verstanden, die dem Beobachter hinsichtlich der Einzelbewegungen, der Bewegungsfolge und ihrer Koordinierung besonders harmonisch, natürlich und ausgeglichen erscheint. Sie kann erfahrungsgemäß von jedem in erforderlichem Maße geeigneten, geübten und voll eingearbeiteten Arbeiter auf die Dauer und im Mittel der Schichtzeit erbracht werden, sofern er die für persönliche Bedürfnisse und gegebenenfalls auch für Erholung vorgegebenen Zeiten einhält und die freie Entfaltung seiner Fähigkeiten nicht behindert wird.«[586]

Im Rahmen von Arbeits- und Zeitstudien können jedoch nicht immer unmittelbar »normale« Leistungen beobachtet werden, da auch intra- und interpersonale Leistungsschwankungen eine Rolle spielen. Daher muß bei Zeitaufnahmen neben dem Messen der benötigten Istzeiten jeweils der **Leistungsgrad** des beobachteten Mitarbeiters geschätzt werden, der als Prozentsatz der Normalleistung ausgedrückt werden kann. Die Normalzeit ergibt sich somit aus der Multiplikation der Istzeit mit dem Leistungsgrad. Der Normalleistung galten die meisten Diskussionen und Kritiken zum Akkordlohn, da diese durch Arbeits- und Zeitstudien-Experten im Ergebnis immer nur **geschätzt** werden kann, so daß Objektivität nur annähernd zu erzielen ist.[587]
Die Anwendung des Akkordlohns ist sinnvoll, wenn:

- die Beeinflußbarkeit der Mengenleistung durch den Mitarbeiter gegeben ist,
- es sich um regelmäßig in gleicher Weise wiederkehrende Aufgaben handelt,
- die Qualität des Arbeitsergebnisses individuell nicht beeinflußt werden kann, eine untergeordnete Rolle spielt oder aber nach Arbeitsvollzug durch Qualitätskontrollen zu ermitteln ist und Lohnabzüge für Ausschuß nach sich ziehen kann.

Der normale Akkordlohn fördert nur die Erhöhung der individuellen Mengenleistung, so daß die Zusammenarbeit darunter leiden kann. Solche Tendenzen sollen durch **Gruppenakkord** verhindert werden. Dieser ist dann vorzuziehen, wenn größere, aber klar definierte

586 REFA (1978) 136.
587 Vgl. die zusammenfassende Darstellung kritischer Stimmen und auch von Änderungsvorschlägen bei Braun (1966) sowie Bartölke u.a. (1981) 227ff.

und abgegrenzte Teilaufgaben in Zusammenarbeit besser erledigt werden können, sowie auch dann, wenn wegen des Arbeitsverfahrens Einzelakkord nicht möglich ist (z.B. bei der Montage großer Maschineneinheiten).

cc) Prämienlohn[588]

Wie der Akkordlohn wird auch der Prämienlohn anforderungs- und leistungsbezogen differenziert. Er ergibt sich aus einem anforderungsbezogenen und/oder leistungsbezogenen Grundlohn (s.u.) und einem leistungsbezogenen Zuschlag **(Prämie)**.

Nach Kosiol lassen sich Prämienlöhne nach der Bezugsgröße der Prämienbemessung in Grundprämien – und Zusatzprämienlöhne differenzieren:

Bei **Grundprämienlöhnen**, die für »Grundleistungen« gewährt werden, beruht die Prämienbemessung unmittelbar auf den Maßstäben der Zeit oder der Menge, wobei der Zeitlohn (»Prämienzeitlohn«) oder der Akkordlohn (»Prämienstücklohn«) die Zuschlagsbasis bilden. Beide sollen jedoch einen Anreiz zur Steigerung der Mengenleistung (durch eine höhere Leistungsmenge oder eine kürzere Leistungszeit) bieten, so daß sie oftmals auch als **Quantitäts-** oder **Mengenleistungsprämien** bezeichnet werden.[589]

Bei **Zusatzprämienlöhnen**, die für »Zusatzleistungen« gewährt werden, basiert die Prämienbemessung auf qualitativen Merkmalen.[590] In der Regel sollen qualitative Aspekte der Leistung, also ein bestimmtes erwünschtes Leistungsverhalten oder bestimmte zusätzliche Leistungen honoriert werden. Zusatzprämienlöhne sind daher sowohl mit den elementaren Lohnformen als auch mit Grundprämienlöhnen kombinierbar.

Bei der Gestaltung von Zusatzprämienlöhnen ist insbesondere auf die Wahl einer zieladäquaten Bezugsgröße zu achten. Abbildung 126 gibt einen Überblick über die in der Wirtschaftspraxis üblichen Arten von Zusatzprämien.

Nach der Wahl einer oder mehrerer Prämienarten ist die Prämie konkret zu gestalten. Gestaltungsparameter sind zum einen die Leistungsspanne (Bereich, in dem die Prämienbezugsgröße variieren soll) und zum anderen die Prämienspanne (Bereich, in dem die Prämienhöhe variieren soll) sowie der Verlauf der Prämienhöhe. Vor allem von den beiden letzten Aspekten hängen die möglichen Anreizwirkungen des Prämienlohns ab. Abbildung 127 zeigt die Zusammenhänge und gibt einen Überblick über mögliche Verlaufsformen des Prämienlohns.

b) Überblick über weitere Lohnformen

In der Wirtschaftspraxis sind neben den klassischen Lohnformen noch andere (ähnliche) Vergütungsformen und -bestandteile verbreitet, von denen einige nachfolgend kurz skizziert werden:

Die **Provision** ist eine Vergütungsform, die vor allem im Vertriebsbereich hohe Bedeutung hat. Sie wird als fest vorgegebener Prozentsatz vom Umsatz oder vom Deckungsbeitrag

---

588 Vgl. zum Prämienlohn Kosiol (1962) 125ff. und Böhrs (1980) 159ff.
589 Vgl. z.B. Wiesner (1969) 28ff.; Hentze (1986) 409.
590 Vgl. Kosiol (1962) 126ff.

Arten von Zusatzprämien
Qualitätsprämien Ziel von Qualitätsprämien ist die Verbesserung des qualitativen (Produktions-)Ergebnisses und die Vermeidung von Verlusten durch Ausschuß, Nacharbeit, Minderqualitäten o.ä.
Nutzungsgradprämien Ziel von Nutzungsgradprämien ist die Optimierung der zeitlichen Nutzung der Kapazität der Betriebsmittel, also die Vermeidung/Reduktion von Leer-, Rüstzeiten o.ä.
Ersparnisprämien Ziel von Ersparnisprämien ist der sparsame Einsatz von Produktionsfaktoren (z.B. Roh-, Hilfs- und Betriebsstoffe), der sich in der Reduktion bestimmter Kostenarten (z.B. Material- oder Energiekosten) zeigt.

Abb. 126: Arten von Zusatzprämien

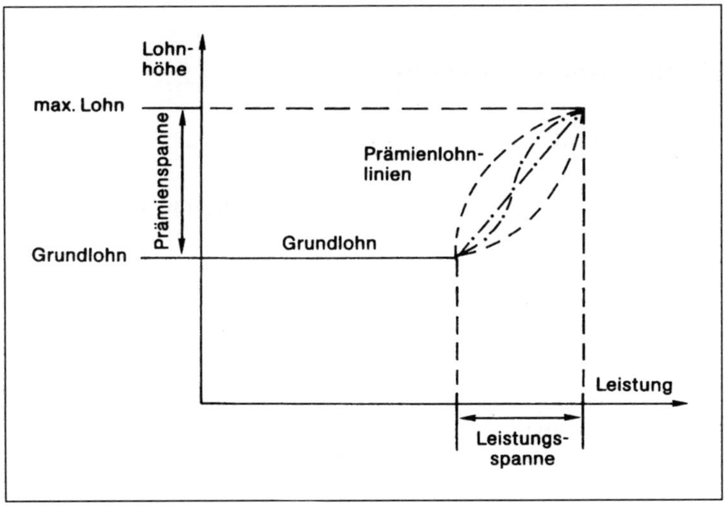

Abb. 127: Aufbau des Prämienlohns
Quelle: Schanz (1993) 500.

ermittelt. Die Vergütung ist somit variabel und steht in direkter Beziehung zum Verkaufsergebnis. Vereinzelt werden auch Provisionen auf der Basis von Verkaufsmengen gezahlt. Bei weisungsgebundenen Reisenden, die Arbeitnehmer im arbeitsrechtlichen Sinne sind (s. Kap. F.I.2.b), setzt sich die Vergütung in der Regel aus einem Fixum und der Provision zusammen, während (selbständige) Handelsvertreter nur eine (i.d.R. prozentual höhere) Provision erhalten.[591]

Als **Tantieme** bezeichnet man sowohl eine Beteiligung am Gewinn als auch Zusatzvergütungen für bestimmte Leistungen (z.B. Erreichen vereinbarter Ziele), die vor allem Führungskräfte neben ihrem »Zeitlohn« erhalten (s. Kap. D.VII.7).

Oftmals werden neben Zeit-, Akkord- oder Prämienlöhnen noch **Zulagen** gezahlt, die zum einen weitere Aspekte der Arbeitsleistung berücksichtigen, die durch die klassischen Lohnformen nicht erfaßt werden, so z.B. Zulagen zum Ausgleich von besonders schwierigen Arbeitsbedingungen (Mehr-, Schicht- oder Nachtarbeit, Gefahrenzulagen o.ä.) oder die zum anderen eine gewählte Lohnform mit weiteren Lohndifferenzierungskriterien kombinieren, wie z.B. Zeitlohn plus Leistungszulage (s.o.).

Seit einiger Zeit werden in der Wirtschaftspraxis unter dem Oberbegriff »**Pensumlohn**« auch sogenannte neuere Lohnformen verwendet, die ebenfalls anforderungs- und leistungsbezogen differenziert werden.[592] Gemeinsam ist den drei neueren Lohnformen **Vertragslohn**, **Festlohn mit geplanter Tagesleistung** und **Programmlohn** (s. den Überblick in Abbildung 128), daß die Lohnhöhe im Hinblick auf eine erwartete Leistung pro Periode festgelegt wird. Negative Abweichungen wirken sich erst in nachfolgenden Perioden auf die Lohnhöhe aus.

Eine weitere Lohnform, die in den nächsten Jahren an Bedeutung gewinnen könnte, ist der **Qualifikationslohn**. Die Grundidee des Qualifikationslohns wurde jedoch bereits im Zusammenhang mit den Prinzipien der Lohndifferenzierung erläutert (s.o.).[593]

4. Betriebliche Altersversorgung

a) Begriff, Rechtsgrundlagen, Bedeutung und Stand der Entwicklung

Zur betrieblichen Altersversorgung zählen alle Leistungen, mit der eine Unternehmung über die Pflichtbeiträge zur gesetzlichen Rentenversicherung hinaus zur Sicherung der Einkommen ihrer Mitarbeiter (oder deren Familien) im Invaliditäts-, Krankheits- oder Todesfall sowie nach Erreichen der Altersgrenze beiträgt.[594]

Die betriebliche Altersversorgung ist trotz der Regelung durch das »Gesetz zur Verbesserung der betrieblichen Altersversorgung« (BetrAVG) im Kern eine **freiwillige soziale Leistung**, da die Unternehmung über Einführung, Höhe, Gestaltungsform und begünstigte(n) Mitarbeiter(gruppe) **frei** entscheiden kann.[595] Der Grad der Freiwilligkeit kann jedoch – je nach Rechtsgrundlage – variieren (s. den Überblick in Abbildung 129).[596]

---

591 Vgl. Unger (1990).

592 Vgl. Paasche (1981) 96ff. oder Maier (1988) 139ff.

593 Vgl. insbesondere zu den Erscheinungsformen des Qualifikationslohns v. Eckardstein (1991) und ausführlicher Greife (1990) 8ff.

594 Vgl. z.B. Ahrend/Walkiewicz (1990) 3 sowie die Legaldefinition in § 1 I BetrAVG.

595 Auch der Betriebsrat hat keine Inititativrechte, kann also eine Einführung einer betrieblichen Altersversorgung nicht erzwingen. Bei Fragen der Gestaltung oder Änderung des Leistungsplans für die Versorgungsempfänger sowie der Beitragsbelastungen der Mitarbeiter können sich jedoch Beteiligungsrechte des Betriebsrats nach § 87 I Nr. 10 BetrVG ergeben.

596 Vgl. zu den rechtlichen Grundlagen z.B. Halbach u.a. (1991) 191ff.

Entlohnungssystem	Merkmale	Vorteile	Nachteile
(1) Vertragslohn	Lohn wird für einen begrenzten Zeitraum im voraus zwischen Vorgesetztem und Mitarbeiter individuell festgesetzt. Für diesen garantierten Lohn verpflichtet sich der Mitarbeiter zu einer entsprechenden Leistung. Intensive Vorarbeiten zur Ermittlung und Pflege der Sollzeiten sind erforderlich sowie regelmäßige Erfassung der Zeitgrade zum Überprüfen der Vertragsleistung.	**Mitarbeiter:** Über längere Perioden gesicherter Verdienst; Lohngarantie für noch zu liefernde Leistung. **Betrieb:** Gegenüber Akkordlohn vereinfachte Lohnabrechnung; durch Daten gesicherte Leistungsaufzeichnung. Bei Bedarf Leistungsgespräch zwischen Vorgesetztem und Mitarbeiter.	**Mitarbeiter:** Kein unmittelbares Leistungs-Verdienst-Erlebnis wie bei echtem Akkordlohn. **Betrieb:** Zusätzliche Leistungsüberwachung durch Vorgesetzten. Bei Leistungsabfall ist Verdienstkürzung durch Vertragsregel erschwert. Zusätzliche Ausbildung des Vorgesetzten erforderlich.
(2) Festlohn mit geplanter Tagesleistung/Measured Day Work	Fester Lohn für eine bestimmte Zeiteinheit. DV-gestütztes Fertigungsregelungs-System mit schneller Rückmeldung der Soll-Ist-Daten als Führungshilfe für motivierende qualifizierte Vorgesetzte mit 15 bis 25 Mitarbeitern. Voraussetzung: Reichliches Angebot an Arbeitskräften.	**Mitarbeiter:** Garantierter Lohn. **Betrieb:** Einfache Lohnabrechnung. Lohnungebundene Richtzeiten sind ohne tarifpolitische Zugeständnisse leichter zu ermitteln. Zeiten können daher zwanglos jeder Methodenänderung angepaßt werden.	**Mitarbeiter:** Kein unmittelbarer Leistungsanreiz. **Betrieb:** Produktivität hängt wesentlich vom Führungspersonal ab. Zusätzlicher Aufwand für intensive Schulung und Auswahl von Vorgesetzten sowie für Bilden neuer Echt-Zeiten (keine Akkord-Verrechnungszeiten mehr) und für engmaschige Fertigungsregelung über DV.
(3) Programmlohn	Fester Lohn für eine bestimmte Zeiteinheit bei Erfüllung einer festumrissenen Arbeitsaufgabe (Programm). Mehrleistung gegenüber Programm ist nicht erwünscht und wird nicht vergütet. Wird Programm aus von Mitarbeitern zu vertretenden Gründen nicht erfüllt, erfolgt Lohnminderung nach gemeinsamer Besprechung zwischen Betriebsleitung, Mitarbeitern und Betriebsrat.	**Mitarbeiter:** Gesicherter Verdienst bei Programmerfüllung. **Betrieb:** Methoden- und Verfahrensänderungen leicht durchführbar. Die wöchentliche Programmerstellung läßt Engpässe schnell erkennen. Leistungsmotivierung durch Vorgesetzte nicht erforderlich, da Mitarbeiter eine bestimmte Leistungsverpflichtung übernommen haben.	**Mitarbeiter:** Verdienstrisiko bei Nichterfüllung des Programms. **Betrieb:** Aufwand für Ermittlung und Pflege der notwendigen Soll-Zeiten sowie für Kontrolle der Programmerfüllung. Bei Nichterfüllung des Programms sind Ergebnisgespräche mit den Mitarbeitern und dem Betriebsrat zu führen.

Abb. 128: Merkmale, Vorteile und Nachteile neuerer Lohnformen nach erwarteter Leistung
Quelle: In Anlehnung an Paasche (1981) 94f.

Mögliche Rechtsgrundlagen der betrieblichen Altersversorgung

• Kollektivvereinbarungen
    • Tarifverträge
    • Betriebsvereinbarungen
 	
• Individualvereinbarungen
    • Einseitige Erklärung des Arbeitgebers
        • an eine Mitarbeitergruppe (Gruppenzusage)
        • an alle Mitarbeiter (Gesamtzusage)
    • Individueller Vertrag
    • Betriebliche Übung und Gleichbehandlungsgrundsatz

Abb. 129: Mögliche Rechtsgrundlagen der betrieblichen Altersversorgung
Quelle: in Anlehnung an Matschke (1989) 32.

Motive für die Einführung einer betrieblichen Altersversorgung können sich sowohl aus **sozialpolitischen** als auch aus **personalpolitischen** Überlegungen ergeben:[597]

- Aus **sozialpolitischer** Sicht bildet die betriebliche Altersversorgung die »zweite Säule« des postulierten dreiteiligen Alterssicherungssystems in der Bundesrepublik Deutschland (sogenannte »Drei-Säulen-Konzeption«). Sie hat die Aufgabe, die Leistungen der Sozialversicherung (»erste Säule«) und die zumutbare Eigenvorsorge (»dritte Säule«) bis zu einer angemessenen Höhe (je nach Mitarbeitergruppe ca. 75–90% des letzten Nettoeinkommens) zu ergänzen. Da sich in der gesetzlichen Sozialversicherung nur die Bruttoeinkommen bis zur Beitragsbemessungsgrenze auswirken, steigt die durch betriebliche und private Altersversorgung zu deckende »Versorgungslücke« mit zunehmendem Einkommen.
- Aus **personalpolitischer** Sicht stellt das Angebot einer betrieblichen Altersversorgung in erster Linie einen Anreiz dar, der z.B. die Bindung der Mitarbeiter an die Unternehmung erhöhen, deren Sicherheitsbedürfnisse befriedigen und die Attraktivität der Unternehmung für potentielle Mitarbeiter steigern kann.
  Wegen der mit zunehmendem Einkommen steigenden »Versorgungslücke« erscheint es personalpolitisch sinnvoll, die Leistungen nach Mitarbeitergruppen (oder Gehaltsstufen) zu differenzieren. Dabei wird die Höhe dieser gruppenbezogenen Zusagen nicht nur von der Versorgungslücke, sondern auch vom Grad der zumutbaren Eigenvorsorge bestimmt.[598]
  Zudem sind der (sozial- und personalpolitische) Nutzen und der finanzielle Aufwand abzuwägen, da die betriebliche Altersversorgung eine kostspielige (wenn nicht die kostenintensivste) Sozialleistung ist.

597 Vgl. zur sozial- und personalpolitischen Bedeutung der betrieblichen Altersversorgung z.B. Heubeck (1992) Sp. 20ff. sowie Ahrend/Walkiewicz (1990) 3ff.
598 Vgl. Wagner/Grawert (1993) 171.

Wie Erhebungen des Ifo-Instituts München zeigen, stagniert die **Verbreitung** der betrieblichen Altersversorgung – gemessen an der Zahl der Unternehmungen – seit Anfang der 80er Jahre. Bei der Zahl der Beschäftigten mit betrieblicher Altersversorgung ist sogar – insgesamt gesehen – eine rückläufige Tendenz zu beobachten (s. Abbildung 130).[599]

Industrie	Beschäftigte mit betrieblicher Altersversorgung (in ...% der Beschäftigten der jeweiligen Größenklasse)					
	1979	1981	1984	1987	1990	1993
Unternehmen mit						
20– 49	24	27	24	23	19	18
50–199	44	47	48	46	44	40
200–999	63	70	70	68	65	62
1 000 u. mehr Beschäftigten	80	85	89	91	90	85
Industrie insgesamt	66	70	72	72	70	66

Handel	Beschäftigte mit betrieblicher Altersversorgung (in ...% der Beschäftigten der jeweiligen Größenklasse)					
	1979	1981	1984	1987	1990	1993
Unternehmen mit						
3– 5	10	12	11	9	10	12
6– 9	11	12	13	19	13	11
10– 19	12	12	12	11	13	12
20– 49	14	15	16	15	15	16
50–199	21	27	29	28	25	23
200–499	23	30	31	44	35	27
500 u. mehr Beschäftigten	50	62	53	54	65	61
Handel insgesamt	23	28	26	28	29	28

Abb. 130: Verbreitung der betrieblichen Altersversorgung nach Beschäftigten
Quelle: Ifo-Erhebungen seit 1979, zitiert nach Beyer (1994) 27.

Diese Entwicklung dürfte **auch** auf die Regelungen des BetrAVG von 1974 sowie die nicht immer eindeutige Rechtsprechung zurückzuführen sein, durch die der finanzielle und administrative Aufwand für die betriebliche Altersversorgung erheblich gestiegen ist.[600]

b) Typen der betrieblichen Altersversorgung

Wegen der relativ hohen Gestaltungsfreiheit der Unternehmungen bei der betrieblichen Altersversorgung existiert in der Praxis eine Vielzahl von Versorgungssystemen. Sie lassen sich nach dem Aspekt der **Leistungsermittlung** in die drei Typen

599 Vgl. Beyer (1994) 26f.
600 Vgl. zur Entwicklung der betrieblichen Altersversorgung Beyer (1994) sowie Gaugler (1987).

(1) Gesamtversorgungssysteme
(2) Vergütungsorientierte und dynamisierte Systeme
(3) Festbetragsysteme

unterscheiden.[601]

Zu (1):
Bei Gesamtversorgungssystemen wird die Differenz zwischen einem als Bezugsbasis festgelegten Einkommen sowie einer als Bezugsbasis festgelegten anderen Versorgung (in der Regel die gesetzliche Rente) durch ein bestimmtes Reglement ermittelt. Je nachdem, ob die gesamte Differenz oder nur ein Teil als betriebliche Rente gezahlt wird, handelt es sich um ein unlimitiertes oder aber ein limitiertes System.

Zu (2):
Die Versorgungszusage bezieht sich bei vergütungsorientierten und dynamisierten Systemen grundsätzlich auf einen bestimmten Prozentsatz der pensionsfähigen Vergütung. Bei vergütungsorientierten Systemen wird die betriebliche Rente nach Maßgabe eines bestimmten Prozentsatzes des Einkommens pro Dienstjahr und der in diesem Jahr geltenden pensionsfähigen Vergütung des Mitarbeiters ermittelt. Bei den dynamisierten Systemen ergibt sich die Versorgungsleistung aus dem pensionsfähigen Einkommen bei Eintritt des Versorgungsfalls (oder einem Durchschnitt der letzten Jahre), auf das dann ein bestimmter Prozentsatz unter Berücksichtigung der Dienstjahre angewendet wird (teildynamische Systeme). Bei volldynamischen Systemen wird die betriebliche Rente an die Entwicklung eines vorgegebenen Bezugsindexes in der Zukunft angepaßt.

Zu (3):
Bei Festbetragssystemen wird als Versorgungsleistung ein fester DM-Betrag garantiert. Dieser kann zum einen unabhängig vom Arbeitseinkommen und den Dienstjahren festgelegt sein. Denkbar ist aber auch, daß in die Ermittlung dieses Betrages die Höhe des Einkommens und die Dienstjahre eingehen.

c) Gestaltungsformen der betrieblichen Altersversorgung

Für die organisatorische Gestaltung der betrieblichen Altersversorgung bieten sich verschiedene Formen an:[602]

Falls die Unternehmung Träger der betrieblichen Altersversorgung ist, handelt es sich um **Direktzusagen**. Dabei verpflichtet sich die Unternehmung, ihren Mitarbeitern oder deren Hinterbliebenen **unmittelbar** aus finanziellen Mitteln der Unternehmung eine betriebliche Altersversorgung zu gewähren. Zur Absicherung dieser Verpflichtung sind von der Unternehmung Pensionsrückstellungen zu bilden.

Bei der Versorgung über externe Träger können die Versorgungsleistungen durch eine **Unterstützungskasse**, eine **Pensionskasse** oder durch ein Lebensversicherungsunterneh-

---

601 Vgl. zu dieser Differenzierung, zu der nachfolgenden Darstellung und zu den Vor- und Nachteilen der Typen Glaubrecht (1992) 361f.; Matschke (1989) 95ff.; Ahrend/Walkiewicz (1990) 13ff.
602 Vgl. dazu und im folgenden Schulte (1989) 453ff. und Ahrend/Walkiewicz (1990) 10ff.

men erfolgen, wobei im letzteren Fall die Leistungsgewährung auf einer **Direktversicherung** beruht:

- **Unterstützungskassen** sind von einer oder mehreren Unternehmung(en) getragene, rechtlich selbständige Einrichtungen, die die Versorgungsleistungen ohne Rechtsanspruch gewähren und daher nicht der staatlichen Versicherungsaufsicht unterliegen.
- **Pensionskassen** sind versicherungsrechtlich Lebensversicherungsunternehmen in der Rechtsform eines Versicherungsvereins auf Gegenseitigkeit (VVaG), die von einer oder mehreren Unternehmung(en) getragen werden. Im Unterschied zu Unterstützungskassen besteht für die Mitarbeiter ein Rechtsanspruch auf die Versorgungsleistungen.
- Unter einer **Direktversicherung** wird eine Lebensversicherung verstanden, die im Rahmen der betrieblichen Altersversorgung von der Unternehmung abgeschlossen wird, wobei dem versicherten Mitarbeiter oder seinen Hinterbliebenen die Versicherungsleistungen ganz oder teilweise zustehen.

Bei der Wahl der Organisationsform spielen vor allem steuerliche und finanzwirtschaftliche Überlegungen eine Rolle, denen hier nicht nachgegangen wird.[603]

d) Überblick über wichtige Regelungen des BetrAVG (»Betriebsrentengesetz«)[604]

Ziel des BetrAVG war es, die betriebliche Altersversorgung für die begünstigten Arbeitnehmer sicherer und wirkungsvoller zu gestalten. Für die Unternehmungen, die eine betriebliche Altersversorgung einführen wollen oder eingeführt haben, bedeutet dies, daß sie eine Reihe von Anforderungen erfüllen müssen. Nachfolgend werden wichtige Regelungen kurz skizziert:[605]

- Nach § 1 I BetrAVG bleiben den Mitarbeitern bei Erfüllung bestimmter – im Gesetz geregelter – Bedingungen die Anwartschaften auf Leistungen aus der betrieblichen Altersversorgung auch bei Ausscheiden aus der Unternehmung erhalten (»**Unverfallbarkeit von Versorgungsanwartschaften**«). Die Höhe der unverfallbaren Anwartschaft wird nach § 2 I BetrAVG bestimmt.
- Nach § 5 I BetrAVG dürfen die bei Eintritt des Versorgungsfalls festgesetzten Leistungen nicht dadurch gemindert oder entzogen werden, daß andere Leistungen, die sich durch die wirtschaftliche Entwicklung erhöhen, auf die betriebliche Altersversorgung angerechnet werden (»**Aufzehrungsverbot**«).
- Nach § 6 BetrAVG sind die betrieblichen Renten dann vorzeitig zu gewähren, wenn vorgezogene Altersrenten aus der gesetzlichen Rentenversicherung bezogen werden.
- Nach § 16 BetrAVG ist die Unternehmung verpflichtet, die Versorgungsleistungen alle drei Jahre zu überprüfen und über eine **Anpassung** nach billigem Ermessen zu entschei-

---

603 Vgl. dazu im einzelnen Arbeitsgemeinschaft für betriebliche Altersversorgung e.V. (o.J.).

604 Zu den rechtlichen Rahmenbedingungen der betrieblichen Altersversorgung zählen auch eine Vielzahl steuer- und handelsrechtlicher Regelungen, die hier nicht skizziert werden können. Vgl. dazu im einzelnen Arbeitsgemeinschaft für betriebliche Altersversorgung e.V. (o.J.).

605 Vgl. den Überblick bei Ahrend/Walkiewicz (1990) 8f. sowie ausführlich Halbach u.a. (1991) 193ff.

den. Aufgrund verschiedener Urteile des Bundesarbeitsgerichts ist dabei auf die Teuerungsrate sowie den Anstieg der Nettoeinkommen der aktiven Belegschaft abzustellen.

5. Erfolgsbeteiligung als ein System der materiellen Mitarbeiterbeteiligung

a) Überblick über Systeme der materiellen Mitarbeiterbeteiligung

Der Begriff der **Mitarbeiterbeteiligung** bezieht sich sowohl auf die **immaterielle** (Partizipation, Mitbestimmung auf Unternehmungs- und Betriebsebene) als auch auf die **materielle** Beteiligung der Mitarbeiter.

Die in der Bundesrepublik Deutschland praktizierten Systeme der materiellen Mitarbeiterbeteiligung lassen sich idealtypisch in zwei Gruppen unterscheiden:[606]

Unter **Erfolgsbeteiligungen** sind die materiellen Leistungen zu verstehen, die Mitarbeiter oder Mitarbeitergruppen einer Unternehmung oder eines Unternehmungsteils bei der Erzielung eines betriebswirtschaftlichen Erfolges aufgrund freiwilliger, vorab und auf Dauer getroffener individual- oder kollektivvertraglicher Vereinbarungen zusätzlich zu anderen Vergütungen (Direktvergütung, Sozialleistungen) erhalten.[607] Der Begriff der Erfolgsbeteiligung wird auch für die Beteiligungssysteme verwendet, bei denen als Beteiligungsbasis nicht der betriebswirtschaftliche Erfolg, sondern nur einzelne Erfolgskomponenten (z.B. Ertrag, Umsatz, Kosten) verwendet werden.

Bei **Kapitalbeteiligungen** sind die Mitarbeiter oder einzelne Mitarbeitergruppen nicht nur Arbeitnehmer im juristischen Sinne (s. Kap. F.I.2.b), sondern gleichzeitig auch am Eigen- oder Fremdkapital der arbeitgebenden Unternehmung beteiligt.[608]

Beide Beteiligungssysteme können zwar isoliert nebeneinander bestehen, sie werden jedoch oft kombiniert,[609] indem Erfolgsanteile ganz oder zum Teil als Eigen- oder Fremdkapital zu investiven Zwecken in der Unternehmung verbleiben. Die Kapitalbeteiligung kann somit auch als **eine** Alternative der Verwendung von Erfolgsanteilen gesehen werden.

b) Ziele von Erfolgsbeteiligungssystemen

Mit der Einführung von Erfolgsbeteiligungssystemen werden verschiedene Ziele verfolgt, die sich nach drei Aspekten systematisieren lassen:[610]

Aus **wirtschaftspolitischer** Sicht können Erfolgsbeteiligungssysteme – je nach Beteiligungsbasis – zu einer flexibleren Lohnpolitik (Anpassung der Arbeitseinkommen an kon-

---

606 Vgl. zu den gesellschaftlichen Wertvorstellungen, die den Systemen der materiellen Mitarbeiterbeteiligung zugrunde liegen Steinmann/Müller/Klaus (1982) 119f.

607 Vgl. Berthel (1984) 386.

608 Vgl. z.B. Schneider (1992).

609 Diese Kombination wird auch als »laboristische Kapitalbeteiligung« bezeichnet. Vgl. Esser/Faltlhauser (1974) 19f.

610 Vgl. zu den Zielen von Erfolgsbeteiligungen z.B. Berthel (1984) 387; Esser/Faltlhauser (1974) 45ff.; Gaugler (1975) 794f.; Schneider/Zander (1990) 39ff.

junkturelle Schwankungen) führen. Dies bedeutet, daß z.B. in einer Boomphase die Arbeitseinkommen bei gleichbleibendem Tariflohn gesteigert werden könnten, so daß es u.U. in einer späteren Rezessionsphase nicht zu »ökonomischen Freisetzungen« kommt (s. Kap. D.IV.4.b). Zudem können je nach Gestaltung des Beteiligungssystems die möglichen negativen Wirkungen einer mit dem Konjunkturverlauf schwankenden Veränderung von Arbeitseinkommen auf die Volkswirtschaft vermieden werden. So beeinflussen z.B. die Alternativen der Erfolgsverwendung die Konsum-/Sparneigung der Arbeitnehmer.

Aus **sozialpolitischer** Sicht können Erfolgsbeteiligungen dem Ausgleich von Arbeitgeber- und Arbeitnehmerinteressen dienen. Durch die Förderung der Vermögensbildung in Arbeitnehmerhand soll eine höhere Verteilungsgerechtigkeit erzielt und sollen soziale Spannungen vermieden werden.

Unternehmungen verfolgen mit Erfolgsbeteiligungssystemen in der Regel nicht nur ein Ziel, sondern ein (oft heterogenes) Zielbündel. Als zentrale **Unternehmungsziele** werden genannt:

- Steigerung der Leistungsbereitschaft und damit der quantitativen und/oder qualitativen Leistung (insbesondere Senkung der Absentismusrate und Erhöhung der Produktivität),
- Förderung der Bindung an die Unternehmung (Senkung der Fluktuationsrate),
- Aufbau und Erhalt eines qualifizierten Mitarbeiterstammes,
- Förderung des ökonomischen Denken und Handelns (z.B. Kostenbewußtsein, »Unternehmermentalität«),
- Verbesserung des Mitarbeitereinkommens,
- Verbesserung des Unternehmungsimages (insbesondere auf den Arbeitsmärkten),
- Steuerung betrieblicher Aktivitäten zur Erreichung spezieller Ziele,
- Finanzwirtschaftliche Ziele (z.B. Erhöhung des Eigenkapitals, Verbesserung der Kapitalstruktur, Verbesserung der Liquidität).

c) Gestaltungselemente von Erfolgsbeteiligungssystemen

aa) Überblick

Die einzelnen Ziele sind jeweils nur durch eine adäquate Gestaltung und Kombination der Systemelemente – unter Beachtung möglicher Zielkonflikte – erreichbar.

Abbildung 131 gibt einen Überblick über die Elemente von Erfolgsbeteiligungssystemen sowie mögliche Gestaltungsalternativen.

Unabhängig von der konkreten Gestaltung von Erfolgsbeteiligungssystemen ist bei ihrer Konzeption (und der späteren Implementierung) vor allem auf die Akzeptanz durch die Mitarbeiter zu achten. Letztere kann durch folgende Faktoren gefördert werden:[611]

- Transparente(r), übersichtliche(r) Konzeption und Berechnungsmodus
- Partizipation der Mitarbeiter
- Information über Ziele und Funktionen des Systems.

Zudem ist darauf zu achten, daß das Modell mit vertretbarem finanziellem und administrativem Aufwand zu realisieren ist.

611 Vgl. Wagner/Grawert (1993) 123.

Systemelemente	Ausgestaltungsformen
Beteiligungsbasis = diejenige (n) Erfolgsgröße (n), an der die Mitarbeiter beteiligt sind **Gesamtquote** = Erfolgsanteil, den alle Mitarbeiter gemeinsam erhalten	– Leistungen : Produktionsvolumen : Produktivität : Kostenersparnis – Erträge : Umsatz : Wertschöpfung : Nettoertrag – Gewinne : Bilanzgewinn
Individualquote = Erfolgsanteil, den der einzelne Mitarbeiter erhält	– Gleichheitsprinzip – Sozialprinzip – Leistungsprinzip
Spezielle Ziele und Mitarbeitergruppen = Honorierung individueller Erfolgsbeiträge aus einem gesonderten Erfolgsfonds; Zielgruppen: z.B. (strategische) Führungskräfte, Projektleiter	– Leistungsprinzip – Leistungen, z.B.: : Projektrealisierung : Marktanteil : Innovationsrate : Produktqualität – Gewinne – Image – zukünftiger Cash Flow
Anteilsverwendung = Entscheidung, ob Erfolgsanteile ausgeschüttet oder einbehalten werden bzw. beides kombiniert wird	– Barausschüttung – Einbehalt : Eigenkapitalbildung : Fremdkapitalbildung : Verlustbeteiligung

Abb. 131: Elemente und Gestaltungsformen von Erfolgsbeteiligungssystemen

bb) Beteiligungsbasis

Unter der Beteiligungsbasis wird die Größe verstanden, an der die Mitarbeiter beteiligt werden sollen.[612] Die Vielzahl möglicher Beteiligungsbasen lassen sich zu den drei Gruppen **Leistungs-**, **Ertrags-** und **Gewinn**beteiligungen zusammenfassen.[613]

612 Die Art der Beteiligungsbasis legt gleichzeitig die Benennung des Erfolgsbeteiligungssystems fest.
613 Vgl. z.B. Guski (1992) 11ff.; Esser/Faltlhauser (1974) 25ff.

Leistungsbeteiligungen knüpfen direkt an den Arbeitsergebnissen an und gewähren den Mitarbeitern – je nach Leistung – einen Erfolgsanteil für das Erreichen oder Überschreiten einer »Normalleistung«.[614] Im Unterschied zur leistungsbezogenen Direktvergütung steht hier jedoch in der Regel keine individuelle, sondern eine kollektive Leistung im Vordergrund. Als Beteiligungsbasen werden vor allem **Produktionsmenge**, **Produktivität** und **Kostenersparnis** verwendet.[615]

Als Schwachpunkt jeder Leistungsbeteiligung gilt, daß sie weder die Gewinnsituation noch Markteinflüsse berücksichtigen. So erhalten z.B. die Mitarbeiter bei Überschreiten der vorgegebenen »Normalleistung« auch dann Erfolgsanteile, wenn die Produkte nur mit Verlust abgesetzt werden konnten. Daher haben diese Systeme in der Wirtschaftspraxis zunehmend an Bedeutung verloren.

Ertragsbeteiligungen hingegen weisen einen direkten Bezug zum betrieblichen oder zum Unternehmungsertrag auf und unterliegen somit neben unternehmungsinternen auch Markteinflüssen. Die möglichen Beteiligungsbasen sind der Umsatz, die Wertschöpfung und der Nettoertrag.

- Bemessungsgrundlage der **Umsatzbeteiligung**, als einfachster Form der Ertragsbeteiligung, ist der um Preisschwankungen und Lagerbewegungen korrigierte Umsatz. Es handelt sich somit um eine Beteiligungsbasis, die vor allem für Mitarbeiter und Führungskräfte im Marketing/Vertrieb geeignet ist, soweit diese den Umsatz **direkt** beeinflussen können. Ursachen für Umsatzveränderungen können zum einen von verschiedenen Unternehmungsbereichen ausgehen (Marketingaktivitäten, Erhöhung der Produktqualität) und zum anderen durch die Marktsituation determiniert werden. Durch Umsatzbeteiligungen wird häufig »reines Umsatzdenken« ohne Rücksicht auf die Kostenentwicklung forciert, so daß im Ergebnis Umsatz- u.U. durch Kostensteigerungen überkompensiert werden und damit zu einer Erfolgsreduktion führen.
- **Wertschöpfung** wird in der Regel als Differenz zwischen dem um Bestandsveränderungen korrigierten Umsatz und dem Materialaufwand derselben Periode definiert. Obwohl Absatz- und Beschaffungsmarkteinflüsse hier eine stärkere Rolle spielen, kann jedoch auch die Wertschöpfungsbeteiligung die Risiken, die mit der Leistungs- und Umsatzbeteiligung verbunden sind, nicht vermeiden.[616]
- Die **Nettoertragsbeteiligung** basiert auf dem Saldo von **betrieblichem** Ertrag und Aufwand. Er ergibt sich aus dem Rohertrag durch die Bereinigung um Lagerbestandsveränderungen sowie durch den Abzug von Fremdleistungen, Steuern und kalkulatorische Kosten (z.B. Unternehmerlohn, Eigenkapitalverzinsung). Der Vorteil der Nettoertragsbeteiligung liegt darin, daß nun nicht mehr die »erbrachte Leistung«, sondern die »Marktleistung« berücksichtigt wird.

Als Fazit ergibt sich, daß die Mitarbeiter sowohl bei Leistungs-, als auch bei Ertragsbeteiligungssystemen unabhängig von der tatsächlichen Gewinnsituation der Unternehmung Erfolgsanteile erhalten. Demgegenüber hängt bei den nachfolgend erläuterten Gewinnbeteiligungssystemen die Zahlung von Erfolgsanteilen davon ab, ob tatsächlich ein Gewinn entstanden ist.[617]

---

614 Vgl. Steinmann/Müller/Klaus (1982) 120.
615 Vgl. im einzelnen Guski (1992) 11ff.
616 Vgl. ausführlich Guski (1992) 15f.
617 Vgl. zur Gewinnbeteiligung Wagner/Grawert (1993) 125f.; Guski (1992) 17ff.

Die **Gewinnbeteiligung** ist die in der Praxis bedeutendste Form der Erfolgsbeteiligung, da sie alle für den (kurzfristigen) Erfolg relevanten Aspekte berücksichtigt. Sie kann weiter in die **Ausschüttungs-**, die **Substanz-** und die **Bilanzgewinnbeteiligung** differenziert werden. Das erstgenannte System orientiert sich am ausgeschütteten Gewinn (z.B. der Dividende), das zweite am einbehaltenen Gewinn. Sowohl die Höhe der ausgeschütteten als auch der einbehaltenen Gewinne beruht in erster Linie auf einer von der Mitarbeiterleistung losgelösten unternehmungspolitischen Entscheidung. In der Praxis haben diese beiden Systeme daher nur eine geringe Bedeutung.

Als Bezugsgrößen der Bilanzgewinnbeteiligung bieten sich sowohl der Steuer- als auch der Handelsbilanzgewinn an. Diese beiden Größen sind in der Regel nicht identisch, was zum einen auf die unterschiedliche Bewertung einzelner Bilanzpositionen zurückzuführen ist. Zum anderen werden bei der Ermittlung des Handelsbilanzgewinns steuerlich nicht wirksame Positionen angesetzt.[618]

Zu den Nachteilen der Gewinnbeteiligung zählt in erster Linie die Vernachlässigung strategischer Aspekte. So werden z.B. durch kurzfristiges Gewinndenken u.U. kostenintensive (Zukunfts-)Investitionen oder unternehmungspolitische Entscheidungen vernachlässigt, die erst in späteren Perioden gewinnwirksam werden (s. auch Kap. D.VII.7).

cc) Gesamtquote

Als Gesamtquote wird der Anteil des Erfolgs bezeichnet, der insgesamt an die Mitarbeiter verteilt werden soll. Falls das Leistungsprinzip – wie bei den Kriterien der Lohndifferenzierung (s. Kap. D.VII.2) – auch hier als Grundmaxime für eine »gerechte« Verteilung des Erfolges dienen soll, sind die Anteile der erfolgsverursachenden Faktoren am Erfolg zu ermitteln. Dies führt jedoch zu nicht lösbaren Zurechnungsproblemen, so daß eine »gerechte« Verteilung im Sinne von »verursachungsgerecht« unmöglich erscheint. Das Problem liegt nun darin, einen für die Mitarbeiter und die Unternehmung **akzeptablen** Verteilungsmodus zu finden.[619] So gesehen erweist sich die Frage nach einer Erfolgsaufteilung als **unternehmungspolitisches** Problem. Damit erlangen die Ziele der an der Entscheidung über die Erfolgsaufteilung Beteiligten maßgebliche Bedeutung. Sie werden ihrerseits von den – aktuellen und in Zukunft erwarteten – betrieblichen Gegebenheiten mitbestimmt und sind überlagert von der grundlegenden unternehmungspolitischen Orientierung wie z.B. Bestandssicherung oder Entwicklung (s. dazu Kap. F.II).

dd) Individualquote

Als Individualquote wird der Erfolgsanteil bezeichnet, den der einzelne Mitarbeiter erhält. In der Literatur werden zur Lösung dieses Zurechnungsproblems (s. auch die Darstellung zur Gesamtquote) drei alternative Verteilungsprinzipien diskutiert, bei deren Wahl die Unternehmung insbesondere die mit der Erfolgsbeteiligung verfolgten Ziele beachten sollte. Es

---

618 Vgl. dazu im einzelnen die in der vorherigen Fußnote angegebenen Quellen.

619 Vgl. zur Bestimmung der Gesamtquote z.B. Schultz (1987) 54ff. sowie die dort angegebene Literatur.

handelt sich um das **Gleichheits-**, das **Leistungs-** und das **Sozialprinzip**. Diese Prinzipien können sowohl isoliert als auch kombiniert verwendet werden.

Das **Gleichheitsprinzip** bedeutet, daß eine Verteilung nach Köpfen erfolgt, so daß jeder Mitarbeiter den gleichen Erfolgsanteil erhält. Dieses Prinzip dient in erster Linie der Verwirklichung der sozialpolitischen Ziele der Erfolgsbeteiligung (s.o.). Mit dem Leistungsprinzip ist es jedoch unvereinbar. Daher ist auch zu vermuten, daß eine Verteilung nach Köpfen nur einen sehr geringen Leistungsanreiz bietet.

In der Wirtschaftspraxis erfolgt die Verteilung des Gesamt-Erfolgsanteils überwiegend nach dem **Leistungsprinzip**. Auch hier besteht wieder ein Zurechnungsproblem, da der Beitrag des einzelnen Mitarbeiters am erzielten Erfolg in vielen Fällen nur sehr schwer (oder überhaupt nicht) ermittelt werden kann. Im Ergebnis kann daher auch die Lösung dieses Zurechnungsproblems nur durch einen **akzeptablen** – und in erster Linie an den Zielen der Erfolgsbeteiligung orientierten – Verteilungsmodus erfolgen (s. Gesamtquote). Hierfür existieren in der Wirtschaftspraxis eine Vielzahl von Verteilungsverfahren (z.B. nach Leistungsbeurteilungen oder Tarifgruppen), wobei die Verteilung nach der **Lohnsumme** (zum Teil in Kombination mit der Verteilung nach Köpfen) die größte Bedeutung erlangt hat.[620]

Die Bemessung der Erfolgsanteile an der individuellen Lohnsumme eines Mitarbeiters kann sich entweder auf die gesamte Lohnsumme oder nur auf die anforderungs- und/oder leistungsbezogenen Anteile beziehen. Bei der ersten Variante wird dem Leistungsprinzip jedoch nur teilweise Rechnung getragen, da die Vergütung in der Regel nicht nur aus anforderungs- und leistungsbezogenen, sondern auch aus sozial begründeten Bestandteilen besteht (s. auch Kap. D.VII.2).[621]

Bei der Verteilung von Erfolgsanteilen nach dem **Sozialprinzip** werden soziale Merkmale der Mitarbeiter (z.B. Familienstand, Beschäftigungsdauer, Alter) berücksichtigt. Eine alleinige Anwendung des Sozialprinzips ist selten. Es ergänzt/differenziert vielmehr die beiden anderen Prinzipien.

ee) Anteilsverwendung

Die Verwendung der individuellen Erfolgsanteile kann in zwei Formen geschehen:

- Barausschüttung und/oder
- Einbehalt (als Eigen- oder Fremdkapital).

Die **Barausschüttung**, deren Ziel in erster Linie die Verbesserung der Mitarbeitereinkommen war, hat zunehmend an Bedeutung verloren.

Erfolgt hingegen keine Ausschüttung, so bedeutet dies aus Unternehmungssicht, daß die Erfolgsanteile (vollständig oder teilweise) in eine **Beteiligung am Eigen- oder Fremdkapital** überführt werden und aus Mitarbeitersicht, daß sie investiert werden. Einen Überblick über die verschiedenen Möglichkeiten der Verwendung individueller Erfolgsanteile gibt Abbildung 132.

Im Zusammenhang mit der Anteilsverwendung ergibt sich auch die Frage nach einer eventuellen **Verlustbeteiligung** der Mitarbeiter, die von vielen Unternehmungen als logische Folge einer Gewinnbeteiligung gesehen wird.[622]

---

620 Vgl. zum letzten Aspekt z.B. Guski (1992) 21.
621 Vgl. zum letzten Aspekt Drumm (1992) 451.
622 Vgl. dazu die Skizzierung der Argumentationslinien bei Schultz (1992) Sp. 824.

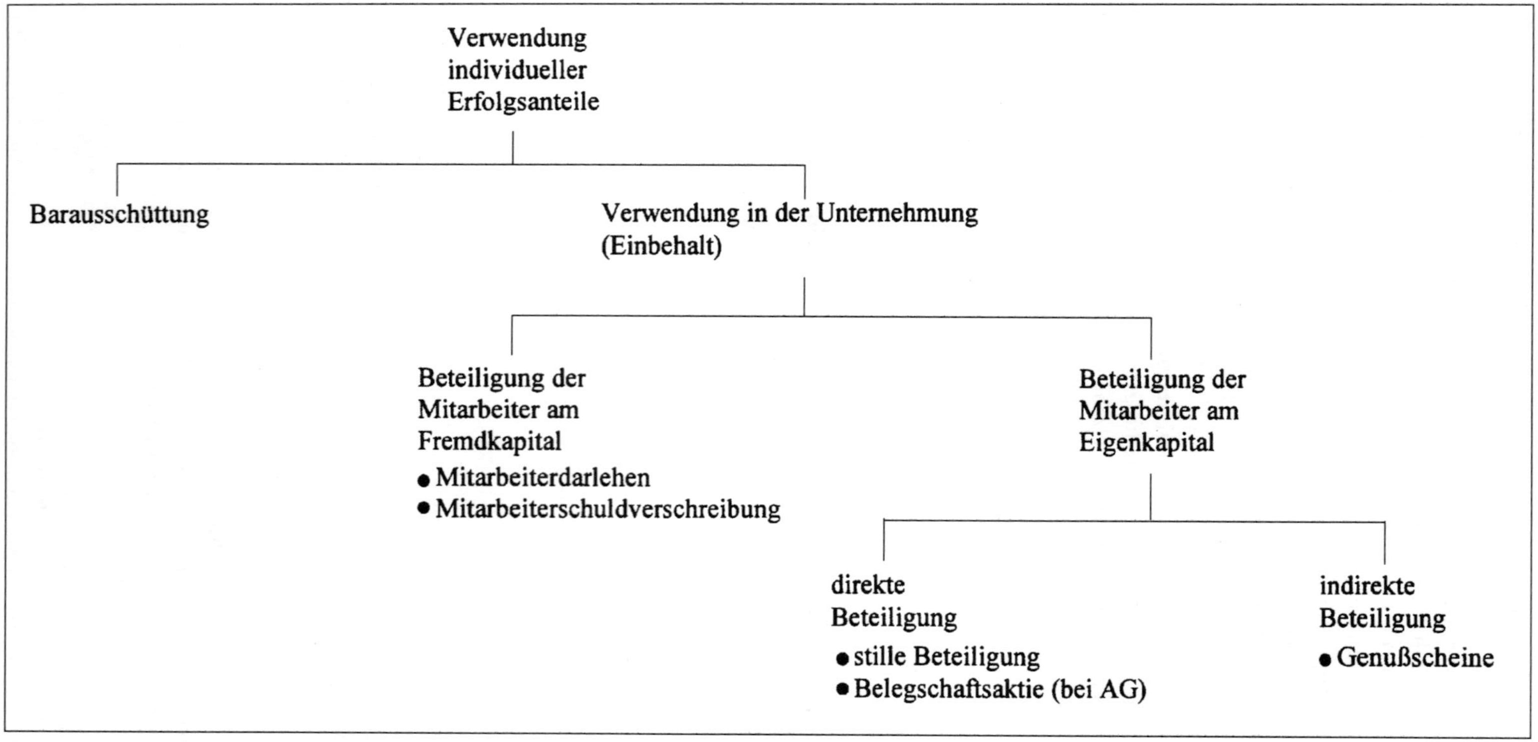

Abb. 132: Überblick über die Möglichkeiten der Verwendung individueller Erfolgsanteile
Quelle: in Anlehnung an Steinmann/Müller/Klaus (1982) 122.

ff) Spezielle Ziele und Mitarbeitergruppen

Erfolgsbeteiligungssysteme können auch in Hinblick auf spezielle, besonders erfolgskritische Faktoren (z.B. Innovations-, Qualitäts-, Kundenorientierung) und/oder Mitarbeitergruppen (z.B. Mitarbeiter des F+E-Bereichs, Führungskräfte) gestaltet werden. Solche Überlegungen wären dann bei der Gestaltung jedes der vier zuvor dargestellten Elemente zu berücksichtigen.

Als besondere Mitarbeitergruppe im Rahmen eines Erfolgsbeteiligungssystems gelten vor allem die Führungskräfte. Aspekte erfolgsorientierter Vergütungen von Führungskräften werden in Kap. D.VII.7 skizziert.

d) Rechtliche Aspekte[623]

Die Einführung eines Erfolgsbeteiligungssystems kann auf den folgenden rechtlichen Grundlagen basieren:

- Die Unternehmungsführung kann die Einführung eines Erfolgsbeteiligungssystems **unverbindlich** und **einmalig anbieten**. Die Zusage wird unter dem Vorbehalt der Freiwilligkeit abgegeben, um die Entstehung von Ansprüchen für die Folgejahre (auf der Basis der sogenannten betrieblichen Übung) zu verhindern.
- Durch **vertragliche Vereinbarung** zwischen Arbeitgeber und beteiligungsberechtigten und beteiligungswilligen Mitarbeitern kann die Erfolgsbeteiligung Bestandteil des individuellen Arbeitsvertrages werden. Eine Änderung ist somit nur mit Zustimmung des Mitarbeiters oder durch eine Änderungskündigung möglich.
- In der Regel werden zwischen Unternehmungsführung und Betriebsrat **Betriebsvereinbarungen** (nach § 77 BetrVG) geschlossen.
- Eine weitere mögliche Rechtsgrundlage stellen **Tarifverträge** dar. Diese haben in der Praxis jedoch nur eine sehr geringe Bedeutung.

Ob bei der Einführung und Gestaltung von Systemen der Erfolgsbeteiligung Beteiligungsrechte des Betriebsrats bestehen, hängt von der Art der Beteiligungsbasis ab. Nach herrschender Rechtsprechung überwiegt bei Kosten- und/oder Ertragsgrößen der »Entgeltcharakter«, so daß Mitbestimmungsrechte des Betriebsrats nach § 87 I Nr. 10 oder Nr. 11 BetrVG bestehen können.

6. Cafeteria-Systeme

a) Erläuterung des Cafeteria-Ansatzes

Seit Mitte der 80er Jahre werden in der Bundesrepublik Deutschland unter dem Schlagwort »Cafeteria-Systeme« Möglichkeiten zur Flexibilisierung und Individualisierung von Vergütungsbestandteilen diskutiert, wobei ihre Anwendung in der Praxis jedoch durch eine Vielzahl rechtlicher Regelungen erheblich erschwert wird.[624]

---

623 Vgl. Guski (1992) 5ff. und Schultz (1992) Sp. 825f.
624 Vgl. z.B. Wagner (1986).

Die Grundidee des Cafeteria-Ansatzes ist, daß die Mitarbeiter sich aus einem bestimmten Angebot an Vergütungsbestandteilen, analog zur Menüwahl in einer Cafeteria, ein an ihren individuellen Bedürfnissen und Präferenzen orientiertes »Menü« wählen können.[625]

Das Ziel des Cafeteria-Ansatzes besteht darin, trotz abnehmender Spielräume in Bezug auf Vergütungserhöhungen, die für das Nettoeinkommen des einzelnen Mitarbeiters oft kaum Auswirkungen haben, attraktive Anreize für bestimmte Mitarbeitergruppen (oder auch für alle Mitarbeiter) zu schaffen:

- Dies hat für die **Mitarbeiter** zur Folge, daß sie die Leistungen wählen können, die ihren Bedürfnissen und ihrer individuellen Situation (z.B. finanzielle Lage, Lebensphase) weitgehend entsprechen (und gleichzeitig, daß sie auf die Leistungen verzichten können, die für sie von geringer(er) Bedeutung sind).
- Für die **Unternehmung** bedeutet dies vor allem, daß bei (relativ) konstanten Personalkosten die Anreizwirkungen von Vergütungsbestandteilen erhöht werden können. Zudem werden Höhe und Struktur der Vergütung für die Mitarbeiter transparenter und so die Leistungen der Unternehmung (nun) besser gewürdigt. Weiterhin können sich u.U. positive Effekte für das Unternehmungsimage (und damit für die externe Personalbeschaffung) ergeben.[626]

Die skizzierten Vorteile hängen jedoch neben der konkreten Gestaltung (s. den folgenden Abschnitt) von den Möglichkeiten der Mitarbeiterpartizipation, der Zielgruppe und der Art der Implementierung des Cafeteria-Systems ab. Zudem ist zu beachten, daß Cafeteria-Systeme zu hohem administrativem Aufwand führen (können).[627]

b) Gestaltungselemente von Cafeteria-Systemen

Für eine konkrete Gestaltung zur Erzielung der oben skizzierten möglichen Wirkungen ist eine Auswahl zwischen einer Reihe alternativer Varianten der folgenden Gestaltungselemente zu treffen:[628]

(1) Austauschbare Leistungen
(2) Verrechnungsmodus
(3) Wahlmöglichkeiten
(4) Wahlturnus
(5) Periodenfixierung
(6) Restsummen/Zusatzbedarf

Zu (1):
Zunächst ist zu bestimmen, welche Leistungen den Mitarbeitern im Rahmen eines Cafeteria-Systems angeboten werden sollen. Einige mögliche Leistungsangebote sind:

625 Vgl. Dycke/Schulte (1986) 577.
626 Vgl. Wagner (1991) 3f. sowie Dycke/Schulte (1986) 578f.
627 Vgl. den Überblick über die Vor- und Nachteile von Cafeteria-Systemen bei Föhr (1994) 68ff.
628 Vgl. zu den Gestaltungselementen im einzelnen z.B. Dycke/Schulte (1986) 579ff. und Wagner (1991) 7ff.

- **Materielle Leistungen**
  - (Direkt-)Versicherungen (z.B. Lebens-, Kranken-, Unfallversicherung)
  - Firmenwagen
  - Arbeitgeberdarlehen
  - Mitarbeiterbeteiligungen (z.B. Gewinn-, Vermögensbeteiligung)
  - Betriebliche Altersversorgung
  - Barvergütung
- **Zeit-Leistungen**
  - Variationen der Periodenarbeitszeit
  - Variationen der Lebensarbeitszeit
- **Austausch von materiellen Leistungen gegen Zeit**

Bei der Auswahl von Leistungen für ein unternehmungsindividuelles Cafeteria-System sind vor allem die Zielgruppe(n) des Cafeteria-Systems, Mitarbeiterpräferenzen, gesetzliche, tarifliche und steuerliche Regelungen, die Kosten und der Verwaltungsaufwand zu beachten.

Zu (2):
Der **Verrechnungsmodus** legt die Werte (die Tauschrelationen) der einzelnen Cafeteria-Leistungen zueinander fest.

Zu (3):
Die individuellen **Wahlmöglichkeiten** im vorgegebenen Rahmen (1) unter Einhaltung der Tauschrelationen (2) können unterschiedliche Freiheitsgrade aufweisen. In der Regel gewähren die Unternehmungen jedoch **keine** beliebigen Wahlmöglichkeiten, sondern geben ein Mindestniveau an Leistungen vor.

In der Literatur werden drei Arten von »Cafeteria-Plänen« diskutiert, die sich jedoch in Bezug auf die Wahlmöglichkeiten erheblich voneinander unterscheiden:[629]

- Beim **Kernplan** werden die Leistungsangebote in einen **Kernblock** und einen **Wahlblock** mit frei wählbaren Leistungen differenziert. Der Kernblock geht von einem Mindestbedarf an (Sozial-)Leistungen (z.B. Altersversorgung) für **alle** Mitarbeiter aus. Die Grundidee dieses Plans orientierte sich an den US-amerikanischen Systemen der sozialen Sicherung, während in der Bundesrepublik Deutschland dieser Mindestbedarf in der Regel durch die gesetzlichen und/oder tariflichen Sozialleistungen garantiert ist.
- Beim **alternativen Menüplan** können die Mitarbeiter zwischen Leistungs**paketen** wählen, die auf die Bedürfnisse bestimmter Mitarbeitergruppen zugeschnitten sind.
- Beim **Buffetplan** kann der Mitarbeiter aus den einzelnen Leistungsangeboten frei wählen.

Zu (4):
Der Wahlturnus legt die Zeiträume fest, für die die Wahlentscheidungen der Mitarbeiter in Bezug auf einzelne Leistungen oder Leistungspakete gelten und nach denen neu gewählt werden kann. Bei der Festlegung ist zu beachten, daß sich die Präferenzen der Mitarbeiter im Zeitablauf verändern, so daß ein zu langer Wahlturnus mit der Individualisierungsidee nicht zu vereinbaren ist. Als optimal gilt ein Wahlturnus von ein bis zwei Jahren. Auch die Unternehmungen können auf die Möglichkeit, die Leistungen (und die Tauschrelationen)

---

629 Vgl. Cole (1983) 51f.

an neue Kosten- und Vergütungssituationen anzupassen, nicht verzichten. Es gibt jedoch Leistungen, bei denen eine langfristige Entscheidung aus sachlichen Gründen nicht zu vermeiden ist (z.B. Lebensversicherungen).

Zu (5):
Die **Periodenfixierung** legt fest, ob das für eine Periode zur Verfügung stehende Budget (z.B. in Form von Geldbeträgen oder Äquivalenzziffern) auf spätere Perioden übertragen werden kann.

Zu (6):
Da Mitarbeiter u.U. das in einer Periode zur Verfügung stehende Budget nicht ausschöpfen oder überziehen, sollten Regelungen über **Restsummen** und **Zusatzbedarfe** geschaffen werden (z.B. in Form von Mitarbeiterkonten).

7. Aspekte der Führungskräftevergütung

Die bisherigen Ausführungen haben sich überwiegend auf Mitarbeiter bezogen, die dem tariflichen Bereich zuzuordnen sind, während sich die nachfolgenden Überlegungen auf solche Führungskräfte beziehen sollen, die dem außertariflichen Bereich, insbesondere den leitenden Angestellten, zuzuordnen sind.[630]

Da das Leistungsverhalten von Führungskräften einen weitreichenden Einfluß auf den Unternehmungserfolg hat, erhalten sie eine bedeutend höhere Vergütung als andere Mitarbeiter. Die Unternehmung hat zudem einen wesentlich größeren Gestaltungsspielraum, da für Führungskräfte kaum arbeits- und sozialrechtliche Restriktionen bestehen und sie keinen tarifvertraglichen Bindungen unterliegen. Die Vergütung (als materieller Teil eines umfassenderen Anreizsystems) kann daher – wesentlich gezielter als bei anderen Mitarbeitergruppen – als Anreiz zur Beeinflussung des Leistungsverhaltens eingesetzt werden.

Die Vergütung von Führungskräften setzt sich in der Regel aus folgenden Elementen zusammen:

- Es wird eine fixe, vor allem anforderungsbezogene **Grundvergütung** gezahlt, deren Höhe individuell vereinbart wird.
- Sie wird durch (oft relativ niedrige) **variable** leistungsbezogene **Bestandteile** ergänzt. Die variablen Bezüge beruhen vor allem auf einer
  - Beurteilung der individuellen Leistung (insbesondere dem Erreichen vereinbarter Ziele) und/oder einer
  - Beteiligung am Unternehmungserfolg

  und werden in Form einer Tantieme, eines Jahresbonus, einer Prämie oder im Rahmen eines Erfolgsbeteiligungssystems (s. Kap. D.VII.5) geleistet. In der Wirtschaftspraxis ist zu beobachten, daß mit steigender hierarchischer Position nicht nur die Zahl der Führungskräfte, die eine variable Vergütung erhalten, zunimmt, sondern auch der variable Anteil an der Gesamtvergütung steigt.

---

630 Vgl. zur Führungskräftevergütung insbesondere Bleicher (1992).

– Daneben werden in der Regel verschiedene **Zusatzleistungen** (z.B. Altersversorgung, Firmenwagen, individuelle Urlaubsregelung, Personalentwicklungsangebote) gewährt.

Die (variable) Vergütung oder auch die Karrieremöglichkeiten sind in der Wirtschaftspraxis überwiegend am Erreichen von Nahzielen oder an operativen Bezugsgrößen, wie z.B. Gewinn (bei Erfolgsbeteiligung), orientiert. Dies ist jedoch mit strategischen Zielsetzungen, die der Sicherung des langfristigen Unternehmungserfolgs dienen, oftmals nicht zu vereinbaren. So können z.B. hohe Investitionen zur Steigerung des Marktanteils in einem rasch wachsenden Markt für mehrere Jahre den Gewinn vermindern. Bei einem variablen Anteil von teilweise bis zu 50% ist jedoch kaum zu erwarten, daß Führungskräfte ihr Verhalten strategisch ausrichten und damit eine Politik zu Lasten ihres eigenes Einkommens verfolgen. Insbesondere für die Führungskräfte, die einen unmittelbaren Einfluß auf die langfristige Unternehmungsentwicklung haben, sollte daher das Vergütungssystem so gestaltet werden, daß – neben dem Erreichen operativer Ziele – auch der individuelle Beitrag zur Strategieformulierung und -implementierung belohnt wird. Problematisch dabei ist, daß strategische Erfolge erst in späteren Perioden realisiert werden können. Aus motivationstheoretischer Sicht ist jedoch die verhaltensbeeinflussende Wirkung einer »Belohnung«, die erst einige Jahre nach dem erfolgswirksamen Leistungsverhalten erfolgt, sehr gering. Die Wahl geeigneter Bezugsgrößen/Indikatoren ist somit eine zentrale Aufgabe bei der Gestaltung strategischer Vergütungssysteme.[631]
Neben den bisher genannten Aspekten sind an die Gestaltung strategischer Vergütungssysteme (als materielles Element eines umfassenderen Anreizsystems) **prinzipiell** folgende Anforderungen zu stellen: Transparenz, Differenzierung, Flexibilität, Motivation, Gerechtigkeit, Belohnungswirkung, Integration und Wirtschaftlichkeit.[632]

Generell sind vor einer konkreten Entwicklung eines Vergütungssystems für Führungskräfte, die immer nur unternehmungsindividuell und in Abstimmung mit der Gestaltung anderer Teilsysteme des Personal-Managements erfolgen kann, eine Vielzahl externer und interner Faktoren zu beachten (s. Abbildung 133).

---

631 Vgl. dazu und zu den dabei zu lösenden Teilproblemen Becker (1987) 58f.

632 Vgl. insbesondere Bleicher (1992) 19f. und ausführlich Becker (1987) 60ff. sowie Hahn/Willers (1992) 495.

Mögliche Einflußfaktoren auf die Gestaltung von Vergütungssystemen für Führungskräfte
Rechtliche Regelungen • Arbeitsrechtliche Regelungen • Sozialrechtliche Regelungen • Steuerrechtliche Regelungen • Gesellschaftsrechtliche Regelungen • ...
Marktbezogene Einflußfaktoren • Arbeitsmarktlage • Konjunkturelle Lage • Vergütungshöhe und -struktur anderer Unternehmungen • ...
Unternehmungsbezogene Einflußfaktoren • Unternehmungs- und/oder Geschäftsfeldstrategien • Phase der Unternehmungs- und/oder Geschäftsfeldentwicklung • Unternehmungskonfiguration • Unternehmungsimage • Unternehmungskultur • Aktuelle und erwartete Gewinnsituation • Unternehmungsgröße • Rechtsform • Standort • ...
Positions-/Aufgabenbezogene Einflußfaktoren • Stellung in der Hierarchie • Art der Aufgabe ...
Personenbezogene Einflußfaktoren • Qualifikationen (Determinanten des Wollens und des Könnens) • Demographische Merkmale • ...

Abb. 133: Mögliche Einflußfaktoren auf die Gestaltung von Vergütungssystemen für Führungskräfte
Quelle: modifiziert nach Hentze/Kammel (1988) 50.

E. Personalverwaltung als Service-Funktion für das Personal-Management

I. Begriff und Inhalt

Im Gesamtsystem des Personal-Managements sind die Führungsaufgaben der Verhaltenssteuerung, der Personalplanung, der -beschaffung, -entwicklung etc. Primäraufgaben, die der **Unterstützung** durch Sekundäraufgaben[1] bedürfen. Diese Service-Tätigkeiten mit administrativem Charakter werden zusammenfassend als Personalverwaltung bezeichnet. Sie sind:

- **analytischer Art,** indem sie personelle Sachverhalte zur Entscheidungsvorbereitung, zur Konfliktvermeidung bzw. -regelung o.ä. klären,
- **informatorischer Art,** soweit sie für Primäraufgaben des Personal-Managements Informationen beschaffen und durch Speicherung, Aufbereitung und Auswertung bereitstellen,
- **überwachender Art,** wenn es um die Einhaltung z.B. von Terminen oder arbeitsrechtlichen Vorschriften geht,
- **verfahrenstechnischer Art** in bezug auf die Vorbereitung und Abwicklung von Einstellungen, Versetzungen, Entlassungen, Lohn- und Gehaltsabrechnung und -zahlungen usw.

1 Vgl. Hülsmann (1975) 101f. Zu Grundlagen und Begriffen der Personalverwaltung siehe auch v. Eckardstein/Schnellinger (1978) 751; Potthoff (1975) 1681.

II. Aufgaben der Personalverwaltung

In einer anderen, inhaltlich orientierten Gliederung können die Aufgaben der Personalverwaltung in solche der Informationsbearbeitung, der Bearbeitung der Vergütung und der Personalbewegung (Einstellung, Versetzung, Entlassung) eingeteilt werden. Sie liegt im weiteren zugrunde.

1. Bearbeitung von Personalinformationen

Als Informationsbearbeitung werden die Tätigkeiten der Informationsbeschaffung, -speicherung, -verarbeitung (Aufbereitung und Auswertung) und -übermittlung bezeichnet.

a) Personalinformationen

Der Service-Charakter der Personalverwaltung für die Primäraufgaben bringt es mit sich, daß die zu bearbeitenden Informationen inhaltlich auf den **Informationsbedarf** der **Primäraufgaben,** also der Personalplanung, -entwicklung usw., abzustellen sind. Dieser Informationsbedarf ist innerhalb der einzelnen Teilbereiche des Personal-Managements zu definieren, was für vorhersehbare und wiederkehrende Aufgaben in ausreichender Detailliertheit geschehen kann, insgesamt jedoch vollständig und endgültig nicht möglich ist. Für eine Informationen sammelnde und bereitstellende zentrale Verwaltungsstelle bestehen zudem die Schwierigkeiten, daß zum einen mehrere mit unterschiedlichen Teilaufgaben des Personal-Managements (Mitarbeiterbeurteilung, Personal-Fortbildung, Gehaltsabrechnung) betraute Stellen bzw. Abteilungen gleiche Informationen benötigen (z.B. Alter, Dauer der Betriebszugehörigkeit etc.). Zum anderen aber haben einzelne Stellen Bedarf an Informationen, die nirgendwo anders benötigt werden.

Es besteht für mehrere Zwecke die Notwendigkeit, die den einzelnen Mitarbeiter betreffenden Informationen geschlossen verwendungsbereit zu haben. Hierfür wird in praxi im allgemeinen eine sogen. **Personalakte** angelegt. Daneben werden bestimmte Personenmerkmale für mehrere (im Grenzfall sämtliche) Mitarbeiter aggregiert benötigt: Informationen hierüber müssen – meist zusätzlich – in anderer Form gespeichert werden. Ein traditionelles Instrument ist die **Personalkartei;** die Techniken, sie zu führen, haben sich gewandelt: von Aufzeichnungen auf Karteikarten über Mikrofilm-Registrierung bis hin zur EDV-gerechten Datenerfassung. Karteikästen beginnen Datenbanken zu weichen (s. unten).

Personalinformationen, die unveränderliche Personenmerkmale darstellen (z.B. Geschlecht, Geburtsjahr etc.) und solche, die kurzfristig keinen Änderungen unterliegen (z.B. die Tarifeinstufung, die Abteilungszugehörigkeit, Art des Beschäftigungsverhältnisses u.a.m.), werden auch als **Stammdaten** bezeichnet im Gegensatz zu **Verhaltensdaten** wie Fehlzeiten, Ausfallzeiten o.ä. Daten, die Informationen über das Verhalten des Mitarbeiters am Arbeitsplatz enthalten. Diese in vielerlei Hinsicht unterschiedlichen Informationen werden jeweils in unterschiedlicher Häufigkeit, Dringlichkeit und Zweckverwendung verwendet: Neben täglich benötigten Personalinformationen (Fehlzeitmeldungen für die Betriebsleitung) kann z.B. eine abteilungsbezogene Krankenstandsmeldung zur monatlichen Personalberichterstattung an die Geschäftsleitung gehören, wohingegen nur bei speziellen Anlässen Meldungen an Sozialversicherungsträger, Berufsgenossenschaften und andere Informationsempfänger gehen.

Der Versuch, einen vollständigen Katalog inhaltlich präzisierter Personalinformationen zu liefern, ist einerseits deswegen an dieser Stelle überflüssig, weil die in den einzelnen Teilbereichen des Personal-Managements benötigten Informationen dort zumeist explizit aufgeführt sind. Zum anderen ist »Vollständigkeit« graduell an den in konkreten Betrieben jeweils vorliegenden individuellen Informationsbedürfnissen auszurichten. Diese schwanken vom Inhalt und vom Umfang je nach dem Entwicklungsstand des praktizierten Personal-Managements; eine allgemein gültige Informationsbedarfs-Festlegung ist daher nicht möglich.[2]

b) Personalinformationssysteme als Hilfsmittel der Personalverwaltung

aa) Entwicklungsstand und Aufbau

Die Entwicklung wurde anfangs durch die Erkenntnis getragen, daß erst eine rationale und rationelle Bewältigung der informationellen Seite des Personal-Managements aus dem Stadium der vorwiegend intuitiven Entscheidungsfindung herausführen kann und die Möglichkeiten schafft, auf objektivierte Grundlagen zurückzugreifen. Die Bemühungen, Personalinformationssysteme zu entwickeln, die, systematisch aufgebaut, möglichst umfassend sind und alle Informations-Bedarfsträger entsprechend deren Erfordernissen versorgen können, standen daher – insbesondere für größere Betriebe – im Vordergrund.

Die Verbreitung von Personalinformationssystemen auch unter mittleren und kleineren Unternehmungen wächst mit zunehmender Bedeutung der personellen Seite des Betriebsgeschehens, ihrer wachsenden Kompliziertheit und der aufgrund des gewandelten Selbstverständnisses der Arbeitnehmerschaft wohl unausweichlichen Notwendigkeit, Personalfragen immer mehr Aufmerksamkeit entgegenzubringen.

Eine immer größer werdende Vielfalt gesetzlicher Regelungen der Finanz-, Steuer-, Sozialpolitik trägt ebenfalls zur Einsicht in die Notwendigkeit von Personalinformationssystemen bei. Auf sie gehen zahlreiche Datensammlungen und -meldungen, auch an staatliche Institutionen, zurück.[3] Zusätzliche Impulse gingen vom Betriebsverfassungsgesetz und den in ihm verankerten Informations- und Unterrichtungsrechten der Mitarbeiter und Informationspflichten der Betriebe aus.

Vor diesem Hintergrund und unter Betonung des instrumentellen Charakters kann ein Personalinformationssystem **definiert** werden als

- ein »System der geordneten Erfassung, Speicherung, Transformation und Ausgabe von allen relevanten Informationen über Personal und Tätigkeitsbereiche/ Arbeitsplätze
- zur Versorgung von zugangsberechtigten Führungskräften und Mitarbeitern sowie Arbeitnehmervertretungen aller betrieblichen Ebenen und Funktionen mit denjenigen Informationen,

---

2 Zum Informationsbedarf vgl. Finzer (1992) 46ff.

3 So schreibt Bellgardt, daß unter realistischen Umständen bis zu 214 Einzeldaten aufgrund von 126 Gesetzen,Verordnungen etc. zu speichern, verarbeiten und auszuwerten sind. Vgl. Bellgardt (1990) 18.

- die zur zielgerichteten Wahrnehmung ihrer Führungs- und Verwaltungsaufgaben
- unter Berücksichtigung relevanter Gesetze, Verordnungen und Verträge sowie sozialer und wirtschaftlicher Ziele der Organisation benötigen.«[4]

Je nach dem erreichten Entwicklungsstand können unterschiedliche Typen von Personalinformationssystemen unterschieden werden.[5] **Berichtssysteme** liefern statistische Auswertungen der vorhandenen Personaldaten, während **Entscheidungssysteme** zur Vorbereitung und zum Fällen von Entscheidungen im Personalbereich herangezogen werden können. Welcher **Systemtyp** und welcher **Entwicklungsstand** in einem Betrieb sinnvollerweise zu realisieren sind, hängt in der Hauptsache von zwei Komponenten ab: vom Ausbaustadium des Personal-Managements (d.h. den Bedürfnissen der Informationsnutzer) und vom informationell-organisatorisch-technologischen Fortschrittsstadium des Systems:

- Werden in einem Betrieb z.B. keine Qualifikations-Diagnosen (etwa auf der Grundlage von Mitarbeiterbeurteilungen) systematisch und regelmäßig durchgeführt sowie fortgeschrieben, so können Personalplanung, -entwicklung nicht auf der Grundlage objektivierter Informationen und ihrer Auswertung praktiziert werden. Entscheidungen über zukünftige Personalumschichtungen, Versetzungen oder mitarbeiterbezogene gezielte Fortbildungsmaßnahmen können nicht aufgrund von Qualifikations-/Anforderungsvergleichen und durch Abruf aktueller Qualifikations-Informationen gefällt werden. Das Personalinformationssystem in einem solchen Betrieb dürfte eher zu einem Berichtssystem tendieren.
- Informationen müssen für ihre Speicherung, Änderung, ihren Abruf, ihre Verarbeitung zweckgerichtet formuliert sein. Ein Informationssystem liefert nur dann bedarfsgerechte Auskünfte, wenn durch **organisatorische** Maßnahmen ständige Informationszuflüsse und -abflüsse sowie Aktualisierungen des gespeicherten Materials sichergestellt sind. Der informationelle und der organisatorische Aspekt eines Personalinformationssystems sind nicht unabhängig vom Entwicklungsstand des gesamten betrieblichen Personal-Managements. In der Resultante determiniert er das **technologisch** sinnvolle Ausbaustadium eines Systems: Hohe informationelle und organisatorische Fortschrittsniveaus, gekoppelt mit dem Anfall großer Datenmassen sowie starker und vielfältiger Informationsnachfrage, ermöglichen nicht nur computergestützte Systeme, sie machen sie geradezu erforderlich.

  Computergestützte Informationssysteme enthalten stets zwei Kategorien von Grundkomponenten: Datenbanken einerseits, Modell- und Methodenbanken andererseits.[6] **Datenbanken** werden zudem meist in weitere Typen unterteilt, je nachdem, welche inhaltlichen Informationsgruppen sie enthalten. So kann es für Personalinformationssysteme sinnvoll sein, neben einer Definitionen-Bank, die sicherstellen soll, daß für alle System-Zulieferer und -Nutzer die Daten in gleicher Weise verstanden werden, weitere Datenbanktypen zu unterscheiden:

4 Domsch/Schneble (1991) 3.
5 Für einen Überblick vgl. Wötzel (1990) 67ff. Domsch/Schneble nennen als charakterisierende Merkmale von Personalinformationssystemen ihren Automatisierungsgrad, Entwicklungsgrad und den Zentralisierungsgrad. Vgl. Domsch/Schneble (1991) 5f.
6 Siehe auch Domsch (1980) 25; Oechsler/Schönfeld (1986) 720ff.

- Nach dem Zeitbezug (vergangenheits-, zukunftsbezogene Daten) können je eine spezielle **Personalbestands- und Personalbedarfs-Datenbank** eingerichtet werden, jeweils mit quantitativ, qualitativ und zeitlich differenzierten Aufgaben.[7] Eine solche Systemgestaltung ist dann sinnvoll, wenn ein Hauptkriterium für die Systemnutzung die Unterscheidung in Personalbestand einerseits und -bedarf andererseits ist, d.h. dies auch getrennte Entscheidungskategorien sind und dementsprechend getrennte Auswertungen, etwa in Form von Berichten, Statistiken etc. häufig benötigt werden. Für eine Zusammenfügung von Personalbestand und -bedarf, z.B. für eine Personalplanung, können beide Datenbanken gegenübergestellt und ausgewertet werden.
- Als andere Datenbank-Gliederung kommt z.B. der Stellen- bzw. Stellenbesetzungsbezug in Frage. Danach kann eine Datenbank für sämtliche **Arbeitsplatzdaten** und eine für alle **Mitarbeiterdaten** eingerichtet werden.[8] Sie ist dann vorzuziehen, wenn Entscheidungen überwiegen und informatorisch versorgt werden müssen, in denen Anforderungs- und Qualifikationsgegenüberstellungen eine wesentliche Rolle spielen, also bei Einstellungs-, Versetzungs-, Fortbildungsentscheidungen.

Generell kann konstatiert werden, daß die Entwicklung leistungsfähiger **Software**, wie sie in vielen anderen betrieblichen Bereichen zu beobachten ist, am Personalwesen bisher vorbeigegangen ist. Personalinformationssysteme existieren vorwiegend für die Bewältigung administrativer und weniger dispositiver Aufgaben. Dies wird vorwiegend dadurch begründet, daß mit Zunahme des dispositiven Charakters Aufgaben schlecht strukturiert und damit für Lösungsalgorithmen, wie sie in einer **Methoden- und Modellbank** enthalten wären und mit denen Inhalte aus den Datenbanken abgefragt bzw. Auswertungen vorgenommen werden können, weniger zugänglich sind.[9] Da Expertensysteme, die für schwach und gering strukturierte Entscheidungsprozesse Hilfestellung bieten sollen, im Personalbereich die hohen Erwartungen noch nicht erfüllen konnten und nur vereinzelte Anwendungen mit Experimentiercharakter existieren,[10] dienen computergestützte Personalinformationssysteme heutzutage durch eine schnellere, präzisere, aktuellere und umfassendere Informationsversorgung lediglich zur **Vorbereitung** dispositiver personalwirtschaftlicher Entscheidungen.

Die Entwicklung und Anpassung von Personalinformations-Software für unternehmungsspezifische Besonderheiten verliert an Bedeutung, da diese extrem teuer und aufwendig sind und zudem auf dem Markt Standardsoftware zur Verfügung steht, die Adaptionen in hinreichender Weise zulassen. Diese konfektionierbare Software wird häufig in Zusammenarbeit mit einzelnen Abnehmern entwickelt und anschließend breit vermarktet. Standardsoftware wird sowohl für Großrechner als auch für PCs angeboten.

Bei den **Großrechnern** wächst die Bedeutung integrierter bzw. modularer Softwarelösungen. Personalwirtschaftliche Fragestellungen, insbesondere bzgl. administrativer Aufgaben, wie Lohn- und Gehaltsabrechnungen, Arbeitszeiterfassung oder auch die Verwaltung interner und externer Bildungsmaßnahmen können durch diese abgedeckt werden oder es besteht die Möglichkeit, daß weitergehende personalwirtschaftliche Software über sogenannte Schnittstellen an diese integrierten Lösungen angebunden werden. Dies kann dann

---

7 Vgl. Domsch (1972) 152f.

8 Auch diese Unterscheidung stammt von Domsch (1972). Zum grundsätzlichen Aufbau computergestützter Personalinformationssysteme vgl. Finzer (1992).

9 Vgl. Finzer (1992) 27.

10 Vgl. Finzer (1992) 220ff. Zur Konzeptionierung eines Expertensystems im Personalbereich vgl. Hentze/Heinecke (1989a).

wiederum durch PC-Lösungen oder auch durch Großrechner-Software geschehen. Bezogen auf die oben angeführte Unterscheidung in Methoden- und Datenbank stellt die integrierte Software die Funktion einer Datenbank dar, die dann durch eine Methodenbank-Software ergänzt wird.[11]

Zu den klassischen Anwendungen im **PC-Bereich** zählen die Personalverwaltung und die Lohn- und Gehaltsabrechnung, wobei letztere den größten Raum einnimmt.[12] Hinzu kommen Programme für einzelne spezielle Funktionen wie Personalauswahl oder Ausbildungsverwaltung und integrierte Personal-Management-Programme.[13]

In Bezug auf die **Hardware** führt die Entwicklung leistungsfähiger PCs bis hin zu Workstations, die im Verbund (sogenannte Client-Server-Systeme) Großrechnern in ihrer Leistungsfähigkeit gleichkommen oder diese sogar übersteigen, tendenziell zu einer Verlagerung EDV-technischer Anwendungen von zentralen zu dezentralen Systemen.

bb) Probleme

Über Personalinformationssysteme werden immer noch Diskussionen geführt, die in erster Linie psychologische, wirtschaftliche und rechtliche Problemkreise betreffen.

Psychologische Probleme ergeben sich nicht nur in bezug auf potentielle und tatsächliche System-Benutzer. Eine benutzerfreundliche Gestaltung von Systemen liefert den allgemeinen Lösungsansatz für diese Art von Problemen. Weitere aber bestehen in Abwehrhaltung und Mißtrauen der informationell Erfaßten. Häufige Gründe hierfür sind:[14]

- die Sensibilität erhobener Daten durch die Nähe zur Privat- und Intimsphäre,
- die beschränkte Abbildbarkeit persönlicher Verhältnisse durch erhebbare Daten und die dadurch bedingte Reduktion der Persönlichkeit auf EDV-gerechte Informationen,
- aus der Abstraktion entstehende Interpretationsprobleme, insbesondere durch Kontextverlust,
- der Zwangscharakter der Datenerhebung aufgrund drohender ökonomischer Nachteile.

Diese Probleme können abgebaut und gelöst werden durch rechtzeitige und umfassende Aufklärung der Mitarbeiter und durch eine Beteiligung von Vertretern der betrieblichen Mitarbeitergruppen beim Systemaufbau.

Von den **ökonomischen Problemen** soll hier die **Wirtschaftlichkeit** in den Vordergrund gestellt werden. Während in den 70er und 80er Jahren computergestützte Personalinformationssysteme – abgesehen von allen, sicherlich nicht endgültig gelösten Erfassungs-, Schätzungs- und Zurechnungsproblemen – nur für Großbetriebe ökonomisch sinnvoll waren, können heute auch Klein- und Mittelbetriebe durch die Einsatzmöglichkeiten von PCs zumindest für administrative Aufgaben und zur Abwicklung dispositiver Aufgaben auf diese zurückgreifen.[15]

---

11 Vgl. Hentze/Heinecke (1989) 20.

12 Vgl. Hentze/Heinecke (1989) 19.

13 Als Übersicht vgl. Fröhlich/Maier (1990). Einen Vergleich von Großrechner-Software für die Personalwirtschaft findet sich bei Finzer (1992).

14 Vgl. Bellgardt (1990) 19. Vgl. auch Domsch/Schneble (1991) 15.

15 Ein Vergleich findet sich bei Finzer. Vgl. Finzer (1992) 142.

Aus **Unternehmungssicht** bestehen Sachzwänge zur Rechnerunterstützung bestimmter personalwirtschaftlicher Funktionen, die sich u.a. durch Anfall von Massenarbeiten, gesetzlich auferlegten Informationspflichten und durch die termingerechte Bewältigung betrieblicher, tariflicher und gesetzlicher Auflagen ergeben.[16] Quantitative Kosten-/Nutzen-Vergleiche reichen daher nicht aus, um ein Urteil über die System-Wirtschaftlichkeit fällen zu können. Weitere qualitative Kriterien sind die Verarbeitungsgeschwindigkeit und die Datenverfügbarkeit, die, aufgrund gestiegener informationeller Anforderungen an die Betriebe, an Bedeutung zunehmen.[17] Zu denken ist hier beispielsweise an die Administration während eines laufenden Personalauswahlverfahrens: Hohe Bewerberzahlen und komplexe Selektionsmethoden erhöhen automatisch die Anforderungen in Bezug auf die oben genannten Kriterien.[18] Mit einer Verringerung der gespeicherten Daten ist notwendigerweise ein Rückgang der informationellen Stützung der Teilsysteme des Personal-Managements verbunden.

Diese Überlegungen leiten bereits über zu **rechtlichen** Restriktionen der Datenspeicherung und -verarbeitung. »Es gibt kein anderes Rechtsverhältnis, das in so großem Ausmaß Anlaß gibt, personenbezogene Daten verschiedenster Art in großen Mengen und während langer Zeit zu erheben und zu verarbeiten wie das Arbeitsverhältnis.«[19] Probleme sind in erster Linie aus der **Multifunktionalität der Daten** begründet.[20] Gemeint ist hiermit, daß Daten, die ursprünglich selbst aus Sicht des betroffenen Arbeitnehmers für einen angemessenen und für ihn eventuell sogar vorteilhaften Zweck erhoben wurden, in einem anderen Zusammenhang nachteilig sein können. So können Daten über Qualifikationslücken zu entsprechenden Entwicklungsmaßnahmen, jedoch auch zur Kündigung führen. Ein zweiter Grund liegt in der Standardisierung elektronisch gespeicherter Daten, die zusammengesetzt einen veränderten Gehalt und damit eine **neue Informationsqualität** erhalten.

Aufgabe des Datenschutzes im Arbeitsverhältnis ist es, insoweit den zulässigen Datenverarbeitungsrahmen festzulegen. Gerade die Verbreitung dezentraler EDV-Systeme eröffnet neue Möglichkeiten für gezielten oder zufälligen Datenmißbrauch, da hier Kontrollen einerseits nur eingeschränkt, jedoch Zugriffs- und Verarbeitungsmöglichkeiten erweitert möglich sind.[21] Diese Gefahr und Vorkehrungen, sie abzuwenden oder zu mildern, sind das eigentliche Problem des Datenschutzes.

Generell hat der Informationen speichernde und nutzende Betrieb dafür Sorge zu tragen, daß Unberechtigte nicht Zugriff zu den Daten eines Personalinformationssystems nehmen können. Dies kann mit informationstechnischen Maßnahmen geschehen, mit denen Benutzererkennung und Überwachung der Zugriffsberechtigung sichergestellt werden: Paßwortverfahren, Kennkarten, Chiffrierungsprogramme sind Beispiele dafür.

---

16 Vgl. Wiedemeyer/Schuster (1990a) 269f.

17 Zu Kosten-/Nutzen-Vergleichen s. Domsch/Schneble (1991) 17.

18 S. das Beispiel von Fritz/Nachtigal zur Auswahl von Auszubildenden. Vgl. Fritz/Nachtigal (1990).

19 Wiedemeyer/Schuster (1990a) 275.

20 Begrifflich äußert sich diese Multifunktionalität in der Unterscheidung von Daten und in den in diesen enthaltenen Informationen, die sich auf den Erkenntniswert der Daten beziehen. Vgl. Finzer (1992) 10.

21 Vgl. Bellgardt (1990a) 263; auch Finzer weist auf dieses Problem hin. Vgl. Finzer (1992) 145 und besonders 233f.

Informationen über Menschen und Menschengruppen haben eine andere Wertigkeit als Informationen über Sachen. Ein Schutzbedürfnis besteht zum einen in bezug auf **Stammdaten**, das sind z.B. gesundheitliche, psychische Merkmale eines Mitarbeiters, familiäre Verhältnisse u.a.m. Ein weitergehendes Schutzbedürfnis besteht bzgl. **Verhaltensdaten**, da diese zur Leistungs- und Verhaltenskontrolle geeignet sind.

Diesem Schutzbedürfnis kann – wenigstens zum Teil – dadurch Rechnung getragen werden, daß den Mitarbeitern Kenntnis von den Inhalten der über sie gespeicherten Daten und darüber hinaus Eingriffsrechte zugebilligt werden, mit denen sie die Speicherung unwahrer Angaben und die Verletzung ihrer schutzwürdigen Belange verhindern können.

Das Interesse der Verhinderung des Mißbrauchs persönlicher Daten ist ein schutzwürdiges Rechtsgut geworden: Mit Wirkung vom 1.7.1978 ist das Gesetz zum Schutz vor Mißbrauch personenbezogener Daten bei der Datenverarbeitung vom 27.1.1977 (»Bundesdatenschutzgesetz«, BDSG) in Kraft getreten.[22] Eine Übersicht über die enthaltenen Regelungen gibt die folgende Abbildung 134.[23]

Inhalt der Paragraphen	Zweiter Abschnitt	Dritter Abschnitt	Vierter Abschnitt
Anwendungsbereich	§ 7	§ 22	§ 31
Datenverarbeitung im Auftrag	§ 8	§ 22	§§ 31, 37
Datenspeicherung	§ 9	§ 23	§ 32
Datenveränderung	§ 9	§ 25	§ 33
Datenübermittlung	§§ 10, 11	§ 24	§ 32
Veröffentlichung über die gespeicherten Daten	§ 12		
Auskunft an den Betroffenen	§ 13	§ 26	§ 34
Berichtigung, Sperrung und Löschungen von Daten	§ 14	§ 27	§ 35
Verarbeitung personenbezogener Daten zum Zwecke der Übermittlung in anonymisierter Form			§ 36
Durchführung des Datenschutzes in der Bundesverwaltung	§§ 15, 16		
Bundesbeauftragter für den Datenschutz	§§ 17 bis 21		
Beauftragte für den Datenschutz		§§ 28, 29	§ 38
Meldepflichten			§ 39
Aufsichtsbehörde		§ 30	§ 40

Abb. 134: Regelungen des Bundesdatenschutzgesetzes
Quelle: Entnommen aus Küppers (1977) 49.

In diesem Spannungsfeld sind juristisch vertretbare und von den Beteiligten akzeptable Lösungen zu erarbeiten. Ziel ist stets ein Interessenausgleich, der zum einen die Vorteile von Personalinformationssystemen für die Betriebe wie auch für die Öffentlichkeit[24] wahrt, die

22 Eine Übersicht über die wichtigsten Veröffentlichungen zum Datenschutz im Arbeitsverhältnis findet sich bei Grochla/Hümmerich (1985) 12.

23 Entnommen aus Küppers (1977) 49. Weitere Literatur zu diesem Gesetz, seinen Voraussetzungen und möglichen Konsequenzen siehe Domsch (1972); Hentschel (1976); Gola (1977), (1987); Schweizer (1977).

24 Vgl. dazu Schmidt (1977).

darin bestehen, daß die wirtschaftliche Effizienz gesteigert und Chancen zur Verbesserung der Reagibilität genutzt werden können, und der zum anderen die persönlichen Schutzbedürfnisse der datenmäßig Erfaßten berücksichtigt. Den Mittelpunkt der juristischen Diskussion bilden die Beteiligungsrechte des Betriebsrates, die in Kap. F.I. dargestellt werden.

c) Rechnungslegung über das Human-Vermögen

Es sind unterschiedliche Problemstellungen, die mit Ansätzen zur Rechnungslegung über das Human-Vermögen zu erhalten und zu lösen versucht werden. Einen Eindruck über einen Teil von ihnen vermittelt die folgende Fragestellung, die Likert amerikanischen Unternehmungen in einer Untersuchung zur Beantwortung vorlegte:

»Unterstellen Sie einmal, morgen früh sei jede Position in Ihren Firmen vakant; alle Stellen seien vorhanden, genauso wie alle Fabrikanlagen, Büros, Patente und alle finanziellen Hilfsmittel. Sie verfügen jedoch über keine Mitarbeiter ... Wieviel würde es Sie kosten, das für alle Positionen benötigte Personal auszuwählen, einzustellen, diese neuen Mitarbeiter durch Aus- und Weiterbildung auf den Leistungsstand zu bringen, auf dem sich Ihre gegenwärtige Belegschaft befindet und aus ihnen jene wohlerworbene Organisation zu bilden, über die Sie gegenwärtig verfügen?«[25]

Es wird erkennbar, daß es eine spezielle Kategorie von Personalinformationen ist, mit dem eine Rechnungslegung über das Humanvermögen versucht wird. Die Ansätze hierzu stecken noch in den Anfängen. Synonyme Begriffe im angelsächsischen Sprachraum sind »Human Asset-«, »-Capital-«, »-Resource Accounting«.

Ziele sind Informationsaufbereitungen für betriebsinterne Verwendung, aber auch zur externen Berichterstattung. **Intern** sollen Rechnungslegungen über das Human-Vermögen Grundlagen für betriebspolitische Entscheidungen liefern, z.B. für solche über Rationalisierungen der Produktion im weitesten Sinne, d.h. auch unter Einschluß der sogenannten Verwaltungstätigkeiten. Denn u.U. ist die Rentabilität des Sachvermögens als alleinige Maßgröße für Entscheidungen dieser Art unzureichend. Das begründet Versuche, seine Kosten, eventuell auch seinen Nutzen zu quantifizieren.

Externe Ziele sind Nachweise über den »Wert« ganzer Unternehmungen (und zwar auch ihrer personellen Seite); sie sind von Bedeutung z.B. bei Firmenveräußerungen, weil sie Anhaltspunkte für den Ertragswert, für den »Goodwill« liefern können. Nicht zuletzt soll auch für eine größere Öffentlichkeit das Ausmaß der betrieblichen Anstrengungen belegt werden, Leistungen für das Personal zu erbringen.

Es sind bereits zahlreiche **Verfahren vorgeschlagen worden,** mit denen eine solche Rechnungslegung bewerkstelligt werden könnte. Dazu zählen insbesondere:[26]

- Firmenwert-Methode (Hermanson). Aus dem ausgewiesenen Vermögen, bewertet zu Marktpreisen und dem Jahresgewinn, wird eine Rendite (in Prozent) errechnet. Sie wird mit der branchentypischen Rendite verglichen; eine kapitalisierte Differenz zwischen beiden soll der Wert vorhandenen Human-Vermögens sein.
- Effizienzgewichtete Personalkosten-Methode (Hermanson). Zukünftige Personalkosten werden auf einen Gegenwartswert umgerechnet und mit einer Effizienzrate gewichtet,

25 Likert (1969), zit. nach Neubauer (1974) 262.

26 Vgl. die Überblicke und kritischen Anmerkungen bei Schönfeld (1974) 9ff. Dort finden sich nähere Einzelheiten und weiterführende Literaturhinweise auf die Autoren der einzelnen Verfahren.

in der der Unterschied zwischen der eigenen und der branchentypischen Rentabilität zum Ausdruck kommt. Aus dem Vergleich gewichteter und ungewichteter Personalkosten-Gegenwartswerte ergibt sich der Wert des Human-Vermögens.
- Methode der zukünftigen Einkünfte (Lev, Schwartz). Die Einkünfte der betrieblichen Mitarbeiter in der Zeit ihres zukünftigen Verbleibens im Betrieb werden auf einen Gegenwartswert abgezinst und zum Wert des Human-Vermögens summiert.
- Methode der Leistungsbeiträge (Flamholz). Danach ist der Wert des Human-Vermögens gleichbedeutend mit der Summe der Beiträge der einzelnen Mitarbeiter zur Wertschöpfung des Betriebes.
- Kostenwertmethode. Den Wert des Human-Vermögens macht danach die Summe derjenige Kosten aus, die zum Erwerb, zur Erhaltung und zur Nutzung des Human-Vermögens aufgewendet werden; sie werden als Investition betrachtet und um Abschreibungen korrigiert.
- Methode der Verhaltens-Variablen (Likert). Mit ihr sollen Beziehungen zwischen Faktoren von Mitarbeiter-Verhalten (Führungsaktivitäten, Gruppenprozesse, Betriebsklima, Motivationseinflüsse etc.) und der Gesamtleistung des Betriebes hergestellt werden.

Alle genannten Verfahren sind – mit den verschiedensten Argumentationen – angreifbar und müssen als noch unzureichend bezeichnet werden. Die wichtigsten mit ihnen verbundenen **Probleme** sind:

- Das betriebliche Human-Vermögen kann – u.a. aufgrund des heuristischen Eigentumsbegriffs – in herkömmlichen Bilanzen nicht aktiviert werden. Daher erfolgt die Rechnungslegung i.d.R. in Nebenrechnungen.
- Es ist fraglich, ob und inwieweit entstandene und zukünftig entstehende Kosten für Mitarbeiter zu einem sinnvollen Wertansatz für das Human-Vermögen führen:
  • Zu Vergangenheits-Buchwerten müssen zukunftsorientierte, z.T. geschätzte Werte treten,
  • damit wird die Beweisbarkeit der Wertansätze relativiert;
  • es treten erhebliche sachliche und zeitliche Zurechnungsprobleme auf.
- Welche »Vermögensgegenstände« als Bestandteile des Human-Vermögens in die Rechnungslegung aufgenommen oder aber weggelassen werden, dürfte eher von der ökonomischen Relevanz als vom alleinigen Vorhandensein her festzulegen sein. Damit aber wird deutlich, daß die Zielsetzungen einer solchen Rechnungslegung ihre Inhalte maßgeblich bestimmen.

Seit dem Beginn der 80er Jahre ist die Diskussion um die Verfahren des Human Resource Accounting in Deutschland nicht mehr intensiv weitergeführt worden. Möglicherweise wird sie erneut aufleben im Zusammenhang mit den gegenwärtig in Gang gekommenen Erörterungen um Möglichkeiten und Grenzen von Konzepten des Personal-Controlling.[27]

27 So auch Marr/Schmidt (1992) 1032f., 1041. Ausführlicher zum gegenwärtigen Diskussionsstand um ein »Personal-Controlling« vor allem Drumm (1992) 499ff. und Wunderer/Schlagenhaufer (1994).

2. Vorbereitung und Abwicklung von Personalbewegungen

Personalbewegungen sind Einstellungen, Versetzungen und Entlassungen von Mitarbeitern, Ergebnisse von Tätigkeiten aus mehreren Teilsystemen des Personal-Managements also: aus der Personalbeschaffung, -entwicklung, -freisetzung. Ihre Vorbereitung und Abwicklung kann als eine der klassischen Aktivitäten der Personalverwaltung bezeichnet werden.

- Für die **Einstellung** neuer Mitarbeiter melden die anfordernden Stellen ihren Personalbedarf i.d.R. bei der Personalverwaltungs-Abteilung unter Angabe der Arbeitsplatzanforderungen der zu besetzenden Stelle an. Für diesen Zweck sind in größeren Betrieben Personalanforderungs-Formulare entwickelt worden, um den Vorgang lückenlos und gleichartig zu gestalten.
  Die Aufgaben der Personalverwaltung sind im weiteren Fortgang die folgenden (exemplarische Beschreibung der wichtigsten Vorgehens-Schritte):
  - Kontakte mit dem Betriebsrat, um mit ihm die Frage einer internen Stellenausschreibung zu klären (§ 93 BetrVG).
  - Kontaktaufnahme mit dem örtlichen oder einem speziellen Arbeitsamt, falls auf diesem Wege Erfolgsaussichten für die Bewerbersuche zu erwarten sind,
  - für den Fall einer Insertion Plazierung von Stellenanzeigen in den dafür infrage kommenden Presseorganen.
  - Nach Eingang von Bewerbungen sind die Bewerbungsunterlagen aufzubereiten (s. auch oben Kap. D.III.3.b.aa). Dies kann z.B. anhand von Prüflisten geschehen; bewärte Hilfsinstrumente sind auch Bewerbungs- bzw. Personalfragebögen, insbesondere dann, wenn sie mit dem für die Personalakte zu verwendenden Personalfragebogen identisch oder zumindest an ihn angepaßt sind.
  - Nach erfolgter Einstellungsentscheidung sind die Unterlagen der abgewiesenen Bewerber diesen zurückzusenden; für den einzustellenden Mitarbeiter ist der schriftliche Arbeitsvertrag auszufertigen.
- Auch für **Versetzungen** und **Entlassungen** erledigt die Personalverwaltung die notwendigen Vorbereitungs- und Abwicklungsarbeiten; oft enthält eine sog. betriebliche »Arbeitsordnung« Angaben über die dazu anzuwendenden Vorgehensweisen (so z.B., daß eine Kündigung der Schriftform bedarf).
  In jedem Falle erwiesen sich Prüflisten (»Checklisten«) als zweckmäßig, die die einzelnen erforderlichen Arbeitschritte enthalten (daß dieses einfache Hilfsmittel maximale Sicherheit für richtiges Vorgehen garantiert, wenn die Liste mit der gebotenen Sorgfalt zusammengestellt wurde, kann durch nichts besser bewiesen werden als durch die Vorschriften ihrer Benutzung durch das fliegende Personal von Luftverkehrsgesellschaften).

Ihre Einhaltung schließt aus, daß wichtige Verwaltungsarbeit unterlassen wird, wie etwa das Ausstellen von Arbeitsbescheinigungen und Zeugnissen, das Aushändigen der Arbeitspapiere bei Entlassungen.

Für Sonderarbeitsverhältnisse, z.B. mit Praktikanten, Werkstudenten, Volontären sind spezielle Regelungen zu beachten.

3. Lohn- und Gehaltsabrechnung und -auszahlung

In diesen Aufgabenkomplex der Personalverwaltung fallen sowohl ständig wiederkehrende Routinearbeiten, als auch solche, die für seltener vorkommende Aktivitäten Unterstützungs- oder Abwicklungsdienste darstellen.

– Die Abrechnung der an die Mitarbeiter zu zahlenden Löhne und Gehälter erfordert eine Mehrzahl von Teiltätigkeiten und die Beachtung vieler Vorschriften: über Lohnsteuer, die gesetzlichen Sozialabzüge, Vermögensbildungszahlungen u.a.m. Hinzu kommen u.U. mitarbeiterspezifische Sonderberechnungen, z.B. über Darlehen, Reisekostenabrechnungen, Trennungsentschädigungen, Gehaltsabrechnungen u.a.m. Größte Genauigkeit und Fehlerlosigkeit der Berechnungen ist deswegen am Platze, weil für den Regelfall unterstellt werden kann, daß jeder Rechenfehler, der zur Einkommensschmälerung führt, Verärgerung bei den Betroffenen hervorruft.
  Die Entgeltauszahlung ist durch Überwiegen bargeldlosen Zahlungsverkehrs stark vereinfacht; das Festlegen und Besorgen der benötigten Banknoten- und Münzsorten, das genaue Abzählen, Aushändigen usw. entfällt damit.
– Zu den weniger häufig auftretenden Aufgaben gehören u.a.:
  - Vorbereitungen für die Abwicklung betrieblicher Sozialleistungen, wie z.B. die Belegung von Werkswohnungen, die Bearbeitung von Unterstützungsanträgen verschiedener Art: Dafür sind die benötigten und verfügbaren Daten zusammenzustellen, ist erforderlichenfalls die Mitwirkung des Betriebsrates sicherzustellen;
  - die Einstufung der Mitarbeiter in die für sie zutreffenden Lohn- und Gehaltsklassen (nach Tarif- oder individuell vereinbarten Verträgen) und die Überwachung der ordnungsgemäßen Anwendung der jeweils heranzuziehenden rechtlichen Vorschriften und betrieblichen Vereinbarungen;
  - das Zurverfügungstellen der bei Tarifverhandlungen benötigten Personaldaten, z.B. in Form von Lohn- und Gehaltsstatistiken.

III. Ausgewählte rechtliche Aspekte

Ebenso wie in den anderen Teilsystemen des Personal-Managements sind auch in dem Teilsystem »Personalverwaltung« zahlreiche rechtliche Aspekte zu beachten. Dabei hat die Personalabteilung die Aufgabe, diese zum einen bei der eigenen Tätigkeit – also bei der Personalverwaltung – zu berücksichtigen, und zum anderen dafür zu sorgen, daß die relevanten Rechtsnormen in den übrigen Funktionsbereichen beachtet werden, es sei denn, daß dafür gesonderte Instanzen zuständig sind (z.B. ein Sicherheits- und Datenschutzbeauftragter). Für die Personalverwaltung sind die beiden folgenden Bereiche relevant:

- Im **Betriebsverfassungsgesetz** sind einige für die Personalverwaltung wichtige Regelungen enthalten, und zwar sowohl Rechte des einzelnen Arbeitnehmers (z.B. in § 83 BetrVG das Recht auf Einsichtnahme in die Personalakten) als auch Beteiligungsrechte des Betriebsrats (s. Kap. F.I).
- Bei der Beendigung des Arbeitsverhältnisses ist insbesondere die Pflicht des Arbeitgebers zu beachten, dem Arbeitnehmer ein **Zeugnis** zu erteilen (§ 630 BGB, § 73 HGB, § 113 GewO, § 8 BBiG). Dabei sind zahlreiche Grundsätze zu beachten, die entweder unmittelbar aus dem Gesetz abzuleiten sind, oder in Lehre und Rechtsprechung entwickelt wurden. Es sind dies im einzelnen:[28]
  - Grundsatz der **Zeugniswahrheit**:
    Das Zeugnis darf keine Formulierungen enthalten, die das wahrheitsgemäße Gesamtbild wesentlich verändern; es darf insbesondere keine Behauptungen, Annahmen oder Verdachtsmomente enthalten. Dieser oberste Grundsatz hat zur Folge, daß der Arbeitnehmer, wenn das Zeugnis sich auf sein Verlangen hin auf Führung und Leistung erstrecken soll, mit negativen Aussagen rechnen muß, die für sein weiteres berufliches Fortkommen u.U. auch nachteilig sein können.
  - Grundsatz der **Vollständigkeit:**
    Es sind sämtliche Tatsachen und Verhaltensweisen des Arbeitnehmers zu nennen, die für eine Einschätzung des beschriebenen Beschäftigungsverhältnisses und für eine Gesamtbeurteilung des Zeugnisempfängers erforderlich sind.
  - Prinzip des **ständigen Wohlwollens:**
    Das Zeugnis ist grundsätzlich wohlwollend zu formulieren, um dem Arbeitnehmer dadurch eine Chance auf dem Arbeitsmarkt zu geben. Es sind insbesondere Formulierungen zu vermeiden, die das weitere berufliche Fortkommen des Arbeitnehmers unnötig erschweren.
  - Grundsatz der **Individualität:**
    Das Zeugnis darf keine »Schablone« sein, sondern muß den Zeugnisempfänger in seinen für das Beschäftigungsverhältnis relevanten Eigenschaften charakterisieren.
  - Grundsatz der **Schriftlichkeit:**
    Das Zeugnis ist grundsätzlich schriftlich und (seiner Bedeutung entsprechend) in einer angemessenen äußeren Form zu erteilen und von einer Führungskraft der Unternehmung (z.B. Geschäftsführer, Personalleiter) zu unterschreiben.

28 Vgl. hierzu ausführlicher Becker-Schaffner (1989) 2105ff.; zu den Zeugnisformulierungen und ihren rechtlichen Beurteilungen vgl. z.B. Weuster (1992) 58ff.

F. Kontext des Personal-Managements

In den vorangegangenen Abschnitten dieses Buches ist in einer Art »Maximalübersicht« Personal-Management in seiner Totalität dargelegt, d.h. Gegenstand war die Personalarbeit in ihrer Gesamtheit, soweit sie realiter als praktizierbar erscheint. An vielen Stellen wurde indessen deutlich, daß Personal-Management es mit vielen möglichen unterschiedlichen Gegenständen zu tun hat, die zum Teil einander ausschließende Alternativen sein können, unter denen es daher Auswahlen zu treffen, also zu entscheiden gilt. Diese Entscheidungen betreffen sowohl grundsätzliche, d.h. in der politischen Perspektive der Unternehmung angesiedelte Fragen (wie etwa: ob Karriereplanung überhaupt betrieben werden soll), wie auch solche eher technischer Natur (wie in operativer Perspektive: z.B. die Wahl unter mehreren möglichen Fortbildungsmethoden zur Vermittlung bestimmter Fortbildungsinhalte an definierte Adressaten).

Diese Entscheidungen sind nicht unabhängig voneinander, sondern vielmehr aufeinander bezogen: Eine politische/strategische Entscheidung darüber, daß eine Karriereplanung betrieben werden soll, bedarf der Umsetzung in ein konkretes System. Operative Entscheidungen über betriebliche Fortbildung bedürfen ihrerseits übergeordneter Entscheidungen: Zunächst diejenige, ob Fortbildung überhaupt von betrieblicher Seite aus betrieben werden soll, danach darüber, ob sie intern oder aber extern stattfinden soll, desweiteren über die Auswahl von Adressaten etc. In einem systematischen Aufbau wäre ein Personal-Management idealiter in einer hierarchischen Abstufung vorzustellen: von politischen über strategische bis hin zu operativen Entscheidungen (vgl. hierzu den gliederungstechnischen Aufbau des Lehrbuches von Scholz)[1].

Eine Alternativenwahl im Wege von Entscheidungen in der beispielhaft beschriebenen Art vollzieht sich – wie anderswo – auch im Personal-Management nicht im luftleeren Raum. Sie ist stets eingebettet in die Unternehmung, in der sie stattfindet, diese ist ihrerseits eingebettet in umgebende Umwelten; Personal-Management findet in Kontexten statt. Diese enthalten sowohl begrenzende wie auch leitende (im Sinne von: die Auswahl kanalisierende) Faktoren. Sie sind im folgenden getrennt dargestellt: Nach unternehmungsexternen werden interne Kontextfaktoren behandelt, die gemeinsam die Bedingtheiten von Personal-Management und -arbeit verdeutlichen sollen.

---

1 Vgl. Scholz (1993).

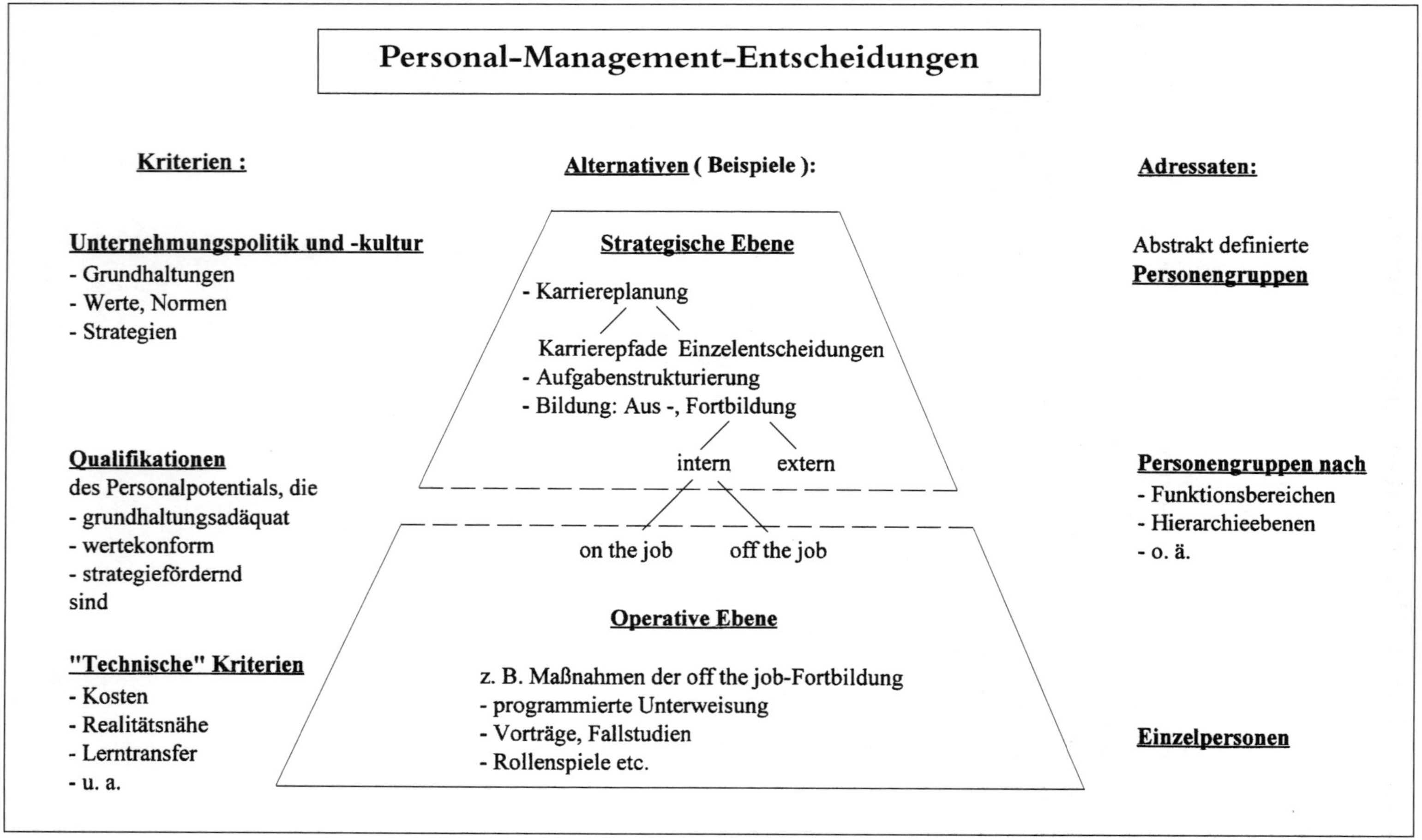

Abb. 135: Personal-Management-Entscheidungen

I. Externe Kontextfaktoren

1. Überblick

Ohne eine umfassende Berücksichtigung des externen Umfeldes laufen Gestaltungsempfehlungen für das Personal-Management Gefahr, die verfolgten Ziele zu verfehlen. Um die externen Einflüsse auf die Unternehmung und damit auch auf das Personal-Management analysieren zu können, ist eine Strukturierung des Unternehmungsumfeldes hilfreich.
Für die Analyse des Umfeldes hat sich die folgende Zweiteilung durchgesetzt:[2]

1) Aus dem Bereich des **Aufgabenumfeldes** sind vor allem die Absatz- und Beschaffungsmärkte (u.a. Arbeitsmärkte) von Bedeutung. Die Beziehungen zum **Aufgabenumfeld** sind bei der Darstellung der Teilsysteme des Personal-Managements (zum Teil) behandelt worden: So wurde die Bedeutung

   - der **Arbeitsmärkte** vor allem für die Personalbeschaffung aber auch für die Personalplanung und
   - der **Absatzmärkte** für die Personal(bedarfs)planung

   skizziert.

2) Der Bereich des **globalen Umfeldes**, das die generellen Bedingungen in einem bestimmten geographischen Raum beinhaltet, wird typischerweise in die folgenden Teilbereiche unterschieden:

   - Makroökonomisches Umfeld
   - Sozio-kulturelles Umfeld
   - Technologisches Umfeld
   - Ökologisches Umfeld
   - Politisch-rechtliches Umfeld.

   Einflüsse des **globalen Umfeldes** auf das Personal-Management resultieren zum Beispiel aus **technologischen** Veränderungen, die sich vor allem auf die Anforderungen an die Mitarbeiter auswirken. Aber auch aus **sozio-kulturellen** Veränderungen wie gesellschaftlichen Wertewandlungsprozessen oder demographischen Entwicklungen kann sich Handlungsbedarf für das Personal-Management ergeben. Zum **sozio-kulturellen** Umfeld zählt zum Beispiel auch das Bildungssystem, das aus Sicht des Personal-Managements den Mitarbeitern die Basis- und Schlüsselqualifikationen vermittelt. Die vielfältigen Einflüsse des **politisch-rechtlichen** Umfeldes gehen in der Regel vom Staat und/oder multinationalen Staatengemeinschaften aus und werden meistens in Form kodifizierter Regelungen (Recht) geltend gemacht.

In diesem Lehrbuch ist es nicht möglich, die externen Einflüsse auf das Personal-Management in ihrer Gesamtheit zu behandeln. Die obige Differenzierung sollte daher als »Such-

---

2 Vgl. zu den nachfolgenden Ausführungen – insbesondere zu dieser Zweiteilung – Schreyögg (1993) Sp. 4237ff. und Kubicek/Thom (1976) Sp. 3985ff. sowie die in diesen Quellen angegebene Literatur.

feld« für eine unternehmungsindividuell zu ermittelnde Informationsbasis für das Personal-Management verstanden werden.

Die nachfolgenden Ausführungen beschränken sich auf die Darstellung der Grundzüge des **Arbeitsrechts** und der Wirkungen ausgewählter arbeitsrechtlicher Regelungen auf das Personal-Management, da diese den inhaltlichen Gestaltungspielraum des Personal-Managements erheblich beeinflussen (i.S. von begrenzen) können. Zudem müssen die Personalabteilungen für die Beschäftigung mit arbeitsrechtlichen Problemen einen erheblichen Teil ihrer Kapazität aufwenden.

2. Grundzüge des Arbeitsrechts

Das Recht der Arbeit als das juristische Gebiet, das die Arbeitsbeziehungen[3] regelt, umfaßt die »Summe der Rechtsregeln, die sich mit der in abhängiger Tätigkeit geleisteten Arbeit«[4] befassen. Abbildung 136 gibt einen Überblick über die **Gebiete**, die **Akteure** und die **Rechtsquellen** des deutschen Arbeitsrechts.

a) Gebiete

Das Arbeitsrecht wird üblicherweise in zwei Gebiete unterteilt:[5]
Das **Individualarbeitsrecht** umfaßt

- die Normen, die das Verhältnis von individuellem Arbeitgeber zu individuellem Arbeitnehmer regeln **(Recht des Arbeitsverhältnisses)** und
- die Normen, die der Staat im öffentlichen Interesse erlassen hat, um den Arbeitnehmer vor den Gefahren des Arbeitslebens zu schützen **(Arbeitsschutzrecht)**.[6]

Das **kollektive Arbeitsrecht** regelt die Existenz, die Organisation und die Aufgaben der Repräsentationsorgane der Arbeitnehmer und der Arbeitgeber und ihre Beziehungen zu den jeweiligen »Gegenspielern«. Es umfaßt die folgenden Gebiete, die sich drei Regelungsebenen zuordnen lassen:

---

3 In Deutschland fällt die Beschäftigung mit den »Arbeitsbeziehungen« (auch »Arbeitgeber-Arbeitnehmer-Beziehungen« oder »Industrielle Beziehungen«) vor allem in die Zuständigkeit des Arbeitsrechts, während sich insbesondere in den angelsächsischen Ländern unter dem Begriff »Industrial Relations« oder »Labour Relations« seit langem eine eigenständige Wissenschaftsdisziplin etabliert hat, die sich nicht nur mit den juristischen sondern auch mit soziologischen und ökonomischen Aspekten beschäftigt. Vgl. insbesondere zum Begriff der »Arbeitsbeziehungen« Müller-Jentsch (1986) und die dort angegebene Literatur. Einen Überblick über die Thematik geben zum Beispiel die Sammelwerke von Endruweit u.a. (1985) und Müller-Jentsch (1993) sowie das Lehrbuch von Müller-Jentsch (1986).

4 Schaub (1992) 1.

5 Vgl. hierzu Hetzler (1992) Sp. 103f. und Martens (1993) Sp. 153f.

6 Die Normen des Arbeitschutzrechtes (z.B. die Arbeitszeitordnung, das Mutterschutzgesetz, das Schwerbehindertengesetz oder das Jugendarbeitsschutzgesetz) sind grundsätzlich zwingend, also weder abdingbar noch verzichtbar.

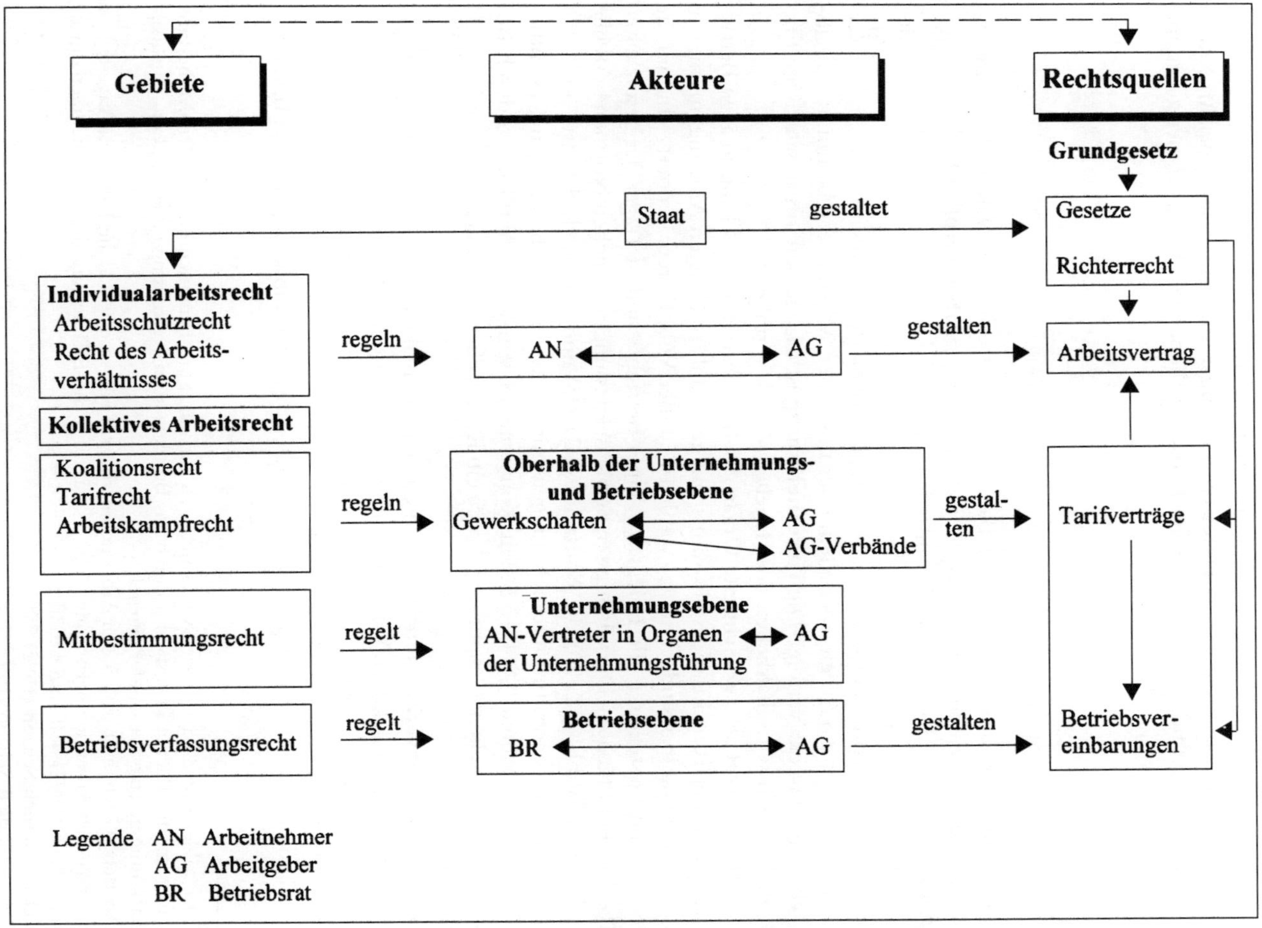

Abb. 136: Überblick über die deutsche Arbeitsrechtsordnung

- Oberhalb der Unternehmungs- und Betriebsebene regeln das **Koalitons-, Tarif- und Arbeitskampfrecht** die Beziehungen zwischen Gewerkschaften und Arbeitgeber(verbänden) sowie deren Rechtsetzungsbefugnisse.
- Auf »Unternehmungsebene« regelt das **Mitbestimmungsrecht** die Beteiligung der Arbeitnehmer in den Organen der Unternehmungsführung.
- Auf »Betriebsebene« regelt das **Betriebsverfassungsrecht**[7] die Stellung der Arbeitnehmer im Betrieb und die Rechte der im Betrieb verbundenen Arbeitnehmer gegenüber dem Arbeitgeber.

b) Akteure

- **Arbeitnehmer** ist, wer sich auf der Basis eines privatrechtlichen Vertrages für eine gewisse Dauer für einen anderen zur Leistung abhängiger Arbeit verpflichtet hat.[8]
- **Arbeitgeber** i.S. des Arbeitsrechts ist jede natürliche oder juristische Person, die einen Arbeitnehmer beschäftigt.[9]
- In juristischer Terminologie wird unter einem **Betrieb** die organisatorische Einheit verstanden, mit der ein Arbeitgeber allein oder mit seinen Mitarbeitern bestimmte arbeitstechnische Zwecke verfolgt. Die **Unternehmung** ist dagegen die organisatorische Einheit, die einen wirtschaftlichen oder ideellen Zweck verfolgt.[10]
- Der **Betriebsrat** als das wichtigste Organ der Betriebsverfassung[11] kann in allen Betrieben mit in der Regel mindestens fünf ständigen wahlberechtigten Arbeitnehmern, von denen drei wählbar sind, errichtet werden (§ 1 BetrVG). Er repräsentiert – bis auf die leitenden Angestellten – die Belegschaft eines Betriebes und ist Träger der gesetzlichen Rechte und Pflichten. Die wichtigsten betriebsverfassungsrechtlichen Normen beziehen sich auf die Wahl (§§ 7–20), die Amtszeit (§§ 21–25) und die Geschäftsführung (§§ 26–41) des Betriebsrates. In Unternehmungen mit mehreren Betrieben **ist** ein Gesamtbetriebsrat zu errichten (§§ 47–52). Für Konzerne i.S. von § 18 I AktG **kann** durch Beschlüsse der einzelnen Gesamtbetriebsräte ein Konzernbetriebsrat errichtet werden (§ 54 BetrVG).
- Bei **Arbeitgeberverbänden**[12] handelt es sich um freiwillige Zusammenschlüsse von Arbeitgebern zur kollektiven Vertretung ihrer sozialpolitischen Interessen.[13] Sie sind nicht nur nach Branchen als Fachverbände auf Bezirks-, Landes- und Bundesebene, sondern auch branchenübergreifend auf Landesebene organisiert. Dachverband der fachlichen Verbände auf Bundesebene (z.B. Gesamtmetall) sowie der Landesverbände (z.B. Vereini-

7 Dazu zählen sowohl das Betriebsverfassungs- als auch das Sprecherausschußgesetz. Die Mitbestimmung im öffentlichen Dienst wird durch das Bundespersonalvertretungsgesetz und die Personalvertretungsgesetze der Länder geregelt.

8 Das BetrVG schränkt in § 5 den Arbeitnehmerbegriff ein, so daß u.a. die leitenden Angestellten nicht zu den Arbeitnehmern zählen. Vgl. die ausführliche Erläuterung des Arbeitnehmerbegriffs bei Schaub (1992) 36ff. und 1563ff.

9 Vgl. ausführlich Schaub (1992) 77ff.

10 Vgl. ausführlich Schaub (1992) 79ff.

11 Weitere Organe der Betriebsverfassung sind der Betriebsausschuß (§ 27 BetrVG), die Betriebsversammlung (§§ 42ff. BetrVG), die Jugend- und Auszubildendenvertretung (§§ 60ff. BetrVG), die Einigungsstelle (§§ 76ff. BetrVG) und der Wirtschaftsausschuß (§§ 106ff. BetrVG).

12 Vgl. zu den nachfolgenden Ausführungen Rauscher (1992) und Rodenstock (1993).

13 Vgl. Rodenstock (1993) Sp. 105.

gung der Arbeitgeberverbände in Bayern) ist die Bundesvereinigung der Deutschen Arbeitgeberverbände e.V. (BdA). Die BdA ist kein Tarifträger, sie koordiniert jedoch die Tarifpolitik ihrer Mitglieder und vertritt deren Interessen gegenüber Gewerkschaften, dem Staat und anderen gesellschaftlichen Gruppierungen.[14]

- **Gewerkschaften** sind freiwillige Zusammenschlüsse von Arbeitnehmern zur kollektiven Vertretung ihrer Interessen gegenüber einzelnen Arbeitgebern oder Arbeitgeberverbänden, dem Staat und anderen gesellschaftlichen Gruppierungen.[15] Sie können sowohl nach dem Berufs- als auch nach dem Industrieprinzip gegliedert sein. Die deutschen Gewerkschaften sind überwiegend nach dem Industrieprinzip organisiert, so der Deutsche Gewerkschaftsbund (DGB) als Dachverband für 17 Einzelgewerkschaften (z.B. IG Metall oder IG Chemie), denen insgesamt über 80% der organisierten Arbeitnehmer angehören. Nach dem Berufsprinzip sind z.B. die Deutsche Angestellten-Gewerkschaft (DAG) oder der Deutsche Beamtenbund (DBB) gegliedert.

c) Rechtsquellen

Charakteristisch für die deutsche Arbeitsrechtsordnung ist die Vielzahl von **Rechtsquellen**, an deren inhaltlicher Gestaltung neben dem Staat (Legislative und Judikative) die Tarifpartner (Arbeitgeberverbände und Gewerkschaften) und die Betriebspartner (Arbeitgeber und Betriebsrat) sowie Arbeitgeber und Arbeitnehmer als Parteien des individuellen Arbeitsvertrages wesentlich beteiligt sind.

Eine Reihe allgemeiner Grundsätze des Arbeitsrechts ist durch das Grundgesetz garantiert, wobei die **Grundrechte** Vorrang vor allen anderen Rechtsquellen haben.[16]

In der Bundesrepublik Deutschland gibt es (noch) keine Kodifikation des Arbeitsrechts in Form eines »Arbeitsgesetzbuches«, sondern eine Vielzahl **arbeitsrechtlicher Gesetze** sowie **arbeitsrechtlicher Regelungen in anderen Gesetzen**. Trotzdem sind zahlreiche arbeitsrechtliche Fragen in den Gesetzen nicht geregelt, so daß das Arbeitsrecht in wesentlichen Bereichen **Richterrecht** ist.

Neben den Gesetzen stellen die von den Tarif- und Betriebspartnern autonom gestalteten **Kollektivvereinbarungen** (Tarifverträge und Betriebsvereinbarungen)[17] wichtige und für das deutsche Arbeitsrecht charakteristische Rechtsquellen dar. Im Vergleich zu Gesetzen handelt es sich jedoch um rangniedere Rechtsquellen.

---

14 Die Arbeitgeberverbände sind von den Wirtschaftsverbänden abzugrenzen, die vor allem die wirtschaftspolitischen Interessen ihrer Mitglieder repräsentieren. Die Wirtschaftsverbände sind fachlich und regional gegliedert und münden in Dachorganisationen auf Bundesebene (z.B. Verband der Automobilindustrie), die dann Mitglieder im Bundesverband der Deutschen Industrie e.V. (BDI) sind.

15 Vgl. zu den nachfolgenden Ausführungen Hirsch-Weber (1992) und Wächter (1993).

16 Vgl. ausführlich Halbach u.a. (1991) 32. Zu den für das Arbeitsrecht relevanten Grundrechten zählen vor allem Art. 1 GG, Art. 2 GG, Art. 3 II und III GG, Art. 11 und 12 I GG, Art. 12 II und III GG. Durch Art. 9 III GG wird die Koalititonsfreiheit und damit auch die Tarifautonomie garantiert. Das Sozialstaatsprinzip in Art. 20 I GG verpflichtet den Gesetzgeber, die Arbeitsrechtsordnung so zu gestalten, daß sie den sozialen Anforderungen der Zeit entspricht. Vgl. Schaub (1992) 9.

17 Zu den Kollektivvereinbarungen zählen auch die zwischen Arbeitgeber und Sprecherausschuß der leitenden Angestellten vereinbarten Richtlinien (§ 28 SprAuG).

Eine weitere Rechtsquelle ist der **individuelle Arbeitsvertrag.**[18] Für den Abschluß von Arbeitsverträgen besteht grundsätzlich Vertragsfreiheit, d.h. die Arbeitgeber und Arbeitnehmer können bestimmen, ob und mit wem sie einen Arbeitsvertrag abschließen wollen. Dieser Grundsatz kann jedoch durch Abschluß- und Beschäftigungsverbote, die auf zwingenden gesetzlichen oder kollektivvertraglichen Normen beruhen, eingeschränkt sein.[19]

Abbildung 137 gibt einen Überblick über die Relevanz wichtiger gesetzlicher Rechtsquellen für die Teilsysteme des Personal-Managements. Dabei werden nur die zentralen Einflüsse dargestellt.

3. Folgen ausgewählter arbeitsrechtlicher Regelungen für die Teilsysteme des Personal-Managements

Nachfolgend wird skizziert, ob und wie die Gesetze, die die Partizipation der Mitarbeiter auf Betriebs- und Unternehmungsebene regeln und damit von besonderer Bedeutung für das Personal-Management sind, dessen Gestaltungsspielraum begrenzen.[20] Im einzelnen handelt es sich um folgende Gesetze:

- **Mitbestimmung auf Betriebsebene**
  - Betriebsverfassungsgesetz (BetrVG)
  - Gesetz über Sprecherausschüsse der leitenden Angestellten (Sprecherausschußgesetz – SprAuG)
- **Mitbestimmung auf Unternehmungsebene**
  - Gesetz über die Mitbestimmung der Arbeitnehmer (Mitbestimmungsgesetz – MitbestG)
  - Gesetz über die Mitbestimmung der Arbeitnehmer in den Aufsichtsräten und Vorständen der Unternehmen des Bergbaus und der Eisen und Stahl erzeugenden Industrie (Montan-Mitbestimmungsgesetz – Montan-MitbestG)
  - Gesetz zur Ergänzung des Gesetzes über die Mitbestimmung der Arbeitnehmer in den Aufsichtsräten und Vorständen der Unternehmen des Bergbaus und der Eisen und Stahl erzeugenden Industrie (Montan-MitbestErgG)
  - Betriebsverfassungsgesetz 1952 (BetrVG 1952)

---

18 In Verbindung mit dem Arbeitsvertrag können auch »Weisungsrecht des Arbeitgebers«, »Arbeitsvertragliche Einheitsregelung«, »Gesamtzusage« oder »Betriebliche Übung« als Rechtsquellen eine Rolle spielen. Vgl. im einzelnen Brox (1991) 24.

19 Vgl. Schaub (1992) 155ff.

20 Zentrale individualarbeitsrechtliche Regelungen werden zum Teil bei der Darstellung der Teilsysteme des Personal-Managements behandelt.

Arbeitsgesetze / **Teilsysteme des PM**	Mitarbeiterführung	Personalplanung	Personalbeurteilung und -auswahl	Personalbeschaffung	Personalfreisetzung	Personalentwicklung	Arbeitsbedingungen	Vergütung	Personalverwaltung
Bürgerliches Gesetzbuch				x	x			x	
Beschäftigungsförderungsgesetz		x					x		
Entgeltfortzahlungsgesetz								x	
Bundesurlaubsgesetz		x					x		
Kündigungsschutzgesetz		x			x				
Gesetz zur Verbesserung der betrieblichen Altersversorgung	k							x	
Arbeitsförderungsgesetz	e			x	x	x			
Arbeitszeitgesetz		x					x		
Mutterschutzgesetz	i	x					x		
Bundeserziehungsgeldgesetz		x		x					
Jugendarbeitsschutzgesetz	n	x		x		x	x		
Schwerbehindertengesetz		x		x	x		x		
Arbeitnehmerüberlassungsgesetz				x	x				
Berufsbildungsgesetz						x			
Betriebsverfassungsgesetz		x	x	x	x	x	x	x	x
Sprecherausschußgesetz				x	x		x	x	
Tarifvertragsgesetz									
Mitbestimmungsgesetz									
Montanmitbestimmungsgesetz		direkter Einfluß							
Betriebsverfassungsgesetz 1952									

Abb. 137: Einfluß wichtiger Arbeitsgesetze auf Teilsysteme des Personal-Managements

a) Mitbestimmung auf Betriebsebene

Das BetrVG gilt in allen Betrieben, die in der Regel mindestens fünf ständige wahlberechtigte Arbeitnehmer beschäftigen (§ 1 BetrVG). Es ist in vollem Umfang nur auf Arbeitnehmer, die als Arbeiter oder Angestellte oder die zu ihrer Berufsausbildung beschäftigt sind, anzuwenden (§ 5 I BetrVG). Für leitende Angestellte[21] ist das BetrVG nur in wenigen Punkten relevant. Sie fallen jedoch unter den Geltungsbereich des SprAuG. Da der Sprecherausschuß – anders als der Betriebsrat – nur **Mitwirkungs**rechte hat, werden nachfolgend die Regelungen des BetrVG dargestellt, da diese den Gestaltungspielraum des Personal-Managements stärker begrenzen (können). Dies bedeutet aber auch, daß für (einen Teil der) Führungskräfte als eine wichtige Zielgruppe der Personalarbeit – nur sehr wenige arbeitsrechtliche Restriktionen bestehen.

Das BetrVG unterscheidet verschiedene Arten von Beteiligungsrechten: Rechte des einzelnen Arbeitnehmers (Individualrechte) und Beteiligungsrechte des Betriebsrats.

Die **Individualrechte** nach §§ 81–86 BetrVG umfassen Unterrichtungs-, Anhörungs-, Erörterungs- und Beschwerderechte. Sie sind vor allem wegen ihres betriebsbezogenen Charakters im BetrVG geregelt, lassen sich jedoch auch aus der Fürsorgepflicht des Arbeitgebers und damit aus dem individuellen Arbeitsvertrag ableiten. Dies bedeutet, daß sie auch Arbeitnehmern in Betrieben ohne Betriebsrat zustehen.[22] Nachfolgend werden daher nur die **Beteiligungsrechte des Betriebsrats** behandelt.

Diese lassen sich nach zwei Gesichtspunkten gliedern: einerseits nach der Intensität der Einflußnahme des Betriebsrats auf die betriebliche Willensbildung und zum anderen nach den Gegenständen, an denen die Mitbestimmung ansetzt.

Nach der **Intensität der Einflußnahme** unterscheiden sich die Beteiligungsrechte des Betriebsrats in **Mitwirkungs**rechte (Informations-,Vorschlags-,Anhörungs- und Beratungsrechte) und in **Mitbestimmungs**rechte. Diese umfassen Zustimmungsverweigerungs- oder Widerspruchsrechte, d.h. eine Maßnahme des Arbeitgebers darf nicht (oder nicht ohne weiteres) ohne Beteiligung des Betriebsrats durchgeführt werden. Der Betriebsrat hat außerdem Initiativrechte, d.h. er kann von sich aus eine Entscheidung des Arbeitgebers verlangen.

Nach den **Gegenständen** unterscheidet das BetrVG die folgenden Bereiche:

- **Soziale** Angelegenheiten (§§ 87–89 BetrVG) inklusive der Gestaltung von Arbeitsplatz, Arbeitsablauf und Arbeitsumgebung (§§ 90 und 91 BetrVG);
- **Personelle** Angelegenheiten, unterteilt in »allgemeine personelle Angelegenheiten« (§§ 92–95 BetrVG), »Berufsbildung« (§§ 96–98 BetrVG) und »personelle Einzelmaßnahmen« (§§ 99–105 BetrVG);
- **Wirtschaftliche** Angelegenheiten, unterteilt in »Unterrichtung in wirtschaftlichen Angelegenheiten« (§§ 106–110 BetrVG) und »Betriebsänderungen« (§§ 111–133 BetrVG).

Abbildung 138 gibt einen Überblick über die **wichtigsten** Beteiligungsrechte des Betriebsrats differenziert nach Intensität der Einflußnahme und den Gegenständen der Beteilungsrechte.

---

21 Vgl. zur Legaldefinition des »leitenden Angestellten« § 5 III BetrVG und zu näheren Erläuterungen Halbach u.a. (1991) 322ff. sowie Schaub (1992) 61ff.

22 Vgl. Schaub (1992) 1707ff. sowie Halbach u.a. (1991) 377ff. und die dort jeweils angegebene Literatur.

Gegenstände / Intensität	Soziale Angelegenheiten	Personelle Angelegenheiten	Wirtschaftliche Angelegenheiten
Mitbestimmungsrechte			
Initiativrechte	§ 87 § 91	§ 92 II § 93 § 95 II § 98 IV § 104	§ 112
Zustimmungsverweigerungs- oder Widerspruchsrechte		§ 94 § 95 I § 99 II § 102 III § 103	
Mitwirkungsrechte			
Beratungsrechte Vorschlagsrechte Anhörungsrechte Informationsrechte	§ 89	§ 92 I § 96 § 97 § 99 I § 100 § 102 I, II	§ 90 § 106 § 111

Abb. 138: Die wichtigsten Beteiligungsrechte des Betriebsrats
(Quelle: in Anlehnung an Müller-Jentsch (1986) 223)

Nachfolgend wird kurz erläutert, wie wichtige Beteiligungsrechte des Betriebsrats die Gestaltungspielräume in den Teilsystemen des Personal-Managements begrenzen. Dabei zeigt sich, daß einige Regelungen des BetrVG für mehrere Teilsysteme relevant sind oder sich den Teilsystemen nicht eindeutig zuordnen lassen. Dies liegt vor allem daran, daß die Terminologie des BetrVG mit der des Personal-Managements nicht übereinstimmt.

Mitarbeiterführung

Regelungen, die sich auf die Mitarbeiterführung beziehen, existieren im BetrVG nicht.

Personalplanung[23]

Ziel einer Beteiligung des Betriebsrats bei der Personalplanung ist, diesem Einfluß auf die personellen Grundsatzentscheidungen einzuräumen, um zu verhindern, daß er bei späteren personellen Einzelmaßnahmen nicht kurzfristig vor »vollendete Tatsachen« gestellt wird. So hat der Arbeitgeber den Betriebsrat insbesondere über den gegenwärtigen und zukünftigen Personalbedarf und die sich daraus ergebenden personellen Maßnahmen (z.B. Personalbeschaffung und -freisetzung)[24] und Maßnahmen der Berufsbildung anhand von Unterlagen

23 Vgl. zu den nachfolgenden Ausführungen Schaub (1992) 1750f.

24 Die Beteiligungsrechte des Betriebsrats bei der Personalbeschaffung und -freisetzung werden an anderer Stelle dargestellt.

rechtzeitig und umfassend zu unterrichten (§ 92 I BetrVG). Der Betriebsrat kann jedoch auch von sich aus an den Arbeitgeber herantreten und ihm Vorschläge für die Einführung und Durchführung einer Personalplanung machen (§ 92 II BetrVG).

In allen Unternehmen mit in der Regel mehr als 100 ständig beschäftigten Arbeitnehmern ist ein **Wirtschaftsausschuß** zu bilden. Dieser hat die Aufgabe, mit dem Unternehmer über wirtschaftliche Angelegenheiten[25] zu beraten und den Betriebsrat zu unterrichten (§ 106 I BetrVG). Der Unternehmer hat den Wirtschaftsausschuß rechtzeitig und umfassend über die wirtschaftlichen Angelegenheiten des Unternehmens unter Vorlage der erforderlichen Unterlagen zu unterrichten, sowie die sich daraus ergebenden Auswirkungen auf die **Personalplanung** darzulegen (§ 106 II BetrVG).[26]

Personalbeurteilung[27]

Die Aufstellung von Beurteilungsgrundsätzen unterliegt der Zustimmung des Betriebsrats (§ 94 II BetrVG). Er kann die Aufstellung von Beurteilungsgrundsätzen jedoch nicht erzwingen. Im Falle ihrer Einführung durch den Arbeitgeber hat der Betriebsrat mitzubestimmen, ob Beurteilungsgrundsätze überhaupt eingeführt werden und wenn ja, welchen Inhalt diese Grundsätze haben sollen. Darunter fällt sowohl die Aufstellung und Gewichtung materieller Beurteilungsmerkmale als auch die Festlegung der Beurteilungsverfahren.

Bei der Einführung und Anwendung technischer Einrichtungen, die dazu dienen, das Verhalten oder die Leistung der Arbeitnehmer zu überwachen, hat der Betriebsrat ein erzwingbares Mitbestimmungsrecht (§ 87 I Nr. 6 BetrVG).

Personalbeschaffung und -auswahl[28]

Im Bereich der (externen) Personalbeschaffung und der Personalauswahl hat der Betriebsrat Beteiligungsrechte aus dem Bereich der »allgemeinen personellen Angelegenheiten« (§§ 92–95 BetrVG) und der »personellen Einzelmaßnahmen« (§§ 99–105 BetrVG).[29]

Im ersten Bereich hat der Betriebsrat folgende Beteiligungsrechte:

- Der Betriebsrat kann vom Arbeitgeber verlangen, daß zu besetzende Stellen **intern** ausgeschrieben werden (§ 93 BetrVG). Falls der Arbeitgeber ein solches Verlangen ignoriert, ist der Betriebsrat berechtigt, allein aus diesem Grunde die Zustimmung zur Einstellung eines Bewerbers für die nicht ausgeschriebene Stelle zu verweigern (§ 99 II Nr. 5 BetrVG).[30]
- Auch Personalfragebögen bedürfen der Zustimmung des Betriebsrats (§ 94 I BetrVG). Unter Personalfragebögen versteht man formularmäßig zusammengestellte Fragen, die durch Bewerber oder bereits eingestellte Arbeitnehmer beantwortet werden sollen. Dazu

---

25 Zu den wirtschaftlichen Angelegenheiten i.S. des BetrVG zählen z.B. die wirtschaftliche und finanzielle Lage des Unternehmens die Produktions- und Absatzlage oder Rationalisierungsvorhaben. Vgl. § 106 III BetrVG.

26 Vgl. hierzu Halbach u.a. (1991) 378.

27 Vgl. hierzu Halbach u.a. (1991) 371f. und Schaub (1992) 1754f.

28 Insbesondere bei der Gestaltung von Instrumenten im Rahmen des Teilsystems »Personalbedarfsdeckung« sind zahlreiche individualarbeitsrechtliche Regelungen zu beachten. Diese wurden in Kap. D.III.4. dargestellt.

29 Zu den personellen Einzelmaßnahmen zählen Einstellung, Eingruppierung, Umgruppierung, Versetzung und Kündigung von Arbeitnehmern. Im Rahmen der Personalbeschaffung und -auswahl ist nur die Einstellung relevant.

30 Vgl. Halbach u.a. (1991) 370f.

gehören auch standardisierte Checklisten, die vom Arbeitgeber abgefragt und ausgefüllt werden. Testbögen (vor allem für psychologische Eignungstests) sind den Personalfragebögen gleichzustellen. Die Zustimmung des Betriebsrats bezieht sich auf die Einführung und Veränderung der Fragebögen, auf die einzelnen Fragen und auf den Verwendungszweck der Antworten, insbesondere dann, wenn die Daten in Personalinformationssystemen verarbeitet werden sollen.[31]

- Der Betriebsrat hat ein erzwingbares Mitbestimmungsrecht über die Inhalte der im Betrieb verwendeten schriftlichen Arbeitsverträge, die sich auf die persönlichen Verhältnisse des Arbeitnehmers beziehen (§ 94 II BetrVG). Bezüglich der Angaben, die der Arbeitgeber zulässigerweise in solche Formulararbeitsverträge aufnehmen kann, gelten die gleichen Grundsätze wie bei Personalfragebögen.
- In Betrieben bis zu 1.000 Arbeitnehmern kann der Arbeitgeber nur mit Zustimmung des Betriebsrats Richtlinien über die personelle Auswahl bei Einstellungen, Versetzungen[32], Umgruppierungen[33] und Kündigungen[34] aufstellen (§ 95 I BetrVG). In Betrieben mit mehr als 1.000 Arbeitnehmern kann der Betriebsrat die Aufstellung solcher Richtlinien verlangen (§ 95 II BetrVG). Auswahlrichtlinien legen allgemein oder für bestimmte Arten von Tätigkeiten oder Arbeitsplätzen fest, welche fachlichen und persönlichen Voraussetzungen sowie sozialen Gesichtspunkte für die Ausübung der Tätigkeit oder die Besetzung des Arbeitsplatzes vorliegen müssen oder nicht vorliegen dürfen.[35]

Im Bereich der »personellen Einzelmaßnahmen« stehen dem Betriebsrat folgende Beteiligungsrechte zu:[36] In Betrieben mit mehr als 20 wahlberechtigten Arbeitnehmern hat der Arbeitgeber vor jeder Einstellung, Eingruppierung, Umgruppierung[37] und Versetzung[38] den Betriebsrat umfassend zu unterrichten und seine Zustimmung einzuholen (§ 99 I BetrVG). Der Betriebsrat kann seine Zustimmung erteilen, die Widerspruchsfrist von einer Woche verstreichen lassen (dann gilt seine Zustimmung als erteilt) oder der personellen Einzelmaßnahme unter Angabe von Gründen innerhalb einer Woche nach der Unterrichtung schriftlich widersprechen (§ 99 III BetrVG). Der Betriebsrat kann die Zustimmung zu der personellen Maßnahme nur dann verweigern, wenn er sich auf die in § 99 II Nr. 1–6 BetrVG genannten Gründe berufen kann:

1. Verstoß gegen ein Gesetz, eine Verordnung, eine Unfallverhütungsvorschrift oder gegen eine Bestimmung in einem Tarifvertrag oder in einer Betriebsvereinbarung oder gegen eine gerichtliche Entscheidung oder behördliche Anordnung.
2. Verstoß gegen eine Richtlinie nach § 95 BetrVG.
3. Bestehen der begründeten Besorgnis, daß durch die personelle Maßnahme im Betrieb beschäftigte Arbeitnehmer gekündigt werden oder sonstige Nachteile erleiden, ohne daß dies aus betrieblichen oder persönlichen Gründen gerechtfertigt ist.
4. Benachteiligung des betroffenen Arbeitnehmers durch die personelle Maßnahme, ohne

31 Vgl. Schaub (1992) 1753 sowie Halbach u.a. (1991) 371.
32 Versetzungen sind dem Teilsystem »Personalentwicklung« zuzuordnen.
33 Umgruppierungen sind dem Teilsystem »Vergütung« zuzuordnen.
34 Kündigungen sind dem Teilsystem »Personalfreisetzung« zuzuordnen.
35 Vgl. Halbach u.a. (1991) 372.
36 Vgl. zu den nachfolgenden Ausführungen Halbach u.a. (1991) 373ff.
37 Ein- und Umgruppierungen sind dem Teilsystem »Vergütung« zuzuordnen.
38 Versetzungen sind dem Teilsystem »Personalentwicklung« zuzuordnen.

daß dies aus betrieblichen oder in der Person des Arbeitnehmers liegenden Gründen gerechtfertigt ist.
5. Unterlassen einer nach § 93 erforderlichen Ausschreibung.
6. Bestehen der durch Tatsachen begründeten Besorgnis, daß der für die personelle Maßnahme in Aussicht genommene Bewerber oder Arbeitnehmer den Betriebsfrieden durch gesetzwidriges Verhalten oder durch grobe Verletzung der in § 75 I BetrVG enthaltenen Grundsätze stören werde.

Personalfreisetzung
Auch im Bereich der **Personalfreisetzung** hat der Betriebsrat Beteiligungsrechte aus dem Bereich der »allgemeinen personellen Angelegenheiten« (§§ 92–95 BetrVG) und der »personellen Einzelmaßnahmen« (§§ 99–105 BetrVG):

- In Betrieben bis zu 1.000 Arbeitnehmern kann der Arbeitgeber nur mit Zustimmung des Betriebsrats Richtlinien über die personelle Auswahl bei Kündigungen aufstellen (§ 95 I BetrVG). In Betrieben mit mehr als 1.000 Arbeitnehmern kann der Betriebsrat die Aufstellung solcher Richtlinien verlangen (§ 95 II BetrVG) (vgl. dazu auch die Ausführungen zur Personalbeschaffung und -auswahl).[39]
- Im Bereich der »personellen Einzelmaßnahmen« sind für die Personalfreisetzung die §§ 102–105 BetrVG relevant: So hat der Arbeitgeber den Betriebsrat vor **jeder** Kündigung (ordentliche und außerordentliche Kündigung sowie Änderungskündigung) zu hören und ihm die Kündigungsgründe mitzuteilen. Eine ohne Anhörung des Betriebsrats ausgesprochene Kündigung ist unwirksam (§ 102 I BetrVG). Nach § 102 II BetrVG kann der Betriebsrat bei ordentlichen Kündigungen bei Vorliegen der im Gesetz genannten Gründe (§ 102 III BetrVG) innerhalb einer Woche schriftlich widersprechen. Bei der außerordentlichen Kündigung kann er Bedenken äußern. Die §§ 103–105 BetrVG beziehen sich auf Sonderfälle und einzelne Mitarbeitergruppen.

Personalentwicklung[40]
Im Bereich der »allgemeinen personellen Angelegenheiten« stehen dem Betriebsrat die Beteiligungsrechte nach § 95 BetrVG zu. So kann der Arbeitgeber in Betrieben bis zu 1.000 Arbeitnehmern nur mit Zustimmung des Betriebsrats Richtlinien über die personelle Auswahl bei Versetzungen i.S. von § 95 III BetrVG aufstellen (§ 95 I BetrVG). In Betrieben mit mehr als 1.000 Arbeitnehmern kann der Betriebsrat die Aufstellung solcher Richtlinien verlangen (§ 95 II BetrVG) (vgl. dazu auch die Ausführungen zur Personalbeschaffung und -auswahl).

In allen Fragen der »Berufsbildung« hat der Betriebsrat nach § 96 BetrVG ein Beratungsrecht. Dies gilt auch für die Errichtung und Ausstattung betrieblicher Einrichtungen der Berufsbildung sowie für die Einführung betrieblicher und die Teilnahme an außerbetrieblichen Maßnahmen der Berufsbildung (§ 97 BetrVG). Bei der Durchführung von Maßnahmen der betrieblichen Berufsbildung hat der Betriebsrat ein erzwingbares Mitbestimmungsrecht (§ 98 BetrVG).

---

39 Dies kommt nur bei Auswahlrichtlinien für betriebsbedingte ordentliche Kündigungen in Betracht.

40 Vgl. zu den nachfolgenden Ausführungen Schaub (1992) 1755ff.

Gestaltung von Arbeitsbedingungen[41]

Bei der Gestaltung von Arbeitsbedingungen hat der Betriebsrat nach § 87 I BetrVG erzwingbare Mitbestimmungsrechte in sozialen Angelegenheiten und zwar bei

- Fragen der Ordnung des Betriebs und des Verhaltens der Arbeitnehmer im Betrieb (§ 87 I Nr. 1 BetrVG). Zur Ordnung des Betriebs gehören z.B. Regeln über Torkontrollen, Rauchverbote oder Alkoholverbote.
- Beginn und Ende der täglichen Arbeitszeit einschließlich Pausen sowie Verteilung der Arbeitszeit auf die einzelnen Wochentage (§ 87 I Nr. 2 BetrVG).
- Vorübergehende Verkürzung oder Verlängerung der betriebsüblichen Arbeitszeit (§ 87 I Nr. 3 BetrVG).
- Aufstellung allgemeiner Urlaubsgrundsätze und des Urlaubsplans sowie die Festsetzung der zeitlichen Lage des Urlaubs für einzelne Arbeitnehmer, wenn zwischen dem Arbeitgeber und den beteiligten Arbeitnehmern kein Einvernehmen erzielt wird (§ 87 I Nr. 5 BetrVG).
- Regelungen über die Verhütung von Arbeitsunfällen und Berufskrankheiten sowie über den Gesundheitsschutz im Rahmen der gesetzlichen Vorschriften oder der Unfallverhütungsvorschriften (§ 87 I Nr. 7 BetrVG).

Im Bereich des **Arbeitsschutzes** hat der Betriebsrat sowohl Beteiligungsrechte als auch Pflichten.

Auch bei der Gestaltung von Arbeitsplatz, Arbeitsablauf und Arbeitsumgebung hat der Betriebsrat Beteiligungsrechte. So hat der Arbeitgeber den Betriebsrat über die Planung von Fabrikations- und Verwaltungsbauten sowie sonstigen betrieblichen Räumen (z.B. Kantine, Aufenthaltsraum), von technischen Anlagen, von Arbeitsverfahren und Arbeitsabläufen oder der Arbeitsplätze rechtzeitig und unter Vorlage der erforderlichen Unterlagen zu unterrichten (§ 90 I BetrVG) und über die Auswirkungen dieser Maßnahmen auf die Arbeitnehmer zu beraten (§ 90 II BetrVG). Falls die Arbeitnehmer durch Maßnahmen des § 90 I BetrVG, die »den gesicherten arbeitswissenschaftlichen Erkenntnissen über die menschengerechte Gestaltung der Arbeit« offensichtlich widersprechen, besonders belastet werden, kann der Betriebsrat angemessene Gegenmaßnahmen verlangen (§ 91 BetrVG).[42] Diese Vorschrift ist kaum operationalisierbar, weil es weder eine geschlossene Arbeitswissenschaft gibt noch auf breiter Front Erkenntnisse, die unter allgemeiner Zustimmung als gesichert gelten können. Zudem ist nicht eindeutig beweisbar, unter welchen Umständen eine Arbeit »menschengerecht« gestaltet bzw. wann diese Forderung nicht erfüllt ist.

Vergütung

Bei der Gestaltung von Arbeitsbedingungen hat der Betriebsrat nach § 87 I BetrVG erzwingbare Mitbestimmungsrechte in sozialen Angelegenheiten und zwar bei

- Zeit, Ort und Auszahlung der Arbeitsentgelte (§ 87 I Nr. 4 BetrVG).
- Form, Ausgestaltung und Verwaltung von Sozialeinrichtungen, deren Wirkungsbereich auf den Betrieb, das Unternehmen oder den Konzern beschränkt ist (§ 87 I Nr. 8 BetrVG).

---

41 Vgl. im einzelnen Halbach u.a. (1991) 361ff.

42 Vgl. hierzu Schaub (1992) 1742ff.

- Zuweisung und Kündigung von Wohnräumen, die den Arbeitnehmern mit Rücksicht auf das Bestehen eines Arbeitsverhältnisses vermietet werden, sowie allgemeine Festlegung der Nutzungsbedingungen (§ 87 I Nr. 9 BetrVG).
- Fragen der betrieblichen Lohngestaltung, insbesondere die Aufstellung von Entlohnungsgrundsätzen und die Einführung und Anwendung von neuen Entlohnungsmethoden sowie deren Änderung (§ 87 I Nr. 10 BetrVG).
- Festsetzung der Akkord- und Prämiensätze und vergleichbarer leistungsbezogener Entgelte, einschließlich der Geldfaktoren (§ 87 I Nr. 11 BetrVG).
- Grundsätze über das betriebliche Vorschlagswesen (§ 87 I Nr. 12 BetrVG).[43]

Im Bereich der »allgemeinen personellen Angelegenheiten« stehen dem Betriebsrat die Beteiligungsrechte nach § 95 BetrVG zu. So kann der Arbeitgeber in Betrieben bis zu 1.000 Arbeitnehmern nur mit Zustimmung des Betriebsrats Richtlinien über die personelle Auswahl bei Umgruppierungen aufstellen (§ 95 I BetrVG). In Betrieben mit mehr als 1.000 Arbeitnehmern kann der Betriebsrat die Aufstellung solcher Richtlinien verlangen (§ 95 II BetrVG). Im Bereich der »personellen Einzelmaßnahmen« stehen dem Betriebsrat vor jeder Ein- und Umgruppierung die Beteiligungsrechte nach § 99 BetrVG zu (vgl. dazu im einzelnen die die Ausführungen zur Personalbeschaffung und -auswahl).

Personalverwaltung

Wie bereits oben erläutert, werden an dieser Stelle nur die Beteiligungsrechte des Betriebsrats dargestellt, so daß die gegebenenfalls relevanten Individualrechte (insbesondere das Recht des Arbeitnehmers auf Einsicht in die Personalakte nach § 83 BetrVG) an dieser Stelle nicht behandelt werden.

Für die Personalverwaltung sind insbesondere die Beteiligungsrechte des Betriebsrats relevant, die den Bereich der Datenverarbeitung betreffen. So hat nach § 87 I Nr. 6 BetrVG der Betriebsrat ein erzwingbares Mitbestimmungsrecht bei Einführung und Anwendung von technischen Einrichtungen, die dazu bestimmt sind, das Verhalten oder die Leistungen der Arbeitnehmer zu überwachen (also z.B. Personalinformationssysteme). Ebenfalls können in diesem Zusammenhang die bereits dargestellten Mitbestimmungsrechte nach § 94 I BetrVG (Gestaltung von Personalfragebögen) sowie nach §§ 94 II, 95 I BetrVG (Festlegung von Beurteilungs- und Auswahlrichtlinien) eine Rolle spielen.[44]

Als Fazit der obigen Ausführungen kann festgehalten werden, daß

- die Art und Weise der Menschenführung (Ausübung der Vorgesetztenfunktionen, Verhaltenssteuerung) durch gesetzliche Regelungen nicht vorgeprägt ist, also z.B. keine Partizipationsrechte einzelner Mitarbeiter an der Führung durch den unmittelbaren Vorgesetzten genannt sind, insofern also keine Bestimmungen existieren, die über die Anwendung eines bestimmten Führungsstils etwas aussagen;
- der einzelne Arbeitnehmer eingeschränkte Anhörungs-, Informations-, Vorschlags- und Beschwerderechte hat, die sich auf ihn betreffende Entscheidungen des Personal-Managements beziehen. Sie können zum großen Teil als Selbstverständlichkeiten innerhalb ausgebauter Systeme des Personal-Managements angesehen werden;

---

43 Vgl. im einzelnen Halbach u.a. (1991) 363ff.
44 Vgl. ausführlicher Gola (1992) 4.

- der Betriebsrat die weitergehenden Mitwirkungs- und Mitbestimmungsrechte übertragen bekommt, was ihn zu einem wichtigen Faktor bei der Gestaltung der Systeme des Personal-Managements werden läßt.

Die Rechte der Arbeitnehmer sind also überwiegend als Vertretungs-, nur zum kleineren Teil als Individualrechte der einzelnen ausgestaltet. Die Gewerkschaften als Interessenvertretungs-Verbände der Arbeitnehmer erhalten dadurch, daß Betriebsräte faktisch zumeist durch ihre Mitglieder gestellt werden, einen beträchtlichen, gesetzlich zugestandenen Einflußspielraum.

b) Mitbestimmung auf Unternehmungsebene

Das MitbestG, das Montan-MitbestG, das Montan-MitbestErgG und das BetrVG von 1952 gelten jeweils nur für bestimmte **Unternehmungs- und Rechtsformen** und ab einer bestimmten **Zahl von Arbeitnehmern**. Die Intensität der Einflußnahme der Arbeitnehmervertreter und die weitere Ausgestaltung sind bei den vier Gesetzen sehr unterschiedlich. Abbildung 139 gibt einen Überblick über die zentralen Regelungen dieser Gesetze.

Im Gegensatz zum BetrVG, das die Intensität der Einflußnahme und die Gegenstände der Beteiligung explizit benennt, lassen sich aus den Gesetzen zur Mitbestimmung auf Unternehmungsebene keine direkten Einflüsse auf den Gestaltungsspielraum des Personal-Managements ableiten.

Daher ist es hier nur möglich, eher spekulativ Tendenzen von Wirkungsmöglichkeiten aufzuzeigen, die für einzelne Tätigkeitsfelder des Personal-Managements als wahrscheinlich angenommen werden können. Die Meinungen in der Literatur hierüber gehen weit auseinander.

- Es wird auf dem Felde der **Verhaltenssteuerung** als möglich angesehen, daß die Grundlagen der direkten Partizipation der Mitarbeiter an der Führung (kooperative Führung) verbessert werden. Durch angemessene Handhabung der Mitbestimmung könnte generell Konfliktpotential zwischen den Unternehmungsleitungen und der Arbeitnehmerschaft reduziert werden. Dies und eine Intensivierung von Information und Kommunikation können zu einer Erhöhung der Loyalität der Mitarbeiter beitragen und so den Boden dafür bereiten, daß dem Wunsch nach direkter Partizipation, wo er artikuliert wird, verstärkt entgegengekommen wird.
- Bei der **Personalplanung** kann der Zwang zu stärkerer Berücksichtigung von Arbeitnehmerinteressen zu Änderungen des betrieblichen Anpassungsverhaltens an Beschäftigungsschwankungen führen. Insgesamt dürfte tendenziell intensiver versucht werden,
  - Sicherung der Arbeitsplätze durchzusetzen.
  - dafür zu sorgen, daß der Ersatz weniger qualifizierter Arbeitskräfte unterbleibt,
  - bei unumgänglichen Entlassungen soziale Absicherungen (Sozialpläne) zu erreichen.
- Die Gestaltung der **Arbeitsbedingungen** wird möglicherweise mit verstärkten Wünschen und Forderungen nach weiterem Ausbau des Arbeitsschutzes, nach anderen Formen der Aufgabenbestimmung und Arbeitsorganisation (etwa: mehr Arbeit in teilautonomen Arbeitsgruppen) konfrontiert werden.
- In Bezug auf die Gestaltung von **Vergütungssystemen** wird sich zum einen eine bessere Informiertheit der Gewerkschaften über die betrieblichen Verhandlungsspielräume bei Tarifverhandlungen ergeben, wenn die Mitbestimmungsträger gewerkschaftlich organi-

Übersicht über die Unternehmungsverfassung

	MitbestG (1976)	MontanmitbestG (1951)	MitbestErgG (1956 i.d.F. v. 1988)	BetrVG (1952)
1. *Erfaßte Unternehmen*				
a) Rechtsform	AG, KGaA, GmbH, bergrechtl. Gew., eG (§ 1 I Nr. 1)	AG, GmbH, bergrechtl. Gew. (§ 1 II)	AG, GmbH, bergrechtl. Gew. (§ 1)	AG, KGaA, GmbH, bergrechtl. Gew., VVaG, eG (§§ 76 I, 77 I–III)
b) Größe	mehr als 2000 AN (§ 1 I Nr. 2)	mehr als 1.000 AN oder »Einheitsgesellschaft« (§ 1 II)	mehr als 1.000 AN (§ 1)	AG und KGaA, sofern Familienunternehmen: mind. 500 AN; GmbH, bergrechtl. Gew., VVaG, eG: mehr als 500 AN (§§ 76 VI, 77 I–III)
c) Anwendungsbereich	gilt nicht für Tendenzunternehmen und Religionsgemeinschaften (§ 1 IV)	gilt nur für Unternehmen der Montanindustrie (§ 1 I)	gilt nur, wenn herrschendes Unternehmen nicht unter Montanmitbestimmung fällt und wenn der Konzern durch montanmitbestimmte Unternehmen gekennzeichnet ist (§ 3)	gilt nicht für Tendenzbetriebe und Religionsgemeinschaften (§ 81)
2. *Aufsichtsrat*				
a) Zusammensetzung	bis 10.000 AN: je 6 Mitgl. der AE und AN mehr als 10.000 bis 20.000 AN: je 8 Mitgl. der AE u. AN über 20.000 AN: je 10 Mitgl. der AE u. AN (§ 7)	4 Vertr. der AE u. 1 weiteres Mitgl., 4 Vertr. der AN u. 1 weiteres Mitgl., 1 weiteres Mitgl. (§ 4) in Ges. mit Nennkapital von mehr als – 20 Mio DM fak. 15 Mitgl. – 50 Mio DM fak. 21 Mitgl. (§ 9)	7 Vertreter der AE, 7 Vertreter der AN, 1 weiteres Mitglied (§ 5 I 1) in Untern. mit Ges.Kapital von mehr als 50 Mio. DM fak. 21 Mitgl. (§ 5 I 2)	1/3 Vertreter der AN
	Parität	Parität und neutrales Mitglied	Parität und neutrales Mitglied	»1/3-Parität«
b) Vorsitz	1. Wahlgang: 2/3 Mehrheit 2. Wahlgang: Vertr. der AE wählen Vors.; Vertr. der AN wählen Stv. (§ 27)	allg. Regeln	allg. Regeln	allg. Regeln

c) Schranken der Mitwirkung der AN-Vertreter	1. Abstimmung: Mehrheit 2. Abstimmung: Zweitstimmrecht des AR-Vors. (§ 29, s. auch § 32)	keine Beschränkung	§ 15	keine Beschränkung
d) AN-Vertreter	6 Mitgl.: 4 AN des Untern. u. 2 Vertr. der Gew. 8 Mitgl.: 6 AN des Untern. u. 2 Vertr. der Gew. 10 Mitgl.: 7 AN des Untern. u. 3 Vertr. der Gew. (§ 7 II)	1 Arb. u. 1 An. des Untern., 2 Mitgl. und 1 weiteres Mitgl. auf Vorschlag der Spitzenorganisationen (Schranke: § 4 II) (§ 6, bei Erhöhung § 9)	5 AN von Konzernuntern. u. 2 Vertr. der Gew. (§ 6 I 1, bei Erhöhung § 6 I 2)	a) 1. Vertr. der AN: AN des Untern. b) 2 oder mehr Vertr.: mind. 2 AN des Untern. (§ 76 II)
e) Belegschaftsgruppen	Arb. und Ang. entspr. ihrem zahlenmäßigen Verhältnis im Untern; unter den AR-Mitgl. der Ang. Ang. u. L. Ang. entspr. ihrem zahlenmäßigen Verhältnis; mind. 1 Arb., 1 Ang. u. 1 L. Ang. (§ 15 II)	mind. 1 Arb. u. 1 Ang. (§ 6 I)	Arb. u. Ang. entspr. ihrem zahlenmäßigen Verhältnis im Konzern (§§ 10c II, 5 V)	1 Vertr.: AN des Untern. 2 oder mehr Vertr.: mind. 1 Arb. u. 1 Ang. (§ 76 II)
f) Wahl	bis 8.000 AN: unmittelbar, auf Wunsch durch Wahlmänner mehr als 8.000 AN: durch Wahlmänner, auf Wunsch unmittelbar (§ 9, Einzelheiten §§ 10–18)	1. Vorschläge 2 Vertr. der AN. Vorschlag des BR nach Beratung mit Gew. u. Spitzenorganisationen, 2 Vertr. der AN u. weiteres Mitgl.: Vorschlag der Spitzenorganisationen nach Beratung mit Gew.; Auswahl durch BRe (§ 6 I–IV) 2. Wahl durch Wahlorgan; dieses ist an die Vorschläge der BRe gebunden (§§ 5, 6 VI)	bis 8.000 AN: unmittelbar, auf Wunsch durch Delegierte mehr als 8.000 AN: durch Delegierte, auf Wunsch unmittelbar (§ 7, Einzelheiten §§ 8–10 I)	unmittelbar (§ 76 II)
3. Vertretungsorgan, hier: Arbeitsdirektor		keine Bestellung gegen die Mehrheit der AN-Vertr. (§ 13)	Bestellung nach allg. Grundsätzen (§ 13)	

Abb. 139: Überblick über die zentralen Regelungen der Gesetze zur Mitbestimmung auf Unternehmungsebene
(Quelle: Hromadka (1991) 21ff.)

siert sind, was faktisch überwiegend der Fall ist. Daher ist zu erwarten, daß die Möglichkeiten verkraftbarer Lohnsteigerungen ausgeschöpft werden.

Zusätzlich wird davon ausgegangen werden können, daß die Versuche intensiviert werden, weitere Verbesserungen der Sozialleistungen zu erreichen. Schließlich ist ein Ausbau des institutionalisierten Personalbereiches auch aufgrund des Mitbestimmungsgesetzes wahrscheinlich: Einen weiteren Anstoß dazu kann die Berufung eines Arbeitsdirektors in den Vorstand (§ 33 MitbestG) geben.

II. Interne Kontextfaktoren

Vom Betrieb selbst (im folgenden die Unternehmung als Betriebsform im Vordergrund) gehen die dichtesten und engsten Kontextfaktoren aus, die die letzlich stattfindende Personalarbeit und das Personal-Management beeinflussen, lenken, prägen. Jedoch ist bereits hier anzumerken, daß diese angedeutete Richtung der Einflußnahme nicht einseitig und einzig ist. Vielmehr wird ein Betrieb in seinem Status und in seiner Entwicklung durch diejenigen Menschen beeinflußt und geprägt, die in ihm arbeiten und ihn steuern. Diese Menschen sind ihrerseits in einem oft nicht unerheblichen Maße geprägt durch Personalarbeit und -management, die/das in dem Betrieb stattgefunden hat, in dem sie beschäftigt sind.

Welches sind nun diese »betrieblichen« Kontextfaktoren? Es wird im folgenden versucht, sie unter den Oberbegriffen der Unternehmungs-Politik und Unternehmungs-Identität zusammengefaßt darzustellen.

1. Unternehmungspolitik und -identität

Unternehmungs-Politik wird hier als Gesamtheit derjenigen Entscheidungen und ihrer Ergebnisse aufgefaßt, die das Unternehmungsgeschehen in die Zukunft hinein in ihren wesentlichen Grundlinien bestimmen[45]. Damit steht eine **inhaltliche** Politikauffassung im Vordergrund, die vorerst von der verfassungsgeprägten **Form** der Politik und dem **Prozeß** der Formulierung, Sicherung und Gestaltung von Politik absieht[46]. Wenn demnach die inhaltliche Dimension der Unternehmungspolitik als prägender Kontextfaktor im Vordergrund steht, wird dennoch nicht verkannt, daß sowohl die **Beteiligten** an und die Art und Weise des Voranbringens von politischen **Prozessen** einen wesentlichen Einfluß auf die letztlich zustandekommenden Politik-Inhalte haben können.

Zentraler Ausgangspunkt für eine Unternehmungspolitik und ihre Inhalte sind **grundlegende Orientierungen**, die in der Wirtschaftspraxis ganz unterschiedlich vorzufinden und unter anderem unternehmungshistorisch und umwelt-/situationsspezifisch bedingt sind.

a) Grundlegende Orientierungen der Unternehmungspolitik

Zielsetzungen und Aktivitäten einer Unternehmung – also auch solche des Personal-Managements – fallen in Inhalt, Richtung und Intensität ganz unterschiedlich aus, je nachdem, welche grundsätzliche Orientierung die Unternehmungspolitik bestimmt. Solche Orientierungen werden auch »Sinnmodelle«[47] oder »Grundorientierungen«[48] genannt. Sie existieren de facto in vielfältigen Abstufungen, als Kontinuum vorstellbar; in der Betriebswirtschaftslehre machen die extremen Pole dieses Kontinuums zwei gänzlich verschiedenartige Paradigmen aus, die kontrovers diskutiert werden.

---

45 Vgl. Ulrich (1978); Kirsch (1990) 55ff.; Bleicher (1992a) 28.
46 Hill (1993) Sp. 4370ff.
47 Kirsch (1990) 471ff.
48 Bleicher (1992) 28.

Erster Extrempol wird zumeist **Bestands-, Überlebenssicherung** genannt. Sie ist durch eine kurzfristige vergangenheitsorientierte Perspektive gekennzeichnet, die in erster Linie auf die Interessen der Kapitalgeber (»shareholder«) gerichtet ist. Mit ihr betreiben »statische Unternehmen«[49] eine »Opportunitätspolitik der Stabilisierung«[50], d.h. eine Art Ausbeutung im Sinne maximaler Nutzung der vorhandenen Ressourcen zwecks Erreichung des Ziels »kurzfristiger Gewinnmaximierung«. Unternehmungen dieser Art sind bestrebt, Erfolge der Vergangenheit und die Geschäftsfelder, mit denen sie erzielt wurden, zu halten, gegebenenfalls auszubauen bzw. zu verbessern. Zentrum des Bestrebens der Unternehmungspolitik ist also eine optimale Ressourcen-Allokation zwecks optimaler Zielerreichung zur Sicherung des Bestandes und des Überlebens der existierenden Unternehmung. Unter situativen Aspekten kann eine solche Orientierung – abhängig von spezifischen Gegebenheiten also – als durchaus »sinnvollerweise/notwendigerweise handlungsleitend« bezeichnet werden. Dazu »passende« Gegebenheiten mögen sein:

- stabile Umwelten, vor allem Absatzmärkte, auf denen keine gravierenden Änderungen (geschweige denn: Turbulenzen) zu erwarten sind, weder hinsichtlich der Nachfrage – noch Wettbewerbsentwicklung,
- Überschaubarkeit und Berherrschbarkeit der erfolgsrelevanten Faktoren (Abwesenheit von Komplexität), starker Interessendruck der Kapitalgeber (Renditemaximierung),
- relative Informationssicherheit über das Fortbestehen dieser Faktoren.

Anderer Gegenpol ist eine Orientierung, die in einer **langfristig zukunftsbetonten** Perspektive die **Entwicklung** einer Unternehmung in den Mittelpunkt rückt. Sie ist kennzeichnend für »dynamische Unternehmungen« und wird auch »Verpflichtungspolitik der Veränderungen«[51] genannt. Sie ist gerichtet auf die Interessen der Bezugsgruppen bzw. Betroffenen, mit denen eine Unternehmung durch ihre Aktivitäten verbunden ist (»stakeholder«). Dies sind sowohl Kunden, wie auch Mitarbeiter, aber auch Lieferanten, Banken bis hin schließlich zu den Gruppierungen der Gesellschaft, in die die Unternehmung eingebettet ist und die von ihr und ihrer Betätigung betroffen sind. Eine solche Unternehmungspolitik ist weniger auf die Erhaltung bzw. Stärkung vorhandener, als vielmehr auf die Suche und Schaffung neuer Erfolgspotentiale gerichtet. Als Nutznießer erzielbaren Erfolges wird dabei nicht nur die eigene Unternehmung gesehen, sondern auch die genannten Bezugsgruppen. Daher werden Erfolgspotentiale auch gelegentlich »Nutzenpotentiale«[52] genannt, wobei auch die Erreichung eines gesellschaftlichen Nutzens gemeint ist. Mit Nutzenvorstellungen dieser Art wird eine Fortschrittsorientierung intendiert im Sinne einer Verbesserung der Befriedigung der Interessen der Bezugsgruppen. Kirsch stellt ganz ausdrücklich eine Orientierung dieser Art in den Mittelpunkt seiner Forschungen um die »fortschrittsfähige« Unternehmung, die Strategisches Management betreibt.

Die Wirkungen von unterschiedlichen Grundpositionen dieser Art als Kontextfaktoren für das Personal-Management lassen sich gut an den angeführten Extrembeispielen demonstrieren. Orientierungen, bei denen der Grundgedanke maximaler Nutzung der vorhandenen Ressourcen im Vordergrund steht, gehen davon aus, daß menschliche Arbeitsleistungen ein Einsatzgut im betrieblichen Leistungsprozeß und daß die Personen, die diese Leistungen

49 Vgl. Pümpin (1990) 264ff.
50 Bleicher (1992) 28f.
51 Bleicher (1992) 29.
52 Pümpin (1990) 260.

erbringen, in erster Linie ein kostenverursachender Faktor sind. Die benutzten Termini sind deutliche Indikatoren für das Menschenbild, das die hieraus abgeleitete Personalarbeit prägt: Die Unternehmung hat »Arbeitnehmer (Gewerbliche und Angestellte)«, nicht »Mitarbeiter«. Deren Förderung und Entwicklung ebenso wie die Berücksichtigung deren individueller Motive und Motivationen ist nur insofern von Interesse, als sie der Erreichung betrieblicher Ziele im Sinne der Erhaltung und Ausschöpfung vorhandener Wettbewerbsvorteile dienen. Eine gezielte Förderung der in der Unternehmung versammelten individuell unterschiedlichen Wissens- und Kreativitätspotentiale der Mitarbeiter als eines Motors der Unternehmungsentwicklung findet über das notwendige Maß hinaus nicht statt. Berichten und Erkenntnissen aus der Wirtschaftspraxis zufolge existieren Unternehmungen mit politischen Grundorientierungen dieser Art durchaus in nicht geringer Zahl; Firmen des Mittelstandes unter Leitung konservativer Eigentümer werden oft als Verbreitungsfeld genannt.

Völlig andersgeartete Wirkungen gehen von Politik-Orientierungen des anderen Extrems aus: Eine auf die zukunftsorientierte Entwicklung der Unternehmung bedachte Politik verlangt nach Strategien der Suche nach neuen Erfolgspotentialen. Die Entwicklung neuer Strategien und die Überwindung von Widerständen, die sich dabei und vor allem bei der Strategieimplementierung ergeben können, verlangen besondere Mitarbeiter-Qualifikationen: Zukunftsoffenheit, Sensibilität für schwache Signale, Kreativität auch für de novo-Designs u.a.m.[53]. Mitarbeiter dieses Zuschnitts gilt es, auf der Grundlage eines Menschenbildes vom entfaltungswilligen, verantwortungsbewußten, lernbereiten Mitarbeiter zu suchen und zu entwickeln. Auch eine solche Grundorientierung kann durch situative Gegebenheiten geboten werden:

- dynamische bis turbulente Märkte und Umwelten mit hohem Risiko des Wandels auf mehreren Gebieten (Nachfrage, Bedürfnisse, Produkt- u. Produktionstechnik etc.)
- komplexe, schwer überschaubare und beherrschbare Umfelder, hoher Wettbewerbsdruck, gegebenenfalls rivalisierende Interessenten(gruppen), die mit Ansprüchen auf die Art der Unternehmungsaktivitäten und auf den Unternehmungserfolg auftreten,
- geringer Grad der Abschätzbarkeit zukünftiger Entwicklungen.

Die Realität der für Unternehmungen relevanten Situationsfaktoren, sowie der in ihnen und für sie verfolgten grundlegenden Politik-Orientierungen dürfte häufiger zwischen den als auf diesen Extrempolen liegen.

b) Steuerungsgrößen einer Unternehmungsentwicklung

Welchen Verlauf eine Unternehmungsentwicklung nimmt, ist durch die dargelegten unternehmungspolitischen Grundorientierungen vorgeprägt. Eine Stabilisierungspolitik ist auf das Bewahren eingenommener Positionen ausgelegt: Auf das Ausschöpfen vorhandener Erfolgspotentiale unter Beibehaltung eher konservierender, innovationsscheuer Grundhaltungen.

Eine Fortschrittsorientierung dagegen schließt stets eine Suche nach neuen Erfolgspotentialen ein, begleitet und ermöglicht durch Grundhaltungen, die auf allen Ebenen der Unternehmungskonfiguration Veränderungen zulassen resp. provozieren.

---

53 Vgl. Berthel (1987a); Berthel/Herzhoff/Schmitz (1990) 77ff. und 193ff.

Jegliche Art von Unternehmungsentwicklung wird einerseits durch die einen Betrieb leitenden und in ihm beschäftigten Menschen in Gang gebracht und vollzogen, andererseits bringt jegliche Unternehmungsentwicklung Konsequenzen auch im Sinne von Anforderungen an das Humanpotential mit sich. Auch hierfür rücken Erfolgspotentiale und Grundhaltungen als Zentralfiguren für Unternehmungsentwicklungen in den Interessen-Mittelpunkt.

Erfolgspotentiale sind Wettbewerbsvorteile, mit denen die Wettbewerbsfähigkeit einer Unternehmung erhalten bzw. verbessert werden kann: Vorteile nicht nur des externen Marktauftrittes, sondern auch des internen Ressourceneinsatzes, wie auch der Nutzung betrieblicher Systeme und Strukturen, wie auch des Agierens von einem »besseren« Standort aus.

Der zweite Teil des Wortes »Erfolgspotential« weist auf das potentielle d.h. in der Zukunft mögliche, angestrebte Erzielen von Erfolgen hin. Ausschlaggebend für die je spezifische Art von Unternehmungsentwicklung ist zweierlei: Zum einen, ob das Halten, gegebenenfalls Verbessern von **bestehenden** Erfolgspotentialen, oder aber die Suche nach und das Schaffen von **neuen** Erfolgspotentialen intendiert ist. Eine Stabilisierungspolitik tendiert stets zu ersterem.

Zum zweiten ist ausschlaggebend, wie inhaltlich Erfolg definiert ist und damit angestrebt wird. Im traditionellen betriebswirtschaftlichen Sinne ist Erfolg die Differenz zwischen Ertrag und Aufwand. Seine Entstehung zum Inhalt einer Zielsetzung zu machen und mit ihrer Erreichung die Bestands- bzw. Überlebenssicherung der Unternehmung anzustreben, wäre eine mögliche, erkennbar die traditionelle Variante. Erfolg ist aber auch anders definierbar: Etwa im Sinne von Vorteilen, die einerseits der Unternehmung erwachsen bei ihren Aktivitäten in Produkt-Markt-Kombinationen, bei ihrer Ressourcennutzung, beim Handhaben ihrer Führungssysteme, die andererseits gleichzeitig aber auch denen zugute kommen, die in und mit der Unternehmung zu tun haben (Mitarbeiter, Kunden u.a.). Erfolgspotentiale sind insoweit mögliche Vorteile, die zum Nutzen der Unternehmung und von der Unternehmung Betroffener erzielt und eingesetzt werden können. Sie reichen von Wettbewerbsvorteilen auf Absatzmärkten über einen qualitätssichernden und kostengünstigen Einsatz z.B. technischer Produktionsressourcen bishin zum Praktizieren von Anreizsystemen, die von (potentiellen) Mitarbeitern geschätzt werden und der Unternehmung beim Suchen und Entwickeln von Personalpotential hilfreich sind.

Grundhaltungen konkretisieren die oben beschriebenen grundlegenden Orientierungen der Unternehmungspolitik, sie sind damit Elemente der Unternehmungsphilosophie. Sie sind Einstellungen, die wesentliche Aspekte auf allen Ebenen der Unternehmungsidentität betreffen.

Grundhaltungen betreffen sowohl Voraussetzungen als auch Konsequenzen des Unternehmungsgeschehens. Voraussetzungen, auf die Grundhaltungen sich richten, sind z.B. Innovationen generell, also Veränderungen von Produkten, von Produktionsverfahren im weitesten Sinne (also etwa auch in der Bewältigung von Managementaufgaben), von Management-Systemen.

Konsequenzen, die durch Grundhaltungen akzeptiert bzw. gelenkt werden, sind z.B. die Breite eines Angebots bzw. Sortiments, mit dem eine Unternehmung auf ihre Märkte geht, wie etwa auch die Risiken, die mit geschäftlichen Engagements (etwa an unterschiedlichen Standorten) eingegangen werden.

Offenkundig sind Erfolgspotentiale und Grundhaltungen voneinander nicht unabhängig; im Gegenteil: Grundhaltungen ermöglichen Erfolgspotentiale und bereiten sie vor. Dies betrifft zum einen die Frage, ob bestehende oder aber neue Erfolgspotentiale bewahrt bzw. geschaffen werden sollen, zum anderen auch die Art der Erfolgspotentiale: z.B. deren markt-, technologiebezogenen Innovationsgrad, den erforderlichen Ressourceneinsatz u.a.m. Ohne Stimmigkeit von Grundhaltungen und Erfolgspotentialen sind Unternehmungsaktivitäten langfristig nicht ungefährdet vollziehbar.

c) Unternehmungsidentität

Unter **Unternehmungsidentität** wird die Summe derjenigen grundlegenden Eigenschaften und Merkmale einer Unternehmung verstanden, die zusammen die unverwechselbare Eigenart einer Institution ausmachen und sie dadurch von allen anderen Institutionen (auch gleicher Branche oder Größe) abheben. Der so vorläufig gefaßte Identitätsbegriff steht erkennbar in Parallele zum Persönlichkeitsbegriff, der in der Psychologie auf einzelne Individuen bezogen wird. Die Zulässigkeit einer solchen Parallele wird u.a. aus den Tatsache hergeleitet, daß Identität auch im Staats- und Völkerrecht ihren festen Platz hat: Dort wird die Identität (auch »Kontinuität«) verstanden als die (rechtliche) Wesensgleichheit eines Staates trotz Wechsels der Staats-, Verfassungs- und Regierungsform, trotz innerstaatlicher Wandlungen mit möglicherweise erheblichen Veränderungen des Staatsgebietes und des Staatsvolkes.

Identitätsprägende Merkmale einer Unternehmung sind ihre Konfiguration, ihre Geschichte und ihre Kultur.

aa) Unternehmungskonfiguration

Die **Unternehmungskonfiguration** besteht aus einer Mehrzahl von Ebenen (Aspekten), die in ihren Auswirkungen und in ihrem Zusammenwirken die Unternehmung als Ganzes ausmachen: ihre Funktionsbereiche, ihre Ressourcen (z.B. materieller, informationeller, finanzieller, personeller Art), ihre Strukturen und Systeme, die den Unternehmungsaufbau prägen und die in ihm ablaufenden Prozesse steuern, nicht zuletzt ihr Standort, dies sowohl im direkten, räumlichen Sinne wie auch im übertragenen Sinne (Standort in der Gesellschaft)[54].

Faktische und mögliche Ausgestaltungen aller dieser Ebenen der Unternehmungskonfiguration werden durch Entwicklungen gesteuert, die ihrerseits durch spezifische Grundhaltungen maßgeblich bestimmt sind.

In Funktionsbereichen z.B. der Forschung und Entwicklung, des Absatzes, der Produktion, der Beschaffung betreffen Grundhaltungen die Einstellung, die in einer Unternehmung herrscht und zwar bezogen auf die Spezialisierung zum einen und auf Neuerungen (die Neigung, Innovationen zu realisieren) zum anderen. Das Verbleiben bei einem oder wenigen Produkten, Produktionsweisen, Beschaffungsgütern kennzeichnet den Spezialisten, das Streben nach Vielfalt auf diesen Gebieten den Generalisten. Bezogen auf Neuerungen verläuft das Kontinuum möglicher Ausprägungen von konservativ (innovationsscheu bis -feindlich) bis hin zu progressiv, d.h. aufgeschlossen gegenüber Neuerungen, im Extremfall jeglicher Art (von Produkt- über Verfahrens- bishin zu Sozialinnovationen). Bei Kombina-

54 Kirsch beschreibt diese Ebenen der Unternehmungskonfiguration als Primär-, Sekundär-, Tertiär- und Quartärbereich der Unternehmung und des Managements. Vgl. Kirsch (1990) 364ff.

tionen dieser Grundhaltungen können fünf unterschiedliche Typen von Unternehmungen unterschieden werden, wie dies in der folgenden Matrix formal dargestellt ist.

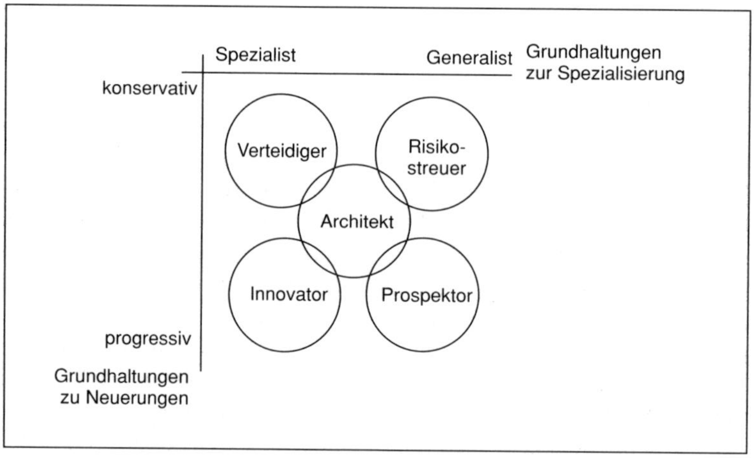

Abb. 140: Typen strategischer Grundhaltungen
Quelle: Kirsch/Trux (1981) 300 in Anlehnung an Miles/Snow (1978).

Auf der Unternehmungsidentitäts-Ebene der **Ressourcen** betreffen Grundhaltungen die Einstellung z.B. zum Einsatz und zur Nutzung von Technologien (Darstellungsweise hierfür sind z.B. Technologie-Portfolios), aber auch – hier insbesondere von Interesse – Einstellungen zum **Humanpotential**. Letztere sind gleichbedeutend mit vorherrschenden Menschenbildern, z.B. denen, die eingangs (s. Kap. B.I.1) erwähnt wurden: rational man, social man, complex man. Sie äußern sich im unterschiedlichen Umgang mit den in einer Unternehmung versammelten Humanpotentialen. Daß Einstellungen dieser Art Folgen haben hinsichtlich der Art und Weise von Personalarbeit, Personal-Management, liegt auf der Hand und wird im folgenden zu behandeln sein.

Auf der Ebene der **Systeme**, die eine Unternehmung schafft und praktiziert, können Grundhaltungen zum einen den Grad der Zentralisierung, zum anderen den Organisationsgrad, d.h. Inhalt und Umfang organisatorischer Regelungen betreffen. Mögliche Kombinationen sind auch hier wiederum in einer Matrix darstellbar.[55]

Weitere Ebene der Unternehmungskonfiguration ist die des **Standortes**. Hier sind bezüglich des Standortes in räumlich-regionalem Sinne z.B. Grundhaltungen maßgebend, die sich auf die Plazierung des Firmensitzes und damit auch auf die Möglichkeiten beziehen mögen, die mit unterschiedlichen Varianten internationaler Geschäftstätigkeit verbunden sind. So würde beispielshalber eine Unternehmung, die bereit ist, Risiken zu übernehmen und auf Kontrollen gegebenenfalls zu verzichten, eher dazu neigen, Produktionsgesellschaften ins Ausland zu verlegen, internationale Joint Ventures zu praktizieren u.a.m.[56]

Was den Standort im übertragenen Sinne (Standort in der Gesellschaft) angeht, so würden hier unterschiedliche Grundhaltungen insbesondere die Einstellung von Unternehmungen

55 Kirsch (1990) 289f.

56 Zur Darstellung von Zusammenhängen dieser Art siehe z.B. Macharzina (1993) 707ff.

zur Übernahme von Verantwortung in der Gesellschaft und für ihre Bezugsgruppen betreffen. Eine direkte Verbindung zu den oben diskutierten grundlegenden Politik-Orientierungen (Bestandssicherung vs. Fortschrittsorientierung) ist unübersehbar.

Die Zusammenhänge, die die Steuerungsgrößen einer Unternehmungsentwicklung zwischen der Unternehmungspolitik einerseits und der Unternehmungsidentität andererseits herstellen, versucht Abbildung 141 zu verdeutlichen. Danach ist die grundlegende Politik-Orientierung sowohl maßgeblich dafür, welche Grundhaltungen verfolgt werden, wie auch dafür, welche Erfolgspotentiale gepflegt bzw. gesucht werden. Zudem wird letzteres auch durch die Grundhaltungen gesteuert und beeinflußt (s. den senkrechten Pfeil in Abbildung 141). Die Grundhaltungen sind bestimmend für Intention und Ergebnis von Gestaltungen der Unternehmungskonfiguration auf allen ihren Ebenen (s. die waagerechten Pfeile in Abbildung 141) und damit für Entwicklungen und Veränderungen der Unternehmungsidentität.

bb) Unternehmungsgeschichte

Jede Gegenwart eines gesellschaftlichen Systems ist durch ihre Vergangenheit mitbestimmt – jede Unternehmung und ihre heutige Identität insoweit auch durch ihre Geschichte. Diese Geschichte äußert sich in der Abfolge und Entwicklung derjenigen Merkmalsausprägungen, die eine Unternehmung auf den Ebenen ihrer Konfiguration charakterisieren. Sie äußert sich auch in den eingenommenen Positionen bezüglich grundlegender Orientierungen der Unternehmungs-Politik und mit ihnen verbundener Grundhaltungen und aus den Erfahrungen hiermit. Alle diese Entwicklungen sind teilweise geplant vor sich gegangen, können sich aber auch – wenigstens partiell – ohne bewußt darauf gerichtete Entscheidungen (»evolutorisch«) ereignet haben. Wichtig für die Geschichte einer Unternehmung, ihre Etappen und Episoden, sind sehr häufig herausragende Persönlichkeiten, die maßgeblichen Einfluß auf diese Entwicklungen genommen haben (Gründer, Unternehmer, Spitzenmanager) und die nicht selten in Überlieferung, in Erzählungen oder Mythen fortleben.

cc) Unternehmungskultur

Anfang der 80er Jahre begann sich die Erkenntnis durchzusetzen, daß nicht allein hergestellte und angebotene Produkte, organisierte Unternehmungsstrukturen, rational konstruierte (z.B. Planungs-)Systeme erfolgbestimmend sind. Mittlerweile hat sich diese Erkenntnis etabliert, so daß neben diesen »harten« Faktoren zunehmend auch »weiche« diskutiert werden, für die sich die Überzeugung verstärkt, daß sie gemeinsam die Identität einer Unternehmung prägen, zudem für Mitarbeiter handlungsleitend sind und dadurch letztlich erfolgsbeeinflussende Wirkung entfalten. Die Diskussion hierüber wird unter dem subsumierenden Begriff der »Unternehmungskultur« (Organisationskultur) geführt.

Als gemeinsamer Nenner der meisten Versuche, **Unternehmungskultur** zu definieren, kann etwa die folgende Formulierung gelten: Unternehmungskultur ist die Summe der von den Mitarbeitern einer(s) Unternehmung(steils) gemeinsam getragenen **Wertvorstellungen**, **Normen** und **Verhaltensmustern**. Sie kommt zum Ausdruck in sichtbaren Erkennungszeichen (Schein: »Artifacts«) wie der Art des Umgangs der Mitarbeiter in ihren gemeinschaftlich gepflegten Verhaltensweisen, Gebräuchen, Bekleidungsgewohnheiten, Sprachregelungen, aber auch in solchen Dingen wie der Gebäudearchitektur. Diese »Oberflächen-

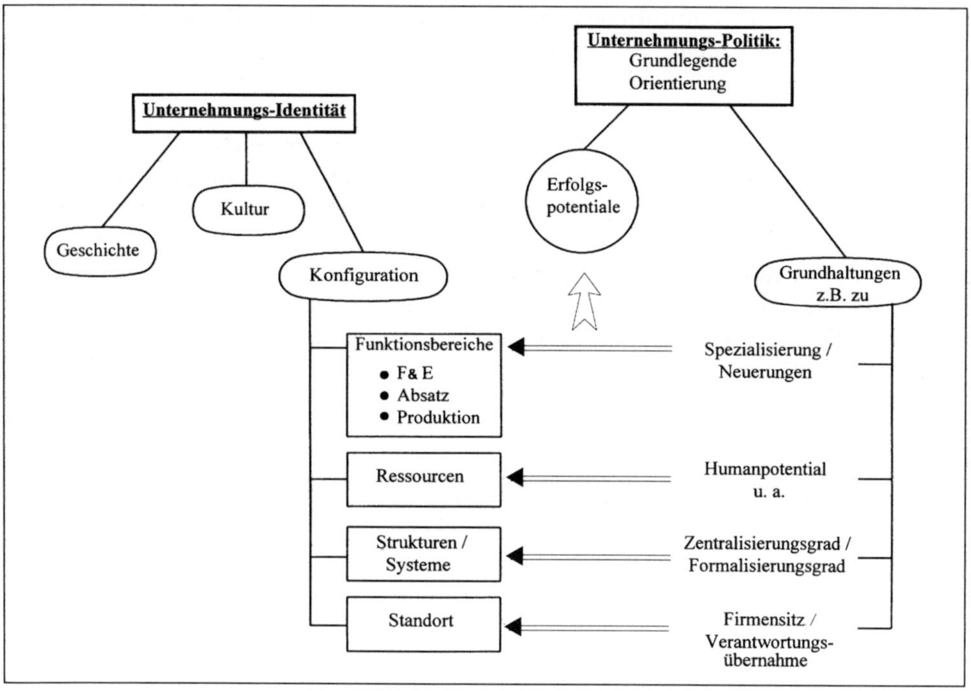

Abb. 141: Zusammenhänge zwischen Unternehmungspolitik und Unternehmungsidentität

struktur«[57] macht eine spezifische Unternehmungskultur nach außen hin deutlich. Sie ist auch für Außenstehende wahrnehmbar, jedoch ist das dahinterstehende »Warum« oft nicht leicht zu deuten. Dieses Warum wird durch Werte und Normen gesteuert, das sind Präferenzen für Ziele, Handlungsmaximen, Verhaltensvorschriften. Sie sind in stärkerem Maße unbewußt und auf einer höheren Abstraktionsebene angesiedelt (s. dazu die folgende Abbildung 142).

Maßgeblich dafür, daß solche Werte und Normen gelten, sind nochmals hinter diesen stehende grundlegende Annahmen, die von den Unternehmungsmitgliedern als selbstverständlich vorausgesetzt und daher nicht mehr hinterfragt werden. Sie richten sich auf die Realität und den Sinn der Unternehmung, darauf, was als Triebfeder menschlichen Handelns und als Hintergrund menschlicher Beziehungen gesehen wird. Beispiele hierfür sind in westlichen Kulturen die Unterordnung der Natur unter menschliche Bedürfnisse, die grundlegende Annahme individualistischer, auf Leistungen und Wettbewerb gerichteter Beziehungen, rationale Begründbarkeit und Beweisbarkeit von Handlungen.

Die inhaltlichen und steuerungswirksamen Parallelen zwischen den »grundlegenden Orientierungen« und »Grundhaltungen« als Elementen der Unternehmungspolitik einerseits und den »grundlegenden Annahmen« sowie »Werten und Normen« als Elementen der Unternehmungskultur andererseits sind unübersehbar. Beide Elementegruppen sind nicht notwendig und von vornherein identisch. Dies ist nur der Fall, wenn grundlegende Politik-

57 Bleicher (1986a).

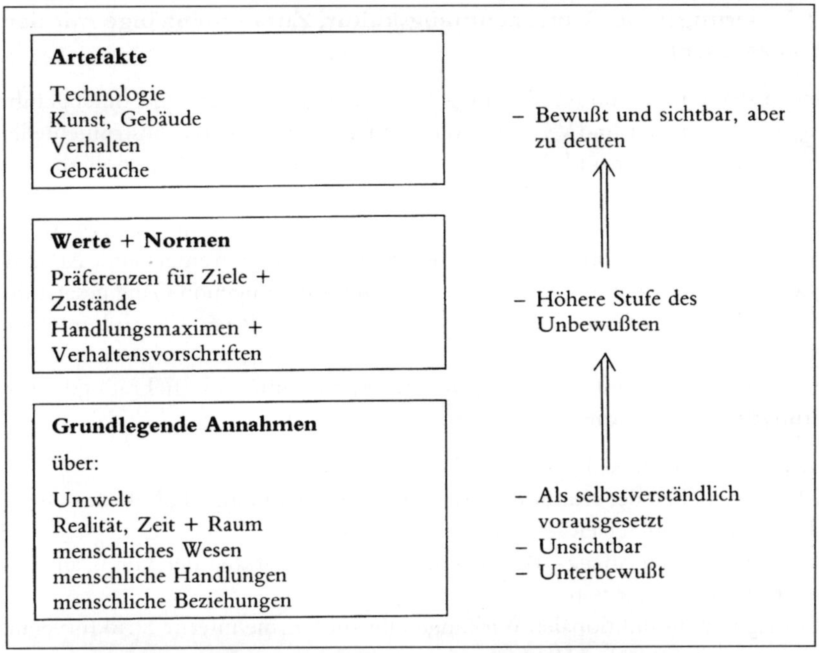

Abb. 142: Unternehmungskultur (Ebenen, Interaktionen)
Quelle: Bleicher (1986a) 100, in Anlehnung an Schein (1984).

Orientierungen aus den grundlegenden Annahmen und den Werten und Normen der Unternehmungskultur korrespondierend entstanden, gewachsen sind, ebenso nachfolgend die Grundhaltungen, mit denen auf allen Ebenen der Unternehmungs-Identität die Unternehmungs-Entwicklung vorangetrieben wird. Dann kann von »Stimmigkeit« zwischen der Unternehmungspolitik und der -kultur gesprochen werden.[58]

Für das Auslösen politisch gewollter Effekte und ihr wirksames Installieren dürfte eine solche Stimmigkeit als erforderlich zu erachten sein. Ist sie nicht vorhanden (»misfits«), sind kontraproduktive Effekte zu erwarten und in der Folge Versuche entweder eine Änderung der Unternehmungskultur (s.u.) oder eine Anpassung der Unternehmungspolitik an die -kultur.

»Die Kultur verleiht der Unternehmung ihre eigene, unverwechselbare Systemidentität – nach innen wie nach außen.«[59] Sie bewirkt nach außen die Möglichkeit der Anpassung und des Überlebens z.B. durch das Nutzen von Erfolgspotentialen für das Erlangen und Verteidigen einer Marktstellung. Wie dies geschieht, ist kulturgeprägt: Die Verteidigung der Marktstellung kann aggressiv oder aber defensiv sein, die angestrebte Marktstellung ihrerseits entweder stark oder aber schwach.

Nach innen bewirkt eine Kultur die Integration der Systemmitglieder und damit das Funktionieren der Institution. Von ihr gehen insofern Sozialisations-Effekte aus, die neue Mitglieder »einpassen« – dadurch wird andererseits wiederum die bestehende Kultur stabilisiert.

58 Scholz/Hofbauer (1990) 85ff.
59 Bleicher (1986a) 100.

Exkurs: Änderungen der Unternehmungskultur, Zusammenhänge mit dem Personal-Management

Änderungen der Unternehmungskultur gelten – bewußt initiiert und durchgeführt – als schwierig. Überlegungen und Versuche sollten auch nicht von einer instrumentellen Sicht der Unternehmungskultur und ihrer generellen und jederzeitigen Manipulierbarkeit ihren Ausgang nehmen.[60]

Davon unabhängig aber ist die grundsätzliche Einsicht in eine möglicherweise von Zeit zu Zeit auftauchende, vom Vorliegen bestimmter Situationsfaktoren ausgehende Änderungs**bedürftigkeit** der Unternehmungskultur. Ob und wie Wandlungen in Gang gesetzt und vollzogen werden können, ist eine Frage der Änderungs**fähigkeit** (auf sie wird unten einzugehen sein).

Zwei Gruppen von Situationsfaktoren sind es, die eine Unternehmungskultur änderungs**bedürftig** machen können.[61]

(1) Plötzlicher Problemdruck:
- Misfits zwischen der Kultur einerseits, der Unternehmungs-Politik, dem -Image und der Umwelt andererseits können ihn verursachen.
- Er kann von den Absatz-, Beschaffungs-, Arbeits-Märkten herrühren, auch von Kapitalgebern erzeugt sein.
- Er mag von disfunktionalen Wirkungen herrühren, die interne Strukturveränderungen mit sich gebracht haben.

(2) Auslöseereignisse: Beispielhaft wären zu nennen:
- Umwelt-Kalamitäten (Natur-, wirtschaftliche Katastrophen) und -Gelegenheiten (technologische Durchbrüche),
- Management-Krisen,
- Revolutionen: nicht nur externe, auch interne wie z.B. das
- Ausscheiden des Firmengründers oder der Arbeitsbeginn einer neuen Führungsmannschaft.

Es besteht kein Zweifel daran, daß Unternehmungskulturen sich ändern. Änderungs**fähigkeit** zielt auf den Prozeß des bewußten, gewollten, gesteuerten Wandels. Er ist hier deswegen von Interesse, weil Prozesse dieser Art, sollten sie möglich sein, besonders deutlich im Zusammenhang mit dem Personal-Management zu sehen sind.

Als wandlungsfähig gilt eine Kultur dann, wenn (1) eine Vision von der zukünftigen Unternehmungskultur vorhanden ist, und (2) Unterstützungs-Bedingungen vorliegen: Für **externe** Bedingungen bieten Inkongruenzen zwischen der Beschaffenheit relevanter Umweltsysteme und ihrer internen Handhabung durch die Unternehmung (z.B. bei Konzentrationstendenzen auf Beschaffungsmärkten, auf denen eine Unternehmung traditionsgemäß dezentral eingekauft hat) Beispiele. **Interne** Bedingungen sind neben einem »slack« an Ressourcen für den Wandel die Bereitschaft des Systems für den Wandel; das ist unter anderem der Wille der Mitarbeiter, die mit den unvorherzusehenden Risiken verbundene Angst auf sich zu nehmen.

Der Wandel selbst benötigt ein Aktionssystem für Interventionen zum Induzieren, Bewerkstelligen und zum Stabilisieren neuer Kulturelemente. Letztere liegen auf den oben

---

60 Vgl. den kritischen Beitrag von Seidel (1987) 295ff.
61 Vgl. Lundberg (1985) 177f.

erwähnten drei Ebenen der Oberflächenstruktur (Artefakte), der Werte und der grundlegenden Annahmen.

Zwischen dem Personal-Management und dem internen Kontextfaktor der Unternehmungskultur bestehen Wechselbeziehungen der folgenden Art:

(1) Die Unternehmungskultur prägt das Personal-Management z.B. mit grundlegenden Annahmen, die sich auf die Mitarbeiter beziehen. Sie können aus einer Grundmaxime einer als selbstverständlich empfundenen Fürsorgepflicht seitens der Unternehmung bestehen (In Unternehmungsgrundsätzen, falls vorhanden, mag dies plakativ heißen: »Ein treuer und qualifizierter Mitarbeiterstamm ist unser kostbarstes Gut, das es zu pflegen gilt.«). Eine diametral anders lautende Grundannahme und -haltung ist ebenso denkbar. Maßgeblich wird die jeweils vorliegende Grundhaltung durch die verfolgte Politik-Orientierung determiniert (s.o., F.II.1.a):
Der prägende Einfluß besteht aus Konsequenzen, die aus grundlegenden Annahmen für (nicht) etablierte (auch: zu etablierende) Personal-Management-Systeme resultieren, z.B. für Fortbildung, für Karriereplanung und für die Art und Weise, wie in ihnen und mit ihnen gearbeitet wird.
(2) Personal-Management ist andererseits selbst Bestandteil der Unternehmungskultur. Denn Verhalten gehört zu den Artefakten, zur »Oberflächenkultur« (wie Kleidung, Sprache, Riten), in denen die Werte der Kultur ausgedrückt werden. Personal-Management ist ja selbst z.T. Verhalten in der Art und Weise, in der Personalarbeit vollzogen wird und zum Ausdruck kommt: im Führungsverhalten der Vorgesetzten, in der Systemhandhabung, dort z.B. in den Gepflogenheiten, Riten und Techniken der Personalrekrutierung und -auswahl, in Tatsache und Art des Trainings, gewährter finanzieller Anreize.[62]

Diese Wechselbeziehungen prädestinieren das Personal-Management zu einem Teilsystem der Unternehmung, das drei Assistenz-Funktionen übernehmen kann für das

- Stabilisieren bestehender Kulturelemente, für das
- Induzieren neuer Kulturelemente wie auch für das
- Bewerkstelligen von Änderungen der Unternehmungskultur mit neuerlichem Stabilisieren.

Personal-Management ist insofern Teil des politischen Systems der Unternehmung (bzw. kann dazu gemacht werden), und zwar in jedem Falle, d.h. unabhängig von Inhalt und Art der intendierten oder sogar notwendigen Änderungen der Unternehmungskultur (wobei Notwendigkeit wieder durch Problemdruck (s.o.) erzeugt wird wie z.B. bei gravierenden, überlebenskritischen »misfits« zwischen der Unternehmungs-Politik und den Kultur-Grundwerten).

Den »Human Resources« wird der Charakter der »software« des Systems beim Übergang von einer bislang faktischen zu einer gewünschten Unternehmungskultur zugeschrieben: Ihnen komme zentrale Bedeutung zu.[63]

Personal-Management kann bei jeglicher Art der Kulturänderung involviert werden, sowohl bei Kultur-Revolutionen wie auch -Evolutionen. Das schlagartige Auswechseln von Personen auf strategisch wichtigen Positionen ist eine häufig zu beobachtende Form einer

---

62 Vgl. Siehl (1986) 125ff. Siehl hat den Mittelcharakter dieser Artefakte für kulturelle Werte empirisch nachgewiesen.
63 Vgl. Bleicher (1986a) 105.

Kultur-Revolution; diese ist oft notwendig, wenn weder Zeit noch Mittel für längerfristig evolutorisch angelegte Änderungsprozesse zur Verfügung stehen. Der Personalwechsel macht Aktionen der Personalsuche und -auswahl – Tätigkeiten des Personal-Managements also – erforderlich.

Für Kultur-Evolutionen, d.h. wenn ausreichend Zeit für längerfristige Wandlungsprozesse vorhanden ist, kann Personal-Management in vielfältig unterschiedlicher Weise tätig sein und aktiv werden und damit Evolutionen in Gang setzen und unterstützen:

- Führungskräfte, vor allem Meinungsführer, können durch ihr Verhalten Vorbildrollen übernehmen und gewünschte Kulturelemente demonstrieren. Es wird behauptet, daß »Führungskräfte eine zentrale Rolle im Prozeß der Kulturbildung darstellen«.[64]
- Eine neue Kultur enthält oft eine neue »Mission«; etwa in Form eines Leitspruches für ein Erfolgspotential: Sie kann u.a. durch geeignete Formen der Fortbildung vermittelt werden.
- Auch mit gezielten Versetzungsmaßnahmen kann viel bewirkt werden:
  - Eine systematische Karriereplanung überhaupt vermag Akzente zu setzen.
  - Versetzungen von Mitarbeitern in spezielle Projektgruppen (z.B. Task Forces) mit subsystemübergreifenden Beziehungen können Kooperationen und Verständnis für andersartige Subkulturen wecken und stärken.
  - Ähnliches ist mit Rotationen zwischen unterschiedlichen Subsystemen (Sparten, Konzernfirmen) zu bewirken.
- Mit speziell konstruierten **Anreizsystemen** kann wertkonformes Verhalten provoziert und unterstützt werden.[65]

Unternehmungspolitik und -identität stehen in einem wechselseitigen Zusammenhang, wie gezeigt wurde. Dieser ist zu erweitern durch das **Unternehmungs-Image** d.h. diejenige Vorstellung, die über eine Unternehmung in der Öffentlichkeit bei den Geschäftspartnern, wie auch bei den eigenen Mitarbeitern existiert. Alle diese Personengruppen machen sich jeweils ihr Bild von der Unternehmung. Diese Bilder müssen nicht miteinander übereinstimmen. Ebenso können Diskrepanzen (misfits) existieren zwischen den Images, der Unternehmungs-Identität und -Politik. Diese Zusammenhänge sind ihrerseits nochmals beeinflußt (auch dies wechselseitig) durch die Unternehmungs-Umwelt und ihre Dimensionen von Politik, Wirtschaft, Gesellschaft, Wissenschaft.

In Abbildung 143 ist mit Pfeilen das vielgestaltige Geflecht der (zumeist Wechsel-) Beziehungen zwischen der Identität, der Politik und dem Image einer Unternehmung und seinem Umfeld angedeutet. Sie bringt u.a. auch zum Ausdruck, daß zwischen internen und externen Kontextfaktoren Zusammenhänge bestehen, ebenfalls wiederum wechselseitiger Art.

64 Vgl. Bleicher (1986) 761.
65 Vgl. Cummings (1984) 33ff.; Becker (1987).

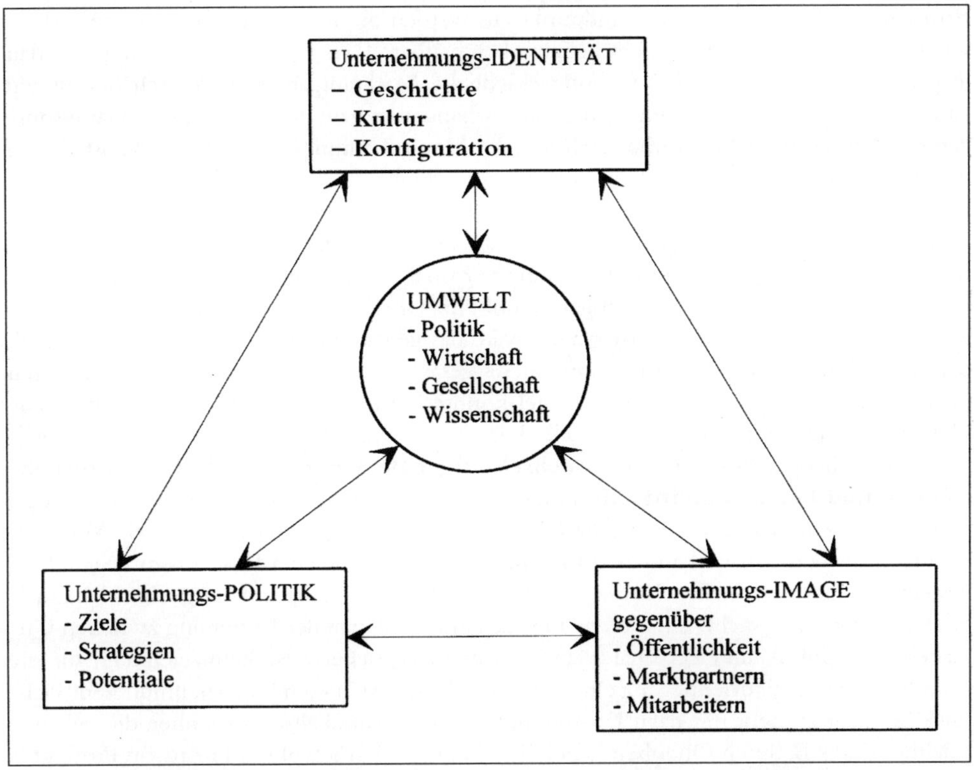

Abb. 143: Die Zusammenhänge zwischen Unternehmungs-Kultur, -Politik, – Image und Umwelt
Quelle: In Anlehnung an Trux (1980) 68.

2. Abhängigkeiten zwischen Personal-Management und Unternehmungspolitik

Es gibt drei Abhängigkeitsformen:
Eine einseitige Abhängigkeit des Personal-Management von der Unternehmungspolitik in dem Sinne, daß das Personal-Management eine dienende **derivative Funktion** erfüllt im Sinne der Bereitstellung und Pflege desjenigen Personals, das im Betrieb aufgrund der Politik, die er verfolgt, benötigt wird. Drumm nennt dies den »ökonomischen Standpunkt«[66], der im übrigen nicht selten als normal behauptet wird[67]. Dies ist insofern verständlich, als es dem traditionellen betriebswirtschaftlichen Verständnis folgt, was gleichbedeutend damit ist, daß diese Konstellation kennzeichnend ist für die grundlegende Orientierung der Unternehmenspolitik im Sinne der Bestands- bzw. Überlebenssicherung.

Die zweite einseitige Abhängigkeitsform besteht dann, wenn das umgekehrte Verhältnis vorliegt, d.h. wenn ein (strategisches) Personal-Management die zentrale **originäre Funk-**

66 Vgl. Drumm (1989) 373.
67 Vgl. Staehle (1989) 731f.

tion darstellt: Vom »humanen Standpunkt aus werden die im Betrieb beschäftigten Menschen als eine eigenständige, nicht beliebig beschaffbare Ressource betrachtet, mit der man je nach Anzahl und Fähigkeiten unterschiedliche Marktaufgaben erfolgreich bewältigen kann«[68]. Bei dieser Konstellation bilden die vorhandenen bzw. potentiellen Personalressourcen die Prämissen für Inhalt und Richtung der Unternehmungspolitik. Diese Konstellation dürfte eine in der Praxis nur selten (eher als Ausnahme) anzutreffende Anpassungsform darstellen. Ein solcher Fall wäre z.B. gegeben, wenn eine Unternehmung aufgrund dramatisch verschlechterter Marktlage eine Produktpalette aufgibt, für die in der Vergangenheit hochqualifiziertes Forschungs- und Entwicklungspersonal zahlreich erforderlich war. Diese vorhandene Personalressource zum Ausgangspunkt für Überlegungen zu nehmen, welche neuen Produkte mit ihr produzierbar wären, wäre das genaue Gegenteil einer Personalpolitik der ersten Art, nach der eine Entlassung dieses gesamten Mitarbeiterstammes die sozusagen notwendige Politikfolge wäre. Im Beispiel könnte etwa daran gedacht werden, eine neue Unternehmung zu gründen, die spezielle Forschungs- und Beratungsleistungen anbietet.

Dritte Abhängigkeitsform ist die **wechselseitiger Beziehungen zwischen Unternehmungs- und Personalpolitik**. Mit ihnen werden Unternehmungs- und Personalstrategien interaktiv entwickelt. Erste, auf die Gesamtunternehmung bezogene, politische Vorüberlegungen werden den vorhandenen bzw. potentiellen personellen Ressourcen gegenübergestellt, auf ihre personellen Konsequenzen und ihren Einklang mit möglichen Personal-Strategien hin untersucht. Eine solche interdependente Form der Beziehung zwischen Unternehmungspolitik und Personal-Management ist typischerweise kennzeichnend für die grundlegende Politikorientierung einer auf Fortschritt gerichteten Unternehmungsentwicklung. Sie geht zumeist mit dazu korrespondierenden Grundhaltungen einher, die gekennzeichnet sind z.B. durch Offenheit gegenüber Neuerungen sowohl in Form von Produkt-/Markt-Kombinationen, von Produktions- oder auch Managementtechniken, Änderungen von Strukturen und Systemen.

Im folgenden wird die dritte Abhängigkeitsform zugrundegelegt, um beispielhaft zu demonstrieren, wie Personal-Management und in der Folge Personalarbeit praktiziert werden, wenn man versuchen will, sich dieser idealtypischen Konstellation anzunähern. Ausgangspunkt ist letztlich die grundlegende Orientierung der Unternehmungspolitik, die als interner Kontextfaktor bestimmenden Einfluß auf personelle Entscheidungen enthält: Beginnend bei strategischen Entscheidungen über Personalsysteme und ihre Gestaltung bis hin zu operativen Entscheidungen über Details der täglichen Personalarbeit.

Die gewachsene Unternehmungsidentität ist Tatsachen-Arena für Intention und Inhalt des Personal-Managements. Gleichzeitig prägt die in der Folge praktizierte Personalarbeit die Identität in allen ihren Elementen. Neben der Unternehmungskultur und der -geschichte ist die -konfiguration eines dieser Elemente. Nach ihren vier oben beschriebenen Ebenen, die stets die Bezugspunkte für Grundhaltungen sind, werden die folgenden Darlegungen gegliedert. Dabei ist eine der zugrundegelegten Politikorientierung entspringende bzw. anzustrebende »typische« Grundhaltung beschrieben, sodann die korrespondierende Ausrichtung des Personal-Management in seinen Gegenstandsbereichen (Personalplanung, -beschaffung etc., s. Abbildungen 144–147).

Damit ist implizit davon auszugehen, daß die »entgegengesetzte« Politikorientierung der Bestands- und Überlebensicherung in aller Regel mit anderen Grundhaltungen korrespon-

68 Drumm (1989) 373.

Funktionsbereiche	
Grundhaltung als progressiver Generalist (»Prospektor«) Das bedeutet tendenziell für die Funktionsbereiche: – Forschung und Entwicklung: Neuentwicklungen innovativer Produkte – Absatz: Erschließen neuer Märkte Insgesamt also: das Suchen nach und das Erarbeiten von neuen Erfolgspotentialen in Form neuer Produkt-/Markt-Kombinationen – Fertigung: neue Konzepte für Produktionsverfahren	Daraus folgt für ein interdependentes Personal-Management: – die Anforderungsprofile in der qualitativen **Personal-Planung** unterliegen im Zeitablauf Veränderungen; sie enthalten verstärkt auf Dynamik angelegte Qualifikationen. Vorwiegend gesuchter Mitarbeitertyp: vielseitig einsetzbare flexible Generalisten – **Personalbeschaffung** geschieht (neben sorgfältiger interner Mitarbeiterförderung) bewußt auch im Wege externer Personalrekrutierung

Abb. 144: Zusammenhänge zwischen Grundhaltungen und Personal-Management (Personal-Planung, -Beschaffung)

Ressourcen	
Grundhaltung zum Humanpotential: Ausschöpfung und Entwicklung auch extrafunktionaler Mitarbeiterqualifikationen auf der Grundlage des Menschenbildes vom »complex man«.	Daraus folgt eine entwicklungsorientierte Ausgestaltung von – **Führung**: differenzierte, situationsangepaßte Führung, auch: personenorientiert, partizipativ – **Arbeitsbedingungen**: Gestaltungsbemühungen zielen auf individualisierte, »humane« Arbeitsplätze

Abb. 145: Zusammenhänge zwischen Grundhaltungen und Personal-Management (Führung, Arbeitsbedingungen)

dieren würde und in der Folge auch ein anders geartetes Personal-Management und andere Personalarbeit praktiziert werden dürfte.

3. Besonderheiten internationaler Geschäftstätigkeit

Interner Kontextfaktor für das Personal-Management ist u.a. die Unternehmungsidentität, darunter auch deren Ebene (Aspekt) des »Standortes« im Sinne der örtlichen Ansiedelung (siehe oben Kap. F.II.1). Standortprobleme stellen sich im Zusammenhang mit Entscheidungen über neue Produkt-Marktkombinationen in jüngster Zeit immer häufiger, wenn die als unternehmungspolitisch zunehmend wichtig eingeschätzte Frage aufgeworfen wird: Soll die Geschäftstätigkeit über die Landesgrenzen hinaus, also auch in internationale Gefilde ausgedehnt werden?

Systeme, Strukturen	
Grundhaltung: Bevorzugt werden dezentrale Strukturen, wenig formalisierte Systeme	Dies wird ermöglicht und gefördert durch ein Personal-Management mit wie folgt gestalteten Systemen: – **Fortbildung** wird dezentral initiiert und findet auch im katalytischen Sinne statt; es werden vielfältige Anstöße zur Selbstentwicklung gegeben – Die Systeme für **Fortbildung** und **Karrierevorbereitung und -planung** werden flexibel miteinander gekoppelt: bewußt zur Installation von Projektgruppen, systematisches job-enlargement etc. – Praktizieren **strategischer Anreizsysteme**, um das Suchen, Etablieren, Konsolidieren neuer Erfolgspotentiale zu fördern. Sorgfältig gestaltete Sozial-Innovationen dieser Art werden bewußt auch als Erfolgspotentiale gesehen

Abb. 146: Zusammenhänge zwischen Grundhaltungen und Personal-Management (Fortbildung, Karriereplanung, Anreizsysteme)

Standort	
Grundhaltungen im Sinne von – Standortpolitik für zukunftsträchtige Erfolgspotentiale (auch auf dem personellen Sektor) – progressivem Selbstbild mit Betonung der Erschließung attraktiver Erfolgs-(Nutzen-)Potentiale auch unter Verpflichtung für gesellschaftlich bedeutsame Nutzenkategorien	Ein Personal-Management, das dies bewerkstelligt und ermöglicht, fördert – für experimentierfreudige Geschäftsausweitungen bereite und fähige Mitarbeiter – kulturprüfende, -verändernde Individualisten

Abb. 147: Zusammenhänge zwischen Grundhaltungen und Personal-Management (Mitarbeiter-Qualifikationen)

Eine solche Ausdehnung wird zurecht immer häufiger erwogen, weil – wie die Realität zeigt – offenkundig die Art und die Zahl der Branchen und Märkte ständig zunimmt, in denen internationale Verflechtungen, Kooperationen vielfältiger Art und Intensität betrieben werden. Die Hauptgründe dafür sind die folgenden:

- der Konkurrenzkampf um Absatzmärkte und Chancen verschärft sich in Zahl, internationaler Verbreitung der Teilnehmer und Intensität vielfach;
- »das einzig Beständige ist der Wandel« von Produkten, Verfahren, Ressourcen etc.
- Beschaffung wird weltweit betrieben (»global sourcing«).

Unter diesen Bedingungen ist erfolgreiches Wirtschaften umso eher möglich, wenn es gelingt, Vorteile solcher Standorte zu nutzen, die in der Vergangenheit als eher entlegen angesehen wurden. Solche Standortvorteile sind: leichter beschaffbare und im Einsatz kostengünstigere Ressourcen materieller, finanzieller oder personeller Art und insofern attraktive Produktionsbedingungen wie auch Absatzmärkte mit nicht ausgeschöpften Nachfrage-Volumina.

Eine Internationalisierung der Geschäftstätigkeit ist möglich und geschieht in mannigfaltig unterschiedlichen Varianten – entweder als Ergebnis bewußt gewählter Strategien oder aber als – bisweilen durch Zufälle gefördert – de facto vollzogene historische Entwicklung. Welche Varianten dies sind und welche Orientierungen, Ziele, Voraussetzungen und Konsequenzen mit ihnen verbunden sind, ist zunächst zu klären. Dies ist notwendig als Vorbedingung für Antworten auf die Frage danach, welchen Einfluß diese Entwicklungen auf das Personal-Management und die Funktionsfelder (Teilsysteme) der Personalarbeit nehmen. Dies ist gleichzeitig die Frage danach, ob es ein internationales Personal-Management gibt, welche Besonderheiten dieses aufweist und ob es gegebenenfalls seinerseits Einflüsse auf die Art und das Ausmaß der Internationalisierungstätigkeit ausüben kann (wechselseitige Verflechtung von Unternehmungspolitik und Personal-Management).

a) Varianten der Internationalisierung

Mögliche Stufen einer Internationalisierung der Geschäftstätigkeit reichen von Exportgeschäften über Franchising und internationale Joint Ventures bis hin zu ausländischen Produktionsgesellschaften. Diese Stufen sind allerdings nicht beliebig wählbar, sondern zudem gekennzeichnet durch Merkmale, von denen abhängt, ob sie gewählt werden können. Dies sind vor allem

- faktische Branchen-Gegebenheiten im Sinne produktions- und absatzspezifischer Besonderheiten. So ist von besonderer Bedeutung, ob Möglichkeiten der Ansiedelung von Wertschöpfungsaktivitäten einerseits sowie Nachfrage- und Wettbewerbserfordernisse der Absatzmärkte andererseits nach dem Vorbild des Herkunftslandes international vervielfältigt (kopiert) werden können, oder aber, ob jeweils starke, landesspezifische Besonderheiten vorliegen oder aber, ob integrative Strategien zugelassen und erfolgversprechend sind.
- Zum anderen existieren Erfordernisse der Einflußnahme und der Gestaltung, die außerordentlich stark differieren können je nach den erreichten Stadien der gesellschaftlichen und wirtschaftlich-technischen Entwicklung eines Landes in Verbindung mit den Qualifikationen (Expertenschaft), die Einheimische in den jeweiligen Ländern als (potentielle) Arbeits- und Führungskräfte aufweisen. So sind offenkundig Einflußnahme auf die Art und Weise der Geschäftsanbahnungen und -abwicklungen sowie Gestaltungen von organisatorischen Strukturen und von Kontrollsystemen in sogenannten Entwicklungsländern in vielfältigerem und stärkerem Maße notwendig als in Schwellenländern oder in »alten« Industrienationen.
- Demgegenüber unterliegen Einflüsse und Gestaltungen nicht selten Restriktionen, die hierfür Spielräume unterschiedlicher Breite eröffnen. Auch in solchen Großregionen,

die auf den ersten Blick eher einheitlich erscheinen, wie z.B. Westeuropa, gibt es eine Vielzahl unterschiedlicher z.B. rechtlicher Bestimmungen und landeskultureller Besonderheiten, deren Beachtung erzwungen wird bzw. zu empfehlen ist und insoweit Begrenzungen der Entfaltung darstellen.

Diese Merkmale werden zu zwei Gruppen mit unterschiedlicher Tendenz zusammengefaßt: zu sogenannten »Globalisierungsvorteilen« bzw. – gegenläufig – zu »Lokalisierungs-Vorteilen/-Erfordernissen«. Ihre Benutzung als Achsenbezeichnungen in einem Koordinatenschema führt zu einer bekannten Vierfelderdarstellung (vgl. Abbildung 148). Globalisierung verfolgt eine Tendenz zu eher vereinheitlichender Integration, Lokalisierung geht demgegenüber mit dem Gegenteil, einer Differenzierung, einher. Eine exemplarische Besetzung der Felder mit »zugehörigen« Produkten bzw. Branchen signalisiert, daß Unternehmungen, die solchen Branchen zugehören und ihre Geschäftstätigkeit international ausweiten, die Gegebenheiten bzw. Notwendigkeiten gemäß Achsenbezeichnungen vorfinden bzw. herstellen müßten. Eine solche exemplarische Branchenzuordnung findet sich in Abbildung 148.

Die Internationalisierung der Geschäftstätigkeit ist mit spezifischen Aktivitäten anzustreben und durchzusetzen; für ihre Kennzeichnung hat sich eine Klassifizierung von Internationalisierungs-Strategien durchgesetzt: Sie werden »ethnozentrische« (internationale), »polyzentrische« (multinationale) und »geozentrische« (globale) Strategie genannt[69].

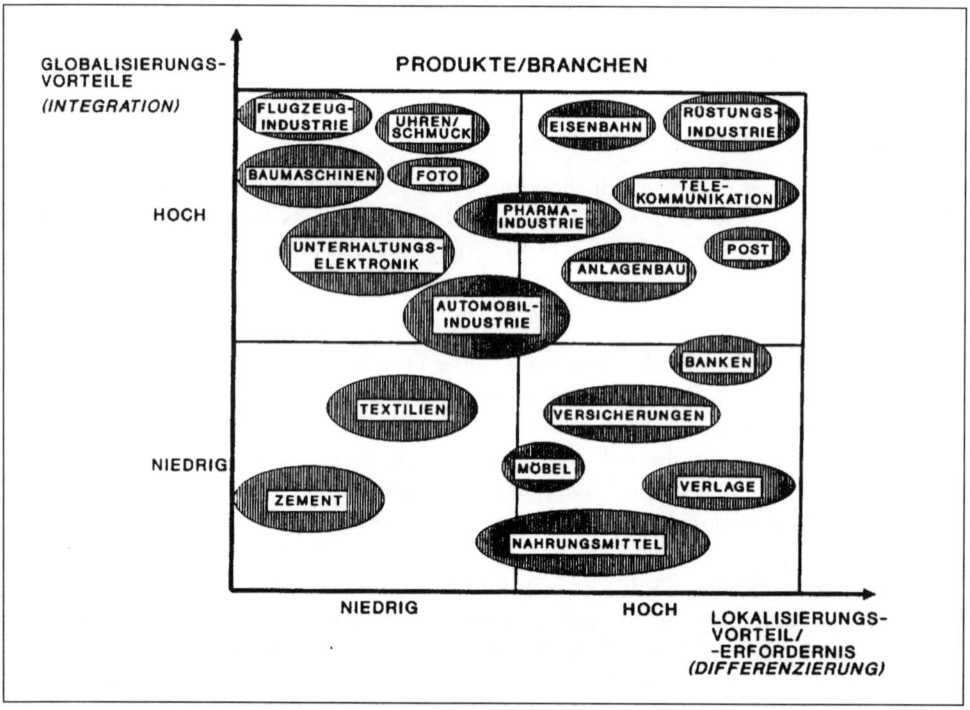

Abb. 148: Globalisierungs- und Lokalisierungsvorteile unterschiedlicher Produkte/Branchen
Quelle: Meffert (1989) 448.

69 Perlmutter (1965) und (1969); Meffert (1989); Gerpott (1990); Macharzina (1993).

In »internationalen« Branchen (Feld unten links) existiert kein homogener Weltmarkt, so daß keine wesentlichen Globalisierungsvorteile zu erwarten sind. Da gleichzeitig nur geringe Notwendigkeiten bzw. Vorteile deutlicher lokaler Anpassungen bestehen, lassen solche Branchen das **ethnozentrische Strategiekonzept** zu, nach dem Produktionsweisen und Marktbearbeitungen, die auf dem Heimatmarkt erfolgreich waren, auf ähnliche Landesmärkte übertragen werden (daher bisweilen auch »Kolonialisierungs-Strategie« genannt).

In multinationalen Branchen (Feld unten rechts) sind ebenfalls Homogenitätsgrade der Märkte bzw. Standardisierungspotentiale gering, Zwänge zu lokaler Anpassung hingegen hoch. Die länderbezogene Individualität der Märkte, die hier im Vordergrund steht, erfordert eine entsprechende Anpassung in der Marktbearbeitung und viel stärkere Berücksichtigung länderspezifischer Besonderheiten. Die größeren Erfolgsaussichten werden hier »**polyzentrischen**« (multinationalen) **Strategien** zugesprochen.

Im Feld oben links sind globale Branchen positioniert, bei denen Märkte in unterschiedlichen Ländern dennoch große Ähnlichkeit aufweisen, so daß ein relativ großes Standardisierungspotential vorliegt, weil der Zwang zu lokaler Anpassung nur gering ist. Mit »**geozentrischen**« (globalen) **Strategien** wird versucht, wichtige Aktivitäten international zu vereinheitlichen, gegebenenfalls in integrativer Weise, d.h. unter Kooperation der beteiligten Unternehmen (Tochtergesellschaften).

Im Feld oben rechts angesiedelte Branchen mit zugleich hohen Globalisierungs-Vorteilen und Lokalisierungserfordernissen lassen weitgehende Standardisierungen von Aktivitäten nicht zu[70]. Branchen dieser Art verlangen eine strategische Gratwanderung zur Integration gegenläufiger Tendenzen: Einerseits gilt es, diejenigen Faktoren abzubauen, die eine Vereinheitlichung behindern, zum anderen legen Anpassungsvorteile entsprechende Differenzierungen nahe (oder sie sind sogar als Erfordernisse geboten).

Hinsichtlich der Strategiewahl für internationale Betätigung wird von einem Entwicklungsprozeß gesprochen, von einer Art historischen Abfolge: sie beginne mit dem Versuch, die Dominanz des »Stammhauses« durchzusetzen (ethnozentrische Strategie), führe über stärkere Emanzipation ausländischer Gesellschaften, d.h. polyzentrische Strategien, zu dem letztlich anvisierten (jedoch gelegentlich auch als Utopie bezeichneten) Ziel, zu globalem Operieren vorzustoßen. Dies ist jedoch mit Sicherheit keine notwendige Abfolge, zumal zum einen nicht gegen branchenspezifische Zwänge autonom vorgegangen werden kann, zum anderen es von den grundlegenden Orientierungen der Unternehmungspolitik und von den aus ihnen resultierenden Grundhaltungen abhängt, welche Ausrichtung – bezogen auf die Ziele und die einzuschlagenden Wege dorthin – eine Unternehmung anstrebt. Betreibt sie eine fortschrittsorientierte Entwicklungspolitik, wird sie aufgrund der oben beschriebenen Grundhaltungen dazu neigen, den polyzentrischen Ansatz zu verwirklichen bzw. versuchen, globale Strategien zu entwickeln und zu implementieren. Jede der beschriebenen Internationalisierungs-Strategien hat ihre spezifischen personellen Implikationen bzw. ist auf unterstützendes Personal-Management angewiesen. Darauf ist im folgenden näher einzugehen.

70 Deshalb nennt Macharzina sie »blockiert globale Branchen«. Vgl. Macharzina (1993) 702ff.

b) Rahmenbedingungen für ein internationales Personal-Management

Drei Bedingungen vor allem sind es, die den Rahmen für die Gestaltung eines internationalen Personal-Managements bilden: (1) die von der Muttergesellschaft eingeschlagenen Strategien der Internationalisierung, (2) die lokalen Landeskulturen derjenigen Länder, in denen Aktivitäten entfaltet werden (z.B. in Form von Tochtergesellschaften) einschließlich jeweils tätigen landesspezifischen Personal-Managements, (3) die historische Individualität des Personal-Managements der Muttergesellschaft.

Die oben ausgeführten vier Varianten für **Internationalisierungs-Strategien** sollen im folgenden auf drei reduziert werden. Es wird darauf verzichtet, die gemischte Integrationsstrategie (oberes rechtes Feld von Abbildung 149) gesondert aufzuführen, weil sie ein Mixtum Compositum aus dem polyzentrischen und dem geozentrischen Ansatz darstellt mit im realen Einzelfall jeweils stark unterschiedlichen Gewichten, die es dann individuell zu bestimmen gilt. Die Strategien werden nicht stets durchgängig einzeln bzw. alternativ angewandt; es ist vielmehr auch möglich, resp. erforderlich, sie nebeneinander einzusetzen. Dafür maßgebliche Gründe sind die folgenden drei:

- Eine Unternehmung betätigt sich mit ihren Sparten in unterschiedlichen Branchen, die ihrerseits verschiedene Internationalisierungs-Strategien bedingen;
- es wird hinsichtlich einzelner Funktionsbereiche in Ausmaß von Integration und Differenzierung unterschiedlich vorgegangen.
- Unternehmungen wechseln im Laufe der Zeit ihre Strategien, weil Produkte und/oder Märkte sich entsprechend gewandelt haben, bzw. weil Politiken (Muttergesellschaft, Ge-

	Ethnozentrisch	**Polyzentrisch**	**Geozentrisch**
Komplexität	in der Muttergesellschaft hoch, sonst niedrig	unterschiedlich	überall hoch, auch wegen Interdependenzen
Entscheidungsfindung	nur in der Muttergesellschaft	weniger in der Muttergesellschaft	gemeinschaftliche Entscheidungsfindung
Kontrolle	Standards von der Muttergesellschaft werden exportiert	dezentral bestimmte Mechanismen	universelle Standards
Kommunikation	top down, also Anweisungen von Mutter zu Tochter	wenig zwischen Mutter und Tochter, zwischen Töchter kaum	zwischen allen Einheiten, Mutter ist (nur) gleichberechtigter Partner
Personalbeschaffung	für Schlüsselposition primär über Muttergesellschaft	lokal, also Landesnationalitäten für die Tochtergesellschaften	weltweite Suche nach Führungskräften

Abb. 149: Wirkungen der Internationalisierungs-Strategien
Quelle: Scholz (1993) 796.

sellschaften in Gastländern) sich geändert haben in ihren grundlegenden Orientierungen oder auch in einzelnen Grundhaltungen.

Welche Wirkungen von den drei Strategien auf die sie praktizierenden Unternehmungen ausgehen, zeigt Abbildung 149. Sie macht deutlich, daß diese Wirkungen sich in bedeutenden generellen Merkmalen, wie Komplexität, Entscheidungsfindung, Kontrolle, Kommunikation äußern, und liefert zudem einen ersten Hinweis darauf, daß auch Personal-Management in bestimmten Funktionen (hier: Personal-Beschaffung) unterschiedlich zu praktizieren ist, je nach eingeschlagener Strategie.

Lokale Landeskulturen üben unterschiedliche Einflußstärken auf das Personal-Management aus, je nach Internationalisierungs-Strategie: aus dem polyzentrischen Ansatz resultiert am stärksten Wille bzw. Notwendigkeit zur Berücksichtigung von landeskulturellen Unterschieden. Zum anderen liefern Kenntnisse vom Vorhandensein landeskultureller Unterschiede Hinweise auf zu erwartenden Widerstände gegen Versuche, diese zu ignorieren bzw. ihnen gegenzusteuern.

Für eine Unternehmungsführung und ein Personal-Management, die für sich in Anspruch nehmen, kultursensibel gehandhabt zu werden, sind drei zentrale Fragen interessant:

(1) In welchen Dimensionen kommen landeskulturelle Unterschiede zum Ausdruck?
(2) Welche Konsequenzen gehen von solchen unterschiedlich ausgeprägten Dimensionen auf das Personal-Management aus?
(3) Wie sind solche Dimensionen in konkreten Ländern ausgeprägt?

Zur Beantwortung dieser Fragen kann auf eine sehr bekannte empirische Studie von Hofstede[71] zurückgegriffen werden, zusätzlich auf Auswertungen und Interpretationen dieser Studie, die Scholz angestellt hat[72]. Hofstede hat Daten von mehr als 100.000 Fragebögen zu arbeitsbezogenen Werthaltungen aus 67 Ländern statistisch ausgewertet (Faktoren-, Varianzanalysen-, Korrelationsrechnungen) sowie qualitativ interpretiert. Er kam zu dem Ergebnis, daß es vier Dimensionen sind, in denen Landeskulturen sich beschreiben lassen: Individualität, Maskulinität, Unsicherheitsvermeidung und Machtabstand. Was diese Dimensionen inhaltlich aussagen, kann plastisch und deutlich beschrieben werden durch Gegenüberstellung niedriger und hoher Ausprägungen und dadurch, was für eine gesellschaftliche Norm in ihnen zum Ausdruck kommt. Dies ist für die Beispiele der Individualität und des Machtabstandes in den Abbildungen 150 und 151 ausgeführt, die Scholz erarbeitet hat und die zusätzlich jeweils Antworten enthalten auf die zweite Frage nach den Konsequenzen für das Personal-Management.

Eine Antwort auf die zu (3) gestellte Frage danach, wodurch die Kulturen der einzelnen Länder sich voneinander unterscheiden, liefert Abbildung 152, die die Auswertungen Hofstedes in bezug auf ausgewählte Länder für seine vier Dimensionen enthält. Länder mit gleichartigen Kulturmustern (gleichen/ähnlichen Werten) faßte Hofstede zu Kulturregionen zusammen.

Diese Werte sind sowohl einzeln wie auch im Vergleich interessant. Sie liefern Hinweise für kulturstimmige Personal-Systeme und -Arbeit und schärfen die Aufmerksamkeit dafür, daß zu strategischen Entscheidungen beispielsweise darüber, **daß** in einer Unternehmung

71 Hofstede (1980).
72 Scholz (1993) 767ff.

Individualismus	
Niedrige Ausprägung	*Hohe Ausprägung*
Emotionale Abhängigkeit vom Unternehmen, moralisches Involvement, Streben nach Konformität und Ordnung, Sicherheit in der Position bei den Managern im Vordergrund, Präferenz für Gruppenentscheidungen, partikuläres Denken	Emotionale Unabhängigkeit vom Unternehmen, berechnendes Involvement, Streben nach Führung und Abwechslung, Autonomie bei den Managern im Vordergrund, Präferenz für Individualentscheidungen, universalistisches Denken
Gesellschaftliche Norm	
Wir-Bewußtsein, Gemeinschaftsorientierung, soziales System als Basis für Identität	Ich-Bewußtsein, Selbstorientierung, Individuum als Basis für Identität
Konsequenzen für das Personalmanagement	
Erwartung der Mitarbeiter, daß die Organisation ihre Interessen vertritt, Beförderung nach Seniorität, Unternehmenspolitik sollte sich an der Loyalität und dem Aufgabenbewußtsein der Mitarbeiter orientieren	Erwartung gegenüber den Mitarbeitern, daß sie selbst ihre Interessen vertreten, Beförderung nach Leistung, Unternehmenspolitik sollte Eigeninitiative der Mitarbeiter fördern

Abb. 150: Kultur-Dimensionen nach Hofstede: Inhalte, Konsequenzen für das Personal-Management. Aussagen zum Individualismus
Quelle: Scholz (1993) 769.

weltweit Karriere- und Erfolgsbeteiligungssysteme praktiziert werden sollen, sorgfältig abgewogene operative Entscheidungen darüber treten müssen, **wie** diese Systeme gegebenenfalls kulturspezifisch differenziert auszugestalten sind.

Die der Studie von Hofstede zugrundeliegenden Daten sind Ende der 60er, Anfang der 70er Jahre erhoben worden. Dies führt zu der Frage der Entwicklung der Kulturen seither. Darüber gab es gegenläufige Thesen: zum einen die Kulturkonvergenzthese über ein »Zusammenwachsen der Landeskulturen« im Gegensatz zur Kulturdivergenzthese über eine Verstärkung der Individualisierung der Landeskulturen. Beobachtungen der historischen Entwicklung der letzten Jahre u.a. über den Zerfall osteuropäischer Staaten sowie der ehemaligen Sowjetunion mit offenkundig starken nationalistischen Tendenzen, Schwierigkeiten der europäischen Einigung u.a.m. legen nahe, daß Indikatoren vorhanden sind, die die Divergenzthese stützen. Konsequenterweise müßte eine Schlußfolgerung für das Personal-Management hieraus dergestalt lauten, daß in Zukunft auf landeskulturelle Unterschiede gegebenenfalls sogar zunehmend eingegangen werden müßte.

Die bisher referierten Ergebnisse legen nahe, daß es in den einzelnen Ländern auch starke Unterschiede in den praktizierten Personal-Managementsystemen und -arbeitsformen gibt. Dies wird teilweise durch die ersten Ergebnisse einer Studie bestätigt, die seit 1989 regelmäßig durchgeführt wird, bisher in 5.000 Unternehmen aus 12 europäischen Ländern[73]. Unterschiede betreffen sowohl das Vorhandensein einer Strategie für das Perso-

73 Gaugler/Wiltz (1993).

Machtabstandstoleranz	
Niedrige Ausprägung	*Hohe Ausprägung*
Antiautoritäre Erziehung, Entscheidungsfindung nach Beratung mit Untergebenen, strenge Überwachung aus Sicht der Untergebenen negativ, Manager eher zufrieden mit partizipativen Vorgesetzten, geringe Angst vor Meinungsdifferenz mit dem Vorgesetzten	Autoritäre Erziehung, autokratische oder paternalistische Entscheidungsfindung, strenge Überwachung aus Sicht der Untergebenen positiv, Manager eher zufrieden mit autokratischen Vorgesetzten, Angst der Angestellten, ihren Vorgesetzten zu widersprechen
Gesellschaftliche Norm	
Minimierung der gesellschaftlichen Ungleichheit. Hierarchie als Rollenungleichheit aufgrund funktioneller Angemessenheit, Untergebene und Vorgesetzte als Menschen wie Du und Ich, gleiche Rechte für alle, Streben nach Belohnung, Expertenmacht	Gesellschaftliche Ungleichheit ist Basis gesellschaftlicher Ordnung, Hierarchie als existenzielle Ungleichheit, Untergebene und Vorgesetzte als Menschen anderer Art, Privilegien für die Mächtigen, Streben nach Macht, um Zwang auszuüben
Konsequenzen für das Personalmanagement	
Dezentralisation, flacher hierarchischer Aufbau, geringer Anteil an Führungskräften, geringe Lohnunterschiede, hohe Qualifikation auch bei niedrigen Hierarchiestufen, keine Statusunterschiede zwischen white-collar- und blue-collar-jobs	Zentralisation, steiler hierarchischer Aufbau, hoher Anteil an Führungskräften, große Lohnunterschiede, niedrige Qualifikation bei niedrigen Hierarchiestufen, größerer Status der white-collar-jobs

Abb. 151: Kultur-Dimensionen nach Hofstede: Inhalte, Konsequenzen für das Personal-Management. Aussagen zur Machtabstandstoleranz
Quelle: Scholz (1993) 773.

nal-Management, die Verbreitung und Ausgestaltung von Erfolgsbeteilungssystemen, Inhalt und Intensität für Personalentwicklung, speziell Fortbildung u.a.m.

Das **Personal-Management einer Muttergesellschaft** und die Unternehmungsidentität, in die es eingebettet ist, haben sich jeweils unter den spezifischen Bedingungen der Vergangenheit historisch entwickelt. Internationalisierungsstrategien zeigen gegebenenfalls Veränderungsbedarf an, für den es gilt, erfolgreiche Gratwanderungen zwischen Vereinheitlichung einerseits und Differenzierung andererseits zu gehen. Scholz nennt die folgenden Akzeptanzbedingungen (im gemeinsamen Denken der Mitarbeiter verankert), die eine spezifische Form der Unternehmungskultur ausmachen, in der internationales Personal-Management erfolgreich betrieben werden kann:[74]

74 Scholz (1993) 804f.

Kulturregion	Kulturdimension PDI	UAI	IDV	MAS	ausgewählte Länder
germanische Länder	•	••••	•••	••••	Österreich, Israel, Deutschland, Schweiz
anglo-amerikanische Länder	••	••	•••••	•••••	USA, England, Kanada, Australien
nordische Länder	•	••	••••	•	Dänemark, Finnland, Norwegen, Holland, Schweden
weniger entwickelte romanische Länder	•••••	•••••	•	••••••	Mexiko, Venezuela, Portugal, Chile
höher entwickelte romanische Länder	•••••	•••••	•••	•••	Belgien, Frankreich, Spanien, Brasilien, Italien
weniger entwickelte asiatische Länder	•••••	••	•	•••	Thailand, Pakistan, Indien, Hongkong
höher entwickelte asiatische Länder	•••	•••••	•••	•••••	Japan
Naher Osten	•••••	•••••	•	•••	Griechenland, Iran, Türkei

Hoch: ••••• niedrig: •

Abb 152: Kulturdimensionen und ihre Ausprägungen in ausgewählten Ländern
Quelle: Scholz/Hofbauer (1990) 100.

»– Akzeptanz durch die Muttergesellschaft, daß die eigene Art und Weise des Personalmanagements das Ergebnis eigener Werte und Grundannahmen ist,
– Akzeptanz durch die Muttergesellschaft, daß das eigene Personalmanagement weder universell besser noch schlechter ist als das in anderen Kulturen. Vielmehr existieren Unterschiede, die sowohl Stärken als auch Schwächen aufweisen,
– Akzeptanz durch die Muttergesellschaft, daß die ausländischen Tochtergesellschaften Managementpraktiken verfolgen, die grundsätzlich weder besser noch schlechter als die eigenen sind, jedoch unter der lokalen Gegebenheiten effektiver sein können,
– Bereitschaft durch die Muttergesellschaft, nicht nur die kulturellen Differenzen zu realisieren und zu akzeptieren, sondern außerdem die Bereitschaft, den synergetischen Nutzen der Kulturen aktiv einzusetzen,
– Aufbau eines unternehmensweiten Glaubens der betroffenen Parteien daran, daß eine kreativere und effektivere Art des Personalmanagements durch gegenseitiges Lernen von den Partnerkulturen erreicht werden kann.«

c) Erfolgswichtige Spezifika in Funktionsfeldern der Personalarbeit

Betrachtungsgegenstand sind solche Funktionsfelder der Personalarbeit, die für internationale Geschäftstätigkeiten als besonders wichtig erachtet werden, um strategischen Intentionen in ausreichender Weise gerecht werden zu können: Dies sind die Bestimmung des Personalbedarfs, die Personalbeschaffung, -entwicklung, -führung und die adäquate Vergütung.

Erkenntnisleitend für die Bestimmung derjenigen Spezifika, die für international orientierte Personalarbeit erfolgswichtig sind, sind vor allem zwei Dinge: Erstens dasjenige, **was** als Erfolg angestrebt wird, zweitens die Art und Weise, **wie** dieser Erfolg erzielt werden soll, d.h. hier: die eingesetzte Internationalisierungsstrategie. Ersteres kann – wie oben gezeigt – differieren von

- dem Gewinn bzw. der Kapitalgeber-Rendite als alleiniger Erfolgsgröße bei der Bestandssicherung als Grundorientierung der Unternehmungspolitik bishin zu
- zusätzlichen Nutzenkategorien auch für andere Bezugsgruppen (stakeholder) bei einer zukunftsbetonten Entwicklungsorientierung der Unternehmungspolitik.

Letzteres führt zu der oben getroffenen Unterscheidung in ethnozentrische, polyzentrische bzw. geozentrische Strategien der Internationalisierung. Welche von ihnen gewählt wird, ist neben den Branchen, resp. produktspezifischen Besonderheiten im wesentlichen auch abhängig von der unternehmungspolitischen Grundorientierung. So wurde oben darauf verwiesen, daß für eine Unternehmung, ausgerichtet auf Bestandssicherung, die Wahl ethnozentrischer Strategien den »Normalfall« darstellen dürfte.

Diese drei Strategien stellen in der Folge die zentrale Differenzierungsdimension für Unterschiede in der Personalarbeit und im Personal-Management dar. Je stärker landesspezifische Besonderheiten beachtet werden (müssen) – polyzentrische Strategie –, umso mehr kommen die genannten Dimensionen lokaler Landeskulturen wie Individualität, Maskulinität etc. (siehe oben Kap. F.II.3.b) als in nächster Linie beachtensbedürftig zum Zuge. Die Ausprägungen dieser Dimensionen determinieren den Erfolg der Personalarbeit mit: Je stärker sie beachtet werden, umso erfolgreicher dürfte Personalarbeit sein.

Eine grundsätzliche Frage für konzeptionell betriebenes, erfolgreiches Personal-Management ist es, ob jedes Funktionsfeld der Personalarbeit in gleicher Weise auf die eingeschlagene Internationalisierung-Strategien abgestimmt werden muß oder aber, ob auch differenzierte Vorgehensweisen nicht nur denkbar, sondern sogar auch erfolgversprechender sein könnten. Letzteres würde z.B. darauf hinauslaufen, die Vergütung zentralistisch, also ethnozentrisch zu steuern, Personalführung polyzentrisch zu betreiben und eine geozentrische Personalentwicklung anzustreben. Ob der Weg eines derart komplizierten Personal-Management-Konzeptes eingeschlagen wird, hängt sicherlich nicht zuletzt auch von den jeweils im Ausland vorgefundenen Entwicklungsstadien und der Professionalität dort betriebener Personalarbeit ab. Stets jedoch erscheint plausibel, daß auch bei Vorgabe gemeinsamer Grundkonzepte die Zulässigkeit landeskulturell spezifischer Anpassungen einen sinnvollen, weil eher akzeptablen Weg internationalen Personal-Managements darstellen dürfte.

aa) Personalbedarf

Besonderheiten ergeben sich vor allem in der qualitativen Dimension des Personalbedarfs, d.h. hinsichtlich der zu fordernden Qualifikationen der in den ausländischen Gesellschaften Beschäftigten. Auch hier ergibt sich bei der Festlegung zu fordernder Qualifikationen-Repertoires eine erste Weichenstellung durch die grundsätzlich gewählte Internationalisierungsstrategie. Auf Führungskräfte abgestellt hat Scholz jeweils typische Manager beschrieben[75]: für die ethnozentrische Strategie den »Company Manager«, für den polyzentrischen Ansatz den »Country Manager«, für die geozentrische Strategie den »Global Manager«. Über die

75 Scholz (1993) 826ff.

jeweils zugehörigen Qualifikationenbündel gibt die nachfolgende Abbildung näheren Aufschluß.

Personalbedarf \ Internationalisierungs-Strategie	Ethnozentrisch	Polyzentrisch	Geozentrisch
»Benötigte Führungskraft«	Company Manager	Country Manager	Global Manager
Spezifische Qualifikationen	Werte-Kulturbewußtheit, Sendungsbewußtsein, Integrationsfähigkeit, Fähigkeit zur Mitarbeit in national gemischten Teams	Wissen um Landeskunde, Kenntnis des Rechts-, Wirtschafts-, Sozial-Systems Beherrschung der jeweils landeskulturell spezifischen Verhaltensmuster	– interkulturelle Kompetenzen: Sensibilität, Kommunikationsfähigkeit, Wissen – generelle Persönlichkeitsmerkmale: Autonomie, Unsicherheitstoleranz, Stressbewältigung, Frustrationstoleranz

Abb. 153: International qualitativ unterschiedlicher Personalbedarf

Bei den aufgeführten Qualifikationen handelt es sich um plausible Annahmen hinsichtlich der Schwerpunkte, in denen die entsprechenden Führungskräfte nachweisbare Befähigungen aufweisen sollten.

bb) Personalbeschaffung

Unterschiedliche Besonderheiten hinsichtlich der Personalbeschaffung in Abhängigkeit von den jeweils gewählten Internationalisierungs-Strategien sind bereits in Abbildung 149 angedeutet worden. Diese alternativen Beschaffungsstrategien sind hinsichtlich ihres Erfolges wesentlich davon abhängig, inwieweit es gewollt ist und gelingt, die jeweils mit ihnen verbundenen Vorteile zu nutzen und gleichzeitig gegebene Nachteile zu mindern. Welche dies jeweils im einzelnen sind, darüber informiert Abbildung 154.

Personalbeschaffung nach dem ethnozentrischen Konzept bedeutet, einheimische Führungskräfte der Muttergesellschaft ins Ausland zu entsenden (»Expatriates«). Ihre Rekrutierung müßte nach Auswahlkriterien geschehen, über die oben (siehe Personalbedarf) plausible Annahmen hinsichtlich der zu fordernden Qualifikationen getroffen wurden. Daß die Praxis international tätiger Unternehmen jedoch offensichtlich realiter nur partiell in diesem Sinne vorgeht, belegt das Ergebnis einer empirischen Studie von Wirth, wonach deutsche Unternehmungen ins Ausland zu entsendende Mitarbeiter primär nach fachlicher und nicht nach kultureller Eignung auswählen.[76]

76 Vgl. Wirth (1992).

Internationalisierungs-Strategie	Ethnozentrisch	Polyzentrisch	Geozentrisch
Herkunft des Personals	Stammland	Gastland	Stammland, Gastland oder Drittländer (regionaler weltweiter Führungskräftepool)
Vorteile	keine kulturelle Distanz zu den Führungskräften der Zentrale persönliche Bekanntschaft mit Interaktionspartnern der Muttergesellschaft (Vertrauensvorsprung)	Kommunikationsprobleme mit Gastlandsmitarbeitern nicht vorhanden hohe Akzeptanz bei Gastlandmitarbeitern (Aufstiegschancen) geringe Entlohnungskosten	Förderung einer einheitlichen Unternehmenskultur (implizite Steuerung über vereinheitlichte Werte möglich)
Nachteile	hohe Kosten (Vorbereitung, Entlohnung, Betreuung, Wiedereingliederung) Begrenzung der Karrierechancen gast- und drittländischer Führungskräfte teilweise: Interaktionsprobleme mit Gastlandsinstitutionen	Kommunikationsprobleme bei Interaktionen mit Muttergesellschaft Auftreten von Werte- und Loyalitätskonflikten hohe Kosten für Vermittlung von Fach- und Führungsfähigkeiten	sehr hohe Kosten (fachliche, führungsbezogene und kulturelle Vorbereitung, Betreuung, Rückführung ins Stammland) Akzeptanz- und Loyalitätsprobleme

Abb. 154: Konsequenzen unterschiedlicher Personalbeschaffungs-Strategien
Quelle: nach Macharzina (1992) 370.

cc) Personalentwicklung

Für ein internationales Personalmanagement haben von den Bereichen der Personalentwicklung die Fortbildung und die Karriereplanung sicherlich die größte Bedeutung. Mit speziellen Methoden bzw. Systemen können auch hier wiederum Akzente gesetzt werden, die unterschiedlich sind – je nach eingeschlagener Internationalisierungs-Strategie. Wie zu den oben beschriebenen Funktionsfeldern handelt es sich auch hier nicht um Aussagen und Zuordnungen, die mit empirischem Fundament als ausreichend theoretisch abgesichert gelten können; sie basieren vielmehr überwiegend auf Plausibilitätsüberlegungen (s. Abbildung 155).

dd) Führung

Versuche, effiziente Führung zu praktizieren, dürften in relativ weitem Umfang unabhängig sein von jeweils verfolgten Internationalisierungs-Strategien. Gegebenenfalls auftretende Probleme könnten höchstens variieren hinsichtlich der Häufigkeit ihres Auftretens (vermutlich am relativ seltensten beim polyzentrischen Ansatz) und hinsichtlich ihrer Intensität. In bezug auf letztere ist sicherlich die Stärke des Drucks ausschlaggebend, der zur Durchset-

Internationalisierungs-Strategie / Personalentwicklung	Ethnozentrisch	Polyzentrisch	Geozentrisch
Fortbildung	– Vorbereitung auf Entsendung (spezielle Trainings, Kurse) – Traineeprogramme für Auslandseinsätze	landeseigene Programme: – neue Aufgaben (Muttergesellschaft) – Verflechtungs-Spezifika	– Job Rotation – Internationale Traineeprogramme
Karriereplanung	– Individuelle Versetzungsplanung – Repatriierung	landeseigene Systeme; gegebenenfalls generelle Sonderregelungen für Spitzenpositionen	Generalisierte Karrierepfade mit weltweiter Versetzung

Abb. 155: International unterschiedliche Personalentwicklung

zung von Interessen eingesetzt wird, die im Gastland fremd sind (tendenziell beim ethnozentrischen Ansatz am größten).

Grundsätzlich ist davon auszugehen, daß kulturbedingte Führungskonflikte dann unvermeidlich sind, wenn Vorgesetzte und Mitarbeiter aus je unterschiedlichen Landeskulturen kommen, zumeist auch zusätzlich aus unterschiedlichen Unternehmungskulturen. In der Folge muß immer damit gerechnet werden, daß die Erwartungen der Beteiligten differieren: Mitarbeiter erwarten nicht selten ein anderes Führungsverhalten als jenes, das der Vorgesetzte praktiziert; Vorgesetzte erwarten andere Reaktionen und Konsequenzen auf ihre Führungsaktivitäten. In der Folge stellt sich häufig beiderseitige Unzufriedenheit ein.

Ein Gegensteuern, um dieses Phänomen abzumildern, könnte durch Personalentwicklungs-Methoden geschehen, mit denen ein Erreichen des Lernziels »Akzeptanz fremden Verhaltens« wahrscheinlich ist. Als hierfür geeignet sind Gremien und Projektgruppen anzusehen, in denen konkrete Sachaufgaben in internationaler Besetzung gemeinsam gelöst werden. Dadurch würde on-the-job ein Üben im Umgang mit fremden Mentalitäten erzwungen.

ee) Vergütung

In international tätigen Unternehmungen gelten hinsichtlich der Vergütung einige der Prinzipien nicht, die für nur im Inland tätige Unternehmen selbstverständlich sind. Dies betrifft vor allem den Grundsatz, für gleiche Tätigkeiten gleiches Entgelt zu bezahlen. Er macht in international tätigen Unternehmungen deshalb keinen Sinn, weil damit die Vorteile unterschiedlicher Vergütungsniveaus (die häufig eine nicht unwesentliche Rolle bei der Gründung von Auslandsgesellschaften spielen) wegfallen würden.

Dies ist anders hinsichtlich der **Struktur** von Vergütungssystemen, bei denen durchaus eine Vereinheitlichung angestrebt werden kann; ob sie gewollt ist, hängt wiederum von der praktizierten Internationalisierungs-Strategie ab. Dies kommt auch in Abbildung 156 zum Ausdruck, in der ein im Hinblick auf die jeweilige Strategie »konsequentes« Vergütungssystem mit zwei Kreuzen markiert ist, eines, das auch noch als möglich anzusehen ist, mit einem Kreuz.

»Stammlandbezogene« Vergütungssysteme orientieren sich hinsichtlich der Gehaltsstruktur und des Gehaltsniveaus am Stammland. Sie beziehen sich auf die Expatriates, d.h. ins Ausland entsandte Stammhaus-Mitarbeiter, die vergütet werden wie in der Muttergesellschaft üblich; gegebenenfalls korrigiert durch Zulagen, die finanzielle Nachteile ausgleichen sollen und/oder um ausländische Gehaltskomponenten.

Gastlandbezogene Systeme stellen gewissermaßen das Gegenteil dar: Die Vergütungshöhe wird am Gehaltsniveau des Gastlandes orientiert. Dies macht – auch wenn das Vergütungssystem in seiner Struktur vereinheitlicht sein sollte – dann Probleme, wenn Mitarbeiter für Auslandseinsätze nicht zu motivieren sind, weil das Gehalt im Gastland deutlich unter dem des Heimatlandes liegt. Daher sind hier Varianten bzw. zusätzliche Regelungen, mit denen solche Nachteile ausgeglichen werden können, eher anzutreffen als ein Einsatz gastlandbezogener Vergütungssysteme in reiner Form.

In internationalen Ansätzen wird versucht, eine Mischform dergestalt zu realisieren, daß einerseits ein Basislohn standardisiert für die gesamte Unternehmung gilt, andererseits aber länderspezifische Zulagen hinzutreten, mit denen Vergleichbarkeit hergestellt und Nachteile vermieden werden.[77]

Internationalisierungs-Strategie / Vergütungsplan	Ethnozentrisch	Polyzentrisch	Geozentrisch
Stammlandbezogen	xx		
Gastlandbezogen		xx	x
Internationalisierungs-Ansatz	x	x	xx

Abb. 156: Internationale Vergütungssysteme (Tendenzaussagen)

77 Näheres zu diesen Varianten vgl. Hahn (1986) und Wirth (1992) 226ff.

Literaturverzeichnis

Acker, H. B. (1969): Stellenbeschreibung. In: Grochla, E. (Hrsg.): Handwörterbuch der Organisation. 1. Aufl. Stuttgart 1969, Sp. 1582–1587.

Ackermann, K.-F. (1992): Betriebliche Lohn- und Gehaltspolitik. In: Gaugler, E./Weber, W. (Hrsg.): Handwörterbuch des Personalwesens. 2., neubearb. und erg. Aufl., Stuttgart 1992, Sp. 1294–1303.

Adams, J. S. (1965): Inequity in Social Change. In: Advances in Experimental Social Psychology, Vol. 2. New York 1965.

Ahrend, P./Walkiewicz, N. (1990): Gestaltungsmöglichkeiten der betrieblichen Altersversorgung. In: Berthel, J./Groenewald, H. (Hrsg.): Handbuch Personal-Management. Grundausstattung 10/1990, Landsberg a. Lech 1990.

Ajzen, J./Fishbein, M. (1973): Attitudinal and Normative Variables as Predictors of Specific Behaviors. In: Journal of Personality 27 (1973), S. 41–57.

Ajzen, J./Fishbein, M. (1977): Attitude-behavior relations: A theoretical analysis and review of empirical research. In: Psychological Bulletin 84 (1977), S. 888–918.

Alderfer, C. P. (1969): An Empirical Test of a New Theory of Human Needs. In: Organizational Behavior and Human Performance 4 (1969), S. 142–175.

Alderfer, C. P. (1972): Existence, Relatedness and Growth. Human Needs in Organizational Settings. New York/London 1972.

Alewell, D. (1993): Lohngerechtigkeit und Lohndifferenzierung. In: Das Wirtschaftsstudium 22 (1993) 7, S. 591–598.

Allport, F. H. (1969): Institutional Behavior: Essays Toward a Re-interpreting of Contemporary Social Organization. Greenwood 1969.

Althauser, U. (1982): Entwurf einer Theorie organisationaler Sozialisation. Diss., Mannheim 1982.

Althauser, U. (1989): Strategische Personalarbeit und Organisation der Personalabteilung. In: Weber, W./Weinmann, J. (Hrsg.): Strategisches Personalmanagement. Stuttgart 1989, S. 267–284.

Altmann, G. u.a. (1982): Grenzen neuer Arbeitsformen. Betriebliche Arbeitsstrukturierung, Einschätzung durch Industriearbeiter, Beteiligung der Betriebsräte. Frankfurt a.M./New York 1982.

Angermeyer-Naumann, R. (1985): Szenarien und Unternehmenspolitik. Globalszenarien für die Evolution des unternehmenspolitischen Rahmens. München 1985.

Ansoff, H. J. (1976): The Changing Manager. In: Ansoff, H. J./Declerck, R. P./Hayes, R. L. (Hrsg.): From Strategic Planning To Strategic Management. London 1976.

Arbeitsgemeinschaft für betriebliche Altersversorgung e.V. (o.J.): Handbuch der betrieblichen Altersversorgung (Loseblattsammlung), Wiesbaden (o.J.).

Argyris, C. (1991): Wenn Experten wieder lernen müssen. In: Harvard Manager o. Jg. (1991) 4, S. 95–107.

Arnold, H. J. (1987): Methoden der empirischen Führungsforschung. In: Kieser, A./Reber, G./Wunderer, R. (Hrsg.): Handwörterbuch der Führung. Stuttgart 1987, Sp. 183–200.

Arnold, K. G. (1971): Unternehmenswachstum und Ausbildung. Diss., Mannheim 1971.

Arnold, K. G./Wächter, H. (1975): Personalbeschaffung. In: Gaugler, E. (Hrsg.): Handwörterbuch des Personalwesens. 1. Aufl., Stuttgart 1975, Sp. 1501–1513.

Arnold, U. (1992): Personalwerbung. In: Gaugler, E./Weber, W. (Hrsg.): Handwörterbuch des Personalwesens. 2., neubearb. und erg. Aufl., Stuttgart 1992, Sp. 1815–1825.

Ashauer, G. (1986): Weiterbildung. In: Kreklau, C. u.a. (Hrsg.): Handbuch der Aus- und Weiterbildung. Köln 1986, Ziffer 4010.

Ashour, A. S. (1973): The Contingency Model of Leadership Effectiveness: An Evaluation. In: Organizational Behavior and Human Performance 9 (1973), S. 339–355.

Ashton, D. u.a. (1975): Management Development. Theory and Practice. In: Journal of European Training 4 (1975), S. 329–361.

Auchter, E. (1983): Alter und Aufstieg im Führungsbereich. Karlsruhe 1983.

Bährle, R. J. (1997): Arbeitsrecht. Stuttgart 1997.

Baldamus, W. (1951): Type of Work and Motivation. In: British Journal of Sociology 2 (1951), S. 44–58.

Bartenwerfer, H. (1970): Psychische Beanspruchung und Ermüdung. In: Mayer, A./Herwig, B. (Hrsg.): Handbuch der Psychologie, Bd. 9: Betriebspsychologie. 2. Aufl., Göttingen 1970, S. 168–209.

Bartke, R. (1976): Bestimmung des quantitativen und qualitativen Personalbedarfs für Verwaltungen und Berücksichtigung der Aufgabenzuordnung zu Stellen. Diss., Karlsruhe 1976.

Bartölke, K. (1972): Probleme und offene Fragen der Leistungsbeurteilung. In: Zeitschrift für Betriebswirtschaft 42 (1972), S. 629–647.

Bartölke, K. u.a. (1981): Konfliktfeld Arbeitsbewertung. Frankfurt a.M./New York 1981.

Bass, B. M. (1981): Stodgill's Handbook of Leadership (Revised and expanded edition). In: Free Press. New York 1981.

Bauer, J.-H. (1993): Arbeitsrechtliche Aufhebungsverträge. 3., neubearb. Aufl., München 1993.

Baumgarten, R. (1975): Das Maslow-Konzept. Wunschbild oder Wirklichkeit? In: Zeitschrift Führung und Organisation 45 (1975), S. 72–78.

Baumgarten, R. (1977): Führungsstile und Führungstechniken. Berlin 1977.

Beach, D. S. (1975): Personnel. The Management of People at Work. 3. Aufl., New York/London 1975.

Becker, F. G. (1987): Anreizsysteme für Führungskräfte im Strategischen Management. 2., überarb. und erg. Aufl., Bergisch Gladbach/Köln 1987.

Becker, F. G. (1988): Personalentwicklung im Rahmen einer strategischen Führung. In: Zeitschrift für Personalforschung 2 (1988) 3, S. 197–213.

Becker, F. G. (1990): Explorative Forschung mittels Bezugsrahmen. Ein Beitrag zur Methodologie des Entdeckungszusammenhangs. FIP-Arbeitsbericht 6, Siegen 1990.

Becker, F. G. (1992): Grundlagen betrieblicher Leistungsbeurteilung. Leistungsverständnis und -prinzip, Beurteilungsproblematik und Verfahrensprobleme. Stuttgart 1992.

Becker, F. G. (1993): Die Leistungsbewertung als Instrument der leistungsgerechten Entgeltdifferenzierung. In: Berthel, J./Groenewald, H. (Hrsg.): Handbuch Personal-Management. 9. Nachlieferung 2/1993, Landsberg a. Lech 1993.

Becker, F./Meurer, C. (1988): Personalfreisetzung – Begriff, Ursachen, Maßnahmen und Folgen. In: Das Wirtschaftsstudium 17 (1988) 5, S. 272–280.

Becker-Schaffner, R. (1989): Die Rechtsprechung zum Zeugnisrecht. In: Betriebs-Berater 44 (1989) 30, S. 2105–2110.

Belasco, J. A./Trice, H. M. (1969): Assessment of Change in Training and Therapy. New York u.a 1969.

Bellgardt, P. (1990): Rechner- und Systemunterstützung im Personalwesen. In: Bellgardt, P. (Hrsg.): EDV-Einsatz im Personalwesen: Entwicklungen, Anwendungsbeispiele, Datensicherheit und Rechtsfragen. Heidelberg 1990, S. 17–24.

Bellgardt, P. (1990a): Datensicherung im Personalbereich. In: Bellgardt, P. (Hrsg.): EDV-Einsatz im Personalwesen. Entwicklungen, Anwendungsbeispiele, Datensicherheit und Rechtsfragen. Heidelberg 1990, S. 250–267.

Bender, J. M. (1973): What is »Typical« of Assessment Center. In: Personnel 50 (1973), S. 50–67.

Berger, G. (1987): Zeit- und Kostenersparnis bei Einstellungsgesprächen. Kombinierte Gruppeninterviews im Für und Wider der Betrachtung. In: Personal 39 (1987), S. 216–218.

Beriger, P. (1989): Quality Circles. In: Die Unternehmung 43 (1989) 1, S. 14–19.

Bernsdorf, W. (1972): Führung. In: Bernsdorf, W. (Hrsg.): Wörterbuch der Soziologie. Stuttgart 1972, S. 313–319.

Bertelsmann, G. (1969): Personalplanung und Führungsnachwuchs. Bielefeld 1969.

Berthel, J. (1973): Heuristische Ansätze zur Überwindung von Prognose-Problemen der Planung. In: Ulrich, H. (Hrsg.): Unternehmensplanung. Bericht von der wissenschaftlichen Tagung der Hochschullehrer für Betriebswirtschaft in Augsburg vom 12.6. bis 16.6.1973. Wiesbaden 1973, S. 259–275.

Berthel, J. (1975): Betriebliche Informationssysteme. Stuttgart 1975.

Berthel, J. (1980): Personalplanung. In: Albers, W. u.a. (Hrsg.): Handwörterbuch der Wirtschaftswissenschaften. Stuttgart u.a. 1980, Sp. 55–66.

Berthel, J. (1987): Führungskräfteentwicklung. In: Kieser, A./Reber, G./Wunderer, R. (Hrsg.): Handwörterbuch der Führung. Stuttgart 1987, Sp. 591–601.

Berthel, J. (1987a): Anforderungen an den Manager von Morgen. Führungskraft 2000. In: Harvard Manager o. Jg. (1987) 3, S. 114–118.
Berthel, J. (1990): Strategien zur Förderung der Selbstentwicklung. In: Haller, M./Hauser, H./Zäch, R. (Hrsg.): Ergänzungen. Ergebnisse der wissenschaftlichen Tagung anläßlich der Einweihung des Ergänzungsbaus der Hochschule St. Gallen. Bern/ Stuttgart 1990, S. 223–228.
Berthel, J. (1992): Fort- und Weiterbildung. In: Gaugler, E./Weber, W.(Hrsg.): Handwörterbuch des Personalwesens. 2., neubearb. und erg. Aufl., Stuttgart 1992, Sp. 883–898.
Berthel, J. (1992a): Laufbahn- und Nachfolgeplanung. In: Gaugler, E./Weber, W. (Hrsg.): Handwörterbuch des Personalwesens. 2., neubearb. und erg. Aufl., Stuttgart 1992, Sp. 1204–1213.
Berthel, J. (1992b): Führungskräfte-Qualifikationen (Teil I). In: Zeitschrift Führung und Organisation 61 (1992) 4, S. 206–211.
Berthel, J. (1992c): Führungskräfte-Qualifikationen (Teil II). In: Zeitschrift Führung und Organisation 61 (1992) 5, S. 279–286.
Berthel, J./Berscheid, E. D. (1996): Schaffung und Erhaltung einer ausgewogenen Personalstruktur im Rahmen der sozialen Auswahl bei »Massenentlassungen«. In: Wirtschaftsrecht und Praxis (1996) 1, S. 2–8.
Berthel, J./Herzhoff, S./Schmitz, G. (1990): Strategische Unternehmungsführung und F&E-Management. Qualifikationen für Führungskräfte. Heidelberg u.a. 1990.
Berthel, J./Koch, H. E. (1982): Job sharing und die Strukturen von Arbeitsplatz-Anforderungen und Mitarbeiter-Qualifikationen. In: Heymann, H.-H./Seiwert, L. (Hrsg.): Job sharing. Flexible Arbeitszeit durch Arbeitsplatzteilung. Grafenau 1982, S. 336–350.
Berthel, J./Koch, H. E. (1985): Karriereplanung und Mitarbeiterförderung. Sindelfingen/Stuttgart 1985.
Berthel, J./Touet, M. (1992): Das Assessment-Center als »umfassender Ansatz« der Eignungsbeurteilung. In: Berthel, J./Groenewald, H. (Hrsg.): Handbuch Personal-Management. 5. Nachlieferung 3/1992, Landsberg a. Lech 1992.
Berthel, J. u.a. (1988): Swing–Tours. Ein Verhaltensplanspiel zur Diagnose und zum Training von Management Qualifikationen. In: Zeitschrift Führung und Organisation 57 (1988), S. 111–116 und 186–191.
Berthel, J. unter Mitwirkung von Becker, F. (1984): Erfolgsbeteiligung für Mitarbeiter. In: Das Wirtschaftsstudium 15 (1984), S. 386–393.
Beutel, K./Fischer, H.-P. (1989): Fragestellungen für Führungskräfte zur Personalentwicklungs-Bedarfserfassung. In: Sattelberger, T. (Hrsg.): Innovative Personalentwicklung: Grundlagen, Konzepte, Erfahrungen. Wiesbaden 1989, S. 59–65.
Beyer, H. T. (1981): Determinanten des Personalbedarfs. Bern/Stuttgart 1981.
Beyer, H. T. (1986): Betriebliche Arbeitszeitflexibilisierung. München 1986.
Beyer, H. T. (1992): Arbeitszeitmodelle. In: Gaugler, E./Weber, W. (Hrsg.): Handwörterbuch des Personalwesens. 2., neubearb. und erg. Aufl., Stuttgart 1992, Sp. 458–471.
Beyer, J. (1994): Insgesamt rückläufige Tendenz. In: Bundesarbeitsblatt (1994) 3, S. 26–29.
Beyss, B. (1983): Akzeptanz neuer Personalbeurteilungssysteme. Mannheim 1983.
Biedermann, C. (1989): Subjektive Führungstheorien: Die Bedeutung guter Führung für Schweizer Führungskräfte. Stuttgart 1989.
Biggane, J. F./Stewart, P. A. (1972): Job Enlargement: A Case Study. In: Davis, L. E./Taylor, J. C. (Hrsg.): Design of Jobs. Selected Readings. Harmondsworth 1972, S. 264–276.
Bilitza, K. (1984): Leistungsvorteile in Gruppen. In: Heigl-Evers, A. (Hrsg.): Sozialpsychologie. Weinheim/Basel 1984, S. 477–485.
Bisani, F. (1992): Personalbeschaffung und Personalbeschaffungsplanung. In: Gaugler, E./Weber, W. (Hrsg.): Handwörterbuch des Personalwesens. 2., neubearb. und erg. Aufl., Stuttgart 1992, Sp. 1619–1631.
Blake, R. R./Mouton, J. S. (1964): The Managerial Grid. Houston, Tex. 1964.
Blake, R. R./Mouton, J. S. (1968): Verhaltenspsychologie im Betrieb. Düsseldorf 1968.
Blake, R. R./Mouton, J. S./Lux, E. (1987): Verhaltensgitter der Führung (Managerial Grid). In: Kieser, A./Reber, G./Wunderer, R. (Hrsg.): Handwörterbuch der Führung. Stuttgart 1987, Sp. 2015–2028.
Bleicher, K. (1962): Unternehmungsspiele. Baden-Baden 1962.
Bleicher, K. (1969): Entscheidungsprozesse an Unternehmungsspielen. Bd. 1: Die Darstellung von Unternehmungspolitik und -planung an Idealmodellen. 2. Aufl., Baden-Baden/Bad Homburg 1969.

Bleicher, K. (1986): Unternehmungskultur und strategische Unternehmungsführung. In: Hahn, D./ Taylor, B. (Hrsg.): Strategische Unternehmungsplanung. 4., veränd. und erg. Aufl., Heidelberg/ Wien 1986, S. 757–797.

Bleicher, K. (1986a): Strukturen und Kulturen der Organisation im Umbruch. In: Zeitschrift Führung und Organisation 55 (1986), S. 97–108.

Bleicher, K. (1992): Strategische Anreizsysteme. Flexible Vergütungssysteme für Führungskräfte. Stuttgart 1992.

Bleicher, K. (1992a): Leitbilder. Orientierungsrahmen für eine integrative Management-Philosophie. Stuttgart 1992.

Bleicher, K./Meyer, E. (1976): Führung in der Unternehmung. Formen und Modelle. Reinbek 1976.

Blohm, H. (1975): Arbeitsplatzanalyse. In: Gaugler, E. (Hrsg.): Handwörterbuch des Personalwesens. 1. Aufl., Stuttgart 1975, Sp. 279–289.

Blümle, E. B. (1976): Personalbeschaffung. In: Grochla, E./Wittmann, W. (Hrsg.): Handwörterbuch der Betriebswirtschaftslehre. 4., völlig neu gest. Aufl., Stuttgart 1976, Sp. 2931–2937.

Blum, N. L./Naylor, J. C. (1968): Industrial Psychology. Theoretical and Social Foundations. 2. Aufl., New York/Evanston/London 1968.

Bockelbrink, K. H./Frank, H./Koch, J. (1984): Leittextmethode in der betrieblichen Berufsausbildung, Teil I–II. In: Betriebliche Ausbildungspraxis 30 (1984) Nr. 173, 174, 175.

Böhrs, H. (1959): Leistungslohn – Arbeitsleistung und Arbeitsentlohnung. Wiesbaden 1959.

Böhrs, H. (1967): Arbeitsstudien in der Betriebswirtschaft. Wiesbaden 1967.

Böhrs, H. (1980): Leistungslohngestaltung. 3., vollst. überarb. und erw. Aufl., Wiesbaden 1980.

Boerger, M. (1979): Die Beurteilung von Teamleistungen. In: Zeitschrift für Arbeitswissenschaft 33 (1979), S. 82–88.

Bohlen, N. (1982): Ein Programm zur Einführung neuer Mitarbeiter. In: Personalwirtschaft 9 (1982), S. 30–37.

Bolt, J. F. (1986): Strategieorientierte Managemententwicklung. In: Harvard Manager o. Jg. (1986) 2, S. 113–117.

Bosch, G. (1978): Arbeitsplatzverlust. Die sozialen Folgen einer Betriebsstillegung. Frankfurt a.M./ New York 1978.

Bosetzky, H. (1987): Führung in der Bürokratie. In: Kieser, A./Reber, G./Wunderer, R. (Hrsg.): Handwörterbuch der Führung. Stuttgart 1987, Sp. 128–136.

Bradley, G. W. (1978): Self-Serving Biases in the Attribution Process. A Reexamination of the Fact or Fiction Question. In: Journal of Personality and Social Psychology 36 (1978), S. 56–71.

Brandstätter, H. (1970): Die Beurteilung von Mitarbeitern. In: Mayer, A./Herwig, B. (Hrsg.): Handbuch der Psychologie, Bd. 9: Betriebspsychologie. 2. Aufl., Göttingen 1970, Sp. 668–734.

Braun, W. (1966): Grenzen traditioneller und Bedingungen moderner Leistungsentlohnung. In: Zeitschrift für Betriebswirtschaft 36 (1966), S. 205–233.

Bray, D. W./Campbell, R. J. (1968): Selection of Salesman by Means of an Assessment Center. In: Journal of Applied Psychology 52 (1968), S. 36–41.

Bray, D. W./Campbell, R. J./Grant, D. L. (1974): Formative Years in Business: A Long-Term At&T Study of Management Lives. New York 1974.

Bray, D. W./Grant, D. L. (1966): The Assessment Center in the Measurement of Potential for Business Management. In: Psychological Monographs 80 (1966), S. 1–27.

Brettschneider, D. (1979): Patensystem als Führungsersatz? In: Personal 31 (1979), S. 324–327.

Brickenkamp, R. (1975): Handbuch psychologischer und pädagogischer Tests. Göttingen 1975.

Brinkmann, G. (1978): Entwicklung der Arbeitsanforderungen. Die These von ihrer stetigen qualitativen Erhöhung auf der einen und die These von ihrer Dichotomisierung in sehr hohe und sehr niedrige auf der anderen Seite. In: Brinkmann, G. (Hrsg.): Ausbildungsgrad und Beschäftigung. Berlin 1978, S. 35–58.

Brinkmann, G. (1984): Ökonomik der Arbeit, Bd. 3: Die Entlohnung der Arbeit. Stuttgart 1984.

Brinkmann, G./Knoth, B./Krämer, W. (1982): Führungskräfte kleinerer Unternehmen: Arbeitsanforderungen und Ausbildungsbedarf. Berlin 1982.

Bronner, R./Schröder, W. (1983): Weiterbildungserfolg. Modelle und Beispiele systematischer Erfolgssteuerung. München/Wien 1983.

Brox, H. (1991): Arbeitsrecht. 10., neubearb. Aufl. Stuttgart/Berlin/Köln 1991.

Bruder, W. (1979): Anforderungen an die betriebliche Ausbildung. Theoretische Grundlegung und empirische Untersuchung zum Wandel innerbetrieblicher Ausbildung. Stuttgart 1979.

Brush, D. H./Owens, W. A. (1979): Implementation and Evaluation of an Assessment Classification Model for Manpower Utilization. In: Personnel Psychology 32 (1979), S. 369–383.

Brush, D. H./Schoenfeldt, L. F. (1980): Identifying Managerial Potential. An Alternative to Assessment Centers. In: Personnel 57 (1980), S. 68–76.

Bühner, R. (1991): Neuausrichtung der Personalorganisation. In: Das Wirtschaftsstudium 20 (1991) 6, S. 443–448.

Bünstorf, K.(1970): Die Personalplanung in Abstimmung mit der Planung der Organisation eines Industriebetriebes. In: Zeitschrift Führung und Organisation 39 (1970), S. 254–260.

Bürgi, R. (1976): Die Analyse von Berufen und Berufsanforderungen unter Berücksichtigung der Problemstellungen in der Berufsberatung. Stuttgart u.a. 1976.

Burkhardt, F. (1972): Einführung in die Arbeitssicherheit. Darmstadt 1972.

Burton, W. W. (1964): Forecasting Manpower Needs – A Tested Formula. In: Erwing, D. W. (Hrsg.): Long-Range-Planning for Management. 2. Aufl. New York u.a. 1964, S. 532–540.

Byhman, W. C. (1977): The Assessment Center as an Aid in Managerial Development. In: Hamner, W. C./Schmidt, F. (Hrsg.): Contemporary Problems in Personnel. 2. Aufl., Chicago 1977, S. 179–204.

Calder, B. J. (1977): An Attribution Theory of Leadership. In: Staw, B. M./Salancik, G. P. (Hrsg.): New Directions in Organizational Behavior. Chicago 1977, S. 179–204.

Campbell, J. P./Dunnette, M. D./Weick, R. F. (1970): Managerial Behavior, Performance and Effectiveness. New York 1970.

Campbell, J. P./Pritchard, R. D. (1976): Motivation Theory in Industrial and Organizational Psychology. In: Dunnette, M. D. (Hrsg.): Handbook of Industrial and Organizational Psychology. Chicago 1976, S. 63–130.

Capol, M. (1965): Die Qualifikation der Mitarbeiter als ganzheitliches Führungsmittel im industriellen Betrieb. Bern 1965.

Cascio, W. F. (1982): Applied Psychology in Personnel Management. 2. Aufl., Reston 1982.

Cascio, W. F./Silbey, V. (1979): Utility of the Assessment Center as a Selection Device. In: Journal of Applied Psychology 64 (1979), S. 107–118.

Centers, R./Bugental, D. E. (1966): Intrinsic and Extrinsic Job Motivations Among Different Segments of the Working Population. In: Journal of Applied Psychology 50 (1966), S. 192–195.

Chmielewicz, K. (1975): Arbeitnehmerinteressen und Kapitalismuskritik in der Betriebswirtschaftslehre. Reinbek 1975.

Churchill, G. A. jr./Ford, N. M./Walker, O. C. jr. (1974): Measuring the Satisfaction of Industrial Salesmen. In: Journal of Marketing Research 2 (1974), S. 254–260.

Cisek, G. (1994): Vergleichende Vergütungsstudien als Orientierungshilfen für die betriebliche Entgeltpolitik. In: Berthel, J./Groenewald, H. (Hrsg.): Handbuch Personal-Management. 13. Nachlieferung 2/1994, Landsberg a. Lech 1994.

Claycombe, W. W./Bird, J. M./Bennett, M. L. (1976): An Evaluating Supervisory Skills to Determine Training Needs. In: Personnel Journal 66 (1976), S. 116–120.

Coats, C. A./Peeligin, R. J. (1957): Executives and Supervisors. Informal Factors in Differential Bureaucratic Promotion. In: Administrative Science Quarterly 2 (1957), S. 200–215.

Cobbert, A. M. (1982): Graphologie. Genf 1982.

Cole, A. (1983): Flexible Benefits are a Key to Better Employee Relations. In: Personnel Journal 62 (1983), S. 49–53.

Conrad, P. (1983): Maslow-Modell und Selbsttheorie. In: Die Unternehmung 37 (1983), S. 258–277.

Conrad, P. (1991): Human Resource Management – eine »lohnende« Entwicklungsperspektive? In: Zeitschrift für Personalforschung 5 (1991) 4, S. 411–445.

Conradi, P. (1983): Personalentwicklung. Stuttgart 1983.

Conze, W. (1972): Beruf. In: Brunner, O. u.a. (Hrsg.): Geschichtliche Grundbegriffe. Historisches Lexikon zur politisch-sozialen Sprache in Deutschland. Stuttgart 1972, S. 490–507.

Cooper, C. L./Mangham, L. L. (1971): T-Groups: A Survey of Research. London 1971.

Cornelius, E. T./Carron, T. J./Collins, M. N. (1979): Job Analysis Models an Job Classification. In : Personnel Psychology 32 (1979), S. 693–708.

Cowell, D. W. (1972): An Approach to the Evaluation of Short Post-Experiences Courses in Marketing.In: European Journal of Marketing 6 (1972), S. 35–41.

Cox, A. (1968): Personnel Planning, Objectives and Methods. In: Management International Review 8 (1968), S. 104–114.

Crott, H. (1979): Soziale Interaktion und Gruppenprozesse. Stuttgart u.a. 1979.

Cullen, D. G. u.a. (1976): Training: What's it Worth? In: Training and Development Journal 30 (1976) 8, S. 12–20.

Cummings, L. L: (1984): Compensation, Culture and Motivation. A Systems Perspective. In: Organizational Development 13 (1984) 3, S. 33–44.

Cummings, Th. G./House, E. F. (1989): Organization Development und Change. 4. Aufl., St. Paul u.a. 1989.

Daegling, K. D. (1974): Die Planung des Personalbedarfs auf der Grundlage differenzierter Bezugsgrößen. In: Arbeit und Leistung 28 (1974), S. 172–178.

Dahrendorf, R. (1962): Gesellschaft und Freiheit. München 1962.

Dalton, M. (1950/51): Informal Factors in Career Achievement. In: American Journal of Sociology (1950/51), S. 407–415.

Darmon, R.Y. (1974): Salesmen's Response to Financial Incentives: An Empirical Study. In: Journal of Marketing Research 11 (1974), S. 418–426.

Daul, H. (1990): Dezentrale Personalarbeit. Personalaufgaben der Bereichsführungskräfte und der Personalabteilungen in divisionalen Unternehmungen. 1. und 2. Teil. In: Zeitschrift Führung und Organisation 59 (1990) 2, S. 87–92 und (1990) 3, S. 197–200.

Daum, M./Piepel, U. (1992): Lean Production – Philosophie und Realität. In: Management-Zeitschrift IO 61 (1992) 1, S. 40–47.

Day, P. J. (1980): Charismatic Leadership in the Small Organization. In: Human Organization 39 (1980), S. 50–58.

De Grave, A. J. (1991): Gestaltung beruflicher Erstausbildung in Unternehmungen: eine Diskussion am Beispiel neuer Technologien in der industriellen Produktion. Frankfurt u.a. 1991.

De Grave, A. J. (1993): Veränderungen von Arbeitsanforderungen durch organisatorische und technische Rationalisierungen. In: Berthel, J./Groenewald, H. (Hrsg.): Handbuch Personal-Management. 12. Nachlieferung 11/1993, Landsberg a. Lech 1993.

De Philipps, E. A./Berliner, W. M./Cribbin, J. J. (1960): Management of Training Programs. Homewood, Ill., 1960.

De Salvia, D./Gemmill, G. (1977): How Managers View Promotions. In: Advanced Management Journal 42 (1977), S. 40–47.

Deci, E. L. (1975): Intrinsic Motivation. London 1975.

Dedering, H. (1972): Personalplanung und Mitbestimmung. Opladen 1972.

Delhees, K. H. (1987): Führungstheorien – Eigenschaftstheorie. In: Kieser, A./Reber, G./Wunderer, R. (Hrsg.): Handwörterbuch der Führung. Stuttgart 1987, Sp. 748–756.

Deppe, J. (1989): Quality Circle und Lernstatt – Ein integrativer Ansatz. Wiesbaden 1989.

Desatnick, R. L. (1970): A Concise Guide to Management Development. New York 1970.

Desmond, R./Weiss, D. J. (1973): Supervisor Estimation of Abilities Required in Job. In: Journal of Vocational Behavior 3 (1973), S. 181–194.

Dessler, E. (1976): Organization and Management. A Contingency Approach. Englewood Cliffs, N.Y., 1976.

Deters, J./Karg, P. W./Rosenberg, T. (1985): Personalabbau in der Personalwirtschaftslehre. In: Betriebswirtschaftliche Forschung und Praxis 37 (1985) 3, S. 254–272.

Döring, P.A. (1973): Erfolgskontrolle betrieblicher Bildungsarbeit. Frankfurt a.M. 1973.

Doeringer, P. B./Piore, J. J./Scoville, J. G. (1968): Corporate Manpower Forecasting and Planning. In: The Conference Board Record 5 (1968), S. 37–45.

Dörner, K. (1992): Kündigung und Kündigungsschutz. In: Berthel, J./Groenewald, H. (Hrsg.): Handbuch Personal-Managemet. 6. Nachlieferung 6/1992, Landsberg a. Lech 1992.

Domsch, M. (1970): Simultane Personal- und Investitionsplanung im Produktionsbereich. Bielefeld 1970.

Domsch, M. (1983): Partizipative Bildungsplanung im Betrieb. In: Weber, W. (Hrsg.): Betriebliche Aus- und Fortbildung. Paderborn u.a. 1983, S. 97–110.

Domsch, M./Gerpott, T. (1992): Organisation des Personalwesens. In: Frese, B. (Hrsg.): Handwörterbuch der Organisation. 3. Aufl., Stuttgart 1992, Sp. 1934–1949.

Domsch, M./Grosser, H. (1985): Integration von Führungskräften. In: Personalwirtschaft 12 (1985), S. 99–103.

Domsch, M./Reinecke, P.(1982): Partizipative Personalentwicklung. In: Kossbiel, H. (Hrsg.): Personalentwicklung. Zeitschrift für betriebswirtschaftliche Forschung – Sonderheft 14, Wiesbaden 1982.

Domsch, M./Schneble, A. (1991): Die Informationsbasis der Personalplanung. In: Berthel, J./ Groenewald, H. (Hrsg.): Handbuch Personal-Management. 3. Nachlieferung 9/1991, Landsberg a. Lech 1991.

Donnelly, J. H./Gibson, J. L./Ivancevich, J. M. (1992): Fundamentals of Management. 8. Aufl., Homewood 1992.

Dowell, B. E./Wexley, K. N. (1978): Development of a Work Behavior Taxonomy for First-Line Supervisors. In: Journal of Applied Psychology 63 (1978), S. 563–572.

Dreyer, H. (1975): Motivationspsychologischer Ansatz zur Erfassung des Lerntransfers im Führungskräfte-Training. In: Zeitschrift für Arbeitswissenschaft 29 (1975) 1, S. 14–19.

Drui, A. B. (1963): The Use of Regression Equations to Predict Manpower Requirements. In: Management Science 9 (1963), S. 669–677.

Drumm, H. J. (1987): Qualitative Personalplanung. In: Zeitschrift für betriebswirtschaftliche Forschung 39 (1987), S. 959–974.

Drumm, H. J. (1989): Unternehmerische Arbeitsmarktforschung: Strategische Begründung, konzeptionelle Möglichkeiten und Grenzen. In: Mitteilungen aus der Arbeitsmarkt- und Berufsforschung 3 (1989), S. 348–354.

Drumm, H. J. (1992): Personalwirtschaftlehre. 2., neubearb. und erw. Aufl., Berlin u.a. 1992.

Drumm, H. J./Scholz, Ch. (1988): Personalplanung. Planungsmethoden und Methodenakzeptanz. 2., erg. Aufl., Bern/Stuttgart 1988.

Dubin, R./Champoux, J. E./Porter, L. W. (1975): Central Live Interests. In: Administrative Science Quarterly 20 (1975), S. 411–421.

Dunnette, M. D./Arvey, R. D./Banas, P. A. (1973): Why do they leave? In: Personnel 50 (1973), S. 25–39.

Duschek, E. (1967/68): Personalbedarfsrechnung. In: Zeitschrift für das gesamte Rechnungswesen, Teil I: 13 (1967), S. 245–248, Teil II: 13 (1967), S. 278–280, Teil III 14 (1968), S. 12–15.

Dycke, A./Schulte, C. (1986): Cafeteria-Systeme. Ziele, Gestaltungsformen, Beispiele und Aspekte der Implementierung. In: Die Betriebswirtschaft 46 (1986), S. 577–589.

Eckardstein, D. v. (1971): Laufbahnplanung für Führungskräfte. Berlin 1971.

Eckardstein, D. v. (1986): Entlohnung im Wandel. Zur veränderten Rolle industrieller Entlohnung in personalpolitischen Strategien. In: Zeitschrift für betriebswirtschaftliche Forschung 38 (1986), S. 247–269.

Eckardstein, D. v. (1991): Von der anforderungsabhängigen zur qualifikationsorientierten Entlohnung? In: Schanz, G. (Hrsg.): Handbuch Anreizsysteme in Wirtschaft und Verwaltung. Stuttgart 1991, S. 215–232.

Eckardstein, D. v./Schnellinger, F. (1973): Betriebliche Personalpolitik. 1. Aufl. München 1973. 3. Aufl., München 1978; 4. Aufl., München 1987.

Eckardstein, D. v./Schnellinger, F. (1975): Personalmarketing. In: Gaugler, E. (Hrsg.): Handwörterbuch des Personalwesens. 1. Aufl., Stuttgart 1975, Sp. 1592–1599.

Eckardtstein, D. v./Schnellinger, F. (1978): Betriebliche Personalpolitik. 3. Aufl., München 1978.

Eckhardt, P. (1990): Akademische Nachwuchskräfte in der Kreditwirtschaft. Eine empirische Bestandsaufnahme zur Ausbildungspraxis und Personalauswahl von Hochschulabsolventen. Berlin 1990.

Einsiedler, H. E./Rau, S./Rosenstiel, L. v. (1987): Karrieremotivation bei Führungskräften. In: Die Betriebswirtschaft 47 (1987), S. 177–183.

Elschen, R. (1982): Risikoschub bei Gruppenentscheidungen? – Ein Beispiel für den Umgang von Betriebswirtschaftlern mit verhaltenswissenschaftlichen Forschungsergebnissen. In: Zeitschrift für betriebswirtschaftliche Forschung 34 (1982), S. 870–891.

Endruweit, G. u.a. (Hrsg.) (1985): Handbuch der Arbeitsbeziehungen: Deutschland, Österreich, Schweiz. Berlin/ New York 1985.

Engelen-Kefer, U. (1992): Kurzarbeit. In: Gaugler, E./Weber, W. (Hrsg.): Handwörterbuch des Personalwesens. 2., neubearb. und erg. Aufl., Stuttgart 1992, Sp. 1191–1202.

Esche, M. u.a. (1970): Bedarfsanalyse für Fort- und Weiterbildung als Grundlage der Bildungsplanung, dargestellt am Beispiel von Naturwissenschaftlern und Diplomingenieuren eines Unternehmens der Luft- und Raumfahrtindustrie. 2 Bände. München 1970.

Esser, K./Faltlhauser, K. (1974): Beteiligungsmodelle. München 1974.
Evans, M. G./Dermer, J. (1974): What does the Least Prefered Co-Worker Scale Really Measure. In: Journal of Applied Psychology 59 (1974), S. 202–206.
Eysenck, H. J. (1975): Vererbung, Intelligenz und Erziehung. Zur Kritik an der pädagogischen Milieutheorie. Stuttgart 1975.

Fahrenberg, J. (1971): Objektive Tests zur Messung der Persönlichkeit. In: Heiss, R. u.a. (Hrsg.): Handbuch der Psychologie, Bd. 6: Psychologische Diagnostik. 3. Aufl., Göttingen 1971, Sp. 488–532.
Farell, D./Peterson, J. C. (1984): Commitment, Absenteeism and Turnover of New Employees: A Longitudinal Study. In: Human Relations 37 (1984), S. 681–692.
Fassbender, S./Groenewald, H. (1977): Zweitausend Führungskräfte über ihre Weiterbildung. Köln 1977.
Fassbender, S./Vassen, P. J./Wippermann, R. (1977): Innerbetriebliche und überbetriebliche Weiterbildung. Köln 1977.
Fehr, H. (1973): Quantitative Methoden in der Personalplanung. Diss. Hamburg 1973.
Feldman, D. C. (1976): A Practical Program for Employee Socialization. In: Organizational Development 5 (1976), S. 64–80.
Fengler, J. (1984): Gruppenkohäsion. In: Heigl-Evers, A. (Hrsg.): Sozialpsychologie, Bd. I. Weinheim/Basel 1984, S. 443–450.
Ference, T. P./Stoner, J. A. F./Warren, E. K. (1977): Managing the Career Plateau. In: Academy of Management Review 2 (1977) October, S. 602–612.
Ferring, K./Thom, N. (1981): Trainee-Programme als Instrument der Personalentwicklung. In: Personalwirtschaft 8 (1981), S. 21–25.
Fiebig, E. (1975): Möglichkeiten betrieblicher Arbeitsmarktforschung. In: Personal 27 (1975), S. 138–140.
Fiedler, F. E. (1967): A Theory of Leadership Effectiveness. New York u.a. 1967.
Fiedler, F. E. (1971): Validation and Extension of the Contingency Model of Leadership Effectiveness: A Review of Empirical Findings. In: Psychological Bulletin, 76 (1971), S. 128–148.
Fiedler, F. E. (1971a): Leadership. New York 1971.
Fiedler, F. E. (1987): Führungstheorien – Kontingenztheorie. In: Kieser, A./Reber, G./Wunderer, R. (Hrsg.): Handwörterbuch der Führung. Stuttgart 1987, Sp. 809–823.
Fiedler, F. E./Chemers, M. M. (1974): Leadership and Effective Management. Glenview/ Brighton 1974.
Fiedler, F. E./Chemers, M. M./Mahar, L. (1979): Der Weg zum Führungserfolg. Ein Selbshilfeprogramm für Führungskräfte. Stuttgart 1979.
Filley, A. C./House, R. J./Kerr, S. (1976): Managerial Process and Organizational Behavior. 2. Aufl., Glenview 1976.
Finkle, R. B. (1976): Managerial Assessment Centers. In: Dunnette, M. D. (Hrsg.): Handbook of Industrial and Organizational Psychology. Chicago 1976, S. 861–880.
Finzer, P. (1992): Personalinformationssysteme für die betriebliche Personalplanung. München 1992.
Fischer, G. (1966): Das Stellvertreterproblem in der betrieblichen Führungsorganisation. In: Mensch und Arbeit 18 (1966), S. 168–174.
Fischer, H.-P. (1989): Die Arbeit als Sisyphus. In: Sattelberger, T. (Hrsg.): Innovative Personalentwicklung: Grundlagen, Konzepte, Erfahrungen. Wiesbaden 1989, S. 42–53.
Fischer, R. (1973): Die häufigst verwendeten Kriterien für die Personalbeurteilung. In: Personal 25 (1973), S. 138–139.
Fittkau-Garthe, H. (1970): Die Dimension des Vorgesetztenverhaltens und ihre Bedeutung für die motivationale Einstellungsreaktion der unterstellten Mitarbeiter. Diss., Hamburg 1970.
Flanagan, J. C. (1954): The Critical Incident Technique. In: Psychological Bulletin 51 (1954), S. 327–358.
Fleishman, E. A. (1953): Measurement of Leadership Attitudes in Industry. In: Journal of Applied Psychology 37 (1953), S. 153–158.
Fleishman, E. A. (1975): Toward a Taxonomy of Human Performance. In: American Psychologist 30 (1975), S. 1127–1149.
Fleishman, E. A./Harris, E. F. (1962): Patterns of Leadership Behaviors Related of Employee Grievance and Turnover. In: Personnel Psychology 15 (1962), S. 43–56.

Flohr, B./Niederfeichtner, F. (1982): Zum gegenwärtigen Stand der Personalentwicklungsliteratur: Inhalte, Probleme und Erweiterungen. In: Kossbiel, H. (Hrsg.): Personalentwicklung. Zeitschrift für betriebswirtschaftliche Forschung – Sonderheft 14. Wiesbaden 1982, S. 11–49.

Föhr, S. (1994): Zur Vorteilhaftigkeit von Cafeteria-Systemen. In: Zeitschrift für Personalforschung 8 (1994) 1, S. 58–86.

Fopp, L. (1982): Mitarbeiter-Portfolio: Mehr als nur eine Gedankenspielerei. In: Personal, Mensch und Arbeit 34 (1982) 8, S. 333–336.

Ford, H. P. (1968): Long Range Planning of Managers. In: Long Range Planning 1 (1968), S. 18–24.

Fournies, F. F. (1974): Why Management Appraisal Doesn't Help Develop Managers. In: Management Review 63 (1974), S. 19–24.

Franke, J. (1976): Psychologie als Hilfsmittel einer personenorientierten Unternehmensführung. Herne/Berlin 1976.

Franke, J. (1980): Sozialpsychologie des Betriebes. Stuttgart 1980.

Franke, J./French, H. (1981): Die Mitarbeiterbeurteilung. Programmierte Unterweisung für den Vorgesetzten in der Praxis. 3. Aufl., Wiesbaden 1981.

Franz, G./Herbert, W. (1987): Wertewandel und Mitarbeitermotivation. In: Harvard Manager o. Jg. (1987) 1, S. 96–102.

Frei, F./Ulich, E. (Hrsg.) (1981): Beiträge zur psychologischen Arbeitsanalyse. Bern 1981.

Freimuth, J. (1985): Bedarfsorientierte Fortbildungsplanung. In: Harvard Manager o.Jg. (1985) 3, S. 98–100.

Freimuth, J. (1987): Personalmarketing an Hochschulen. In: Personalführung 20 (1987) 1, S. 38–40.

Frese, E. (1976): Personalplanung. In: Grochla, E./Wittmann, W. (Hrsg.): Handwörterbuch der Betriebswirtschaft. 4., völlig neu gest. Aufl., Stuttgart 1976, Sp. 2937–2955.

Frese, E. (1993): Grundlagen der Organisation. Konzeption – Prinzipien – Strukturen. 5. Aufl., Wiesbaden 1993.

Friedmann, G. (1959): Grenzen der Arbeitsteilung. Frankfurt a.M. 1959.

Friedrichs, H. (1974): Eine Konzeption der Personalplanung. In: Personal 26 (1974), S. 51–57.

Frieling, E. (1975): Psychologische Arbeitsanalyse. Stuttgart u.a. 1975.

Frieling, E./Hoyos, G. C. (Hrsg.): Fragebogen zur Arbeitsplatzanalyse (FAA). Deutsche Bearbeitung des »Position Analysis Questionnaire« (PAQ) – Handbuch. Bern/Stuttgart/Wien 1978.

Friese, G. (1982): Personal-Leasing: kurzfristiges Mittel der Personalplanung. In: Betriebswirtschaftliche Forschung und Praxis 34 (1982), S. 375–390.

Fritsch, M. (1985): Führungskräftefortbildung bei innovationsorientierter Unternehmungsführung. Determinanten und Aktionsfelder innovationsorientierter Fortbildung. Frankfurt a.M./Bern/New York 1985.

Fritz, K. (1985): Individuelle Flexibilisierung der Arbeitszeit. In: Personalwirtschaft 12 (1985), S. 162–170.

Fritz, T./Nachtigal, K. (1990): Bewerberverwaltung mit PROTEUS 2.0 bei Fa. J. M. Voith GmbH, Heidenheim. In: Bellgardt, P. (Hrsg.): EDV-Einsatz im Personalwesen: Entwicklungen, Anwendungsbeispiele, Datensicherheit und Rechtsfragen. Heidelberg 1990, S. 100–118.

Fröhlich, W. (1986): Hochschulkontakte. Ein Schlüssel erfolgreicher Personalwerbung? In: Dialog 4/1986, Informationsbrief der VDI Nachrichten. Düsseldorf 1986.

Fröhlich, W. (1987): Personal-Marketing für die 90er Jahre. In: Personalwirtschaft 14 (1987), S. 527–534.

Fröhlich, W. (1987a): Strategisches Personalmarketing: Kontinuierliche Unternehmensentwicklung durch System. Ausnutzung interner und externer Qualifikationspotentiale. Düsseldorf 1987.

Fröhlich, W./Langecker, F. (1989): Hochschulkontakte. In: Strutz, H. (Hrsg.): Handbuch Personalmarketing. Wiesbaden 1989, S. 152–157.

Fröhlich, W./Maier, W. (1990): Marktanalyse: Standard-Software zur Unterstützung qualifizierter Personalmanagement-Aufgaben. In: Bellgardt, P. (Hrsg.): EDV-Einsatz im Personalwesen: Entwicklungen, Anwendungsbeispiele, Datensicherheit und Rechtsfragen. Heidelberg 1990, S. 17–24.

Fuchs, R. (1972): Stellenplan und Planstelle. In: Zeitschrift für betriebswirtschaftliche Forschung 24 (1972), S. 158–169.

Gabele, E./Kirsch, W./Treffert, J. (1977): Werte von Führungskräften der deutschen Wirtschaft. Eine empirische Analyse. München 1977.

Gascoigne, J. M. (1968): Manpower Forecasting at the Enterprise Level: A Case Study. In: British Journal of Industrial Relations 6 (1968), S. 94–106.

Gaugler, E. (1975): Erfolgsbeteilung. In: Gaugler, E. (Hrsg.): Handwörterbuch des Personalwesens. 1. Aufl., Stuttgart 1975, Sp. 794–807.

Gaugler, E. (1976): Personalwesen, betriebliches. In: Grochla, E./Wittmann, W. (Hrsg.): Handwörterbuch der Betriebswirtschaft. 4., völlig neu gest. Aufl., Stuttgart 1976, Sp. 2956–2966.

Gaugler, E. (1987): Zur Rolle der betrieblichen Altersversorgung aus personalwirtschaftlicher Sicht. In: Zeitschrift für betriebswirtschaftliche Forschung 37 (1987) 10, S. 860–874.

Gaugler, E. (1989): Betriebliche Bildungsarbeit als Unternehmensinvestition. In: Gaugler, E./Schlaffke, W. (Hrsg.): Weiterbildung als Produktionsfaktor. Köln 1989, S. 28–47.

Gaugler, E. (1993): Dienstleistungen der Personalberater bei der Personalbeschaffung. In: Berthel, J./ Groenewald, H. (Hrsg.): Handbuch Personal-Management. 12. Nachlieferung 11/1993, Landsberg a. Lech 1993.

Gaugler, E. u.a. (1978): Leistungsbeurteilung in der Wirtschaft. Verfahren und Anwendung in der Praxis. Baden-Baden 1978.

Gaugler, E./Huber, K. H./Rummel, C. (1974): Betriebliche Personalplanung. Göttingen 1974.

Gaugler, E./Martin, A. (1979): Fluktuation und krankheitsbedingte Fehlzeiten als Indikatoren für Arbeitszufriedenheit. In: Wunderer, R. (Hrsg.): Humane Personal- und Organisationsentwicklung. Berlin 1979, S. 93–112.

Gaugler, E./Weber, B. (1988): Die Personalberatung. Aufgaben – Leistungsangebot – Arbeitsweise – Kosten. Freiburg i. Br. 1988.

Gaugler, E./Wiltz, St. (1993): Personalwesen im europäischen Vergleich. The Price Waterhouse of Cranfield Project in International Human Resource Management. Ergebnisbericht 1992. Mannheim 1993.

Gebert, D. (1974): Organisationsentwicklung. Probleme des geplanten organisatorischen Wandels. Stuttgart u.a. 1974.

Gebert, D./Rosenstiel, L. v. (1981): Organisationspsychologie. Stuttgart u.a. 1981.

Gerpott, T. J. (1988): Karriereentwicklung von Industrieforschern. Berlin/New York 1988.

Gerpott, T. J. (1990): Perspektiven des Personalmanagements in der deutschen Automobilindustrie. In: Die Betriebswirtschaft 50 (1990) 5, S. 611–623.

Ghiselli, E. E. (1959): The Validity of Occupational Aptitude Tests. In: Personnel Psychology 12 (1959), S. 535–544.

Gibb, C. A. (1969): Leadership. In: Lindsey, G. (Hrsg.): Handbook of Psychology. 2. Aufl., Cambridge, Mass. 1969, S. 203–282.

Gilbreth, F. B. (1912): Primer of Scientific Management. New York 1912.

Glaubrecht, H. (1992): Betriebliche Altersversorgung. In: Wagner, D./Zander, E./Hauke, C. (Hrsg.): Handbuch der Personalleitung. München 1992, S. 347–373.

Glaubrecht, H./Wagner, D./Zander, E. (1985): Verkürzung der Lebensarbeitszeit. Ein personalpolitisches und personalwirtschaftliches Problem. In: Die Unternehmung 39 (1985), S. 179–191.

Gmür, M. (1991): Arbeitszeitflexibilisierung in der Diskussion. Konstanz 1991.

Gola, P. (1992): Personalinformation und Datenschutz. In: Berthel, J./ Groenewald, H. (Hrsg.): Handbuch Personal-Management. 5. Nachlieferung 3/1992, Landsberg a. Lech 1992.

Goldthorpe, J. H. u.a. (1968): The Affluent Worker: Industrial Attitudes and Behavior. London 1968.

Goossens, F. (1957): Der Personalwechsel. Pöcking 1957.

Goossens, F. (1974): Personalleiter-Handbuch. 6. Aufl., München 1974.

Gouldner, A. W. (1957/58): Cosmopolitans and Locals. Towards an Analysis of Latent Social Roles. In: Administrative Science Quarterly 2 (1957/58), S. 281–306.

Gouldner, A. W. (Hrsg.) (1965): Studies in Leadership. New York 1965.

Graen, G. B./Orris, J. B./Alvares, K. M. (1971): Contingency Model of Leadership Effectiveness: Some Experimental Results. In: Journal of Applied Psychology 55 (1971), S. 196–201.

Graen, G. B./Orris, J. B./Alvares, K. M. (1971a): Contingency Model of Leadership Effectiveness: Some Methodological Issues. In: Journal of Applied Psychology 55 (1971), S. 205–210.

Graf, O. (1970): Arbeitszeit und Arbeitspausen. In: Mayer, A./Herwig, B. (Hrsg.): Handbuch der Psychologie, Bd. 9: Betriebspsychologie. 2. Aufl., Göttingen 1970, S. 244–277.

Grandjean, E. (1987): Physiologische Arbeitsgestaltung. Leitfaden der Ergonomie. 3., erw. Aufl., Landsberg 1987.

Green, S.G./Mitchell, T.R. (1979): Attributional of Leaders in Leader/Member Interactions. In: Organizational Behavior and Human Performance 23 (1979) S. 429–458.

Greif, S. (1993): Geschichte der Organisationspsychologie. In: Schuler, H.: Organisationspsychologie. Bern 1993.

Greife, W. (1990): Der Beitrag des Qualifikationslohns zur Flexibilität industrieller Arbeit: Alternativen zur anforderungsorientierten Entlohnung in modernen Produktionsprozessen. Frankfurt a.M. u.a. 1990.

Grob, R./Haffner, H. (1982): Planungsleitlinien Arbeitsstrukturierungen. Systematik zur Gestaltung von Arbeitssystemen. Berlin/München 1982.

Groenewald, H. (1969): Inhalt und Anwendung der Fallmethode in der Fortbildung. In: Personal, Mensch und Arbeit 21 (1969), S. 169–170.

Groenewald, H. (1990): Arbeitsbewertung als Instrument der anforderungsgerechten Entgeltdifferenzierung. In: Berthel, J./ Groenewald, H. (Hrsg.): Handbuch Personal-Management. 1. Nachlieferung 10/1990, Landsberg a. Lech 1990.

Groffmann, K. J. (1971): Die Entwicklung der Intelligenzmessung. In: Heiss, R. u.a. (Hrsg.): Handbuch der Psychologie, Bd. 6: Psychologische Diagnostik. 3. Aufl., Göttingen 1971, S. 148–199.

Gross, N./Mason, W. S./McEachern, A. W. (1958): Explorations in Role Analysis Studies of the School Superintendency Role. New York.

Grunow, D. (1976): Personalbeurteilung. Empirische Untersuchung von Personalbeurteilungssystemen in der Wirtschaft und Verwaltung. Stuttgart 1976.

Grunwald, A. (1987): Betriebliche Bildungsarbeit als Instrument der Organisationsentwicklung. Berlin 1987.

Gruppe, G. (1971): Langfristige Personalplanung. In: Friedrichs, G. (Hrsg.): Computer und Angestellte, Bd. 2. 2. Aufl., Frankfurt a.M. 1971, S. 904–945.

Guerke, W. O. (1971): Wie läßt sich der Bedarf an Weiterbildung im Betrieb optimal ermitteln? In: Personal 23 (1971), S. 173–177.

Guski, H.-G. (1992): Ziele und Gestaltungsmöglichkeiten von Erfolgsbeteiligungen der Arbeitnehmer. In: Berthel, J./ Groenewald, H. (Hrsg.): Handbuch Personal-Management. 6. Nachlieferung 6/1992, Landsberg a. Lech 1992.

Gutenberg, E. (1971): Grundlagen der Betriebswirtschaftslehre. Bd. I: Die Produktion. 18., neu überarb. Aufl., Berlin/ Heidelberg/New York 1971.

Haberkorn, K. (1972): Die Einführungsschrift für neue Mitarbeiter. Darmstadt 1972.

Habib, W. (1970): Problems in Determining Training Needs in Organization. In: Training and Development Journal 24 (1970) 7, S. 44–48.

Hackman, J. R./Lawler, E. E. (1971): Employee Reaction to Job Characteristics. In: Journal of Applied Psychology 55 (1971), S. 259–286.

Hackman, J. R./Oldham, G. R. (1975): Development of the Job Diagnostic Survey. In: Journal of Applied Psychology 60 (1975), S. 159–170.

Hackman, J. R./Oldham, G. R. (1976): Motivation Through the Design of Work: Test of a Theory. In: Organizational Behavior and Human Performance 16 (1976), S. 250–279.

Hackman, J. R./Oldham, G. R. (1980): Work Redesign. Reading, Mass. 1980.

Hackman, J. R. u.a. (1975): A New Strategy for Job Enrichment. In: California Management Review, Summer (1975), S. 57–71.

Hackstein, R. (1975): Arbeitswissenschaft. In: Gaugler, E. (Hrsg.): Handwörterbuch des Personalwesens. 1. Aufl., Stuttgart 1975, Sp. 272–282.

Hackstein, R./Nüssgens, K. H./Uphus, P. H. (1971): Personalbedarfsermittlung im System Personalwesen. In: Fortschrittliche Betriebsführung 20 (1971), S. 105–124 und 159–181.

Hackstein, R./Nüssgens, K. H./Uphus P. H. (1972): Personalentwicklung im System Personalwesen. In: Fortschrittliche Betriebsführung 21 (1972), S. 85–106.

Hackstein, R./Nüssgens, K. H./Uphus, P. H. (1973): Personalfreistellung im System Personalwesen. In: Fortschrittliche Betriebsführung 22 (1973), S. 17–26.

Hackstein, R./Nüssgens, K. H./Uphus, P. H. (1975): Personalbedarfsplanung. In: Gaugler, E. (Hrsg): Handwörterbuch des Personalwesens. 1. Aufl., Stuttgart 1975, Sp. 1489–1496.

Häusler, J. (1969): Personal-Investitionen nach Plan. In: Plus 3 (1969) 7, S. 17–24.

Hahn, D. (1986): Vergütung von in das Ausland entsandten Führungskräften eines Konzerns. In: Schult, E./Siegel, Th. (Hrsg.): Betriebswirtschaftslehre und Unternehmenspraxis. Berlin 1986, S. 67–82.

Hahn, D. (1971): Allgemeine Bedeutung der Fallmethode für die Ausbildung an Hochschulen und in Seminaren für Führungskräfte. In: Alewell, K./Bleicher, K./Hahn, D. (Hrsg.): Entscheidungsfälle aus der Unternehmungspraxis. Wiesbaden 1971, S. 15–18.

Hahn, D./Link, J. (1975): Motivationsfördernde Arbeitsfeldstrukturen. In: Zeitschrift Führung und Organisation 44 (1975), S. 65–71.

Hahn, D./Willers, H.G. (1992): Unternehmungsplanung und Führungskräftevergütung. In: Hahn, D./Taylor, B. (Hrsg.): Strategische Unternehmungsplanung und Unternehmungsführung. Stand und Entwicklungstendenzen. 6., aktual. Aufl., Heidelberg 1992, S. 494–504.

Haire, M./Ghiselli, E. E./Porter, L. W. (1963): Psychological Research on Pay: An Overview. In: Industrial Relations 2 (1963), S. 3–8.

Halbach, G. u.a. (1991): Übersicht über das Recht der Arbeit. 4., neubearb. und erw. Aufl., Bonn 1991. (Hrsg. vom Bundesminister für Arbeit und Sozialordnung)

Hall, D. T. /Goodale, J. G. (1986): Human Resource Management – Strategies, Design, Implementation. Glenview, Ill./London 1986.

Hall, D. T./Nougaim, K. E. (1968): An Examination of Maslows Need Hierarchy in an Organizational Setting. In: Organizational Behavior and Human Performance 3 (1968), S. 12–36.

Halpin, A. W./Winer, D. (1954): The Leadership Behavior an Combat Performances of Airplane Commanders. In: Journal of Abnormal Social Psychology 49 (1954), S. 19–22.

Hamel, W. (1985): Flexibilisierung der Arbeit aus betriebswirtschaftlicher Sicht. In: Personalwirtschaft 10 (1985), S. 377–385.

Hamel, W. (1992): Arbeitszeit. In: Gaugler, E./Weber, W. (Hrsg.): Handwörterbuch des Personalwesens. 2., neubearb. und erg. Aufl., Stuttgart 1992, Sp. 441–458.

Hamel, W. (1994): Konsekutive Personalfreisetzungsplanung. In: Berthel, J./Groenewald, H. (Hrsg.): Handbuch Personal-Management. 14. Nachlieferung 5/1994, Landsberg a. Lech 1994.

Hanel, E. (1985): Die innerbetriebliche Stellenausschreibung. In: Personal, Mensch und Arbeit 37 (1985), S. 211–213.

Hardenacker, H./Peetz, W./Wichardt, G. (1985): Arbeitswissenschaft. München 1985.

Heckhausen, H. (1974): Anlage und Umwelt als Ursache von Intelligenzunterschieden. In: Weinert, F. E. u.a. (Hrsg.): Pädagogische Psychologie, Bd. 1. Frankfurt a.M. 1974, S. 275–312.

Heckhausen, H. (1980): Motivation und Handeln. Lehrbuch der Motivationspsychologie. Berlin u.a. 1980.

Heckhausen, H. (1989): Motivation und Handeln. 2. Aufl., Berlin 1989.

Heeb, W./Zingg, B. (1983): Befördern Sie Ihre Fähigsten, aber Beförderung muß nicht immer Prokura sein! Die Motor-Columbus Ingenieurunternehmung AG beschritt einen neuen Weg. In: Management – Zeitschrift IO 52 (1983) 12, S. 484–487.

Hefftner, S. (1981): A.H. Maslows Lehre von der Bedürfnishierarchie und Bdürfnisentwicklung. Überlegungen zu ihrem Inhalt und Erkenntniswert. In: Zeitschrift für Wirtschafts- und Sozialwissenschaften 101 (1981), S. 479–505.

Hegelheimer, A. (1974): Entwicklungstendenzen im dualen Berufsausbildungssystem. In: Zeitschrift für Berufsausbildungsforschung 3 (1974), S. 1–9.

Heidack, C. (1983): Betriebspsychologie. Wiesbaden 1983.

Heinen, E. (1975): Personalentscheidung. In: Gaugler, E. (Hrsg): Handwörterbuch des Personalwesens. 1. Aufl., Stuttgart 1975, Sp. 1529–1545.

Heinrich, M./Erndt, H. (1980): Zur Qualität betrieblicher Personalbeurteilungssysteme. Ergebnisse einer empirischen Untersuchung eines typischen Personalbeurteilungsverfahrens. Stuttgart 1980.

Heitmeyer, K./Thom, N. (1988): Assessment-Center. Gestaltungs- und Anwendungsmöglichkeiten. 3. Aufl., Köln 1988.

Hemphill, J. K. (1949): Situational Factors in Leadership. Columbus, Ohio 1949.

Hemphill, J. K. (1959): Job Descriptions for Executives. In: Harvard Business Review 37 (1959), S. 55–67.

Hemphill, J. K./Koons, R. (1950): Leader Behavior Description. Columbus, Ohio 1950.

Hentze, J. (1969): Funktionale Personalplanung. Quantitative und qualitative Analyse der Struktur der betrieblichen Tätigkeiten im Hinblick auf die Planung des Bedarfs, der Bedarfsdeckung und des Einsatzes von Personal unter besonderer Berücksichtigung der kaufmännischen Tätigkeiten. Diss. Frankfurt a.M. 1969.

Hentze, J. (1970): Die Hauptdeterminanten des quantitativen Personalbedarfs. In: Zeitschrift für Betriebswirtschaft 40 (1970), S. 677–688.

Hentze, J. (1970a): Betriebsexterne Determinanten der Personalplanung. In: Arbeit und Leistung 24 (1970), 82–86.

Hentze, J. (1986): Lohndifferenzierung mit Hilfe von Lohnformen. In: Das Wirtschaftsstudium 15 (1986) 8–9, S. 405–410.

Hentze, J. (1990): Personalwirtschaftslehre 2. 4., erg. und neubearb. Aufl., Bern/Stuttgart 1990.

Hentze, J. (1991): Das Entscheidungsfeld Personalfreistellung im personalwirtschaftlichen Zielsystem. In: Lattmann, Ch./Staffelbach, B. (Hrsg.): Die Personalfunktion der Unternehmung im Spannungsfeld von Humanität und wirtschaftlicher Rationalität. Heidelberg 1991, S. 257–274.

Hentze, J./Brose, P. (1986): Personalführungslehre. Bern/Stuttgart 1986.

Hentze, J./Heinecke, A. (1989): EDV im Personalwesen. In: Personal, Mensch und Arbeit 41 (1989) 1, S. 18–21.

Hentze, J./Heinecke, A. (1989a): EDV im Personalwesen: Expertensysteme. In: Personal, Mensch und Arbeit 41 (1989) 3, S. 102–106.

Hentze, J./Kammel, A. (1988): Ansatzpunkte für eine Flexibilisierung der Führungskräfteentlohnung. In: Zeitschrift für Personalforschung 2 (1988) 1, S. 41–56.

Hersey, P./Blanchard, K. H. (1977): Management and Organizational Behavior. 3. Aufl., Englewood Cliffs, N.J. 1977.

Hersey, P./Keilty, J. W. (1980): One on One OD Communications Skills. In: Training and Development Journal 34 (1980) 4, S. 56–60.

Herzberg, F. H. (1972): Work and the Nature of Man. 3. Aufl., London 1972.

Herzberg, F. H./Mausner, B./Snyderman, B. (1959,1967): The Motivation to Work. New York 1959; 2. Aufl., New York 1967.

Herzberg, F. H. u.a. (1957): Job Attitudes Review of Research and Opinion. Pittsburgh 1957.

Hettinger, T. (1975): Arbeitswissenschaft. In: Gaugler, E. (Hrsg.): Handwörterbuch des Personalwesens. 1. Aufl., Stuttgart 1975, Sp. 416–430.

Hettlage, R. (1983): Humanisierung der Arbeit – Über einige Zusammenhänge zwischen Wirklichkeitsbildern und Wirklichkeit. In: Die Betriebswirtschaft 43 (1983), S. 395–406.

Hetzler, H. W. (1992): Arbeitgeber-Arbeitnehmer-Beziehungen. In: Gaugler, E./Weber, W. (Hrsg.): Handwörterbuch des Personalwesens. 2., neubearb. und erg. Aufl., Stuttgart 1992, Sp. 100–108.

Heubeck, K. (1992): Betriebliche Altersversorgung. In: Gaugler, E./Weber, W. (Hrsg.): Handwörterbuch des Personalwesens. 2., neubearb. und erg. Aufl., Stuttgart 1992, Sp. 18–29.

Heymann, H. H./Müller, K. G. (1982): Betriebliche Personalentwicklung. In: Wirtschaftswissenschaftliches Studium 11 (1982), S. 151–156.

Heymann, H. H./Seiwert, L. J. (Hrsg.) (1982): Job sharing. Flexible Arbeitszeit durch Arbeitsplatzteilung. Grafenau 1982.

Heymann, H. H./Seiwert, L. J. (1984): Flexible Pensionierung. Arbeitszeitmodelle – Vorruhestandsregelungen – Ruhestandsvorbereitung. Grafenau 1984.

Hill, L. A./Elias, J. (1990): Retraining Midcareer Managers: Career History and Self-Efficacy Beliefs. In: Human Resource Management. Summer (1990), S. 197–217.

Hill, W. (1993): Unternehmenspolitik. In: W. Wittmann, u.a. (Hrsg.): Handwörterbuch der Betriebswirtschaft, 5. Aufl., Stuttgart 1993, Sp. 4366–4379.

Hill, W./Fehlbaum, R./Ulrich, P. (1974): Organisationslehre, Bd I: Ziele, Instrumente und Bedingungen der Organisation sozialer Systeme. Bonn/Stuttgart 1974.

Hirschhorn, L./Gilmore, T. (1993): Die Grenzen der flexiblen Organisation. In: Harvard Business Manager o. Jg. (1993) 1, S. 29–39.

Hirsch-Weber, W. (1992): Gewerkschaften. In: Gaugler, E./Weber, W. (Hrsg.): Handwörterbuch des Personalwesens. 2., neubearb. und erg. Aufl., Stuttgart 1992, Sp. 997–1008.

Hirzel, M. (1985): Beurteilung des Lerntransfers betrieblicher Bildungsmaßnahmen. In: Personalwirtschaft 12 (1985), S. 136–141.

Hoff, A. (1986): Neue Formen der Arbeitszeit. Tendenzen und Perspektiven der betrieblichen Arbeitszeitgestaltung. In: Personalführung 19 (1986) 8–9, S. 338–345.

Hofmann, M. (1990): Selbstentwicklung durch Organisationskultur. In: Haller, M./Hauser, H./Zäch, R. (Hrsg.): Ergänzungen. Ergebnisse der wissenschaftlichen Tagung anläßlich der Einweihung des Ergänzungsbaus der Hochschule St. Gallen. Bern/Stuttgart 1990, S. 207–209.

Hofstätter, P. R. (1956): Zur Dialektik der Gruppenleistung. In: Kölner Zeitschrift für Soziologie und Sozialpsychologie 8 (1956) 2.

Hofstätter, P. R. (1957): Psychologie. Frankfurt a.M. 1957.

Hofstede, G. (1980): Culture's Consequences: International Differences in Work-related Values. Beverly Hills 1980.
Hohmann, R. (1992): Selbststeuernde Gruppenarbeit bei Digital Equipment International. In: Personalführung 25 (1992) 9, S. 738–745.
Holder, J. J. (1972): Evaluation of an In-Company Management Training Program. In: Training and Development Journal 26 (1972) 3, S. 24–27.
Homans, G. C. (1968): Elementarformen sozialen Verhaltens, Köln/Opladen 1968.
Homans, G. C. (1972): Elementarformen sozialen Verhaltens. 2. Aufl., Köln/Opladen 1972.
Hondrich, K. D. (1975): Menschliche Bedürfnisse und soziale Steuerung. Reinbek 1975.
Hornthal, S. (1985): Das Bewerber-Interview. Praktische Hinweise zur Verbesserung des Interviews mittels Arbeitsproben und Tätigkeitssimulationen. In: Personal, Mensch und Arbeit 37 (1985), S. 26–30.
House (1967): T-Groups Education and Leadership Effectiveness. A Review of the Empirical Literature and a Critical Evaluation. In Personnel Psychology, 20 (1967), S. 1–32.
House, R. J. (1987): Führungstheorien – Charismatische Führung. In: Kieser, A./Reber, G./Wunderer, R. (Hrsg.): Handwörterbuch der Führung. Stuttgart 1987, Sp. 735–747.
Hoyos, C. (1974): Arbeitspsychologie. Stuttgart u.a. 1974.
Hoyos, C./Frieling, E. (1977): Die Methodik der Arbeits- und Berufsanalyse. In: Seifert, K. H. (Hrsg.): Handbuch der Berufspsychologie. Göttingen 1977, S. 103–140.
Hromadka, W. (1991): Die Betriebsverfassung: Ein Überblick über Betriebsverfassungsgesetz und Sprecherausschußgesetz für Führungskräfte, Sprecher und Betriebsräte. Köln 1991.
Hulin, C. L./Blood, M. R. (1968): Job Enlargement, Individual Differences and Worker Responses. In: Psychological Bulletin 69 (1968), S. 41–55.
Hungenberg, H. (1990): Planung eines Führungskräfteentwicklungssystems – Eine konzeptionelle Untersuchung der Gestaltung des Führungskräfteentwicklungssystems einer Unternehmung auf system- und entscheidungsorientierter Grundlage. Gießen 1990.
Hunziger, P. (1973): Personal-Marketing. Bern 1973.

Inhoffen, A. O. (1979): Personalabbau ohne Entlassung – Alternativen im Vorfeld der Entlassung. In: Der Betrieb 32 (1979) 42, S. 1997–2003.
Institut der deutschen Wirtschaft (Hrsg.) (1993): Zahlen zur wirtschaftlichen Entwicklung der Bundesrepublik Deutschland. Köln 1993.
IWG (Hrsg.) (1987): Die Arbeitsmotivation von Arbeitern und Angestellten der deutschen Wirtschaft. Gütersloh 1987.

Jäger, A. O. (1970): Personalauslese. In: v. Mayer, A./Herwig, B. (Hrsg.): Handbuch der Psychologie, Bd. 9: Betriebspsychologie. 2. Aufl., Göttingen 1970, S. 613–667.
Jäger, R. (1976): Moderatoren, differentielle Diagnostizierbarkeit und Vorhersage. In: Michel, L. (Hrsg.): Psychologische Diagnostik. Göttingen 1976.
Jago, A. G. (1987): Führungstheorien – Vroom/Yetton-Modell. In: Kieser, A./Reber, G./Wunderer, R. (Hrsg.): Handwörterbuch der Führung. Stuttgart 1987, Sp. 931–948.
Jakob-Fuchs, I. (1978): Planung der Personalfreisetzung: Determinanten, Instrumente, Strategien. München 1978.
Jeserich, W. (1981): Mitarbeiter auswählen und fördern. Assessment-Center-Verfahren. München/Wien 1981.
Jochum, E. (1987): Gleichgestelltenbeurteilung. Führungsinstrument in der industriellen Forschung und Entwicklung. Stuttgart 1987.
Johnson, R. B. (1967): Determining Training Needs. In: Craig, R. L./Bittel, L. R. (Hrsg.): Training and Development Handbook. New York u.a. 1967, S. 16–33.
Jordt, A. (1959): Grundlagen der Personalbemessung. In: Zeitschrift Führung und Organisation 28 (1959), S. 64–67.

Kador, F./Pornschlegel, H./Kempe, M. (1977): Handlungsanleitung zur betrieblichen Personalplanung. Frankfurt a.M. 1977.
Kahn, R. L./Katz, D. (1972): Führungspraktiken und ihre Beziehung zur Produktivität und Arbeitsmoral. In: Kunczik, M. (Hrsg.): Führung, Theorien und Ergebnisse. Düsseldorf/Wien 1972, S. 215–234.

Kaiser, M. /Otto, M. (1988): Lebensorientierungen von Hochschulabsolventen. In : Mitteilungen aus der Arbeitsmarkt und Berufsforschung 21 (1988) 1, S. 34–51.

Kaminsky, G (1980): Praktikum der Arbeitswissenschaft. Analytische Untersuchungsverfahren beim Studium der menschlichen Arbeit. 2. Aufl., München/Wien 1980.

Kaminsky, G./Hettinger, Th./Schmale, H. (1980): Ergonomie am Arbeitsplatz. 2. Aufl., Ludwigshafen 1980.

Karg, P. W./Staehle, W. H. (1982): Analyse der Arbeitsituation. Verfahren und Instrumente. Freiburg i. Br. 1982.

Katz, D./Kahn, R. L. (1956): The Social Psychology of Organizations. New York 1956.

Katz, D./Kahn, R. L. (1978): The Social Psychology of Organizations. 2nd ed., New York 1978.

Katz, D./Maccoby, N./Morse, N. C. (1950): Productivity, Supervision and Moral in an Office Situation. Ann Arbor, Mich., 1950.

Katz, R. L. (1955): Skills of an Effective Administrator. Performance Depends on Fundamental Skills Rather Than Personality Traits. In: Harvard Business Review 33 (1955), S. 33–42.

Kaufmann, W. (1985): Wie führen Sie den Neuen ein? In: Personal 11 (1985), S. 237–240.

Keller, E. v. (1987): Kulturabhängigkeit der Führung. In: Kieser, A./Reber, G./Wunderer, R. (Hrsg): Handwörterbuch der Führung. Stuttgart 1987, Sp. 1286–1294.

Kelley, H. H. (1967): Attribution Theory in Social Psychology. In: Levine, D. (Hrsg.): Nebraska Symposium on Motivation, Vol. 15., Lincoln 1967, S. 192–238.

Kelley, H. H. (1972): Causal Schemata and the Attribution Process. In: Jones, E.E. u.a. (Hrsg.): Attribution. Morristown/N.J. 1972.

Kelley, H. H. (1972a): Attribution in Social Interaction. In: Jones, E.E. u.a. (Hrsg.): Attribution, Morristown/N.J.1972.

Kelley, H. H. (1973): The Process of Causal Attribution. In: American Psychologist 28 (1973), S. 107–128.

Kellog, M. (1971): Führungsgespräche mit Mitarbeitern. München 1971.

Kempe, H. J. (1977): Beurteilungsgespräche. In: Perenz, Bd 1. München 1977, S. 514–516.

Kern, H./Schumann, M. (1970): Industriearbeit und Arbeiterbewußtsein. Frankfurt/M. 1970.

Kern, W./Schröder, H.-H. (1977): Forschung und Entwicklung. Reinbeck bei Hamburg 1977.

Kerr, S. u.a. (1974): Towards a Contingency Theory of Leadership Based upon the Consideration and Initiating Structure Literature. In: Organizational Behavior and Human Performance 12 (1974), S. 62–82.

Kerr, S./Jermier, J. M. (1977): Substitutes for Leadership: Their Meaning and Measurement. In: Organizational Behavior and Human Performance 22 (1977), S. 375–403.

Kerr, S./Mathews, C. S. (1987): Führungstheorien – Theorie der Führungssubstitution. In: Kieser, A./Reber, G./Wunderer, R. (Hrsg.): Handwörterbuch der Führung. Stuttgart 1987, Sp. 909–922.

Kerr, S./Schriesheim, C. A. (1974): Consideration, Initiating Structure and Organizational Criteria – An Update of Korman's 1966 Review. In: Personnel Psychology 27 (1974), S. 555–568.

Kettgen, G. (1989): Moderne Personalentwicklung in der Wirtschaft – Anspruch, Modell, Realisierung. Sindelfingen 1989.

Kieser, A. u.a. (1985): Die Einführung neuer Mitarbeiter in das Unternehmen. Frankfurt a. M. 1985.

Kieser, A./Kubicek, H. (1977): Organisation. Berlin/New York 1977.

Kieser, A./Kubicek, H. (1993): Organisation. 3. Aufl., Berlin/New York 1993.

Kieser, A./Nagel, R. (1986): Die Gestaltung von Eingliederungsprogrammen für neue Mitarbeiter. In: Zeitschrift für betriebswirtschaftliche Forschung 38 (1986), S. 956–962.

Kieser, A./Reber, G./Wunderer, R. (Hrsg.): Handwörterbuch der Führung. Stuttgart 1987.

Kill, V. (1972): Die Führungskonzeption des »Management by Objectives« und ihre Bedeutung für die Leistungsbeurteilung. Diss. Augsburg 1972.

Kilz, G./Reh, D. A. (1993): Die Bedeutung der ökonomischen Rahmenbedingungen im Prozeß der Arbeitszeitflexibilisierung. In: Betriebs-Berater 48 (1993) 17, S. 1209–1212.

King, D. C. (1984): Entscheidungsprozesse in Kleingruppen. In: Heigl-Evers, A. (Hrsg.): Sozialpsychologie. Weinheim/Basel 1984, S. 470–476.

King, N. (1970): Clarification and Evaluation of the Two-Factor Theory of Job Satisfaction. In: Psychological Bulletin 74 (1970), S. 18–31.

Kirchner, J. H. (1977): Ein Hilfsmittel für die Gestaltung menschlicher Arbeit. In: Fortschrittliche Betriebsführung 26 (1977) S. 235–239.

Kirchner, J. H./Rohmert, W. (1974): Ergonomische Leitregeln zur menschengerechten Arbeitsgestaltung. München/Wien 1974.
Kirsch, W. (1969): Die Unternehmungsziele in organisationstheoretischer Hinsicht. In: Zeitschrift für betriebswirtschaftliche Forschung 21 (1969), S. 665–675.
Kirsch, W. (1977): Einführung in die Theorie der Entscheidungsprozesse. 2. durchges. und erg. Aufl. der Bände I–III als Gesamtausgabe. Wiesbaden 1977.
Kirsch, W. (1990): Unternehmenspolitik und strategische Unternehmensführung. München 1990.
Kirsch, W./Trux, W. (1981): Perspektiven eines strategischen Managements. In: W. Kirsch (Hrsg.): Unternehmenspolitik: Von der Zielforschung zum strategischen Management. München 1981, S. 290–397.
Kitzmann, A./Zimmer, D. (1982): Grundlagen der Personalentwicklung. Weil der Stadt 1982.
Klages, H. (1984): Werteorientierung im Wandel. Frankfurt a.M. 1984.
Klages, H. (1993): Wertewandel in Deutschland in den 90er Jahren. In: Rosenstiel, L. v. u.a.(Hrsg.): Wertewandel. Herausforderung für die Unternehmenspolitik in den 90er Jahren. 2. Aufl., Stuttgart 1993.
Klages, H./Hippler, H. J./Herbert, W. (Hrsg.) (1992): Werte und Wandel. Frankfurt a.M. 1992.
Klein, A. (1992): FAZIT – Flexible Arbeitszeit im Trend. In: Zeitschrift Führung und Organisation 61 (1992) 6, S. 376–382.
Klingemann, H. (1979): Organisationsmobilität in der Großforschung. Eine Analyse inner- und außerorganisatorischer Determinanten der individuellen Bereitschaft zur Organisationsmobilität am Beispiel der Kernforschungsanlage Jülich. In: Zeitschrift für Soziologie 8 (1979), S. 230–253.
Kloock, J. (1969): Betriebswirtschaftliche Input-Output-Modelle. Wiesbaden 1969.
Klusen, N. (1985): Zielsetzung, Planung und Kontrolle von Maßnahmen der beruflichen Weiterbildung in der erwerbswirtschaftlichen Unternehmung. Diss., Berlin 1985.
Kmiecak, P. (1976): Wertstrukturen und Wertwandel in der Bundesrepublik Deutschland. Grundlagen einer interdisziplinären empirischen Wertforschung mit einer Sekundäranalyse von Umfragedaten. Göttingen 1976.
Knebel, H. (1974): Die innerbetriebliche Stellenausschreibung in der Bewährung. In: Personal, Mensch und Arbeit 26 (1974); S. 68–75.
Knebel, H. (1974a): Die Verteilung von Leistungzulagen. In: Personal, Mensch und Arbeit 26 (1974), S. 290–295.
Knecht, H. (1983): Qualifikationsgespräche – eine weiterhin ungenutzte Chance? In: Management Zeitschrift IO 52 (1983), S. 283–286.
Knyphausen, D. z. (1993): Why are Firms Different? In: Die Betriebswirtschaft 53 (1993), S. 771–792.
Koch, H. E. (1981): Grundlagen und Grundprobleme einer betrieblichen Karriereplanung. Frankfurt a.M./Bern 1981.
Köckerling, M. (1992): Anbahnung neuer Arbeitsverhältnisse: Rechte und Pflichten des Arbeitgebers bei der externen Personalbeschaffung und bei der Personalauswahl. Diplomarbeit am Fachbereich Wirtschaftswissenschaften der Universität-GH-Siegen, Siegen 1992.
Königswieser, R. (1987): Konflikthandhabung. In: Kieser, A./Reber, G./Wunderer, R. (Hrsg.): Handwörterbuch der Führung. Stuttgart 1987, Sp. 1240–1246.
Kolb, M. (1992): Flexibilisierung und Individualisierung als personalwirtschaftliche Gestaltungsprinzipien. In: Zeitschrift für Personalforschung 6 (1992) 1, S. 37–47.
Kompa, A. (1984): Personalbeschaffung und Personalauswahl. Stuttgart 1984.
Kompa, A. (1989): Personalbeschaffung und Personalauswahl. 2. durchges. Aufl., Stuttgart 1989.
Korman, A. K. (1969): The Prediction of Managerial Performance: A Review. In: Personnel Psychology 21 (1969), S. 295–322.
Kosiol, E. (1962): Leistungsgerechte Entlohnung. Wiesbaden 1962.
Kosiol, E. (1965): Planung als Lenkungsinstrument der Unternehmungsleitung. In: Zeitschrift für betriebswirtschaftliche Forschung 38 (1965), S. 380–401.
Kosiol, E. (1966): Die Unternehmung als wirtschaftliches Aktionszentrum. Einführung in die Betriebswirtschaftslehre. Reinbek 1966.
Kossbiel, H. (1972): Kontrollspanne und Führungskräfteplanung. In: Braun, W./Kossbiel, H./Reber, G. (Hrsg.): Grundfragen der betrieblichen Personalpolitik. Festschrift für August Marx. Wiesbaden 1972, S. 87–111.
Kossbiel, H. (1975): Personalplanung. In: Gaugler, E. (Hrsg.): Handwörterbuch des Personalwesens. 1. Aufl., Stuttgart 1975, Sp. 1616–1631.

Kram, K. E. (1985): Mentoring at Work. Glenview/London 1985.

Kramer, R. (1969): Organisationsplan. In: Grochla, E. (Hrsg.): Handwörterbuch der Organisation. 1. Aufl., Stuttgart 1969, Sp. 1217–1221.

Krech, D./Crutchfield, R. S./Ballachey, E. L. (1962): Individual Society. New York u.a. 1962.

Kreikebaum, H. (1977): Humanität in der Arbeitswelt. Eine kritische Betrachtung. In: Zeitschrift für Betriebswirtschaft 47 (1977), S. 481–508.

Kreikebaum, H./Bokranz, R. (1983): Die Forderung nach menschengerechter Gestaltung der Arbeit nach § 90 BetrVG und ihre Auswirkungen auf betriebliche Planungsprozesse. In: Zeitschrift für Betriebswirtschaft 53 (1983), S. 918–938.

Kreklau, C. (1974): Kritische Bestandsaufnahme von Beiträgen zu einem betriebswirtschaftlich fundierten Personalmarketing. In: Zeitschrift für betriebswirtschaftliche Forschung 26 (1974), S. 745–763.

Krüger, K. H. (1983): Integrationsschwierigkeiten im Prozeß der Einarbeitung. Diss., Mannheim 1983.

Krüger, W. (1972): Grundlagen, Probleme und Instrumente der Konflikthandhabung in der Unternehmung. München 1972.

Krüger, W. (1973): Konfliktsteuerung als Führungsaufgabe. Positive und negative Aspekte von Konfliktsituationen. München 1973.

Krzystofiak, F./Newman, J. M./Anderson, G. A. (1979): A Quantified Approach to Measurement of Job Content, Procedures and Payoffs. In: Personnel Psychology 32 (1979), S. 341–357.

Kubicek, H. (1975): Informationstechnologie und organisatorische Regelungen. Berlin 1975.

Kubicek, H./Thom, N. (1976): Umsystem, betriebliches. In: Grochla, E./Wittmann, W. (Hrsg.): Handwörterbuch der Betriebswirtschaft. 4. völlig neu gest. Aufl., Stuttgart 1976, Sp. 3977–4017.

Küching, K. F. (1973): Personalplanung und Unternehmensforschung. Baden-Baden/Bad Homburg 1973.

Kupsch, P. U. (1974): Ein Beitrag der Kontingenztheorie zur Bestimmung des optimalen Führungsstils. In: Arbeit und Leistung 28 (1974), S. 197–202.

Kupsch, P. U. (1975): Job Enlargement. In: Gaugler, E. (Hrsg.): Handwörterbuch des Personalwesens. 1. Aufl., Stuttgart 1975, Sp. 1077–1083.

Langkau-Herrmann, M./Scholten, U. (1986): Strategien zur Flexibilisierung der Arbeitszeit und zur Arbeitszeitverkürzung. Bonn 1986.

Lassmann, G. (1976): Betriebswirtschaftliche Aspekte der Humanisierung industrieller Arbeit. In: Zeitschrift für betriebswirtschaftliche Forschung 28 (1976), S. 768–775.

Lattmann, C. (1974): Die Ausbildung des Mitarbeiters als Aufgabe der Unternehmung, ihre Politik, Planung und Kontrolle. Bern 1974.

Lattmann, C. (1975): Leistungsbeurteilung als Führungsmittel. Zwecke und Aufgaben von Qualifikationssystemen. Bern/Stuttgart 1975.

Lattmann, C. (1975a): Die Organisation des Personalwesens. In: Gaugler, E. (Hrsg.): Handwörterbuch des Personalwesens. 1. Aufl., Stuttgart 1975, Sp. 1427–1442.

Lattmann, C. (1975b): Führungsstil und Führungsrichtlinien. Bern/Stuttgart 1975.

Lattmann, C. (1985): Die Personalabteilung. Ihre gegenwärtige Stellung in der Unternehmung und ihre künftige Entwicklung. In: Die Unternehmung 38 (1991) 3, S. 192–211.

Lawler, E. E. (1969): Job Design and Employee Motivation. In: Personnel Psychology 22 (1969), S. 426–435.

Lawler, E. E. (1970): Job Attitudes and Employee Motivation: Theory, Research and Practise. In: Personnel Psychology 23 (1970), S. 223–237.

Lawler, E. E. (1971): Pay and Oganizational Effectiveness. A Psychological View. New York 1971.

Lawler, E. E. (1973): Motivation in Work Organizations. Belmont, Calif. 1973.

Lawler, E. E: (1977): Motivierung in Organisationen. Ein Leitfaden für Studenten und Praktiker. Bern/Stuttgart 1977.

Lawler, E. E./Porter, L. W. (1967): Antecedent Attitudes of Effective Managerial Performance. In: Organizational Behavior and Human Performance 2 (1967), S. 122–142.

Lawler, E. E./Suttle, J. L. (1972): A Causual Correlational Test of the Need Hierarchy Concept. In: Organizational Behavior and Human Performance 7 (1972), S. 265–287.

Lehr, G. v. d. (1989): Assessment-Center-Praxis für die Auswahl externer Kandidaten. In: Lattmann, Ch. (Hrsg.): Assessment-Center-Verfahren der Eignungsbeurteilung. Sein Aufbau, seine Anwendung und sein Aussagegehalt. Heidelberg 1989, S. 183–190.

Lehr, U. (1979): Flexibilität der Arbeitsgrenze oder Herabsetzung des Pensionierungsalters – Psychologische Aspekte. In: Zeitschrift für Betriebswirtschaft 49 (1979), S. 140–145.

Lehrenkrauss, E. (1978): »Assessment Center« – eine notwendige Kritik. In: Personal, Mensch und Arbeit 30 (1978), S. 150–152.

Levinson, D. J. (1972): Organizational Diagnosis. Cambridge 1972.

Lewin, K./Lippitt, R. (1938): An Experimental Approach to the Study of Autocracy and Democracy. A Prelimissary Note. In: Sociometry 1 (1938), S. 292–300.

Lewin, K./Lippitt, R./White, R. K. (1939): Patterns of Aggressive Behavior in Experimentally Created »Social Climates«. In: Journal of Social Psychology 10 (1939), S. 271–299.

Liebel, H./Walter, R. (1978): Personalbeurteilung als Führungsmittel. Eine Umfrage in Wirtschaft und öffentlicher Verwaltung. In: Liebel, H. (Hrsg.): Führungspsychologie. Göttingen 1978, S. 155–198.

Lienert, G. A. (1969): Testaufbau und Testanalyse. 3. Aufl., Weinheim/Berlin/Basel 1969.

Likert, R. (1961/1972): New Patterns of Management. New York 1961. (deutsch: Neue Ansätze der Unternehmensführung. Stuttgart 1972).

Likert, R. (1967/ 1975): The Human Organization. New York 1967. (deutsch: Die integrierte Führungs- und Organisationsstruktur. New York 1975).

Lippitt, R. (1940): An Experimental Study of the Effect of Democratic and Authoritarian Group Atmospheres. In: University of Iowa, Studies in Child Welfare 16 (1940), S. 43–195.

Lippitt, R./White, R. K. (1943): The Social Climate of Children's Groups. In: Barker, R. G./ Konnin, J./Wright, H. (Hrsg.): Child Behavior and Development. New York 1943, S. 485–508.

Lössl, E. (1992): Eignungsdiagnostische Instrumente. In: Gaugler, E./Weber, W. (Hrsg.): Handwörterbuch des Personalwesens. 2. neubearb. und erg. Aufl., Stuttgart 1992, Sp. 750–763.

Lopez, F. (1968): Evaluating Employee Performance. Chicago 1968.

Lord, G. R./Foti, L./Vader De, C. (1984): A Test of Leadership Categorization Theory: Internal Stucture of Leadership Categories, Information Processing and Leadership Perceptions. In: Organizational Behavior and Human Performance 34 (1984), S. 343–378.

Lorge, S. H./Solomon, H. (1955): Two Models of Group Behavior: in the Solution of Eureka-Type Problems. In: Psychometrika 20 (1955), S. 139–148.

Louis, M. R. (1980): Surprise and Sense Making. What Newcomers Experience in Entering Unfamiliar Organizational Settings. In: Administrative Science Quarterly 25 (1980), S. 226–250.

Louis, M. R. u.a. (1983): The Availability and Helpfulness of Socialization Practices. In: Personnel Psychology 36 (1983), S. 857–866.

Luhmann, N. (1964): Funktionen und Folgen formaler Organisationen. Berlin 1964.

Maanen, Van J. (1976): Breaking in: Socialization to Work. In: Dubin, R. (Hrsg.): Handbook of Work, Organization and Society. Chicago 1976, S. 67–130.

Maanen, Van J./Schein, E. H. (1979): Towards a Theory of Organizational Socialisation. In: Research in Organizational Behavior 1 (1979), S. 209–264.

Macharzina, K. (1992): Internationaler Transfer von Führungskräften. In: Zeitschrift für Personalforschung 6 (1992) 6, S. 366–384.

Macharzina, K. (1993): Unternehmensführung: Das internationale Managementwissen. Konzepte – Methoden – Praxis. Wiesbaden 1993.

Mag, W. (1986): Einführung in die betriebliche Personalplanung. Darmstadt 1986.

Maier, W. (1988): Arbeitsanalyse und Lohngestaltung. 2., überarb. Aufl., Stuttgart 1988.

Mann, R. D. (1959): A Review of the Relationship Between Personality and Performance in Small Groups. In: Psychological Bulletin 56 (1959), S. 241–270.

Mann, R. D. (1965): Towards an Understanding of the Leadership Role in Formal Organizations. In: Dubin, R. u.a. (Hrsg.): Leadership and Productivity. San Francisco 1965, S. 68–103.

Marienhagen, R. (1979): Mitbestimmung des Betriebsrates bei Einstellungen. In: Personalführung 12 (1979), S. 32–36.

Markwitz, F. (1970): Betriebliche Stellenplanung. Organisations- und Führungsmodell für die Praxis. In: Zeitschrift Führung und Organisation 39 (1970), S. 242–251.

Marr, R. (1993): Arbeitszeitmanagement: Die Nutzung der Ressource Zeit – Zur Legitimation einer bislang vernachlässigten Managementaufgabe. In: Marr, R. (Hrsg.): Arbeitszeitmanagement. 2., neubearb. und erw. Aufl., Berlin 1993.

Marr, R. (Hrsg.) (1987): Arbeitszeitmanagement. Berlin 1987.

Marr, R. /Schmidt, H. (1992): Humanvermögensrechnung. In: Gaugler, E./Weber, W. (Hrsg.): Handwörterbuch des Personalwesens. 2., neubearb. und erg. Aufl., Stuttgart 1992, Sp. 1031–1042.

Marr, R./Stitzel, M. unter Mitarbeit von Friedel-Howe, H. (1979): Personalwirtschaft: Ein konfliktorientierter Ansatz. Köln 1979.

Martens, K.-P. (1993): Arbeitsrecht und Unternehmung. In: Wittmann, W. u.a. (Hrsg.): Handwörterbuch der Betriebswirtschaft. 5., völlig neu gest. Aufl., Stuttgart 1993, Sp. 151–170.

Martin, A (1987): Determinanten der individuellen Weiterbildungsentscheidung. Eine empirische Analyse. In: Zeitschrift für Personalforschung 1 (1987), S. 5–28.

Marx, A. (1963): Die Personalplanung in der modernen Wettbewerbswirtschaft. Baden-Baden 1963.

Maslow, A. H. (1965): Eupsychian Management. A Journal. Homewood, Ill. 1965.

Maslow, A. H. (1970): Motivation and Personality. 2. Aufl., Princeton, New York, 1970 (deutsch: Motivation und Persönlichkeit, Freiburg 1977).

Matschke, M. J. (1989): Betriebliche Altersversorgung (I) und (II). In: Das Wirtschaftsstudium 18 (1989) 1, 2, S. 31–34 und 95–99.

Mayntz, R. (1967): Soziologie der Organisationen. Reinbek bei Hamburg 1967.

Mayntz, R. (1975): Konflikte und Konfliktregelungen im Betrieb. In: Grochla, E./Wittmann, W. (Hrsg.): Handwörterbuch der Betriebswirtschaft. Stuttgart 1975, Sp. 2176–2182.

Mayrhofer, W. (1992): Outplacement. In: Gaugler, E./ Weber, W. (Hrsg.): Handwörterbuch des Personalwesens. 2., neubearb. und erg. Aufl., Stuttgart 1992, Sp. 1523–1534.

McClelland, D. C. (1951): Personality. New York 1951.

McClelland, D. C. (1961): The Achieving Society. New York 1961 (deutsch: Die Leistungsgesellschaft. Opladen 1966.)

McClelland, D. C. (1962): Business Drive and Achievement. In: Harvard Business Review 40 (1962), S. 99–112.

McClelland, D. C. u.a. (1953): The Achievement Motive. New York 1953.

McCormick, E. J. (1976): Job and Task Analysis. In: Dunnette, M. D. (Hrsg.): Handbook of Industrial Organizational Psychology. Chicago 1976, S. 651–696.

McElroy, J. C. (1982): A Typology of Attribution Leadership Research. In: Academy of Management Review 7 (1982), S. 413–417.

McGehee, W./Thayer, P. W. (1961): Training in Business and Industry. New York/London 1961.

Meffert, H. (1989): Globalisierungsstrategien und ihre Umsetzung im internationalen Wettbewerb. In: Die Betriebswirtschaft 49 (1989), S. 445ff.

Megginson, L. C. (1974): Personnel: A Behavioral Approach to Administration. Rev. Ed., Homewood, Ill., 1974.

Mell, H. (1989): Bewerbungsanalyse. In: Strutz, H. (Hrsg.): Handbuch Personalmarketing. Wiesbaden 1989, S. 244–257.

Mensch, G. (1968): Instrumente der kurzfristigen Personalplanung. In: Zeitschrift für betriebswirtschaftliche Forschung 38 (1968), S. 469–494.

Mentzel, W. (1985): Unternehmenssicherung durch Personalentwicklung: Mitarbeiter motivieren, fördern und weiterbilden. 3. Aufl., Freiburg i. Br. 1985.

Mertens, D. (1974): Schlüsselqualifikationen. Thesen zur Schulung für eine moderne Gesellschaft. In: Mitteilungen aus der Arbeitsmarkt- und Berufsforschung 7 (1974) 1, S. 36–43.

Meyer, F. W. (1973): Aufbau von Arbeitsplatz- und Personal-Informationssystemen. In: Arbeit und Leistung 11 (1973), S. 106–310.

Meyer, P. (1968): Betriebliche Personalplanung. Grundlagen und Praxis. Wiesbaden 1968.

Michel, L./Wiese, G. (1988): Graphologische Gutachten aus rechtlicher und psychologischer Sicht. In: Personal, Mensch und Arbeit 40 (1988) 6, S. 245–248.

Michels, K. H. (1978): Maßnahmen zur Einführung neuer Mitarbeiter. In: Personal, Mensch und Arbeit 30 (1978), S. 271–273.

Mickler, O. u.a. (1977): Produktion und Qualifikation. 2. Aufl., Göttingen 1977.

Miles, R. H./Snow, C.C. (1978): Organizational Strategy, Structure and Process. New York 1978.

Miller, D. T./Ross, M. (1975): Self-serving Biases in the Attribution of Causality. Fact or Fiction? In: Psychological Bulletin 82 (1975), S. 213–225.

Miner, J. B. (1965): Studies in Management Education. Sample MSCS, Scoring Sheet and Scoring Guide. New York 1965.

Mitchell, T. R. (1987): Führungstheorien/Attributionstheorien. In: Kieser, A./ Reber, G./ Wunderer, R. (Hrsg.): Handwörterbuch der Führung. Stuttgart 1987, Sp. 698–713.

Mittenecker, E. (1971): Subjektive Tests zur Messung der Persönlichkeit. In: Heiss, R. (Hrsg.): Handbuch der Psychologie, Bd. 6: Psychologische Diagnostik. 3. Aufl., Göttingen 1971, S. 461–487.

Mobley, W. H. (1982): Employee Turnover: Causes, Consequences and Control. London u.a. 1982.

Möhl, W. (1985): Die Einarbeitung neuer Mitarbeiter. In: Personalwirtschaft 12 (1985), S. 129–135.

Möller, W. (1974): Arbeitsbewertung in Industrieunternehmen. München 1974.

Morano, R. (1971): Determining Organizational Training Needs. In: Personnel Psychology 26 (1971): S. 479–487.

Morgan, D. C. (1977): Career Development Programs. In: Personnel 54 (1977), S. 23–27.

Moses, J. L. (1973): The Development of an Assessment Center of the Early Identification of Supervisory Potential. In: Personnel Psychology 26 (1973), S. 569–580.

Mowday, R. T./Porter, L./Steers, R. M. (1982): Employee-Organization Linkages. The Psychology of Commitment, Absentteeism, and Turnover. New York u.a. 1982.

Müller, W. (Hrsg.) (1990): Blickpunkt Gesellschaft: Einstellungen und Verhalten der Bundesbürger. ZUMA-Publikationen, Opladen 1990.

Müller, W. R. (1971): Kaderentwicklung und Kaderplanung. Theoretische und instrumentelle Grundlagen. Bern/Stuttgart/Wien 1971.

Müller, W. R. (1987): Führungsforschung – Führung in der Bundesrepublik Deutschland, in Österreich und in der Schweiz. In: Kieser, A./ Reber, G./ Wunderer, R. (Hrsg.): Handwörterbuch der Führung. Stuttgart 1987, Sp. 422–434.

Müller, W. R. (1987a): Thesen zur Neuorientierung der Personalpolitik. In: Organisationsentwicklung 6 (1987), S. 1–16.

Müller, W. R./Hill, W. (1977): Die situative Führung. In: Die Betriebswirtschaft 37 (1977), S. 353–378.

Müller-Bader, P. (1977): Konflikt und Leistung. Ein Beitrag zur Analyse der Leistungswirkung betrieblicher Konflikte. Diss., München 1977.

Müller-Jentsch, W. (1986): Soziologie der industriellen Beziehungen: eine Einführung. Frankfurt a.M./New York 1986.

Müller-Jentsch, W. (1993): Konfliktpartnerschaft. Akteure und Institutionen der industriellen Beziehungen. 2., erw. und verb. Aufl., München/Mering 1993.

Münch, J. (1982): Das berufliche Bildungswesen in der Bundesrepublik Deutschland. Luxemburg 1982.

Murray, H. A. (1938): Explorations in Personality. New York 1938.

Murrell, K. F. H. (1971): Ergonomie. Düsseldorf/Wien 1971.

Nachreiner, F./Müller, G. F. (1987): Aufgaben- (Initiating Structure) und Mitarbeiterorientierung (Consideration) als Verhaltensdimensionen der Führung. In: Kieser, A./Reber, G./Wunderer, R. (Hrsg.): Handwörterbuch der Führung. Stuttgart 1987, Sp. 69–81.

Nadler, L. (1971): Training Explained: Using Critical Events of Development Training Programmes. In: Industrial Training International 6 (1971) 4: Part 1: Assessment of Needs, S. 53–56 and (1971) 5: Part 2: Building the Training Programme, S. 57–60.

Neidhardt, F. (1979): Das innere System sozialer Gruppen. In: Kölner Zeitschrift für Soziologie und Sozialpsychologie 31 (1979), S. 629–660.

Nerdinger, F./Weber, F. (1987): Identifikation mit den Zielen wirtschaftlicher Organisationen. In: Zeitschrift für Personalforschung 1 (1987) 2, S. 181–204.

Neuberger, O. (1974): Messung der Arbeitszufriedenheit. Stuttgart u.a. 1974.

Neuberger, O. (1974a): Theorien der Arbeitszufriedenheit. Stuttgart u.a. 1974.

Neuberger, O. (1976): Führungsverhalten und Führungserfolg. Berlin 1976.

Neuberger, O. (1978): Motivation und Zufriedenheit. In: Mayer, A. (Hrsg.): Organisationspsychologie. Stuttgart 1978, S. 201–235.

Neuberger, O. (1980): Das Mitarbeitergespräch. Persönlicher Informationsaustausch im Betrieb. 3. Aufl., Goch 1980.

Neuberger, O. (1981): Mitarbeitergespräch. In: Beckerath, P. G. v./Sauermann, P./Wiswede, G. (Hrsg.): Handwörterbuch der Betriebspsychologie und -soziologie. Stuttgart 1981, S. 269–273.

Neuberger, O. (1984): Führung. Ideologie – Struktur – Verhalten. Stuttgart 1984.

Neuberger, O. (1985): Arbeit. Begriff – Gestaltung – Motivation – Zufriedenheit. Stuttgart 1985.

Neuberger, O. (1985a): Arbeitszufriedenheit: Kraft durch Freude oder Euphorie im Unglück? Ein Sammelreferat. In: Die Betriebswirtschaft 45 (1985), S. 184–206.

Neuberger, O. (1990): Das Konzept der Selbstentwicklung. In: Haller, M./Hauser, H./Zäch, R. (Hrsg.): Ergänzungen. Ergebnisse der wissenschaftlichen Tagung anläßlich der Einweihung des Ergänzungsbaus der Hochschule St. Gallen. Bern/ Stuttgart 1990, S. 199–205.

Neuberger, O. (1990a): Führen und geführt werden. 3. Aufl., Stuttgart 1990.

Neuberger, O. (1991): Personalentwicklung. Stuttgart 1991.

Neuberger, O./Allerbeck, M. (1978): Messung und Analyse von Arbeitszufriedenheit. Erfahrungen mit dem »Arbeitsbeschreibungsbogen ABB«. Bern u.a. 1978.

Neuberger, O./Kompa, A. (1987): Wir die Firma – Der Kult um die Unternehmenskultur. Weinheim 1987.

Neuberger, O./Roth, B. (1974): Führungsstil und Gruppenleistung. Eine Überprüfung von Kontingenz-Modell und LPC-Konzept. In: Zeitschrift für Sozialpsychologie 5 (1974), S. 133–144.

Neuhaus, J. (1968): Die Parallelhierarchie. Eine Lösung zur Förderung der Wissenschaftler im Betrieb. In: Research and Development Management 4 (1973) 1, S. 33–39.

Nick, F. R. (1974): Management durch Motivation. Stuttgart u.a. 1974.

Nieder, P. (1974): Der Zusammenhang zwischen Produktivität und Zufriedenheit. In: Arbeit und Leistung 28 (1974), S. 225–228.

Niederfeichtner, F. (1982): Arbeitsgestaltung und Arbeitsorientierung. Bern/Stuttgart 1982.

Noelle-Neumann, E. (1978): Werden wir alle Proletarier? Zürich 1978.

Nüssgens, K. H. (1973): Methoden der Personalbeschaffungs-, Personalentwicklungs-, Personaleinsatz- und Personalfreistellungsplanung. In: Arbeit und Leistung 27 (1973), S. 293–299.

o. V. (1993): Arbeitsgesetze. 45., neubearb. Aufl., München 1993.

Ochsner, M. (1975): Der Lerntransfer bei der Ausbildung von Führungskräften am Beispiel der Schulung in Wertanalyse. Lenzburg 1975.

Odiorne, G. S. (1984): Strategic Management of Human Resources: A Portfolio Approach. San Francisco/Washington/London 1984.

Oechsler, W. A. (1992): Personal und Arbeit – Einführung in die Personalarbeit unter Einbeziehung des Arbeitsrechts. 4. überarb. und erw. Aufl., München/Wien 1992.

Olfert, K./Steinbuch, P. A. (1987): Personalwirtschaft. 3., durchges. Aufl., Ludwigshafen 1987.

Opsahl, R. L./Dunnette, M. D. (1970): The Role of Financial Compensation in Industrial Motivation. In: Vroom, V./Deci, E. C. (Hrsg.): Management and Motivation. Selected Readings. Harmondsworth 1970, S. 127–159.

Overbeck, J. F. (1968): Möglichkeiten der Marktforschung am Arbeitsmarkt und ihre Auswertung zu einer Konzeption marktbezogener Personalpolitik. Diss. München 1968.

Owens, W. A. (1971): A Quasi-actuarial Prospect for Individual Assessment. In: American Psychologist 26 (1971), S. 992–999.

Owens, W. A. (1976): Background Data. In: Dunnette, M. D. (Hrsg.): Handbook of Industrial and Organizational Psychology. Chicago 1976, S. 609–644.

Paasche, J. (1981): Zeitgemäße Entlohnungssysteme. 2. Aufl., Essen 1981.

Pampus, K. (1987): Ansätze zur Weiterentwicklung betrieblicher Ausbildungsmethoden. In: Berufsbildung in Wissenschaft und Praxis 16 (1987), S. 43–51.

Paschen, K. (1982): Job sharing und Personalentwicklung. In: Heymann, H. H./Seiwert, L. J. (Hrsg.): Job sharing. Grafenau 1982.

Paschen, K. (1988): Formen der Personalorganisation. Von der funktionalen Organisation zum Integrationsmodell. In: Zeitschrift Führung und Organisation 57 (1988) 4, S. 237–241.

Patchen, M. (1962/63): Supervisory Methods and Group Performance Norms. In: Administrative Science Quarterly 7 (1962/63), S. 274–294.

Paul, W. J. jr./Robertson, K. B./Herzberg, F. (1969): Job Enrichment Pays Off. In: Harvard Business Review 47 (1969) 3/4, S. 61–78.

Pawlowsky, P. (1986): Arbeitseinstellungen im Wandel. München 1986.

Pazy, A. (1990): The Threat of Professional Obsolescence: How Do Professionals at Different Career Stages Experience It and Cope with It? In: Human Resource Management 29 (1990), S. 251–269.

Pearlman, K. (1980): Job Families. A Review and Discussion of Their Implications for Personnel Selection. In: Psychological Bulletin 87 (1980), S. 1–28.

Pelz, D. C. (1974): Einfluß. Ein Schlüssel zu effektiverer Führung von Vorgesetzten der unteren Hierarchiestufe. In: Kuncik, M. (Hrsg.): Führung, Theorien und Ergebnisse. Düsseldorf 1974, S. 235–245.

Perlmutter, H. V. (1965): L'entreprise internationale. Trois conceptions. In: Revue économique et sociale 23 (1965) , S. 151–165.

Perlmutter, H. V. (1967): Social architectural problems of the multinational firm. In: The quarterly journal of AIESEC international. o.J. (1967), S. 33–44.

Perlmutter, H. V. (1969): The Tortuous Evolution of the Multinational Corporation. In: Columbia Journal of World Business 1 (1969), S. 9–18.

Pfützner, R. (1988): Taschenbuch Mensch und Arbeit. 7., vollst. überarb. Aufl., Institut Mensch und Arbeit, München 1988.

Pieper, J. (1989): Schlüsselpersonen erwerben Schlüsselqualifikationen. In: Sattelberger, T. (Hrsg.): Innovative Personalentwicklung: Grundlagen, Konzepte, Erfahrungen. Wiesbaden 1989, S. 70–79.

Pierce, J. L./Dunham, R. B./Blackburn, R. S. (1979): Social System Structure, Job Design, and Growth Need Strength. A Text of a Concruency Model. In: Academy of Management Journal 22 (1979), S. 223–240.

Pieters, G. M. (1988): Attitude-behavior Relationships. In: Raaij, W. F. v. u.a. (Hrsg.): Handbook of Economic Psychology. Kluwer 1988.

Pillat, R. (1990): Neue Mitarbeiter erfolgreich anwerben, auswählen und einsetzen. 5. überarb. Aufl., Freiburg i. Br. 1990.

Poensgen, O. H. (1982): Der Weg in den Vorstand. In: Die Betriebswirtschaft 42 (1982), S. 3–25.

Porter, L. W./Lawler, E. E. (1968): Managerial Attitudes and Performance. Homewood, Ill. 1968.

Porter, L. W./Lawler, E. E./Hackman, J. R. (1975): Behavior in Organizations. New York 1975.

Porter, L. W./Steers, R. M. (1977): Organizational Effectivness. A Behavioral View. Santa Monica 1977.

Pössnecker, F. (1986): Die Einführung einer Fachlaufbahn in der Industrie. Ein Beispiel aus der Praxis. In: Management-Forum 6 (1986) 3–4, S. 199–214.

Preen, E. P. (1963): Development of a Supervisor Position Description Questionnaire. In: Journal of Applied Psychology 47 (1963), S. 10–14.

Presthers, R. (1966): Individuum und Organisation. Frankfurt a.M. 1966.

Pümpin, C. (1990): Das Dynamik-Prinzip. Zukunftsorientierungen für Unternehmer und Manager. Düsseldorf/Wien/New York 1990.

Pulte, P. (1984): Die Erfolgskontrolle außerbetrieblicher Weiterbildungsmaßnahmen. In: Personalwirtschaft 11 (1984), S. 58–61.

Rados, W. (1967): On-The-Job-Coaching. In: Vizza, R. F. (Hrsg.): NHST. Englewood Cliffs, N.J. 1967, S. 277–291.

Raia, A. P. (1966): A Study of the Educational Value of Management Games. In: Journal of Business 39 (1966), S. 339–352.

Raschke, H./Knebel, K. (1983): Taschenbuch der Bewerberauslese. 4. Aufl., Heidelberg 1983.

Rauscher, A. (1992): Arbeitgeberverbände. In: Gaugler, E./Weber, W. (Hrsg.): Handwörterbuch des Personalwesens. 2., neubearb. und erg. Aufl., Stuttgart 1992, Sp. 92–99.

Rayfield, D. A. (1971): Training by Exception. In: Personnel Management 3 (1971), S. 26–27.

Reber, G. (1980): Anreizsysteme. In: Grochla, E. (Hrsg.): Handwörterbuch der Organisation. 2., völlig neu gest. Aufl., Stuttgart 1980, S. 78–86.

Reber, G. (1992): Führungstheorien. In: Gaugler, E./Weber, W. (Hrsg.): Handwörterbuch des Personalwesens. 2. neubearb. und erg. Aufl., Stuttgart 1992.

Reber, G./Schanz, H. (1975): Beruf und Berufsbilder. In: Grochla, E./Wittmann, W. (Hrsg.): Handwörterbuch der Betriebswirtschaftslehre. 4., völlig neu gest. Aufl., Stuttgart 1975, Sp. 475–484.

Rechtien, W. (1990): Zur Geschichte der Angewandten Gruppendynamik. In: Gruppendynamik 21 (1990) 1, S. 103–120.

Reddin, W. J. (1970): Managerial Effectiveness. New York 1970.

Reddin, W. J. (1971): Effective Management by Objectives. The 3 D Method of MBO. New York 1971.

REFA (Hrsg.) (1978): Methodenlehre des Arbeitsstudiums, Teil 2: Datenermittlung. 6. Aufl., München 1978.

REFA-Verband für Arbeitsstudien (1985): Methodenlehre des Arbeitsstudiums. Teil 1: Grundlagen; Teil 2: Datenermittlung; Teil 3: Kostenrechnung, Arbeitsgestaltung; Teil 4: Anforderungsermittlung (Arbeitsbewertung). 7. Aufl., München 1985.

Reichard, C. (1973): Managementkonzeption des Öffentlichen Verwaltungsbetriebes. Berlin 1973.

Reinecke, P. (1983): Vorgesetztenbeurteilung. Ein Instrument partizipativer Führung und Organisationsentwicklung. Köln 1983.

Reisch, K. (1992): Zeit- und Pauschallohn. In: Gaugler, E./ Weber, W. (Hrsg.): Handwörterbuch des Personalwesens. 2., neubearb. und erg. Aufl., Stuttgart 1992, Sp. 2359–2369.

Remer, A. (1978): Personalmanagement: Mitarbeiterorientierte Organisation und Führung von Unternehmungen. Berlin/New York 1978.

Retting, J. L./Amano, M. MM. (1976): A Survey of ASPA Experience with Management by Objectives Sensitivity Training and Transactional Analysis. In: Personnel Journal 55 (1976), S. 26–29.

Richter, H./Stehle, W. (1986): Die Entwicklung eines firmenspezifischen Auswahlsystems auf der Basis biographischer Daten. In: Schuler, H./Stehle, W. (Hrsg.): Biographische Fragebogen als Methode der Personalauswahl. Stuttgart 1986.

Rippe, W. (1974): Die Fluktuation von Führungskräften der Wirtschaft. Berlin 1974.

Rischar, K. (1980): Schwierige Mitarbeitergespräche erfolgreich führen. Landsberg a. Lech 1980.

RKW (Hrsg.) (1990): RKW-Handbuch Personalplanung. 2. Aufl., Neuwied 1990.

Roberts, T. J. (1974): Developing Effective Managers. London 1974.

Rodenstock, R. (1993): Arbeitgeberverbände. In: Wittmann, W. u.a. (Hrsg.): Handwörterbuch der Betriebswirtschaft. 5., völlig neu gest. Aufl., Stuttgart 1993, Sp. 105–112.

Roethlisberger, F. J. /Dickson, W. J. (1970): Management and the Worker. 5. ed., Cambridge 1970.

Rohmert, W./Landau, K. (1979): Das Arbeitswissenschaftliche Erhebungsverfahren zur Tätigkeitsanalyse (AET), Handbuch. Bern/Stuttgart/Wien 1979.

Rosenkranz, R. (1968): Personalbedarfsrechnung in Bürobetrieben. In: Das rationelle Büro 19 (1968) 12, S. 16–22.

Rosenkranz, R. (1969): Stellenplan. In: Grochla, E. (Hrsg.): Handwörterbuch der Organisation. 1. Aufl., Stuttgart 1969, Sp. 1587–1594.

Rosenstiel, L. v. (1972): Motivation im Betrieb. München 1972.

Rosenstiel, L. v. (1973): Motivation im Betrieb. 2. Aufl., München 1973.

Rosenstiel, L. v. (1975): Die motivationalen Grundlagen des Verhaltens: Leistung und Zufriedenheit. Berlin 1975.

Rosenstiel, L. v. (1979): Die Ermittlung personeller Eigenschaften motivationaler Art. In: Reber, G. (Hrsg.): Personalinformationssysteme. Stuttgart 1979, S. 51–73.

Rosenstiel, L. v. (1980): Grundlagen der Organisationspsychologie. Stuttgart 1980.

Rosenstiel, L. v. (1989): Der Wertewandel als Indikator für Handlungsbedarf. In: congress & seminar 4 (1989), S. 9–13.

Rosenstiel, L. v. (1992): Entwicklung von Werthaltungen und interpersonaler Kompetenz. In: Sonntag, K. (Hrsg.): Personalentwicklung in Organisationen. Göttingen 1992.

Rosenstiel, L. v. (1992a): Führungs- und Führungsnachwuchskräfte: Spannungen und Wandlungen in Phasen gesellschaftlichen Umbruchs. In: Zeitschrift für Personalforschung 6 (1992) 3, S. 327–351.

Rosenstiel, L. v. (1993): Kommunikation und Führung in Arbeitsgruppen. In: Schuler, H.: Organisationspsychologie. Bern 1993, S. 321–352.

Rosenstiel, L. v. u.a. (1988): Selektion und Sozialisation potentieller Führungskräfte im Zeichen gesellschaftlichen Wertewandels. In: Zeitschrift für Arbeits- und Organisationspsychologie (1988), S. 22–34.

Rosenstiel, L. v. u.a. (1989): Führungsnachwuchs im Unternehmen. München 1989.

Rotter, J. B. u.a. (1962): Internal versus External Control of Reinforcement. In: Washburne, L.: Decision, Values and Groups. 2. Jg., London 1962.

Rottluff, J. (1986): Mit dem Leittext selbständig und kooperativ lernen. Eine Lernkonzeption in der Ford-Werke AG. In: Lernfeld Betrieb (1986) 1, S. 50–53.

Rüttinger, B./Rosenstiel, L. v./Molt, W. (1974): Motivation des wirtschaftlichen Verhaltens. Stuttgart u.a. 1974.

Sadowski, D. (1977): Pensionierungspolitik: Zur Theorie optimaler Personalpanung im Unternehmen. Stuttgart 1977.

Saltzman, A. W. (1969): Manpower Planning in Private Industry. In: Weber, A. R./Cassel, F. B./ Ginsburg, W. L. (Hrsg.): Public-Private Manpower Policies. Madison, Wisc. 1969, S. 79–100.

Sandner, K. (1984): Lenkung und Kontrolle beruflicher Arbeit. In: Journal für Betriebswirtschaft 34 (1984), S. 172–183.

Sashkin, M. (1972): Leadership Style and Group Decision Effectiveness: Correlational and Behavioral Test of Fiedler's Contingency Model. In: Organizational Behavior and Human Performance 8 (1972), S. 347–362.

Sathe, V. (1985): Culture and Related Corporate Realities. Homewood, Ill. 1985.

Sattelberger T. (1989): Personalentwicklung als strategischer Erfolgsfaktor. In: Sattelberger, T. (Hrsg.): Innovative Personalentwicklung: Grundlagen, Konzepte, Erfahrungen. Wiesbaden 1989, S. 15–37.

Sattelberger, T. (1989a): Gedankenskizze zu Nachwuchsermittlung, Projektarbeit und Coaching. In: Sattelberger, T. (Hrsg.): Innovative Personalentwicklung: Grundlagen, Konzepte, Erfahrungen. Wiesbaden 1989, S. 155–172.

Sattelberger, T. (1989b): Innovative Förderprogramme benötigen innovative Architekturen. In: Sattelberger, T. (Hrsg.): Innovative Personalentwicklung: Grundlagen, Konzepte, Erfahrungen. Wiesbaden 1989, S. 90–114.

Schanz, G. (1977): Wege zur individualisierten Organisation. In: Zeitschrift Führung und Organisation 46 (1977). Teil 1: S. 183–192. Teil 2: S. 345–351.

Schanz, G. (1979): Betriebliches Ausbildungswesen. Wiesbaden 1979.

Schanz, G. (1982): Organisationsgestaltung. München 1982.

Schanz, G: (1984): Job-sharing-Handbuch. Hannover 1984.

Schanz, G. (1993): Personalwirtschaftslehre. Lebendige Arbeit in verhaltenswissenschaftlicher Perspektive. 2., völlig neubearb. Aufl., München 1993.

Schaub, G. (1992): Arbeitsrechts-Handbuch. 7., überarb. Aufl., München 1992.

Schaub, G. (1996): Arbeitsrechts-Handbuch. 8., überarb. Aufl., München 1996.

Schein, E. H. (1965/1970): Organizational Psychology. Englewood Cliffs, N.J., 1965. 2. Aufl., 1970.

Schein, E. H. (1975): How »Career Anchors« Hold Executives to their Career Paths. In: Personnel 52 (1975) 3, S. 11–24.

Schein, E. H. (1978): Career Dynamics: Matching Individual and Organizational Need. Reading, Mass. 1978.

Schein, E. H. (1980): Developing Your Career – Know Your Career Anchors and Develop Your Options. Working Paper No. 1148–80, Alfred P. Sloan School of Management, M.I.T., Cambridge 1980.

Scherer, J. u.a. (1967): Psychologie du Traivail. Paris 1967.

Schindler, K. (1979): Wirkung und Erfolg der Weiterbildung. Zu Fragen der Effizienzmessung. Köln 1979.

Schlaffke, W. (1989): Weiterbildung – Zukunftschancen unserer Wirtschaft. In: Gaugler, E./ Schlaffke, W. (Hrsg.): Weiterbildung als Produktionsfaktor. Köln 1989, S. 7–27.

Schlosser, O. (1976): Einführung in die sozialwissenschaftliche Zusammenhanganalyse. Reinbek 1976.

Schlüter, H. (1960): Fluktuation – Begriff, Erfassung, Ursache. In: Hessisches Institut für Betriebswirtschaft e.V. und Arbeitgeberverband der hessischen Metallindustrie e.V. (Hrsg.): Warum Arbeitskräfte wechseln? Düsseldorf 1960, S. 47–76.

Schmale, H./Tietze, B. (1975): Arbeitsanforderungen. In: Gaugler, E. (Hrsg.): Handwörterbuch des Personalwesens. Stuttgart 1975, Sp. 132–142.

Schmalt, H. D. (1978): Leistungsthematische Kognitionen I: Kausalerklärungen für Erfolg und Mißerfolg. In: Zeitschrift für experimentelle und angewandte Psychologie 26 (1978), S. 246–272.

Schmidt, G. (1973): Organisation – Methode und Technik. Gießen 1973.

Schmidt, H. (1973): Personalplanung – ökonomische und gesellschaftliche Bedeutung betrieblicher Personalinformationssysteme. In: Arbeit und Leistung 27 (1973), S. 281–289.

Schmidt, H. (1977): Das Sozialinformationssystem der Bundesrepublik Deutschland. Eutin 1977.

Schmidt, R.-B. (1969): Wirtschaftslehre der Unternehmung. Bd. 1: Grundlagen. Stuttgart 1969.

Schmidtke, H. (Hrsg.) (1981): Lehrbuch der Ergonomie. 2., bearb. und erg. Aufl., München/Wien 1981.

Schmitt, N. (1977): Interrater Agreement in Dimensionality and Combination of Assessment Center Judgements. In: Journal Applied Psychology 62 (1977), S. 171–176.

Schneider, H. J. (1992): Kapitalbeteiligung der Arbeitnehmer. In: Gaugler, E./Weber, W. (Hrsg.): Handwörterbuch des Personalwesens. 2., neubearb. und erg. Aufl., Stuttgart 1992, Sp. 1103–1113.

Schneider, H. J./Zander, E. (1990): Erfolgs- und Kapitalbeteiligung der Mitarbeiter in Klein- und Mittelbetrieben. 3. Aufl., Freiburg i. Br. 1990.

Schneider, K. (1976): Leistungsmotiviertes Verhalten als Funktion von Motiv, Anreiz und Erwartung. In: Schmalt, H. D./ Meyer, W. U. (Hrsg.): Leistungsmotivation und Verhalten. Stuttgart 1976, S. 33–60.

Schneider, K./Schmalt, H. D. (1981): Motivation. Stuttgart 1981.

Schneider, W. (1977): Planspiele in der betrieblichen Weiterbildung. In: Personal, Mensch und Arbeit 29 (1977), S. 235–237.

Schönfeld, H. M. (1963): Die Personalplanung – ein vernachlässigter Teil der betrieblichen Planung. In: Zeitschrift für Betriebswirtschaft 33 (1963), S. 141–156.

Schönfeld, H. M. (1967): Die Führungsausbildung im betrieblichen Funktionsgefüge. Theoretische und praktische Grundlagen. Wiesbaden 1967.

Schoenfeld, L. F. (1974): Utilization of Manpower: Development and Evaluation of Assessment Classification Model for Matching Individuals with Jobs. In: Journal of Applied Psychology 59 (1974), S. 583–595.

Scholz, Ch. (1992): Personalmarketing: Wenn Mitarbeiter heftig umworben werden. In: Harvard Manager o. Jg. (1992) 1, S. 94–105.

Scholz, Ch. (1993): Personalmanagement: Informationsorientierte und verhaltenstheoretische Grundlagen. 3., neubearb. und erw. Aufl., München 1993.

Scholz, Ch./Hofbauer, W. (1990): Organisationskultur. Die vier Erfolgsprinzipien. Wiesbaden 1990.

Schreiber, S. (1992): Integrierter Prozeß der Personalfreistellungsplanung. Bergisch-Gladbach/Köln 1992.

Schreyögg, G. (1973): Führungsstil, Führungssituation und Führungseffektivität. In: Arbeit und Leistung 27 (1973), S. 29–36 und S. 57–61.

Schreyögg, G. (1987): Führungstheorien – Situationstheorie. In: Kieser, A./ Reber, G./Wunderer, R. (Hrsg.): Handwörterbuch der Führung. Stuttgart 1987, Sp. 881–892.

Schreyögg, G. (1993): Umfeld der Unternehmung. In: Wittmann, W. u.a. (Hrsg.): Handwörterbuch der Betriebswirtschaft. 5., völlig neu gestaltete Aufl., Stuttgart 1993, Sp. 4231–4247.

Schröder, H. J. (1973): Projekt-Management. Eine Führungskonzeption für außergewöhnliche Vorhaben. Wiesbaden 1973.

Schuh, S./Schultes-Jaskolla, G./Stitzel, M. (1993): Marr, R. (Hrsg.): Alternative Arbeitszeitstrukturen. In: Arbeitszeitmanagement. 2., neubearb. und erw. Aufl., Berlin 1993.

Schuler, H. (1978): Leistungsbeurteilung in Organisationen. In: Mayer, A. (Hrsg.): Organisationspsychologie. Stuttgart 1978, S. 137–169.

Schuler, H. (1980): Mitarbeiterbeurteilung und Leistungsbewertung. In: Hoyos, S. (Hrsg.): Grundbegriffe der Wirtschaftspsychologie. München 1980, S. 177–187.

Schuler, H./Stehle, W. (1986) (Hrsg.): Biographische Fragebögen als Methode der Personalauswahl. Stuttgart 1986.

Schulte, C. (1989): Modelle der betrieblichen Alterversorgung. In: Das Wirtschaftsstudium 18 (1989) 8–9, S. 453–455.

Schultes-Jaskolla, G./Stitzel, M. (1987): Arbeitszeit-Variation: Ein Personalbeschaffungsinstrument? In: Marr, R. (Hrsg.): Arbeitszeitmanagment. Berlin 1987, S. 235–254.

Schultz, R. (1987): Gewinn- und Kapitalbeteiligung der Arbeitnehmer (Vermögensbildung). München 1987.

Schultz, R. (1992): Erfolgsbeteiligung der Arbeitnehmer. In: Gaugler, E./Weber, W. (Hrsg.): Handwörterbuch des Personalwesens. 2., neubearb. und erg. Aufl., Stuttgart 1992, Sp. 818–828.

Schumann, W. (1970): Entwicklung der programmierten Unterweisung zur Aus- und Fortbildung in der Industrie. In: Rationalisierung 21 (1970), S. 24–27.

Schwarz, H. (1972): Arbeitsplatzbeschreibungen. 5., veränd. Aufl., Freiburg i. Br. 1972.

Schweitzer, M. (1969): Arbeitsanalyse. In: Grochla, E. (Hrsg.): Handwörterbuch der Organisation. 1. Aufl., Stuttgart 1969, Sp. 89–97.

Secker, H. (1972): Die Planung der Besetzung von Führungspositionen in der Unternehmung. Winterthur 1972.

Secord, P. F./Backmann, C. W. (1983): Sozialpsychologie. 4. Aufl., Frankfurt a.M. 1983.

Seidel, E. (1978): Betriebliche Führungsformen. Geschichte, Konzepte, Hypothesen, Forschung. Stuttgart 1978.

Seidel, E. (1987): Unternehmenskultur. Warnung vor der Selbstzerstörung eines Konzepts. In: Zeitschrift Führung und Organisation, 56 (1987) 5, S. 295–300.

Seidel, E. /Jung, R. (1987): Geschichte der Führungstheorien. In: Kieser, A./Reber, G./Wunderer, R. (Hrsg.): Handwörterbuch der Führung. Stuttgart 1987, Sp. 774–789.

Seidel, E./Jung, R./Redel, W. (1987): Führungsstil und Führungsorganisation. Bd. 1: Grundlagen, Führungsstil. Darmstadt 1987.

Seiwert, L. (1985): Vom operativen zum strategischen Personalmarketing. In: Personalwirtschaft 12 (1985), S. 348–353.

Shaw, M. E. (1964): Communication Networks. In: Berkowitz, L. (Hrsg.): Advances in Experimental Social Psychology. 1. Jg. New York 1964, S. 111–147.

Siehl, C. (1986): After the Founder. An Opportunity to Manage Culture. In: Forst, P. u.a. (Hrsg.): Organisational Culture. Beverly Hills/London/New Dehli 1986, S. 125–140.

Sintschenko, W. P./Munipow, W. M./Smoljan, G. L. (1976): Ergonomische Grundlagen der Arbeitsorganisation. Berlin 1976.

Sisson, E. D. (1948): Forced Choice – the New Army Rating. In: Personnel Psychology 1 (1948), S. 365–381.

Six, B. (1975): Die Relation von Einstellung und Verhalten. In: Zeitschrift für Sozialpsychologie 6 (1975), S. 270–306.

Six, B. (1979): Einstellungs-Verhaltens-Relation und Verhaltensvorhersage. Unveröffentlichte Habilitationschrift, Universität Bonn.

Six, B. (1980): Das Konzept der Einstellung und seine Relevanz für die Vorhersage des Verhaltens. In: Petermann, F. (Hrsg.): Einstellungsmessung – Einstellungsforschung. Göttingen 1980.

Smith, M. E. (1980): Evaluating Training Operations and Programs. In: Training and Development Journal 34 (1980) 10, S. 70–78.

Smith, P. B. (1975): Controlled Studies of the Outcome of Sensitivity Training. In: Psychological Outcome Bulletin 18 (1975), S. 597–622.

Smith, P. C./Kendall, L. M. (1963): Retranslation of Expectations. An Approach to the Construction of Unambiguous Anchors for Rating Scales. In: Journal of Applied Psychology 47 (1963), S. 149–155.

Smith, M./Ashton, D. (1975): Using Repertory Grid Technique to Evaluate Management Training. In: Personnel Review 4 (1975), S. 15–21.

Snadowski, A. M. (1984): Problemlösung im Kommunikationsnetz experimenteller Kleingruppen. In: Heigl-Evers, A. (Hrsg.): Sozialpsychologie. Weinheim/Basel 1984, S. 451–462.

Spie, U. (1988): Personalwesen als Organisationsaufgabe. Heidelberg 1988.

Spie, U. (1990): Die Grenzen der Beteiligungsrechte des Betriebsrats beim Einsatz von personalbezogenen EDV-Systemen und der Einrichtung von Bildschirmarbeitsplätzen. In: Bellgardt, P. (Hrsg.): EDV-Einsatz im Personalwesen: Entwicklungen, Anwendungsbeispiele, Datensicherheit und Rechtsfragen. Heidelberg 1990, S. 222–248.

Staehle, W. H. (1973): Organisation und Führung sozio-technischer Systeme. Grundlagen einer Situationstheorie. Stuttgart 1973.

Staehle, W. H. (1977): Weiterbildung von Führungskräften in der Wirtschaft. In: Reimann, H./ Reimann, G. (Hrsg.): Erfolgskontrolle im öffentlichen Sektor. München 1977, S. 163–178.

Staehle, W. H. (1982): Duale Analyse von Arbeitsplatz-Anforderungen. In: Betriebswirtschaftliche Forschung und Praxis 34 (1982) 4, S. 342–354.

Staehle, W. H. (1987): Management. Eine verhaltenswissenschaftliche Einführung. 3. Aufl., München 1987.

Staehle, W. H. (1988): Human Resource Management (HRM) – Eine neue Managementrichtung in den USA? In: Zeitschrift für Betriebswirtschaft 58 (1988) 5/6, S. 576–587.

Staehle, W. H. (1989): Management. Eine verhaltenswissenschaftliche Perspektive. 4., neu bearb. und erw. Aufl., München 1989.

Staehle, W. H. (1991): Management. Eine verhaltenswissenschaftliche Einführung. 6., überarb. Aufl., München 1991.

Stapf, K. H. (1982): Einstellungsmessung und Verhaltensprognose. In: Stachowiak, H. (Hrsg.): Bedürfnisse, Werte und Normen im Wandel. Stuttgart 1982.

Staude, J. (1989): Strategisches Personalmarketing. In: Weber, W./Weinmann, J. (Hrsg.): Strategisches Personalmanagement. Stuttgart 1989.

Steers, R./Porter, L. W. (1975): Motivation and Work Behavior. New York 1975.

Stehle, W. (1980): Verfahren zur Auswahl von Führungskräften. In: Zeitschrift für betriebswirtschaftliche Forschung 32 (1980), S. 89–97.

Stehle, W. (1983): Zur Konzeption eines Personalauswahlverfahrens auf der Basis biographischer Daten. Diss., Hohenheim 1983.

Stehle, W. (1986): Biographische Fragebogen. In: Personalführung 19 (1986) 3, S. 123–125.

Steinle, C. (1975): Leistungsverhalten und Führung in der Unternehmung. Das Harzburger Führungsmodell im Vergleich mit einem motivationstheoretisch fundierten Leistungs-Verhaltensmodell. Berlin 1975.

Steinle, C. (1992): Führungsstile. In: Gaugler, E./Weber, W. (Hrsg.): Handwörterbuch des Personalwesens. 2. neubearb. und erg. Aufl., Stuttgart 1992.

Steinmann, H./Löhr, A. (1992): Lohngerechtigkeit. In: Gaugler, E./Weber, W. (Hrsg.): Handwörterbuch des Personalwesens. 2., neubearb. und erg. Aufl., Stuttgart 1992, Sp. 1284–1294.

Steinmann, H./Müller, H./Klaus, H. (1982): Arbeitnehmer-Beteiligungsmodelle (Sammelrezession). In: Die Betriebswirtschaft 42 (1982), S. 117–134.

Steinmann, H./Schreyögg, G. (1980): Arbeitsstrukturierung am Scheideweg. Differenzierende Arbeitsgestaltung als neuer, besserer Weg zur Arbeitshumanisierung. In: Zeitschrift für Arbeitswissenschaft 24 (1980), S. 75–78.

Stengel, M. (1987): Einfluß der Ausbildungsphase auf die Werthaltungen von Trainees deutscher Großbanken. In: Zeitschrift für Personalforschung 1 (1987) 3, S. 321–344.

Steward, W. J. (1970): Determining First-Line Supervisory Training Needs. In: Training and Development Journal 24 (1970), S. 12–19.

Stiefel, R. T. (1972): Neue Tendenzen betrieblicher Bildungsarbeit. In: Rationalisierung 23 (1972), S. 37–40.

Stiefel, R. T. (1974): Welche Bedürfnisse haben die Teilnehmer von Management-Kursen? In: Management-Zeitschrift IO 43 (1974), S. 443–447.

Stiefel, R. T. (1978): Management-Bildung. In: Literaturberater Wirtschaft (1978) 2, S. 11–21.

Stiefel, R. T. (1978a): Erfolgreiche Management-Schulung im Unternehmen: Beiträge zur Theorie und Praxis der betrieblichen Management-Andragogik. Königstein i. Ts. 1978.

Stiefel, R. T. (1979): Planung und Durchführung von Induktionsprogrammen. München 1979.

Stiefel, R. T. (1980): Lernen im Zweier-Team. München 1980.

Stiefel, R. T. (1983): Chefs müssen Mitarbeiter wieder selbst trainieren. Landsberg a. Lech 1983.

Stiefel, R. T. (1989): Erarbeitung von Vorgaben und Bedarfen im Rahmen strategieumsetzender Personalentwicklung. In: Sattelberger, T. (Hrsg.): Innovative Personalentwicklung: Grundlagen, Konzepte, Erfahrungen. Wiesbaden 1989, S. 54–58.

Stiefel, R. T. (1989a): Modelle und Beispiele personaler Zukunftssicherung im Unternehmen. In: Sattelberger, T. (Hrsg.): Innovative Personalentwicklung: Grundlagen, Konzepte, Erfahrungen. Wiesbaden 1989, S. 80–89.

Stiefel, R. T. (1989b): Strategieumsetzendes Lernen. In: Sattelberger, T. (Hrsg.): Innovative Personalentwicklung: Grundlagen, Konzepte, Erfahrungen. Wiesbaden 1989, S. 38–41.

Stitzel. M. (1992): Pensionierung. In: Gaugler, E./Weber, W. (Hrsg.): Handwörterbuch des Personalwesens. 2. neubearb. und erg. Aufl., Stuttgart 1992, Sp. 1535–1545.

Stogdill, R. M. (1948): Personal Factors Associated with Leadership. A Survey of the Literature. In: Journal of Psychology 25 (1948), S. 35–71.

Stogdill, R. M. (1974): Handbook of Leadership. A Survey of Theory and Research. New York/London 1974.

Stopp, U. (1987): Betriebliche Personalwirtschaft. 13., erw. Aufl., Stuttgart 1987.

Strauss, G./Sayles, L. R. (1972): Personnel – The Human Problems of Management. 3. Aufl., Englewood Cliffs, N. J., 1972.

Streim, H. (1982): Fluktuationskosten und ihre Ermittlung. In: Zeitschrift für betriebswirtschaftliche Forschung 24 (1982), S. 128–146.

Strümpel, B. (1985): Arbeitsmotivation im sozialen Wandel. In: Die Betriebswirtschaft 45 (1985), S. 42–55.

Strutz, H. (1989): Vom Absatzmarketing zum Personalmarketing. In: Strutz, H. (Hrsg.): Handbuch Personalmarketing. Wiesbaden 1989, S. 1–14.

Strutz, H. (1992): Personalmarketing. Alter Wein in neuen Schläuchen? In: Strutz, H. (Hrsg.): Strategien des Personalmarketing. Was erfolgreiche Unternehmer besser machen. Wiesbaden 1992, S. 1–11.

Sydow, J. (1981): Der normative Entscheidungsansatz von Vroom/Yetton. In: Die Unternehmung 35 (1981), S. 1–17.

Tangermann, K. (1989): Stellenanzeige. In: Strutz, H. (Hrsg.): Handbuch Personalmarketing. Wiesbaden 1989, S. 185–192.

Tannenbaum, A. (1966): Social Psychology of the Work Organization. Belmont 1966.

Tannenbaum, R./Schmidt, W. H. (1958): How to Choose a Leadership Pattern. In: Harvard Business Review 36 (1958), 95–101.

Tavernier, G. (1971): Industrial Training Systems and Records. London 1971.

Taylor, B./Lippit, G. (Hrsg.) (1983): Management Development und Training Handbook. 2. Aufl., London u.a. 1983.

Taylor, D. W. (1954): Problems Solving by Groups. Montreal 1954.

Taylor, M. S./Schmidt, D. W. (1983): A Process-Oriented Investigation of Recruitment Source Effectiveness. In: Personnel Psychology 36 (1983), S. 343–354.

Teriet, B. (1976): Neue Strukturen der Arbeitszeitverteilung. Göttingen 1976.

Theis, E. (1992): Akkordlohn. In: Gaugler, E./Weber, W. (Hrsg.): Handwörterbuch des Personalwesens. 2., neubearb. und erg. Aufl., Stuttgart 1992, Sp. 10–18.

Thibaut, J. W./Kelley, H. H. (1959): The Social Psychology of Groups. New York 1959.

Thiele, A. (1982): Untersuchung zur betriebsbezogenen Weiterbildung von Führungskräften. Ein Beitrag zur Methodologie der Weiterbildungsplanung und zur Entwicklung theoriegeleiteter Gestaltungsempfehlungen unter besonderer Berücksichtigung der Handlungsorientierung. Diss. Köln 1982.

Thom, N. (1987): Personalentwicklung als Instrument der Unternehmungsführung. Stuttgart 1987.

Thom, N./Winkelmann, E. (1984): Personalentwicklung in der mittelständischen Wirtschaft. Gesamtkonzeption und empirische Erkenntnisse. In: Wirtschaftswissenschaftliches Studium 13 (1984), S. 361–366.

Thorley, S. (1971): Management Training – Is It Worth It? In: Personnel Management 3 (1971), S. 23–28.

Tietze, B./Schmale, H. (1975): Eignungsprüfung. In: Gaugler, E. (Hrsg.): Handwörterbuch des Personalwesens. 1. Aufl., Stuttgart 1975, Sp. 785–793.

Timmermann, M./Ende, W. (1987): Führung in der öffentlichen Verwaltung. In: Kieser, A./Reber, G./Wunderer, R. (Hrsg.): Handwörterbuch der Führung. Stuttgart 1987, Sp. 1573–1583.

Tornow, W. W./Pinto, P. R. (1976): The Development of a Managerial Job Taxonomy. A System for Describing, Classifiying and Evaluation Executive Positions. In: Journal of Applied Psychology 61 (1978), S. 410–418.

Tosi, H. L./House, R. J. (1967): Policies and Management Practices Specifically Related to Management Development. In: House, R. J. (Hrsg.): Management Development, Design, Evaluation and Implementation. Michigan 1967, S. 31–43.

Trebeck, J. (1970): Die Arbeitsanalyse als Grundlage der Arbeitsgestaltung, der Auswahl und Ausbildung von Mitarbeitern. In: Mayer, A./Herwig, B. (Hrsg.): Handbuch der Psychologie. Bd. 9. 2. Aufl., Göttingen 1970, S. 210–243.

Trefflich, M. L. (1984): Job sharing – Erhöhung der Produktivität durch mehr Flexibilität und Arbeitszufriedenheit. In: Zeitschrift für Betriebswirtschaft 54 (1984), S. 462–471.

Treichel, P. (1976): Die Ausbilderpraxis. Wiesbaden 1976.

Trux, W. (1980): Unternehmensidentität, Unternehmenspolitik und öffentliche Meinung. In: Birkigt, K./ Stadler, M. M. (Hrsg.): Corporate Identity. München 1980, S. 61–72.

Türk, K. (1978): Instrumente betrieblicher Personalwirtschaft. Neuwied 1978.

Türk, K. (1981): Personalführung und soziale Kontrolle. Stuttgart 1981.

Turner, A. N./Lawrence, P. R. (1971): The Town-City Differences. Possible Explanation. In: Maurer, J. G. (Hrsg.): Readings in Organizational Theory: Open System Approaches. New York 1971, S. 258–269.

Ulich, E. (1972): Arbeitswechsel und Aufgabenerweiterung. In: REFA-Nachrichten 25 (1972), S. 265–275.

Ulrich, H. (1978): Unternehmenspolitik. Bern 1978.

Ulrich, H./Staerkle, R. (1975): Personalplanung. Köln/Opladen 1975.

Ulrich, P./Fluri, E. (1975): Management. Bern 1975.

Unger, F. (1990): Außendienststeuerung durch Provision und Prämie. In: Berthel, J./Groenewald, H. (Hrsg.): Handbuch Personal-Management. 4. Nachlieferung 12/1991, Landsberg a. Lech 1990.

Ungerson, N. (1974): Assessment Center. A Review of Research Findings. In: Personnel Review 3 (1974), S. 4–13.

Uttal, B. (1983): The Culture Voltures. In: Future, October (1983), o. S.

Volk, H. (1977): Einführungsschrift für neue Mitarbeiter. In: Personal, Mensch und Arbeit 27 (1975), S. 141–143.

Vollport, W. (1974): Handlungsstrukturanalyse als Beitrag zur Qualifikationsforschung. Köln 1974.

Vroom, V. H. (1964/67): Work and Motivation. New York u.a. 1964. 3. Aufl., New York u.a. 1967.

Vroom, V. H./Jago, A. G. (1974): Decision-Making as a Social Process: Normative and Descriptive Models of Leader Behavior. In: Decision Sciences 5 (1974), S. 743–769.

Vroom, V. H./Jago, A. G. (1984): Leadership and Decision-Making: A Revised Normative Model. Arbeitspapier, Yale University. New Haven 1984.

Vroom, V. H./Yetton, P. W. (1973): Leadership and Decision-Making. Pittburgh 1973.

Wächter, H. (1970): Planung im Personalbereich. In: Betriebswirtschaftliche Forschung und Praxis 22 (1970), S. 287–303.

Wächter, H. (1974): Praxis der Personalplanung. Herne/Berlin 1974.

Wächter, H. (1974a): Langfristige Personalplanung unter der Erwartung schrumpfender Betriebsgröße. In: Betriebswirtschaftliche Forschung und Praxis 26 (1974), S. 123–137.

Wächter, H. (1987): Professionalisierung im Personalbereich. In: Die Betriebswirtschaft 47 (1987), S. 141–150.

Wächter, H. (1993): Arbeitnehmerverbände. In: Wittmann, W. (Hrsg.): Handwörterbuch der Betriebswirtschaft. 5., völlig neu gestaltete Aufl., Stuttgart 1993, Sp. 112–120.

Wagner, D. (1986): Möglichkeiten und Grenzen des Cafeteria-Ansatzes in der Bundesrepublik Deutschland. In: Betriebswirtschaftliche Forschung und Praxis 38 (1986), S. 16–27.

Wagner, D. (1989): Zentralisation oder Dezentralisation der Personalfunktion in der Unternehmung? Organisatorisch-institutionelle Aspekte und konzeptionelle Perspektiven des Personalmanagements. In: Zeitschrift Führung und Organisation 58 (1989) 3, S. 179–185.

Wagner, D. (1991): Flexibilisierung betrieblicher Sozialleistungen mit Hilfe von Cafeteria-Systemen. In: Berthel, J./Groenewald, H. (Hrsg.): Handbuch Personal-Management. 4. Nachlieferung 12/1991, Landsberg a. Lech 1991.

Wagner, D. (1992): Personalabbau/-freisetzung. In: Gaugler, E./Weber, W. (Hrsg.): Handwörterbuch des Personalwesens. 2. neubearb. und erg. Aufl., Stuttgart 1992.

Wagner, D./Grawert, A. (1993): Sozialleistungs-Management. München 1993.

Wagner, H. (1964): Erfahrungen bei der Fortbildung von Führungskräften durch Planspiele. In: Personal, Mensch und Arbeit 16 (1964), S. 134–135.

Wagner, H. (1975): Leistung und Leistungsdeterminanten. In: Gaugler, E. (Hrsg.): Handwörterbuch des Personalwesens. 1. Aufl., Stuttgart 1975, Sp. 1181–1190.

Wahba, M. A./Bridwell, L. G. (1976): Maslow Reconsidered. A Review of the Research on the Need Hierarchy Theory. In: Organizational Behavior and Human Performance 15 (1976), S. 212–240.

Walker, C. R. (1950): The Problem of the Repetitive Job. In: Harvard Business Review 28 (1950), S. 54–58.

Walker, C. R./Guest, R. M. (1952): The Man on the Assembly Line. Cambridge, Mass. 1952.

Walker, J. (1969): Forecasting Manpower Needs. In: Harvard Business Review 47 (1969), S. 152–164.

Walker, J./Marriott, R. (1951): A Study of Some Attitudes to Factory Work. In: Occupational Psychology 24 (1951), S. 181–191.

Wallach, F. (o.Jg.): Beförderung und Aufstieg in der Unternehmung. Winterthur o. Jg.

Walter-Busch, E. (1977): Arbeitszufriedenheit in der Wohlstandsgesellschaft. Beitrag zur Diagnose der Theoriesprachenvielfalt betriebspsychologischer und industriesoziologischer Forschung. Bern 1977.

Wanous, J. P. (1978): Realistic Job Reviews: Can a Procedure to Reduce Turnover also Influence the Relationship Between Abilities and Performance? In: Personnel Psychology 31 (1978), S. 249–258.

Wanous, J. P. (1980): Organizational Entry. Recruitment, Selection and Sozialization of Newcomers. Reading, Mass., 1980.

Watzka, K. (1988): Plädoyer für eine partizipative Personalauswahl. In: Personalführung 21 (1988), S. 100–102.

Watzka, K. (1989): Betriebliche Reintegration von Arbeitslosen: Probleme und Maßnahmen zur Problemreduzierung. Münster 1989.

Weber, W. (1975): Personalplanung. Stuttgart 1975.

Weber, W. (1985): Betriebliche Weiterbildung. Stuttgart 1985.

Weber, W. (1986): Das Weiterbildungsverhalten von Arbeitnehmern – Motor oder Bremse betrieblicher Anpassungsprozesse? In: Gaugler, E. (Hrsg.): Betriebliche Weiterbildung als Führungsaufgabe. Wiesbaden 1986, S. 119–139.

Weiermair, K. (1974): Modellansätze der längerfristigen Personalplanung. Einige kritische Bemerkungen. In: Betriebliche Forschung und Praxis 26 (1974), S. 107–122.

Weiner, B. (1970): New Conceptions in the Study of Achievement Motivation. In: Maher, B. (Hrsg.): Progress in Experimental Personality Research. 5. Jg., New York 1970, S. 67–109.

Weiner, B. (1972): Theories of Motivation. From Mechanisms to Cognition. Chicago 1972.

Weiner, B. (1973): Die subjektiven Ursachen von Erfolg und Mißerfolg. In: Edelstein, W./Hopf, D. (Hrsg.): Bedingungen des Bildungsprozesses. Stuttgart 1973.

Weiner, B. (1975): Die Wirkung von Erfolg und Mißerfolg auf die Leistung. Bern 1975.

Weiner, B. (1976): Theorien der Motivation. Stuttgart 1976.

Weiner, B. u.a. (1971): Causal Ascriptions and Achievement Behavior. A Conceptional Analysis of Effort and Reanalysis of Locus of Control. In: Journal of Personality and Social Psychology 21 (1972), S. 239–248.

Weiner, B. u.a. (1971a): Perceiving the Causes of Success and Failure. New York 1971.

Weiner, B./Kukla, A. (1970): An Attributional Analysis of Achievement Motivation. In: Journal of Personality and Social Psychology 15 (1970), S. 1–20.

Weinert, A. B. (1981): Leistungsbewertung in Organisationen: Methodische Beiträge zur Diskussion der Probleme und Lösungsmöglichkeiten. In: Zeitschrift Führung und Organisation 50 (1981), S. 303–312.

Weinert, A. B. (1981, 1987): Lehrbuch der Organisationspsychologie. Menschliches Verhalten in Organisationen. München/Wien/Baltimore 1981. 2., erw. Aufl. 1987.

Weinert, A. B. (1989): Führung und soziale Steuerung. In: Graumann, C. F. u.a. (Hrsg.): Enzyklopädie der Psychologie, Themenbereich D, Serie III, Bd. 3. Göttingen 1989.

Weiss, C. H. (1972): Evaluation Research-Methods of Assessing Program-Effectiveness. Englewood Cliffs, N.J. 1972.

Weiss, D. J. (1976): Multivariate Procedures. In: Dunnette, M. D. (Hrsg.): Handbook of Industrial and Organizational Psychology. Chicago 1976, S. 327–362.

Weissenbergh, P./Kavanagh, M. J. (1972): The Independence of Initiating Structure and Consideration: A Review of the Evidence. In: Personnel Psychology 25 (1972), S. 119–130.

Welslau, D. (1996): Neuregelungen im Sparpaket. In: Personalwirtschaft 23 (1996) 11, S. 37–44.

Welslau, D./Haupt, A. (1993): Fragerecht des Arbeitgebers. In: Personalwirtschaft 20 (1993) 5, S. 52–60.

Wesser, W./Grunwald, W. (1985): Das Dilemma der Führung. In: Harvard Manager o. J. (1985) 3, S. 46–50.

Wessman, F. (1975): Determining the Training Needs of Managers. In: Personnel Journal 54 (1975), S. 109–113.

Weuster, A. (1987): Der biographische Fragebogen als Instrument der Personalauswahl. In: Zeitschrift für Personalforschung 1 (1987), S. 409–434.

Weuster, A. (1989): Zeugnisse. In: Strutz, H. (Hrsg.): Handbuch Personalmarketing. Wiesbaden 1989, S. 258–268.

Weuster, A. (1989a): Bewertung des Interviews (Einstellungsgesprächs) als eignungsdiagnostisches Instrument der Personalauswahl. In: Zeitschrift für betriebswirtschaftliche Forschung 1 (1989) 1, S. 5–33.

Weuster, A. (1992): Zeugnisgestaltung und Zeugnissprache zwischen Informationsfunktion und Werbefunktion. In: Betriebs-Berater 47 (1992) 1, S. 58–66.

Weuster, A. (1994): Aufhebungsverträge als Instrument des Personalabbaus. In: Berthel, J./Groenewald, H. (Hrsg.): Handbuch Personal-Management. (im Druck)

Wibbe, J. (1966): Arbeitsbewertung, Entwicklung, Verfahren und Probleme. 3. erw. und völlig neu bearb. Aufl., München 1966.

Wiedemeyer, G. R./Schuster, M. (1990): Risiken moderner Informationstechnologien für die Beteiligungsrechte der Arbeitnehmer. In: Bellgardt, P. (Hrsg.): EDV-Einsatz im Personalwesen: Entwicklungen, Anwendungsbeispiele, Datensicherheit und Rechtsfragen. Heidelberg 1990, S. 268–302.

Wiedemeyer, G. R./Schuster, M. (1990a): Die Anwendung des Bundesdatenschutzgesetzes auf das Arbeitsverhältnis und die Frage eines bereichsspezifischen Personaldaten-Schutzgesetzes. In: Bellgardt, P. (Hrsg.): EDV-Einsatz im Personalwesen: Entwicklungen, Anwendungsbeispiele, Datensicherheit und Rechtsfragen. Heidelberg 1990, S. 268–302.

Wiesendanger, H. (1987): Graphologie: Hokuspokus mit Profit. In: Psychologie Heute o. J. (1987) 6, S. 20–27.

Wiesner, H. (1969): Der Prämienlohn in Theorie und Praxis. Köln 1969.

Wiggins, J. S. (1973): Personality and Prediction. Reading, Mass., 1973.

Wild, J. (1973): Organisation und Hierarchie. In: Zeitschrift Führung und Organisation 42 (1973), S. 45–54.

Wild, J. (1974): Betriebswirtschaftliche Führungslehre und Führungsmodelle. In: Wild, J. (Hrsg.): Unternehmungsführung. Festschrift für Erich Kosiol zu seinem 75. Geburtstag. Berlin 1974, S. 141–179.

Wilson, J. E./Tatge, W. A. (1973): Assessment Centers. Further Assessment Needed? In: Personnel Journal 52 (1973), S. 172–179.

Wimmer, P. (1985): Personalplanung. Stuttgart 1985.

Wirth, E. (1992): Mitarbeiter im Auslandseinsatz, Planung und Gestaltung. Wiesbaden 1992.

Wiswede, G. (1980): Motivation und Arbeitsverhalten. Organisationspsychologische und industriesoziologische Aspekte der Arbeitswelt. Basel 1980.

Witte, E. (1969): Führungsstile. In: Grochla, E. (Hrsg.): Handwörterbuch der Organisation. 1. Aufl., Stuttgart 1969, Sp. 595–602.

Witte, E. (1979): Das Verhalten in Gruppensituationen. Göttingen/Toronto/Zürich 1979.

Witte, W. (1982): PC-Anwendungen im Personalwesen. PIS – Sammelband 2. Köln 1982.

Wittwer, W. (1985): Bewertung der Weiterbildungsarbeit. In: Personal, Mensch und Arbeit 37 (1985), S. 245–248.

Wötzel, S. (1990): Entwicklungstendenzen für die Gestaltung von Personalinformationssystemen und die Verbreitung der Anwendungs- und Zugriffsmöglichkeiten für den Praktiker. In: Bellgardt, P. (Hrsg.): EDV-Einsatz im Personalwesen: Entwicklungen, Anwendungsbeispiele, Datensicherheit und Rechtsfragen. Heidelberg 1990, S. 67–98.

Wunderer, R. (1975): Personalwerbung. In: Gaugler, E. (Hrsg.): Handwörterbuch des Personalwesens. 1. Aufl., Stuttgart 1975, Sp. 1689–1708.

Wunderer, R. (1985): Führung – wohin führst du? In: Die Unternehmung 39 (1985), S. 337–350.

Wunderer, R. (1990): Einführung: Neuere Konzepte der Personalentwicklung. In: Haller, M./Hauser, H./Zäch, R. (Hrsg.): Ergänzungen. Ergebnisse der wissenschaftlichen Tagung anläßlich der Einweihung des Ergänzungsbaus der Hochschule St. Gallen. Stuttgart 1990, S. 181–195.

Wunderer, R. (1990a): Förderung der Selbstentwicklung über Führungsstruktur und Führungskultur. In: Haller, M./Hauser, H./Zäch, R. (Hrsg.): Ergänzungen. Ergebnisse der wissenschaftlichen Tagung anläßlich der Einweihung des Ergänzungsbaus der Hochschule St. Gallen. Bern/Stuttgart 1990, S. 211–215.

Wunderer, R. (1991): Personalmarketing. In: Die Unternehmung 45 (1991) 2, S. 119–131.

Wunderer, R. (1993): Führung und Zusammenarbeit. Stuttgart 1993.

Wunderer, R./Boerger, M./Löffler, H. (1979): Zur Beurteilung wissenschaftlich-technischer Leistungen. Eine empirische Studie zur Personalbeurteilung in Forschungsorganisationen des Bundes. Baden-Baden 1979.

Wunderer, R./Grunwald, W. unter Mitarbeit von Moldenhauer, P. (1980): Führungslehre, Bd. 1: Grundlagen der Führung; Bd. 2: Kooperative Führung. Berlin/New York 1980.

Wunderer, R./Schlagenhaufer, P. (1994): Personal-Controlling: Funktionen – Instrumente – Praxisbeispiele. Stuttgart 1994.

Zander, E. (1987): Entgeltpolitische Implikationen der Arbeitszeitflexibilisierung. In: Marr, R. (Hrsg.): Arbeitszeitmanagement. Berlin 1987, S. 268–281.

Zeidler, K. (1972): Anforderungen an kaufmännische Führungskräfte. Ergebnisse einer Rollenanalyse. Frankfurt a. M. 1972.

Zetterberg, H. L. (1973): Theorie, Forschung und Praxis in der Soziologie. In: König, R. (Hrsg.): Handbuch der empirischen Sozialforschung. Bd I: Geschichte und Grundprobleme der empirischen Sozialforschung. 3., umgearb. und erw. Aufl., Stuttgart 1973, S. 104–160.

Zimmer, D. (1974): Die Ausbildung der Führungskräfte in Handelsbetrieben. Stuttgart 1974.

Zimmer, D. E. (1975): Der Streit um die Intelligenz. München/Wien 1975.
Zink, K. J. (1975): Differenzierung der Theorie der Arbeitsmotivation von F. Herzberg zur Gestaltung sozio-technologischer Systeme. Frankfurt a. M./Zürich 1975.
Zink, K. J. (1977): Motivation durch Arbeitsstrukturierung? In: Fortschrittliche Betriebsführung 26 (1977), S. 221–225.
Zuckerman, M. (1979): Attribution of Success and Failure Revisted, or: The Motivational Bias is Alive and Well in Attribution Theory. In: Journal of Personality 47 (1979), S. 245–287.

Stichwortverzeichnis

Der Verlag Schäffer-Poeschel sieht die Berücksichtigung von Umweltgesichtspunkten als Teil seiner Unternehmenskultur und bezieht sie in besonderer Weise in seine Entscheidungen mit ein.

Bei der Produktion unserer Bücher verwenden wir ausschließlich aus chlorfrei gebleichtem Zellstoff hergestelltes und im pH-Wert neutrales Papier.

Die zur Verpackung und zum Schutz der Umschläge eingesetzten Folien sind aus recyclefähigem Polyethylen und schneiden gegenüber anderen Verpackungsmaterialien in der Umweltbilanz positiv ab.

Wir haben zusammen mit unserem Produktions-Partner
- der Franz Spiegel Buch GmbH in Ulm -
ein Verfahren entwickelt (Spiegel-ProPrint), das eine besonders umweltschonende Herstellung unserer Bücher ermöglicht:

- Durch filmlosen Druck (computer-to-plate) werden Ressourcen gespart und kann auf umweltbelastende Chemikalien verzichtet werden.
- Durch Standardisierung der Formate und gemeinsame Fertigung gleichartiger Titel wird das zum Einrichten der Maschinen erforderliche Material minimiert und Abfall reduziert.
- Durch bedarfsgerechte Produktion (Printing-on-demand) werden Überdrucke und ihre Entsorgung vermieden.